政协委员
读书笔记

寻珠望海楼

叶小文 著

人民出版社

责任编辑:宫　共

封面设计:源　源

图书在版编目(CIP)数据

寻珠望海楼/叶小文 著. —北京:人民出版社,2023.7

ISBN 978-7-01-025596-5

Ⅰ.①寻…　Ⅱ.①叶…　Ⅲ.①读书笔记-中国-现代　Ⅳ.①G792

中国国家版本馆 CIP 数据核字(2023)第 063900 号

寻珠望海楼

XUNZHU WANGHAILOU

叶小文　著

人民出版社 出版发行

(100706　北京市东城区隆福寺街 99 号)

北京汇林印务有限公司印刷　新华书店经销

2023 年 7 月第 1 版　2023 年 7 月北京第 1 次印刷

开本:710 毫米×1000 毫米 1/16　印张:43.75　字数:670 千字　插页:6

ISBN 978-7-01-025596-5　定价:130.00 元

邮购地址 100706　北京市东城区隆福寺街 99 号

人民东方图书销售中心　电话 (010)65250042　65289539

作 者 简 介

叶小文，中共十五大、十六大、十七大代表；中共第十六届、十七届中央候补委员，第十八届中央委员会委员。第九届、第十届、第十一届全国政协常委，第十二届、十三届全国政协委员，文化、文史和学习委员会副主任。曾任国家宗教局局长、中央社会主义学院第一副院长（正部长级）。现为中国（深圳）综合开发研究院理事长。著有《小文论丛》等20部著作。曾任第十三届全国政协委员读书活动指导组副组长，期间出版了"委员读书笔记"系列的三部书：《在"书香政协"里的百日漫游》（中共中央党校出版社）、《处处书友遍地书》（中国文史出版社）、《读书漫谈群一年日记》（人民出版社），本书是这个系列丛书的第四本。

望海楼札记

李瑞琛

李瑞环同志题字

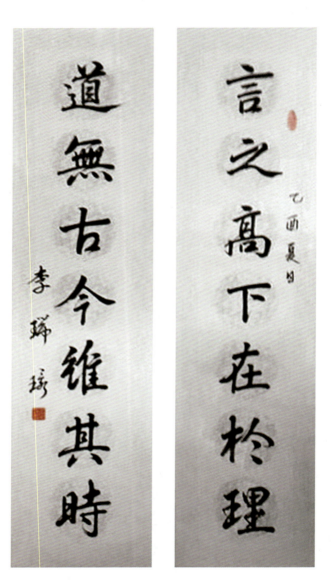

言之高下在於理

道無古今雖其時

李瑞環同志題字

小文同志：

您好，三篇"年文"已拜讀，見字如晤，甚念。

讀書更有感。您論龍年文化，滿懷對華夏民族的摯愛，仁在其中；論福興中華，洋溢對偉大祖國的祝福，義在其中；論中美關係，體現對中國外交的深刻思政，智在其中。小文不小，善莫大焉，望經常讀到您的大作。

恭祝春祺

楊潔篪 三月三日

杨洁篪同志来函

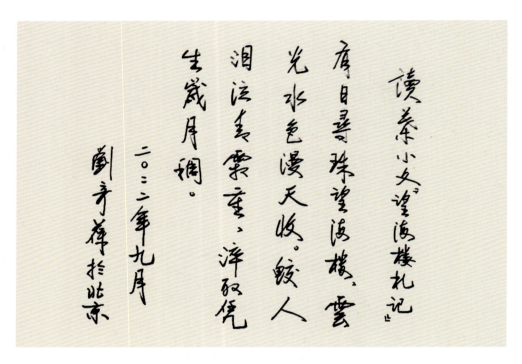

读叶小文《望海楼札记》

有日寻珠望海楼，
云光水色漫天收。
鲛人泪泣青霜重，
淬取凭生岁月稠。

二〇二二年九月刘奇葆于北京

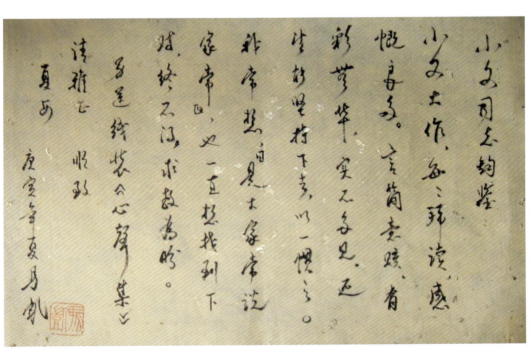

小文同志钧鉴

少文大作，每三拜读，感
慨�。言简意赅，寓
新芽华实于平见，还
生动坚持下去，以一贯之。
非常想同您大家常谈
家常，又一直想找到下
联终不得，求教为盼。

另送线装《心声集》
清雅正   顺致
夏安

庚寅年夏 马凯

时任国务院副总理马凯同志来函

叶小文与第十一世班禅
额尔德尼·确吉杰布

班禅大师题写"结欢喜缘"

和夫人一起在宜兴大觉寺看望星云法师

星云法师 87 岁赠书 　　　　　　星云法师 90 岁赠书

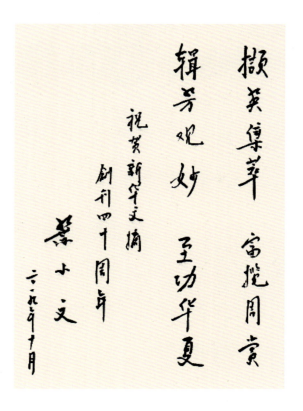

《新华文摘》创刊 40 周年题词

贵州大学哲学系建系 50 周年合影

在 2023 年全国政协委员读书活
动圆满结束时，再次被评为"读书积
极分子"

在哲学上演奏第一提琴

目　录

漫谈群掠影

——2023 年 1 月 31 日于江南造船公司

与书友对话

书友谈读书

战略参考述评

鲛人泪泣青霜重　淬取凭生岁月稠

其一　范静宜语

予登乎望海一楼，凭栏远瞩，悄然而思：……望其澎湃奔腾之势，则感世界潮流之变，而思何以应之；望其浩瀚广袤之状，则感孕育万物之德，而思何以敬之；望其吸纳百川之广，则感有容乃大之量，而思何以效之；望其神秘莫测之深，则感宇宙无尽之藏，而思何以宝之；望其波澜不惊之静，则感一碧万顷之美，而思何以谐之；望其咆哮震怒之威，则感裂岸决堤之险，而思何以安之。嗟夫，望海之旨大矣！

其二　刘奇葆诗

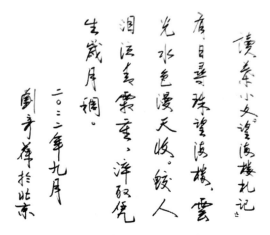

读叶小文《望海楼札记》

有日寻珠望海楼，

云光水色漫天收。

鲛人泪泣青霜重，

淬取凭生岁月稠。

二〇二二年九月刘奇葆于北京

"鲛人泪泣"（叶小文注）

鲛人，鱼尾人身，中国古代典籍中记载的西方神话中的人鱼，又名美人鱼。典出郭宪《别国洞冥记》："味勒国在日南，其人乘象入海底取宝，宿于鲛人之宫，得泪珠，则鲛人所泣之珠也，亦曰泣珠。"后以"鲛人泣珠"谓神话传说中的鲛人能流出泪珠化作珍珠。

晋·张华《博物志》："南海水有鲛人，水居如鱼，不废织绩，其眼能泣珠。""鲛人从水出，寓人家积日，卖绡将去，从主人索一器，泣而成珠满盘，以予主人。"

南朝梁·任昉《述异记》："鲛人，即泉先也，又名泉客。……南海有龙绡宫，泉先织纱之处，绡有白之如霜者。"

"沧海月明珠有泪"与郭沫若的《静夜》中所讲述的都是"鲛人泣珠"的故事。

其三　蒋定之和诗

七　绝

今日得刘奇葆同志七绝诗一首《读叶小文望海楼札记》，依意，步韵，敬和之。

远目当登望海楼，
平沙落雁晚霞收。
羡君无意高廊坐，
携翠前来人语稠。

壬寅秋日　定之

其四　李瑞环题字

其五　马凯来函

其六　杨洁篪来函

小文同志：

您好，三篇年文，已拜讀，見字如晤，甚念。讀書更有感。您論龍年文化，滿懷對華夏民族的摯愛，仁在其中；論福興中華，洋溢對偉大祖國的祝福，義在其中；論中美關係，體現對中國外交的深刻思致，智在其中。小文不小，善莫大焉，望經常讀到您的大作。

恭祝春祺

楊潔篪　三月三日

其七　汪洋之语

习近平总书记指出：领导干部的读书学习水平在很大程度上决定着工作水平和领导水平，真正把读书当作一种生活态度、一种工作责任、一种精神追求、一种境界要求。

书香政协是政协应有的生活形象。政协委员通过读书学习，既可以提高自身思想水平和能力素质，也可以带动和影响各界别群众开展读书活动，为推动全民阅读贡献政协力量。

政协委员是最喜欢读书、最有条件读书和最能把书读好的一个群体。

2020 年 4 月 23 日在全国政协委员读书活动启动仪式上的讲话

其八　"委员读书漫谈群"一日即景

早晨：漫谈群里朝晖烁　每天清晨七声锣

　　朱永新：谈读书，论教育，日日出新。

　　丁元竹：谈社会，社会学，观察思考。

　　戚建国：观战略，大参考，纵横捭阖。

　　吴尚之：冰墩墩，暖融融，日荐一书。

　　张小影：送新闻，开眼界，快递早餐。

　　杨小波：说委员，讲故事，履职新篇。

　　叶小文：望海楼，有札记，兴风作浪。

下午：漫谈群里去打卡　请君品尝几道茶

　　朱永新：展童书，说童话，五彩缤纷。

　　吴为山：亮精品，意无穷，高山仰止。

　　李少君：兴于诗，立于礼，每日一诗。

　　韩新安：提精神，成于乐，天天有歌。

晚上：漫谈群里晚勤学　精彩不断好讲座

关注群主每日广告

八点静待讲座开场

　　本书，即是从每天不间断的"望海楼，有札记，兴风作浪"的栏目里撷英集萃，"鲛人泪泣青霜重　淬取凭生岁月稠"之作。包括："漫谈群掠影""与书友对话""书友谈读书""战略参考述评"四类若干篇。其中无论是掠影、对话，还是谈书、述评，尽管主要是我的体会，但难免引书友妙言佳作，要从与书友的讨论交流中撷英集萃淬取。尤其每天早晨读战略大家戚建国委员的一两则【战略参考】，都要和他讨论一番，发表感想。本书引述均标明书友真名，当无抄袭之嫌，也免版权之忧。

　　本书是我的"委员读书笔记"系列之第四本。前三本为：《在"书香政协"里的百日漫游——叶小文读书笔记》（中央党校出版社 2020 年版）、《处处书友遍地书》（中国文史出版社 2021 年版）、《读书漫谈群一年日记（2020—2021）》（人民出版社 2021 年版）。

　　在"书香政协"这样一个最善于读书的群体里读书，在社会主义民主协商这样一个专门机构里读书，在理性建言、知识咨政这样一个特殊平台上读书，思想的闪电随处可见，头脑的风暴时有爆发。我作为"全国政协委员读书活动指导小组副组长"，也是"委员读书漫谈群保障群"召集人，继人民出版社 2021 年 11 月出版《读书漫谈群一年日记（2020.7.10—2021.7.10）》之后，继续坚持在"全国政协委员读书漫谈群"每天发一则"望海楼札记"。又过一年多，时至岁末，累计已 500 余条，包括政治、文化、社会、经济、哲学、战略、音乐等多方面的讨论、短文。汪洋主席几次批示鼓励我："小以见大，文以见长。自成一体，贵在有恒"，"文章值得学习，精神尤应提倡"。

其九　历史回声

半亩方塘一鉴开，
天光云影共徘徊。
问渠那得清如许？
为有源头活水来。

（朱熹《观书有感》）

寻珠望海楼

——记 2022 年度全国政协委员优秀履职奖获得者叶小文

2023 年 1 月 17 日，叶小文作为 2022 年度全国政协委员优秀履职奖获奖者之一，与 19 名全国政协委员先后登上领奖台。会后，他如同宝贝一般捧着红彤彤的奖状，"这个奖分量很重哟！这可是我一生的'最高奖项'。"

作为一名中共高级干部，又是著名的学者型官员，叶小文著述等身，曾多次登上国内外演讲台，获得荣誉无数；而作为一名行将告别政协的老将，"最高奖项"是叶小文对这个相守 23 年的"家"的真情告白。

"一辈子饱读诗书，关键时必有声音"

"我又回来了！叶落归根，我姓叶嘛。"2016 年春，全国政协十二届三次会议期间，叶小文出现在社科界小组讨论现场，第一句话就成功吸引了记者的注意力。

为何会说"回来"？

早在 1998 年全国政协九届一次会议期间，时任国家宗教事务局局长的叶小文就成为全国政协委员，从此开启了他连续五届全国政协委员的生涯。其间，由于担任十八届中央委员的缘故，叶小文从政协"出走"两年，又于 2016 年被增补回到政协。

在当天的发言中，说到传统文化的传承，叶小文引用了晚清名臣张之洞《劝学篇》中的名言："旧者因噎而食废，新者歧多而羊亡，旧者不知通，新者不知本……"话语中气十足、抑扬顿挫、亦庄亦谐，这是典型的"叶氏风格"。

　　社科界学术大咖云集，会场里的周文彰、张蕴岭、陈众议等委员，都被这一幕逗乐了。就在氛围活跃起来时，叶小文已切入下一个话题："不能简单认为政协发扬协商民主就是向党委和政府提意见建议，如果这样理解就片面了。通过协商民主促进全社会形成共识、形成合力，同样是发扬民主。"

　　委员们或微笑聆听，或点头赞许，或报以掌声，随后即陷入思考和讨论之中。

　　回到政协后，叶小文在委员身份以外，还担任全国政协文化文史和学习委员会副主任。他坚持以习近平总书记对政协委员提出的"懂政协、会协商、善议政，守纪律、讲规矩、重品行"18字要求为遵循，以中共党员委员身份严格要求自己，主动担当作为；围绕学习习近平新时代中国特色社会主义思想，笔耕不辍，履责尽职。在涉及重大原则问题时，立场坚定、旗帜鲜明、敢于发声、善于发声，积极宣读党的政策主张，在思想上政治上行动上始终同党中央保持高度一致。

　　党的十九大报告提出"坚持一致性和多样性的统一，找到最大公约数，画出最大同心圆"。叶小文从辩证唯物主义和历史唯物主义的角度出发进行解读，他说，要在坚持一致性中尊重多样性，在包容多样性中寻求一致性。"同心圆"的"同心"，是基本要求，是众望所归。同时也要看到，如果因一味"求同"就不允许"存异"，不尊重包容；如果因允许"存异"又不善于"化异"，不能凝聚共识，结果往往都会适得其反，不是在画大同心圆，而是在缩小同心圆。

　　党的二十大召开后，叶小文迅速开设"二十大学习笔记"专栏，撰写《形成同心共圆中国梦的强大合力》《把全面从严治党要求体现在党领导经济工作之中》《新时代中国式现代化道路的世界宣言》等学习心得体会20余篇，在《人民日报》《经济日报》《人民政协报》等主流媒体刊发，并应邀在中共中央党校（国家行政学院）研究生院作"中国强起来的文化支撑"学术报告。

　　讲好政协故事，也是讲好中国故事的一部分。政协委员中的许多人都是国家重大决策、重要工程、重点工作的亲历者、参与者，他们亲历、亲见、亲闻的"三亲"史料，对历史研究具有独特价值。一次，在参加全国政协的"文史资料音像库"审片会后，叶小文敏感地意识到这一点。

"政协委员的记忆是一笔丰厚的国家财富,应该抓紧时间保留下来!"2022年3月,在全国政协十三届五次会议期间,叶小文提交了《关于立项录制政协委员口述史的提案》。"有些历史细节,在别的地方可能不好讲,在政协这个平台上可以畅所欲言,为后代人研究这段历史留下鲜活的、无法复制的史料。政协组织具有文史资料工作的传统和经验,可组织有采访和录制力量的单位来实施政协委员口述史的录制工作。"叶小文告诉记者。

目前,这件提案已被全国政协办公厅采纳,相关工作正在积极推进。

"一辈子饱读诗书,关键时必有声音。"这正是叶小文履职的生动写照。

"老干部遇到了新问题"

进入新时代,人民政协作为社会主义协商民主的重要渠道和专门协商机构,成为国家治理体系的重要组成部分。

"专门协商机构既然是人民政协的特征性定位,人民政协就要聚焦协商议政,专责主业,突出'专'的优势,贯穿'实'的态度,彰显'新'的要求,商以求同、协以成事,着力确保专出特色、专出质量、专出水平。"作为长期研究政协统战理论的专家、中国人民政协理论研究会副会长,叶小文期待人民政协这个专门协商机构的成色与日俱"足",形成既畅所欲言、各抒己见,又理性有度、合法依章的社会主义民主的良好协商氛围。

开展全国政协委员读书活动,正是十三届全国政协适应党和国家工作大局、专门协商机构职能责任、时代和形势发展变化要求推出的一项履职创新举措。

那是2020年春,许多人还处在新冠肺炎疫情来袭的恐慌之中。一天,记者接到叶小文的电话,说全国政协开启了委员读书活动,目前处于线上"试水"阶段,在这个有组织的读书活动里,委员们正结合疫情实际,研读交流《病毒来袭》《逼近的瘟疫》《人类的终极问题》等书籍,个个通宵达旦,劲头很足。他认为这是件大事,《人民政协报》应当关注。

"委员如此勤奋,《人民政协报》的记者也不能睡懒觉,要'卧听萧萧竹'啊!是否可以随时'潜水'进去,和委员们一起'观察与思考'呢?"他语重心长地提示道。

叶小文这个原本就以读书为生活方式的人,担任了读书指导组的副组长，还兼任"漫谈群"群主。

以前，叶小文常听人说，"老干部，不要怕，还有政协和人大。"他听后报之一笑。因为，在他眼里，政协从来不是"停靠站"，而是"加油站"，是他可以继续完善、提高自我的地方。可是，当读书活动开始后，他发现"老干部遇到了新问题"，责任重担一起来，令他压力山大、殚精竭虑。

能担当"群主"大任的人，必是深得组织信任和委员们认可的，但要做好保障工作却不容易。群主就像公寓楼的楼长，得全天候盯着群里的动静，需要引领群的方向，也要为委员们点赞、鼓劲、点评。不过，委员们作为各界翘楚，个个身怀绝技，要引领，谈何容易？

好在叶小文的性格开朗诙谐，他时不时写下几句长短不拘的小文或打油诗活跃气氛，被群友称为"小文体"。

倡导全民阅读的朱永新委员鼓励叶小文，每天写1000字，坚持一年，会出现奇迹。

就此，叶小文在漫谈群开设"望海楼札记"等专栏，坚持每天在委员读书漫谈群等相关读书群发言讨论，努力参学、共学、督学、导学。

在漫谈群里，很多委员每天早上第一眼看到的，就是洋洋洒洒、奔腾肆意的"望海楼札记"：予登乎望海一楼，凭栏远瞩，悄然而思：望其澎湃奔腾之势，而思何以应之；望其浩瀚广袤之状，则感孕育万物之德，而思何以敬之……望其神秘莫测之深，则感宇宙无尽之藏，而思何以宝之……

在漫谈群里，文化、科学、军事、医学……包罗万象又秩序井然。有委员中的各行专家进行专业讲解，也有问答互动，大家在线上一起读与思，把读书资政引向深入。

"谁说政协'说了也不算？'真知灼见处处观！"叶小文由衷感慨。

有感于"'小文体'生动活泼亲和力强，在调侃诙谐之间表达思想，调和关系，点评切磋，引领学习；在轻松愉悦的气氛中促进交流，增长知识，形成共识，协商文化色彩浓"，被群友授予"2020年度最佳流行语之金奖"。

由于读书活动形式灵活，氛围宽松，漫谈群也获得全国政协主要领导的表扬：这种平等议事、有来有往、良性互动、层层深入的氛围，有助于培育专门协商机构独特的协商文化。要引导好、利用好委员读书活动，使其更好成为协商文化培育的试验田和天然沃土。

"中华民族拥有五千年不曾中断的文明史，沉静、从容、大气、平和，才是文化大国的气质。"叶小文说，要把委员读书形成的思想火花汇聚成智慧火炬，不要有遗珠之憾。同时，也要进一步拓展外溢方式，积极对接全民阅读活动，由书香政协到书香中国，在读书中涵养民族的浩然之气、宁静之美。

朝乾夕惕，功不唐捐

恩格斯曾说，历史的重要情节都是必然性支配着偶然性的戏剧性演绎。对于叶小文来说，"朝乾夕惕，功不唐捐"似乎就是这种必然。他的勤勉有目共睹。

自 2020 年读书活动开展以来，叶小文将在群里写下的心得集腋成裘，汇集成册，结集出版了《在"书香政协"里的百日漫游——叶小文读书笔记》（中央党校出版社 2020 年版）、《处处书友遍地书》（中国文史出版社 2021 年版）、《读书漫谈群一年日记（2020.7.10—2021.7.10）》（人民出版社 2021 年版）3 本书，共计百万字。

2022 年 10 月，叶小文出版了 50 万字的《小文论丛》一书。

最近，他的新作又在路上，正由人民出版社编辑中，2023 年有望问世。……

熟悉叶小文的人都知道，"白天走干讲，晚上读写想"是他的座右铭。对于他来说，通过学思践悟增加生命的厚度是一种自发的选择。他人生之中的几次"跳级"也得益于此。

叶小文当过农民，当过文艺兵。大学读了一年，即"跳级"考入研究生班。改革开放之初，由社会学家费孝通主持，邀请全世界著名的社会学教授到北京授课，每省挑选一名学员前来参加，叶小文代表贵州省到北京学习。

学成后，作为贵州省社科院的青年研究员，1982 年，叶小文的论文《社会学否定之否定的进程及其内在矛盾》被《中国社会科学》收录，这引起了贵州省有关领导同志的注意。而以此为开端，叶小文又在权威刊物上发表了多篇社会学论文。1985 年，叶小文从贵州省社会科学院社会学所副所长调任共青团贵州省委书记。

1990 年，叶小文奉命入京，到团中央工作，后又转到统战部、国家宗教局、中央社会主义学院……

每一步，看似有幸运之神眷顾，实则背后都是持之以恒地学习和积累。

这种持之以恒，也贯穿在叶小文作为政协委员的履职过程中。

困牛山是地处武陵山脉深处的贵州省石阡县的一座山的名字。1934 年 10 月 16 日，在这里发生过震撼人心的一幕：为了保护当地百姓，红六军团第 18 师第 52 团选择集体跳下几十米深的悬崖，用鲜血和生命谱写了一曲千古壮歌。

2021 年 5 月，全国政协党外委员视察团在贵州开展"学习百年党史　增进'四个认同'"专题视察，听了"困牛山红军壮士集体跳崖"的事迹后，委员们深受感动，泪洒现场。

叶小文也是第一次听说困牛山的故事，这激发起他的履职热情。

"宁死不伤百姓，这是困牛山红军壮举中最动人之处。永远保持与人民群众的血肉联系，是我们这支队伍、我们党最大的政治优势。"叶小文与全国政协提案委员会副主任戚建国一拍即合，决定让这段在党史、军史上有重要价值的历史被更多人所知，努力推动困牛山成为一个与狼牙山一样的国家级红色教育基地。

在做了一系列准备工作、征集到一些资料之后，2021 年 12 月，由戚建国、叶小文联合署名的文章在《贵州日报》刊发，后又被 2022 年第 4 期《新华文摘》杂志全文转载。

紧接着，在 2022 年全国两会期间，叶小文与戚建国、贵州省政协主席刘晓凯联名提交《关于从国家层面支持"困牛山红军集体跳崖千古壮举"保护传承的提案》。

"许多委员听说这个提案后都深受感动，嘱咐我们一定要把这个故事挖掘好、讲述好，让伟大的精神价值在全社会彰显光辉。"叶小文说。

文章发表了、提案提交了，叶小文却并没有就此止步。他告诉记者，由于这段历史缺乏翔实记录，当时跳崖的幸存者近些年也都已离世，战斗经过、时间等历史细节还有待继续挖掘、补充。因此，他还想再去趟石阡县。

2022 年 8 月，"困牛山红军集体跳崖千古壮举"专题研讨会在石阡举办，叶小文不顾舟车劳顿，又一次从北京奔赴武陵山区。他在会上建言，在困牛山红军事迹中，要发挥好人民政协文史资料工作的优势，在工作机制上可以加强纵向联动，深化各级政协组织在文史工作方面的协调与合作，实现优势互补、资源共享、成果共用。

在多方努力下，困牛山红军壮举展陈中心于 2022 年落成。但可以预见的是，叶小文与困牛山的故事，仍有未完待续的篇章。

"琴弓起落处，仍是少年人"

无论说话还是写文章，叶小文都有自成一体的风格，这源于他对文学、哲学、社会学和宗教学知识的活学活用。不管是孔子、孟子等古代中国圣贤，还是海涅、马克思、韦伯等外国大家的名句，他总能信手拈来。

在中国传统文化中，"和"是一种被高度崇尚的精神。"和而不同""以和为贵"……叶小文认为，国与国之间也要求同存异，以和为贵。

中国人民大学应用经济学院院长郑新业教授至今仍然记得，十多年前，叶小文作为中国国家宗教局局长在美国亚特兰大发表的一场英文演讲。

"亚特兰大对于中国来说是一个有历史意义的地方。27 年前带领中美建交的两位老人，邓小平和卡特，其中一位现在还站在我们中间。"叶小文说这话时，美国老总统卡特就坐在观众席。

"中国几十年来居然印刷发行了 4000 万册《圣经》! 这很奇妙，不是吗? 或许有人会心存疑问，这不是一个无神论者执政的国家吗? 这个国家允许基督教徒存在吗?"叶小文说道。随即，他又引出中国维护宗教信仰自由与坚持独立自主自办的两个原则。

"我相信，上帝把世人分为男人和女人，不是要让他们争吵不休，而是要让他们相亲相爱；同理，上帝把世界分为东方和西方，不是要让彼此对峙冲突，而是要让彼此团结和睦。我们应该尊重事实，摒弃偏见。"

彼时，郑新业陪同卡特的驻联合国大使 Young 一起聆听演讲。

"叶是个典型的中共官员。""中共太厉害了!"Young 禁不住连连对郑新业感叹。

从 60 岁起，叶小文开始学习大提琴，还组建起满天星业余交响乐团。

他本来就好写好讲、心直口快，又喜欢上拉琴，让有些人颇为不解，"当了官还弄笔、拉琴、到处跑，图个啥?"

有朋友劝他：谨言慎行、老成持重才是官员应有的样子，正部级领导更要低调一些。

可是叶小文依旧我行我素，该说说、该写写，还索性开设了个人微信公众号"望海楼札记"，以平均三天一篇文章的速度更新。这股劲头，倒像是童心未泯的孩子。

友人作诗赠他，"琴弓起落处，仍是少年人"。

说到底，这份"少年感"缘于叶小文心底的干净与踏实。

叶小文回忆说，他调任共青团贵州省委书记时，时任贵州省委组织部部长龙志毅代表省委找他谈话。正是那一次谈话，如同明灯般指引他形成了正确的家庭观、金钱观和政绩观，也照亮了他前行的路。

"领导干部要有三个敬畏：一是敬畏历史，使自己的工作能经得起实践和历史的检验；二是敬畏百姓，让自己做的事情对得起养育我们的人民；三是敬畏人生，将来回首往事的时候不会感到后悔。在市场经济里，在利益冲突时，在诸多诱惑中，在'糖衣炮弹'前，不妨多思、多言、多循、多行敬畏。常修为政之德，常思贪欲之害，常怀律己之心，就要常具敬畏之戒。"叶小文说。

叶小文喜欢王阳明的"此心光明，亦复何言"。他就是这样一个心怀澄澈、心怀光明的人，在他的"望海楼"里，藏着他"吐出"的一颗颗明珠，等待着时间长河中的人们前来探寻、撷取。

（司晋丽文，载《人民政协报》2023 年 1 月 19 日第 6 版）

漫谈群掠影

选择了读书就是选择了进步
抓好了读书就是抓好了未来

——"网上全国政协书院"一周年感言

今天，又逢"中国全民阅读日"，"世界读书日"。

一年前的今天，2021年4月23日，全国政协委员读书活动启动仪式在政协机关举行。汪洋主席出席并讲话。18位全国政协副主席出席。张庆黎副主席传达了习近平总书记关于政协读书活动的重要批示，刘奇葆副主席作学习习近平总书记关于读书学习重要论述的发言，李斌副主席主持会议。2位委员交流读书体会。4位委员代表（我也是其中1位）为"网上全国政协书院"揭幕。

一年来，"网上全国政协书院"分5个阶段建立了60多个读书群，6个省级地方政协的读书群也分批进入，2000多名全国政协委员在各群主的带领下入群读书交流，书院书卷常开，昼夜灯火不熄。这个书院，根在政协，校在云上，充分发挥了"互联网+"的优势，委员们打破时空界限，线上线下、随时随地一起读书交流，共读共学、同思同享，教学相长，学学相长，人人参与、人人收获、人人贡献，共同提高、共同进步。

回顾汪洋主席在启动仪式上的一段话，经过一年的实践，倍感亲切、倍受鼓舞，更加体会到深刻透彻、掷地有声："人民政协在读书学习中走到今天，也必然在读书学习中走向未来。选择了读书，就是选择了进步；抓好了读书，就是抓好了未来。我们相信，在全体委员坚持不懈的努力下，读书活动一定能办出特色、办出水平，人民政协多读书、读好书、善读书的氛围一定会更加浓厚，政协委员一定会多一些笔墨书香、少一些浮躁喧嚣，多一些真才实学、少一些慵懒松散，更好负担起职责使命，为发挥好人民政协专门协商机构的作用、推动人民政协事业发展作出应有贡献。"

　　持之以恒，久久为功。要进一步把"网上全国政协书院"的读书群办成高质量的大学校，需要在5个方面努力：

　　——更加突出平台功能；

　　——更加注重博学与专攻；

　　——更加体现学以致用；

　　——更加强调办学质量；

　　——更加发扬协商民主好学风。

诗友颂党接龙

（2021 年 7 月 1—8 日）

　　7 月 1 日，在天安门城楼聆听了习近平总书记重要讲话，有感于我们党浴血奋战的光辉历程，有感于伟大祖国的沧桑巨变，赋七言诗一首，请各位指正，与各位共勉。

七律·咏建党百年

刘奇葆

斗转参横一百年，

石攻烈焰补苍天。

风雷历尽乾坤健，

板荡清夷日月妍。

练就金星光禹甸，

欲教瀚海化桑田。

长征正度关山处，

镰斧生辉再向前。

张连起 @ 刘奇葆：

　　奇葆副主席《七律·咏建党百年》意境恢宏，豪情壮阔，激励雄健。意象、文采、韵律、对仗等皆精当雅致，实属上品。首联即气象非凡，以"斗转参横"暗喻开天辟地，以"女娲补天"的历史典故阐释初心使命。颔联、颈联对仗工整，表达百转千回风雷激、千秋伟业日月妍的奋斗与牺牲情怀，以及练就金星、教化桑田的大无畏气概，内蕴神追"敢教日月换新天"。尾联堪称"诗眼"，寓意在党徽指引的新征程中，跨越关山、奋勇向前。全诗节奏张弛相宜，起承转合递进升华，是旧体诗展现新风物的不可多得的力作。

请 @ 全体成员：各位委员就此互动交流，鉴赏品味。

读奇葆副主席《七律·咏建党百年》诗有感

叶小文

千载一时
一时千载
建党百年
激情满怀

千言万语
万语千言
言不尽意
吟诗来献

千军万马
万马千军
战旗猎猎
喇叭声咽

千秋伟业
伟业千秋
立足人民
英雄赳赳

千唱万和
千呼万唤
民族复兴
指日可现

千载一时
一时千载
人民江山
千秋万代

七律·建党百年颂

戚建国

奇葆副主席《咏中共建党百年》，立意高远，一览众山，我等仰之。跟学一首《建党百年颂》，请教正。

惊涛骇浪百年船
血雨腥风万里川
湘赣燎原星火艳
陕甘漫陇赤旗妍

开天鬼斧乾坤定
辟地神工汉月圆
赶考恰逢新变局
初心如铁复兴篇

依奇葆副主席《七律·咏建党百年》诗尾字填词

叶小文

中共建党一百年，
神州幡然换新天。
自强不息君行健，
厚德载物竞争妍。
全面小康光禹甸，
脱贫攻坚尽桑田。
民族复兴圆梦处，
诗人兴会更无前。

郭媛媛 @ 刘奇葆:

奇葆主席的诗在我读来,是在激越、激情中,前两句写出了党成立的开天辟地,三四句写出了中国革命的惊天动地;五六句写出了改天换地,最后两句写出了新征程将要顶天立地的民族复兴!

七律·建党百年咏(步奇葆副主席、小文副主任韵)

邰风涛

浪涌红船历有年,
旌旗引领启新天。
硝烟浴火长宵漫,
改革花开映日妍。
伟业千秋衔使命,
初心万代固丹田。
神州逐梦须同力,
策马今朝始足前。

七律·百载千秋

张连起

自序:在国学群喜读奇葆副主席《七律·咏建党百年》,仰之弥高,品之弥深。以"急就章"和之,就教于方家。

筚路蓝缕经百年,
而今五洋到九天。
星星火种英雄递,
猎猎旌旗战地妍。
三山推倒能换貌,
八方扬绿可耕田。
炎黄崛起兴邦梦,
众志成城永向前。

注:
五洋、九天:深潜与载人。

换貌：语本庄子，子产蹴然，焕然一新。

戚建国＠刘奇葆＠王荣＠叶小文＠张连起＠郗风涛＠郭媛媛＠祁志峰：

没有哪一个季节，像秋天一样诗意旺盛。2021年，恰逢中国共产党建党一百周年，今天，我们在奇葆副主席引领下，一起吟诗唱和，齐颂中国共产党百年的光辉历程和丰功伟绩。

依奇葆副主席《七律·咏建党百年》诗韵

蒋作君

奋斗弗渝历百年，
拼将日月换新天。
曾经万死神州变，
正尽千辛赤县妍。
高走蟾宫折桂子，
深潜龙庙探油田。
东方日灿霞蒸唤，
航远艨艟破浪前。

张连起＠全体成员"温馨说明"：

七律有四种基本形式：

1. 平起仄收句：平平仄仄平平仄；
2. 仄起仄收句：仄仄平平平仄仄；
3. 仄起平收句：仄仄平平仄仄平；
4. 平起平收句：平平仄仄仄平平。

在四种七律格式的基础上，句尾依次根据"一联之内平仄相对，两联之间平仄相粘"的口诀，可以续排出四种七言排律的格式。

写七律不易，常有平仄不合、失粘、对仗不工等忌讳或瑕疵。和诗则更难。即使是李杜、毛泽东诗词，也有平仄不合、不押韵等情形。重要的是抒怀言志，宽以待之，不因律害义也。

七律·观看北京"庆祝建党 100 周年大会"抒怀
蒋定之

好诗！向奇葆副主席和各位学习，发上一首观看北京庆祝建党百年大会之作。

赤帜如云满目新，
广场含笑舞青春。
战鹰呼啸向天宇，
礼炮声传倾国人。
且约尧风催舜雨，
誓将顽石踏成尘。
从来砥砺无难事，
撸袖经纶挽万钧。

赞"诗友颂党再接龙"
叶小文

一石激起千层浪
一诗引来一串诗
大海扬波作和声
书友诗话论和诗

刘奇葆 @ 连起、媛媛群主（国学群）并各位：

我的一首七言粗品，得各位诗家不吝唱和，妙品迭出，诗意浩瀚，实为书院庆祝建党百年的一桩盛事，且助国学群征诗大获丰收。感谢各位共襄此举，望各位诗友吟诗不辍，诗心不衰，青春常在！

张连起 @ 刘奇葆：

衷心感谢奇葆副主席对国学群诗歌征集活动的关怀与支持！在庆祝党的百年华诞的日子里，本群倡导态度第一、参与第一、喜庆第一，引导和鼓励各位委员抒发一心爱党之情，宣示紧跟党走之举，我们高兴地看到，各位委员呈现出了发自内心、躬身实践的炽热情怀。诗艺如何不是最重要的，重要的是诗心不老、山河无恙。奇葆副主席的诗作对各位委员读书必将是一种有力的激励。向每一位永葆青春诗心的委员致敬！

步奇葆副主席《七律·咏建党百年》韵，集委员诗句：

庆颂共产党百年华诞
牛克诚

筚路蓝缕经百年，（张连起）

旌旗引领启新天。（郜风涛）

岂惧狂澜险路阻，（刘毛伢）

正尽千辛赤县妍。（蒋作君）

一统复兴能指日，（张连起）

八方扬绿可耕田。（张连起）

浩荡东风天地洗，（戚建国）

航远艨艟破浪前。（叶小文）

神龙见尾不见首，

雄诗咏昔并咏今。

　　建党百年之际，国学群中，奇葆副主席率先赋诗，众诗友纷纷展诗，重温共产党百年历史，赞颂祖国繁荣景象，展望民族复兴未来。弦诗不断，和诗联延，雄诗震云天！

　　张连起 @ 牛克诚：

　　克诚兄的联句顿使本群生辉增色，这厢有礼了。联句成七律，可以想见难度之高。尤其是在下匆匆一吟的句子，竟被兄安排得熨帖有致，佩服佩服！

　　张连起 @ 各位委员：

　　正如大家常说，格律诗如"戴着镣铐跳舞"，传统规矩在某种程度上限制了自由表达。这就出现了诗家明知某处不合平仄或不押韵，仍不得不为之。如"乱云飞渡仍从容"的"仍从容"，系三平调，忌。改成"亦从容"如何？诗人仍之。至于毛泽东诗词不押韵（即使用湖南话）更是所在多有。故，有规矩，但不循规蹈矩（也要大体符合），不因律害义也。

郭媛媛 @ 刘奇葆：

感谢奇葆主席子夜重要发言！昨晚奇葆主席和各位大家委员围绕习近平总书记七一讲话的唱和，实乃读书群文化盛事。

感谢奇葆主席对国学读书的支持和鼓励！

强国之始再出发

郭媛媛

红船领舵一百年，
党史回望心意连。
敢抛生死为家国，
血色战地分外妍。

强国有篇翻旧页，
复兴赶考开新田。
一诺既许千秋事，
初心得守万载前。

沁园春毛主席诗词暨党的光辉历史赞

黄树贤

在国学群中，学习毛主席诗词，重温共产党历史，深受教育，备受感动，试填一词，敬请指正。

领袖诗词，
革命雄文，
战斗篇章。
记光辉历史，
崇高理想。

告辞韶里，

击水湘江。

起义农村，

突围闽赣，

万里长征向北方。

登延岭，

看红装素裹，

正道沧桑。

庐山无限风光。

有红雨随心翻作浪。

在伟人笔下，

同仁义重，

高堂亲切，

夫妻情长。

家国胸怀，

人民至上，

喜笑调谐斗列强。

谁能忘，

举马翁旗帜，

世代飘扬。

七律·学习近平总书记七一重要讲话

——诗和叶小文委员

王　炯

号令云天谕九州，

初心不改写千秋。

红船建党春雷起，

墨笔宣言鬼魅愁。

万里长征多壮志，

百年大势尽风流。
中华迈步新时代，
领舵江山伟业酬。

人民至上　人格高尚　人心所向

——学习习近平总书记"七一"讲话

在党的百年诞辰之际，习近平总书记在天安门城楼上庄严地向历史、向中国、向世界宣布："中国共产党一经诞生，就把为中国人民谋幸福、为中华民族谋复兴确立为自己的初心使命。一百年来，中国共产党团结带领中国人民进行的一切奋斗、一切牺牲、一切创造，归结起来就是一个主题：实现中华民族伟大复兴。"

历史和人民选择了中国共产党。中国共产党不负历史，不负人民；始终以史为鉴，开创未来；坚持人民至上，代表人民。

我谈三点体会：中国共产党坚持"人民至上"，每一个党员都要崇尚"人格高尚"，党的力量来自"人心所向"。

中国共产党坚持"人民至上"

中国共产党人的初心和使命，就是为中国人民谋幸福，为中华民族谋复兴。这个初心和使命是激励中国共产党人不断前进的根本动力。中国共产党永远与人民同呼吸、共命运、心连心，永远把人民对美好生活的向往作为奋斗目标，以永不懈怠的精神状态和一往无前的奋斗姿态，朝着实现中华民族伟大复兴的宏伟目标不懈奋进。习近平总书记说："中国共产党根基在人民、血脉在人民、力量在人民。中国共产党始终代表最广大人民根本利益，与人民休戚与共、生死相依，没有任何自己特殊的利益，从来不代表任何利益集团、任何权势团体、任何特权阶层的利益。"立党为公、执政为民，以人为本、以民为重，中国共产党全心全意为人民服务，把最广大人民的根本利益作为党全部工作的出发点和落脚点，不断实现好、维护好、发展好最广大人民的根本利益。

每一个党员都要崇尚"人格高尚"

中国共产党有 9500 多万党员。党要求每一个共产党员，都要坚定信念，不忘初心、不移其志，以坚忍执着的理想信念，以对党和人民的赤胆忠心，把对党和人民的忠诚和热爱牢记在心中、落实在行动上，为党和人民事业奉献自己的一切乃至宝贵生命，为党的理想信念顽强奋斗、不懈奋斗；都要对人民饱含深情，心中装着人民，工作为了人民，想群众之所想，急群众之所急，解群众之所难，密切联系群众，坚定依靠群众，一心一意为百姓造福，以为民造福的实际行动诠释共产党人"我将无我、不负人民"的崇高情怀；都要把许党报国、履职尽责作为人生目标，不畏艰险、敢于牺牲，苦干实干、不屈不挠，展示共产党人无私无畏的奉献精神和坚忍不拔的斗争精神；都要保持共产党人艰苦朴素、公而忘私的光荣传统，不以功臣自居，不计较个人得失，不贪图享受，守纪律、讲规矩，明大德、守公德、严私德，清清白白做人、干干净净做事，做到克己奉公、以俭修身，永葆清正廉洁的政治本色。

这就是共产党人的高尚人格，是每一个共产党员都要崇尚和践行的高尚人格。共产党人因此拥有人格力量，共产党必然赢得民心，共产党之所向，就是人心所向。习近平总书记说："全体中国共产党员！党中央号召你们，牢记初心使命，坚定理想信念，践行党的宗旨，永远保持同人民群众的血肉联系，始终同人民想在一起、干在一起，风雨同舟、同甘共苦，继续为实现人民对美好生活的向往不懈努力，努力为党和人民争取更大光荣！"党中央的号召，再次重申了每个共产党人都要崇尚和践行的高尚人格。

党的力量来自"人心所向"

中国共产党是人民的党，是有人格力量的党，必然是人心所向的党。中国共产党的力量，来自 14 亿人民的"人心所向"。

中国共产党始终是中国工人阶级的先锋队，同时是中国人民和中华民族的先锋队。两个先锋队体现的先进性，也是共产党千锤百炼的优秀品格。一百年来，中国共产党团结带领人民在中国这片古老的土地上，书写了人类发展史上的壮丽史诗。一番番"障百川而东之，回狂澜于既倒"的历练，证明党的先进性，证明无数优秀共产党人始终在实践这种先进性。

成就辉煌、历史确证、人民拥戴、世界瞩目，但党却异常清醒地告诫自己：保持"人心所向"，就要守住人心。守住人心，就是守住人民的民心，就要守住自己的初心。"江山就是人民、人民就是江山，打江山、守江山，守的是人民的心。""初心易得，始终难守"，不忘初心、牢记使命不是一阵子的事，而是一辈子的事，每个党员都要在思想政治上不断进行检视、剖析、反思，不断去杂质、除病毒、防污染。先进性也不是一劳永逸、一成不变的，过去先进不等于现在先进，现在先进不等于永远先进。不能让鲜花掌声淹没群众意见，不能让成绩数字掩盖现实问题，不能让发展成就麻痹忧患意识。要常怀忧党之心，恪尽兴党之责。

中国特色社会主义进入新时代，我们比历史上任何时期都更接近、更有信心和能力实现中华民族伟大复兴。我们千万不能在一片喝彩声、赞扬声中丧失革命精神和斗志，逐渐陷入安于现状、不思进取、贪图享乐的状态，而是要牢记船到中流浪更急、人到半山路更陡，要把不忘初心、牢记使命作为加强党的建设的永恒课题，作为全体党员、干部的终身课题。"勇于自我革命是中国共产党区别于其他政党的显著标志。我们党历经千锤百炼而朝气蓬勃，一个很重要的原因就是我们始终坚持党要管党、全面从严治党，不断应对好自身在各个历史时期面临的风险考验，确保我们党在世界形势深刻变化的历史进程中始终走在时代前列，在应对国内外各种风险挑战的历史进程中始终成为全国人民的主心骨！"

习近平总书记说："过去一百年，中国共产党向人民、向历史交出了一份优异的答卷。现在，中国共产党团结带领中国人民又踏上了实现第二个百年奋斗目标新的赶考之路。"

时代是出卷人，我们是答卷人，人民是阅卷人。"路漫漫其修远兮，吾将上下而求索"。中国共产党不忘初心、继续前进，永远保持谦虚、谨慎、不骄、不躁的作风，永远保持艰苦奋斗的作风，勇于变革、勇于创新，永不僵化、永不停滞，与时俱进、与民同在，继续在这场历史性考试中经受考验，努力向历史、向人民交出新的更加优异的答卷！

习近平总书记说："一百年前，中国共产党的先驱们创建了中国共产党，形成了坚持真理、坚守理想，践行初心、担当使命，不怕牺牲、英勇斗争，对党忠诚、不负人民的伟大建党精神，这是中国共产党的精神之源。""一百年来，中国共产党弘扬伟大建党精神，在长期奋斗中构建起中国共产党人的精神谱系，锤炼出鲜明的政治品格。历史川流不息，精神代代相传。我们要继续弘扬光荣传统、赓续红色血脉，永远把伟大建党精神继承下去、发扬光大！"

　　精神之源，代代传承。精神谱系，川流不息。中国共产党坚持"人民至上"。每一个党员都要崇尚"人格高尚"。党的力量来自"人心所向"。这就是伟大的人民的党，永远有人格力量的党，人心所向、百年恰是风华正茂的党。

（原载《中国青年报》2021 年 7 月 2 日）

面对市场经济的考验

——写在党的百年诞辰之际

习近平总书记说，"勇于自我革命，是我们党最鲜明的品格，也是我们党最大的优势。百年风霜雪雨、百年大浪淘沙，我们党能够从最初的 50 多名党员发展到今天的 9100 多万名党员，战胜一个又一个困难，取得一个又一个胜利，关键在于我们始终坚持党要管党、全面从严治党不放松，在推动社会革命的同时进行彻底的自我革命。"展望新时代新征程，中国共产党要带领全党全国各族人民统筹世界百年未有之大变局和中华民族伟大复兴战略全局，战胜前进道路上各种风险挑战，依然需要保持强烈的忧患意识，把党的伟大自我革命进行到底。

一、党的建设面临市场经济的长期考验

党的十九大报告强调，要深刻认识党面临的执政考验、改革开放考验、市场经济考验、外部环境考验的长期性和复杂性，深刻认识党面临的精神懈怠危险、能力不足危险、脱离群众危险、消极腐败危险的尖锐性和严峻性，坚持问题导向，保持战略定力，推动全面从严治党向纵深发展。其中，最复杂的应该是市场经济考验，最严峻的应该是消极腐败危险。

我们党从夺取政权到长期执政，是一场历史考验。从领导和驾驭计划经济到领导和驾驭社会主义市场经济，也是一场历史考验。各级党员干部从以清贫为本色与人民群众同患难，到以致富为追求带领人民群众富起来，更是一场历史考验。按照社会发展规律，实现人民共同富裕，必须发展好社会主义市场经济。党的工作以经济建设为中心，无论从宏观调控到各项经济活动的组织、推进和监督，党的各级组织、广大党员都要全面参与社会主义市

场经济。

市场经济自身是有二重特性的。一方面，市场经济是一条推动生产力发展、促进社会整体财富积累的必由之路；另一方面，市场经济说到底又是一种以个人对自身利益的追求作为基础的交换共同体。市场经济的两个起点：每一个经济的个体，都追求利润的最大化；每一个真实的个人，都追求利益的最大化。正是这两个最大化，进入市场经济运作，演绎出一部激烈竞争、效率至上的交响曲，从整体上形成推动市场经济不断发展的动力，形成了市场经济优胜劣汰的秩序；但它又会成为市场经济的阻力和破坏力，如果这两个最大化"无限度"追求，就会导致互相欺诈、物欲横流，市场经济的秩序就无法维持下去。于是我们看到的现象是，因大力发展市场经济，市场极大丰富，生活极大改善，人们的物质生活水平普遍提高，可有的人精神世界却缺少了关照。在这种情况下，如何防止市场经济负面效应对党员的诱惑、对党的机体的腐蚀，是我们必须面对的问题。

毛泽东同志早就告诫全党，"可能有这样一些共产党人，他们是不曾被拿枪的敌人征服过的，他们在这些敌人面前不愧英雄的称号；但是经不起人们用糖衣裹着的炮弹的攻击，他们在糖衣炮弹面前要打败仗。我们必须预防这种情况。"在市场经济条件下，被"糖衣裹着的炮弹的攻击"的机会应该说是更多了，而且容易出现"温水煮青蛙"效应下的沦丧。

邓小平同志在改革开放之初就警示全党，自从实行对外开放和对内搞活经济两个方面的政策以来，不过一两年时间，就有相当多干部被腐蚀了，卷进经济犯罪的人不是小量的，而是大量的。

习近平总书记在党的十八届中央政治局第一次集体学习时指出，大量事实告诉我们，腐败问题越演越烈，最终必然会亡党亡国！我们要警惕啊！党的十八大后的5年间，经党中央批准立案审查的省军级以上党员干部及其他中管干部440人。党的十九大以来，立案审查调查的中管干部又达三位数。可见，对于腐败问题仍然要高度警惕、警钟长鸣！

为什么贪腐难以禁止？我们在理论上要有更为透彻的思考，在实践上要有更强力的措施。防治贪腐、党风廉政建设问题，具有反复性和顽固性，在市场经济条件下，更有严峻性、挑战性，稍不注意就会反弹回潮。这是党的建设中必须敢于面对、善于解决的现实问题。

习近平总书记在"不忘初心、牢记使命"主题教育总结大会上的讲话中说,"古人说:'天下之难持者莫如心,天下之易染者莫如欲。'一旦有了'心中贼',自我革命意志就会衰退。"在长期执政条件下,在社会主义市场经济条件下,更要防止自我革命意志的衰退,更要始终坚定党的信念、根本宗旨、优良作风、道德情操,进一步发扬革命精神,始终保持艰苦奋斗的昂扬精神和共产党人克己奉公、一心为民的高风亮节,努力形成和确保持续河清海晏的政治生态。

社会主义市场经济是要不断搞下去的,不可能把市场经济停下来再整党治党。面对市场经济中的新问题,既刮骨疗伤,也对症下药;既标本兼治,也激浊扬清。要善于把"不敢腐、不能腐、不想腐",与建立广大党员、干部"很想干、很能干、很愿干"的体制和机制,相辅相成,一体推进。要在保持反腐倡廉高压态势的同时,推动鼓励干事创业、有担当,也要制度化、常态化,充分调动广大党员、干部在发展社会主义市场经济中的积极性、创造性,从而在坚持反腐倡廉、实现风清气正的基础上,把社会主义市场经济搞得更好,把高质量发展搞得更好,把实现共同富裕搞得更好,保持党的队伍纯洁稳定。

二、发挥道德在社会主义市场经济中的正能量作用

改革开放 40 多年,出了那么多"大老虎""小苍蝇",是改革开放不对吗?不是。是我们党放弃了立党为公的宗旨和初心吗?不是。是我们没有在党员中对"糖衣炮弹"警钟长鸣、没有在社会上提倡正确的义利观和公私观吗?都不是。原因有很多,其中一个重要方面是在市场经济条件下,很难把"利"与"义"协调起来。

在社会主义市场经济条件下,我们共产党人强调,在义利冲突中必须坚定不移地先义后利,更加大声疾呼重义轻利,为义弃利,鼓励、向往大公无私、舍生取义的精神;同时也必须深入研究,从中华优秀传统文化中汲取培育和弘扬社会主义核心价值观的丰厚滋养,发挥道德在市场经济中的正能量作用。这是一个重大的理论问题和现实问题。"地势坤,君子以厚德载物"。中国特色社会主义之所以能浩浩荡荡,蓬勃发展,其特色之一,就是能以"厚德"载市场经济。

　　必须正视，市场经济中每一"经济人"都追求利润最大化，由此激烈竞争，优胜劣汰，效率大增。货币成了一般等价物，价值规律驱使人们不断追求和积累商品价值。既然搞市场经济，就得尊重市场经济的规律，遵守市场经济的法则，追求市场经济的效率。但绝不能"一切向钱看"，把精神、信仰物化，把诚信、道德抛弃。手持利益这把"双刃剑"，身处社会这个共同体，就需要坚守底线、明晰边界，有所为、有所不为。这个底线和边界，就是"适中"。经过了个人利益的觉醒、市场经济的洗礼，如何把经济冲动与道德追求、把物质富有与精神高尚成功结合起来，检验着我们社会的文明程度，关乎社会主义市场经济的成功程度，也考验着我们党的执政能力。

　　我们共产党人必须在全社会带头培育和践行社会主义核心价值观。社会主义核心价值观的践行，要落实到成功建立现代市场经济发展所需要的"市场伦理"，把"资本"的冲动与"诚信"的构建成功结合，形成一个与现代市场体系配套的，勤勉做事平实做人、守信光荣失信可耻的社会氛围，构建和遵循适应社会主义市场经济的道德和行为规范。只有这样让社会主义核心价值观接地气——与现代市场体系以及相应的社会结构更加紧密契合，才能够对准人们思想的共鸣点、群众利益的交汇点而生生不息，增强对广大群众的吸引力和感染力而生动活泼，进而成为人们自觉的利益诉求和价值愿望而潜移默化，成为人们世界观、人生观、价值观的总开关。

　　对这个全新的问题，初步研究，有以下四点。

　　第一，必须在推进社会主义市场经济中确保坚守共产党人的道德高地。当市场在资源配置中起决定性作用时，执政党在领导和调配全国资源中起什么作用？不能不正视，腐败问题和不正之风曾经一度严重侵蚀我们的党政干部队伍。中国有推崇君子人格的传统。诸如"君子喻于义，小人喻于利"的谆谆告诫，修齐治平的政治理想，"载舟""覆舟"、居安思危的忧患意识，"国而忘家，公而忘私"的精神境界，"安得广厦千万间，大庇天下寒士俱欢颜……吾庐独破受冻死亦足"的民本情怀等，这些中国传统文化的"君子之德"，与共产党人为实现共产主义前仆后继的远大理想，全心全意为人民服务的基本宗旨相契相合。党的各级干部不妨从传统的君子之德中，获得精神鼓舞的正能量，培养浩然正气。

　　第二，要善于在推进社会主义市场经济中激活民族优秀传统的文化基因。亚当·斯密在《道德情操论》中，基于人性本善的假设，把源于人的同情的利他主义情操视为人类道德行为的普遍基础和动机；在《国富论》中，又把人性本恶作为经济学的前提假设，把个人利己主义的利益追求当作人类经济行为的基本动机。他提出了问题，却未能解决问题，给出的是一个"斯密悖论"。但他强调靠"人的本性"解决市场经济中的道德缺失问题的思路也启发我们，其实蕴含在中国传统文化中的中华民族的"民族本性"，有巨大的能量，关键是如何在发展市场经济的条件下唤回它、激活它、放大它，使它成为强大的正能量。今天，诊治近利远亲、见利忘义、唯利是图、损人利己的道德失范现象，不妨从民族优秀的文化基因中，去找回和强化道德约束和慎终追远的定力，去增强我们民族在现代化浪潮中强身壮体的抗体，增强人们在各种物质诱惑面前的免疫机能，促使人们做到见利思义、义利并举、先义后利。

第三，在推进社会主义市场经济中实现法治与德治并举。中国历史上，很多人主张"儒法并用""德刑相辅"。治理国家和社会是复杂的系统工程。党提出依法治国和以德治国相结合，一定程度上吸收了古人"礼乐刑政其极一也"的治理思想与经验。以德治国，是我们国家和民族的历史传统之一，是中华民族应该认真继承使之转化为新的历史条件下可以进一步用好的最深厚的文化软实力之一。

第四，使社会主义市场经济体制蕴含的善的伦理道德，最终成为全社会普遍认同的行为规范。这包括，对所有参与市场经济活动的企业一视同仁。市场经济需要政府"看得见的手"的作用，但应当有明确的边界。政府参与市场行为，也需要有严格的法律限定，并进行规范。政府不能"越位"，不能在决策上随意性较大，不能责任意识淡薄，对造成重大经济损失的行为后果，必须追究决策者的行政责任。尊重市场经济发展规律，政府的计划调控才会具有科学性、规范性。如此等等。可见，市场经济体制的改革，政府（官员）对市场伸出"看得见的手"，也离不开市场伦理建设。

总之，我们要在唯物史观的指导下，激活中华传统文化的优秀精神基因，成功结合"资本"的冲动与"诚信"的构建，建立适应社会主义市场经济的道德和行为规范的、"利者，义之和也"的义利兼顾与统一的、"适中合义"的"市场伦理"。如何建立和完善社会主义制度下的"市场经济＋法治经济＋道德经济"这个人类新的经济制度和经济模式，尚在路上，还要探索。中国共产党在这个问题上，也是在"赶考"、在"应考"，要交出有我们中国特色社会主义的中国答卷。

三、警惕和防止"内部变质、变色、变味"

面对市场经济的考验，中国共产党的常青之道，必须着眼于解决党的建设的现实问题，尤其要始终警惕和有效防止"内部变质、变色、变味"。

习近平总书记在党史学习教育动员大会上指出："堡垒最容易从内部被攻破。从某种意义上说，自从党成立以来，我们党面临的最大风险是内部变质、变色、变味，丧失马克思主义政党的政治本色，背离党的宗旨而失去最广大人民支持和拥护。"这段话掷地有声、振聋发聩。习近平总书记说，"党的百年历史，也是我们党不断保持党的先进性和纯洁性，不断防范被瓦解、被腐化的危险的历史。要教育引导全党通过总结历史经验教训，着眼于解决党的建设的现实问题"。

"君子终日乾乾，夕惕若厉，无咎。"着眼于解决党的建设的现实问题，在市场经济条件下始终警惕和有效防止"内部变质、变色、变味"，中国共产党一定能确保历时越长，越"长"青；千锤百炼，犹"常"青。

市场经济的考验，是全新的、长期的、"富起来"的新考验，是在普遍富裕的诱惑下如何普遍做到拒腐蚀、永不粘的更为复杂的考验，现在已经不仅仅是当年几发"糖衣炮弹"来袭的局面。市场经济的法则是经济运行的普遍法则，但就是不能"普遍"到侵入或浸入我们党内。我们党如何保持生机活力、如何保持先进性和纯洁性的问题十分现实和紧迫；"流水不腐，户枢不蠹"。如何让广大党员在市场经济中更好地发挥积极性和创造性，既"很想干，很愿干，很能干"，又"不敢腐、不能腐、不想腐"，始终做到"忠诚、干净、担当"，不仅"贫困不能屈"，更加"富贵不能淫"，更是需要探索。"党风廉政建设取得的成效只是初步的、阶段性的"，不可能毕其功于一役；党的自身建设和自我革命任重道远，要迎接新考验，解决新问题。

中国共产党一定能有效应对市场经济的考验。中国共产党的百年历史，就是一部不断防范被瓦解、被腐化危险的历史，是不断保持先进性和纯洁性的历史。在市场经济考验面前，我们要进一步做到居安而念危，则终不危；

操治而虑乱，则终不乱。通过总结历史经验教训，着眼于解决党的建设的现实问题，不断提高党的领导水平和执政水平，不断增强拒腐防变和抵御风险能力，我们党一定能在世界形势深刻变化的历史进程中，始终走在时代前列；在应对国内外各种风险挑战、包括市场经济考验的历史进程中，始终成为全国人民的主心骨；在坚持和发展中国特色社会主义的历史进程中，始终成为坚强领导核心。

（原载《浙江日报》2021 年 6 月 7 日）

贵州发给世界的这张新名片

　　站在天眼观景台上，感慨万千，浮想联翩，脑海里不断回响着我们视察团的总团长——全国政协副主席刘奇葆的一首诗，《黔南观天眼》：

　　　　遥看天眼万山中，

　　　　阅尽银河览太空。

　　　　试问烟云星外客，

　　　　桃源有未世间同？

　　视察团团员、中国社会科学院文学研究所古典文献研究室主任刘宁教授《奉和奇葆副主席黔南观天眼》：

　　　　星汉迢迢在眼中，

　　　　天音切切透深空。

　　　　仙家亦羡人间乐，

　　　　日异月新难与同。

　　"天音"一句写天眼体验馆聆听宇宙中脉冲音，如闻仙人切切细语。"天眼"，是从正在建设的人间桃源之一——中国贵州，发给世界的一张新名片。

　　在这块充满红色记忆的土地上，交汇着长征精神、遵义会议精神、三线建设精神。当年，中国革命在这里大转折，星星之火从这里燎原，红军在这里九死一生终于铁流滚滚，毛主席用兵真如神；当年，三线建设在极其艰苦的条件下为我国航空航天、军事电子技术、兵器制造、军队后勤保障等国防事业作出了不可磨灭的贡献。中国第一颗人造卫星在这里诞生，到宇宙唱响"东方红"……

　　在这块洋溢着青春活力的土地上，而今迈步从头越。今天，贵州的大扶贫、大数据、大生态战略开花结果，彻底撕掉千百年来绝对贫困的标签后，正大步开创百姓富、生态美、多彩贵州新未来。

曾几何时，贵州在人们印象中，贫困、落后，天是"天无三日晴"的"天"，地是"地无三里平"的"地"，人是"人无三分银"的"人"。贵州，是一张"乡人往往讳蛮诹"的拿不出手的旧名片。

今天，贵州发给世界的这张新名片上，"天眼"在欣喜地眨着眼睛，分明载满了诸多可以告人的信息。其中：

天，不仅是神清气爽、"爽爽的贵州"的"天"，更是装有具有我国自主知识产权、世界最大单口径、最灵敏的射电望远镜的"天眼"的"天"。习近平总书记说："浩瀚星空，广袤苍穹，自古以来寄托着人类的科学憧憬。天文学是孕育重大原创发现的前沿科学，也是推动科技进步和创新的战略制高点。500米口径球面射电望远镜被誉为'中国天眼'，是具有我国自主知识产权、世界最大单口径、最灵敏的射电望远镜。它的落成启用，对我国在科学前沿实现重大原创突破、加快创新驱动发展具有重要意义。"

地，不仅是周恩来总理早年就赞叹过的"山川秀丽，气候宜人，资源丰富"的"地"，更是在云贵高原的崇山峻岭中已经实现县县通高速的"地"；是在新时代西部大开发上闯新路、在乡村振兴上开新局、在实现数字经济上抢先机、在生态文明建设上出新绩的四个"新"的新天地。

人，是传承着长征精神、赓续着红色基因，具有"天人合一，知行合一"的"贵州人文精神"的"人"，是政通人和，心平气和的"人"。贵州各族人民团结奋进，干部群众心气顺、干劲足。贵州后来居上，必须具备"天时地利人和"的因缘。孟子曰："天时不如地利，地利不如人和。"其中，人和更为重要，人和则万事兴，传承着长征精神、赓续着红色基因，在中国共产党领导下的人，更可以创造人间奇迹。

"天眼"，是从贵州发给世界的一张新名片。在这张名片上印着的，是一个比德国波恩100米望远镜的灵敏度提高10倍，比美国阿雷西博350米望远镜综合性能提高10倍的庞然大物。它正睁开"慧眼"，专注地捕捉来自宇宙深空的137亿光年以外的电磁信号，观测范围直达宇宙的边缘。从这张名片上显示的信息还有，一群在共产党领导下的意气风发的贵州人，如周总理的预言，正扎实、稳步地向着"后来居上"的目标大踏步前进。

"天眼"从贵州看着宇宙，宇宙也正从"天眼"看着贵州。贵州借"天眼"告诉世界，世界也因"天眼"关注贵州。

在中华民族伟大复兴的历史征程中，地处中国西南一隅、曾经贫困落后的贵州，要后来居上，定后来居上。天眼在告诉"星外客"，这里正建设着又一个"世外桃源"。你听那宇宙中如闻仙人切切细语的脉冲音，"仙家亦羡人间乐"，"桃源有未世间同"！

（原载《人民政协报》2021 年 5 月 18 日）

中国共产党的常青之道

何毅亭同志总策划、甄占民同志主编的《常青之道——中国共产党自我革命的故事》一书，是向党的百年华诞献礼的重磅力作。

围绕中国共产党的百年华诞，全党上下都在学习总结党的历史经验，国内外舆论也在聚焦党的奋斗之路。中国共产党为什么能在各种政治力量的反复较量中脱颖而出？为什么能始终走在时代前列、成为中国人民和中华民族的主心骨？为什么能在百年未有之大变局中表现出卓越的领导力和强大的引领力？为什么能在新时代中国特色社会主义的伟大实践中，不断以党的坚强领导和顽强奋斗激励全体中华儿女奋进，凝聚起同心共筑中国梦的磅礴力量？一句话，为什么中国共产党历时越漫长、队伍越壮大、考验越严峻、斗争越复杂，越能百炼成钢无比坚强，百年恰是风华正茂？

中国共产党的常青之道，就是"在推动社会革命的同时进行彻底的自我革命"。

习近平总书记说，"勇于自我革命，是我们党最鲜明的品格，也是我们党最大的优势。百年风霜雪雨、百年大浪淘沙，我们党能够从最初的50多名党员发展到今天的9100多万名党员，战胜一个又一个困难，取得一个又一个胜利，关键在于我们始终坚持党要管党、全面从严治党不放松，在推动社会革命的同时进行彻底的自我革命。"

这本书，就中国共产党自我革命的精髓要义、基本特质、目标、动力和实践要求，作了权威的理论诠释和科学总结。更难得的是，挖掘出党史中鲜活的自我革命案例，以100个故事，从不忘初心牢记使命、永不自满守正出新、坚持真理修正错误、刀刃向内刮骨疗毒、立党为公严以修身、制度治党常抓不懈、依靠学习走向未来七个方面，以通俗易懂的方式，"把透彻的理论讲透彻，把鲜活的思想讲鲜活"了。

中国共产党的常青之道，持之以恒，"长"青"常"青。

中国共产党是拥有9100多万名党员的世界上最大的马克思主义政党。其实，也真是"树大招风"，"木秀于林，风必摧之"。党的队伍越大，挑战越大。前车之鉴，历历在目。苏共20万党员时，打败了资产阶级临时政府，建立了政权；200万党员时，打败了德国法西斯，保卫了政权；2000万党员时，却自己打败了自己，失去了政权。而我们党总是坚持推动自我革命，始终坚持真理、修正错误，敢于正视问题、克服缺点，勇于刮骨疗毒、去腐生肌。所以，总是能够在危难之际绝处逢生、失误之后拨乱反正，成为永远打不倒、压不垮的马克思主义政党。

展望新时代新征程，中国共产党要带领全党全国各族人民统筹世界百年未有之大变局和中华民族伟大复兴战略全局，战胜前进道路上各种风险挑战，依然需要保持强烈的忧患意识，把党的伟大自我革命进行到底。

习近平总书记说，我们党"永不脱离群众，与群众有福同享、有难同当，有盐同咸、无盐同淡"，讲得生动、透彻、深刻。讲"与群众有难同当"，不言而喻，我们党就是这样走过来的；讲"与群众有福同享"，这似乎更不成问题，但其实有新问题，有很长的路要走。

我们党从夺取政权到长期执政，是一场历史考验。从领导和驾驭计划经济到领导和驾驭市场经济，也是一场历史考验。各级党员干部从以清贫为本色与人民群众同患难，到以致富为追求带领人民群众富起来，更是一场历史考验。按照社会发展规律，实现人民共同富裕，必须发展好市场经济。党的工作要以经济建设为中心，无论从宏观调控到各项经济活动的组织、推进和监督，党的各级组织、广大党员全面参与市场经济，而又要防止市场经济负面的诱惑和腐蚀。在长期执政条件下，在市场经济的条件下，各种弱化党的先进性、损害党的纯洁性的因素无时不有，各种违背初心和使命、动摇党的根基的危险无处不在，如果不严加防范、及时整治，久而久之，必将积重难返，小问题就会变成大问题、小管涌就会沦为大塌方，消极腐败就会猖獗横行。

我们必须深刻认识党面临四大考验——执政考验、改革开放考验、市场经济考验、外部环境考验，其中最复杂的应该是市场经济考验；深刻认识党面临的四大危险——精神懈怠的危险、能力不足的危险、脱离群众的危险、消极腐败的危险，其中最严峻的应该是消极腐败的危险。

毛泽东同志早就告诫全党，必须预防在糖衣炮弹面前打败仗。

邓小平同志在改革开放之初就警示全党，"自从实行对外开放和对内搞活经济两个方面的政策以来，不过一两年时间，就有相当多干部被腐蚀了，卷进经济犯罪的人不是少量的，而是大量的。犯罪的严重情况，不是过去'三反'、'五反'那个时候能比的。那个时候，贪污一千元以上的是'小老虎'，一万元以上的是'大老虎'，现在一抓就往往是很大的'老虎'。"

习近平总书记在十八届中央政治局第一次集体学习时指出，"大量事实告诉我们，腐败问题越演越烈，最终必然会亡党亡国！我们要警惕啊！"党的十八大后的 5 年间，经党中央批准立案审查的省军级以上党员干部及其他中管干部 440 人，其中十八届中央委员、候补委员 43 人，中央纪委委员 9人。党的十九大以来，立案审查调查的中管干部又达三位数。这样的数量，就不是个别现象了。我们要警惕，在理论上有透彻思考，在实践上有强力措施。这应该是党的建设中必须着眼解决的现实问题。

防治贪腐，党风廉政的问题，具有反复性和顽固性，在市场经济条件下，更有严峻性、挑战性，稍不注意就会反弹回潮，甚至越演越烈。我们要坚持加大反腐力度，绝不手软，"得罪千百人，不负十三亿"，魔高一尺道高一丈。我们更要始终坚定党的信念、根本宗旨、优良作风，流水不腐户枢不蠹，进一步发扬革命精神，始终保持艰苦奋斗的昂扬精神。我们还要面对市场经济的新情况，既刮骨疗伤，也对症下药，把一体推进不敢腐、不能腐、不想腐落到实处，切实实现标本兼治。实现不敢腐、不能腐、不想腐，要与建立广大党员、干部"很想干、很能干、很愿干"的体制和机制相辅相成，把推动鼓励干事创业、担当制度化、常态化，充分调动广大党员、干部在发展市场经济中的积极性、创造性，从而把社会主义市场经济搞得更好，把高质量发展搞得更好，把实现共同富裕搞得更好。

中国共产党的常青之道，着眼于解决党的建设的现实问题，警惕和有效防止"内部变质、变色、变味"。

习近平总书记说，"堡垒最容易从内部被攻破。从某种意义上说，自从党成立以来，我们党面临的最大风险是内部变质、变色、变味，丧失马克思主义政党的政治本色，背离党的宗旨而失去最广大人民支持和拥护。"读《常青之道——中国共产党自我革命的故事》这本书，能更深刻地领会这段话的掷地有声、振聋发聩。"党的百年历史，也是我们党不断保持党的先进性和纯洁性，不断防范被瓦解、被腐化的危险的历史。要教育引导全党通过总结历史经验教训，着眼于解决党的建设的现实问题"。

"君子终日乾乾，夕惕若厉，无咎。"着眼于解决党的建设的现实问题，在市场经济条件下始终警惕和有效防止"内部变质、变色、变味"，中国共产党一定能确保历时越长，越"长"青；千锤百炼，犹"常"青。

（本文是 2021 年 5 月 8 日在《常青之道——中国共产党自我革命的故事》出版研讨会上的发言）

《新华文摘》、人民出版社采访录

"一本杂志记录一个时代"。当改革开放的春风吹到神州大地，1981年，人民出版社主办的《新华月报》文摘版改名为《新华文摘》出版。

当时，我是贵州大学哲学系的学生，在老师的家里，第一次看到了《新华文摘》这本在思想解放中诞生、在改革开放中成长，以综合性、思想性、权威性享誉各界，拥有全国最广泛的读者群体的杂志。

《新华文摘》的"博、大、精、深、新"，深深吸引了我，成了我的必读杂志，与我终身相伴。2019年，我祝贺《新华文摘》创刊40周年，写下了"撷英集翠，富揽周赏，辑芳观妙，至功华夏"的感言。

撷，摘下，也有"用衣襟兜住"的意思。每拿到一期新出的《新华文摘》，那感觉就仿佛兜了一衣襟的宝贝。

一、讲一段我与《新华文摘》的故事

1991年，我还是个年轻的团干部，任全国青联副秘书长，接触了不少信教青年。我结合工作体会进行理论思考，写了一篇题为《宗教精神追求的误区与我们的反思》的文章，发表在中央党校的《党校论坛》1991年第1期。很快，《新华文摘》1991年第4期即予转载，引起各方面的广泛关注。据说，赵朴初先生看到这篇文章，十分欣赏，还向有关方面推荐。

几年后，我调任中央统战部民族、宗教局局长，几年后，又升任国务院宗教事务局局长，一干就是14年。

我在这篇文章中写道：偶然涉足宗教领域，却发现宗教也是一种执着的精神追求……但是，我们也不必因为批判这种追求的颠倒而抹杀一切精神追求的努力。今天，当我们向青年一代大声疾呼要警惕"精神颓废"、而许多年轻人也在为"寻求精神家园"苦恼、彷徨的时候，当我们面对 21 世纪的挑战急需砥砺、坚固精神支柱、昂扬民族精神，提出"再造民魂"的时候，为什么不能剥掉宗教荒谬的外衣，看一看人类为寻求精神支柱曾经做过的努力？为什么不能通过剖析宗教非理性精神追求中的合理性因素，从反面引起我们的深思呢?!

40 多年来，我一直订阅《新华文摘》。我是《新华文摘》的粉丝，也是《新华文摘》培养的作者。我的文章被《新华文摘》选载了 41 篇，有的还上了封面标题。可以说，《新华文摘》在我的人生道路上，一直起着重要作用。

二、再讲一段我与人民出版社的故事

原国务院副总理马凯同志给我写过一封信：

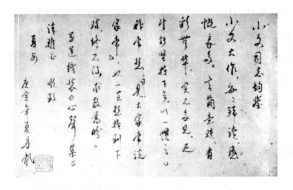

我回信说："人民出版社为我出过一本《小文百篇》，其后我又发表了近百篇。拟凑够 250 篇之数后，再集一本，或名《小文二百五》，既有'小文的 250 篇小文'之意，也想说明：学海无涯，天外有天；佳作无穷，读之汗颜。我虽笔耕不辍，杂论一番，其实捉襟见肘，败笔时现。充其量，还只是个'二百五'而已。唯有学习再学习，努力再努力，突破'二百五'，进入新境界。"当然，毕竟没人喜欢"二百五"，人民出版社出的是《小文三百篇》。

在建党百年之际，人民出版社也迎来了自己的百年华诞。我送她两句话：党给你以"人民"命名，跟着党奉行"人民至上"始终坚持为"人民"出版，跟着党百年风华正茂。

（2021 年 7 月 30 日）

读书"乐以和其声" 南来北往皆书香

全国政协"委员读书漫谈群"曾于 2021 年 2 月 3 日在全国政协小礼堂举行过一次委员读书线下交流活动，主题是《从巴洛克到浪漫派——西方古典音乐风格概览》。汪洋主席和张庆黎、刘奇葆、李斌、刘新成副主席以及漫谈群诸多群友出席。汪洋主席就音乐鉴赏、文化建设、精神文明等问题，和委员们交流恳谈。大家说，这是一次开阔视野、生动丰富的读书漫谈。

4 月 27 日、5 月 12 日，辽宁省政协、广东省政协将分别举行一次"经典音乐鉴赏"的委员读书线下交流活动。读书"乐以和其声"，南来北往皆书香。

今天我赴沈阳，在全国政协经济委员会副主任夏德仁（原辽宁省政协主席）的指导下，与沈阳音乐学院的音乐家们一起排练。

4 月 27 日辽宁省政协读书线下交流活动"经典音乐讲座"节目单：

主讲人：王勇（上海市政协委员，上海大学音乐学院院长）

一、巴洛克时期

1.《g 小调双大提琴协奏曲》（维瓦尔第）

演奏：叶小文、杨娣

协奏：沈阳音乐学院室内乐团

第一小提琴：吴丹

第二小提琴：贾晓程

中提琴：韩继光

大提琴：关立红

低音提琴：李娜

钢琴：朴英

2.《大提琴无伴奏组曲　第一组曲前奏曲》（巴赫）

演奏：叶小文

二、古典时期

1. 钢琴三重奏《小夜曲 K525》（莫扎特）

改编：朴英、关立红

小提琴：贾晓程

大提琴：关立红

钢琴：朴英

2.《c 小调第四弦乐四重奏 op.18 第一乐章》（贝多芬）

演奏：沈阳音乐学院室内乐团

第一小提琴：贾晓程

第二小提琴：许权邦

中提琴：韩继光

大提琴：关立红

三、浪漫主义时期

1.《b 小调大提琴协奏曲第二乐章》（德沃夏克）

演奏：杨娣

钢琴：张文韬

2.《D 大调小提琴协奏曲第二乐章》（柴可夫斯基）

演奏：刘云志

钢琴：张文韬

3. 献给党的百年生日《我和我的祖国》（刘云志）

演奏：刘云志、叶小文、杨娣、关立红、吴丹、贾晓程、许权邦、韩继光、李娜

"2021 海淀区全民阅读活动启动仪式暨满天星业余交响乐团音乐会"致辞

　　我是北京市海淀区居民中的一员，也是满天星业余交响乐团的一员，还是全国政协委员的一员。

　　——作为海淀区居民的一员，我为海淀而光荣和自豪。我们海淀，是"文化之海，艺术之淀"，是书香海淀、科技海淀、人文海淀、红色海淀。

　　——作为乐团成员的一员，我在音乐中读书，"乐以和其声"。我们乐团，今天是成立6年来的第159场演出，我们每场的主题，都是"音乐点亮人生"。今天，我们很高兴和大家一起，用音乐来点亮"全民阅读活动"。

　　——作为政协委员的一员，我沉浸在"书香政协"之中。全国政协委员读书活动开展一年，在互联网线上的"委员履职平台"开设了60个读书群，2000多名委员分别进入不同的读书群一起读书，线上线下书卷常开，政协书院灯火不熄。现在，正以学习党史统领政协委员读书深化，以政协委员读书促进学习党史深入。全国政协委员一起读书讨论，每天写一千字的读书笔记，一年来，我汇集出版了两本书——《书香政协百日漫游》和《处处书友遍地书》。

　　作为海淀一员、乐团成员、政协委员，我要说，读书＋音乐＋委员履职，这个境界，就像是孔夫子向往的"兴于诗，立于礼，成于乐"。

　　为什么"兴于诗，立于礼"如此重要，"成"却在于"乐"？在今天看来，"乐"不仅是音乐之"乐"，快乐之"乐"，而是读书的蔚然成风，道德的普遍高尚，精神的昂扬向上，活力的竞相迸发，人民对美好生活的追求不断实现的"安得天下尽欢颜"之"乐"。

　　祝贺今天在国家图书馆艺术中心举行的"2021海淀区全民阅读活动启

动仪式暨满天星业余交响乐团音乐会"！

让我们共建书香海淀、共享智慧生活，一起"兴于诗，立于礼，成于乐"！

【小喇叭】

4月18日晚7时，公益演出：满天星业余交响乐团、国家图书馆、中共海淀区委宣传部——2021海淀区全民阅读活动启动仪式暨满天星业余交响乐团音乐会。

4月20日晚上7：30，公益演出：满天星业余交响乐团、国家图书馆——2021世界读书日庆祝建党百周年音乐会。

《星光》为何动人心弦

——在"嫦娥 5 号搭载《星光》登月证书颁授仪式暨节目创作研讨会"上的发言

一首《星光》，动人心弦。

构建人类命运共同体，这个全人类共同的、宏大的、漫长的任务，真的十分艰难、无从下手啊。但说难，其实也不难。一首叫《星光》的简单的抗疫歌曲，由 10 个国家的儿童演唱，共同礼赞世界各国的抗疫"天使"和志愿者，体现团结一心共克时艰的人类精神，传递人类命运共同体的理念。特别是，这首歌由中国发射的嫦娥 5 号搭载，到宇宙遨游，在世界传播。这就是干了一件为构建人类命运共同体而努力的实事、好事，动人心弦的漂亮事。

《星光》为何动人心弦？这首简单的歌曲后面，其实蕴含着中华文化深厚的文明积淀。和 10 个国家的孩子们一起唱着《星光》，我不禁想起中国古代思想家王阳明临终弥留之际，拼其全力向全人类呼唤的最后八个字："此心光明，亦复何言"！

《星光》也是"心光"，构建人类命运共同体，全人类都要有"光明之心"。

这"光明之心"，来自《星光》里所体现的，中国文化强调的"万物一体"。孟子提出过"仁民而爱物"，张载提出过"民胞物与"。意思都是把天下之人当作自己的同胞，将万物看成是自己的同类，由此形成天和人、自然和人之间的和谐关系。从"万物一体"角度可以理解习近平主席提出的人类命运共同体理念所蕴含的深厚中国历史内涵。世界本身就是一个有机整体，所有生命休戚与共、唇亡齿寒，没有谁能"独善其身"。就像《星光》中唱的，病毒从未禁足在国界，疫情也不会区分肤色。任何"物"都必须得到照顾和支援，同时也必须尽维护此有机整体之责，即权利与义务的统一。只有这样，人类才能共同应对疫情以及地震、洪水、战争、恐怖主义等自然和人为灾害，形成一个强大的生存共同体。

这"光明之心"，来自《星光》里所体现的，中国文化强调的"人人皆可为尧舜"。也就是习近平总书记在新年致辞里说的，"每个人都了不起"。古人王阳明认为，"满街都是圣人"，"四民异业而道同"，是说每个人都有他独到的特点，每个人都有良知，每个人都有成为圣贤的潜质。他提出这样的思想，不亚于"独立宣言"中的"人生而平等"。联合国宪章明确规定："联合国会员国间之关系，应基于尊重主权平等之原则"，"本宪章不得认为授权联合国干涉在本质上属于任何国家国内管辖之事件。"王阳明也曾一再提醒他的学生：与人讲学的时候，不能拿出一个圣人的架势。所谓拿着圣人的架势讲学，也就是从文化的优越感出发，以一种居高临下的态度对待他人，缺乏或者没有对不同文化背景的人的尊重和宽厚的意识。历史的衍化过程中，基于多样的历史背景，人类形成了不同的文明形态，从文明形态之间的关系看，其中任何一种文明形态，都不应被赋予主导性或绝对的优越性，相反，需要以宽容、尊重多样性的角度来对待文明的不同形态。对文明差异和多样性的这种尊重和包容，也是和谐的人类命运共同体理念的应有之义。

这"光明之心"，来自《星光》里所体现的，中国文化强调的"知行合一"。其含义是知中有行，行中有知。既倡导学习与立志，又倡导学以致用，崇尚实践。"知是行的主意，行是知的功夫。知是行之始，行是知之成。"习近平主席在多个场合或讲话中先后数十次提到阳明心学的要点"知行合一"。知而不行就等于未知，真正的知需要通过落实于行而得到体现。我们不要碌碌无为的清谈馆，要做知行合一的行动队。在践行人类命运共同体理念上，中国是既说也做的。中国迄今已向全球160多个国家和国际组织提供了抗疫物资援助，正在以不同方式向100多个国家和国际组织提供急需的疫苗，为全球疫情防控提供了强大助力。

就像《星光》所唱，人类只要携手并肩，坚信命运共同相连，必将战胜恶魔迎来美好明天。严酷的寒冬总要过去，温馨的春天即将到来。相信人类在携手抗击疫情的战斗中，必将更深刻地认识到人类命运共同体，让"睦邻友好"超越"以邻为壑",让"互利合作"取代"零和博弈",让"多边主义"战胜"单边主义",共同创造更加平等、美好、幸福的后疫情世界。

《星光》为何动人心弦?"此心光明,亦复何言"。这"光明之心",确实难言,讲了一辈子心学的王阳明,临终的遗言竟是"亦复何言"。但,一首《星光》,竟把这"难言之言"的"亦复何言",唱得如此动人心弦。

《星光》也是"心光",把人类共同的"光明之心",唱响中国,唱遍世界;把人类共同的天籁之音,唱彻云寰,唱向宇宙。

《星光》也是"心光"。德国诗人海涅说过,"思想走在行动之前,就像闪电走在雷鸣之前一样"。嫦娥5号搭载的10国儿童歌唱的《星光》,就是人类一束动人心弦的"思想的闪电",它走在了构建人类命运共同体的行动前面。

"老委员"的"新意思"

　　我是一名连任几届的全国政协"老委员"，多次参加政协大会。应该说，再参加今年和明年的两次大会，就该退休了。

　　在极不平凡的 2020 年，政协工作也取得极不平凡的成绩。政协委员展现了新的风貌、新的担当。来全国政协十三届四次会议报到，分明感到委员们个个精神振奋，意气风发，有如"人人怀荆山之玉，个个握灵蛇之珠"，特别有那么点"新意思"。

　　这话，要从一位老政协、老领导的感叹说起。党的十八大以来，党和国家事业取得了历史性成就，发生了历史性变革。我们非常有幸在工作生涯中，能够经历这样的历史性时期。我们如何跟得上、对得起这个历史时期，珍惜这段工作时间，"不待扬鞭自奋蹄"，始终保持奋斗者的姿态和革命者的事业心，尽心尽力，发光发热？如果抱着"曾经沧海难为水"的心态，干工作只是"意思意思"，就没意思了，不仅辜负了时代，更对不住使命。

　　是的，每个人的生命长度有限，但可以通过学思践悟增加生命的厚度，通过提高水平发挥作用彰显生命的价值。到了这个年龄，要把政协当作加油站、充电站，而不是停靠站、终点站，在自我完善、自我提高中享受工作、增强获得感。

　　寻常一样窗前月，才有梅花便不同。我会十分认真、心无旁骛、全力以赴地参加这次大会。这，就是来报到参加这次大会的一名"老委员"的一点新体会、"新意思"。

（原载《人民政协报》2021 年 3 月 5 日）

"文明探源工程"与文化觉醒之"顿悟"

　　"委员读书漫谈群"里一起读书，给人很多启迪。

　　春节假期后"开工"的第一个讲座，南京大学文化与自然遗产研究所所长、历史文化研究中心主任贺云翱委员，以《开展"深化中华文明探源研究工程"提案的考虑》为主题，向大家介绍相关情况，并与大家交流互动。群主阎晓宏委员精彩总结："谢谢贺云翱委员今晚上的精彩讲述。中华文明的起源与传承是一个具有现实意义的重大课题。中华文明与古埃及文明、古巴比伦文明、古印度文明，以及玛雅、古希腊、两河流域文明的比较研究，特别是研究中华文明的起源从何而来，为什么中华文明没有断裂？贺云翱委员介绍并阐述了近年来我国考古学界和史学界考古和研究的重大成果，分析了中华文明与其他文明不同的特征，包括制度文明先导、无真正宗教、天人合一、重集体主义、文化的包容和融合能力。同时也指出在中华文明形成过程中还有许多问题需要进行深入研究，考古界和社会科学界等多学科联合攻关，以习近平总书记关于中华文明和中华优秀传统文化的重要论述为根本遵循，建设中国特色、中国风格、中国气派的考古学。这是这个重大提案的初衷也是目的。贺云翱委员关于这一提案的考虑与提议得到了刘玉珠、戚建国、丁元竹、郭媛媛、谭跃、张连起、吴尚之、刘晓冰、张自成和我等多位委员的一致赞同，补充了自己的意见和建议，并纷纷表示希望作为联署提案人，尽一份自己的力量。今晚漫谈群的读书活动，与以往不同，不仅在讨论中凝聚共识，培育协商文化精神，而且与建言资政直接紧密地结合起来。在讨论中我们得知这个重大项目一直得到全国政协副主席刘奇葆的高度关注和指导，让我们向刘奇葆副主席表示衷心的感谢。向关心和支持中华文明探源工程的国家文物局、中国社会科学院、中国科学院以及各方面领导、各位专家学者表示衷心的感谢。相信中华文明探源这个功在千秋利在当代的重大项目，一定会得到有关部门的高度重视。再次感谢贺云翱委员，感谢各位委员的参与和互动。"

热议结束后，丁伟、王震中、马萧林、张嘉极四位委员又从不同角度进行深刻思考，发表了很有分量的意见，正是"深化探源"精神的体现。也正如丁元竹委员所说，新年开工从"探源"开始，在博物馆中推进，让历史告诉未来，让未来走得更好。记得数年前我去台湾参访中台禅寺的博物馆，惊叹其怎么收藏了这么多文物。惟觉法师对我说，佛教讲"利乐有情"，文物是有灵性的，它会向着有情者走来。考古是去发掘未知的文物，博物馆是陈列走来的文物，有情者是真正享有了文物。

习近平总书记多次强调，"文化自信，是更基础、更广泛、更深厚的自信，是更基本、更深沉、更持久的力量"，"中国有坚定的道路自信、理论自信、制度自信，其本质是建立在5000多年文明传承基础上的文化自信"。从国家科委设立夏商周断代工程（1996.5.16—2000.9.15），到国家文物局主导的中华文明探源工程（2001—2016），再到今天委员们讨论的"深化中华文明探源研究工程"，把我国文明起源和发展以及对人类的重大贡献更加清晰、更加全面地呈现出来，背后隐藏的其实是中华民族走向伟大复兴进程中的一种文明自觉，一种文化自信，是对原由西方主导的现代化和全球化进程正在发生重大变化时的一种深层思考和回应。我赞成贺云翱委员的这个说法。历史文化遗产不仅生动述说着过去，也深刻影响着当下和未来；不仅属于当下的我们，也属于子孙后代。我们要丰富全社会历史文化滋养，塑造全民族历史认知，提高全民族的文化自觉，这是坚定文化自信的重要源泉。

说起文化自觉，又想起年前田青教授在委员读书漫谈群里的讲座。他说："在大多数情况下，'文化自觉'不会自然发生，它常常是在灾难或巨大的民族危机甚至'国破家亡'之后的一种深刻甚至痛苦的反思与觉悟。"在与日本、韩国的文化自觉历程比较之后，我们会发现，"文化自觉"常常是弱势文化在异文化以强力侵入时的应急机制，是弱势文化自我保护的一种反映。就像生物体对待暴力侵袭与"温柔抚摸"的自然反应不同一样，一种文化和另一种文化遭遇、碰撞的时候，强势文化、外来文化对弱势文化、本土文化的态度，常常是造成后者对前者是接受还是抗拒的关键因素。

文化的根，维系着民族精神。无论历史多么遥远、岁月如何蹉跎，无论社会怎么变革、如何转型，都不能除了根、丢了魂，都必须把根留住。根脉切断不得，根深才能叶茂。

所以我认为，"文化自觉"，乃是泥土对根的眷念，实质是"文化觉醒"。

觉醒，有"顿悟"的"幡然醒悟"，如田青教授列举的日本、韩国；也有我们在站起来、富起来、强起来过程中的"渐悟"。

"顿悟"也好，"渐悟"也罢，关键是能"悟"，要害是真"悟"。

现在我们开展"深化中华文明探源研究工程"，真正关系到全民族"文化自觉"的"渐悟"和"文化觉醒"的"顿悟"。

（原载《人民政协报》2021 年 3 月 1 日）

2022 年新年音乐会致辞

——满天星业余交响乐团团长叶小文

2022 年新年音乐会的主题，是"音乐点亮人生，我和我的祖国"。

"音乐点亮人生"。我们乐团的成员来自各行各业，其中有不少事业有成者。音乐，的确不断给我们的人生带来感动，带来激励，带来希望。音乐，是我们脚前的灯，路上的光。文化如水，浸润无声，连接着一个民族的过去、现在和未来。音乐如梦，梦想成真，寄托着一个民族的理想、信念和希望。祝愿我们的时代，我们的民族，我们的祖国，"兴于诗，立于礼，成于乐"。

"我和我的祖国"。习近平总书记去年的新年致辞说，"每个人都了不起"。今年的新年致辞说，"我们唯有踔厉奋发、笃行不怠，方能不负历史、不负时代、不负人民"。踔厉奋发，就是要精神振作，意气风发。音乐，可以使"我和我的祖国"，我们每一个人，更加踔厉奋发，更加了不起。

今年的新年音乐会，在国家图书馆艺术中心举行。感谢国家图书馆熊远明馆长，感谢国家图书馆文化艺术有限公司侯宁总经理，也感谢全国政协多位领导、国家艺术基金的领导和中央社会主义学院领导的光临。

记得一位智利诗人博尔赫斯说过，"我心里一直都在暗暗设想，天堂应该是图书馆的模样。对于我来说，被图书重重包围是一种非常美好的感觉。直到现在，我已经看不了书了，但只要我一挨近图书，我还会产生一种幸福的感受……"我想说，博尔赫斯先生，您已在天堂，一定看见天堂的确是图书馆的模样了。如果您在天堂里听到音乐呢？那更会有幸福的感受。

这是我们乐团第 19 次在国家艺术基金的支持下，在国家图书馆艺术中心举行音乐会。我们曾在这里，为我们党的百年华诞举行音乐会；也曾在这里，与世界著名的美国费城交响乐团，一起演奏《红旗颂》。

今天，北京中关村三小少年交响乐团的小朋友们也来了。我们盼望不久你们也上台，在国家图书馆，和我们乐团一起，大手拉小手，联合举行我们在国家图书馆的第 20 场音乐会，共同迎接党的二十大。让音乐点亮更多的人生！让我和我的祖国，让我们每一个人，更加踔厉奋发，更加了不起！

说不尽的龙志毅

2021年12月31日，我赶乘北京到贵阳清晨的第一个航班，去参加"天下贵州人"的新年聚会。下午3时，贵州省政协主席刘晓凯一见面，就沉痛地告诉我：刚才，中午12点2分，老主席、老领导龙志毅走了。他最后的路，走在省政协迎新的座谈会上……

今年"天下贵州人"新年聚会的主题，是"读懂天下的贵州人"，我演讲的题目是《让贵州的精气神气贯长虹》。我边讲边想，龙志毅，我们同为政协委员，同为贵州人，您一路走好。我取这个题目，也是为您送行啊。

作为连续五届在人民政协履职的全国政协委员，回顾我直接接触、亲见亲历的那些在人民政协里作出突出贡献的杰出人物和他们的事迹，真是"日月之行，若出其中；星汉灿烂，若出其里"。

我写过一篇《我亲见的赵朴初》（发表在《中国政协》2019年第11期）。好多朋友看了说感动，能否再写一位政协中的共产党员干部呢？好，就再写一篇《我亲见的龙志毅》，后来发表在《人民政协报》上。

龙志毅，1993—1998年任贵州省政协主席，此前曾任贵州省委组织部部长、省委副书记等职，和时任贵州省委书记的胡锦涛、副书记丁廷模等，同在一个省委领导班子里任职。

记得1985年，我从贵州省社会科学院社会学所副所长调任共青团贵州省委书记，就是时任省委组织部部长的龙志毅代表省委找我谈话。谆谆教诲，言犹在耳。

我离开贵州近40年，每次回去，都要去看望这位老领导。他不许我叫他老领导，说你还是全国政协委员，还没退休，在全国政协干事，我也曾在地方政协干事，你就叫我"同事"吧。看望的次数多了，有时也就是向这位老"同事"问一声好，道一声平安，然后默默无语地相视而坐，挥手而别。

记得龙志毅90寿辰。他发话，不做寿，大家各忙各的事，都不要去看他，连自己在外地的儿孙都不必回来。我只好请一位画家朋友，画了一幅捧着寿桃的老寿星图，从北京托人送去，略表心意。

他在外地学习的孙子，小名游游，用手机给爷爷发去一则短信："祝爷爷90岁生日快乐！我们大家最敬佩爷爷的莫过于三件事，也是古往今来大成者们都做的三件事。第一件是立德，爷爷廉洁正直，通过言传身教，给龙家做了榜样，让我们大家不管在哪里，做什么，都首先做到堂堂正正；第二件是立功，爷爷不管是主政贵州还是在政协期间，都给地方经济和文化发展作出了贡献，可谓是政通人和；第三件立言更不必说，一篇篇从大格局着眼，从细节着笔的小说与散文，影响深远持久，其中《政界》与《王国末日》尤为著名。祝爷爷身体永远健康！"

游游的父亲、龙志毅的儿子龙隆（深圳综合开发研究院研究员）事后告诉我，当时爷爷看了短信说，把"主政"改一个字，"辅政"就可以了。龙隆想了想说，"主政"也通，看主什么。你老人家主持过的所在，国防工办、组织部、政协，还有一段分管文化新闻和党群，都被行内誉为有新气象。龙志毅听后，默然了。

还是这一家祖孙三代的对话，比我送的寿星图更贴切啊，我颇以为然。

立德。龙志毅的廉洁正直，通过言传身教，不仅给龙家，也给予他工作过的许多同志、朋友，都做了榜样，我就受益不浅。

龙志毅1949年前就参加革命，那个时代的"愤青"呵！以后是一条长长的革命之路，曲折、隐忍、坚守，一路走来，官至正省，官声不错。终了，乌云散，彩云散，离休了。我对他说：诸葛一生唯谨慎，吕端大事不糊涂，这可能是你一生从政的总结？他微微点头，补充道，难说，有些事，留给历史去说吧。

龙志毅的夫人叶慎真，1950年与他同是在重庆西南团校第一期的学员，两人1952年又一起派到贵州贫困山区的"互助合作试点工作组"，遂相爱结婚，是一对典型的革命夫妻。夫人晚年长期患重病卧床不起，以致与家人由少讲、少动、少交流的"三少"逐渐成为"三不"。龙志毅和保姆一起照顾她的起居生活，直至最终。龙志毅在《甘苦与共六十年——我与慎真》的回忆录中写道："这一段时间想得很多，有时见了慎真，竟情不自禁地伸手与之相握，一般都得到了她的热烈回应。"相濡以沫的深情，令人感动。

记得 1985 年我"走马上任"共青团省委书记时，龙志毅给我的赠言是记住"三个好，三勿贪"，无论当了什么"官"，都要有"三个好"：读书好，好读书，读好书，不断学习，不断读书。无论面对什么诱惑，都要做到"三勿贪"：一不贪财，钱嘛，组织上给多少就多少，个人给的一概不要；二不贪色，"君子终日乾乾，夕惕若厉"；三不贪官，组织上叫干啥就干啥，千万不能伸手要官。1990 年我从贵州调北京工作，龙志毅对我的临别赠言是，到哪里都要干好，干什么都不能碌碌无为、虚度年华。我们贵州多大山，大山里长出的一棵小草，给它一片阳光，也会灿烂。我真没想到，后来我竟然当了国家宗教事务局局长，一干就是 14 年半。

立言。1947 年，龙志毅还是中学生的时候，就开始发表作品。文学跟随他一生，一生笔耕不辍。他是中国作协会员，著名作家，他的作品有《省城轶事》《龙志毅散文选》《龙志毅小说集》《冷暖人生》《王国末日》《政界》等，都很好看。《政界》一出版就引起轰动，百花出版社也大喜过望，居然重印 13 次，发行 10 余万册。盗版蜂起，难以遏止。文学评论家李国文评他的作品，"作家是史家，龙志毅把镜头对准时代的变迁，构成他作品的经；但文学是人学，在他笔下描写的一个个对象，则是他作品的纬。尤其是那些卷入社会利害、现实冲突、生活矛盾和政治漩涡中去的人物，则更是龙志毅着力刻画的主体。"我特别喜欢看龙志毅忆旧事、怀故友的散文、随笔。他90 岁写的《读熊庆来传笔记》，我读后的感受是"看似白描，笔蕴惊雷。忆皆往事，令人唏嘘"。

前不久他的一位老部下、也是我的老朋友病逝，年已 91 岁且曾患过脑梗塞住医院一月有余、还未完全恢复的龙志毅，马上写了篇《往事已如烟》的怀念文章，在《贵州政协报》上发表。看了，令人感动。就在前些天，龙志毅又写了篇《彩电轶事》。我推荐给时任全国政协文化文史和学习委员会的驻会副主任刘晓冰，这是一篇珍贵的"三亲"史料啊。很快，《人民政协报》发表了，编辑还问我要龙志毅的卡号和身份证复印件，说是要打稿费。

12 月 31 日晚，我匆匆赶去向龙志毅遗体告别，竟轻轻问他，龙老，您收到稿费了吗？问完，不禁潸然泪下。这位贵州人，这位政协人，"真诚得坦然，平凡得伟大，这样一代人，淡出已如烟"。

立功。龙志毅无论"辅政"还是"主政"，确是走到哪里都"政通人和"。果然"政声人去后"啊！我因作为全国政协委员履职多年，有一次去看他，就戏言我也"垂垂老矣"，但"老干部，不要怕，还有人大和政协"，我还在政协干着呢。曾经光华内敛，游刃有余，从容、稳健、遒劲，而今却也老态龙钟的龙志毅，拄了拐杖，一身棉睡衣，送我出门时，却突然自言自语地说，到政协可不是老了来混日子的，我要你叫我"同事"，就是记住你还在政协"干事"，还应该多"干事"。政协委员中共产党员的修养，也是一种党性修养，是终身的修养。干事干事，干过政协工作后回首往事，也不能因碌碌无为而羞耻，因虚度年华而悔恨。这话耳熟能详，是我们年轻时就常读的《钢铁是怎样炼成的》一书中主人公的话啊。

受此启发，我后来写了一篇《一种特殊的党性修养》，讲我们作为参加政协的中共党员委员，也要有党性修养，要继续多干事，干好事，此文发表在《人民政协报》上。后来，又在我写的《来吧，一起读书》一文上批到，"小以见大，文以见长，自成一体，贵在有恒"。我想，也是在鼓励我"小文不小"，继续干事啊！

记得那天龙志毅还随手给我一篇他写的有关政协的文章，请我"指正"。我回去细读发现，我们现在强调的"在新时代推动人民政协制度更加成熟更加定型，需要从理论和实践的结合上，进一步明确地方政协的职能定位和主要任务，探索地方政协作为专门协商机构的制度机制"（参见叶小文《新时代地方政协的新使命》一文），这样一个大题目、一篇大文章，当年作为省政协主席的龙志毅，就已开始了有益的探索啊。虽然是写政协工作的文章，一口气读下来，仍然是文如其人，朴实厚重，一样的看似白描，笔蕴惊雷。忆皆往事，令人唏嘘，一样的"真诚得坦然，平凡得伟大，这样一代人，淡出已如烟"。

不，往事并非如烟，青史可资存鉴。

龙志毅的这篇《我在省政协五年的探索之路》，我推荐给《人民政协报》发表了，又特地收入现在"全国政协委员读书笔记"系列丛书中我写的一本《处处书友遍地书》（中国文史出版社 2021 年版）中。龙志毅给我"一定要站好最后一班岗"的激励和鞭策，自不在话下。那天这位老政协"同事"说的"干过政协工作后回首往事，也不能因碌碌无为而羞耻，因虚度年华而悔恨"，似还在我耳边回响。

　　在我们政协委员中，在我们贵州人中，在我的老领导老朋友中，也是"日月之行，若出其中；星汉灿烂，若出其里"。数不完的杰出人物，说不尽的龙志毅。

（原载《人民政协报》2022 年 3 月 21 日第 12 版）

网上读书一线开　书友喜"结欢喜缘"

在今年的政协会上，我见到班禅大师，向他谈起全国政协书院"网上读书一线开，共读共享新境界"的盛况。我作为"读书活动指导组副组长"，也因此结识了好多书友，我还出版了一本"委员读书笔记"，题为《处处书友遍地书》（中国文史出版社 2021 年版）。

最近，结识了久闻大名、素仰已久的"部长诗人"蒋定之。我笑言，"过去只在报上读您的诗词，暗叹功夫了得，这回看到'活佛真身'了。"

好事不断，我看到朱永新老群主在【漫谈群】晒出著名诗人吉狄马加送他的诗文集。我即呼叫永新，通过他竟也要到吉狄马加签名的诗文集。

班禅大师笑言："结欢喜缘"。

我请班禅大师将这四字书写赠予我，现已在我客厅之中。

诗 词 之 问

昨晚【国学群】诗词讨论热闹非凡，奇葆副主席一问，有如一石激起千层浪；书友高论迭出，有如大珠小珠落玉盘。

奇葆副主席问：

@连明玉、郭媛媛群主：读《宋词》已经三月，讲读精彩，内容饶富，跟读者甚众。立春以来，阳春烟景，六合生机，国学书群、潇湘书群互为呼应，毛泽东诗词学习也在深入。有些诗词爱好者一边学习一边写作，攻诗炼词颇有所得，这也是委员读书的一份成果。

词与诗，既有相同之处也有不同之处，初学者若要区分确实不易。我想提问：王国维说，词以境界为上，有境界则自成高格。那么，词的境界是什么，与诗的境界有什么不同？又说，词之为体，要眇宜修，言诗之不能言。这是指什么呢？求教了。

蒋定之说：

奇葆副主席提这个问题，可是研究得很深了，说明他看了不少书，是一个很专业的语境范畴。

注：

要眇宜修：《楚辞》有王逸的注解《楚辞章句》，说"要眇"是"好貌"，是一种美好的样子。又说："修，饰也。"修，是说这种美是带着修饰性的一种很精巧的美。洪兴祖的《楚辞补注》说"要眇宜修"是形容娥皇的"容德之美"。

获益于"音乐点亮人生"的执着

2022 年 4 月 7 日下午，叶小文先生受邀在中央歌剧院剧场带来专题讲座《新时代文艺工作者的使命（艺术与人生）》。中央歌剧院院长、艺术总监刘云志主持讲座，党委书记郑起朝，副院长么红、李丹阳，党委副书记、纪委书记王晓红出席，歌剧院全体职工参加。

叶小文先生是第十三届全国政协委员，全国政协文化文史和学习委员会副主任；中国社会科学院宗教学博士，韩国东国大学名誉博士。曾任中央社会主义学院党组书记、第一副院长，国家宗教事务局局长、党组书记，兼任中国综合开发研究院代理事长，中国人民大学兼职教授、博士生导师。曾任中共十五大、十六大、十七大代表，中共第十八届中央委员会委员，十六、十七届中央候补委员，第九届、十届、十一届全国政协常委。主要著作有《多视角看社会问题》《宗教七日谈》等近 20 部。在国内核心期刊上发表各种文章数百篇，论文《社会学否定之否定的进程及其内在矛盾》曾于1984 年获中国社会科学中青年优秀论文奖。

在讲座中，叶小文先生结合自身经历，以人生的不同阶段为背景，分享了他与音乐的奇缘与际遇，解读了艺术对于一个人的深远意义，点明了新时代文艺工作者应有的使命与担当。讲座引人入胜、精彩非凡，剧场内笑声不断，掌声连连。

透过叶小文先生幽默的谈语，我们看到一位心怀家国的高级干部、一位博学多闻的文化学者、一位挚爱音乐艺术的导师。从写文章到演奏音乐，叶小文先生满载艺术的人生，凝结着他对国家、对民族、对事业的高度责任感，凝结着他在工作岗位上取得的巨大成就，也凝结着他对社会文化领域作出的重大贡献。

在讲座的结语中，叶小文先生感慨道："音乐给我的人生带来感动，音乐点亮了我的人生。"通过叶小文先生的讲授，我们得以从难得的视角体会到音乐人生的无上价值，在场听者无不受益匪浅。

随后，叶小文先生与中央歌剧院交响乐团大提琴首席杨娣、合唱团钢琴艺术指导许樱宝进行艺术交流。曲目包括柴可夫斯基《如歌的行板》、维瓦尔第《G小调双大提琴协奏曲》。最后，在大家热烈的掌声中，叶小文先生再次返场，以一曲民族经典《牧歌》为此次活动画上圆满的句号。

中央歌剧院院长、艺术总监刘云志对叶小文先生带来的精彩讲座和演奏表示感谢，希望大家在讲座结束后继续认真思考、深刻领会艺术对人生的意义与价值，在艺术的道路上不断加强学习，将体会与感悟融入日常工作，并诚挚欢迎叶小文先生再来中央歌剧院做客。

叶小文先生所做的这场专题讲座，正值中央歌剧院成立70周年的开春之际，也是我院在新落成的剧场举办的第一场讲座，对于我们深刻领会习近平总书记关于文艺工作系列重要论述的丰富内涵和精神实质，培育坚守初心、德艺双馨的文艺工作者，营造积极向上、充盈正气的文艺生态，使中央歌剧院成为优秀歌剧人才、优秀文艺工作者的聚集地，推动中国歌剧事业的繁荣发展，具有重要的意义。

讲座结束后，中央歌剧院首席常任指挥袁丁谈道："在我们崭新的中央歌剧院剧场聆听了叶小文先生深刻且生动的讲座，大受启发。叶先生早年间便对音乐有着深深的渴望，在领导岗位上又不忘以音乐作为纽带来联结海峡两岸的亲情，为祖国的统一大业作出了重要贡献。他在花甲之年仍执着追求少年时的'音乐梦'，从零开始学习大提琴演奏，这种学习的动力、毅力和精神深深地打动了我，同时也激励我不忘初心、牢记使命，永远不忘自己作为一名青年艺术工作者的使命担当，坚持学习，努力付出，为祖国的艺术事业贡献自己的力量。"

中央歌剧院交响乐团双簧管首席石鑫在聆听讲座后也情不自禁感慨道："72岁高龄的叶老幽默风趣，知识渊博，思维敏捷，出口成章，更难得的是，他是一位真正把'活到老学到老'贯彻一生的人。他热爱生活，热爱艺术，是一位能把任何事都坚持到极致的学问家，他对艺术的感悟，让我们这些音乐从业者感到深深的敬佩。孔子曰：兴于诗，立于礼，成于乐，'你如果想达到最终的成功，就必须有音乐修养'，叶老用简单明了的语言生动而又深刻剖析了'乐'在道德观念和人格培养中起到的重要作用，也加深了我们作为职业音乐从业者的使命感。担起'成于乐'的责任，不懈学习，执着追求，是我们新时代文艺工作者一生要坚持的。"

中央歌剧院交响乐团二提首席王小蓓也表示在讲座中获益良多："有幸聆听叶先生的讲座，从他广博的人生阅历、巨大的社会贡献、执着的音乐追求和风趣的语言魅力中，我深深感受到一个国家高级领导干部的高度社会责任感和心怀'国之大者'的豁达胸襟。他的政治智慧与文化底蕴，诠释了'以文化人，更能凝结心灵；以艺通心，更易沟通世界'的深刻内涵。尤其是他年逾耳顺，还能以琴为趣、以勤为径、以己之力、尽己所能地传递音乐之美，更让人震撼和感动。作为新时代国家艺术院团的文艺工作者，我们一定要坚守艺术理想，不负青春使命，在中华民族伟大复兴的关键时刻，不懈追求，勇攀高峰，用艺术点亮更多人生，为展示中国文艺新气象、铸就中国文化新辉煌作出自己的贡献。"

（转自"中央歌剧院"微信公众号 2022 年 4 月 9 日）

"世界读书日专场音乐会" 团长致辞

今天，作为国家图书馆的"世界读书日系列活动"之一，再次举办这个专场音乐会。

满天星业余交响乐团在国家艺术基金支持下，已走进校园演出 160 多场，以音乐点亮人生，以音乐促进读书，以音乐激励、感奋莘莘学子。现在新冠肺炎疫情阻隔，我们暂时进不了校园。但疫情隔不断音乐，隔不断读书。我们要特别欢迎今天来到国家图书馆艺术中心的中关村三小的同学和他们的家长、老师们。大家记得，北京冬奥会开幕式上的小雪花们，就来自中关村三小。

我们今天是在严格贯彻北京市疫情防控的要求下，举办这场有特殊意义的音乐会，感谢大家光临。

音乐可以点亮人生，还可以激励人们"多读书，读好书，善读书"。

说到读书，前两天，4 月 22 日，在全国政协举行的座谈会上，传达了习近平总书记的重要批示，他希望运用好读书活动这个载体，组织广大政协委员多读书、读好书、善读书，努力提高思想水平和能力素质，并努力带动和影响各界别群众开展读书活动。汪洋主席说："人民政协从读书学习中走到今天，也必然在读书学习中走向未来。"大家从新闻联播里看到，国家图书馆的熊馆长在会上发了言。我作为"全国政协委员读书活动指导组副组长"，也发了言。

"多读书，读好书，善读书"，和音乐有何关系？用孔夫子的话来说，就是"兴于诗，立于礼，成于乐"。

兴于诗，问渠哪得清如许，为有源头活水来。

立于礼，百战归来再读书，腹有诗书气自华。

成于乐，读书能促进"提高思想水平和能力素质"，读书能促使道德普遍高尚，精神昂扬向上，活力竞相迸发，安得天下尽欢颜，使中华民族伟大复兴的中国梦"成于乐"。

世界读书日，让我们埋头读书，心中有乐，引吭高歌，踔厉奋发，勇毅前行。

听完音乐会，回去再读书。

为建言资政读书

　　习近平总书记要求政协"组织广大政协委员多读书，读好书，善读书，努力提高思想水平和能力素质"。这是新时代加强和改进政协工作，以高质量读书提高履职能力的一项重要举措。我们常说政协在国家治理体系中发挥作用，不是靠说了算，而是靠说得对。读书是政协委员实现说得对的重要支撑。天下谁人不读书，但政协委员是说得对，要读书；说得好，读好书；说到位，多读书；讲硬话，硬读书。百战归来再读书，腹有诗书气自华。

　　按照习近平总书记重要指示要求，委员读书活动指导组始终注重发挥政协书院的读书、交流、资政"三个平台"作用，指导委员"为建言资政读书、在建言资政中读书"，通过读书学习增长知识、增加智慧、增强本领，提高建言资政水平和凝聚共识能力，更好地服务党和国家中心工作。"多读书，读好书，善读书"的要求贯穿于读书活动各环节，读书有方向、讨论有目标、建言有质量、成果有价值。全国政协各专委会作为责任单位，通过分八期陆续开设的近百个读书群，再加上分批进入网上"全国政协书院"的十多个省级政协各具特色的读书群，98%的全国政协委员参与率，两年累计超47万条发言量、超262万人次的浏览量，推动形成了读有所思、思有所悟、悟有所用，理性建言、知识资政的庞大阵容。2021年是建党百年和"十四五"开局之年，主题读书活动与党史学习教育紧密结合，围绕服务"十四五"规划实施，关注百年变局、关注前沿问题、关注经济热点、关注民生实事，紧扣委员履职实际，转化形成提案、政协信息、报告等履职成果120余件（份）。读书活动线下周周有论学，线上天天有讨论。有的读书群聚焦专题议政性常委会会议、双周协商座谈会和专家协商会、民主监督等协商议政活动，开展同主题线上学习研讨，为协商议政预热、聚智。书香落到笔头，变成资政的"金句子"；落在心头，化为创新的"金点子"；落到实处，打造履职的"金钥匙"。

"多读书，读好书，善读书"已经成为委员履职尽责的内在要求和生活方式。例如，每天在【委员读书漫谈群】中，朱永新委员谈读书、论教育、日日出新；丁元竹委员谈社会、社会学、观察思考；吴尚之委员日荐一书；吴为山委员一帧雕塑；张小影委员快递新闻；吕世光委员"党史天天读"……汪洋主席鼓励："小以见大，文以见长。自成一体，贵在有恒。"晚间讲座琳琅满目、回味无穷。面临百年未有之大变局，增强战略意识，加强战略运筹，力争战略主动，成为委员读书关注的焦点，也是委员的家国情怀和责任担当。戚建国委员在漫谈群中日发一期【战略参考】，累计已过600期。悠悠600个日日夜夜，全球视野，战略胸襟；历历600期字字篇篇，环宇眼光，天下情怀。在此基础上，组织了【战略对话学友谈】自约书群。【周周论学】开张第一期就专题讨论了相关战略问题，第8期又联合全国政协外事委员会讨论热点国际问题。

漫谈群中"蒋定之政协诗词20篇"有一篇《诉衷情》写道："黄叶地，露华浓。老城东。故人依旧，鹤发谈笑，硬语盘空。""硬语"喻政协委员履职建言的凌空回响掷地有声。"硬语"之中多"硬核"，阵阵书香溢政协。

（原载《人民政协报》2022年4月23日第3版）

随 感 一 则

前日，吴尚之荐书《故宫之美》。

北京文化遗存之美景太多，美不胜收。

位于北京后海的"醇亲王府"大院，现为国家宗教局办公地。我曾在此工作十余年。王府中银安殿前的两个瓷瓶，还是我请江西宗教局从景德镇买来的。殿中，有当代书法家卢中南的楷书《岳阳楼记》。

出院门，就是伫立在后海边上的一座小小的"望海楼"。楼不高，所谓"后海"，也就是城中一小湖。但到那里，似乎能感觉到文化积淀的深厚。上下班之余，我曾多次在那里"凭栏远瞩，悄然而思"，所思所悟，就在《人民日报》海外版陆续发表"望海楼札记"。

贾庆林主席给我来信说，"你在《人民日报》海外版"望海楼"专栏发表的文章，我都看，有的还留存下来。这个阵地很重要，你积极在那里发表文章，很好，应该继续努力。范敬宜也常在《新民晚报》的专栏发表文章。他汇集成册送给我，我仔细看了。虽然作者年事已高，他的文章却总是给人一股清新的感受。你的文章也不错，涉及的面要广一些，但文学功底还是范老更为深厚。"

手 机 铭

　　全国政协大规模的"政协委员读书活动"已持续近三年，其中一个显著特点是：有组织的大规模读书 + 线下线上相结合的新方式读书。

　　不断升级改进的线上"智能读书平台"，通过手机终端，全天候、全方位地把每个委员链接起来。拿着手机，一动手指，书友就可切磋、交流。

　　小小一个手机，还真功不可没。转一书友用手机发来的《手机铭》，一笑。

　　　　　　　足不出户，
　　　　　　　信息很灵。
　　　　　　　人不入市，
　　　　　　　买卖好成。
　　　　　　　斯是手机，
　　　　　　　日日为朋。
　　　　　　　低首捻须看，
　　　　　　　闭目摇头听。
　　　　　　　发者未识面，
　　　　　　　收者有共鸣。
　　　　　　　可以刷抖音，
　　　　　　　不留名。
　　　　　　　无书卷之旧气，
　　　　　　　无笔砚之老形。
　　　　　　　方寸小世界，
　　　　　　　古今大纵横。

环顾云：

全民皆有。

巡山日记

张小影 @ 叶小文：

大王派您来巡山
日日鼓锣镲齐展
八般武艺显身手
声声均是激情闪

叶小文 @ 张小影：

大王派我来巡山
跟班吆喝不简单
朝霞满天辨小影
群主时时在挥鞭

张嘉极 @ 叶小文：

巡山钦差不简单
读书思想奋尤酣
朝霞满天时分早
小文叙写大文章

叶小文 @ 张嘉极：

巡山巡到南山边
总听嘉极有嘉言
此公读书最勤奋
夜以继日不曾眠

用书籍和音乐成就丰富多彩人生

——叶小文畅谈全国政协委员读书活动

《贵州政协报》记者　万里燕

编者按：2022 年 6 月 26 日，由黔南州政协主办，惠水县政协承办的"阅读新时代，奋进新征程"阅读活动在惠水好花红镇举行，全国政协文化文史和学习委员会副主任、全国政协委员读书活动指导组副组长、著名文化学者叶小文受邀作《天下谁人不读书，到了政协书更香》专题讲座。

叶小文结合自身经历讲述了读书与音乐对生活和工作的影响，讲座旁征博引、内涵深刻，既有理论上的分析阐释，也有实践中的经验总结，充满浓厚的人文情怀，给人以智慧的启迪，知识的熏陶，传递了满满的正能量。

"予尝求古仁人之心……居庙堂之高则忧其民，处江湖之远则忧其君。是进亦忧，退亦忧。然则何时而乐耶？其必曰'先天下之忧而忧，后天下之乐而乐'乎。噫！微斯人，吾谁与归？"范仲淹《岳阳楼记》中的名句，是叶小文讲座的开端之语。

叶小文于 2016 年 2 月卸任中央社会主义学院领导职务（正部级），现任全国政协文化文史和学习委员会副主任，党组副书记，可谓真正的曾"居庙堂之高"；虽说目前在全国政协的工作依然在一线，不能算作真正意义上的"处江湖之远"，但毕竟比之前的领导岗位轻松多了，叶小文有了更多的时间和空间去深耕他最爱的两件事——读书和音乐。

读书无尽意　做人要读书

叶小文认为，读什么书，怎样读书，对一个人能够达成怎样的人生至关重要。

　　怎么做一个好人？要读书。"为什么读书便能做一个高境界的人呢？因为在书中可碰到很多人，这些人的人生境界高、情味深，好做你的榜样……"钱穆说，"假如我们诚心想学做人，培养情趣，提高境界，只此八字，便可一生受用不尽。"

　　怎么做一个摆脱平庸的人？要读书。"阅读的最大理由是想摆脱平庸……"余秋雨说，"只有书籍，能把辽阔的空间和漫长的时间浇灌给你，能把一切高贵生命早以飘散的信号传递给你，能把无数的智慧和美好对比着愚昧和丑陋一起呈现给你。区区五尺之躯，短短几十年光阴，居然能驰骋古今，经天纬地，这种奇迹的产生，至少有一半要归功于阅读。"

　　怎么做一个高人？要读书。习近平同志说："各级领导干部一定要深刻认识现代领导活动与读书学习的密切关系，深刻认识领导干部的读书学习水平在很大程度上决定着工作水平和领导水平，真正把读书学习当成一种生活态度、一种工作责任、一种精神追求"。

　　怎么做一个新人？要读书。叶小文认为，进入"互联网＋"的时代，不能读死书，死读书，而要善于在"互联网＋"的大趋势中，在经济发展的新常态中，创造性地读书。

　　"读书，要读懂读透。"叶小文引用朱熹《观书有感》中所言："半亩方塘一鉴开，天光云影共徘徊。问渠那得清如许，为有源头活水来。"叶小文认为，若是读书到了这样的境界，该是何等的明了开朗，通达畅快！

白天走干讲　晚上读写想

　　多年前，叶小文曾听一位基层干部说过："白天走干讲，晚上读写想"，当时觉得既朴素、准确又富有深意，后来，他一直把这句话当成自己的座右铭，并受益良多。

　　白天走干讲，就是要走下去、干起来、讲出水平。毛泽东在《反对本本主义》中说："迈开你的两脚，到你的工作范围的各部分各地方去走走，学个孔夫子的'每事问'。"走，不仅要开动双脚，还要开动脑筋，不能走马观花。干，就是实践。纸上得来终觉浅，绝知此事要躬行。叶小文说："干部干部，就是要先干一步。"讲，是领导干部向人民群众讲解和宣传党的方针政策，动员、组织群众的重要手段。能不能讲、会不会讲，往往体现出一个领导干部的水平。

晚上读写想，就是要耐心读、勤于写、创造性地想。过了学生时代，进入社会，通常大家都会很忙，没有专门的时间读书，也没有老师、父母督促着读书，就看自己愿不愿挤出时间读书。叶小文的经验是，即使白天工作再忙，睡前总能挤出一点时间。不用太多，半小时至一小时，关键是耐得住寂寞，稳得住心神，读书可以带你进入另一个美妙的世界。这也是一种休息——从读书中获得心灵的充实和内心的愉悦，是灵魂的休养生息。读书是学习，写作就是创造，是建立在读书基础上更高级的思想的反馈形式。写，是反映客观事物、表达思想感情、传递知识信息的创造性脑力劳动过程。最后是"想"——学而不思则罔，思而不学则殆。

走干讲与读写想，相辅相成。读写想是坐而思，走干讲是起而行。"白天光阴似金，最宜多走多干多讲；夜晚沉寂幽静，更适勤读勤写勤想。坚持走干讲，才能读得透、写得深、想得远；不懈读写想，才能走得实、干得好、讲得准。"叶小文就这样一直坚持着自己的座右铭，年复一年。2016年，叶小文从领导岗位上退休，但"白天走干讲，晚上读写想"的精神却没有"退休"。几年来，叶小文笔耕不辍，在《求是》杂志、《人民日报》《人民政协报》《新华文摘》等报刊上发表（转载）了大量文章。

到了政协书更香

2020年4月，全国政协主席汪洋在启动全国政协委员读书活动的讲话中说，政协委员是最善于读书的群体，是最能把书读好的群体。两年多来，叶小文担任全国政协委员读书活动指导小组副组长、全国政协委员读书漫谈群保障组组长，每天到线上的读书群体中，督学、劝学、导学，讨论、切磋、交流，从不间断。政协委员读书，网上共读共享，构成了读书活动的新样式、新平台、新常态、新境界。

"政协读书是有组织的读书，能够广泛交流、深入讨论是政协读书的最大特点和优势之一。"叶小文介绍，全国政协有34个界别，有各领域专家学者、行业翘楚和部门骨干，天下谁人不读书，但能够在这种条件下读书的组织并不多。活动开展以来，网上政协书院书香四溢，广大政协委员书卷常开，在书群中碰撞思想火花，收获了许多学习思考成果，留下了许多感人的读书故事。可谓"灯阑漏尽报更迟，正是诸公晓诵时。唤得迷魂叩经典，黄鸡唱彻有新诗"。

全国政协委员读书活动既有浓浓的书香味，又有鲜明的政协味，两年多来已形成政协特有的读书文化，先后开设 120 余个读书群，97% 的全国政协委员参与其中，发言量超过 42 万条，浏览量超过 244 万人次，已成为全国政协的重要履职品牌。"当了半辈子'官'，到政协后天天读书，果然有焕然一新的感受了；也做过一点学问，到政协书院天天读书，真感到焕然一新了。"叶小文谦称自己是各读书群主的"店小二"，跑堂吆喝之余经常驻足观望，时而有感而发，积累百篇，集腋成裘，汇总成书。目前叶小文已在"政协委员读书笔记"系列丛书中出了三本书：一是《"书香政协"百日漫游》（中央党校出版社），二是《处处书友遍地书》（中国文史出版社），三是《读书漫谈群一年日记》（人民出版社），还将出版第四本《小文论丛》（中国社会科学出版社）。

兴于诗　立于礼　成于乐

"说起我与音乐的缘分，我想它是伴随我一生的。尤其是在我人生的每个重要阶段，都有音乐陪伴。"叶小文这样谈及人生另一个重要的爱好——音乐。

叶小文在国家宗教事务局任局长的时候，时值 2006 年首届世界佛教论坛，37 个国家的佛教高僧齐聚中国，他就想，能不能举办一场佛教交响乐音乐会，并在《人民日报》上发表了一篇文章，称："人类的心灵原是相通的。欧洲经典的交响音乐既然如此成功地演绎过人类'无情世界的感情''被压迫生灵的叹息'，其基本理论和作曲技巧，为何不能为中国佛教音乐的发展、创新所借鉴呢？"后来，他按照这一理念，找到作曲家唐建平先生，创作了交响乐《神州和乐》，又邀请了中央音乐学院院长俞峰来担任指挥，最后由深圳交响乐团等联合演出。除了为首届世界佛教论坛演出外，叶小文还带着乐队到广州、上海等地进行了演出，引起了热烈反响。

叶小文到中央社会主义学院任党组书记和第一副院长后，又重拾昔日爱好大提琴演奏。后来在机缘巧合下，组建了一个乐团——"三高爱乐之友业余交响乐团"。这个"三高"无关健康指标，而是指这个乐团大多由将军、部长、教授等担任高级职务或高级职称的人员组成，再加上合唱团，有将近 200 人。叶小文被推荐为团长，并带领乐团在国家大剧院举办过两场音乐会。

再之后，叶小文退出领导岗位，以北京、天津等地的原"三高爱乐之友业余交响乐团"团员为骨干，新增数名教授，又组建了一个"满天星业余交响乐团"，还得到了国家艺术基金资助，叶小文依然被推荐担任团长。如今，这个业余乐团已经在 100 多所大学进行了 150 多场演出；美国费城交响乐团来华演出时，作为世界顶级的交响乐团，也很高兴地应邀在北京合演了一场。一个大学生看了演出还当场赋诗："堪忆昔年往事，扶社稷，勋绩良多。韶华逝，青丝华发，未敢忘忧国。"叶小文欣慰地说："我们不就像蒲公英吗？满头白发了、成熟了，就变成蒲公英的种子飞到祖国的各地去，再长出新的蒲公英。"

在讲座的最后，叶小文为在场观众表演了大提琴独奏曲《萨丽哈之歌》，这首大提琴独奏曲是著名音乐人黄小龙先生根据歌曲《萨丽哈最听毛主席的话》改编的，乐曲明快、活泼，表现了新疆姑娘热爱劳动，向往美好生活的欢乐场景。叶小文的演奏音色柔和、浑厚丰满，让在场观众无不沉浸于美妙的乐声之中。演奏结束后，现场响起雷鸣般的掌声，久久不息。这掌声，不仅是对叶小文不远千里带来的精彩讲座的感谢，更是对如叶小文一般精神崇高、修养丰富、涵养深厚的以读书和音乐不断充实人生的奋进者们的致敬。

（原载《天下贵州人》2022 年 7 月 7 日）

在"加强中华儿女大团结"主题读书暨
"和全国政协委员一起读书"
活动社会读者群启动仪式上的致辞

"阅读新时代　奋进新征程"。今天，我们举办"加强中华儿女大团结"主题读书暨"和全国政协委员一起读书"活动社会读者群启动仪式。在活动筹备期间，国家图书馆、光明日报社等合作单位提供了有力支持，我谨代表全国政协委员读书活动指导组表示衷心感谢！

2020年4月22日，习近平总书记专门对全国政协开展委员读书活动作出重要指示，希望运用好读书活动这个载体，组织广大政协委员多读书、读好书、善读书，努力提高思想水平和能力素质，并努力带动和影响各界别群众开展读书活动。第二天适逢世界读书日，全国政协隆重举行委员读书活动启动仪式，正式开启委员读书活动。两年来，全国政协围绕党和国家工作大局、专门协商机构职能责任、时代和形势发展变化要求，共组织9期委员读书活动，开设129个委员读书群，2100余名全国政协委员登录书院，覆盖全部34个界别，遍布31个省区市，参与率达98%，发言量超过58万条、浏览量近296万人次，委员读书活动在加强思想政治引领、广泛凝聚共识、提升委员履职能力，助力专门协商机构建设方面发挥了重要作用，呈现出委员参与面不断扩大、活动方式不断丰富、地方政协不断跟进的良好态势。

今年4月23日，习近平总书记给首届全民阅读大会发出贺信，对全民阅读提出殷切希望，强调广大党员、干部要带头读书学习，修身养志，增长才干。当月，全国政协召开"学习贯彻习近平总书记重要指示　深入开展政协委员读书活动"座谈会，深入学习领会习近平总书记两年前对政协委员读书活动的重要指示，汪洋主席出席并讲话，指出要把委员读书作为加强人民政协自身建设的重要基础来谋划，作为提高协商质量、践行全过程人民民主理念的重要抓手来加强，作为更好凝聚共识、加强中华儿女大团结的重要举措来推进，认真总结经验把握工作规律，把委员读书活动持续推向深入。

品书香，养浩然之气；悟书韵，修资政之德。我们举办"加强中华儿女大团结"主题读书暨"和全国政协委员一起读书"活动，旨在深入贯彻落实习近平总书记关于政协委员要努力带动和影响各界别群众开展读书活动的重要指示精神，进一步深化委员读书工作、扩大读书溢出效果、广泛凝聚共识，使读书活动成为联系界别群众的有效载体，使"书香政协"成为引领"书香社会"建设的重要力量，为中共二十大胜利召开营造良好氛围。

在此，预祝"加强中华儿女大团结"主题读书暨"和全国政协委员一起读书"活动顺利举办，让我们在学习交流中领悟团结之重、思考团结之道、广聚团结之力、筑牢团结之基，不断巩固和发展全体中华儿女大团结，为全面建设社会主义现代化国家、实现中华民族伟大复兴的中国梦而不懈奋斗！

（2022 年 7 月 18 日）

满 江 红

（遵小文主任嘱，为政协书院而赋）

蒋定之

资政新篇，
呈灼见，
诸公求索。
调羹事，
读书明理，
上佳视角。
若是添香和玉咽，
岂能跌宕随波落。
两度曲，
回首细相看，
尤堪乐。

书香屋，
笺纸薄。
论与说，
多斟酌。
且看行坐处，
是君渊博。
国学栏中争相入，
漫谈群里朝晖烁。

　　　　　　非壮语，

　　　　　　人气日边来，

　　　　　　今胜昨。

注：

1. 调羹：喻治理政事。

2. 两度曲：喻全国政协读书活动开展两年有余。

3. 国学群：指全国政协国学读书群。

4. 漫谈群：指全国政协漫谈读书群。

"春华秋实"主题音乐会

今天立秋，刘禹锡之《秋词》云：

自古逢秋悲寂寥，

我言秋日胜春朝。

晴空一鹤排云上，

便引诗情到碧霄。

我仿刘禹锡《秋词》道：

自古逢秋就热闹，

如诗如歌竟风骚。

我也回乡奏一曲，

春华秋实在今朝。

7月7日立秋，和秋天一起到来的还有"春华秋实·天下贵州人十周年"主题音乐会。天下贵州人，一生贵州情。美好乐曲和浓浓乡情的水乳交融，《梁祝》《牧歌》《天鹅》《维瓦尔第双大提协奏曲》等名曲和优秀乐手的珠联璧合，让为时一个半小时的音乐行云流水又饱含真情。

全国政协文化文史和学习委员会副主任、满天星业余交响乐团团长兼首席大提琴手叶小文和贵阳交响乐团首席小提琴尤里·赫尔曼、贵州省歌舞剧院钢琴演奏家郭橙橙以一曲《梁祝》拉开了音乐会帷幕，也以此开启了"天下贵州人"十周年庆典系列活动的序幕。除了世界名曲，作为一场属于天下贵州人的欢聚，贵州最具代表性的民族音乐也亮相了。源于惠水县辉岩寨（今好花红村）的布依族民歌《好花红》的曲调，在演奏家们萨克斯管四重奏的演绎下别具风采，乡土的亲切和创造的新意扑面而来。此外，贵州籍著名演员、《甄嬛传》端妃娘娘的扮演者李宜娟还演唱了程派京剧《春秋亭外》。

节目单上的最后曲目是《维瓦尔第双大提协奏曲》，由叶小文、尤里·赫尔曼、维奥莱塔·赫尔曼和郭橙橙共同演奏。维瓦尔第是为大提琴写作协奏曲的最早的作曲家，以"协奏"作结，似乎正和"天下贵州人"团结协作的精神相呼应。

天下贵州人活动于 2013 年初在北京发起。十年来，活动组委会在省委省政府领导的关心支持下，从北京出发，回到贵州，又走进广东沿海开放城市，走向海外，以"凝聚乡音乡情，助推贵州发展"为宗旨，通过持续开展各种文化活动，感召海内外贵州人反哺家乡，回报社会，同时宣传贵州，传播正能量。经过近十年的努力，天下贵州人活动已逐步成为贵州具有影响力的文化品牌。

（原载《贵州日报》天眼新闻）

在哲学上演奏第一提琴

——在贵州大学哲学系成立五十周年庆典上的发言

"学府起黔中，百廿年风雨沐桃李，华章赓续；杏坛传薪火，五十载哲学育新人，只争朝夕"。我是贵州大学哲学系 1976 级学生，提前毕业考入贵州省社会科学院研究生班，后获中国社会科学院宗教学博士学位。在 1982 年的《中国社会科学》杂志上发表的论文《社会学否定之否定的进程及其内在矛盾》，曾于 1984 年获中国社会科学中青年优秀论文奖。我现在每年为北京大学博士生上通识课，兼任中国人民大学、山东大学博士生导师和中国综合开发研究院代理事长。

记得 40 年前，贵大哲学系为我举办欢送会。告别母校，我拉了大提琴。昨晚，贵大哲学院和音乐学院又举办了一个题为"在哲学上演奏第一提琴"的主题音乐会，再回母校，我演奏了柴可夫斯基《如歌的行板》。据说当年托尔斯泰就是从这首曲子里，听到了劳动人民的灵魂。

音乐是灵动的哲学，哲学是活着的灵魂。孔夫子讲"兴于诗，立于礼，成于乐"。学点哲学，一生受益，一路如歌。

记得在 40 年前，我作为一个毕业于贵州大学的哲学青年，在《贵州青年》杂志上，发表过一篇题为《让我们在哲学上演奏第一提琴》的小文章。请允许我念几段原文。

哲学，马克思称"它是文明的活的灵魂"。

曾几何时，"哲学"一度变成令人厌恶的字眼。随着十一届三中全会以来党和人民的艰苦努力，在指导思想上完成了拨乱反正的艰巨任务，哲学才随之得到解放，洗刷掉抹在身上的污秽，恢复了马克思主义哲学的本来面目，以它不朽的生命和灿烂的光华，日益吸引着广大青年。

　　但是，与其说哲学吸引青年，不如说青年们自己在寻找哲学。这里有着更为深刻的原因。一个国家，一个民族，在长期动乱的阵痛中，必然孕育着、产生着思考的一代，奋起的一代，这是历史的必然。

　　正如恩格斯所说："每一个时代的哲学作为分工的一个特定的领域，都具有由它的先驱者传给它而它便由以出发的特定的思想资料作为前提。因此，经济上落后的国家在哲学上仍然能够演奏第一提琴。"我们由于继承了共产主义事业的先驱者——马克思、恩格斯、列宁的思想成果，并使之与中国革命的具体实践相结合，形成了具有中国特色的毛泽东哲学思想，并且正在我们建设四化的实践中继续把马克思主义哲学推向前进，因此我们完全可以当之无愧地在哲学上演奏第一提琴，奏出时代的华丽乐章。

　　如此说，并不是反对青年们去比较、鉴别、探索。既然我们的前辈正是靠他们自己的探索与思考而最终接受了马克思主义哲学，我们这一代青年又何尝不可以通过自己的探索和思考而得出同样的结论？此番的皈依，比起幼时的听信，来得坚定、深沉。

　　因为下午要赶回北京列席全国政协常委会，不能参加哲学院的"面向未来的哲学学科"高峰论坛，请允许我在此多说几句，为论坛抛砖引玉。

　　我们讲"哲学面向未来"，其实未来已来。实现中华民族伟大复兴已进入不可逆转的历史进程，我们比历史上任何时期都更接近、更有信心和能力实现目标。但这绝不是轻轻松松、敲锣打鼓就能实现的，我们遭遇的风险挑战接踵而至，浪急风高，有时甚至是惊涛骇浪，其复杂性严峻性前所未有。我们要谨防踏入颠覆性陷阱，绝不能去犯颠覆性错误。我们现在是"到中流击水，浪遏飞舟"，必须勇于进行具有许多新的历史特点的伟大斗争，准备付出更为艰巨、更为艰苦的努力。我们需要更有战略定力，以正确的战略策略应变局、育新机、开新局，靠顽强斗争打开事业发展新天地；我们也需要更有哲学头脑，"一个民族要想站在科学的最高峰，就一刻也不能没有理论思维"，中华民族要实现伟大复兴，也同样一刻不能没有理论思维。

　　每临大事有静气，每遇风险靠定力，每逢迷雾讲哲学。哲学的头脑和眼光，善于以大历史观环顾世界。今天在赶赴贵阳的途中，从线上的全国政协委员读书群里，正好看到外媒报道：俄乌战事陷入胶着状态，而俄外长拉夫罗夫敦促全世界将目光投向更广阔的舞台。在拉夫罗夫看来，一个人们必须作出抉择的历史阶段已经到来。要么遵循西方强加的"基于规则的秩序"，其中只有一条规则：听从华盛顿的命令，继续屈从美国霸权，否则受到惩罚。要么遵循《联合国宪章》的原则，即联合国基于各国主权平等的原则，建设一个公平的新世界。的确，以往决定国际秩序的主要因素是大国主导，甚至是霸权；如今，基于大国主导的国际秩序正在发生变化，随着多极化格局的形成，国际关系范式正在走向基于"命运共同体"的新秩序。这种思想理念，以我们中国倡议的"共享的未来"为引领，要构建一种新的世界秩序，给人类社会发展带来新的和平与稳定。

在此，哲学的量变质变和否定之否定规律又显现了。人类文明的交汇已走到量变到质变的临界点，人类危机呼唤人本主义在否定之否定意义上的继承和发扬。新时代对人本主义的呼唤，需要对传统人本精神继承吸收，发扬其积极成果又要革故鼎新。因为自文艺复兴以来西方近代人本主义多强调作为个体的自由与权利，尊重人的本能欲望，虽然催生了迅猛发展的经济，也造就了极端膨胀的个人。面对第一次文艺复兴遗留下来的膨胀了的个人，新的文明复兴，要建造和谐的人，构建人类命运共同体。它既巩固第一次文艺复兴人本主义积极成果，又要对其过分的运用有所克制。当西方文明以霸权的形式推行其价值观的时候，我们需要新型的人与社会的关系；当传统的工业文明发展导致生态危机的时候，我们需要新型的人与自然的关系；当西方文明过分强调物质、商业和市场利益的时候，我们需要新型的人与人的关系。这种新型关系的潮流，就是新文明复兴；这种新型关系的旗帜，就是新人文主义。

中国优秀传统文化有助于促进新文明复兴，建设新人文主义。"天人合一、天人相通，民本为上、厚德载物，以仁为本、以和为贵，惟精惟一、允执厥中"的"天道"观念，乃是中华文化生生不息的源头，由此可"致广大而尽精微，极高明而道中庸"。在中华民族实现伟大复兴的进程中，我们要在哲学上高举起迎接新文明复兴、促进人类命运共同体的大旗，把握住新人文主义的话语权，使冷战战略、冷战思维彻底成为历史，跨越所谓"修昔底德陷阱"，为推动人类可持续发展作出积极贡献。同时，也就为中华民族赢得和延长实现伟大复兴的战略机遇期。

中国的"面向未来的哲学学科"，可以在实现中华民族伟大复兴的进程中，为人类在哲学上演奏第一提琴。

贵州大学哲学院的老师和同学，我的年轻一代校友们，你们正在哲学上演奏第一提琴。

祝贵州大学哲学系，五十大寿生日快乐。

祝贵州大学哲学院，百尺竿头更进一步。

（2022 年 8 月 21 日）

在音乐会上的讲话

　　我是贵州大学哲学系 76 级学生。记得 40 年前，贵大哲学系为我举办欢送会。告别母校，我拉了大提琴。今晚，贵大哲学院和音乐学院又举办这个题为"在哲学上演奏第一提琴"的主题音乐会，我想演奏一首柴可夫斯基的《如歌的行板》。据说当年托尔斯泰就是从这首曲子里，听到了劳动人民的灵魂。音乐是灵动的哲学，哲学是活着的灵魂。学点哲学，一生受益。学点音乐，一路如歌。

　　作为一个年过六旬才有机会拜师学艺的大提琴爱好者，老师教我练习的第一首独奏曲，就是法国圣桑的《天鹅》。

　　我想，中国，这个文明古国，也应有自己的"天鹅"。

　　一首蒙古族民歌，就叫"天鹅"。

　　鸿雁天空上，对对排成行。江水长，秋草黄，草原上琴声忧伤。

　　鸿雁向南方，飞过芦苇荡。天苍苍，雁何往，心中是北方家乡。

　　鸿雁北归还，带上我的思念。歌声远，琴声颤，草原上春意暖。

　　鸿雁向苍天，天空多遥远。酒喝干，再斟满，今夜不醉不还。

　　太美了，中国的天鹅。

　　于是，我找到中国的作曲家姜万通先生，请他编写一首大提琴独奏曲《鸿雁》。我相信，远在天际的法国大作曲家圣桑，也会望着当代中国的作曲家，会心地微笑；远走高飞的鸿雁，也会向着碧波中的天鹅，深情地回眸。现在这首曲子，已经被世界一些著名交响乐团演奏。

晨钟犹鸣　三日绕梁

　　昨天汪洋主席清早在漫谈群发言，晨钟声声，他说："漫谈群'漫'的丰富多彩，'谈'的精辟入里。读后受益匪浅！"

　　　　汪洋主席鼓励
　　　　群友深受鼓舞
　　　　读书进入十期
　　　　漫谈当开新局

　　8月31日，全国政协委员读书活动第九期最后一天。9月1日，全国政协委员读书活动第九期最后一天，接着进入第十期。

　　依依不舍两群主，心心期盼张首映（第十期群主）。

　　　　昨天九期大收官
　　　　今日十期首映式
　　　　晨钟声声犹在鸣
　　　　精辟入里天下事

委员读书群中一日

早上：

汪洋主席在漫谈群发言：

漫谈群"漫"的丰富多彩，"谈"的精辟入里。读后受益匪浅！

刘奇葆副主席在各群中寄语：

@各位群主、各位书友：金风九月，秋高气爽。在这收获的季节里，第十期委员读书活动今天正式开群。本期读书活动适逢中共二十大召开，这是本期读书活动最鲜明的背景板。全国政协书院和各书群，要把迎接二十大、学习宣传贯彻二十大精神，作为主题主线贯穿本期读书活动始终，精心组织学习导读，讨论交流、成果转化等工作，为委员畅谈学习体会、交流读书心得、抒发履职感想创造更好条件。希望各位委员充分运用读书活动这个载体，认真学习、深入交流，把中共二十大精神学深学透学好，既当好学生又当践行者，以强烈的历史主动精神奋进新征程、建功新时代。

我读刘奇葆副主席寄语有感：

委员读书进十期

适逢中共二十大

读书逢十结硕果

大会二十更辉煌

十加二十似巧合

读到深处乃真经

奇葆组长语谆谆

金风送爽情深深

主题主线看分明

> 学好悟透道理深
> 天下谁人不读书
> 政协书香溢京城
> 本届将至收官日
> 满载诗书更充实

下午：

刘奇葆副主席在各群中发言：

@阎晶明、张首映、韩新安、李少君、吴为山：这段时间来，"漫谈群"坚持"博专相济、不拘一格"，推出"音诗画三鉴客"栏目，可谓别开生面、精彩纷呈。几位同志不辞辛苦，每天为委员推荐赏析百年中国音乐、诗歌和美术史上的经典作品，让大家在徜徉音诗画的美好情境中滋养心灵、激发情志，真是很美好的享受。感谢群主和各位同志的辛勤付出。

这里，我有个想法商韩新安同志，是否可以用你的专业眼光，在这里推介新时代10年来的10首优美歌曲，以飨共勉，如何？

晚上：

汪洋主席在"诗词艺术古今谈"中发言：

央视播诗画中国，陶然讲词心词脉，异曲同工，别开生面！

观读书群中一日："子在川上曰：逝者如斯夫！"

商以求同　协以成事

　　民主政治是一套复杂、系统的政治工程。民主选举是民主的一种必要形式，但不能把民主简化为选举，又把选举简化为投票。长期以来，民主本义被少数西方国家异化歪曲，"一人一票"、政党竞争等西方选举制度被包装成民主的唯一标准。按这套标准，往往只能搞出一场场民主游戏、民主闹剧甚至民主悲剧。

　　习近平总书记指出："评价一个国家政治制度是不是民主的、有效的，主要看国家领导层能否依法有序更替，全体人民能否依法管理国家事务和社会事务、管理经济和文化事业，人民群众能否畅通表达利益要求，社会各方面能否有效参与国家政治生活，国家决策能否实现科学化、民主化，各方面人才能否通过公平竞争进入国家领导和管理体系，执政党能否依照宪法法律规定实现对国家事务的领导，权力运用能否得到有效制约和监督。"习近平总书记还指出："一个国家民主不民主，关键在于是不是真正做到了人民当家作主，要看人民有没有投票权，更要看人民有没有广泛参与权；要看人民在选举过程中得到了什么口头许诺，更要看选举后这些承诺实现了多少；要看制度和法律规定了什么样的政治程序和政治规则，更要看这些制度和法律是不是真正得到了执行；要看权力运行规则和程序是否民主，更要看权力是否真正受到人民监督和制约。"

　　为此，中国积极致力发展全过程人民民主。人民民主是社会主义的生命，是全面建设社会主义现代化国家的应有之义。全过程人民民主是社会主义民主政治的本质属性，是真正保障人民当家作主的最广泛、最真实、最管用的民主。

　　在发展好全过程人民民主的进程中，进一步发挥好人民政协作为专门协商机构的作用，是具有中国特色、中国效率的民主制度安排。

在中国社会主义制度下，有事好商量、众人的事情由众人商量，找到全社会意愿和要求的最大公约数，是人民民主的真谛。人民政协在协商中促进广泛团结、推进多党合作、实践人民民主，既秉承历史传统，又反映时代特征，充分体现了我国社会主义民主有事多商量、遇事多商量、做事多商量的特点和优势。习近平总书记在中央政协工作会议上指出，"人民政协作为统一战线的组织、多党合作和政治协商的机构、人民民主的重要实现形式，是社会主义协商民主的重要渠道和专门协商机构，是国家治理体系的重要组成部分，是具有中国特色的制度安排"。

十年来的人民政协工作，努力发挥好人民政协专门协商机构作用，把协商民主贯穿履行职能全过程，坚持发扬民主和增进团结相互贯通、建言资政和凝聚共识双向发力，积极围绕贯彻落实党和国家重要决策部署情况开展民主监督。"难得是净友，当面敢批评。"对各种意见和批评，只要坚持党的基本理论、基本路线、基本方略，就要让大家讲，哪怕刺耳、尖锐一些，也采取闻过则喜的态度，做到有则改之、无则加勉。能听意见、敢听意见特别是勇于接受批评、改进工作，是有信心、有力量的表现。发展社会主义协商民主，把民主集中制的优势运用好，发扬"团结—批评—团结"的优良传统，广开言路、集思广益，促进了不同思想观点的充分表达和深入交流，做到了相互尊重、平等协商而不强加于人，遵循规则、有序协商而不各说各话，体谅包容、真诚协商而不偏激偏执，形成既畅所欲言、各抒己见，又理性有度、合法依章的社会主义民主的良好协商氛围。

"专门协商机构"既然是人民政协的特征性定位，人民政协就要聚焦协商议政，专责主业，突出"专"的优势，贯穿"实"的态度，彰显"新"的要求，商以求同、协以成事，着力确保专出特色、专出质量、专出水平，更加深入、更加全面地嵌入社会主义协商民主体系所包含的政党协商、人大协商、政府协商、政协协商、人民团体协商、基层协商、社会组织协商等七种渠道、各个部分之中，搭建更广大、更高效的协商平台，强化七大渠道、各个部分的有机联系、有效衔接。同时，人民政协要发挥专门性特色、专职性特点，按照协商民主规律，积极进行制度性创新，探索有效方法，对人民政协多年来积累的成功经验进行总结和提炼，为其他渠道协商提供借鉴，不断提升协商质量。

（原载《光明日报》2022 年 9 月 22 日）

"天下贵州人十周年盛典系列活动" 国庆座谈会致辞

金秋时节，我们在爽爽的北京，遥望爽爽的贵州。我们在喜迎党的二十大之际，举行"天下贵州人十周年盛典系列活动"之国庆座谈会。今年，恰逢"天下贵州人"活动十周年。

我们天下贵州人，早已不是"夜郎自大"的"夜郎人"，而是走遍天下、胸怀天下的贵州人。

"走遍天下"看什么？"胸怀天下"怀什么？当然是中国式的现代化。天下悠悠万事，惟以此事为大。

十年来，贵州和伟大祖国一起，正在大步迈向中国式的现代化。

十年来，在新中国成立特别是改革开放以来的长期探索和实践基础上，经过中国共产党在理论和实践上的创新突破，带领中国人民成功推进和拓展了中国式现代化。

——中国式现代化是人口规模巨大的现代化。

——中国式现代化是全体人民共同富裕的现代化。

——中国式现代化是两个文明相协调的现代化。

——中国式现代化是人与自然和谐共生的现代化。

——中国式现代化是走和平发展道路的现代化。

世界上既不存在定于一尊的现代化模式，也不存在放之四海而皆准的现代化标准。我们推进的现代化，是中国共产党领导的社会主义现代化，必须坚持以中国式现代化推进中华民族伟大复兴，既不走封闭僵化的老路，也不走改旗易帜的邪路，坚持把国家和民族发展放在自己力量的基点上、把中国发展进步的命运牢牢掌握在自己手中。

　　你看，在中国式现代化的发展道路上，在 14 亿人实现中华民族伟大复兴的队列中，大踏步走着我们天下贵州人。贵州，正后来居上，走在前列。

　　你看贵州的高速路，你看贵州的特大桥，你看贵州的大数据，你看贵州的新城镇，你看贵州的生态美，你看贵州的好花红，你看贵州的茅台香，你看贵州的精气神……

　　你看，天下贵州人！

杭州，走在高质量发展前列

——在"（中国）城市学年会·2022"上的致辞

党的二十大报告指出，高质量发展是全面建设社会主义现代化国家的首要任务，共同富裕是中国特色社会主义的本质要求。本次城市学年会以"在高质量发展中促进共同富裕"为主题，探索解决各类城市问题的新理念新思路新办法，非常重要，正当其时。

如果说改革开放是决定中国命运关键的一招，我们在改革开放中迎来了发展，在发展中赢得了速度，在发展速度中实现了从"站起来"到"富起来"的飞跃；今天，高质量发展，可以说也是决定中华民族实现伟大复兴的关键的一招，我们在继续发展中加快构建新发展格局，在发展速度上进一步赢得质量，在发展质量、共同富裕中发达起来，真正实现从"站起来""富起来"到"强起来"的伟大飞跃。

世界文明探源，城市的出现，是文明成形的标志。

世界文明发展，城市的发展，是文明成熟的标志。

中华民族复兴，城市的高质量发展，是文明辉煌的标志。

党的二十大报告要求，要"坚持人民城市人民建、人民城市为人民，提高城市规划、建设、治理水平，加快转变超大特大城市发展方式，实施城市更新行动，加强城市基础设施建设，打造宜居、韧性、智慧城市。"建设人民满意的城市需要锲而不舍，久久为功，一以贯之。这种定力，源于我们对城市历史文脉的敬畏，对城市发展规律的尊重，对"一张蓝图绘到底"的坚持，对城乡协同发展促进共同富裕的追求。

邓小平同志也说过："上有天堂，下有苏杭，杭州真是个好地方。要把西湖保护好，建设好！"杭州是一座历史文化名城，西湖是一座历史文化名湖。进入新世纪以来，杭州立足于文化自信，在推进高质量发展进程中既守正，又创新。杭州实施西湖综合保护工程，西溪湿地综合保护工程，运河（杭州段）综合保护工程等，秉承以民为本的理念，全力打造"世纪精品、传世之作"，这是杭州在弘扬中华优秀传统文化，推进城市文化高质量发展中的"守正"之举。同时，杭州积极发展文化创意产业，全力打造"国际文化创意中心"，每年在白马湖举办的杭州国际动漫节享誉海内外；在大运河畔，杭州利用工业遗产全力打造博物馆群，使得运河的厚重文脉、城市的深切记忆都能蕴藏其中。这些都应该是杭州推进城市文化高质量发展中的"创新"之举。杭州的城市文化在"守正"与"创新"交融中，提升了品质，树立了典范。相信在明年亚运会上，杭州作为文化品质之城的禀赋，将在国际上进一步彰显。

杭州这座城市，在中华文明起源和发展的历程中，一度辉煌，以致"上有天堂，下有苏杭"。杭州在中国当代的高质量发展中，应该走在前列。不负昔日辉煌，保持"天堂"荣耀；作出新的贡献，增添新的荣光。

高质量发展，需要在理论和实践的结合上不断探索、需要高质量的创新。杭州有个老书记，一直立足杭州、扎根杭州，带领大家孜孜不倦地研究"城市学"。每一次城市学年会，都有新的探索、新的进展。每一次锲而不舍，都展示着金石可镂。这是有分量、有质量、有热量的"高质量发展"工作。近年来，城研中心致力于打造城市学领域"两高四型"的新型专业智库。城研中心引入 CEO 治理的理念，不断推进智库建设的特色化、系统化、专业化、模块化和规范化，探索一条问题导向、效益为王、品质至上的智库建设新路子，努力在新型专业智库建设上形成自身特色、提供"杭州解法"。善莫大焉，功莫大焉。

最忆是杭州，最美是杭州。

杭州这块宝地，果然地灵人杰。

地灵应着天时，杭州正当其时。

地灵更有人杰，杭州处处人杰。

推动高质量发展，杭州走在前列。

"诗词艺术古今谈"读书群掠影

叶小文

昨夜星光灿烂，
委员诗词交流。
奇葆主席奇句，
引来文思泉涌。
还在余音绕梁，
仍是回味无穷。
经典常读常新，
好词多吟多诵。
来去千般缱绻，
万里星河寒暑。
政协书香四溢，
有才岂在惟楚。

摊破鹊桥仙·北京雨燕

刘奇葆

柳绦初剪，
春红数点。
日下含烟四月，
静待北归楼燕。
华庭伟宇筑檐巢，
共云雨、妆亭朱殿。

秋风似毯,

赤光如练。

万里星河寒暑,

来去千般缱绻。

惊雷难阻海天约,

度长空、争飞若箭。

注:

1. 作《摊破鹊桥仙·北京雨燕》,以述楼燕珍稀之奇。

2. 日下:北京别称,亦有当下之意。

3. 筑檐巢:雨燕亦称楼燕,在高层古建筑巢,如正阳门、北海等处。

4. 万里星河寒暑:雨燕每年在北京与南部非洲之间迁徙,避寒就暑,春秋如期,迁飞距离达 16000 多公里。

5. 争飞若箭:雨燕号称"闪电侠",时速可达 110—300 公里。

念奴娇·访台湾

刘奇葆

南天极目,

见苍茫瀛岛,

浪阵排排。

一水横陈终是憾,

鹊桥应架云台。

梦里江山,

故乡明月,

紫陌待君来。

怎言客寄,

九州亘古同怀。

国姓仗剑屠龙,

直驱强虏,

千军荡尘埃。

秦镜长悬昭禹夏，

何惧些许阴霾。

渡发恒春，

雁回南浦，

不禁海门开。

金瓯圆璧，

且看潮涌天垓。

刘奇葆副主席 11.13 在【诗词艺术古今谈】群中发言：

@ 晓冰、刘宁两位群主：昨晚诗词群可谓委员诗会，大家慷慨晒诗、送交答卷，各位老师登台示范、精心点评，一时落英缤纷、精彩纷呈。正如群主所言，此次交流堪称诗的雅集、词的盛宴，亦可一窥政协书院近年来古典诗词学习的部分成果。几位老师都是诗坛高人，既有理论授教又有创作提携，学习者确实受益匪浅，在此再次致谢！群主组织得当、调动充分，还有众多的诗词爱好者亲临其境、鼓励支持，这些都是诗词传承发展的重要条件。有人说，中国古典文学是丰富的软实力，深感此言不虚，让我们一起努力！

叶小文：读奇葆副主席 11.13 发言有感

昨晚雅集盛宴

一时落英缤纷

主席佳句开场

一夜精彩不息

学者流连忘返

诗家高手云集

政协委员读书

多少故事传奇

来去千般缱绻

阵阵书香扑鼻

"深感此言不虚

我们一起努力"

截卢盛江教授《之江歌》句赞刘宁群主：

松隐深闺蕴名秀，
花拥金屋贮玉娇。
原来刘宁出此地，
诗情无限夕复朝。

连起来干　连起来看

"诗词艺术古今谈"。精彩四个月，今晚要收官。"天上掉下一个林妹妹，书群出了一个刘群主"，大家欢喜赞叹，不愿意说再见。

诗群，呼吁"连起来干"!

古典诗词的精美之作，诗意隽永永恒。但毕竟是"戴着镣铐跳舞"，写好真不容易。当然，不讲格律的大白话，最多是"打油诗"，不是诗。但我们毕竟已进入白话文时代，如何创作和赏析格律诗词呢?

诗词，需要"连起来看"!

委员中有位高手，名字就是"连起"，在书群中开有"连起来看"专栏，经常纵横捭阖，有文有诗，很受大家欢迎。

建议接着"诗词艺术古今谈"，连起来再开一个"白话文时代格律诗词的创作和赏析"群，群主就是：张连起!

例如，徐志摩的诗，虽是白话，也有格律，也能令人过目难忘：

> 轻吟一句情话，
> 执笔一幅情画，
> 绽放一地情花，
> 覆盖一片青瓦，
> 共饮一杯清茶，
> 同研一碗青砂，
> 挽起一面轻纱，
> 看清天边月牙，
> 爱像水墨青花，

　　　　　　　　何惧刹那芳华。

　　借徐志摩之语：

　　　　　　　　诗意隽永永恒，
　　　　　　　　不是刹那芳华。
　　　　　　　　只要连起来看，
　　　　　　　　绽放一地情花。

　　在"委员读书自约群"中，继刘宁为群主的"诗词艺术古今谈"之后，又开设了张连起为群主的"白话文时代格律诗词的创作和赏析"群。委员们在两个群中学习研讨诗词，十分踊跃。

从《人类笔记》的独特视角谈起

美国为什么要揪住中国不放？要害并不是美国说的价值冲突、制度冲突，而是实实在在、日益尖锐的利益冲突。

中国就是要发展自己，究竟招了谁惹了谁？布林肯说，"我们并不是要阻止中国作为大国的角色，也不是要阻止中国——或任何其他国家——发展经济或促进中国人民的利益。"但"北京的愿景将使我们摆脱在过去 75 年里支撑了世界取得巨大进步的普世价值观。"因此，"我们将捍卫和加强维护和平与安全的国际法、协议、协定、原则和制度、保护个人和主权国家的权利，使包括美国和中国在内的所有国家能够共存和合作。"这段话，点出了中美冲突的实质，恰恰在于美国就是"要阻止中国发展经济或促进中国人民的利益"，因为这种发展和利益，客观上威胁了美国的既得利益。美国让中国加入世贸时，中国主要处于产业链的低端，只能为美国不断在高端攫取利益服务和作贡献。没有料到迅速发展的中国竟向着产业链的中、高端迈进了（例："中国做什么，就把什么做出白菜价"）。美国最愤怒的是《中国制造2025》，威胁已迫在眉睫。中国要"强起来"，美国难道要"弱下来"？美国甚至宣称"中国的发展，会使世界处于饥饿状态。"美国要保障其超级福利，中国也要争取美好生活。正是因为这个无解之局，美国将中国视为头号假想敌。布林肯说，"北京的愿景将使我们摆脱在过去 75 年里支撑了世界取得巨大进步的普世价值观"，这句话是要说，中国的发展将威胁甚至剥夺美国所谓"基于规则"的独霸产业高端谋利、继续在全世界薅羊毛的特权。

我们说中美"合则共赢，斗则俱伤"。但美国要维护其霸主的福利，要想度过其国内的危机只有牺牲中国。中国不愿意做待宰的羔羊，希望拥有公平合理的劳动变现权力。我们讲中国的主要矛盾，在国内是"人民日益增长的美好生活的需要与发展不平衡、不充分的矛盾", 但这个矛盾到国外呢?
美国能平衡吗?

附: 吴尚之【图书推荐】之 93《人类笔记》

特·官布扎布著, 作家出版社出版。该书以人类的生存和生存所必需的资源为总轴线, 以进化开智、生存资源存在的方式及其演化、人类围绕生存资源的规律性运动、利益关系、利益体及其演化等为基本关注点, 依托现有事关人类历史的浩瀚记录, 以宏扩无极、细致入微的独特视角, 品味和记述了人类自太古时代到联合国成立那一刻的艰辛跋涉, 聚散离合, 爱恨情仇, 成败兴衰和更替演进的全程经历。

"多元"孰大？有违"元亨"

现在讲文化、文明，广泛使用"多元"这个概念，把"多样""多源"皆说成"多元"。但"元"之本义何也？

《周易·大有》《象》曰："其德刚健而文明，应乎天时而行，是以元亨。""元亨"者也，"元"为大，"亨"乃通。"应天则大，时行无违，是以元亨"。如总以"多元"讲文明，则"其德"不能"刚健"，难成其"大"；其行有违"天时"，难以"亨通"。

讲"多元一体"，"多元"孰大？有违"元亨"。"多元"可以共生、共存、互鉴而"多元通和"。但如果要"多元一体"，就不成其为"多元"，就只能取消"多元"。

读朱永新《读与思 人类达到成熟所需时间最长》

人之为人
因着人长时为童
不忘初心
始于人未泯童心

　　人类达到成熟所需时间最长。在所有的动物王国中，除了人，没有任何动物，像人类的孩子出生时那样的无助。正如我们所知，人类达到成熟所需时间最长。其中的原因并不在于儿童在长大成人之前有无数的东西需要学习，而是因为人的成长发育需要很长的时间。儿童需要父母保护的时间要远远长于其他任何生物，这是因为他们身体器官的发育要依赖于父母的保护。如果儿童没有这样的保护，人类就会灭绝。我们可以把儿童身体的脆弱期，视为把教育和社会情感联系起来的时刻。（[奥]阿尔弗雷德·阿德勒：《儿童的人格教育》，彭正梅、彭莉莉译，上海人民出版社 2006 年版，第 82 页）

　　的确，正如阿德勒所说，在所有的动物中，人类的孩子在刚出生时是最羸弱最无助的。刚刚孵化出来的小海龟就能够在一夜间长途跋涉爬寻大海，长颈鹿在出生后数小时内就可以站立和行走，但人类的婴儿却需要非常长的时间才能成熟，而且，在人类婴儿成长的过程之中，是离不开父母和家人的保护和照料的。也正是人类童年的这种脆弱性，导致人类更需要教育，更需要社会情感。达尔文就已经观察到，"所有那些防御能力不够强大的动物总是群体出没"，因为大自然没有赋予它们尖牙利爪和有力的翅膀，它们才组成了群体以补偿这方面的不足。所以，社会性是人类生存和发展不可或缺的本质特征。同时，也正是由于这种脆弱性，教育更特别具有重要的意义，因为，人类的生活、生存技能都是通过后天的教育学会的，无论是在家庭还是在学校，以及其他场景的学习，对于儿童来说都显得特别重要，甚至于人的社会情感，也是需要学习的。人类漫长的成熟期，让教育显得格外重要，也提醒我们教育者应该更好地善待儿童。

释疑解惑一则

一直有个疑问，我们讲"人类命运共同体"，可是马克思恩格斯讲"全世界无产者联合起来"，二者是否有相悖之处呢？

其实，马克思恩格斯早就有深刻的"共同体思想"。见下面丁元竹教授的引读。

【社会关系、社会文明、社会建设漫谈—615—马恩经典作品的社会学思想—15】共同体思想：

共同体思想是马克思恩格斯以人为核心的社会学基本概念和理论在时空结构中的进一步拓展。人类在其各自生活的地域中（后来的社会学家称之为人文区位）形成各自的族群。在近代，很多族群构成现代意义上的民族国家。

1843 年，马克思在《论犹太人问题》中说道："在政治国家真正形成的地方，人不仅在思想中，在意识中，而且在现实中，在生活中，都过着双重的生活——天国的生活和尘世的生活。前一种是政治共同体中的生活，在这个共同体中，人把自己看作社会存在物；后一种是市民社会中的生活。"

共同体向上构成现代意义上的民族国家，向下延伸到家庭、社区。《德意志意识形态》从人的自由解放视角区分了原始的共同体、虚假的共同体和真正的共同体三种类型，想以此勾画人类社会发展的脉络，国家与市民社会之间的关系，进一步深化唯物史观。

恩格斯在《家庭、私有制和国家的起源》中追溯共同体的历史过程："以血族团体为基础的旧社会，由于新形式的各社会阶级的冲突而被炸毁；代之而起的是组成为国家的新社会，而国家的基层单位已经不是血族团体，而是地区团体了。"

在这本书中，恩格斯将群婚制度中的性关系称为"性共同体"——早期人类的一种社会生活形态。后来他们又把共同体用于分析资本主义社会，提出货币共同体、资本家共同体、劳动者共同体等。马克思经典作家关于共同体思想要点是：人类在其发展的一定历史阶段，尤其发展初期，由于生活和生产需要共同组成家庭、部落，并以血缘、语言、习惯等为基础，共同满足生存和发展的目的。产品交换发生在不同家庭、氏族公社相互接触的地方，这些产品逐渐变成商品。

在对资本主义基本矛盾深刻分析基础上，他们将共产主义视为一种理想类型的共同体：只有在这种共同体中，人类才能得到自由、全面发展，这种自由和全面发展是通过人的自由联合实现的。在马克思经典社会学思想中，共同体不仅具有滕尼斯（Ferdinand Tönnies）阐述的"共同体"的含义，即人们的各种组织形式和生活形态——历史的和现实的，它同时又是一种社会理想。

滕尼斯在其《共同体与社会》第二卷中探讨了意志的内涵及其形式。马克思早于滕尼斯阐述了这个问题，指出人们在社会生活中必然建立起意志的关系，但起决定性作用的是人们之间的物质关系，意识只是社会发展的一部分。

马克思在《政治经济学批判（1857—1858年手稿）》中比滕尼斯更早阐述了"共同体"这一概念。在马克思看来，共同性（Gemeinschaft）只是劳动的共同性（Gemeinschaft）以及由共同的资本——作为普遍的资本家的共同体（Gemeinschaft）——所支付的工资的平等的共同性（Gemeinschaft）。相互关系的两个方面被提高到想象的普遍性：劳动是为每个人设定的天职，而资本是共同体（Gemeinschaft）的公认的普遍性和力量。

根据马克思的观点，个人作为共同体成员，遵循共同体基本规范。理解了这点，便可以推断为什么滕尼斯在写《共同体与社会》之前认真阅读马克思的著作了。马克思从对经济现象的抽象中分析了从农业社会到工业社会的转型过程，强调了经济力量这种带有普遍性意义因素的作用，滕尼斯则关注那些从农村中转移出来的工人们的居住和日常生活形态。在形成共同体思想过程中，马克思吸收了柏拉图、亚里士多德、康德、黑格尔、圣西门、傅立叶等人的思想精华。

关于"文明"定义的讨论

刘奇葆@王震中先生、各位专家：

"文明溯源深度谈"读书群 13 日的讨论十分精彩，各位的许多见解殊堪击节，尽管在主要问题上观点并不完全一致，但充分展示了学术争鸣的勃勃生机，核心观点的相互碰撞，必定产生更加亮眼的思想火花从而得出科学的结论。我注意到讨论在几个方面比较集中并呈现认识上的不同。

特别是到底什么是文明？

说文明是文化积累的结果，是文化发展的高级阶段。这一点大家基本一致，没有大的分歧，但对文明的定义各有不同。同时大家认为，定义文明要有理论抽象，只限于认定几个物件较易失之于科学。这就如《易经》所说，"形而上谓之道，形而下谓之器"，在这里要有形而上的概念。如果循此去梳理，大家的高见中，有两个定义文明的概念非常重要，并且可能都在接近当前语境下的文明的实质。一个定义说"国家是文明社会的概括"，另个定义说"文明的核心是一种社会秩序"，这两者之间最重要的相同点是定义"文明"都涉及"社会"，区别只是程度或阶段上的不同，一个说是"国家"一个说是"秩序"。用"社会"这个概念也许最有可能界定文明的本质和起点，因为与人的本质相关，人的本质反映了社会关系。我读书读到一个据说已经证实了的说法，即只有人类才能创造文明，而其他动物只能创造文化，比如打击石器等。人和人的关系在超出血缘关系之后形成的应该即是社会关系，构成真正意义上的"人类社会"（初期应多为区域性的），有的表述为"复杂社会"或取名为"酋邦"，构成人类社会的精神文化，也就是为这个社会普遍接受或应该接受的精神文化，是不是就可以说是"文明"，这是这个社会的基础、纽带、准则和秩序，否则这个社会无法存在和运转。这里文明的内涵应主要是已具功能的物质文明和精神文明，这是基础性的文明，其他类别的文明如政治文明、生态文明等，则应是在基础文明之上发展出来的，具有更高阶段的性质。

我也注意到，有同志认为这类"复杂社会"是国家前社会，在初期具有血缘与地缘交叉性质，但这是转变时期，也恰是便于划分某类过程的起点。也有同志认为，东亚地区文明的起源具有原生性，但与世界其他地区的文明是有交流的，我们在探索文明起源的时候要抓住本地区文明的特点，同时也要兼顾到与其他地区文明的共性以及同步性等。这些意见都十分宝贵。希望各位放开讨论，各抒己见，在定义文明和文明起点等重要方面取得更多真知灼见和必要共识。欢迎并感谢各位专家学者辛勤参与关于文明溯源专题讨论！

奇葆同志从社会学的角度，深刻阐明了"文明"定义的内涵和外延，使"文明探源"置于科学的基础之上！另外，《文史哲》主编王学典先生的这段重要论述，也很有"文史哲"的功底，令人信服，他说：

文明是人类改造客观世界、协调群体关系、调节自身情感过程中所取得的各项成果，文明的目标是满足人类的基本需要、追求人的全面发展，只要是有利于推动这一目标的，都可以视为文明的成果，而这些成果中，对于人类的发展、社会的发展具有根本性的推动意义的那些成果，都可被作为文明史发展的标志。

文明探源工程的两个"眼"

下围棋的人都知道，一片围棋要存活与扩张的关键，是要做好两个"眼"，而且必须是"真眼"，不能做成"假眼"。

文明探源，年代久远，错综复杂，真真假假，鱼龙混杂，见仁见智，众说纷纭。有如下围棋，关键也是要做好两个"眼"。

我认为，奇葆副主席在自约群的两次发言，为文明探源工程，做了两个"眼"。

一是，"大哉乾元，万物资始"。中华文明始于"一元"而非"多元"。

二是，"形而上谓之道，形而下谓之器"，定义文明要有理论抽象，只限于认定几个物件较易失之于科学。用"社会"这个概念也许最有可能界定文明的本质和起点，因为与人的本质相关，人的本质反映了社会关系。

读普京长篇讲话有感

看了普京的长篇讲话，了解到俄罗斯和乌克兰冲突背后的历史与当下状况。

历史是一面镜子，当下是历史的延续。邻居也是一面镜子，比较更能看清真理。读普京对俄罗斯公民的长篇讲话，真令人感慨万千。早知今日，何必当初？

新中国成立初期，毛泽东请李维汉经过一番认真的调查研究，提出中国不搞苏联的"苏维埃共和国联盟"制度，而是建立了中国特色的"民族区域自治"制度，这就从基本制度上维护了中国的国家统一和民族团结，真是功莫大焉，善莫大焉！

"现代化＝西方化"是伪理论

刘新成副主席的论述一针见血，有理有据。为什么总有人鼓吹、总有人相信"现代化＝西方化"？

"这条标准的现代化路线图，以西方国家为范式，以建立自由主义市场经济、多党竞争代议政治、新教伦理式的世俗文化和契约型市民社会为核心"，看起来十分自圆其说。

但中国的现代化道路，正在彻底戳穿这套伪理论。

附：刘新成《西方现代化意识形态批判》

理论是科学的结晶，但社会科学理论通常含有意识形态色彩。不容否认，西方现代化理论中含有科学成分，但其中也有明显的意识形态成分，而我们迄今对后者揭示不够，本文的目的就是鲜明指出这一点。

原典现代化理论的意识形态性质

西方现代化理论产地是 20 世纪下半叶的美国。

二战以后，随着冷战拉开帷幕和民族解放运动的兴起，与苏联为首的社会主义阵营争夺新生的 40 多个前殖民地国家，成为美国世界战略的头等大事。美国国家安全委员会第 68 号文件指出："在目前权力两极化的情况下，自由制度在任何地方的失败都是全局的失败。"肯尼迪政府更认为，饱受殖民主义之害、在革命中夺取政权并陷于深度贫困的新生国家，是最有可能接受共产主义的土壤，为此，美国必须展开一场战斗，而且这场战斗要在"生活在村庄里、山岗上的人们的心灵世界中展开，还要靠掌控当地官员的精神和政策来打"，为使"新兴国家投入自己的怀抱，并反对另一方"，必须构建一套对任何地区、任何民族的人民都具有足够吸引力的理论来替代共产主义学说。

　　为构建这样一套理论，美国政府煞费苦心。他们深知，在经历了三个多世纪的殖民侵略和殖民掠夺之后，这些新独立的国家对曾经作为殖民主的西方世界毫无好感，而在某种程度上已经出现接受马克思列宁主义的倾向，因此这套新理论为回避"马克思列宁主义的批评，必须把西方资本主义为保护自身利益制定全球扩张计划，免受社会主义革命威胁"的动机隐藏起来，表明其"兴趣在于用一种（比西方化——本人注）更充分地考虑到人类事务复杂性和相互关系的解释，并利用由行为科学和社会科学提供的解释，去取代他们认为对社会转变所作的那种简单化和政治解释与社会解释"，即"属于全人类的精神。"

　　在这一背景下，美国《文化变迁》杂志组织了一场讨论，议题之一就是应为美国外交政策提供一种怎样的理论，会议提出的"现代化"概念，立即得到著名社会学家，也是现代化理论创始人之一的帕森斯的认可。他说，"虽然（现代化）可以定义为西方化或美国化，但从普世大联合的精神来看，（它）具有科学意义上的中性性质"，因此是一个"更恰当的名词"。（文化的重要性，372）曾任白宫国家安全事务顾问、国务院政策计划委员会主任罗斯托，成为"现代化"一词的第一批鼓吹者并亲自参与现代化理论的构建，这足以说明现代化理论的政治性质。

　　西方的政治需要从文化的角度看，反映了西方的理论真空。从西欧的早期资本主义扩张起，西方世界就保持着一种以"中性"的、貌似"普遍价值"的理论来为其扩张张目的传统。早在大航海时代，欧洲的早期殖民者就把对"新大陆"的征服和对印第安的杀戮，美化为传播基督的福音。继后的启蒙思想家在这一方面不过是传教士的世俗继承人，唯一的不同是把"救赎""拯救"替换为社会发展和人性自我完善，把对"天国"的向往转变为对美好未来的预设，用理性主义进步观和目的论来取代"末日审判"，其结论依然是欧洲发展世界领先，欧洲同化世界理所当然。从一时称显的人种学到各种文明论的世界想象，都为这种"世俗教义"做注脚，世俗的"传教士"自称被迫肩负"白人的负担"（*Rudyard Kipling*《白人的负担》）。进入 20 世纪，欧洲帝国挑起的两次世界大战使西方理性主义和文明论受到空前的质疑，西方的优越感无以支撑，扩张主义出现真空，现代化适足填补这一空白。就这个意义而言，现代化理论乃是基督教——理性文明论的自然延伸。亨廷顿有言："（20 世纪）50—60 年代的现代化理论与半个多世纪以前的进化论有十分相似之处。"（布莱克，49）这足以证明，欧美的"现代化"理论并非一般的社会理论，而是一种源于西方传统的世界观。

从政治话语转化为学术话语的必要性在于后者具有"普世"性质，而美国具有这种转化的天然优势，因为其文化中就含有"人类救世主"的基因。北美早期移民自踏上这块土地的第一天起，就认定作为上帝"特殊的选民"他们来到了"应许之地"，其使命是"建立一座为世人所仰望的山巅之城"。美国建国前后，"宗教例外论"演变为"美国例外论"（American Exceptionalism，其实不如译为"美国特殊论"），"山巅之城"变换为"指路星辰""众国灯塔""模范民族"和"新世界代表"，"既然上帝选择、偏爱和赋予特权于这块土地及其居民，那么这片土地及其居民就会以某种方式优于其他国家及其居民。世人只有靠美国人才能向善。"《常识》一书称："亚洲、非洲或欧洲无从具备改革人类政治的条件……美国不仅为自己而且也为全世界赢得了立足点。"建国时期的这些语言，为美国历代精英所重复和传诵。美国总统门罗（1816—1824 年在位）离任前致国会的咨文宣称："我们的制度在文明世界历史上构成了一个重要的时代。一切都将取决于这种制度的维护以及最大限度的纯洁。"1850 年美国著名作家梅尔维尔说："我们美国人是上帝独一无二的选民……上帝已经预先注定，人类也期望，我们做出伟大的事情，我们感到了这些伟大的成就存在于我们的灵魂之中。其余国家必须很快步我们的后尘。我们是世界的拓荒者，是先遣队……弥赛亚已经来了，那就是我们美国。让我们永远记住，由于我们的出现，在地球的历史上几乎第一次，国家的自私目的成为不可限量的慈善事业，因为我们不仅在对美洲行善，而且要解放整个世界。"进入 20 世纪，随着美国经济实力增长，国际地位提升，"美国例外论"成为美国"准意识形态"（informal ideology）。1900 年"美国帝国主义"的鼓吹者、印第安纳州共和党议员贝弗利奇在众议院发表演讲："神已从万民之中拣选出美利坚人民作为他的选民，预备让他们领导世界的重生。这是美国的神圣使命。"美国政治学家、社会学家李普塞特从 60 年代开始就美国例外论进行专题研究，出版了三部专著，为

"美国例外"确立了"美国霸权"版本。该书称，美国的"唯一性"意味着：美国拥有在政治上和道德上最好的政府；美国对世界的繁荣和稳定是不可或缺的；世界上任何国家都应该配合美国。20世纪下半叶的美国总统在各种演说中也是不断重复"世界各国人民前所未有地期待着美国给予善意、力量和英明的领导"。"上帝已经把这个受苦受难的世界的命运交到了美国人手中"。基于这种认识，美国完全可以认为，美国的经验就是适用于全人类的经验，美国的现代化就是世界现代化的指路明灯。美国学者蒂普斯说，"现代化的观念主要是美国的观念"，可谓一针见血。（布莱克，106）

在联邦资助、企业基金和学术声誉的交互刺激下，20世纪50—60年代，美国一批社会学家、经济学家、社会心理学家、历史学家先后投入现代化理论的构建当中。他们以发展中国家为主要研究对象，虽然"使用的术语有些新奇，但对非西方社会中社会变化进行研究的方法却深深植根于早在十九世纪末以前就在西方社会科学中牢固确立的进步论"。（蒂普斯、布莱克，95）这种改头换面的进步论，"术语虽然已经作了一些清理，使它给人一种较为中性的印象——它只谈'现代性'而不谈'文明'，只说'传统性'而不说'野蛮状态'——但是，这种理论像它19世纪的祖宗那样，继续用西方社会的、特别是英美社会的制度和价值观念为中心的观点来评价各民族的进步。现代所指无非不负有依附西方责任的西方。它首先从西方社会的一般形象中获得'现代性'的属性，然后又把这些属性的获得设想为现代化的标准。"（蒂普斯、布莱克，103）"于是现代化就绝不是一个简单的变化过程，而是一个应当用它所趋向的目标来下定义的过程。"（蒂普斯、布莱克，100）"而这个目标或标准就是西方社会。"现代化理论家试图把历史上产生于西方社会的特殊价值观念和制度普遍化，"他们依托西方的发展过程建立了一个传统性—现代性对比图式"，"这个图式不仅为排列这些社会现状的次序提供了一系列范畴，而且把现代化描述为朝着'现代'方向的不以人们的意志为转移的变化过程。"（蒂普斯、布莱克，104）

这条标准的现代化路线图，以西方国家为范式，以建立自由主义市场经济、多党竞争代议政治、新教伦理式的世俗文化和契约型市民社会为核心。欧美的研究者们秉持自19世纪人文社会学科建立以来一贯奉行的以民族国家为单位的考察方式，拿各国历史逐一与西方国家对照，专门在"西方有什么，非西方没什么"上做文章，把西方所有而非西方所无的东西一概视为非西方国家的内在缺陷。有人把西方史学家的这种做法喻为一个在路灯下的地面上寻找车钥匙的醉鬼，当警察问他为什么在这里找钥匙时，醉鬼回答："因为只有这里有光亮。"就是在这种"西方路灯"指引下，当代美国被目为现代化终点，将苏联的现代化丑化为"异端"和"病症"。日本学者清水之久把这套假学术之名的现代化理论称为政治与学术完美融合的"肯尼迪—罗斯托路线"，实在是再恰当不过。

以上就是经典现代化理论的来源和主要观点。后来该理论虽然一再被修正，但其意识形态性质始终是存在的。

马克思主义的现代化理论

马克思没用现代化这个概念，但在《共产单宣言》中用过"现代"这个词，并指出该词指的是"我们的时代，资产阶级的时代"。在《共产党宣言》《德意志意识形态》和《资本论》等一系列篇章中，马克思恩格斯反复指出，16 世纪开始了一个工业化、现代化、全球化三位一体的人类历史新纪元。

这里有三层含义。首先，现代时期以工业及其创造的世界市场为基本特征，利用自然力来为工业服务，采用机器生产并实行最广泛的分工。第二，由于"一切历史冲突都根源于生产力和交往形式之间的矛盾……由于同工业比较发达的国家进行的国际交往引起的竞争"，那些经济落后、工业不发达的国家将会以工业发达国家作为自己发展的外来景象，从而形成一个普遍的现代化过程；第三，由于大工业发达的国家都是资本主义国家，而资本主义经济是扩张型经济，16 世纪随着资本主义的扩张，资本主义已把整个世界卷入一个统一的市场——世界市场，资本连缀起一个现代世界，在这个世界中，"每个国家的命运都与其他国家的命运相关联。"（恩格斯语）。所以，现代化过程也是一个全球化过程。

综上所述，按照马克思主义的观点，世界是作为一个整体进入现代化轨道的，如果说世界是一个大系统，各国乃是子系统，子系统的运转不可能脱离大系统，而且彼此之间必处于互动之中。既如此，把单一国家从世界体系中抽离出来谈现代化，本身就是不恰当的。在三位一体的现代世界体系中，资本积累是动力，发展不平衡是基本特征，因而在资本链条中的不同位置就成为决定各国命运的关键因素。位置不同会造成现代化的禀赋不同、起点不同、速率不同，甚至在一定阶段的目标也不同，那么他们的现代化道路必然是与西方不同的道路。对各国现代化道路同一性的根本否定，直击西方现代化理论的痛点，使该理论的意识形态色彩大白于天下。

"文明的边疆"与近代的边患

吴尚之老群主今天推荐了中信出版集团出版的张国刚的《文明的边疆：从远古到近世》，值得一读。该书从大范围、长时段、历史纵深的角度考察欧亚各民族在丝绸之路上的文明交往，将这段长达3000年的历史划分为四个宏大的篇章：从史前丝路到凿空之举，远古的东方与西方首次相遇；汉唐时期诸神入华，四大文明体系在西域边地汇流，开始形成多元贸易和文化交流网络；宋明之际，香药东来、瓷器西去，华夏物产经由海上丝路到达中亚，远迄欧洲；至晚明盛清，传教士东来，拉开了中国与欧洲从想象异邦走向东西之辩的文明互鉴的帷幕。至此，丝绸之路终将亚非欧三大洲，亦即近代以前的文明世界紧密联系起来。

但这本书要继续写下去，就要陡然转折了。从鸦片战争之后，中国沦为半殖民地，边疆不再文明，边患频频告急。

1840年至清朝灭亡的70多年间，中国被资本主义列强攫取了150多万平方公里领土，如果算上由外国势力策动至清亡后外蒙古独立而丧失的领土，共有300多万平方公里的陆地领土丧失！

中华民族从鸦片战争到新中国成立前的100多年，一直积贫积弱内忧外患。这就注定了新中国成立后一百年的发展进步，一定要殚精竭虑内稳边安。如果全盘西化搞西方那一套，党争不断，内斗不已，"藏独""东突""台独"都闹起来，最终国家将一盘散沙，四分五裂。

要防止落入周边纷扰陷阱。这个陷阱，归结起来大都是美国在周边直接或间接地给我们布的雷、挖的坑。无论什么样的陷阱，我们总能看到后面的黑手和阴影。现在他们是手忙脚乱、全面出击，打贸易战中混杂科技战，还想打金融战；又不遗余力地在我周边国家挑拨离间，忙不迭地在我南海、东海生事，不间断地派军舰在我家门口"自由航行"。演练频频，磨刀霍霍。折潜艇掉飞机，也在所不惜。还公然为"台独"打气，为"藏独""疆独"招魂，为"港独""港闹"煽风，千方百计要挑起我周边纷扰、制造种种陷阱，意在陷我穷于应对、乱了方寸之地，阻滞、延缓我快速发展。

【委员读书自约群】之歌

　　按照汪洋主席的提议，在全国政协委员读书活动已经开设的各读书群之外，鼓励有专长有意愿的委员，开设【委员读书自约群】。故赋此歌。

永新如来约群，教育话题永新

元竹如来约群，费老一定高兴

连起如来约群，处处连着诗性

连珍如来约群，易理渗透人生

晶明如来约群，抬头就见鲁迅

尚之如来约群，一揽读书宝典

小影如来约群，美丽风光无限

晓宏如来约群，上帝都想发言

丁伟如来约群，丁伟等都向前

如来如来约群，菩萨齐齐站满

戚建国：

　　为《"委员读书自约群"之歌》点赞！自约就是充分展现政协委员的聪明才智，开拓更广阔的学习空间，培育更多彩的学习兴趣，构建更自主的学习群体，打造更长远的学习平台！

浏览湖南【潇湘新咏】群

叶小文@金鑫@黄自荣：

> 老乡见老乡
>
> 两眼泪汪汪
>
> 读书遇知音
>
> 遍地是金黄

金鑫@叶小文：

感谢小文主任的精彩分享，以诗会友，作为旁观者都深感酣畅淋漓！你对"文明复兴"的见解让我获益匪浅。素尺无缘知锦绣，红尘有幸识丹青。

黄自荣@叶小文：

> 立春而后
>
> 叶子更新天下安，
>
> 小康生活动人寰。
>
> 文章焕彩行之远，
>
> 高处胜寒冬奥欢。
>
> （藏头诗）

"书香政协"溢书香

朱永新老群主在漫谈群晒出著名诗人吉狄马加送他的诗文集。我即呼叫永新：

看到吉狄马加送您诗文集，钦羡不已。想起一件轶事。今年大年初三，刘云志（中央歌剧院院长，满天星业余交响乐团艺术总监，世界著名小提琴家）给我带来两瓶吉狄马加送他的新出的"听花"酒，说："自古圣贤皆寂寞，唯有饮者留其名。"但我俩欣赏了半天这两瓶好酒，到底没舍得饮。相约在庆祝满天星乐团 200 场演出（现 160 余场）时，再与全团开怀畅饮，一起"听花"。

永新将这段话转给了吉狄马加。惊喜来了，我也收到了吉狄马加送的诗文集。

"听花"好酒，珍藏我家，
又收好书，吉狄马加。
天降奇诗，火焰辩词，
地涌甘泉，流淌华夏。

永新【正在读书】接续【尚之荐书】：

吾心可鉴
吾友无限
正在读书

春光又现
吾心可鉴

吾友无限

接续尚之

永新灿灿

读今日【正在读书】之《王蒙八十自述》

记得前年我在北戴河海边，遇见刚从大海里刚刚畅游上岸的王蒙先生。我忍不住说，王老您这一身肌肉，简直一个小伙子啊。王老指着旁边的夫人说，这要感谢我的饲养员！

附【正在读书】

《王蒙八十自述》，王蒙著，人民出版社 2013 年 9 月版。2014 年春节，与王蒙先生小聚，他签名赠送了这本书。虽然许多内容在《半生事多》《大块文章》《九命七羊》等书中曾经读过，但是读这本图文并茂的书还是很愉悦，一口气读完。近 10 年过去了，本来今年约好帮他张罗过 90 虚岁生日，但是先生一场大病，未能如愿。手术后的王蒙先生仍然坚持锻炼，每天行走达八九千步。他自豪地说："手术后又是一条好汉！"他的生命力之旺盛，人生之达观通透，一直让我感佩不已。重读此书，看先生 80 年的人生，14 岁入党，22 岁凭借《组织部新来的年轻人》《青春万岁》在文坛爆得大名，两年后被划为"右派分子"，不到而立之年举家西迁新疆，中年后奉调回京，先后当选中央委员、作协副主席、文化部长、全国政协常委，古稀之年痛失爱妻，又抱得佳人。这一生"风风雨雨，红红火火，磕磕绊绊，上上下下，城城乡乡，贵贵贱贱，内内外外，进进退退"，可谓百味俱全。但他毁誉无动于衷，荣辱在所不计，坦然面对生活。再读这本《王蒙八十自述》，温故知新，先生的人生智慧与生活态度，仍然给我许多启发。期待明年读到他的《九十自述》。

永新荐书　绽放金句

在育儿焦虑蔓延、"鸡娃"指南盛行的今天，胡泳先生的这本书能够帮助我们沉静下来，静观、聆听、对话，然后直抵更为根本的养育难题——关于爱、自由与成长、人格与人生。

我们期望孩子们成为怎样的人？说到底，是我们如何回望自己来时走过的路，是我们如何理解教育的可能与不能。胡泳先生的这些信件，虽然是写给他的一对儿女，但实际上是写给我们每一个人，每一位曾经的孩子。

《数学漫谈》谈下去必谈音乐

　　《数学漫谈》一书值得一读。我以为，再谈下去，则必谈音乐。

　　数学和音乐都是极美的，正如爱因斯坦所说："这个世界是由音乐的音符组成的，也是由数学公式组成的。音符加数学公式，就是真正完整的世界。"

　　自从人类诞生于这颗蔚蓝色的星球，数学与音乐就已经根植于人类的大脑，成为人类认识和探索无穷宇宙的有力武器。在这个世界上，由于人类的语言千奇百怪而难以交流，唯有数学和音乐，无论来自于地球哪个角落的人们，总是可以心领神会。然而，数学与音乐的关系有多重要？它们共同为人类开启了智慧之门。

也谈"在利己主义和利他主义之间找到平衡"

　　漫谈群老群主丁元竹教授在今天的【社会关系、社会文明、社会建设漫谈—354】中谈道：

　　"在现代社会中，个体在公共和私人生活之间不断穿梭。生活的意义、价值、幸福感、获得感和安全感既要在私人领域得到实现，也要通过公共领域去实现。当家庭、社区和社会组织的善意和行为不能应对复杂的社会需要时，利他本性就从个体、家庭、社区和社会组织行为转变为政府行为，成为一种社会福利制度和社会服务制度。""现代政府要在利己主义和利他主义之间找到平衡。"

　　这些话是很深刻的。搞市场经济不是搞"市场社会"，在社会生活中，伦理导向必须是高扬利他主义的旗帜。但必须正视，"在现代社会中，个体在公共和私人生活之间不断穿梭。……现代政府要在利己主义和利他主义之间找到平衡。"

　　要形成"我为人人，人人为我"的可持续的、良性循环的机制。

　　我为人人、人人为我，这个口号，似曾相识却也新鲜，似很简单其实深刻，看看明白常常糊涂。

　　如果只讲"人人为我"，使不得！马克思、列宁都引用过狄德罗的话，人人围着转的大写的"我"，就像一架"发疯的钢琴"。钢琴发疯，节奏就乱了；人发疯，方寸就乱了；都发疯，世界就毁了，钢琴也没了声响，"我"也就消失了。

　　如果都来"我为人人"，当然好！古人崇尚"为天地立心，为生民立命""先天下之忧而忧，后天下之乐而乐"的君子情怀；今人更应向往"自己活着，就是为了使别人过得更美好"，"人的生命是有限的，可是，为人民服务是无限的。我要把有限的生命，投入到无限的为人民服务之中去"的雷锋精神。这才是动人心弦的召唤，是理想社会慷慨高歌的不懈追求。

毋庸讳言，这个慷慨高歌，当下还难以作为现实社会人人遵循的普遍要求。所以，应该两方面都讲——既要我为人人，也要人人为我，才比较全面，比较可行。

其实，孔夫子说"己所不欲，勿施于人"，"己欲立而立人，己欲达而达人"。耶稣说"无论何事，你们愿意人怎样待你们，你们也要怎样待人"，与我们今天讲的"我为人人、人人为我"，道理是相通的。

但孔子教诲、耶稣圣谕，在市场经济面前，都会遭遇"言者谆谆，闻者藐藐"的尴尬。市场经济中，每一经济的个体都追求利润的最大化，这是资本的本质；每一真实的个人都追求利益的最大化，这是人的本性。由此演出了一部部惨烈竞争的活剧，形成了优胜劣汰的秩序，从而在整体上推动了效率至上的发展。但市场经济的求金逐利，难免让人迷心逐物。如果一切向钱看，就会把精神、信仰一概物化；如果人人向钱看，就会把诚信、道德统统抛弃。市场经济使人们的物质生活水平普遍提高，可精神世界却缺少了关照。现代的人们拥挤在高节奏、充满诱惑的现代生活中，人心浮动，没有片刻安宁。欲望在吞噬理想，多变在动摇信念，心灵、精神、信仰在被物化、被抛弃。在市场经济的进程中，有些人好像得了一种"迷心逐物"的现代病。

怎么办？马克斯·韦伯倡导"新教伦理与资本主义精神"，提出在基督教文明中推进的资本主义市场经济，要靠一种"宗教精神的力量"来维持和制衡。据说这一套也曾管用，可是在华尔街鼓捣出的金融危机面前显然失灵了。美剧《纸牌屋》更把金钱万能的勾当揭露得淋漓尽致。

今天，我们搞社会主义市场经济，同样也不能不去面对：在资本盈利和个人谋利被激活后，如何把资本冲动与诚信道德、把物质追求与精神信仰成功结合的问题。市场经济不断给我们带来"财气"，也形成无所不在的"地气"。界定和处理人我关系，不能不接好这个地气。一个以利益关系为基础的社会价值体系和作为其反映的价值观念体系，必须回应全社会的利益关切。

　　说起公私关系，无非 8 种情况：大公无私是圣人，公而忘私是贤人，先公后私是善人，公私兼顾是常人；私字当头是小人，假公济私是痞人，损公肥私是坏人，徇私枉法是罪人。我们要提升常人，提倡善人，学习贤人，向往圣人；也要教育小人，揭露痞人，改造坏人，惩治罪人。鉴于日常的、多数的是常人，要做的"常事"，就是修身律己，平实做人；要说的"常理"，就是"我为人人，人人为我"。

　　经过了个人利益的觉醒、市场经济的洗礼，如何把经济冲动与道德追求、把物质财富与精神高度结合起来，检验着社会的文明程度。搞市场经济，不是要搞市场社会。在社会主义市场经济中，应该社会关爱人人，人人感恩社会，每一社会成员都充分感受社会的温暖与和谐，反过来"滴水之恩，涌泉相报"，守望相助，蔚然成风。如此良性循环，形成我为人人、人人为我的社会氛围。此中，生长着一种新型的社会文明，体现着社会主义道德的基本要求。

　　人人皆富起来——人人为我；

　　人人皆君子——我为人人；

　　就可以"君子以厚德载市场经济"。

共同富裕取得实质性进展的一个社会学视域

习近平总书记在七一讲话中说，"新的征程上，我们必须……推动人的全面发展、全体人民共同富裕取得更为明显的实质性进展！"

共同富裕，从社会学的视域来说，推动其取得实质新进展的有效办法，就是使"利己主义与利他主义成为一股道跑的车"。

丁元竹教授在【社会关系、社会文明、社会建设漫谈—192】中说：人类历史上，利己主义与利他主义曾经是一股道跑的车，这点可以从马林诺斯基在对南太平洋岛上的原居民交易圈和交易行为的研究中看到。几个世纪以来，市场经济的发展，利己主义和利他主义分道扬镳，社交和商务也各行其道、界限分明。但现代技术进步似乎又把社会与商务融为一体，社交互动、社会信任和共享产生的活动也创造了货真价实的真金白银。

"每个时代都在两者之间找平衡，在一方占主导地位时总是又会唤起另一方的崛起。一方面，如果一个社会只有整体没有个体，个体无法获得利益，我们将失去广为人知的市场经济社会的好处——它独有的自由、创造力、个性以及物质的多样性，等等。"

"以前，我们崇尚高度的利己主义文化，把自己的身份定位在该幸福与否建立在拥有多少的物质上；现在，我们的社会文化已迎来资源共享和协同式生活方式，消费的理念也在改变。"在共享经济中，使用权胜过占有权，"享"胜过其他。具有共享经济的理念，也是一场思想上的革命：改变拥有的态度，把心思转移到自由支配产品，享受产品带来的使用效果和体验效果，而不是拥有产品上来。

读《主体意识再强化》

　　无论是基本实现现代化，还是全面建成现代化强国，"现代化"前面无一例外都有"社会主义"四个字。"社会主义"不仅设定了中国现代化的目标取向，而且设定了中国现代化的特殊内容。在全面建设社会主义现代化国家新征程开启之时强调现代化的中国底蕴，就是为了提示人们：在实现什么样的现代化、怎样实现现代化这两大根本问题上必须保持清醒和清晰的头脑。

　　《中共中央关于党的百年奋斗重大成就和历史经验的决议》指出："成功走出中国式现代化道路，创造了人类文明新形态"是中国共产党对世界的重大贡献之一。《决议》中还有"以中国式现代化推进中华民族伟大复兴"的表述。在 2021 年 7 月 6 日举行的中国共产党与世界政党领导人峰会上，习近平总书记也使用了"中国式现代化"概念。在 2022 年 7 月 26—27 日省部级主要领导干部专题班上，习近平总书记再次聚焦"中国式现代化"这个提法。从"中国式现代化新道路"到"中国式现代化道路"再到"中国式现代化"，不同表述背后大有深意，即中国式现代化是指路径、方式的不同，也是指方向、结果的不同。全面形塑"现代化观"，是对"定于一尊的现代化模式"和"放之四海而皆准的现代化标准"的解构，目的在于强化现代化问题上的独立自主意识，始终把国家和民族发展放在自己力量的基点上，把中国发展进步的命运牢牢掌握在自己手中。

　　从现代化发动时序、实现程度角度看，现代化有先后之分。后现代化国家具有后发优势，如有明确的赶超对象，可利用外部资本技术，避免重蹈先行国家的覆辙。但这个过程也很可能导致后发劣势，如过分"美化"追赶对象，产生自卑心理，甚至依附发达国家，落入它们设计的各种"陷阱"。

就现代化本身而言，一些人往往把"现代化"简约为"西方化"，把"西方化"再简约为"美国化"，自觉不自觉按照"他者"的形象来规训"自我"，以致削足适履、东施效颦。

作为后现代化国家或发展中国家一员，中国也曾长期受困于"后发劣势"及与之关联的种种情结，历史上的"全盘西化"论调就是代表。这种无论现代化道路还是现代化归宿上都应向西式现代化看齐的主张可称为"同途同归论"。另有一些人，虽然承认中国历史文化、国情的特殊性，因此主张应该走一条不同于西方的现代化道路，不过仍然认为"条条大路通罗马"，中国最终达到的境地还是西方所代表的"图景"。这种观点可称为"殊途同归论"。而强调中国式现代化道路和追求目标的不同，本质在于主张一种"殊途殊归论"，以此彻底打破西方对现代化叙事的垄断，形成具有中国特色、符合中国实际、体现社会主义原则和价值的现代化新观念。

读《大分流》和《大合流》

《大分流》和《大合流》，是两本值得认真一读的书。一个从大历史角度，一个从生产力发展必然带来生产关系转变的角度，清晰地看见了"百年未见之大变局"，也深刻地回答了李约瑟的"世纪之问"的问题。

李约瑟问："为什么直到中世纪中国还比欧洲先进，后来却会让欧洲人着了先鞭呢？怎么会产生这样的转变呢？"

现在，新的转变正在发生！从"分流"到"合流"：国外学者眼中的百年变局。

习近平总书记指出，当今世界正经历百年未有之大变局，"国际力量正在发生近代以来最具革命性的变化……发展中国家整体崛起，新兴市场国家实力不断壮大，世界经济版图发生深刻变化，引起国际格局和国际体系发生了前所未有的变化。"

总书记的这一论断在当代国际学界也得到印证，其中以《大分流》和《大合流》二书为代表。前者指出，世界格局在 19 世纪初期曾发生一次巨变，"东西方差距"就此形成，是为"大分流"（the Great Divergence）。后者提出，在 1990—2000 年这段时间里，世界局势发生逆转，发达国家和发展中国家之间的巨大鸿沟开始消失，与前一时代相比，这一发展趋势堪称大合流（the Great Convergence）。

一"分"一"合"与我们所说的百年变局的时间节点正相对应，而作者对世界"分合"成因的分析对于我们理解当今世界的这次变局尤有启发意义。

《大分流》一书作于 2000 年，作者彭慕兰（Kenneth Pomeranz）是美国加州大学尔湾分校历史系教授，以研究中国史见长。此书出版为作者赢得巨大学术声誉，他不仅因而作为主要代表撑起一个国际知名的"尔湾学派"，而且作为创始人至今仍担任著名学刊《全球史杂志》（*Journal of Global History*）的主编。

《大分流》一书的最大学术突破，是一扫长期笼罩在西方学术界上空的"西方中心论"阴霾，从根本上否定世界格局"西强东弱"的"历史必然"。我们知道，奠定当今人文和社会科学全部学科基础的所谓"现代学术"起源于 19 世纪的西欧。学术发生学的这一地理因素决定，一切学术探索必然按照"欧洲路灯指引的路径前行"（《白银资本》作者贡德·弗兰克语）。这不仅决定东西对比从一开始就成为社科领域的显学，而且以西方发展模式为标准探讨东方失败和落后的原因成为科学命题的原始基点和科学研究的基本套路。于是，基督信仰、优生学、文明论等在不同时期先后成为欧洲/西方论证"先天"优越的选项。在这些理论破产之后，从 20 世纪中期开始，盛极一时的现代化理论又把"西欧优越说"推向高潮。按照这种学说，西方传统中的自由气质、市场机制、科学精神等等是西方社会的"先进基因"，这使它注定领先于世界其他，而 1500 年以后，因为工业革命必然发生于西欧，这种领先地位愈发明显。彭慕兰依据其方法论的转向和较为深厚的中国史知识基础尖锐地指出了上述结论的虚妄性质。他指出，欧洲在所谓"发展"水平上，绝非始终处于领先地位。他援引英国史学家保罗·贝洛克（Paul Bairoch）的研究成果说，在人类历史的大部分时间里，亚洲的发展水平都高于欧洲。直到 1800 年前后，亚洲地区的人均收入仍高于欧洲，只略微落后于西欧，而中国的水平则在西欧之上。彭慕兰自己的研究则证明，在生产力水平方面，成立于 1753 年的威尔士农业改良协会还以"希望像中国一样繁荣的日子早日到来"为追求；1750 年长江中下游的人均棉布生产量堪与 1800 年的英国相比；以远程谷物运输量测算交通运输能力，中国也多于西欧；在消费水平上，18 世纪中叶中国人均的糖消费量多于欧洲人；在人均寿命方面，在 19 世纪之前，中国和日本的人均寿命固然不高，仅在 35—40 岁之间徘徊，但毕竟高于同期欧洲最先进的西北部（法国和德国在 30—35 岁之间；英国稍高，但与中国同属一个水平）。总之，彭慕兰等学者认为，如果说历史上曾存在一个世界经济体系的话，这个体系一直以亚洲为主导，在进入所谓"近代"以后依然如此。按照日本杉原熏的观点，如果世界结束于 1820 年，一部此前 300 年的全球经济史的主体就会是东亚的"奇迹"：人口迅速增长，生活水平稳定而有节制地提高；只是晚至 1820 年前后，欧洲才在亚洲领航的世界经济列车上"勉强买到最后一张三等座的车票"。而西欧之所以能够买到这张车票，并随后占领一节车厢乃至最终取代亚洲成为火车头，造成世界历史空前的"大分流"，完全得益于他们在美洲开采的金银、主导国际贸易的中国实行银本位制、在最适合的时间最适合的地点（伦敦）发现了煤矿等一系列偶然因素。彭慕兰的观点揭穿了西方基因优质、文明领先、欧洲"起飞"实属必然的神话，对于我们正确理解世界格局的演变、"西强东弱"仅属一时现象很有帮助。

《大合流》一书出版于 2016 年，当年即被著名的《经济学人》杂志评为年度最佳图书。作者（瑞士）理查德·鲍德温是日内瓦高级国际关系及发展学院教授，著名经济学家，所以该书是从贸易理论切入并展开的。作者开篇即指出，分工本身是经济生活中一个简单而又重要的原理。有了分工便有了交换，而交换即使不改变生产效率，也能使分工参与者获得贸易利得。将分工从个体层面提高到国家层面，就是所谓的"国际贸易"。无论群体还是国家，为了从贸易中获取利益，都自觉或不自觉地遵循李嘉图的"路径选择"，即专门生产最擅长的产品，同时进口不擅长的产品。在这样的逻辑下，贸易将促进生产率的提高，而贸易的规模越大，贸易参与国受益越多。国际格局在某种程度上就是这种经济逻辑的产物。影响贸易规模的关键因素则是贸易成本。

鲍德温说，在出海靠风、出行靠马的古代世界，商品输出距离有限，运输体量很小，很难从中获利。那时食物的生产要靠近人类的居住地，消费也只能在产地发生。所以古代文明限定在几个固定区域，即埃及、中东、印巴和中国，在这些区域内虽也有市场，但受运输成本的限制，贸易物品只限于本地无法获得的少量原材料或奢侈品，根本不可能对普罗大众的消费产生很大影响。由于贸易的规模很小，古代社会全球的劳动生产率几乎长期处于停滞状态，除游牧民族个别时期对农耕民族的骚扰外，世界各地互通也很少，"格局"自然基本稳定。

鲍德温完全接受彭慕兰的说法，认为在 19 世纪初世界出现了"大分流"。而他认为，造成分流的根本原因在于蒸汽动力的普及。火车和轮船的广泛应用大大降低了商品运输成本，贸易规模逐步扩大，市场向全球拓展，人们一旦发现购买外国商品比购买本国商品更为划算，消费遂与生产相分离。其结果，一方面市场形成扩张机制，贸易额和利润持续增长；另一方面，由于本地需求不再受制于本地供给，国家间在产业上开始分工和专业化，由于工业是大规模生产，生产组织异常复杂，而有关生产技术和组织方式的知识交流起来成本又极其高昂，所以工业化必然形成地方集聚。这样，率先掌握蒸汽动力运输手段的国家就利用贸易成本下降的机遇，获取贸易利得，积累资本，发展工业，形成工业集聚，垄断工业品生产，扩大消费市场，推动产业创新。如此良性循环，在不长的时间内，几千年来的世界平衡体系即告瓦解，涌现一批在"分流"中胜出的工业国。据统计，1820—1990 年，G7 国家（美国、英国、法国、德国、加拿大、意大利、日本）占全球收入的比重，从 20% 上升到 67%。而同期 A7 国家（都是曾经的文明古国：中国、印巴、伊拉克、伊朗、土耳其、意大利、希腊、埃及）占比则从 50% 降到不足 10%。

《大合流》一书的真正学术贡献，在于作者在分析大分流的原因中，发现了合流的潜在因素和历史必然。前文有述，造成分流的一个重要原因是工业化在少数国家集聚，而集聚的原因之一是工业生产所需要的技术和管理知识不易交流或曰交流成本过高。而这一局面在 20 世纪末期被打破。80 年代后期开始的信息传输、存储和处理技术的革命性发展，彻底消除了距离对数字化知识流动的约束，大大降低了沟通成本，解决了此前约束生产使其不得不集聚的关键障碍。突破性发展使得即使复杂的生产过程也可以在很远的距离外得到协调，发达国家的企业可以同时把它们的营销、管理和技术知识带到发展中国家，于是在李嘉图式的比较优势思维下，发达国家的优势——优质管理和营销手段，就与欠发达国家的优势——廉价劳动力结合起来，带来劳动生产率的大幅提升。当 G7 国家的公司开始利用自己相对于欠发达国家公司知识水平上的优势，在全球进行知识套利时，结果必是参与到价值链中的欠发达国家的迅速工业化和 G7 国家的迅速去工业化。迅速的工业化促进了收入增长，但这一次增长影响了世界上一半的人口，而不像 19—20 世纪那样只影响了五分之一的人口。结果是对大宗商品（Commodity）需求的巨大增长使得大宗商品价格和出口经历了长达 20 年的增长，这种增长也促进了那些出口大宗商品国家的经济增长。因此，从 1990 年开始，世界格局再次发生变化，发达国家持续一个世纪的上升趋势在短短 20 年内被逆转，它们占全球收入的比例重回 1914 年的水平。据统计，在 2000 年前后的几十年中，全球近五分之一的制造业，从 G7 国家转到 6 个国家（中国、韩国、印度、印尼、泰国和波兰）。从 GDP 占比看，1990—2010 年，G7 占比减少 17个百分点，其中 14 个百分点被 11 个"经济增长国家"（即 R11，中、印、巴西、印尼、尼日利亚、韩国、澳大利亚、墨西哥、委内瑞拉、波兰和土耳其）所瓜分，其中中国独占百分之九。总之，鲍德温得出结论，在 1900—2000 年这 10 年里，发达国家和发展中国家之间的差距显著缩小，世界从"分流"走向"合流"。

彭慕兰和鲍德温的观点无疑是有启发意义的，但他们有一个共同的缺失，就是无论对分流的解释还是对合流的分析，都只看到经济一个侧面，而决定世界分合的因素，还有很多。即使就经济而言，两次世界大战对国际贸易的冲击、殖民主义对分流的影响、殖民地国家民族解放运动对合流的作用等等，都不应忽略。这是我们在读这两本书时需要注意的。

"征集新版建议"郡里的漫谈

汪洋：无法像以往那样点击提示，从新开始的发言读起，为什么？

高波：主席好！经查，平台重构时双方忽视了这个功能。已做安排，将在本月新版本中予以实现。另，委员近期提出的意见建议，将在近期新版本中予以实现。特报！

叶小文：新平台运行一周，果然无卡顿之忧。希望能继续完善，用过的功能别丢。又：汪洋主席在群里，每每看到真亲切，现在不见此统计，书友、主席竟相隔。

梁一腾：叶委员您好，相关功能正在紧急研发中，将会在近期上线。读书办与技术团队将在各位委员的关注与建议下对平台进行持续优化，以更好地服务委员读书。感谢您的关注与建议。（技术保障团队）

漫谈群里的闲谈

叶小文：赞陈宝生群主：

晨起匆匆爬楼，昨日十分精彩！正如书友感言"综述全面深刻，干货满满。读了综述很受启发，谢谢陈部长！"

　　　　宝生宝刀不老
　　　　果然老成厚重
　　　　漫谈群里一周
　　　　干货满满推送

陈宝生：哈哈，名小文，书大文，谢谬赞，不负君！

叶小文 @ 朱永新：

　　　　元竹永新双早
　　　　日日晨鸡破晓
　　　　群里天天好看
　　　　总见两个大佬

朱永新 @ 叶小文 @ 陈宝生（万里云帆）

　　　　小文总掀大浪，
　　　　群中爱唱双簧。
　　　　部长长袖善舞，
　　　　万里云帆正扬。

注：陈宝生微信名"万里云帆"。

读斯宾诺莎论快乐之哲语有感

享受工作，一心一意，忙并快乐着；
享受生活，一茶一书，闲并快乐着；
享受天伦，一生一爱，爱并快乐着；
享受音乐，一琴一韵，美并快乐着。

我们的新年音乐会

　　新的一年即将到来，全国人民在党的二十大精神感召下，以崭新的精神面貌，迎接新的挑战，踔厉奋发、勇毅前行，开创一个全新的时代。我们将在讴歌新时代的乐声歌声中，迎接美好的未来。元月 18 日，春节前夕，我将率领满天星业余交响乐团，在国家图书馆艺术中心，举行"音乐点亮人生，我和我的祖国——2023 年新年音乐会"。

　　我们这个乐团的团员，都是业余的音乐爱好者，来自全国的各行各业。他们相同的志趣，就是爱乐。他们共同的追求，就是"兴于诗，立于礼，成于乐"（《论语·泰伯》）。热爱音乐，让他们每个人获得了一种别样的人生。

　　这是满天星业余交响乐团成立十年来的第 168 场演出，也是乐团在国家图书馆艺术中心进行的第 22 场演出。国家图书馆是国家总书库，馆内珍品如珠、文献如海，特别是有"赵城金藏""敦煌遗书""永乐大典"和"四库全书"这四大专藏，不仅是国图的"镇馆之宝"，也是中华传统文化的奇瑰丽宝。我们在这里读书，我们在这里奏乐。

　　新年音乐会年年有，这个音乐会更非同一般，我们感慨万千：

　　　　新冠挡不住新年
　　　　春节又响起序曲
　　　　犹见多瑙河之波
　　　　回响那自新大陆
　　　　歌声常伴着书声
　　　　星光再闪耀国图
　　　　音乐能点亮人生
　　　　我热爱我的祖国

　　我们在国家图书馆演出的曲目，以《春节序曲》开场，从中可嗅到升腾的"烟火气"，可听到"爆竹声中一岁除，春风送暖入屠苏。千门万户曈曈日，总把新桃换旧符。"

　　从延河边的《春节序曲》到伏尔塔瓦河畔的《自新大陆》，从 20 世纪 50 年代家喻户晓的《红色娘子军》组曲到本世纪初脍炙人口的《我和我的祖国》《长江之歌》，还有那清新脱俗、欢快明亮、如醉如痴的小提琴曲《新春乐》，中西合璧，金曲连绵，高潮迭起，令人神往。

　　在每年元旦前夕举行的"维也纳新年音乐会"上，当新年钟声敲响之际，一首大家熟悉的乐曲就会在维也纳金色大厅里响起，这就是被全世界公认的圆舞曲之王，小约翰·施特劳斯的代表作《蓝色多瑙河圆舞曲》。我们也将在国家图书馆奏响这首乐曲，同一个世界，同一首歌！

　　　　　　万象更新又一春，神州叱咤涌风云。
　　　　　　人民至上谋长远，守正创新定乾坤。
　　　　　　风清气正人心聚，脚踏实地伟业存。
　　　　　　满天星辰参北斗，勠力同心铸国魂。

漫谈群新阶段开群寄语

　　我生肖属虎（72岁），虎年岁末，荣任漫谈群新阶段的"末任群主"，故以此图，发表《漫谈群新阶段开群寄语》如下。

"委员读书漫谈群"交流安排

◆ "我在政协这五年"专栏
　　每天上午9-10时，邀请各界别委员分享读书学习体悟，抒发履职尽责情怀。
◆ "我的读书故事"专栏
　　每天下午3-4时，邀请读书积极分子分享担任群主、导读的心路历程。
◆ 十三届全国政协读书活动经验介绍
　　1月31日、2月4日、2月8日、2月11日（晚8-9时），邀请各责任单位委员读书活动负责同志入群交流。

各位委员、各位书友：

　　　　玉兔迎春敲门，新冠难挡新年。

　　　　书声川流不息，漫谈再开新局。

从现在开始到2月中旬，漫谈群进入新阶段，也是收官和丰收的阶段。

蒋定之委员特赋《七绝》诗一首致群主：

　　　　梅报新春别有香，

　　　　金兔拱岁独呈祥。

　　　　书群自有千般意，

　　　　资政建言为国忙。

吴为山委员也有诗专赠群主：

诸贤雅聚读书群，漫谈高论在史文，

博古通今为协政，唯仰群主叶小文。

新时代春光和煦，书香满群。喜闻群主叶主任小文先生担纲新一阶段读书计划，吾当搬好小板凳，认真倾听。

二〇二三年元月二十日　吴为山

后面还有【六老齐贺漫谈群新开张】。六老都是老政协委员，他们是：戚建国、张连起、吴为山、蒋定之、周文彰、唐双宁，全是重磅大咖，重量级大师。

按读书办发的通知，指定我作为漫谈群这一阶段的"店小二"（即接着首任群主吴尚之一任一任传下来的末任群主、也是收官群主），为大家服务。

漫谈群列位劳苦功高的老群主，@吴尚之 @丁伟 @阎晓宏 @张小影 @朱永新 @吕世光（三任）@丁元竹 @陈宝生 @魏玉山 @阎晶明 @韩新安 @刘晓冰 @张首映，你们的业绩已载入政协书院的光荣榜。后来的书友一提起你们的名字，有可能要流下崇敬的眼泪。"三年来书声琅琅，书香四溢，书友促学，哲思飞扬，收获满满"（张小影语），最后阶段，请继续多多关怀，多多指导。

各位委员、各位书友，望多多入场，侃侃而谈。尽管病毒肆虐，但漫谈群始终书声琅琅，从未停歇。马上又且诗且赋，欢度春节。你们的从容、镇定与乐观，是坚韧的定力、不懈的精神、宝贵的财富。

大家记忆犹新，汪洋主席月前专门到漫谈群发言："疫情的寒冷正在肆虐着北京，但人们却看到了即将扑面而来的春风。本届政协的读书活动是在疫情创造的契机中开始的，期盼着疫情在本届政协结束时结束。病毒似攻无不克，而读书人面对病毒的淡定、自信，学习和思考，则更为强大。所以，人类能够战胜一个又一个病毒，走到今天。为了未来，继续读书吧！"

刘奇葆副主席说，"汪洋主席的感言犹如春风，对我们战胜病毒和坚持读书都是极大鼓舞。尽管病毒肆虐，但政协书院始终书声琅琅，从未停歇。委员们的这份从容与镇定，就是坚韧的定力、不懈的精神、宝贵的财富，我们坚持用这种状态迎接春天的到来。"

请大家继续读书，迎着二月春风，继续漫谈交流。

这段时间漫谈群读书交流的重点，是围绕回顾总结十三届全国政协委员读书活动，交流读书心得，抒发履职感想，对加强和改进读书工作提出意见建议。

为此，漫谈群将从 1 月 28 日至 2 月 11 日，每日上下午各新设两个专栏：

上午 9—10 时，开设"我在政协这五年"专栏，分享读书学习体悟，抒发履职尽责情怀。

下午 3—4 时，开设"我的读书故事"专栏，分享担任群主、导读的心路历程。

同时，组织 4 次线上座谈（晚 8—9 时），邀请各责任单位委员读书活动负责同志介绍亮点经验与思考建议。

读书办精心制定了计划，执行计划的责任单位是全国政协十个局加联络局。厉害了，我的政协！

本群联络员是十局学习处的冀英辰，一个工作勤奋、人见人爱的小美女。

春节假期一过，1 月 28 日，就紧锣密鼓地开张，请大家关注啊。

时间	活动主题	参加人员	责任单位
1 月 20 日晚	继续开群说明和活动安排介绍	书群骨干成员	
1 月 21—27 日	春节假期不安排集中线上交流		
1 月 28 日上午	"我在政协这五年"专栏	所联系界别委员	一局
1 月 28 日下午	"我的读书故事"专栏	部分委员读书积极分子，群主、导读委员代表	一局
1 月 29 日上午	"我在政协这五年"专栏	所联系界别委员	二局
1 月 29 日下午	"我的读书故事"专栏	部分委员读书积极分子，群主、导读委员代表	二局
1 月 30 日上午	"我在政协这五年"专栏	所联系界别委员	三局
1 月 30 日下午	"我的读书故事"专栏	部分委员读书积极分子，群主、导读委员代表	三局

时间	活动主题	参加人员	责任单位
1月31日晚	介绍十三届全国政协以来开展读书活动的亮点经验与思考建议	各责任单位委员读书活动负责同志	一局、二局、三局
2月1日上午	"我在政协这五年"专栏	所联系界别委员	四局
2月1日下午	"我的读书故事"专栏	部分委员读书积极分子，群主、导读委员代表	四局
2月2日上午	"我在政协这五年"专栏	所联系界别委员	五局
2月2日下午	"我的读书故事"专栏	部分委员读书积极分子，群主、导读委员代表	五局
2月3日上午	"我在政协这五年"专栏	所联系界别委员	六局
2月3日下午	"我的读书故事"专栏	部分委员读书积极分子，群主、导读委员代表	六局
2月4日晚	介绍十三届全国政协以来开展读书活动的亮点经验与思考建议	各责任单位委员读书活动负责同志	四局、五局、六局
2月5日上午	"我在政协这五年"专栏	所联系界别委员	七局
2月5日下午	"我的读书故事"专栏	部分委员读书积极分子，群主、导读委员代表	七局
2月6日上午	"我在政协这五年"专栏	所联系界别委员	八局
2月6日下午	"我的读书故事"专栏	部分委员读书积极分子，群主、导读委员代表	八局
2月7日上午	"我在政协这五年"专栏	所联系界别委员	九局
2月7日下午	"我的读书故事"专栏	部分委员读书积极分子，群主、导读委员代表	九局
2月8日晚	介绍十三届全国政协以来开展读书活动的亮点经验与思考建议	各责任单位委员读书活动负责同志	七局、八局、九局
2月9日上午	"我在政协这五年"专栏	所联系界别委员	十局
2月9日下午	"我的读书故事"专栏	部分委员读书积极分子，群主、导读委员代表	十局
2月10日上午	"我在政协这五年"专栏	所联系界别委员	联络局

续表

时间	活动主题	参加人员	责任单位
2月10日下午	"我的读书故事"专栏	部分委员读书积极分子，群主、导读委员代表	联络局
2月11日晚	介绍十三届全国政协以来开展读书活动的亮点经验与思考建议	各责任单位委员读书活动负责同志	十局、联络局
2月13日后	读书平台技术更新，本届读书活动结束		

　　读书办将收集精彩发言，摘编刊发《读书简讯》，通过《人民政协报》《中国政协》《政协委员活页文选》等宣传展示委员读书学习成果。学习交流中的建设性意见，将转化为提案、社情民意信息等履职成果。

　　漫谈群新阶段更加精彩纷呈，欢迎各位委员、各位书友届时积极关注并参与！

　　　　　　三年前疫情来袭，三年后疫去春回。

　　　　　　三年里读书不歇，再漫谈期有所会。

　　汪洋主席给大家送来了新春对联：

　　　　　　虎啸京城送疫去

　　　　　　兔欢大地迎春来

　　　　　　——横批"万象更新"

疫去春回，期有所会。万象更新，万木逢春。

祝阴着的书友红旗不倒，祝阳康的书友更加健康！

明天就是大年三十。拜年啦！

　　　　　　　　　　　漫谈群"店小二"、收官群主　叶小文

　　　　　　　　　　　　　　　　1月20日（大年二十九）

注：汪洋主席曾批给我八个字："疫去春回，期有所会。"

我和我的祖国　我和我的老师：音乐拜年

今天是大年初六，年假的最后一天，明天该开工了。【我和我的祖国　我和我的老师：音乐拜年】专栏发到第六期，行将结束。

我的音乐老师，两个优秀的音乐大师：俞峰、刘云志（上任和现任中央歌剧院院长，一个是世界著名的指挥家，一个是世界著名的小提琴家）。

我的大提琴老师，两个优秀的青年大提琴家，杨娣、鲁鑫（一个是中央歌剧院交响乐团首席大提琴，一个是中央音乐学院教授、世界著名大提琴家）。

我这个学生也太牛了，豪华、顶级配置。近朱者赤近墨者黑，只要崇敬大师，跟着大师，模仿大师，一不小心，或许也可能冒充一把大师。

俞峰院长回忆12年前（时任中央歌剧院院长），他应我要求为我择师的经历："哈哈，杨娣马大哈，误以为我给她找的学生是叶部长的孙子孙女。我专门交代了任务，但她也许怎么也想不到学生是叶部长本人（注：杨娣给我发的第一条信息是：'小文小朋友，上课要准时哟！'）我专门为叶部长选老师的标准是，第一敬业，第二琴拉得好，第三需是党员，才能很好完成这一重要任务。叶部长学琴，作为这样级别的干部，可能具有示范效应，对推动音乐普及、美育教育也有一定意义。这也是政治任务啊。教室就设在我的院长办公室对面的贵宾接待室（当时为接待泰国公主朱拉蓬精心装修的），自此以后，叶部长常常下班后就来歌剧院上课练琴，一老一少勤学苦练技艺精进。"

那时俞峰院长经常下班很晚，听到对门琴声，就推门进来亲自指导一把，弄得杨娣比我还激动，这么大的歌剧院，她平时也很少有机会单独见到院长。

　　我现在去歌剧院学琴，现任的刘云志院长更是诲喻勤勤，多次手把手教导。他还亲自带着我在国家大剧院演出过三重奏，拉赫玛尼诺夫的《悲歌》；在满天星业余交响乐团的音乐会上演奏改编的《梁祝》大小提琴二重奏。现在他又在逐句教我练习他改编的三重奏《我和我的祖国》（连大提琴大师朱亦兵都说这首曲子"技术难度很高"）。杨娣则带我演出过 18 世纪巴拉克音乐中著名的维瓦尔弟双大提琴协奏，美国费城交响乐团的 12 个音乐家来北京为我俩协奏。怎么样，很牛吧？美国也找不出一个部长这样拉大提琴吧？

　　在我们民族伟大复兴的道路上，大家都在踔厉奋发，每个人都了不起。我想起了恩格斯谈及文艺复兴的一段话："这是一次人类从来没有经历过的最伟大的、进步的变革，是一个需要巨人而且产生了巨人——在思维能力、热情和性格方面，在多才多艺和学识渊博方面的巨人的时代。"

　　我的祖国，已进入这样的时代。

　　我的老师，正成为这样的巨人。

　　我和我的祖国，我和我的老师，俞峰、刘云志、杨娣、鲁鑫……给漫谈群里的各位书友音乐拜年啦！

　　请大家听一段，我和我的老师演奏的《我和我的祖国》，小提琴、大提琴、钢琴三重奏，刘云志改编。视频为杨娣编辑。朱亦兵凌晨发来信息点赞。

委员读书"周周论学"中的
一次"东海论学"

——2023 年 1 月 31 日于江南造船公司

我们"战略对话书友谈"读书自约群的书友们，昨天在江南造船厂听了群主戚建国将军的报告，今天一天的参观考察特别是看了大船，再参加这次周周论学。此刻，不禁又想起了当年毛泽东的话，我们有个共同的感觉，我们正在创造历史。

我们持续三年的大规模的全国政协委员读书活动，创造历史；我们的"战略对话书友谈"读书群，天下谁人不读书，天下谁人这样读书？创造历史；我们的这次周周论学，是在"国之重器，国之重企"上面的论学，创造历史；两个江南造船公司老总的讲座，创造历史。所以，我们这次不仅是委员读书的一次杰出的收官之作。我们委员读书周周论学中的"东海论学"，是在创造历史。我们现在干的事，也会载入史册。

看大船，气喘吁吁，强烈震撼！听两个高端讲座，特别是戚将军的画龙点睛，开阔视野，似懂非懂。

我谈三点感受，念两首诗。

感受（一）

昨天一大早出发，一路上，想起了当年江南造船厂的图腾。

昨天来的一路上，想起了甲午海战。甲午战争的结果给中华民族带来空前严重的民族危机。再唱《满江红》，以吁长气：年华将暮，胡妖未扫，家仇未报，泪流如雨。

感受（二）

大家知道，中美关系再破裂再紧张，最危险的还是台海冲突（美国明说，挑起俄乌冲突是为下一步挑起台海冲突作准备）。我们制胜的关键之一，要看我们的大国重器、我们的杀手锏能不能镇得住美国。

所以我们这次调研和论学，是在危险的时刻，论尖端的问题。

边走边看边论学。今天一早，读戚建国将军【战略参考】之1036、1037和【战略述评】之31，我下了《评中国的"杀手锏"》的感言。

美国众议长又嚷着要来窜台，

一次次公然挑衅，

一次次踩踏底线，

一次次试探中国究竟怎么办。

中国还是那句老话：

朋友来了有好酒，

要是那豺狼来了，

迎接它的有猎枪。

但今天的中国，

猎枪已经换装杀手锏，

无论列强怎么说、怎么看、怎么干，

中国正埋头把杀手锏擦得更快更亮更尖，

到了时候，且看亮剑！

正如戚建国将军说，近一个时期，美国在我国周边越来越嚣张，不断进行挑衅，时常试探中国的战略底线。如果"台独"势力随美起舞一意孤行，在分裂祖国的道路上越走越远，杀手锏将会对其实施狂风暴雨般的打击！如果美国胆敢触碰我战略红线，中国维护国家统一反对分裂的战略意志是坚定的，一旦过线必将还手。奉劝美国政客，不要忘记历史，如果重走朝鲜半岛和中南半岛老路，台岛战略对决，将会为霸权衰落送行！

当年抗美援朝一战

美国钢多气少

中国气多钢少

结果是，气多钢少，打败了钢多气少

今天如果美国还要挑起台海一战

美国钢多也多不到哪里，气却更短更少

中国的钢已经多起来了，气则更足更旺！

结果必然是：

台岛战略对决，将会为霸权衰落送行！

组织起来的中国人民是不好惹的，

如果惹翻了，

是不好办的！

感受（三）

今天，我们有大国重器，我们更要有道路自信，制度自信。

回想 19 世纪末，明治维新的日本走上资本主义道路，而此时的清朝却是一个通过洋务运动回光返照的帝国，政治腐败，人民生活困苦，官场中各派系明争暗斗、尔虞我诈，国防军事外强中干，纪律松弛。甲午战争开始，日本蓄谋已久，清朝仓皇迎战，这场战争以中国战败、北洋水师全军覆没告终。

今天的中国，有伟大的中国共产党，有优越的社会主义制度，有越走越宽广的中国特色社会主义道路。人民、政党、道路、制度，是制胜的决定性因素。何况我们已手握杀手锏。"今日长缨在手，何时缚住苍龙！"

两首"小文体"

一、《仿丘逢甲诗》

丘逢甲（清）：春愁难遣强看山，往事经心泪欲潸，四万万人同一哭，去年今日割台湾。

我仿丘逢甲：春风荡荡又绿山，往事历历志愈坚，十四亿人同一心，来年今日收台湾。

二、《致江南造船厂》

悬规植矩　器惟求新
亦新亦旧　亘古亘新
周虽旧邦　其命惟新
海洋强国　必强海军
面向未来　引领创新
百年江南　中华复兴

与书友对话

让孩子们拥有"面对一丛野菊花而怦然心动的情怀"

——读朱永新《每朵乌云背后都有阳光》

在朱永新常委《每朵乌云背后都有阳光》新书上市之际，我想谈谈我的阅读体会和我对教育的一些思考。朱永新新书书名叫《每朵乌云背后都有阳光》。依我看，每束阳光前面都有生机。

关于重视教育、创新教育、改革教育

张謇说过："中国今日国势衰弱极矣，国望亏损极矣。""诸君以为可耻否乎！欲雪其耻而不讲求学问则无资；欲求学问而不求国民之教育则无与；欲教育普及国民而不求师则无导。故立学校须从小学始，尤须先从师范始。"

今天，当然早已不是"国势衰弱极矣，国望亏损极矣"了。中华民族站起来、富起来、强起来了。强起来，包括教育强国。

我们的教育事业，发展很快，成绩很大。但离教育强国的目标很有差距，令人焦虑。

正如冯骥才在《每朵乌云背后都有阳光》一书的序言中说："从他的思想里，我们能穿破当代中国教育的困局和僵局看到一片亮闪闪、充满魅力、有希望又无限开阔的空间。""要实现理想，就必须穿过近乎板结的教育的现实。我想过，以他一人之力能够成功吗？""不管我们的理想最终能实现多少，一个社会不能没有人去思考，前沿的思考，开拓性的思考，破冰的思考。"

而在这本书里，朱永新就做了很多前沿的思考。

关于教育要致力于培养创造性

创新来自创造力，创造力来自搞活，全民创新来自搞活，改革开放必然搞活，生产力的解放最欢迎搞活，"放手让一切劳动、知识、技术、管理、资本等要素的活力竞相迸发，让一切创造社会财富的源泉充分涌流"，就是最大的搞活。

我们的教育，应该是有助于"搞活"的教育，是培养创造性的教育，是为民族的创造力开发、开拓源泉的教育，是"问渠那得清如许，为有源头活水来"的教育。

陶行知说："处处是创造之地，天天是创造之时，人人是创造之人。""不管在什么地方，从事什么工作。每个人都有机会去创造，都应当去创造。""只要有一滴汗，一滴血，一滴热情，便是创造之神爱住的行宫，就能开创造之花，结创造之果，繁殖创造之森林。"

苏霍姆林斯基的教育核心理念，就是培养个性全面和谐发展的人。他强调，在全面和谐发展的同时，必须使人的多重才能、天资、意向、兴趣、爱好等个性特点得到充分发挥。

关于教育的目的和最高境界

一位美国教师在中国某医学院讲了这么一个故事：在暴风雨后的一个早晨，一位男士在海边散步，注意到沙滩的浅水洼里，有许多被昨夜的暴风雨卷上岸来的小鱼。被困的小鱼尽管近在海边，也许有几百条，甚至几千条，然而用不了多久，浅水洼里的水就会被沙粒吸干，被太阳蒸干，小鱼就会干涸而死。这位男士突然发现海边有一个小男孩不停地从浅水洼里捡起小鱼，扔回大海。男士禁不住走过去："孩子，这水洼里有几百几千条小鱼，你救不过来的。""我知道。"小男孩头也不回地回答。"哦？那你为什么还在扔？谁在乎呢？""这条小鱼在乎！"男孩儿一边回答，一边捡起一条鱼扔还大海。

其实，这个故事恰好对应了泰戈尔老人的一句话，"教育的目的应当是向人传送生命的气息。"因此，教育之"育"应该从尊重生命开始，使人性向善，使人胸襟开阔，使人唤起自身身上美好的"善根"，也就是让学生拥有"这条鱼在乎"的美丽心境。

一位纳粹集中营的幸存者，当上了美国一所中学的校长，每当一位新教师来到学校，他就会交给那位教师一封信，信中写道："亲爱的老师，我亲眼看到人类不应该见到的情景：毒气室由学有专长的工程师建造；儿童被学识渊博的医生毒死；幼儿被训练有素的护士杀害。看到这一切，我怀疑：教育究竟是为了什么？我的请求是：请你帮助学生成长为有人性的人。只有使我们的孩子在成长为有人性的人的情况下，读写算的能力才有价值。"很显然，人类有兽性的一面和人性的一面。教育者的目的是使人的灵魂得到锻炼，克服兽性而转化向人性的一面。

关乎人类灵魂的塑造，而非单纯的理智知识和认识的堆积，这是教育久远而宏大的终极旨趣。否则，你拥有的知识愈多，对人类、对生命的危害愈大。

在这方面的教训太沉痛了：李政道博士的一位高足卢刚，因论文奖落选，嫉恨、失望困扰着的他，竟然开枪打死了4位太空物理学家，继而仇杀了自己的获奖同学。

河北宣化一位16岁少年刘某因与女友吵架，竟然丧心病狂地开着轿车朝行人一路碾轧，致使2死13伤。某著名高校，继一研究生毒死室友后，又发生了一起青年教师残忍地手刃学院领导的惨剧！

时下，我们的教育往往容易忽略了学生基本人格、基本道德、基本情感的养成，以至于有些学生对生命、对世事愈来愈冷淡、冷漠甚至冷酷。

所以，一位教育家说过这样一句话，我们要培养学生"面对一丛野菊花而怦然心动的情怀"，这种情怀就是在乎沙滩上每一条小鱼的生命的男孩所拥有的情怀。否则，视小鱼如草芥，给鲜花以蹂躏，即使其道德评分或许很高，也失去了人的生命价值。对人的尊重，对宇宙的敬畏，最基本的就是尊重生命的存在，知晓生命的不可重复性。

人不应无端地被剥夺生命，即使是非常低级的生命。当一个人对低级的生物或动物毫无怜爱之情时，你能指望他尊重高级的生命吗？反之，当一个人充满了对小草、小鱼生命的关怀时，对于高级的生命、对于人的生命，他能不尊重吗？

古人说："哀莫大于心死。"一个对外部世界冷漠无情的人，是没有希望的人。作为教育者，也许有许多具体的工作要做，有许多具体的课业要抓，但培养学生良好的思想品质、人文情怀，其中最基础、最根本、最重要的一点乃是唤醒学生尊重生命的良知。

王阳明说过，"夫心之本体，即天理也。天理之昭明灵觉，所谓良知也。""若是知行本体，即是良知良能。""天地虽大，但有一念向善，心存良知，虽凡夫俗子，皆可为圣贤。"此良知之说，实乃王阳明长年累月积累、历经千辛万苦后的大彻大悟。他说，"一语之下，洞见全体，真是痛快，不觉手舞足蹈。""某与此良知说，从百死千难中得来，不得已与人一口说尽，只恐学着得知容易，把做一种光景玩弄，不实落用处，负此之尔。"（"实落用处"就是要"事上练"）"此良知二字，实千古圣圣相传一点滴骨血也。""种树者必培其根，种德者必养其心。欲树之长，必于始生时删其繁枝；欲德之盛，必于始学时去夫外好……只管培植将去，自然日夜滋长，生气日完，枝叶繁茂。"（王阳明《传习录》上卷）

呼唤当代的人民教育家

我们要学习陶行知，爱满天下的博大胸怀，乐于奉献的伟大情操，炽烈真诚的教育激情，不屈不挠的刚毅品质，求真务实的思想作风，开拓求新的创造精神。

我最喜欢朱永新这本书中的《教育是一首诗》，似乎又看到了这种胸怀、情操、激情、品质、作风和精神：

教育是一首诗
诗的名字叫青春
在躁动不安的灵魂里
有一个年轻的梦

教育是一首诗
诗的名字叫激情
在春风化雨的课堂里
有一脸永恒的笑

教育是一首诗

诗的名字叫热爱

在每个孩子的瞳孔里

有一颗母亲的心

教育是一首诗

诗的名字叫创造

在探索求知的丛林里

有一面个性的旗

教育是一首诗

诗的名字叫智慧

在写满问题的实践里

有一双发现的眼

教育是一首诗

诗的名字叫未来

在传承文明的长河里

有一条破浪的船

（原载《人民政协报》2021年6月23日）

政协委员要成为联系服务
界别群众的行家里手

在湖南政协系统学习贯彻习近平总书记"七一"重要讲话精神专题研修班上，全国政协文化文史和学习委员会副主任叶小文以"让我们告诉世界——学习习近平总书记'七一'重要讲话的一点体会"为题，作专题授课。

此前，叶小文数次与湖南各级政协委员和机关干部分享他的履职思考。如，2018 年 4 月，他受邀在十二届湖南省政协第一期委员学习培训班上，讲授学习领会习近平总书记关于加强和改进人民政协工作的重要思想的心得体会；2020 年 9 月，他作客湘声大讲堂，与省市政协委员和政协机关干部畅谈"读书、音乐与人生"的感悟，并现场演奏大提琴。

这一次，叶小文面向参加研修班的湖南三级政协委员，分享学习习近平总书记"七一"重要讲话精神的体会和收获。

叶小文说，要从党的百年辉煌成就中，感悟"中国力量"；从伟大建党精神中，铭记"初心使命"；从"九个必须"的根本要求中，把握"实践遵循"，用最新理论创新成果指引我们把政协工作做得更好。

精神之源，代代传承；精神谱系，川流不息。叶小文认为"人"字贯穿中国共产党精神始终：中国共产党坚持"人民至上"，每一个党员都崇尚"人格高尚"，党的力量来自"人心所向"。他阐述了中国共产党是伟大的人民的党，永远有人格力量的党，人心所向、人民拥戴的党。"对内，是坚持人民至上；对外，则是构建人类命运共同体。"叶小文说。

叶小文认为，中国共产党始终关注人类前途命运。中华民族自秦汉时期实现大一统之后，"和"从价值层面跃升为治国理政的重要理念，和平思想已经深深地积淀在了中国人的民族性格之中。

叶小文说，在中国人的哲学中，和平是个人心境的内在修为，也是一种关注黎民苍生的外在超越。这种"根于天性""出于修为""成为超越"的和平追求，就是习近平总书记说的中国的"行动基因"，也就是文化基因。

叶小文说，湖南省政协依托政协云线上线下联动履职，全国闻名；建立政协委员工作室，打造全省政协事业高质量发展新品牌，很有成效。"希望通过这次研修，各位学员都能成为习近平总书记'七一'重要讲话精神走'心'、走'新'、走'实'的宣讲员，成为联系服务界别群众的行家里手。"

（湖南政协　政协云　2021 年 7 月 28 日）

中国需要新的叙事方式

哈佛大学艾什民主治理和创新中心主任、哈佛大学教授托尼·赛奇（Anthony Saich），被誉为美国的"中国通"，常年负责中国官员在哈佛的培训项目，对中美关系有十分深入的研究。王辉耀博士曾在哈佛大学担任高级研究员，著有《哈佛肯尼迪政府学院的精英课》一书。4 月 30 日，全球化智库（CCG）主任王辉耀博士与托尼·赛奇教授围绕"中美关系何去何从"中，有一段关于"中国需要新的叙事方式"的对话，值得我们认真思考。(参见附录)

我有过一次在美国"改变叙事方式"的尝试。

日前遇到郑新业教授（中国人民大学应用经济学院院长），他说，一直有件往事，今天见到您，终于对您说起。

记得 18 年前您作为中国国家宗教事务局局长，应邀去美国亚特兰大的教会演讲，还和老卡特总统对谈。当时我陪卡特的驻联合国大使 Young 在下面听您的演讲。

记得您上台时，风度翩翩，Young 说，叶 is a typical Chinese。

您讲的过程中，他说，Ye is a Typical CCP。

您退场的时候，他说叶是一个典型外交官。

最后他说，CCP is fucking good。

他们见识到了 CCP（中共）官员的厉害，不得不由衷佩服。因此这段话，我一直清晰地记得！

以下是我 18 年前在美国亚特兰大中国圣经事工展开幕式上，用英文发表的演讲，当时老卡特总统在台上我的旁边坐着，不时发出会心的微笑。演讲全文如下。

在美国亚特兰大中国圣经事工展开幕式上的演讲

中国的圣经事工展，像一只快乐的小鸟，带着美国西海岸的春风，怀着即将飞向东海岸的喜悦，在一个美丽而独特的地方——乔治亚州的亚特兰大市，停了下来。

亚特兰大，对于中国是一个有独特意义的地方。中国人通过电影《飘》和马丁·路德·金博士的讲演《我有一个梦》，认识历史的美国。通过 CNN 和可口可乐，认识今天的美国。我希望现在亚特兰大的美国人，又要通过来自中国的圣经展，进一步了解中国。

亚特兰大，对于中国是一个有历史意义的地方。27 年前带领中美建交的两位老人，邓小平和卡特，其中一位现在还站在我们中间，昨天下午，我荣幸会见了卡特总统先生，我们进行了深入友好的交谈，另一位——邓小平先生，则是通过亚特兰大认识美国，而美国也曾通过邓认识中国。

中国几十年来居然印刷发行了 4000 万册《圣经》！这很奇妙，不是吗？或许有人会心存疑问：这不是一个无神论者执政的国家吗？这个国家难道允许基督徒存在吗？他们的《圣经》不是需要从国外偷运进去吗？他们不是还需要美国人派出传教士帮助他们建立和发展教会吗？

27 年前，邓小平先生就告诉卡特先生：在中国，freedom of worship，ok；Bible，ok；foreign missionary，no。邓阐述的是两个原则：维护宗教信仰自由与坚持独立自主自办。这就像一个硬币的两面，它们被同时写进宪法，保证了中国教会健康顺利地发展。

圣经在中国，为这个发展见证，也为这个发展祝福。

圣经来自同一个上帝，却有多种版本，多种语言。教会是同一个上帝的肢体，却有多种模式，多种组织。中美两国相距遥远，历史背景、文化传统、发展水平各异，需要加强沟通，求同存异。我相信，上帝把世人分为男人和女人，不是要让他们争吵不休，而是要让他们相亲相爱；同理，上帝把世界分成东方和西方，不是要让彼此对峙冲突，而是要让彼此团结和睦。我们应该尊重事实，摒弃偏见。偏见比无知更远离真理，偏见比万水千山更能阻挡我们之间的沟通和交流。中美两国教会真诚友好的交流，会跨越万水千山，不仅对两国基督教的弟兄和姐妹有着重要的影响，也有助于推进两国政府和人民，在"利益攸关者"的基础上，向着建立新世纪的建设性合作关系的目标迈进。

亚特兰大对于中国，不仅是有历史意义的地方，还是一个充满梦想的地方。43 年前，来自亚特兰大的牧师马丁·路德·金说，我有一个梦，有一天，黑人儿童能够和白人儿童情同手足，携手并行。27 年前，邓小平先生大概也有一个梦——从此结束中美间的敌对和隔绝。今天，和卡特先生一起站在这里的我们，是否也有一个梦？

愿圣经展成为中美建设性合作关系的一个新见证！让我们张开双臂迎接她！谢谢。

附录：托尼·赛奇与王辉耀关于"中国需要新的叙事方式"的对话

托尼·赛奇：大多数情况下，我认为如果你看看不同国家的民意调查——其实这引起了人们的担忧，在某些情况下，中国受欢迎程度下降。我认为这是中国将不得不适应的事情，中国现在是一个全球大国。它必须表现得像一个全球大国。因此，那些看起来像是威胁的行为不会有很好的结果。回首一百年的耻辱，是的，这是事实，但这不是你想从一个全球大国那里看到的。所以我确实认为两国都需要调整它们的言论和行为。

王辉耀：是的，我认为中国的劣势是 90% 的国际主流媒体都是用英语的，且它们很有影响力，美国也会主导这些媒体的叙事。所以中国还有很长一段时间要赶上来，试图更好地解释自己，当然，也让人们看到最终会发生什么。你了解中国，甚至对中国的邻国也是如此。在最近的历史中，中国并没有真正引起任何大的冲突。所以我认为人们可能会猜测。但问题是美国经常派遣它们的飞机和舰队到中国南海和台湾，所以我认为中国也感到受到了威胁。中国没有派任何人去加勒比海或在这些地区进行军事演习。因此，我同意两国都需要进行大量的对话与沟通相处，更好地厘清误解，然后真正地让该地区的人们来认识它们。

托尼·赛奇：我认为北京的宣传部门需要掌握的一件事就是语言的技巧。中文的叙事方式在中国很受欢迎，但在说英语的地方就不那么受欢迎了。这似乎更像是一种威胁性的语言，让人们感到厌恶。现在，它可能会起到很好的效果，如国内的民族主义情绪。但我不认为它在国际上表现得很好。

王辉耀：我认为我们是需要一个新的叙事方式。当然，另一方面，我认为西方媒体历来都是从意识形态角度看中国。这不是一个短期的问题，我认为我们可以改进这一点。托尼，我读了你在 2020 年 7 月的一篇很棒的论文——《理解中国共产党的韧劲：对中国公众舆论的长期调查》(Understanding CCP Resilience：Surveying Chinese Public Opinion Through Time)，反映了中国民众对共产党执政的拥护。你从 2003 年以来一直在不断地观察中国。因为中国有五千年的历史，有高度集中的国家权力机构，这可能也是造成意识形态差异的原因。但大的水利灌溉工程、辽阔的疆域范围，需要一个强有力的中央统治。更不用说现在中国拥有世界上最大的 14 亿人口。现在中国共产党使 8 亿人脱贫。中国一直在做所有的基础设施建设，以及反腐败和其他事情，我认为你们的调查已经很好地记录了所有这些改变和民众对执政党的认可。中国共产党通过真正不断地对经济需求作出反应，实现了民众对中国共产党的早期合法性的普遍接受。所以也许我认为有一点是，我们如何才能真正有一个更好的理解世界的方式，向世界传达的方式，而不是像你这样说"战狼外交"行为。

在社会主义市场经济发展中
把党建设得更有力更坚强

习近平总书记在庆祝中国共产党成立 100 周年大会上的重要讲话中指出，"过去一百年，中国共产党向人民、向历史交出了一份优异的答卷。现在，中国共产党团结带领中国人民又踏上了实现第二个百年奋斗目标新的赶考之路"。在发展社会主义市场经济中如何把党建设得更有力、更坚强，无疑是赶考之路上的一个重大考验，这方面也要交出一份新的优异答卷。

新时代的发展风云激荡，中国经济行进在具有许多新的历史特点的伟大征程中，机遇和风险同在，发展与挑战并存。能不能驾驭好世界第二大经济体、能不能实现社会主义市场经济健康发展，从根本上讲，取决于党在经济社会发展中的领导核心作用发挥得好不好。为此，习近平总书记强调："新的征程上，我们要牢记打铁必须自身硬的道理，增强全面从严治党永远在路上的政治自觉，以党的政治建设为统领，继续推进新时代党的建设新的伟大工程，不断严密党的组织体系，着力建设德才兼备的高素质干部队伍，坚定不移推进党风廉政建设和反腐败斗争，坚决清除一切损害党的先进性和纯洁性的因素，清除一切侵蚀党的健康肌体的病毒，确保党不变质、不变色、不变味，确保党在新时代坚持和发展中国特色社会主义的历史进程中始终成为坚强领导核心！"

打造河清海晏的政治生态

我们党从夺取政权到长期执政，是一场历史考验；从领导驾驭计划经济到领导驾驭市场经济，也是一场历史考验；各级党员干部从以清贫为本色与人民群众同患难，到以共同富裕为目标带领人民群众富起来，更是一场历史考验。社会主义建设规律告诉我们，要实现人民共同富裕，必须发展好社会主义市场经济。党的工作要以经济建设为中心，无论从宏观调控到各项经济活动的组织、推进和监督，概莫能外，党的各级组织、广大党员也将全面参与到社会主义市场经济中来。

市场经济自身具有两重性：一方面，市场经济是推动生产力发展、促进社会整体财富积累的必由之路；另一方面，市场经济说到底又是一种以个人对自身利益的追求作为基础的交易共同体。市场经济有两个趋向最大化的基点：其一，每一个经济个体都追求利润最大化；其二，每一个真实个人都追求利益最大化。正是这两个最大化，在市场经济机制的运转中，演出了一部竞争激烈、效率至上的活剧，从整体上形成了推动市场经济不断发展的动力和优胜劣汰法则。但是，如果放任对两个最大化的"无限度"追求，就必然导致欺诈丛生、物欲横流，市场秩序无法维持，经济活动就可能畸形演变，甚至精神世界缺少了关照，欲望吞噬理想，多变动摇信念，心灵、精神、信仰被物化、被抛弃。这是在发展社会主义市场经济中必须警惕、防范和减少的负面因素。

中国共产党是在当今世界人口数量最多、经济体量扩增最快、国民财富总量增长最快的国家，大力推动社会主义市场经济发展的执政党，如何防止市场经济负面效应对党员干部的诱惑、对党的肌体的腐蚀，更是我们党必须直面且必须消解的重大难题，是一场新的大考。

毛泽东同志早就告诫全党，"可能有这样一些共产党人，他们是不曾被拿枪的敌人征服过的，他们在这些敌人面前不愧英雄的称号；但是经不起人们用糖衣裹着的炮弹的攻击，他们在糖弹面前要打败仗。我们必须预防这种情况。"邓小平同志在改革开放之初就警示全党，"自从实行对外开放和对内搞活经济两个方面的政策以来，不过一两年时间，就有相当多干部被腐蚀了。"党的十八大以来，以习近平同志为核心的党中央高度重视党风廉政建设和反腐败工作，全面从严治党不断向纵深推进。

为什么在市场经济条件下贪腐屡禁不止，甚至一度来势凶猛？我们在理论上有更为透彻的思考，在实践上也有更强有力的措施。习近平总书记在"不忘初心、牢记使命"主题教育总结大会上的讲话中深刻分析道："古人说：'天下之难持者莫如心，天下之易染者莫如欲。'一旦有了'心中贼'，自我革命意志就会衰退。"在党长期执政和市场经济的条件下，更是"难持者莫如心，易染者莫如欲"。市场经济法则几乎"无孔不入"的渗透，各种弱化党的先进性、损害党的纯洁性的诱惑无时不有，各种违背初心使命的危险无处不在，如果不严加防范、及时整治，久而久之必将积重难返，小问题就会变成大问题、小管涌就会沦为大塌方，消极腐败就会猖獗横行。

市场经济的考验要求我们，要更加坚定党的信念、根本宗旨、优良作风、道德情操，进一步发扬革命精神，始终保持艰苦奋斗的昂扬精神和共产党人克己奉公、一心为民的高风亮节，努力形成并确保持续河清海晏的政治生态。

市场是经济活动的生态基础，不可以有分秒间断，不可能把经济活动停下来再整党治党。必须在确保市场秩序可控、经济运行稳定的状态下果断行动，既刮骨去腐，也对症给药；既标本兼治，也激浊扬清。要善于把"不敢腐、不能腐、不想腐"，与建立广大党员、干部"很想干、很能干、很愿干"的体制和机制相辅相成、一体推进；要在保持反腐倡廉高压态势的同时，使鼓励干事创业担当的体制机制制度化常态化；要充分调动广大党员干部在发展市场经济中的积极性创造性，从而在坚持反腐倡廉、实现风清气正的基础上，把社会主义市场经济搞得更好，把高质量发展搞得更好，让实现共同富裕的目标离我们更近，让党的队伍更加纯洁，更加富有生机活力。

坚守共产党人道德高地

市场经济是"趋利"的。在市场经济考验中确保党不变质不变色不变味，把"利"与"义"协调起来，就成为一个重大课题。

中国共产党坚持以人民为中心的发展思想，在义利冲突中必须坚定不移地先义后利、重义轻利、为义弃利，鼓励、向往大公无私、舍生取义的精神。"地势坤，君子以厚德载物"。中国特色社会主义事业的发展之所以能浩浩荡荡，其特色之一，就是中国共产党人能以"厚德"而"载"市场经济。

实践证明，发展社会主义市场经济，就要尊重市场经济的规律，遵守市场经济的法则，追求市场经济的效率；但绝不能"一切向钱看"，把精神、信仰一概物化，把诚信、道德统统抛弃。

手持利益这把"双刃剑"，身处社会这个共同体，就需要坚守底线、明晰边界，有所为、有所不为。这个底线和边界，就是共产党员的党性修养。经过了个人利益的觉醒、市场经济的洗礼，如何把欲望冲动与道德追求、把物质富有与精神高尚结合起来，考验着我们党的执政能力，关乎社会主义市场经济的成败。

第一，在发展社会主义市场经济中坚守共产党人的道德高地。

当市场在资源配置中起决定性作用时，执政党在领导和调配全国资源中应当起什么作用的问题，不能不正视。

中国文化有推崇君子人格的传统，诸如"君子喻于义，小人喻于利"的谆谆告诫，修齐治平、治国安民的政治理想，"载舟""覆舟"、居安思危的忧患意识，"国而忘家，公而忘私"的精神境界，"安得广厦千万间，大庇天下寒士俱欢颜……吾庐独破受冻死亦足"的民本情怀等，这些中国传统文化里的"君子之德"，与共产党人实现共产主义的远大理想，全心全意为人民服务的基本宗旨相契相合。党的各级领导干部不妨从传统的君子之德中，念好权力约束的"紧箍咒"，获得精神鼓舞的正能量，培养浩然正气，构建和遵循适应社会主义市场经济的道德和行为规范。

第二，坚守道德高地要装好"栅栏"，把权力关进制度的笼子。

不受制约的权力难免腐败，绝对不受制约的权力有可能绝对腐败。在权力运作资本的过程中，不受制约的权力会导致普遍性腐败，彻底走向党和人民的反面。习近平总书记多次指出，我们必须"坚决防止权力和金钱相结合、造成国有资产流失的现象"，"依法治国，首先是依宪治国；依法执政，关键是依宪执政"，"党领导立法、保证执法、带头守法"。只有这样，才能把权力关进制度的笼子里，给权力涂上防腐剂。

习近平总书记强调，"中国共产党始终代表最广大人民根本利益，与人民休戚与共、生死相依，没有任何自己特殊的利益，从来不代表任何利益集团、任何权势团体、任何特权阶层的利益"。这一论述充分表明，中国共产党是一个为了民族复兴、人民幸福始终沿着正确方向不懈奋斗的先进政党，是一个为了民族复兴、人民幸福不怕牺牲、甘于奉献的先进政党，是一个为了民族复兴、人民幸福勇于自我革命、从严管党治党的先进政党。正因为如此，任何想把中国共产党同中国人民分割开来、对立起来的企图，都绝不会得逞。

第三，坚守道德高地要加强市场法治建设，形成河清海晏的政治生态。

市场经济的竞争要实现公平竞争，公平竞争需要法律的有效保护。法律面前人人平等，平等对待不同的市场主体。只有机会的公平才是实现社会公正和经济效率相统一的有效途径。制定的法律要具备可操作性和可诉性，全面、系统，不能留下法律空白区域，特别是市场经济的基础法律更是如此。

习近平总书记多次强调要构建"亲"与"清"的新型政商关系，体现了从政治生态与市场生态有机联系的角度，统筹谋划执政环境和市场环境的系统思维。新型政商关系的稳固无疑需要法治保障，这就要不断健全完善与社会主义基本经济制度和社会主义市场经济体制相适应的社会主义法律体系，用法律规范政府权力边界、规范企业经营行为、规范政府与企业之间的关系，为领导干部和企业家交往提供法律依据与法治保障。

第四，坚守道德高地要坚定文化自信，在推进市场经济中激活民族优秀传统的文化基因。

习近平总书记指出："世世代代的中华儿女培育和发展了独具特色、博大精深的中华文化，为中华民族克服困难、生生不息提供了强大精神支撑。""对传统文化中适合于调理社会关系和鼓励人们向上向善的内容，我们要结合时代条件加以继承和发扬，赋予其新的含义。"蕴含在中国传统文化中的优秀基因本身即拥有巨大的能量，关键是我们如何在社会主义市场经济的历史条件下将其召唤、激活、放大，使其成为强大的正能量。要纠正近利远亲、见利忘义、唯利是图、损人利己的道德失范现象，不妨从民族优秀的文化基因中找回强化道德约束和慎终追远的定力，使共产党人在现代化浪潮中强身壮体，增强在各种物质诱惑面前的免疫机能，更好地做到见利思义、义利并举、先义后利。

成功通过市场经济考验，最重要的是促使每一个党员崇尚和践行高尚人格。中国共产党是执政党，是在中国领导一切的党。中国共产党有9500多万名党员。在市场经济条件下，就更是"君子之德风，小人之德草，草上之风必偃"，人们都在看着共产党人能否保持"君子之德"。各级官员、特别是党员领导干部，都能经得起市场经济的诱惑和考验，常修为政之德，常思贪欲之害，常怀律己之心，在市场经济的考验中继续成为全心全意为人民服务的道德模范，做社会主义道德的示范者、诚信风尚的引领者、公平正义的维护者，以实际行动彰显共产党人的人格力量，人民群众才能"譬如北辰，居其所而众星共之"。

党要求每一个共产党员都要坚定信念，不忘初心、不移其志，以坚忍执着的理想信念，以对党和人民的赤胆忠心，把对党和人民的忠诚与热爱牢记在心目中、落实在行动上，为党和人民事业奉献自己的一切乃至宝贵生命，为党的理想信念顽强奋斗、不懈奋斗；都要对人民饱含深情，心中装着人民，工作为了人民，想群众之所想，急群众之所急，解群众之所难，密切联系群众，坚定依靠群众，一心一意为百姓造福，以为民造福的实际行动诠释共产党人"我将无我、不负人民"的崇高情怀；都要把许党报国、履职尽责作为人生目标，不畏艰险、敢于牺牲，苦干实干、不屈不挠，展示共产党人无私无畏的奉献精神和坚忍不拔的斗争精神；都要保持共产党人艰苦朴素、公而忘私的光荣传统，不以功臣自居，不计较个人得失，不贪图享受，守纪律、讲规矩，明大德、守公德、严私德，清清白白做人、干干净净做事，做到克己奉公、以俭修身，永葆清正廉洁的政治本色。共产党人拥有如此高大、高尚的人格力量，就能永远保持同人民群众的血肉联系，始终同人民想在一起、干在一起，风雨同舟、同甘共苦。

确保不变质、不变色、不变味

习近平总书记在庆祝中国共产党成立 100 周年大会上的重要讲话中，强调"坚定不移推进党风廉政建设和反腐败斗争，坚决清除一切损害党的先进性和纯洁性的因素，清除一切侵蚀党的健康肌体的病毒，确保党不变质、不变色、不变味"。

"不变质、不变色"反复讲，讲得多，为什么还要加一条"不变味"，而且语气更加严厉，意志更加坚决，决心更加坚定？这应当是针对党面临的市场经济考验来说的。承受不住市场经济的考验，就会带来潜移默化之变，即看起来色未变、质未变，然而味已在变。生活中的常识是，某样东西变了味，常常是无声无息、不知不觉的。而如果变了味，质也会变；如果变了质，色必然变。这一重要提醒和要求，是防范量变到质变的警世之言。读懂"坚决清除"和"不变味"的深意，对于我们在市场经济的考验中始终坚持党要管党、全面从严治党，增强全面从严治党永远在路上的政治自觉，着力建设德才兼备的高素质干部队伍，具有十分重要的现实意义和深远的历史意义。

我们还要警惕和防止一种"变味"：在全面从严治党的高压之下，在党员干部普遍高度注重廉政建设之中，一些地方悄然出现变了味、走了样的倾向。诸如"不落腰包、不留痕迹"的隐形腐败，"为官不为、不愿担当"的庸政懈怠，"空喊不干、不干无错"的形式主义，"照搬照转、空谈空转"的官僚主义，"数豆子的比种豆子的还多""动辄得咎、不动最好"的种种奇形怪状，都是对反腐倡廉的消极对抗，是"变了味"的腐败和腐朽，是必须清除的公害。不干，半点马列主义也没有。好政策在执行中变了味，是一个倾向性问题，长此以往，必将威胁党的肌体健康，对党的形象和党的事业带来严重危害。

面对市场经济的考验，百年大党的常青之道，就是必须着眼于解决党的建设的现实问题，尤其要始终警惕和有效防止"变质、变色、变味"。习近平总书记指出，"堡垒最容易从内部被攻破。从某种意义上说，自从党成立以来，我们党面临的最大风险是内部变质、变色、变味，丧失马克思主义政党的政治本色，背离党的宗旨而失去最广大人民支持和拥护。"这段话掷地有声。习近平总书记以"四个不容易"告诫全党："功成名就时做到居安思危、保持创业初期那种励精图治的精神状态不容易，执掌政权后做到节俭内敛、敬终如始不容易，承平时期严以治吏、防腐戒奢不容易，重大变革关头顺乎潮流、顺应民心不容易。"这段话振聋发聩。

实践表明，"党的百年历史，也是我们党不断保持党的先进性和纯洁性，不断防范被瓦解、被腐化的危险的历史。要教育引导全党通过总结历史经验教训，着眼于解决党的建设的现实问题"。市场经济的考验，是全新的、长期的、"富起来"的新考验，是在利益诱惑下如何普遍做到"拒腐蚀、永不沾"的更为复杂的考验。市场经济的法则是经济运行的普遍法则，但不能"普遍"到侵入或浸入党的政治肌体。党如何保持生机活力、如何保持先进性和纯洁性？如何让广大党员干部在市场经济中更好地发挥积极性创造性，既"很想干，很愿干，很能干"，又"不敢腐、不能腐、不想腐"？广大党员干部如何始终做到"忠诚、干净、担当"，不仅"贫困不能屈"，更加"富贵不能淫"？这些问题都需要进一步探索。

　　回顾百年，党在领导革命、建设、改革长期实践中经受住了一系列重大考验，战胜了一系列风险挑战，所取得的伟大成就举世瞩目，所遇到的艰难险阻也是世界上任何政党所不能比拟的。中国共产党的百年历史，就是一部不断防范被瓦解、被腐化的危险的历史，是不断保持先进性和纯洁性的历史。居安而念危，则终不危；操治而虑乱，则终不乱。在市场经济考验面前，进一步总结历史经验教训，着眼于解决党的建设的现实问题，不断提高党的领导水平和执政水平，不断增强拒腐防变和抵御风险能力，我们党一定能在世界形势深刻变化的历史进程中，始终走在时代前列；在应对国内外各种风险挑战包括市场经济考验的历史进程中，始终成为全国人民的主心骨；在坚持和发展中国特色社会主义的历史进程中，始终成为坚强领导核心。

　　　　　　　　　　　　　　（原载《经济日报》2021 年 8 月 23 日）

"和而不同"的多重境界

——构建人类命运共同体的文化底蕴

中国为什么一贯坚决、真诚地致力于构建人类命运共同体？中国为什么始终不渝走和平发展道路，无论发展到哪一步，永不称霸、永不扩张、永不谋求势力范围？

无数清晰的道理可以辨明，已经并继续的历史可以证明。但归结到一点的最好说明，就是"和而不同"。其不仅是中国，也将是人类构建命运共同体应有的文化基础、共同的文化底蕴。

习近平主席 2017 年 1 月 18 日在联合国日内瓦总部的演讲，揭示了中国致力构建人类命运共同体的文化基因和文化底蕴，即"和而不同"。他指出，"中华文明历来崇尚'以和邦国'、'和而不同'、'以和为贵'。中国《孙子兵法》是一部著名兵书，但其第一句话就讲：'兵者，国之大事，死生之地，存亡之道，不可不察也'，其要义是慎战、不战。几千年来，和平融入了中华民族的血脉中，刻进了中国人民的基因里。数百年前，即使中国强盛到国内生产总值占世界 30% 的时候，也从未对外侵略扩张……中国从一个积贫积弱的国家发展成为世界第二大经济体，靠的不是对外军事扩张和殖民掠夺，而是人民勤劳、维护和平。中国将始终不渝走和平发展道路。无论中国发展到哪一步，中国永不称霸、永不扩张、永不谋求势力范围。历史已经并将继续证明这一点"。其内涵，睿智深刻；其展开，境界多重。

"和而不同"，如何理解"不同"

著名学者王中江先生曾引用《庄子·则阳》中关于"同异关系"的讨论，指出事物的多样性具有创造力，差异性和多样性就是造就整体性和共同性的力量。同时提出，融合多样性的东西能够产生出新的东西；将不同的东西加以调和并使之平衡，就叫作"和"。在这里似可将调和平衡理解为"中"，持中或求中。如果说将不同和差异的东西统合起来就是"共同"，那么"共同"与"同"的内涵就是有区别的，即"共同"是多因素的"和"，而"同"只是单一性质的事物，于是就有了"和而不同"这个深刻的哲学概念。

"君子和而不同，小人同而不和。"君子可以与其周围的人保持和谐融洽的关系，绝不这边搭台、那边拆台，而是相互补台、好戏连台；小人则没有自己独立的见解，只求与别人完全一致，不讲求原则，并不能与别人保持融洽友好的关系。"君子周而不比，小人比而不周。"古写的篆文"比"字，象形两个人完全一样，只跟自己要好的人做朋友，什么事都以"我"为中心、为标准。这就是典型的小人，不是君子。中华文化是君子文化，提倡"君子坦荡荡"；"天行健，君子以自强不息；地势坤，君子以厚德载物"。

现代化呼唤的时代精神要在传统文化的深厚积淀中重铸。这种重铸既应该突出主导、主流，也应该强调和谐、合作，即应该"和而不同"，避免"同则不继"；应该"去粗取精、去伪存真"，但孰去孰留不能简单化。现实往往是"江南三月，杂花树生"，并非谁最美，谁就居于"至善至美"之不二法门；谁最"精"，其他的就皆在"去粗"之列；谁要存，就必争夺主位、排斥异端；谁有影响，就不断膨胀，甚至走向极端。因此，我们既要有对中华文化根的尊重和扬弃、对中华文化魂的坚守和创新，也要有对外国文化包括宗教文化的包容和借鉴。

社会和谐的基础是和而不同、求同存异

中国共产党与民主党派风雨同舟、肝胆相照，没有坦诚真挚的感情、没有平等待人的胸襟，是不可能相互信任、相互支持的。"欲交天下士，未面已虚襟"。当前，执政党必须适应社会多样化发展趋势，在始终坚持并不断增进共识的基础上，以博大的胸怀对待不同党派、民族、阶层、宗教信仰者以及不同社会制度下的广大成员，实现"和而不同"基础上的团结。这就需要一种自觉和自省，真心诚意地欢迎党外人士监督，不怕有人说错话，就怕大家不说话。如果出现不一致的想法，要首先思考有无道理，应该允许和

支持保留意见，并留待实践去检验。只有大方向一致的诤言，才是真正的同志情怀！

新阶层、新组织涌现，新思维、新潮流涌现，新情况、新问题涌现，社会空前活跃起来，是好事还是坏事？当然是好事。社会和谐的基础是和而不同、求同存异。如果"一味求同"，则只能是"同则不继"。一致性必须要有多样性基础，多样性必须要有一致性指导。既不能过于追求一致性，也不能过于放任多样性，关键是坚持和而不同、求同存异。因此，我们要始终高举爱国主义、社会主义旗帜，牢牢把握大团结、大联合主题，坚持一致性和多样性的统一，找到最大公约数、画出最大同心圆。

1958年，毛泽东同志对当时的《人民日报》总编辑吴冷西说："我们的报纸有自己的传统，要保持和发扬优良的传统，但别人的报纸，如解放前的《大公报》，也有他们的好经验，我们一定要把对我们有益的东西学过来。"毛泽东同志要求报纸编辑学习的，不仅是方法，更是胆识。请名流学者发表议论，而且是日复一日，形成固定专栏，非常需要编辑的眼量和胆识。作者既然署了真名和真实身份，讲套话、空话就不大相宜。"千人之诺诺，不如一士之谔谔"。千人一腔可以震耳欲聋，但未必是好的状态。大家都喜欢"和谐"。"和"字古体作"龢"，从龠从禾。龠乃象形字，表示一组长短粗细各异的管子，一齐吹奏、各发其声，只要和谐相融，便会悦耳动听。

"和而不同"意在求"和"

《国语·郑语》有载："夫和实生物，同则不继……声一无听，物一无文，味一无果，物一不讲。"意思是：和谐确实能够产生新事物，但一味求同并不能够持续发展。只是一种声音就谈不上动听，只是一种颜色就谈不上美丽，只是一种味道就不能成为美味，只是一种事物就无法进行衡量。因而，只有"和而不同"，才能最广泛地凝聚和发挥一切智慧和力量，调动一切可以调动的积极因素，使劳动、知识、技术、管理和资本的活力竞相迸发，让一切创造社会财富的源泉充分涌流，为经济、社会又好又快地发展凝聚用之不竭的巨大活力、提供取之不尽的强大动力。

"和而不同"意在求"和"。那么，何为"和而不同"之"和"？"和"的精神是一种承认、一种尊重、一种感恩、一种圆融。"和"的特质是和而不同、互相包容、求同存异、共生共长。"和"的途径是以对话求理解，和睦相处；以共识求团结，和衷共济；以包容求和谐，和谐发展。"和"的方式是一分为二基础上的合二为一，和而不同基础上的求同存异，良性竞争基础上的奋进创新，我为人人基础上的人人为我。"和"的哲学是"会通"，既有包容，更有择优；既有融合，更有贯通；既有继承，更有创新；是一以贯之、食而化之、从善如流、美而趋之。"和"的佳境是各美其美，美人之美，美美与共，天下大同。

"和而不同"难在如何在"不同"中求"和"

"和而不同"难在如何在"不同"中求"和"。对此，中华文化有长期的实践和多方面的积淀。例如，儒释道三家思想就蕴含着丰富的和谐思想。道家认为，道的属性是"和"。天地日月森罗万象、芸芸众生千差万别，无不蕴含着两重性，"万物负阴而抱阳，冲气以为和"。当产生利益冲突、矛盾纠纷时，不妨彼此体谅、委曲求全，开阔胸襟、以德报怨，"挫其锐，解其纷，和其光，同其尘"。而释家的根本原理是缘起论。所谓"缘起"，就是互相依存，和合共生。释家主张的"是法平等""自他不二""无缘大慈、同体大悲"的慈悲、平等观念，是实现与达成"和"的重要思想基础。

道家以"道"为最高信仰，认为"道"之最根本的属性就是生成容纳万物、自然平和无私、无为柔弱不争。道家提出"道法自然""知和曰常"，强调用心去体会世间万物相互依存的统一性，维护其和谐。道家在促进人内心和谐方面，主张少私寡欲，知足常乐；在促进人际和谐方面，主张齐同慈爱，异骨成亲；在促进人与自然和谐方面，主张物我共生，其乐融融。释家讲"理事圆融，事事无碍"，即教人克服贪嗔痴的欲念，达到和谐的境界。释家在人与自然的关系上主张"缘起共生，依正不二"；在人与人的关系上主张"无缘大慈，同体大悲"；在自我的和谐上强调内心和平，"若无闲事挂心头，便是人间好时节"。儒家认为，"君子和而不同，小人同而不和""君子周而不比，小人比而不周"。以"和而不同"为主线追求"和"，以"和"对"多"集散成大，以"和"制"合"平衡互补，是和而不同、美美与共。"和也者，天下之达道也。致中和，天地位焉，万物育焉。"儒家强调以和为贵、和而不同，尊重事物的多样性、和谐性，主张多样共生、协调平衡。

　　由此可见，儒释道三家确以一个"和"字相通。万流归宗，和而不同。可以说，"和"既是中华传统文化的特征向量，也是古代先哲的生命信仰和思维基础。

"和"的思想反映了事物的普遍规律，因而能够与时俱进、与时俱丰

　　中华文明历来有尚"和"的传统。"礼之用，和为贵。先王之道斯为美。"在中华民族几千年的文明史上，少有文明之间的互相蔑视、彼此践踏，多是互相尊重、彼此欣赏；少有文明之间的以大欺小、弱肉强食，多是有容乃大、海纳百川；少有文明之间的高低优劣、生存竞争，多是相互平等、和合共生；少有文明之间的孤芳自赏、一枝独秀，多是互补共荣、百花齐放。集中到一点，就是和而不同、美美与共。

　　中华文明五千多年绵延不断、经久不衰，在长期演进过程中，形成了中国人民看待世界、看待社会、看待人生的独特价值体系、文化内涵以及精神品质。中华民族自秦汉时期实现大一统之后，"和"从价值层面跃升为治国理政的重要理念。和平思想已深深地积淀在中国人民的民族性格之中。正如习近平主席指出的，"中华民族历来是一个爱好和平的民族，爱好和平的思想深深嵌入了中华民族的精神世界，今天依然是中国处理国际关系的基本理念。中国需要和平、爱好和平，也愿意尽最大努力维护世界和平，真诚帮助仍然遭受战争和贫困煎熬的人们"。可以说，"和"的思想反映了事物的普遍规律，因而能够与时俱进、与时俱丰。

　　英国著名历史学家汤因比说过，"避免人类自杀之路，在这点上现在各民族中具有最充分准备的，是两千年来培育了独特思维方法的中华民族"。"独特思维方法"指的是什么？便是天人合一，允执厥中，仁者爱人，以和为贵，和而不同，众缘和合。当前，中华民族正处于努力实现伟大复兴的征程中，肩负着重要的时代使命。迎接这场并不逊色于历史上文艺复兴的新时代"文艺复兴"，我们应该有所作为。

以和为贵既是中国现实的政治承诺，更是中华文明的传统使然

　　中华文化深深融入中国人民的血液中，镌刻在中国人民的生命历程中，根植于中国人民的精神生活和物质生活中。其生生不息、枝繁叶茂、百花齐

放，有多元一体之"体"、和而不同之"同"、美美与共之"共"。以中华文化为主题、为纽带、为载体的交流，将使人民群众的心灵沟通更为深刻坚实、广泛持久。

中华传统文化的主要内涵是天人合一、以人为本、刚健自强、以和为贵。笔者认为今天应该强调其中相辅相成的两条，即《周易》所说的"天行健，君子以自强不息"——提倡人应效法天之日月星辰的从不间断的刚健运行，自强不息、积极进取；"地势坤，君子以厚德载物"——提倡人应效法广袤大地的有容乃大的宽厚、包容，和而不同、和实生物。既能"自强不息"，又能"厚德载物"，此乃君子之美德、修身齐家治国平天下之通理、中国"德有余福亦有余"之真谛。

"自强不息生和气，厚德载物送和风"，"和"应该是中华民族贡献于世界民族之林的理念与智慧。昔称"紫气东来"，今有"和气东来"；人叹"文明冲突"，我有"和风西送"。"东来"的，是努力建设和谐社会而生长、凝聚的自强不息、和实生物之"和气"；"西送"的，是推动建设和谐世界而呼唤、弘扬的厚德载物、协和万邦的"和风"。当前，走向全球化的世界需要引导全球化的理念，需要"转化冲突"的和解，需要跨学科、跨国界的"和平学"。而追求多元和谐、和而不同的中华传统文化，向世界传达的理念正是"和"。

天下为公的大同理念，是中国建构同心圆的共识基础；民族复兴的家国情怀，是中国调动积极性的情感纽带；不偏不倚的中道精神，是中国包容各种力量的方法原则；和而不同的多元一体，是中国处理五大社会关系的智慧体现；得道多助的政治理念，是中国汇聚人心力量的精神底色。儒家传统讲"内圣外王"，今天的中国，对内努力构建和谐社会、积极推进祖国和平统一大业；对外坚持奉行以邻为善、和平共处的和平外交政策。《庄子·天下》有云："是故内圣外王之道，暗而不明，郁而不发，天下之人各为其所欲焉以自为方。"崇尚和平、以和为贵，既是中国现实的政治承诺，也是中华文明的传统使然，更是对构建人类命运共同体的重大贡献。

"和而不同"是构建人类命运共同体的文化底蕴

讲"和而不同"的多重境界，不能不关注、聚焦到现实：疫情冲击下的世界经济持续下滑，经济复苏步履维艰；逆全球化浪潮逐渐蔓延，甚至出现上涨趋势，且美国首当其冲。那么，"和而不同"还管用吗？

事实上，人类从来没有像今天这样强烈地感受到共同威胁、共同挑战，因此必然会理性地看到，新一轮全球化还会到来，"和而不同"是必然的选择。当今世界正在经历百年未有之大变局，突如其来的新冠肺炎疫情再次表明，人类是休戚与共的命运共同体。面对各种复杂严峻的挑战，人类比以往任何时候都更加需要加强合作、共克时艰、和而不同，携手前行。正如习近平主席指出的，"宇宙只有一个地球，人类共有一个家园。霍金先生提出关于'平行宇宙'的猜想，希望在地球之外找到第二个人类得以安身立命的星球。这个愿望什么时候才能实现还是个未知数。到目前为止，地球是人类唯一赖以生存的家园，珍爱和呵护地球是人类的唯一选择。瑞士联邦大厦穹顶上刻着拉丁文铭文'人人为我，我为人人'。我们要为当代人着想，还要为子孙后代负责"。因此，"和而不同"是构建人类命运共同体的文化底蕴，是在这同一个地球、同一个家园中以"和"求"同"、求同存异的唯一选择和不二法门。

总之，"和而不同"是中华民族的文化基因，能够支撑住、构建出一个人类和平相处、命运休戚与共的新境界。英国哲学家罗素说过，"中国至高无上的伦理品质中的一些东西，现代世界极为需要。这些品质中我认为和气是第一位的"。可以说，优秀而朴素的中华传统文化基因，随着中华民族自立、自强于世界民族之林，随着中华民族的伟大复兴，正逐渐扩展成为构建人类命运共同体的文化底蕴。

走出"二元结构封闭的陷阱"

——剖析乡村振兴的一个案例

脱贫攻坚决战圆满收官，全面建设小康社会已告大捷，但"攻坚"和"决战"的劲头仍不可懈怠。我国发展不平衡不充分问题仍然突出，我国发展最大的不平衡是城乡发展不平衡，最大的不充分是农村发展不充分，城乡区域发展和收入分配差距较大。在城市快速发展中，有可能城乡差距进一步扩大。我们要避免陷入"一边是繁荣的城市、一边是凋敝的农村"的"二元结构封闭的陷阱"。

所谓"二元结构封闭的陷阱"，即，当我们集中人力、财力、物力扶贫攻坚时，"坚"不仅在于贫困人口、乡村地域这些目标，还在于从这些贫困人口、地域中生出的对扶贫攻坚的反作用力。如果把贫困区域在经济社会发展中出现的先进要素与落后要素各作一元，构成一种二元结构，可以看到这个二元结构中有先进与落后相互封闭、相互排斥的结构性封闭机制——二元结构的封闭。落后对先进消化不良，先进对落后水土不服。先进一元的投入成本与落后一元的投入需求都不断增大，而效率和效益却不断降低。外部汇集的扶贫力量，由于诸多负效应的作用，好像投进一个"无底洞"，此即为"封闭陷阱"。二元结构的封闭不仅仅是一种人为的封闭，以为靠强化投入便可打破；不仅仅是一种政策性封闭，以为靠政策突破便可改观；也不仅仅是一种阶段性封闭，以为靠几次冲击便可突变。正如诺贝尔经济学奖获得者威廉·刘易斯的《劳动力无限供给条件下的经济发展》一书中指出的，"在低效益均衡的陷阱中，劳动力的过量投入反而是贫困之源"。同理，在"二元结构的封闭陷阱"中，只靠先进要素的加大投入也未必是脱贫之路。可见，扶贫攻坚要加大投入，同时还要千方百计地减少投入激起的负效应，走出

"封闭陷阱"。攻坚不仅要攻贫困地区、贫困人口的脱贫，攻社会、文化、生态环境的改善，还要攻社会、经济运行机制的转换。

走出这个陷阱，实施好乡村振兴大战略，是关键的一招，其深度、广度、难度都不亚于脱贫攻坚，需要在巩固拓展脱贫攻坚成果的基础上，推动乡村产业振兴、人才振兴、文化振兴、生态振兴和组织振兴，做好乡村"五大振兴"这篇大文章。

办好中国的事情，关键在党。做好这篇大文章，关键也在党。

内蒙古自治区伊金霍洛旗以党建引领乡村振兴，聚焦支部建设、聚力产业发展、聚效基层治理，以组织振兴为保障，以产业振兴为抓手，以人才振兴为支撑，围绕"党建+"推动基层党建和乡村振兴深度融合，探索出一条独具特色的乡村振兴之路，也走出了一条破除"二元结构封闭陷阱"的可行之路。

我们从伊金霍洛旗的案例中，可以看到一个清晰、有效、可持续的链条：

——走出"二元结构封闭陷阱"，首先要从机制上突破，在机制上互联。机制"提优"，让组织体系实起来。组织机构联建、组织生活联过、产业发展联手、乡村振兴联帮、文明示范联创、服务群众联动，发挥党组织在乡村振兴中的政治引领功能。

——从机制落到人。队伍"提纯"，让骨干队伍活起来。

——把人沉到底。"人往基层走、钱往基层投、政策往基层倾斜"，基础"提质"，让战斗堡垒强起来。

——把劲使到位。聚力产业发展，增强基层党组织富民强村水平，把产业兴旺作为实现巩固脱贫攻坚成果同乡村振兴有效衔接的重要手段，确保党建最大政绩和乡村振兴头号民生高度融合，坚持把产业发展作为乡村振兴工作的重中之重，做足产业振兴的基础文章，加快农业产业化，盘活农村资产，增加农民财产性收入，使更多农村居民勤劳致富。

——"为有源头活水来"。切实做好"消费帮扶"，助推广大农牧民增收致富。

——以加强党建引领来统领，还必须落到基层自理来托底。推进乡村振兴不能由基层党组织包打天下、大包大揽，而要在党的领导下创新村民自治的有效实现形式,推动社会治理和服务重心向基层下移,通过基层民主协商引导村民自我管理,推动乡村治理模式由管理向服务、从"为民做主"向"由民做主"转变。促进党的领导与村民自治有机统一,共建共治共享助力乡村振兴。

伊金霍洛旗以党建引领乡村振兴的探索,形成了一个走出"二元结构封闭陷阱"的有效链条,很有意义,希望持之以恒,久久为功。在此基础上,进一步"按照产业兴旺、生态宜居、乡风文明、治理有效、生活富裕的总要求,以持续改善农村人居环境为目标,建立乡村建设评价机制,探索县域乡村发展路径","打造绿色生态宜居的美丽乡村"(见中办、国办《关于推动城乡建设绿色发展的意见》)。

中央党校党建课题组对伊金霍洛旗的调查研究,也很有深度。学问就要这样做。当年费孝通先生的调查报告《江村经济》《禄村农田》以及《乡土中国》,功夫下得更多更深。

（本文是 2021 年 10 月 23 日在中央党校党建部和民生智库举办的研讨会上的发言）

附:伊金霍洛旗简介——乡村振兴的一个案例

内蒙古自治区伊金霍洛旗辖区共有 7 个镇,138 个嘎查村(行政村),农村牧区总面积 5700 平方公里,农村牧区常住人口约 6.1 万人,农牧业生产经营人员 3.94 万人。全旗共有 37 个基层党委,530 个党支部。共有党员 12050 名,农牧民党员 3744 名,占党员总数的 371.07%。

近年来,伊金霍洛旗认真贯彻新时代党的建设总要求和党的组织路线,按照自治区"五化协同、大抓基层"工作思路,聚焦支部建设、聚力产业发展、聚效基层治理,以组织振兴为保障,以产业振兴为抓手,以人才振兴为支撑,围绕"党建+"推动基层党建和乡村振兴深度融合,探索出一条独具特色的振兴之路。

费孝通早就关注要走出城乡
二元结构封闭的陷阱

丁元竹教授今天一早导读的【乡村振兴与《乡土重建》引读—2】，很精彩，不要淹没在拥挤的楼梯中。在当前实施乡村振兴战略中，实在值得一读和认真参考。

正如导读者言，"城乡关系问题也是一个百年话题"。"如何让乡村振兴的主体，农民富起来，流动起来，能够进入城市，也能够留在乡村？"如何让"附近来的农民进城能够定居下来，而且和城市的农民有机会到乡村中发展，开拓生活"？

费孝通先生的《乡土重建》，其实早就关注，要走出城乡二元结构封闭的陷阱。请再读以下的阐述，多么简单、质朴，然而准确、深刻！今天读来，仍有启迪：

乡村是传统中国的农工并重的生产基地。它们在日常生活中保持着高度的自给。惯于降低生活来应付灾荒的乡下老百姓，除了盐，很可以安于自给自足的经济，虽则这种自给自足的经济必然是匮乏的。

回复到原始的简陋生活，自然不是解决中国经济问题的上策。可是我们也必须承认，乡村的宁愿抛离都市，老百姓宁愿生活简陋，原因是都市在过去一个世纪里太对不起乡村。

所以问题是发生在都市里。都会工商业的基础并不直接建筑在乡村生产者的购买力上，现代货物的市场是都市里的居民。这些人的购买力很大部分倚赖于乡村的供奉。乡村的脱离都市最先是威胁了直接靠供奉的市镇里的地主们，接下去影响了整个都市的畸形经济。为了都市经济的持续，不能不利用一切可能的力量去打开乡村的封锁了。

怎样能使乡市合拢呢？方向是很清楚的，那就是做到我在本文开始时所说的一段理论，乡村和都市在统一生产的机构中分工合作。要达到这目标，在都市方面的问题是怎样能成为一个生产基地，不必继续不断地向乡村吸血。

在乡村方面的问题，是怎样能逐渐放弃手工业的需要，而由农业的路线上谋取繁荣的经济。这些问题固然是相关的，但是如果要分缓急先后，在我看来，应该是从都市下手。在都市方面，最急的也许是怎样把传统的市镇变质，从消费集团成为生产社区，使市镇的居民能在地租和利息之外找到更合理，更稳定的收入。

这样才容易使他们放弃那些传统的收入。这些市民应当觉悟，世界已经改变，依赖特权的收入终究是不可靠的，等人家来逼你放弃，还不如先找到其他合理的收入，自动放弃来得便宜。中国是否可以像英国一般不必革命而得到社会进步，主要的决定因素就在这种人有没有决心。

在我看来，我国发展不平衡不充分问题仍然突出，发展最大的不平衡是城乡发展不平衡，最大的不充分是农村发展不充分，城乡区域发展和收入分配差距较大。在城市快速发展中，有可能城乡差距进一步扩大。我们要避免陷入"一边是繁荣的城市、一边是凋敝的农村"的"二元结构封闭的陷阱"。

所谓"二元结构封闭的陷阱"，即，当我们集中人力、财力、物力扶贫攻坚时，"坚"不仅在于贫困人口、乡村地域这些目标，还在于从这些贫困人口、地域中生出的对扶贫攻坚的反作用力。

如果把贫困区域在经济社会发展中出现的先进要素与落后要素各作一元，构成一种二元结构，可以看到这个二元结构中有先进与落后相互封闭、相互排斥的结构性封闭机制——二元结构的封闭。落后对先进消化不良，先进对落后水土不服。先进一元的投入成本与落后一元的投入需求都不断增大，而效率和效益却不断降低。外部汇集的扶贫力量，由于诸多负效应的作用，好像投进一个"无底洞"，此即为"封闭陷阱"。二元结构的封闭不仅仅是一种人为的封闭，以为靠强化投入便可打破；不仅仅是一种政策性封闭，以为靠政策突破便可改观；也不仅仅是一种阶段性封闭，以为靠几次冲击便可突变。

正如诺贝尔经济学奖获得者威廉·刘易斯的《劳动力无限供给条件下的经济发展》一书中指出的，"在低效益均衡的陷阱中，劳动力的过量投入反而是贫困之源"。同理，在"二元结构的封闭陷阱"中，只靠先进要素的加大投入也未必是脱贫之路。可见，扶贫攻坚和解决城乡发展差距拉大的矛盾，要对乡村加大投入，同时还要千方百计地减少投入激起的负效应，走出"封闭陷阱"。攻坚不仅要攻贫困地区、贫困人口的脱贫，攻社会、文化、生态环境的改善，还要攻社会、经济运行机制的转换。

走出这个陷阱，实施好乡村振兴大战略，是关键的一招，其深度、广度、难度都不亚于脱贫攻坚，需要在巩固拓展脱贫攻坚成果的基础上，推动乡村产业振兴、人才振兴、文化振兴、生态振兴和组织振兴，做好乡村"五大振兴"这篇大文章。

合作与信任：全球抗疫中的文化力量

我们必须战胜疫情，赢得这场事关人类前途命运的重大斗争。信任与合作，代表着全球抗疫的文化力量。人类最终要以科学的力量加文化的力量，彻底战胜新冠肺炎病毒。

太湖世界文化论坛主席严昭柱先生6年前送我一本文化论集，题为《文化的力量》。他说："世界各国从来没有像现在这样休戚与共、命运相连，加强国际合作以拯救地球、拯救人类从来没有像现在这样迫在眉睫、休戚相关。"好在人类有文化的力量，"文化如春风喜雨，'随风潜入夜，润物细无声'，其力量其精神具有广泛的渗透性"。

今天，我们再次聚集太湖世界文化论坛，迎着文化的春风，呼唤合作与信任——全球抗疫中的文化力量。战胜新冠肺炎病毒，要靠科学的力量。病毒在不断变异，钻人类生理的空子，争夺生存和繁衍的空间。但魔高一尺道高一丈，人类总会找到办法对付它。科学的力量，是斩断病毒魔爪的利剑。

战胜新冠肺炎病毒，还要靠文化的力量。病毒是无区别地侵犯人类的。人类在病毒面前，只要无区别地互相合作和信任，就会具有无比强大的文化力量，这是可以彻底消灭病毒的更强大的力量。

合作和信任，看起来只是思想的力量。但正如拿破仑所说，"世上有两种力量：利剑和思想；从长而论，利剑总是败在思想手下。"如果在全球抗疫中，只搞对抗不要合作，只会猜忌毫无信任，人类以这样互相掣肘的手臂，怎么举得起科学的利剑？科学的利剑也只能败在病毒的手下。

作为世界最发达的大国，美国应不缺科学的力量。但美国在忙什么呢？不是集中全力用科学的力量治病祛病，而是忙着制造另一种病毒——"政治病毒"。他们这样做是不是要"以毒攻毒"呢？实在让人费解。美国用了整整3个月时间，忙着炒作病毒起源问题，进行政治化操作，掀起一波一波舆论战。8月27日终于煞有介事地公布了"溯源报告"，尽管表面看起来似乎没有任何关于溯源的证据，但仍然坚持"自然起源"和"实验室泄漏"两种可能性并存的论调不改，还要继续通过大搞"政治溯源"，来为自身抗疫不力寻找借口。美国总统亲自部署，摆出一副动用权威情报专家，大张旗鼓搞"调查"的样子，虽然把科学问题政治化实属荒唐，注定是竹篮打水一场空，还是要不断高喊"查"下去！顺着"实验室泄漏"的泄漏论查下去，美国在世界各地那么多病毒实验室，特别是一度因泄漏关闭的实验室，查不查？

　　这种热衷于制造"政治病毒"的做法，正如美国一部叫《黑客帝国》电影的感叹："人类不是哺乳动物。因为地球上的每一种哺乳动物都会本能地发展和自然地平衡与周围环境的关系，但是人类并不这样。人类每到一处就拼命扩张，直到耗尽自然资源。人类生存的唯一出路就是扩张到新的地点。地球上只有一种生物与人类相似，那就是病毒。"这里说的"人类"，乃是已经成为"政治病毒"的"非人类"。

　　今天，病毒还在全球折磨人类。人类不是病毒，不应该、也绝不能成为病毒！人类与病毒的最大区别，就是病毒可以无区别地侵犯人类，人类也应该可以无区别地互相合作和信任，用文化的力量战胜病毒。

　　《人类简史》的作者尤瓦尔·赫拉利在《金融时报》发表的《冠状病毒之后的世界》一文说得好，我们面临"在民族主义孤立与全球团结之间作选择。流行病本身和由此产生的经济危机都是全球性问题，只有全球合作才能有效解决这些问题。首先，为了战胜病毒，我们需要在全球范围内共享信息。这是人类相对于病毒的最大优势。中国可以向美国传授许多有关冠状病毒及其应对方法的宝贵经验……我们需要一种全球合作与信任的精神"。作者还指出"但是现任美国政府已经放弃了领导人的职务。它已经非常清楚地表明，它更关心美国的伟大而不是关心人类的未来。这个政府甚至放弃了它最亲密的盟友。""如果美国留下的空白没有其他国家填补，那么阻止当前的流行不仅更加困难，而且这种空白将在未来几年继续毒害国际关系。"

　　历史和现实反复告诫我们，一个分裂的世界无法应对人类共同挑战，一个对立的世界将给人类带来灾难。中国将继续支持和参与全球科学溯源，坚决反对任何形式的政治操弄，真正为预防下一次大流行提供必要的经验借鉴。世界上的事应由各国人民商量着办，不能谁的拳头大谁就说了算。疫情仍在全球肆虐，严重威胁全球 76 亿人的健康和生命。各国应当秉持人类卫生健康共同体理念，超越政治歧见，毫无保留地开展国际抗疫合作。中国国家主席习近平 9 月 21 日在北京以视频方式出席第七十六届联合国大会发表的讲话，向世界呼吁："我们必须战胜疫情，赢得这场事关人类前途命运的重大斗争。人类总是在不断战胜挑战中实现更大发展和进步。我们要坚持人民至上、生命至上，弘扬科学精神、秉持科学态度、遵循科学规律，统筹疫情防控和经济社会发展，加强国际联防联控。"信任与合作，代表着全球抗疫的文化力量。人类最终要以科学的力量加文化的力量，彻底战胜新冠肺炎病毒。

什么是文化的力量？请听中国的先哲孔夫子发出的呼唤：君子和而不同，小人同而不和。君子周而不比，小人比而不周。君子坦荡荡，小人长戚戚。己所不欲，勿施于人。己欲立而立人，己欲达而达人。

这些话，朴实、简单，睿智、深刻，直到今天还在呼唤全人类的信任与合作，正是穿透两千七百多年的文化的力量！

（原载《中国青年报》2021 年 10 月 25 日第 2 版）

晨读丁元竹【社会关系、社会文明、社会建设漫谈—283–2】：《聚焦大城市的顽症痼疾》

　　城市化是中国 40 多年改革的重要领域，特大城市是中国人口和环境约束条件下的战略焦点。从 1978 年到 2018 年的 40 年间，中国的城市化率由 17.92% 提升到 59.58%，大约有 6.5 亿人口从农村转移到城市中就业和生活，这是人类史上未曾有过的现象。

城市建设需要有定力

金秋时节，一年一度的中国城市学年会又召开了。因近期疫情管控，不能前往，谨通过视频表示祝贺。

杭州国际城市学研究中心（浙江省城市治理研究中心），以破解"城市病"、推动城市科学发展为己任，搭建城市学研究平台，聚焦土地、住房、教育、医疗、交通等热点民生问题开展研讨，城市学智库在全国的影响力日益显现。

建设人民满意的城市需要锲而不舍，久久为功，一以贯之。这种定力，源于我们对城市历史文脉的敬畏，对城市发展规律的尊重，对"一张蓝图绘到底"的坚持，对城乡协同发展促进共同富裕的追求。

一、城市建设的定力源于对城市历史文脉的敬畏

一个城市的历史遗迹、文化古迹、人文底蕴，是城市生命的一部分。文化底蕴毁掉了，城市建得再新再好，也是缺乏生命力的。历史文化是城市的灵魂，它以各种方式保留在城市肌体里，沉淀为独特的记忆和标识。作为南宋首都的杭州，其"三面云山一面城"的传统城市格局在"保老城，建新城"的建设理念下也一直存续至今。能不忆杭州！

二、城市建设的定力源于对城市发展规律的尊重

历史长河中的杭州就是一座与水密不可分的城市，杭州有江、有河、有湖、有"溪"，又邻海。杭州的历史，就是一部因水而生、因水而立、因水而兴、因水而名、因水而强的历史。正因为充分尊重自身的发展规律，在"水"上下功夫，在"水"上做文章，杭州才变成了一座"五水共导"，极富

个性的城市。

最近我去了杭州湘湖，才知道竟还有这样一个堪与西湖媲美的湖。王国平会长告诉我，当年习近平总书记就在这里说，进一步发展杭州，要唱好一部"西湘记"。

三、城市建设需要"一张蓝图绘到底"

"功成不必在我"，一个地方、一个城市建设发展有一个过程，必须遵循自然、经济、社会、历史的客观规律，多做打基础利长远的工作。

"建功必须有我"，一届有一届的使命，一届有一届的作为，必须在其位、谋其职、安其心、竭其力，敢于担当、主动作为，一届接着一届干。

四、城市建设需要城乡协同发展促进共同富裕

现在全国脱贫攻坚战圆满收官，全面建设小康社会已告大捷，但"攻坚"和"决战"的劲头仍不可懈怠。我国发展不平衡不充分问题仍然突出，发展最大的不平衡是城乡发展不平衡，最大的不充分是农村发展不充分，城乡区域发展和收入分配差距较大。在城市快速发展中，有可能城乡差距进一步扩大。我们要避免陷入"一边是繁荣的城市、一边是凋敝的农村"的情景。

美丽杭州，必建在美丽中国。美丽杭州，必环绕着美丽乡村。

实现乡村振兴，城乡协同发展，促进共同富裕，也是城市学研究的题中应有之义。

祝中国城市学年会越办越好！谢谢大家！

（在"中国城市学年会·2021"开幕式上的视屏讲话）

县委书记的"长、宽、高"

参加中央党校第一期县委书记研修班的学员们说，我们要经常照照镜子，掂量好自己的"长、宽、高"。

"长"就是独当一面的特长、通盘考虑的专长和处事沉稳的擅长

独当一面的特长。在大是大非面前不迷失方向，在繁杂改革面前不偏离方向，在利益诱惑面前不模糊方向，善于把方向、管导向、抓倾向，扭住根本，审时度势，切实发挥好"一把手"的把关定向作用。要提高胆识修养。有胆无识，会导致不顾客观实际，急功近利，蛮闯胡干，出现拍脑门决策、拍胸脯实施、拍大腿反思的现象，给工作和事业造成不必要的损失；有识无胆，会优柔寡断，瞻前顾后，畏首畏尾，坐失机遇，工作不能顺利推进、如期完成。有胆有识，知谋善断，该出手时就出手。

通盘考虑的专长。善于把县域工作放在全市、全省、全国的范围考量，善于在千变万化的形势和错综复杂的矛盾中，把好全局，抓住关键，既抓"牛鼻子"，又会"弹钢琴"，突出重点，兼顾一般，推动整体发展。

处事沉稳的擅长。遇事不慌，头脑清醒，在重要任务、复杂局面、敏感问题面前，稳得住、看得准、有办法。关键时刻敢于负责，重大问题勇于担当，复杂局面稳妥驾驭。善于系统分析、把握规律，瞄准问题、井然处置，努力在细节中杜绝失误，在困境中找到出路，在无望中创造可能，在可能中干成事业。在困难和矛盾面前不绕、不等、不拖、不退，以百折不挠的勇气、开拓进取的锐气，坚决贯彻落实好上级党委的决策部署，以抓铁有痕、踏石留印、久久为功的韧劲，推动各项工作取得新的进展。

"宽"就是眼界宽、知识面宽、胸襟宽

眼界要宽。当前改革进入深水区、攻坚期，发展进入新常态、调整期，稳定进入矛盾复杂化、问题高发期，谋划和推动县域经济社会平稳健康发展，特别需要县委书记具有开放性、务实性和前瞻性的战略思维。要勇于谋划振兴本县的大项目好项目，敢于改革创新区域社会治理的体制机制，善于推进保障和改善民生工作。作决策要多权衡，既高站位、远眼光，又切实际、接地气，广泛征集和采纳各个层面的意见建议；看事物要多角度，认真分析利弊得失，把工作的发展趋势和各种可能性想清楚、弄透彻，做好预警预判；用人要多考量，唯才是举，任人唯贤，既重业绩，又重经常，做到综合评价，知人善任。眼界宽还来自眼光敏锐。要练就一双能够敏锐发现问题的"慧眼"，洞悉问题产生的原因，找准问题解决的办法，找到破解瓶颈的要害，指出落实工作的关键，安排部署工作有针对性、超前性，达到事半功倍的效果。

知识面要宽。要懂政策，认真学习党的路线、方针、政策，着力掌握中国特色社会主义理论体系，准确把握科学发展观的深刻内涵，吃透全面建成小康社会、全面深化改革、全面依法治国、全面从严治党这"四个全面"的精神实质，融会贯通，推动工作；要懂经济，认真学习市场经济知识，掌握市场经济规律，熟悉财税、规划、土地、环保等专业知识，着重研究经济学领域前沿理论和实用技能，真正成为抓经济的行家里手，勇于运用经济学思维研究区域发展；要懂管理，从提升领导能力的角度出发，注意加强对社会治理、行政管理、项目管理、企业管理、人力资源管理等方面知识的学习，不断拓宽自身的知识领域和视野，提高从政水平和管理能力。

胸襟要宽。要能容人。能容人之长，善于取他人长处补自己短处，互相砥砺，共同进步，不断推动事业向前发展；能容人之短，客观地看待别人的短处，善于避短扬长，让各类人才能够创业有机会，干事有舞台，发展有空间；能容人之功，不猜忌嫉妒，不排挤打击，尊重和重视他人的贡献，积极引导党员干部群众学习效仿，促使更多的人有所为、有所成。允许失误，鼓励担当；能容人之言，愿听"忠言"，能听"异言"，拒听"谗言"。

"高"就是理论素质高深、谋篇布局高远、工作艺术高超、道德情操高尚

理论素质高深。要加强理论学习。带头强化学习意识，增强学习的紧迫感、自觉性，处理好工作与学习的关系，在紧张繁忙的工作之余，有计划地挤时间学习，为常委"一班人"作出榜样，为全体机关干部作出表率。要认真学习马克思主义、毛泽东思想，学习中国特色社会主义理论体系、习近平总书记系列重要讲话，要学深学透，不仅了解皮毛，更要掌握内涵，不单知其然，还要知其所以然。要注重理论思考。工作实践中，逐步养成对实践问题作理论思考的习惯，把总结经验教训作为拓展理论联系实际成果、提高自身素质的重要途径。要善于消化吸收，把经济发展、改善民生、维护稳定的方方面面联系到所学的理论知识上来，运用理论武器推动现实工作，让理论知识成为得心应手的本领，避免将先进理论变为枯燥的书本知识。

谋篇布局高远。对当地的经济社会发展规划和计划要坚持高标准、可持续原则，既不能守摊多年，涛声依旧，也不能只重眼前，竭泽而渔，要"为官一任，造福一方"，既重"显绩"，又重"潜绩"。要谋高远，把"潜绩"作为"显绩"的基础。牢固树立"功成不必在我"的理念，多干打基础、利长远的事情，把促进可持续发展的各项"潜绩"工作放在首位，在落实"潜绩"工作中突出重点、突破难点，干出成绩、干出口碑、干出民心。要抓重点，让"显绩"成为"潜绩"的阶段成果。不以重视"潜绩"为由而忽略发展的机遇和民生的需求，不让其成为看摊守业的借口。要沿着科学发展的轨道，有计划、有步骤、有梯次地推进工作，用一个一个实实在在的"显绩"来汇总成长远发展的"潜绩"。要找平衡，使"显绩"与"潜绩"有机统一。无论"显绩"还是"潜绩"，都要符合科学发展观的要求和人民群众的需要，不搞劳民伤财的"形象工程"。

工作艺术高超。要善于分工。工作不是哪一个人能够独立完成的。用人所长，避人所短，因材施用，大力支持副职的工作，赢得副职的信赖和支持。要善于协调。处理好正副职间、上下级间的关系；处理好改革与发展稳定、加快发展与可持续发展的关系。要统筹兼顾，以较少的资源和较短的时间完成高质量、高效率的工作。要善于应对。具备应对和解决突发问题的能力，遇事头脑清醒，在遵循法规、把握政策的基础上，调动积极因素，运用有效措施，解决问题，化解矛盾，推动工作。

　　道德情操高尚。要信念坚定。忠于党，忠于祖国，忠于人民，共产主义理想高于天。要在政治上、思想上、行动上，坚定不移地同以习近平同志为核心的党中央保持高度一致，不断坚定中国特色社会主义的道路自信、理论自信和制度自信。要公道正派。县委书记是全县干部群众领头雁、带头人，能否公道办事，直接影响当地社会的公平正义，影响党和政府的形象。要坚持正派为人，言行一致、表里如一，不搞亲亲疏疏、团团伙伙，"谋事"而不"谋人"，一门心思用在工作上、扑在事业上；坚持公道干事，胸怀一腔浩然正气，行得正、走得端，公正无私、不偏不倚，敢于担当、敢于负责。要勤政为民。要坚持权为民所用、情为民所系、利为民所谋，把人民群众的冷暖安危放在心上，谋富民之良策，行为民之善举，尽一切可能为群众多办好事、多办实事。要清廉如水。倍加珍惜组织的厚爱和重托，倍加珍惜群众的信任和期望，始终坚守清正廉洁这个立身之本。

（原载《光明日报》2015 年 3 月 2 日）

每个人都了不起

——听习近平主席 2021 年新年贺词有感

2020 年（农历鼠年）过去了。"每个人都了不起!"

2021 年（农历牛年）如何牛？"发扬为民服务孺子牛、创新发展拓荒牛、艰苦奋斗老黄牛的精神!"

"每个人都了不起!"是新年前夕，国家主席习近平通过中央广播电视总台和互联网发表的 2021 年新年贺词中的一句话。一语唤来三春，暖遍天下人心。

"每个人都了不起!"在 2020 年这个极不平凡的一年，面对突如其来的新冠肺炎疫情，中国共产党带领全中国人民，以人民至上、生命至上诠释了人间大爱，用众志成城、坚韧不拔书写了抗疫史诗。在共克时艰的日子里，无论是白衣天使、人民子弟兵、科研人员、社区工作者、志愿者、工程建设者、快递小哥、古稀老人、90 后、00 后青年一代，等等，还是不幸感染的病患者，这些普普通通的中国人中，有逆行出征的豪迈，有顽强不屈的坚守，有患难与共的担当，有英勇无畏的牺牲，有守望相助的感动，有无数平凡的英雄。一个个义无反顾的身影，一次次心手相连的接力，一幕幕感人至深的场景……了不起，了不起，平凡铸就伟大，英雄来自人民。

"每个人都了不起!"大家抱团取暖，共克时艰。认真细致落实防疫措施，争分夺秒复工复产，全力以赴创新创造，神州大地自信自强、充满韧劲，一派只争朝夕、生机勃勃的景象。我国在世界主要经济体中率先实现正增长，预计 2020 年国内生产总值迈上百万亿元新台阶。

"每个人都了不起!"在大灾大疫之年，大家继续咬定青山不放松，一边抗灾抗疫，一边向深度贫困堡垒发起总攻，啃下了最难啃的"硬骨头"。

历经 8 年，现行标准下近 1 亿农村贫困人口全部脱贫，832 个贫困县全部摘帽。千百年来中华民族孜孜以求的小康梦想即将实现，解决困扰中华民族几千年的绝对贫困问题取得历史性成就。

"每个人都了不起！"天行健君子以自强不息，地势坤君子以厚德载物。中国特色社会主义之所以能席地而来，浩浩荡荡，其特色之一，就是能以"厚德"载市场经济。在社会主义市场经济条件下，个体利益与社会整体利益从根本上并不矛盾冲突，反而可以实现双赢。经过了个人利益的觉醒、市场经济的洗礼，如何把经济冲动与道德追求、把物质财富与精神高度成功结合起来，检验着社会的文明程度。在社会主义市场经济中，社会关爱人人，人人感恩社会，每一位社会成员都充分感受社会的温暖与和谐，反过来"滴水之恩，涌泉相报"，守望相助，蔚然成风。我为人人、人人为我。此中，生长着一种新型的社会文明。正如马克思所说，要"实现人的自由、解放和全面发展"，也要求"每个人的自由发展是一切人的自由发展的条件"，放手让一切劳动、知识、技术、管理、资本的活力竞相迸发，让一切创造社会财富的源泉充分涌流。

"每个人都了不起！"回忆近代史，我们这个有五千年不曾中断的辉煌文明历史的中华民族，鸦片战争后竟然一度沦为被人"看不起"之类，何来"了不起"？以致鲁迅先生沉痛地大声疾呼："中国人失去自信力了吗？"我们又想起了《中国科学技术史》作者李约瑟的"世纪之问"："为什么直到中世纪中国还比欧洲先进，后来却会让欧洲人着了先鞭呢？怎么会产生这样的转变呢？"这一问，问得我们无地自容，问得我们痛彻心扉！现在，我们可以斩钉截铁地告诉世界，这个"转变"，已然转变回来了。这是中国共产党坚强领导的结果，是中国人民和中华民族万众一心、顽强拼搏的结果，是中国精神、中国力量的充分展现！事实再次证明，中国人民是伟大的人民、英勇的人民，一定能够继续创造令人刮目相看的人间奇迹，中华民族一定能实现伟大复兴！

"每个人都了不起！"记得有个游泳的小姑娘，叫傅园慧，得了金牌，记者围着她，她好激动，话都说不清楚。问她"你有什么感想？""我有什么感想？我就是使出了洪荒之力嘛。"大家听了好感动，"洪荒之力"立刻成了网上的热词，大家的口头禅。这就是"每个人都了不起"的奥秘所在。我们

14 亿人，每个人都使出洪荒之力，聚合起来就是排山倒海的磅礴之力！大道之行，天下为公。站立在 960 多万平方公里的广袤土地上，吸吮着五千多年中华民族漫长奋斗积累的文化养分，拥有 14 亿中国人民聚合的磅礴之力，我们走中国特色社会主义道路，具有无比广阔的时代舞台，具有无比深厚的历史底蕴，具有无比强大的前进定力。

　　"每个人都了不起！"牛年即将来临。让我们了不起的每一个中国人，都来响应习近平主席的号召，努力"发扬为民服务孺子牛、创新发展拓荒牛、艰苦奋斗老黄牛的精神"！

　　　　　　　　　　　　（原载《中国青年报》2021 年 1 月 11 日第 2 版）

从巴洛克音乐到交响乐

　　为了准备参加政协委员读书漫谈群即将举行的一次线下活动——西方音乐鉴赏会：《从巴洛克到浪漫派——西方古典音乐风格概览》，这几天急用先学，紧急练琴。在青年大提琴家杨娣老师的带领以及著名的"琥珀四重奏"、青年钢琴家王天阳的协奏下，一起练习著名的维瓦尔第的 G 小调双大提琴协奏曲。虽我已达"七十而从心所欲，不逾矩"之年，但要以业余之训练，演奏规矩极为严谨、对位极为精准的巴洛克音乐，还真是挑战。没有童子功般的基本功，很难达到那样纯美的音乐境界。

　　20 世纪，人们开始重新认识巴洛克音乐。当在复兴巴赫的运动中发现维瓦尔第对他耐人寻味的影响时，音乐界开始关注这位大师，他的音乐魅力也越来越多地被揭示出来。

　　维瓦尔第的最大成就在于他把自己对形式的精通运用于协奏曲的发展，并把大协奏曲定型为三乐章形式：快—慢—快。在维瓦尔第的创作中，大提琴得到了应有的重视，这种乐器的独奏地位由此得以确立，不论在当时还是今天看来，维瓦尔第的这一贡献都是无人可比的。或许它是维瓦尔第谱写的最深沉的音乐。

　　维瓦尔第留下的宝贵的音乐遗产已日益受到音乐界的注意，维瓦尔第音乐中那意想不到的重音、直率而热烈的风格以及突如其来的主题，也逐渐为音乐会听众所熟悉。

　　由于意大利从文艺复兴以来积淀了深厚的人文主义传统，因此维瓦尔第的作品里并没有太多的神迹，而是经常洋溢着清纯的气息，就像亚平宁半岛的阳光一样，给人以温暖和快乐。远在德国的巴赫对他也钦佩有加。

　　维瓦尔第一生的作品如同取之不竭、用之不尽的音乐宝库，启发了当时无数的作曲家，从巴赫、亨德尔，到意大利、法国、德国的其他各个角落，并且开启了法国重优雅、华丽，德国重悲情、伤感的两个性格。极端的华丽，巴洛克风格的思路，为后期音乐史的发展起到了不可磨灭的关键作用。

致敬，维瓦尔第，您是天主教的神父，可我也当过多年的宗教局长。演奏您的作品，我能感受到您的心跳。

从维瓦尔第以及后来的巴赫的巴洛克音乐，想到人类的文化精品——西方古典音乐，尤其是交响乐。

但交响乐就只能属于西方吗？《礼记·乐记》曰："地气上齐，天气下降，阴阳相摩，天地相荡，鼓之以雷霆，奋之以风雨，动之以四时，暖之以日月，而百化兴焉。如此，则乐者，天地之和也。"这可以说就是我们的先人对交响乐的描述和想象，这也是中国文化对交响乐的认同和赞赏。

正如戚建国将军考证，从众多中国古代绘画看来，至少这种演奏形式一千多年前就在中国存在了。比如一张唐代的敦煌壁画：吹、拉、弹、打击乐器，一应俱全。这会是中国古代的交响乐吗？中国传统音乐中，最宏大的非宫廷音乐莫属了，而唐朝的燕乐大曲则是古代宫廷歌舞艺术的最高成就。唐朝是人类文化臻于顶峰的时期，包容并蓄，万国来朝，其文化艺术亦是大气而不失精巧。唐朝承隋朝的"七部乐"到九、十部乐的出现，以致后来专职宫廷演奏的"坐部伎""立部伎"，选子弟180人，以奏"霓裳一曲千峰上"——180的演奏规模、不同乐器的编制，甚至超过今天的交响乐团了。

交响乐不光属于西方，也属于中国，且早就属于中国。正在实现伟大民族复兴的中华民族，应该有交响乐来为她"鼓之以雷霆，奋之以风雨，动之以四时，暖之以日月，而百化兴焉"！

通宵达旦，都在练琴。此情此景，有点像宋代秦观的《满庭芳·红蓼花繁》所言了，"时时横短笛，清风皓月，相与忘形。任人笑生涯，泛梗飘萍。饮罢不妨醉卧，尘劳事，有耳谁听？江风静，日高未起，枕上酒微醒。"

其实，我们曾经欣赏古琴，漫谈群举办过"'让古琴醒来'：委员读书漫谈群线下交流暨文化艺术界界别活动"。高山流水觅知音，古琴一醒遇高人。古琴新声，穿越千年，来到了全国政协的大雅之堂。虽古拙朴素却又精美绝伦，虽饱经风霜却又历久弥新，因为找到了知音，枯木逢春若龙吟，穿山越海达汪洋。我们今天站起来、富起来、强起来了。但有着五千年甚至可能一万年不曾中断的文明史的中华民族，本来就不是"土豪"，而时"贵族"。记得冯骥才先生说过，历史上我们也曾富过。中国是文明古国，书香门第再富也不能浮躁。沉静、从容、大气、平和，有其境界，是文化大国的气质。不应该有了钱就狂了、疯了，不知道该怎么办了。

现在，我们又来欣赏"从巴洛克到浪漫派——西方古典音乐风格概览"，向往交响乐，是因为不仅已经自立于世界民族之林，而且正在实现伟大复兴的中华民族，更加广为吸纳人类的一切优秀文明成果，更要特别致敬那个文艺复兴的伟大时代。恩格斯在论及历史上的文艺复兴时说过，"这是一次人类从来没有经历过的最伟大的、进步的变革，是一个需要巨人而且产生了巨人——在思维能力、热情和性格方面，在多才多艺和学识渊博方面的巨人的时代。"中华民族的伟大复兴，应该是、当然是、也必然是人类史上又"一个需要在各方面产生巨人的时代"。

三人行，必有吾师焉

两个当代中国的文化大家，谆谆教诲一个后学小文。

真如孔夫子所言，"三人行，必有吾师焉"！

2021年11月21日，吕章申先生亲笔书一联，题赠"叶兄小文大方家雅鉴"：

> 养天地正气
>
> 法古今完人

并告：

"养天地正气，法古今完人"是出自孙中山先生的手书，该墨宝至今仍保留在中国台湾（台北）中正纪念堂所保存。1923年1月，蒋介石请孙中山先生挥毫书联，中山先生即书"养天地正气，法古今完人"，中山先生墨宝原迹上有一句"介石吾弟撰句嘱书"字样。因此联是书给蒋介石的原因，以往在大陆通常把这几个字去掉。

"养天地正气"见《孟子·梁惠王上》："吾善养吾浩然之气""况浩然者乃天地之正气也"。正气本指一种养生之道，后经文天祥《正气歌》，其内涵得到了充分的扩展，将天地正气赋予了高尚品德、坚贞气节、疾恶如仇、维护正义和为民效力等人格化内涵。

"法古今完人"是崇尚追求尽善尽美的个人道德情操，培养顶天立地之人格。有高尚之道德，方有高尚之人格，有高尚之人格，方有高尚之人生。

当善良上升到国家层面，意味着什么

"经历了内战、大萧条、世界大战、'9·11'事件，经历了斗争、牺牲和挫折，我们本性中更善良的天使总是占上风。"1月20日，美国第46任总统拜登在就职演说中，多次提到了一个词：善良。

1月21日，中国外交部发言人华春莹在拜登宣誓就职之际展望中美关系时说，"我相信，在双方的共同努力下，中美关系中的善良的天使能够战胜邪恶的力量。"又一个"善良"。

按照中国人代代相传的信念，善良来自"己所不欲勿施于人"，来自"己欲立而立人、己欲达而达人"。然而，当善良上升到国家层面，意味着什么呢？我们身处这个百年未有之大变局中，无论国内事务和中美关系，都考验着大国的智慧和担当，而要治愈沉疴新疾，善意更不能缺位。

"善良的天使"来自人类的善意和良知，来自人类理性的回归，来自不断增强中的人类对命运共同体的共识和共建。在中美之间要实现重新"建桥修路"，当然要寄希望于两国人民的共同努力，"拿出勇气，展现智慧，彼此倾听、正视和相互尊重"，都清醒地看到"合则两利，斗则俱伤"，用善意和良知化解损伤，填补沟壑。

"善良的天使"更来自中国人民坚韧无比的内心的定力。在中国共产党的坚强领导下，有着广泛、深沉、充实的文化自信的中华民族，不断滋养、磨炼、凝聚了内心的定力，全党不忘初心、牢记使命，全民万众一心，无比笃定、坚韧、强劲，"此心光明，亦复何言""事物之来，但尽吾心之良知以应之"，就一定能成功跨越重重陷阱，特别是跨越"修昔底德陷阱"。

我们期盼"善良的天使"，天使来自我们的"此心光明"。

（原载《人民政协报》2021年1月25日）

关键的阶段　关键的一代

　　今天的青年一代，是中华民族复兴大业关键阶段的最为关键的一代。

　　2020年即将结束，面对错综复杂的国际形势、艰巨繁重的国内改革发展稳定任务特别是新冠肺炎疫情的严重冲击，中国仍将如期打赢脱贫攻坚战，如期全面建成小康社会、实现第一个百年奋斗目标，开启全面建设社会主义现代化国家新征程。

　　中华民族伟大复兴向前迈出了新的一大步。

　　中国人民于"漏舟之中"走向站起来，于"濒临崩溃边缘"走向富起来，于"滚石上山"走向强起来。在中国共产党的坚强领导下，中华民族将所有屈辱和苦痛埋藏于记忆深处，让一个东方古国从贫穷落后走向繁荣强盛，创造了中华民族从沉沦而奋起、由苦难而辉煌的命运转折。曾经跌倒的中国人，最能体会"站起来"的欢欣；曾经贫穷的中国人，最是充满"富起来"的渴望；走向复兴的中国人，最是拥有"强起来"的自信。

　　中华民族近代100多年来历经磨难，现在终于离民族复兴的目标越来越近，距离已可以丈量了。但也正是因为越来越近，再往下走，每一步都是惊险一跳，都是从量变到质变的巨大飞跃。历史上，一步走错满盘皆输、功亏一篑、积重难返的教训不少。国际经验表明，人均GDP在3000—10000美元的阶段，既是中等收入国家向中等发达国家迈进的机遇期，又是矛盾增多、爬坡过坎的敏感期。这一阶段内外挑战严峻，机遇不容丢失。从历史兴衰规律来看，一个国家往往在两个时期面临的压力最大，一个是积贫积弱之时，一个是发展振兴之时。

　　船到中流浪更急、人到半山路更陡，愈进愈难、愈进愈险，而又不进则退、非进不可。今天的中国处于由大到强的关键阶段，面临的内外压力越来越大。我们必须统筹中华民族伟大复兴战略全局和世界百年未有之大变局，必须深刻认识我国社会主要矛盾变化带来的新特征新要求，必须深刻认识错综复杂的国际环境带来的新矛盾新挑战。习近平总书记说："中华民族伟大复兴，绝不是轻轻松松、敲锣打鼓就能实现的，实现伟大梦想必须进行伟大斗争。在前进道路上我们面临的风险考验只会越来越复杂，甚至会遇到难以想象的惊涛骇浪。我们面临的各种斗争不是短期的而是长期的，至少要伴随我们实现第二个百年奋斗目标全过程。"

新特征新要求，期待意气风发、坚韧不拔的世纪新人；新矛盾新挑战，要求本领高强、开拓创新的全新本领。关键时刻，别无选择，担当冲刺的主力军、"种子选手"，有全新本领的世纪新人，无疑将是现在的青年一代。过去讲"不能输在起跑线上"，未来又"岂能倒在终点线前"？

今天的青年一代，是在"危机中育先机、于变局中开新局"的最为重要的一代。

党的十九届五中全会要求我们，要增强机遇意识和风险意识，善于在危机中育先机、于变局中开新局，抓住机遇，应对挑战，趋利避害，奋勇前进。

危机危机，危中有机。机遇，常以偶然性的形式出现，稍纵即逝，但其中蕴含着必然性，必然性通过偶然性为自己开辟道路。抓住和用好机遇，要善于从偶然性中发现必然性，善于抓住偶然性后面的必然性。如培根所说，"开始做事前要像千眼神那样察视时机，而在进行时要像千手神那样抓住时机。"能否抓住机遇，要看青年一代。

放眼世界，无论是地理大发现之后的工业革命，第二次世界大战后的科技革命，还是 20 世纪 70 年代的信息革命，乃至当今人类从工业化时代走向数字时代的新科技革命，一些国家抓住机遇走在前列，一些国家痛失机遇被动落后。地球越来越小，发展越来越快，慢走一步，差之千里；耽误一时，落后多年。来而不可失者时也，蹈而不可失者机也，我们必须牢牢抓住和用好我国发展的重要战略机遇期。

重大机遇往往伴随重大考验，伴随着可以预见、不可预见的种种风险和挑战。如果说辛亥革命前的一百年，中华民族陷入悲惨沉沦之境，那么辛亥革命后的这一百年，中华民族则是在艰难曲折中昂扬奋起。这一百年来，中国共产党带领各族人民缔造新中国，开辟中华民族复兴的崭新纪元，在历史新时期开辟中国特色社会主义道路，创造了世人惊叹的传奇成就，迎来民族复兴的光明前景。而最后成功之一日，就在今后的这一百年里，成功的密码，就在于这200年来一代代人前赴后继矢志不移的民族复兴追求与梦想。

　　来了，一浪接一浪的90后、00后、10后……来了，中国的这一代青年，他们意气风发，他们堪当重任，他们在关键的时候一定能够完成这关键的一跳。

（原载《中国青年报》2020年12月25日）

尊重文化多元性　实现不同文明和谐相处

——叶小文接受人民网强国论坛记者专访

编者按："世界多元文明如何和谐相处？""中国如何实现更高水平的对外开放？""在国际治理中，中国如何更好地发挥作用？"……近日，2020 年"读懂中国"国际会议在广州举办，围绕"大变革、大考验、大合作——中国现代化新征程与人类命运共同体"的主题，进行了深入探讨和交流。人民网强国论坛记者就这些问题对部分参会嘉宾进行了专访。

"文明互鉴与人类发展相伴而生，是让世界变得更美好的必由之路。"全国政协文化文史与学习委员会副主任叶小文在接受人民网强国论坛记者专访时表示，只有相互尊重彼此文化的多元性和差异性，才能实现不同文明之间的和谐相处。

强国论坛：中国以什么姿态参与构建后疫情时代的国际关系？

叶小文：拿破仑曾说过，中国是一只沉睡的狮子，一旦醒来将会震惊世界。的确，中国这只沉睡的狮子醒了，而且站起来了、富起来了、强起来了，但是这只醒来的狮子是和平的狮子、可亲的狮子、文明的狮子、宽厚的狮子。

中国人民对战争的苦难有着刻骨铭心的记忆，对和平有着孜孜不倦的追求，深知和平是发展之基，发展是和平之本。强起来的中国无论发展到什么程度，永远不称霸，永远不搞扩张。

中国的发展不是自私自利、损人利己、我赢你输。中国深信"己所不欲勿施于人"，"己欲立而立人，己欲达而达人"。中国致力于推动世界建立更平等均衡的新型全球发展伙伴关系，在追求本国利益时兼顾他国合理关切，在谋求本国发展中促进各国共同发展，同舟共济，和衷共济。

文明者，是相对愚昧、浅薄、狭隘、粗鲁、野蛮而言。文明者，有坦荡荡的君子气度和君子胸怀。回顾历史，支撑我们这个古老民族走到今天的，支撑 5000 多年中华文明延绵至今的，是植根于中华民族血脉深处的文化基因。

处世以真诚为本，待人以宽厚为主。今天在实现民族伟大复兴的路上奋进的中华民族，正是如此真诚宽厚、坦坦荡荡。

强国论坛：经济全球化使得多元文明接触、联系不断增强。您对多元文明的相处之道是如何理解的？

叶小文：文明具有多样性，就如同自然界物种的多样性一样，一同构成我们这个星球的生命本源。只有多元、多样的世界文明各呈异彩、相映生辉，我们人类的精神家园才会永远葳蕤繁茂，焕发万物并育的生命力。

多元文明如何相处？是对话，还是冲突？是合作，还是对抗？已经成为关乎人类前途命运、人类文明何去何从的重大问题。在我看来，只有相互尊重彼此文化的多元性和差异性才能实现不同文明之间的和谐相处。

首先，要沟通，而不是动不动就要脱钩。其次，要倾听，而不是动不动就捂住耳朵。再次，要共处，而不是动不动就想要独大。最后，要交流，而不是动不动就要关门。

强国论坛：文化创新离不开优秀的文化成果。您评判优秀文化成果的标准是什么？

叶小文：文化创新的终极目的是不断满足人民日益增长的美好生活需要。在我看来，能给不同地域、不同肤色、不同人种带来情感共鸣的作品就算得上是优秀文化成果。比如，贝多芬的第五交响曲和第九交响曲。

中华民族的伟大复兴离不开文化的繁荣昌盛。我们的创作者应该激荡起火热的创作热情，实践与理论相结合，深入到群众当中去思考、创作，源源不断地产生具有本民族特色同时被世界各国人民喜闻乐见的文化成果。

（2020 年 11 月 26 日　来源：人民网—强国论坛）

弥勒的微笑　是世界最美好的表情

　　在全国政协十三届十四次常委会上，汪洋主席指出，深入学习宣传贯彻五中全会精神，是当前和今后一个时期人民政协的首要政治任务。要深入研究和深刻把握全面建设社会主义现代化国家的精髓要义，紧紧围绕中国式现代化人口规模巨大、全体人民共同富裕、物质文明和精神文明相协调、人与自然和谐共生、走和平发展道路等重要特征，发挥人民政协人才荟萃优势，深化对相关重大理论和实践问题的研究，更好为制定实施"十四五"规划纲要精准建言、凝心聚力。在这一系列需要深化研究的重大问题中，也包括如何发挥好宗教的积极作用问题。

　　每去浙江奉化，都听说这里颇重"弥勒文化"，还说这文化的传神之处，乃弥勒的微笑。这微笑，是"东方的微笑"。

　　何以此亦"文化"，且这号称"东方的微笑"之"文化"，生于此时、此地、此神？

　　生于此时，是因为要积极推动中外文化交流互鉴，加强与"一带一路"沿线国家的文化交流合作。这里是海上丝绸之路的起点。弥勒文化——"东方的微笑"，正当其时。

　　生于此地，则因为据称弥勒菩萨的化身——布袋和尚出生于奉化。且近代佛教革新家太虚曾任奉化雪窦寺的住持，提议应将雪窦山奉为"弥勒道场"，后来赵朴初也赞同此说。宁波作为海上丝绸之路的起点之一，自古以来对外交流频繁、影响深远。而作为宁波地域文化的代表，千百年来，布袋弥勒的形象被认为是中华文明的象征，在全世界得到广泛认可。近年来，雪窦山积极开展对外交流，通过弥勒文化节系列活动的"中华弥勒海外行"活动，弘扬和传播弥勒文化，慈行天下，和乐人间。

生于此神，即弥勒菩萨。弥勒菩萨是个"人道主义者"。他是神，更是人，也食人间烟火、重人间真情。你看他，和蔼可亲、笑口常开，肚子大大，人见人爱。有的弥勒像上，还爬着很多小孩嬉戏。他重视人性人情，主张建立"人间净土"，弘扬"人间佛教"。可以说，弥勒文化是"以人为本"的文化。

弥勒的微笑，为何称是"东方的微笑"？弥勒菩萨是个"乐观主义者"。佛教的"四谛"——"知苦、断集、慕灭、修道"，认为"有漏皆苦"，主张"苦修苦行"才是"解脱之道"。但并非一味地"苦海无边"，又主张要"慈悲为怀"，以"悲"来拔众生之苦，以"慈"来与众生之乐。弥勒信仰一改佛教侧重讲"苦"的规矩，偏喜以"大慈"予众生欢乐。他大肚能容，容天下难容之事；笑容可掬，让人感受和睦、和乐。弥勒的笑容被称为"东方的微笑"，是世间最美好的表情：乐观、和善、包容，展示了中国人乐观向上的精神面貌、战胜疫情的勇气信念、和谐和乐的文化自信。

当前，正面临百年未遇之大变局。党的十九届五中全会公报，要求全党全国人民，"善于在危机中育先机、于变局中开新局，抓住机遇，应对挑战，趋利避害，奋勇前进。"这就很需要一点乐观主义精神来提振信心、摒弃慌乱，才能沉着应对、稳健前进。每临大事有静气，每临难事先打气。逆境中不怨气冲天，顺境中不盛气凌人，微笑中更有定力。包容、大度，和善、和谐，便会生出不尽的幽默和快乐，就会有凡事"面对它、处理它、接受它、放下它"，然后再拿起和应对新的事情、面对新的挑战的"勇猛精进"的境界。这是弥勒菩萨总能笑口常开的奥秘。可以说，弥勒文化是乐观向上的文化。

弥勒菩萨还是个"面向未来者"。每个宗教都有关于世界和人类起源的解释，《圣经》的第一章就是"创世纪"。弥勒则偏偏着眼未来、看重未来，而且对未来充满希望。据称他只是"菩萨"（佛教认为"菩萨"就是"觉悟了的生命"，人皆可成菩萨），尚未成佛，就总期盼着下生世界成佛，龙华树下讲法。老百姓总认为弥勒是"未来佛"，能带来未来的光明和希望，因此欢喜他，崇敬他。可以说，弥勒文化是放眼未来的文化。"东方的微笑"，总是面向未来，面向光明，面向美好的希望。

一个弥勒信仰，却原来其中确有文化。这文化，其实不是"神"的文化，而是"人"的文化，是要借神来想人之所想，言人之所言。改革开放以来，奉化、浙江乃至全国，经济社会发展蒸蒸日上，人民奋发努力、安居乐业，大家都喜从中来。

党的十九届五中全会公报宣布，全面建成小康社会胜利在望，我们即将开启全面建设社会主义现代化国家新征程。因此，人民对美好生活的向往当然也有新的要求，不仅物质富裕，也要精神富有。

众所周知，"蒙娜丽莎的微笑"，是一幅享有盛誉的肖像画杰作。它成功地塑造了资本主义上升时期一位城市有产阶级的妇女形象，是意大利文艺复兴时代著名画家达·芬奇的最高艺术成就。这幅画画了 4 年。端庄美丽的蒙娜丽莎脸上那神秘的微笑使无数人为之倾倒，后即以"蒙娜丽莎的微笑"喻指迷人的微笑或神秘莫测的微笑。科学家通过多光谱扫描发现了三种不同的绘画，他们就隐藏在蒙娜丽莎的微笑背后。如果我们将这些图像还原，会看到一个动态的蒙娜丽莎的微笑，不得不佩服达·芬奇的天才创作。

在中华民族实现伟大复兴的时期，我们又看到了弥勒文化里的"东方的微笑"。它体现人本、人道，充满乐观、向上，具有新人文主义精神。展望未来，如梦如歌，"我们的理想，在希望的田野上"；我们的复兴，在微笑的东方。

听古琴读书　谈精神富有

　　2020 年 11 月 5 日，在全国政协举行了一场"'让古琴醒来'：委员读书漫谈群线下交流暨文化艺术界界别活动"。我借担任活动主持人之便，先谈了如下体会——

> 今天政协有雅集，
> 田青教授展古琴。
> 漫谈群里风光好，
> 枯木逢春若龙吟。①

> 此时彼岸正起哄②，
> 此地幽幽如凤鸣。
> 两岸猿声啼不住，
> 一叶轻舟已远行。

　　接着，高山流水觅知音，古琴一醒遇高人。古琴新声，穿越千年，来到了全国政协的大雅之堂。虽古拙朴素却又精美绝伦，虽饱经风霜却又历久弥新，因为找到了知音，枯木逢春若龙吟，穿山越海达汪洋。

　　古琴作为中国历史最悠久、文化负载最丰厚的乐器和艺术，传承着其特有的人文精神。田青教授将之提炼为一个"敬"字，要敬己、敬人、敬天地、敬自然、敬圣贤、敬后人。大家说，听了古琴，我们更要敬，敬仰中华民族传统音乐的长江大河。她在我们世世代代休养生息的辽阔领土上激起过

---

① 有一把珍贵的唐琴名"枯木龙吟"。
② 美国选战正酣。

无数绚丽灿烂的浪花。她不择涓涓细流，百川归海那样地容纳吞吐着各民族的汗、血、泪以及沁人肺腑的湿润气息。她的深邃足以汲取异地远域的清泉而不变水质。她的乳汁哺育过我们多少祖先，还将在新时代喷放不已。她的千姿百态，或作高山流泉，或作水云激荡，安如渔歌、静若春江，幽愤时广陵潮涌、咆哮时黄河怒吼！

委员们在热烈的讨论中，还引出了一个极为深刻的话题。

党的十九届五中全会对文化建设高度重视，从战略和全局上作了规划和设计。其中，最重要的，就是明确提出到 2035 年建成文化强国。这是党的十七届六中全会提出建设社会主义文化强国以来，党中央首次明确了建成文化强国的具体时间表。公报宣布，全面建成小康社会胜利在望，我们即将开启全面建设社会主义现代化国家新征程。因此，人民对美好生活的向往当然也有新的要求，不仅物质富裕，也要精神富有。大家幽默地说：我们今天富起来了，但物质富裕更要精神富有。今天我们都以极大的"雅兴"，在这里高雅地欣赏古琴。我们虽然富裕了，也不是"土豪"，不当"土豪"。就算是"土豪"吧，也要转成"贵族"。

物质富裕精神富有，是中华民族的古训。"穷且益坚，不坠青云之志。""穷不失义，达不离道……穷则独善其身，达则兼善天下。""君子食无求饱，居无求安，敏于事而慎于言，就有道而正焉。""仓廪实而知礼节。"这些格言至今掷地有声。历史上我们也曾富过。中国是文明古国，再富也不能浮躁。沉静、从容、大气、平和，有其境界。不应该有了钱就狂了、疯了，不知道该怎么办了。

物质富裕精神富有，是马克思主义的真谛。马克思、恩格斯多次论证，"当人们还不能使自己的吃喝住穿在质和量方面得到充分供应的时候，人们就根本不能获得解放。""通过社会生产，不仅可能保证一切社会成员有富足的和一天比一天充实的物质生活，而且还可能保证他们的体力和智力获得充分的自由的发展和运用""不但客观条件改变着，而且生产者也改变着，炼出新的品质，通过生产而发展和改造着自身，造成新的力量和新的观念，造成新的交往方式、新的需要和新的语言"。因此，它"需要一种全新的人，并将创造出这种新人来"。

物质富裕精神富有，是中国发展的必然。从全党来说，在近百年的奋斗征程中始终保持着昂扬向上的精神风貌，得到了广大人民群众的拥护和爱戴。但执政时间延长、执政环境变化，成绩鲜花掌声诱惑多了，精神懈怠、意志衰退的现象难免相伴而来，虽乃局部无碍大局，但任其蔓延也会瓦解党员干部的斗志，动摇执政根基。从全国来看，"富"，是使用频率最高的字眼，因为我们实在是穷惯、穷怕了，穷病穷病，多是穷出来的病。但富，也会富出病来。改革开放极大地根治了穷病，但如果大家虽物质富裕却精神贫乏，就会"富得丢掉了魂，穷得只剩下钱"，心浮气躁不思进取，心烦意乱不知所从，心高气盛欲壑难填。信仰的动摇是危险的动摇，信念的迷茫是最大的迷茫，理想的摇摆是根本的摇摆，思想的滑坡是致命的滑坡。在心灵和信仰的荒漠上，立不起伟大的民族。一个民族的衰落或覆灭，往往以民族精神的萎靡为先兆。一个民族的崛起或复兴，常常以民族精神的崛起为先导。

物质富裕精神富有，是中国特色社会主义的应有之义。在中国还相对贫困的 40 多年前邓小平同志就强调，"我们要建设的社会主义国家，不但要有高度的物质文明，而且要有高度的精神文明"。在中国经济总量跃居世界第二的当下，我们重申：中国特色社会主义是全面发展、全面进步的事业，是物质文明和精神文明相辅相成、协调发展的事业。物质贫乏不是社会主义，精神空虚也不是社会主义。我们一定要建成社会主义文化强国。

物质富裕精神富有，已如春潮扑面滚滚而来，我们分明闻到了它的气息，听到了它的呼唤，感受到它的脉动。再过数年且看它，必将席卷、覆盖、深入、渗透于全中国。

（原载《人民政协报》2020 年 11 月 14 日第 7 版）

在"困牛山红军集体跳崖千古壮举"专题研讨会上的发言

　　一寸山河一寸血，一抔热土一抔魂。适逢"八一"，我们在中国工农红军战斗过、流血牺牲的地方召开研讨会，缅怀革命英烈、致敬千古壮举、感悟伟大精神，作为这次会议的支持单位，我谨代表全国政协文化文史和学习委员会，对会议的胜利召开表示热烈祝贺和诚挚感谢！

　　2021年2月，习近平总书记到贵州考察时指出，当年长征时，红军在贵州活动时间最长、活动范围最广，为我们留下宝贵精神财富。"困牛山红军集体跳崖千古壮举"是长征这篇伟大史诗中的一个壮丽篇章，是伟大长征精神的集中体现。正是在贵州，我们党开启了独立自主解决中国实际问题的新阶段，遵义会议的成功召开，在最危急关头挽救了党、挽救了红军、挽救了中国革命。今天上午的参观缅怀，让我心潮澎湃，感慨万千，脑海中出现了那矗立在天安门前的人民英雄纪念碑，想到毛主席所起草的碑文，想到为了反对内外敌人，争取民族独立和人民自由幸福，在历次斗争中牺牲的人民英雄们！粉身碎骨浑不怕，留取丹心照汗青。困牛山的红军烈士是自近代以来为了实现中华民族伟大复兴，在轰轰烈烈的革命斗争中牺牲的千千万万人民英雄的一部分。人民英雄创造了敢教日月换新天的新的历史，也在继承优秀传统文化的基础上创造了浴火重生的新的文化。

　　在全国政协委员读书群中，对困牛山精神进行了热烈的讨论。刘奇葆副主席发言说，"困牛山红军将士的英雄壮举十分感人，这种不畏艰险、浴血奋战的英雄主义气概，为党为人民不畏牺牲、英勇献身的精神，同长征精神一脉相承，是中国共产党人红色基因和中华民族宝贵精神财富的重要组成部分和凝聚升华。挖掘好、提炼好、弘扬好困牛山革命先烈的事迹和精神意义重大。人民政协的文史工作，可以积极配合党史、军事研究等部门，继续征辑搜集相关资料，加强精神内涵研究阐释，让更多的人特别是青少年知道这段历史，更好发挥教育作用。"

我谈几点学习体会，与大家分享。

一、传承弘扬革命文化，坚持人民至上

宁死不伤百姓，这是困牛山红军壮举中最动人之处。近代以来，扛枪杆子拉山头的队伍多得很，但是开天辟地头一回，只有我们的队伍叫作"人民子弟兵"。"当兵就要当红军，处处工农来欢迎，官长士兵都一样，没有人来压迫人"。困牛山红军跳崖幸存者之一，红六军团十八师五十二团司号员陈世荣，生前经常哼唱这首中央苏区民歌。这首歌反映的正是我们这支队伍与国民党军队的不同之处。一切为了人民，是人民军队永不褪色的赤子情怀；一切依靠人民，是人民军队立于不败之地的紧固根基。一切牺牲，一切奋斗，都是为了让人民能过上好日子。永远保持与人民群众的血肉联系，是我们这支队伍、我们党最大的政治优势。一部红军长征史，就是一部反映军民鱼水情深的历史。同人民风雨同舟、血脉相通、生死与共，是中国共产党和红军取得长征胜利的根本保证，也是我们战胜一切困难和风险的根本保证。翻开党章让我们重读那些熟悉的句子，"党除了工人阶级和最广大人民群众的利益，没有自己的特殊利益。党在任何时候都把群众利益放在第一位，同群众同甘共苦，保持最密切的联系，坚持权为民所用、情为民所系、利为民所谋，不允许任何党员脱离群众，凌驾于群众之上。"

坚持人民至上，这是党的百年奋斗历史经验。在新时代传承弘扬革命文化，必须继续坚持人民至上，这是非常具有现实意义的。正如党章中所言，党执政后最大的危险是脱离群众。我们一定要牢记红色政权是从哪里来的、新中国是怎么建立起来的。在新的长征路上，要战胜来自国内外的各种重大风险挑战，夺取中国特色社会主义新胜利，依然要牢记，中国共产党党员永远是劳动人民的普通一员，要坚持党和人民的利益高于一切，个人利益服从党和人民的利益，吃苦在前，享受在后，克己奉公，多做贡献。为了保护国家和人民的利益，要像困牛山的红军战士们一样，英勇斗争，不怕牺牲，在一切困难和危险的时刻挺身而出。我们始终要牢记，党的根基在人

民、血脉在人民、力量在人民。人民是党执政兴国的最大底气。江山就是人民，人民就是江山。

二、加强红色资源发掘、梳理和研究，坚持保护为先

习近平总书记指出，红色资源是不可再生，不可替代的珍贵资源，保护是首要任务。举个例子，还是前面所说的跳崖红军幸存者陈世荣，他冒着危险找回来、收藏好的一把军号现在已经成为困牛山战斗最重要的物证之一，已经具有了非常重要的文物价值。每一个历史事件、每一位革命英雄、每一种革命精神，都代表着我们党走过的光辉历程、取得的重大成就，展现了我们党的梦想和追求、情怀和担当、牺牲和奉献。每一处革命圣地、红色旧址、革命历史纪念场所，都是一座没有围墙的红色博物馆。革命文物、红色资源凝聚着跨越时空的精神力量，是弘扬革命传统和革命文化、加强社会主义精神文明建设、激发爱国热情、振奋民族精神的生动教材，是党和国家的宝贵财富。我们要心怀感恩和敬奉，让革命文物得到更好保护，让红色资源得到更好的发掘、梳理和研究，从中汲取奋进前行的强大动力。

从困牛山的情况来看，已经做了大量的工作。贵州省委高度重视，省委主要领导专程前往困牛山战斗遗址，对保护利用工作提出明确要求。地方党委、政府行动迅速，抓好贯彻落实。困牛山战斗遗址有关项目已纳入长征国家文化公园贵州重点建设区重点推进项目。但是现在仍然存在一些问题，一方面是史料征集、挖掘整理和研究不够，一方面困牛山战斗遗址周边乡镇、县区基础设施较为滞后，红色资源保护开发项目资金投入不足。对此，要从用好红色资源、传承红色基因、赓续红色血脉的高度，本着对历史负责、对人民负责的态度，充分认识红色在见证革命历史、弘扬革命精神方面的重要作用，继续深入开展专项调查研究，统筹好抢救性保护和预防性保护、本体保护和周边保护、单点保护和集群保护等，使困牛山的红色资源保护不再有"困难"。

三、讲好党的故事、革命的故事、英雄的故事，坚持教育为重

身既死兮魂以灵，魂魄毅兮为鬼雄。中央红军开始长征时有 8 万多人，过湘江牺牲了 5 万人。5 万人的名字全写下来可以写成一本书，这本书如果

读起来可以从日出读到日落。包括困牛山战斗牺牲的红军烈士在内,当年牺牲了无数的优秀儿女才换来今天的红色江山。没有理想,就没有这种慷慨赴死的牺牲;没有牺牲,就没有最后酣畅淋漓的胜利。历史因铭记而永恒,精神因传承而不灭。红色资源的珍贵价值,不仅在于它的历史光辉,更在于它在当下依然能带给我们思考和精神滋养。

充分发挥红色资源的作用,强化教育功能最重要。要教育引导全党始终坚持科学理论指导,教育引导全党始终坚持理想信念,教育引导全党始终坚持初心使命,教育引导全党始终坚持光荣革命传统,教育引导全党始终坚持推进自我革命。要设计符合青少年认知特点的教育活动,建设富有特色的革命传统教育、爱国主义教育、青少年思想道德教育基地,引导他们从小在心里树立红色理想。结合困牛山红军事迹,我想有以下具体工作:一是要打造精品展陈。把好导向、聚焦主题,用史实说话,增强表现力、传播力、影响力,生动传播红色文化,使之成为教育人、激励人、塑造人的大学校。二是要推动革命文物保护利用与思想教育、文旅融合相结合,在给老区人民的生活带来改善的同时,提高革命文物的生命力和影响力,为人们走好新时代的长征路贡献智慧和力量。三是要加强宣传报道和文艺创作。在守正创新中讲好党的故事、革命的故事、英雄的故事,塑造好"风雨侵衣骨更硬、野菜充饥志越艰,官兵一致同甘苦,革命理想高于天"的红军形象,并进一步彰显时代特色。

四、发挥人民政协文史工作的作用,坚持育人为要

今天的会议是贵州省政协主办的。重视历史、研究历史、借鉴历史是中华民族五千多年文明史的一个优良传统。人民政协是一个高度重视文史工作的政治组织,自1959年周恩来同志亲自倡导在人民政协开展文史资料工作以来,经过60多年的发展,政协文史工作已经成为人民政协一项富有统一战线特色的经常性、基础性工作。它以亲历、亲见、亲闻的方式,从不同角度和层面翔实记录了近代以来中国社会变革发展的非凡历程,生动反映了中国共产党同各党派团体、各族各界人士肝胆相照、荣辱与共、团结合作、携手奋斗的壮阔历史,充分发挥了"存史、资政、团结、育人"的社会功能。今年6月份,全国政协专门召开了文史工作座谈会,汪洋主席作了重要

讲话，讨论了关于加强和改进新时代文史资料工作的意见稿。

　　困牛山红军将士不畏艰险、浴血奋战的英雄主义气概，为党为人民英勇献身的精神，同长征精神一脉相承，是中国共产党人红色基因和中华民族宝贵精神财富的重要组成部分。就困牛山红军事迹而言，人民政协的文史工作是大有可为的。可以就这项工作开展专门的史料征集和研究，发挥好记录历史当事人、见证人和知情人第一手资料的优势，体现出"三亲"特色。在工作机制上，可以加强纵向联动，深化各级政协组织在文史工作方面的协调与合作，实现优势互补、资源共享、成果共用，也可以加强横向协作，密切与高校、社科院所、党史、档案、文博、地方志和其他历史研究机构的联系，努力把体现红军壮举、符合历史真相的史料反映出来。坚持育人为要，让史料说话，帮助人们深刻认识红色政权来之不易，深刻认识新中国来之不易，中国特色社会主义来之不易，进而增进对中国共产党和中国特色社会主义的政治认同、思想认同、理论认同、情感认同。

（2022 年 8 月 1 日）

我理解的美育是什么——
致 2021 博鳌美育行动

一

　　美育，又称美感教育。即通过培养人们认识美、体验美、感受美、欣赏美和创造美的能力，使我们具有美的理想、美的情操、美的品格和美的素养。"真正的美育是将美学原则渗透于各科教学后形成的教育。"

　　中国的人口是世界最多的，中国的学生也是世界最多的。对中国的教育事业，要大声疾呼，加强美育，对于全人类，也是善莫大焉，功莫大焉。

　　美是纯洁道德、丰富精神的重要源泉。没有美滋养的人生，必然是单调的、干涸的。孔子认为教育是"兴于诗""成于乐"，就包含着对美育的重视。2018 年 8 月 30 日，习近平总书记在给中央美术学院 8 位老教授回信时还专门强调了这一问题。文以载道，文以传情，文以植德。文化是民族的血脉，是人民的精神家园。社会主义文化大发展大繁荣，它来自民间、来自大变革的时代，来自全民族精神的激情与荡漾。伟大的民族，必然创造出壮丽的史诗。

二

　　中国正在大踏步迈向现代化，尤其需要大踏步加强美育。

　　1793 年，德国的席勒就指出，近代大工业社会造成了矛盾和人性的分裂。近代社会严密的分工和职业的区别，不仅是社会和个人之间产生了严重的分裂，而且是个人本身也产生了人性的分裂。近代人在物质和精神、现实和理想、客观和主观等方面都是分裂的，已经不再像古希腊人那样处于完美和和谐的状态了。因此，席勒极力主张通过审美教育来克服人性的这种分裂。席勒认为，人身上有两种相反的要求，一个是感性需要支配的"感性冲动"，另一个是受客观规律闲置的"理性冲动"。这两种冲动都是人的天性，完美的人性应当是二者的和谐统一。只不过在近代工业社会中，人性被分裂开了。因此，席勒指出，需要有第三种冲动即"游戏冲动"作为桥梁，将二者有机统一起来。因为"游戏冲动"是人的一种自由自觉的活动，它既可以克服"感性冲动"，从自然的必要性方面强加给人的限制；又可以克服"理性冲动"，从道德的必要性方面强加给人的限制；使人具有真正完美的人性。当然，席勒在这里所说的"游戏"并不是指现实生活中的游戏，而是指与强迫相对立的一种自由自觉的活动，是一种审美的游戏或艺术的游戏。席勒极力主张通过美育来培养理想的人、完美的人、全面和谐发展的人。

席勒的阐述，到今天来看，也很有现实意义。

现代化使人们的物质生活水平普遍提高，可精神世界却缺少了关照。现代人拥挤在高节奏、充满诱惑的现代生活中，人心浮动，没有片刻安宁。欲望在吞噬理想，多变在动摇信念，心灵、精神、信仰在被物化、被抛弃。大家好像得了一种"迷心逐物"的现代病。

如果整个时代都陷入声色犬马之中，对物质生活的追求超越精神生活的时候，一个时代都会找不到前进的方向。

如果说文化自信，是更基础、更广泛、更深厚的自信，文化空虚，就是更严重、更危险、更沉重的空虚。

席勒说，"欢乐就是坚强的发条，使永恒的自然循环不息。在世界的大钟里面，欢乐是推动齿轮的动力。""真正美丽的东西必须一方面跟自然一致，另一方面跟理想一致。"

三

我当过近 15 年的国家宗教局局长，我赞成蔡元培先生早年就提出的"以美育代宗教"。

蔡元培将宗教与美育进行对比，认为宗教具有明显的局限性："一、美育是自由的，而宗教是强制的；二、美育是进步的，而宗教是保守的；三、美育是普及的，而宗教是有界的。"因此，蔡元培提倡"以美育代宗教"，

"鉴激刺感情之弊，而专尚陶养感情之术，则莫若舍宗教而易以纯粹之美育。"在蔡元培看来，以美育代宗教，使国人的感情勿受污染和刺激，使其受艺术熏陶而纯正，满足了人性发展的内在需求。

美育，培养和提高人感受美的能力，鉴赏美的能力，表现美、创造美的能力，追求人生趣味和理想境界的能力。美育广泛而深入地影响人的情感、想象、思想、意志和性格，培养高尚情操，为创造一切美好的事物而奋发向上。

四

孔夫子为什么强调"兴于诗，立于礼，成于乐"？

"兴于诗"，《诗》不就是《诗经》吗？兴就是兴起、开始、振奋的意思。孔子《八佾》中说："起予者商也！始可与言《诗》已矣。"表明一个人在国家社会生活中，想要表达自己的思想、待人接物、言辞修身各个方面都应当是从学习《诗经》开始，只有这样的感性语言认识，才会有"美"的感受，才能"绘事后素"，立德修身。今天我们用"中国梦"来激励人心，一定意义上说就是全民族的"兴于诗"。

"立于礼"。《礼》即是社会的规则、仪式、制度。《论语》说："不学礼，无以立。"学礼守礼，从具体的感性认识提升到理性认识，严格地遵守礼的规定，才能克己复礼，以正其身，是为立也。今天我们加强制度建设、强调制度自信，一定意义上说也就是新时代的"立于礼"。

"成于乐"。子曰："人而不仁，如乐何。"孔子认为，如果一个人为人不仁，那么他所演奏的音乐也将不会是令人愉悦的。更重要的是，《乐》本无经，而在于人的创造，是建立在《诗》的感性和《礼》的理性基础之上的升华，是二者相互融合于"人"和"仁"的产物。"兴于诗""立于礼"当然重要，但"成"却在于"乐"。在今天看来，"乐"不仅是音乐之"乐"，快乐之"乐"，而且是道德的普遍高尚，活力的竞相迸发，精神的昂扬向上，人民对美好生活的追求不断实现的，"安得天下尽欢颜"之"乐"。

五

录一段报纸对我的采访，题为《中华民族伟大复兴路上的"礼兴乐盛"》，如下：

　　"不要小看音乐老师哦！一不小心给你弹出个相对论来……"前段时间，在母校贵州大学的音乐讲座上，叶小文轻松幽默的语言迎来现场阵阵掌声。几十年前，叶小文就读于贵阳第一中学，当时他所在的学校就有种类齐全的中学生管乐乐团，而他被选为乐团的大提琴手。一直爱好音乐的叶小文，小时候学过几年大提琴，到了六十岁以后，他又重新学了三年，曾在国内外进行独奏演出。和当下很多追求音乐梦想的年轻人很像，叶小文时常在每天早晨上班之前早起练习一个小时的琴，害怕琴音影响到邻居，他不得不到地下室去练习。

　　叶小文对于音乐的喜爱由此可见。他曾经引用《礼记·乐记》的话说，"凡音者，生人心者也。情动于中，故形于声。声成文，谓之音。"在他看来，无论是领导干部还是学生，都应该拥有一个审美的人生、艺术的人生。

　　众多音乐品类，叶小文对于交响乐有独特喜爱，《礼记·乐记》有云："地气上齐，天气下降，阴阳相摩，天地相荡，鼓之以雷霆，奋之以风雨，动之以四时，暖之以日月，而百化兴焉。如此则乐者天地之和也。"在叶小文看来，用这句话来说交响乐最为合适。

　　虽然很忙，但是叶小文还是会抽出时间来从事写作、弹琴等事情。他说自己忙得充实和快乐，"享受工作，一心一意，忙并快乐着；享受生活，一茶一书，闲并快乐着；享受天伦，一生一爱，爱并快乐着；享受音乐，一琴一韵，陶醉并快乐着。"

　　放眼世界，文化传承，高雅文化的普及、高素质文化的涵养，这往往是一个民族不断涌现高素质、创新型人才所需要的文化氛围。在他看来，今天，中华民族要培养高素质、创新型人才，尤其是培养大师级的人才，有必要大力提倡高雅文化，深入发掘和弘扬人类古典文化的精髓。

　　叶小文说，"今天，适逢要推进社会主义文化大发展大繁荣，我又找回了少年时代拉过的大提琴，不仅是要恢复一种业余爱好，也为着去寻找和体验文化自信、自强的感觉。我体会，文化繁荣，人皆可为；自信自强，事皆可成。"

　　叶小文希望以生动的音乐示范和高尚的公益为追求，推动高雅音乐走入大众，向社会发出一个强烈的声音：高雅音乐要在中国成为大众的艺术，成为推动文化艺术繁荣发展、提高全民文化素养的重要力量。他还希望为促进中华文化"兴于诗，立于礼，成于乐"的回归与超越、推动伴随中华民族伟大复兴的"礼兴乐盛"尽一份心力。

叶小文希望更多的人喜爱音乐。在他看来，音乐对于个人、民族、国家来说，都是必不可少的。音乐可以提升个人的审美能力与修养；可以提升与凝聚民族精神力量；可以提升国家的综合实力，是国家文化的"软实力"。

六

有个"满天星业余交响乐团"，我是团长兼大提琴手。成员全部来自各行各业的事业有成，但酷爱音乐的人士，他们以"音乐点亮人生"为主题，6 年来已到全国各地百余所高校，为大学生公益演出 160 余场。作为世界顶级的交响乐团的美国费城交响乐团来华演出时，也很高兴应邀与我们在北京合演了一场。一个大学生看了我们的演出还当场赋诗："堪忆昔年往事，扶社稷，勋绩良多。韶华逝，青丝华发，未敢忘忧国。"我想，我们不就像蒲公英吗？满头白发、成熟了，就变成蒲公英的种子飞到祖国的各地去，再长出新的蒲公英。

今天，"满天星业余交响乐团"与"爱乐青少年交响乐团"，由著名的青年指挥家夏小汤指挥，为 2021 博鳌美育论坛演奏一首《红旗颂》。

预祝 2021 博鳌美育行动圆满成功！

以美为媒，美育未来。大手拉小手，美育新少年。

（原载《中国青年报》2021 年 12 月 12 日）

每件事都让我们踔厉奋发

一年前的"岁末年初"，我写过一篇短文《每个人都了不起》。此刻又逢"岁末年初"，我要写一篇《每件事都让我们踔厉奋发》。

"每个人都了不起"，是习近平主席在2021年新年贺词中讲的一句话。一语唤来三春，暖遍天下人心。

"踔厉奋发"，是习近平主席在2022年新年贺词中用的一个词。习主席深情回顾中国共产党百年奋斗的光辉历程，着眼实现中华民族伟大复兴的宏伟目标，指出"我们唯有踔厉奋发、笃行不怠，方能不负历史、不负时代、不负人民"。

"踔厉奋发"，古代典籍中也写作"踔厉风发"，意为精神振奋、斗志昂扬。1923年，孙中山先生在《中国革命史》一文中曾这样写道："踔厉奋发，各尽所能，有此成功，非偶然也。"近百年后，我们从"国家盘点"中触摸生活的温度，于字里行间找寻奋斗的身影，在温暖的话语里获得心灵鼓舞，踔厉奋发迈上新的征程。

回望2021年，是中国共产党成立100周年，又是"十四五"开局之年，也是全面建设社会主义现代化国家新征程开启之年。在飞逝的时光里，我们看到的、感悟到的中国，是一个坚韧不拔、踔厉奋发、欣欣向荣的中国。这一年，那些精彩答卷中的众多故事，读来意味深长……

我们最关注的是民生。2021年的民生，每件事都让我们踔厉奋发。

——医疗是民生之需。在新冠肺炎疫情影响下，守护人民健康被放在突出的优先位置，药价降下来了，异地就医更方便了，优质医疗资源的布局更加均衡。"人民至上，生命至上"的庄严承诺，闪耀在中国大地上。

——教育是民生之基。一年来，从基础教育到高等教育，从职业教育到终身教育，踏出的每一步，都给每个人创造了人生出彩的机会，也让教育回归立德树人的本真。

——兜牢民生底线，不仅凝聚于非常之时，而且充盈在平常之日。养老金涨了，社会救济标准提高了，老旧小区改造了，长江退捕渔民上岸找到新工作了，人民群众急难愁盼的问题逐步有了着落。满满的暖意在这一年滋润百姓心田。桩桩件件，书写的是温暖人心的民生答卷。新的一年，随着更多民生红利落到实处，老百姓的日子会越过越红火。"让我们一起面向未来，祝福伟大祖国国泰民安！"细数一年民生大事，坚持在发展中保障和改善民生是党始终不渝的奋斗目标。新的一年，撸起袖子加油干，民生跃上新台阶。

我们最关注的是经济。2021 年的经济，每件事都让我们踔厉奋发。

去年，我国经济在严峻的挑战面前保持持续稳定增长，交出了一份极为不易、亮点突出的成绩单。中国经济尽显韧性，应对百年变局和疫情带来的严峻考验，承压而上，以韧克艰，实现了"十四五"良好开局。

我们究竟取得了怎样的成就？也许"不识庐山真面目，只缘身在此山中"。不妨看看国外媒体对中国经济的以下盘点：

——《纽约时报》：中国出口强劲，物流延迟影响小于预期；

——CNN：这就是美国企业仍想留在中国的原因；

——《华尔街日报》：我们许多客户赢得的世界上最大的机遇之一；

——彭博社：97% 的受访企业表示，它们打算继续扩大在华投资；

——俄罗斯 REGNUM 通讯社：中国经济正在增长，并且会比美国增长得更快；

——西班牙《国家报》：中国不仅注重经济总值的增长，也更注重经济发展质量的提高；

——英国《金融时报》：有关中国"共同富裕"的新闻已经进入美国主流电视节目；

……

我们天天看着我国的经济，人家也在天天看着我们。我看人看我，我更方向明。

一年前的岁末年初，习近平主席说，"每个人都了不起！"天行健君子以自强不息，地势坤君子以厚德载物。我们 14 亿人，每个人都使出洪荒之力，聚合起来就是排山倒海的磅礴力量！大道之行，天下为公。站立在 960 多万平方公里的广袤土地上，吸吮着 5000 多年中华民族漫长奋斗积累的文化养分，拥有 14 亿中国人民聚合的磅礴之力，我们走中国特色社会主义道路，具有无比广阔的时代舞台，具有无比深厚的历史底蕴，具有无比强大的前进动力。

一年后这个岁末年初，习近平主席说，"我们唯有踔厉奋发、笃行不怠，方能不负历史、不负时代、不负人民"。我们比历史上任何时期都更接近、更有信心和能力实现中华民族伟大复兴的目标。每件事都让我们踔厉奋发。在以习近平同志为核心的党中央坚强领导下，14 亿中国人踔厉奋发、笃行不怠，乘势而上、继续奋斗，正在新时代新征程上展现新气象新作为，向着实现第二个百年奋斗目标奋勇前进！

（原载《中国青年报》2022 年 1 月 11 日第 11 版）

迎接新文明复兴　　促进新人文主义

习近平总书记在省部级主要领导干部专题研讨班开班式上发表的重要讲话中指出，"战略问题是一个政党、一个国家的根本性问题。战略上判断得准确，战略上谋划得科学，战略上赢得主动，党和人民事业就大有希望。"纵览世界百年未有之大变局，中华民族在实现民族复兴的伟大进程中，要判断、要谋划、要赢得的一个重大战略问题，是肩负起迎接新文明复兴、促进新人文主义的时代使命。

中国坚持和平发展。汤因比在比较世界各种文明的发展后指出，中国传统上一直是一个大而不霸的国家。罗素说："避免人类自杀之路，在这点上现在各民族中具有最充分准备的，是两千年来培育了独特思维方法的中华民族。"这种"独特思维方法"就是天人合一，允执厥中，仁者爱人，以和为贵，和而不同，众缘和合。当代中国既通过争取和平的国际环境来发展自己，又通过自己的发展来促进世界和平。中国走和平发展道路，不是为了说服谁、取悦谁、安慰谁，而是基于自己的基本国情和文化传统，基于自己国家的根本利益和长远利益，必须坚定不移的战略抉择。

中国坚持和平发展，就要自觉地承担其迎接人类新文明复兴、促进新人文主义的历史使命。

当前，世界正面临百年未有之大变局，最突出的特征是充满不确定性，世界处在大变革的时代，动荡几乎涉及各个领域，构成历史发展的大趋势。

新冠肺炎疫情的不确定性——2022年大概率还是和疫情抗争的一年；

全球经济走势的不确定性——世界经济脆弱复苏，面临的不确定性和不稳定性仍然较大，基于当前情况综合研判，全球经济全面恢复疫情前水平尚需时日；

全球地缘政治的不确定性——当前地缘政治紧张状况，正处于冷战结束后的危机聚焦时段；

全球气候变化政策协调的不确定性——当前国际应对气候变化合作出现一些变化，最重要的变化就是美国采取单边主义措施，可能对全球经济体系造成很大影响，这对采取应对气候变化措施的很多产业都会产生不确定性的影响；

全球治理体系调整存在不确定性——当前全球治理体系正步入调整变革期，第二次世界大战后形成的全球治理体系日益暴露出诸多弊病，深陷全球治理"赤字"。

……

最大的不确定性，还真如美国著名智库——大西洋理事会首席执行官最近发表的一篇文章所说，新的一年美国将何去何从？究竟要作为还是不作为？到底是确定还是不确定？这一切，就像面临着一个解不开、理还乱的"戈尔迪之结"。

戈尔迪是古希腊神话传说中小亚细亚弗里基亚的国王，他在自己以前用过的一辆牛车上打了个分辨不出头尾的复杂结子，并把它放在宙斯的神庙里。神示说能解开此结的人将能统治亚洲。戈尔迪之结常被喻作缠绕不已、难以理清的问题。美国继续做着统治世界的美梦，特别对可能妨碍其实现美梦的力量恨之入骨，在自己的"牛车上打了个分辨不出头尾的复杂结子"，解不开、理还乱，典型的自作自受。我以为，"宙斯的神示"，其实还有话没说完：继续纠缠在这个结子中吧，总有一天"戈尔迪之结"会成为缠住你脖子的绞索！

大西洋理事会首席执行官感叹："在冷战结束后的 30 年里，没有哪位美国总统在进入新的一年时，面对如此巨大的地缘政治和国内政治的不确定性。它们交织在一起，就像一个'戈耳迪之结'，只有大胆的行动才能将这个难题解开。"请问，美国"大胆的行动"，是打算放弃霸权，钻出套子吗？显然不是。那是什么？

普遍性即寓于特殊性之中，共性即寓于个性之中，确定性即寓于不确定性之中。今天的美国，究竟要以什么样的"大胆的行动"，继续逆历史潮流而动，最终走向自己的"确定性"的归宿？

风物长宜放眼量。面对百年未遇之大变局，我们要善于以大历史观环顾世界。以往，决定国际秩序的主要因素是大国主导，甚至是霸权；如今，基于大国主导的国际秩序正在发生变化，随着多极化格局的形成，国际关系范式正在走向基于"命运共同体"的新秩序。命运共同体就是"共享的未来"，这是一种思想理念，也就是以中国倡议的"共享的未来"为引领思想，来构建一种新的世界秩序，给人类社会发展带来新的和平与稳定。

人类文明的交汇已走到量变到质变的临界点，人类危机呼唤人本主义在否定之否定意义上的继承和发扬。新时代对人本主义的呼唤，需要对传统人本精神继承吸收，发扬其积极成果又要革故鼎新。因为西方近代人本主义多强调作为个体的自由与权利，尊重人的本能欲望，虽然催生了迅猛发展的经济，也造就了极端膨胀的个人。面对第一次文艺复兴遗留下来的膨胀了的个人，新的文明复兴，要建造和谐的人，构建人类命运共同体。它既巩固第一次文艺复兴人本主义积极成果，又要对其过分的运用有所克制。

当西方文明以霸权的形式推行其价值观的时候，我们需要新型的人与社会的关系；当传统的工业文明发展导致生态危机的时候，我们需要新型的人与自然的关系；当西方文明过分强调物质、商业和市场利益的时候，我们需要新型的人与人的关系。这种新型关系的潮流，就是新文明复兴；这种新型关系的旗帜，就是新人文主义。

中国优秀传统文化有助于建设人类文明新形态。在中华民族实现伟大复兴的进程中，我们要高举起迎接新文明复兴、促进人类命运共同体的大旗，把握住新人文主义的话语权，使冷战战略、冷战思维彻底成为历史，为推动人类可持续发展作出积极贡献。同时，也就为中华民族赢得和延长实现伟大复兴的战略机遇期。

（原载《中国青年报》2022 年 1 月 12 日）

中国式现代化与"两大和解"

昨晚周树春常委讲座谈道:"中国式现代化"是实现马恩"两大和解"理想的中国实践和当代版本。精彩深刻,回味无穷。

"中国式现代化"之所以取得成功,是因为始终掌握当代中国发展进步的历史主动,始终站在历史正确一边和人类进步一边。作为世界现代化进程的重要组成部分,"中国式现代化"不仅借鉴人类社会创造的一切文明成果,更好适应现代社会化大生产发展要求,从而赢得相对于资本主义的发展优势,而且坚守和体现人类发展进步的理想目标,尽显"超越型现代化"的时代进步性和价值正义性。

"中国式现代化"的一个深层逻辑是,实现"人类与自然的和解"和"人类本身的和解"的统一。"两大和解"在马克思恩格斯的思想体系中居于重要地位,既表达了马克思主义经典作家的崇高理想,也代表着人类一直以来的社会理想。人类发展史就是不断处理人与自然以及人类社会关系的实践过程。资本主义的高歌猛进带来社会生产力极大发展,也造成人与自然以及人与人之间尖锐的矛盾、对立和冲突,导致严重的生态危机和社会危机。

今天,"我们依然处在马克思主义所指明的历史时代",在推进现代化过程中如何处理好"两大关系"仍然是世界发展的重大课题。"中国式现代化"是实现"两大和解"的中国实践和当代版本:提出"地球生命共同体"理念,坚定走向"人与自然和谐共生"。

听小文兄演奏《如歌的行板》随感

王文章

低沉委婉似流波，
漫过心田润旱禾。
只是当年泥水匠，
不闻音乐见干戈。

2022年4月25日，在国家图书馆音乐厅，静听叶小文兄大提琴独奏《如歌的行板》，被深深感染，且深为钦佩他的演奏。这首乐曲是1869年柴可夫斯在基辅附近卡明卡他妹妹的庄园里听泥瓦匠唱民歌《凡尼亚坐在沙发上》后写成的不朽之作。如今那里爆炸代替了音乐，令人唏嘘不已。

关于中华文明探源的讨论

5 月 11 日，汪洋主席在【国学——"大一统"观读书群】中发言："读了李勇刚教授在讲座的文章，赞成各民族无论是争、战、和，都是交往交流交融的过程。看了李教授的书，提个问题：新石器时代，以农耕为基础的满天星斗、重瓣花朵的区域文化，为什么最后月明星稀，只有二里头文化一枝独秀？"

5 月 12 日夜，汪洋主席又在国学群发言："花了些时间爬楼，看了各位大家的发言，受教！但还需要进一步消化、领悟。中华民族自强于世界，最大的竞争力之一是我们的历史和文化！我们应当花些功夫弄清自己的文明或文化，到底是怎么来的。这可能也是一个永远在路上的过程，但我们必须通过这样的过程，不断地发现，不断地探索，不断地学习，这个过程本身就是对历史和文化的传承、发展。"

【我的体会】

研究中华民族、中华文化、中华文明的发生发展过程与运动机理，是千年大计。满天星斗，是从不同角度看问题。但从"月明星稀"（这个说法还可以推敲。"明"是凸显，但"稀"字不确，或许借佛教语可称为"月映万川"更好）来看，讲"始于一元多样，归于多样一体"，顺着"人和"，似更为确切。

"天行健，君子以自强不息"，中华文明奉着"天时"；

"地势坤，君子以厚德载物"，中华文明载着"地利"；

古往今来"大一统"，中华儿女大团结，中华文明顺着"人和"。

中华文明"始于一元多样，归于多样一体"。把"一元"的圆心固守住，把包容的多样性（多线性）半径尽量拉长，画出最大同心圆，永固中华儿女大团结！

从"一元"到"一统"

——略谈中国"大一统"传承的"一元"文化基础

在全国政协委员读书群中,"文明溯源深度谈"的讨论进行了十期。我作为"围观者",听了各位专家的高论,想就王震中群主出的这个重大题目——如何"从中国的史前文化的多样性与统一性的辩证关系,看中国史前文化与后世中国'大一统'之关系",谈一点浅见。题为《关于中国"大一统"传承的"一元"文化基础》。

"大一统"是贯穿中国历史政治格局核心思想文化的一条主线,是维系中华儿女大团结的文化基因,是造就中国这个超大规模文明型国家的内在动力,也是维系中华民族共同体意识的重要纽带。

在我大中国,自古以来就是:国土不可分,国家不可乱,民族不可散,文明不可断。如此坚实的"大一统"传承,当然有中国的史前文化的一元多样发展,作为其文明基础。考古学家们给出了比较充分的考据和论证。

正是自古以来我国各民族分布上的交错杂居、文化上的兼收并蓄、经济上的相互依存、情感上的相互亲近,不断巩固着中华民族一元多样(而不是"多元一体")的基本格局。

文明探源的客观事实证明,"我国各民族分布上的交错杂居",恰恰是源自"一元"而非"多元",本是同根生,才不可能"非我族类,其心必异";才无论如何"交错杂居",却总能不断在"文化上兼收并蓄、经济上相互依存、情感上相互亲近",而融合形成同一个伟大的"中华民族"。

正如韩建业先生说,新石器时代之末的公元前4000年前后是个关键点。中原核心区的仰韶文化东庄—庙底沟类型从晋南—豫西—关中东部核心区向外强力扩张影响,由此造成仰韶文化的"庙底沟化"和黄河上中游文化的空前趋同局势，庙底沟式的花瓣纹彩陶遍及大江南北，以前的三大文化区或文化系统的格局大为改观，中国大部地区文化交融联系成一个超级文化共同体或文化圈。这个超级文化共同体，无论在地理还是文化意义上，都为夏商周乃至于秦汉以后的中国奠定了基础，标志着"早期中国文化圈"或者文化意义上"早期中国"的正式形成，堪称最早的中国！之后从公元前3500年进入铜石并用时代，经龙山时代，到夏商周"王国"时代，都只是在庙底沟时代形成的最早中国基础上的延续和发展。

也正如李新伟先生说，文化上的中国，也是考古界的主要共识吧。建业叫文化上的早期中国，张光直先生叫中国相互作用圈。

或如严文明先生论，现代多民族一统的中国格局，在史前时期已有基础。

这个"早期中国文化圈"或"文化中国"或"史前基础"，展示了中华民族的文明正是始于"一元"而非"多元"。本是同根生，先有共祖的根，然后开枝散叶，再形成今天"一元多样（或多体）"的局面。

佛教传入中国后，也认为，中华文明是"一月映万川"。

韩先生说，在历史时期，文化上的中国，是政治上的中国分裂的时候向往统一、统一的时候维护统一的重要基础。我们中国文明为什么会几千年连续不断地发展，为什么中国人那么向往统一、向往社会稳定，这跟文化中国的存在很有关系。这是很深刻的见解。

这个有史以来形成的"文化上的中国"，就是作为"大一统"之文化基础的"一元"。

"早期中华文明具有以黄河、长江、西辽河流域为主体的多支一体的文化结构，经历了跌宕起伏的连续发展进程，孕育了敬天法祖、稳定内敛、和谐共存等文明基因。"这可以看成为后来中国必然"大一统"的物质基础。"所谓地缘，我理解，只有一个政体内，不是大家都是亲戚，包括不同姓氏，就是地缘政体了。地方血缘是不会被打破的。现在中国农村仍然血缘。"原始人走出森林，开始耕种，就必须突破血缘，形成地缘，社会就开始形成，文明就开始起源。而中国的农业社会，是以黄河、长江、西辽河流域为主体展开的。

"龙"的形象，就是中国"大一统"的文化图腾：龙的形象，以蟒蛇和闪电为躯干原形，融进马、鹿、虎、鹰等多种动物要素，形成神圣优美、多姿多彩、矫健生动、飞腾变化的艺术形象，和行云施雨的神灵形象。王震中先生说，龙不可能起源于观察"房"等星宿，因为要把星象看作或叫作是"龙"，它得有一个被像的东西存在才行。韩建业先生说，看高庙，显示"神龙见首不见尾"，后来才附会出具体的动物。贺云翱先生提出，中国龙堪称中华文明的经典文化符号。所以，中华民族又自称是"龙的传人"。

王震中先生提出，中华文明的"一体一统"是独具特色的，也很值得深究。

今天，我们不能一方面强调要"铸牢中华民族共同体意识"，又说中华民族是"多元一体"。如果我们只是以"多元"去不断形成"一体"，尽管要求"铸牢共同体"，但既然以"多元"形成"一体"，充其量就只能是一种"联盟"，且难免有分有合，甚至合久又难免会分。中华民族应该是"一元多样（或多体）"而不是"多元一体"。

刘奇葆副主席在前一段讨论中，提出了几个很深刻的观点，在最后一期讨论中，值得重提、回味，他说：

——现在讲文化文明，广泛使用"多元"这个概念，大量的把"多样"说成"多元"。《周易》《说文》《辞源》说，元是首，元是根本是起始，"大哉乾元，万物资始"，"元，始也"。可以说儒道法墨名兵诸家是多元文明吗？如果说一个时期中国文明多板块分布如满天星斗，那能说中国文明起源是"满天星斗"吗？"多元"这个概念似应严格界定，避免滥用。

——主流支流，百川汇集，都是源，但哪里算"元"？"元"与"源"如何区别？韩愈说，夷入中国则中国之。其他文明要素融入了中国文明，算是一元还是多元？今天我们也还在吸收世界其他文明的成果，能说我们今天的文明是多元的吗？是以主体部分为元还是以最早的部分为元？或者算是多元？

——现在对人类进化史的描述，比较一致的意见是描写为一棵树，先有共祖的根，然后开枝散叶，再形成今天的局面，叫作"人类进化树"。文明呢？是不是当今世界几大文明分别从某一时段起也有一个自己的根，然后开枝散叶，呈现出五彩缤纷的多样性？如果说中华文明从一开始就是多元的，并且始终是多元发展，然后通过交流汇集为一体，那不就是说文明的成长逻辑是倒过来的，是先枝后体，也并不共根，同人类进化逻辑是反向而行的？

"大哉乾元，万物资始"。中华文明始于"一元"而非"多元"！

中华民族共同体意识是国家统一之基、民族团结之本、精神力量之魂。实现中华民族伟大复兴的中国梦，需要进一步培育中华民族共同体意识，加强各民族交往交流交融，合力打造中华民族美好未来。建议对文明探源继续进行深入的探讨，在科学探讨的基础上，对"中华民族多元一体"说这个重大的提法进行调整。这既是"正本清源"，也是"正本归元"，有重大的政治意义和现实意义。

尽管强调"在中华民族多元一体格局中，一体包含多元，多元组成一体，一体是主线和方向，多元是要素和动力，两者辩证统一"，但"多元"，决定了形成"共同体"的要素是不同的，"共同体"的基础归根结底还是不够牢靠的。只是因为一定历史阶段的政治需要和政治力量的"捏合"，才形成"共同体"。但一有风吹草动，就可能地动山摇，甚至分崩离析。

因此，只有强调"一元"，以"一元"率"多样"，无论怎样"多样"，都始于"一元"，都归于"一元"，才能真正"铸牢共同体"。"大哉乾元，万物资始"。一元多样，乃"共同体"之基。

研究中华民族、中华文化、中华文明的发生发展过程与运动机理，是千年大计。满天星斗，是从不同角度看问题。但从"月明星稀"（这个说法还可以推敲。"明"是凸显，但"稀"字不确，或许借佛教语可称为"月映万川"更好）来看，讲"始于一元多样，归于多样一体"，顺着"人和"，似更为确切。

"天行健，君子以自强不息"，中华文明奉着"天时"；

"地势坤，君子以厚德载物"，中华文明载着"地利"；

古往今来"大一统"，中华儿女大团结，中华文明顺着"人和"。

中华文明"始于一元多样，归于多样一体"。把"一元"的圆心固守住，把包容的多样性（多线性）半径尽量拉长，画出最大同心圆，永固中华儿女大团结！

接地利　应天时　顺人和

——再谈中国"大一统"传承的"一元"文化基础

昨天（5 月 11 日），汪洋主席在【国学——"大一统"观读书群】中发言："读了李勇刚教授在讲座的文章，赞成各民族无论是争、战、和，都是交往交流交融的过程。看了李教授的书，提个问题：新石器时代，以农耕为基础的满天星斗、重瓣花朵的区域文化，为什么最后月明星稀，只有二里头文化一枝独秀？"

这个"大哉问"，极为深刻，需要深究。一石激起千层浪，书友讨论正纷纷。集各位高见，我认为，中国"大一统"传承的"一元"基础，也可以说，正是接地利，应天时，顺人和——地利天时人和。

接　地　利

这条大家谈得最多，也的确显而易见，揭示了我中华文明之不同于其他文明、特别是不同于欧洲文明的，必然走向"大一统"、维系"大一统"的物质基础。

从文明溯源来看，历史进程中"为什么最后月明星稀，只有二里头文化一枝独秀？"李勇刚教授的回答，将原因归于两条：这背后涉及从新石器时代到青铜时代的演进。随着生产技术的进步，以及青铜器被用于战争之中，使得统合的力量得到加强。二里头位于当时土壤、气候等条件都相对较好的中原地区，在农耕文明上相比其他地区容易占据比较优势，更容易支撑起发达的青铜文明。概而言之，一是当时之代表先进生产力发展方向的"青铜文明"高出一等，二是当地之地理环境更为殊胜。

贺云翱先生指出，从文化上说，黄河流域、长江中下游流域都有万年左右的农业发展过程，到距今 4100 年前左右，都已经有了农业的 5000 年左右的发展，根基深厚，为什么中原独领风骚？这个重大变化的背后可能与大范围的气候环境变化有关！包括东南海平面上涨，北方发生干旱等等。这些需要环境考古工作的深入研究！

张连起先生分析，在距今 4000 年前的时期，副热带高压开始偏向南方，于是东亚大陆气候彻底地发生了改变，东北、华北、黄河中下游的降雨量开始减少，反而长江流域在增多。然而，黄河流域就恰好在这两者之间，处于这一地区的文明开始蓬勃发展，中原的二里头文化便是其一。从原来的洪水泛滥，到现在的风调雨顺，农业、手工业便开始发展，这种气候一直持续了 1600 年之久，以二里头为代表的中原文化开始扩展，成长为现在的中华文明。

王学典先生介绍，2016 年 8 月 5 日《科学》发表了吴庆龙、赵志军等学者的研究文章 "Outburst flood at 1920BCE supports historicity of China's Great Flood and the Xia dynasty"（公元前 1920 年的溃决洪水支持中国传说大洪水和夏朝的真实性）。文章提出，约在公元前 1920 年，在今青海省积石峡附近，黄河上游的一次地震导致山体滑坡形成了一个巨大的堰塞湖，继而湖水上涨，冲破坝体，形成大洪水，造成了罕见的洪涝灾害，甚至导致黄河下游改道。关于这次洪水的记忆潜藏在人们的集体记忆中，成为早期文献如《尚书》《史记》中有关大禹治水记载的基础。因为禹是夏朝的创始者，所以洪水的时间也为夏朝的时代判断提供了证据。相传禹与其父鲧治水 22 年，所以夏朝之始约在公元前 1900 年。这个时间与二里头文化的开始及黄河流域从新石器时代过渡到青铜器时代相吻合。这一发现支持了二里头文化与夏等同的观点。该文发表后，引发了国内外学界的热烈讨论。（《文史哲》英文版第 3 卷第 1 期"古代中国的神话与传说"专号刊载美国达特茅斯学院汉学家艾兰（Sarah Allan）教授应邀撰写的《公元前 1920 年积石峡洪水溃决与古代中国大洪水传说的初步思考》一文，针对《科学》所刊吴庆龙等学者的文章，展开了针对性的评议，敬请各位参看）

众说纷纭，归为一点，可见中华民族所"载"之"地利"，概括地说是一条长江、一条黄河，尽管奔腾千年、时而泛滥甚至改道，但一直孕育着、紧系着中华民族，这是不争的事实。顺着长江流域和黄河流域扩展开去，拉住长城内外（游牧民族与农耕民族，都向着生产方式相对更先进的一端融合），走向大海大洋（顺流而下，进入南海、东海，深入太平洋）。所以，讲一元多样之"元"，作为中华民族母亲河的长江黄河，乃是承载中华文明"地利"的"大哉乾元，万物资始"。

应　天　时

如果"地利"是"形而下"的，"天时"就是载于"地利"之上的大趋势、大规律，是"形而上"的。

张其成先生总结，汪洋主席的"大哉问"令人深思，这一问题不仅涉及中华文明的起源，而且也涉及中华文明的发展为何唯一没有中断而延续至今。爬楼看了各位大咖的观点，有气候说、地理说、生产技术说、社会组织说等等，深受启发。尤其对"多元"与"一元"的讨论，意义重大。费孝通先生"多元一体"是就中华民族的格局而言，如果从中华文明起源而言，所谓"满天星斗"说其实是"多源"，"多源"比"多元"更为恰当。而就思想史而言，不才以为叶小文先生的"一元"更精准。西周前期成书的《易经》第一卦乾卦卦辞的第一个字就是"元"，《彖传》解释乾坤二卦："大哉乾元，万物资始，乃统天"，"至哉坤元，万物资生，乃顺承天"。有学者认为《周易》是"二元论"，其实不然，《周易》是"一元"，即"乾元"，也就是"天道"，因为"坤元"要顺承乾元。"元"的本义是人头，引申为首要、第一、开端。虽然《易经》还没有明确说出"元"的含义，但到《易传》已有明确论述。《易传》中的"元"作为万物资始、资生的根本，是"大一统"思想的反映。正如王学典先生所言"大一统是春秋时期的时代诉求"。从"多源"到"一元"，或许正是中华文明唯一没有中断而延续至今的内在原因。

张连起先生"连起来看"，也认为在中华文明"多元"（此提法我另有别论）融汇与大一统进程中，儒家大一统的思想文化塑造最为彰显。孔子的"尊王"思想实际上体现了他的"大一统"观念。《礼记·坊记》载："子云：'天无二日，土无二王，家无二主，尊无二上，示民有君臣之别也。'"《礼记·曾子问》又载："孔子曰：'天无二日，土无二王，尝禘郊社，尊无二上。'"这两段话表面上是在强调"王"（天子）至尊无上的地位，实际上都是在论述以"王"（天子）为核心的政治"大一统"的意义。孔子生活于春秋末期，当时随着诸侯的发展壮大，出现了"礼坏乐崩"的局面。周天子大权旁落，政权下移，由天子下移到诸侯，由诸侯下移到大夫，甚至由大夫再下移到陪臣。孔子对此颇为不满。他说："天下有道，则礼乐征伐自天子出；天下无道，则礼乐征伐自诸侯出。自诸侯出，盖十世希不失矣。天下有道，则政不在大夫；天下有道，则庶人不议。"孔子主张由周天子作为全国的首领。如果对诸侯国进行讨伐，则必须由周天子来领导进行。这样才是孔子理想的"天下有道"的社会。而春秋末期，孔子则认为是"天下无道"的社会，因为当时"礼乐征伐"不是自天子出，而是自诸侯出。孔子对于这种政权下移的状况很不满意。这种不满实际上反映了孔子主张天下政令应该统一于周天子的思想。

顺　人　和

正是气候环境变化，人类为了生存必须从森林走向农耕，人类文明就开始萌生了。青铜器极大地提高了农耕的生产力，二里头文明就诞生了。我认为，接地利，应天时，必致"顺人和"，即中华文明"始于一元多样，归于多样一体"，也即中国"大一统"传承的"一元"文化基础。

戚建国将军认为，二里头文化不同于以往的任何一种文化，就以其前辈仰韶和龙山时代作为比较，二里头时代结束了"满天星斗"迎来了"月明星稀"的广域王权时代。二里头文化是考古学上第一个广域文化、第一个青铜时代文化、第一个礼乐齐备的王权文化。二里头文化已经有了成熟的社会组织形式，虽然文字还没有成熟，但其礼乐文化却已经突破禹贡九州的范围，到达了其他文化都到达不了的高度，这是一个明显高于其他文化的"月明星稀"。

张复明先生认为，究竟是多元一体，还是一体多样，要从中华文明的历史演进中探讨。如果文明起始点在五千年前，那就是六大文化区系的格局，称之为"多元一体"是可以的。如果文明的起始点放到四千年左右，即夏王朝时代，二里头文化一枝独秀，称之为一元多样也是有道理的。说到底，还是要从文化发生学上看，与文化的特质、起源、交融和扩散相联系。

研究中华民族、中华文化、中华文明的发生发展过程与运动机理，是千年大计。满天星斗，是从不同角度看问题。但从"月明星稀"（这个说法还可以推敲。"明"是凸显，但"稀"字不确，或许借佛教语可称为"月映万川"更好）来看，讲"始于一元多样，归于多样一体"，顺着"人和"，似更为确切。

"天行健，君子以自强不息"，中华文明奉着"天时"；

"地势坤，君子以厚德载物"，中华文明载着"地利"；

古往今来"大一统"，中华儿女大团结，中华文明顺着"人和"。

中华文明"始于一元多样，归于多样一体"。把"一元"的圆心固守住，把包容的多样性（多线性）半径尽量拉长，画出最大同心圆，永固中华儿女大团结！

"多'元'一体"与"多'源'一体"辨析

习近平总书记说,"中华文明探源工程对中华文明的起源、形成、发展的历史脉络,对中华文明多元一体格局的形成和发展过程,对中华文明的特点及其形成原因等,都有了较为清晰的认识。同时,工程取得的成果还是初步的和阶段性的,还有许多历史之谜等待破解,还有许多重大问题需要通过实证和研究达成共识。"

这里提出一个问题:在进一步研究中,可否将"中华文明格局"的定义,由"多元一体"调整为"多源一体"?"元"和"源"一字之差,相去甚远,有必要认真辨析。

以下从七个角度来看。

一、从中华文明发展路向的考古实证来看

中华文明探源工程秉持多学科、多角度、全方位的理念,围绕公元前3500年到公元前1500年期间的多处遗址及周边的聚落群开展大规模考古调查,在此基础上开展多学科综合研究,仔细辨析,揭示的发展路向正是多种源流汇为一体。

距今4500年前,中华文明的各个区域文明之间形成了"早期中华文化圈"。这文化圈当然是多源涌流,但因其"一元",方成"一圈",虽系多源,终汇一体。而"多元"之喻,"然终不免一盘散沙之诮者,则以无合群之德故也。"(梁启超语)通过与来自另一"元"域外其他文明之间交流互动,从西亚地区接受了小麦、黄牛、绵羊等先进的文化因素(冶金术我们也有),丰富了中华文明的内涵。距今4300年至4100年前,长江中下游的区域文明相对衰落,中原地区持续崛起,在汇聚吸收各地先进文化因素的基础上,政

治、经济、文化持续发展，涓涓溪流汇于江河，"多源"文化汇于"一元"主体，为进入王朝文明奠定了基础。夏王朝建立后，经过约200年的发展，在河南二里头形成王朝气象，从"满天星斗"到"月明星稀"。种种礼器及其蕴含的观念向四方辐射，形成方位广大的中华文化影响圈，一元含多样，有如一月映万川。中华文明从距今5000年到4000年期间的各区域文明各自发展，交流共进，转变为用中原王朝引领的一体化新进程，展示的正是多源汇为一体的发展路向。(参见王巍《"中华文明探源工程"及其主要收获》，载2022年6月4日《中国民族报》)

正如韩建业所论，早期中国是"一元"还是"多元"，是否存在"一体"？"元"本意为人首，引申为肇始本原；"体"本意为人体，引申为一般事物之体。因此"一元"抑或"多元"，实际是早期中国有一个根本还是多个根本的问题；是否存在"一体"，是早期中国是否为一个文化实体的问题。早期中国大部地区共有"一元"的宇宙观、伦理观、历史观等核心思想观念和文化基因，有着"多支"文化系统和多种文明起源之模式，交融形成以黄河—长江—西辽河流域为主体的、以黄河中游（或中原地区）为中心的、多层次的"一体"文化格局。这种"一元多支一体"格局，本质上趋向"一体""一统"而又包含多种发展变化的可能性，既长期延续主流传统又开放包容，是一种超稳定的巨文化结构，与此相适应的文明起源模式可称之为"天下文明"模式。(参见韩建业《早期中国的"一元多支一体"格局》)

二、从中华文明发展基本格局的历史脉络来看

深化中华文明探源工程，习近平总书记说，要"综合把握物质、精神和社会关系形态等因素，逐步还原文明从涓涓溪流到江河汇流的发展历程"。人类文明起源的规律，是从血缘走向地缘，社会组织的萌芽出现；而社会组织萌芽及其复杂化，则为文明化之起始。当"个体是社会存在物"（马克思《1844年经济学哲学手稿》语）时，文明化就起源了。当然，国家出现是文明成形的标志。

中华文明演进路向或形成格局和特质，也遵从这个规律。它始于一个特殊地缘——共同的地理环境中，形成一个生于斯、长于斯的共同的农业文明，由此形成和养育了先称为"华夏"、后名为"中华"的民族共同体。费

孝通说，"一片地理上自成单元的土地一直是中华民族的生存空间。民族格局似乎总是反映着地理的生态结构，中华民族不是例外。"中华文明之不同于其他文明、特别是不同于欧洲文明的，始于"一元"而走向"一统"的物质基础，始于一个特殊地缘——共同的地理环境。

西周青铜器"何尊"的铭文"中国"，意指新建的东都洛邑及其所在的地域。《逸周书·度邑》和《史记·周本纪》记载，周武王说他要建的东都洛邑一带曾"有夏之居"，所以最早的"中国"可以与夏王朝的国都所在地相挂钩。自夏朝到西周时期，"夏"就是一元的中国，"华夏"意即"大美之夏"。春秋时期将天下的邦国分为华夏与戎狄蛮夷，也并非"多元"之分，而是区分文化水平不同的类别。如钱穆说，"所谓诸夏与戎狄，其实只是文化生活上的一种界限。"也如顾颉刚、王树民言，"当所谓'蛮夷'国家吸收'诸夏'国家文化，具有了'诸夏'国家的条件时，即可进入'诸夏'的行列，正如'诸夏'国家在丧失其条件时，即被视为'夷狄'一样。""华夏"乃光荣伟大的诸族之合称。其所以能够合、必然合、有机合、永久合，就因其本质上是"一元"而非"多元"。"华夏"在不断交流交往交融中进步与发展，为多民族的统一的秦汉王朝的建立奠定了坚实的基础。而"中华"一词实取"中国""华夏"两词各一字组合而成，意即居于中国的光荣伟大的诸族，也可以说是居于中国的大美诸族。从"中华民族"这一观念从滥觞、蒙昽到完备、准确地形成过程来看，昭示的正是一个多种源流汇为一体的发展历程（参见顾福林《从"华夏"到"中华"——试论"中华民族"观念的渊源》，《史学史研究》2020 年第 4 期）

距今三四千年前的三星堆文明，也并非中华文明之另一"元"。其青铜神像之"纵目"乃表示"极目通天"，并非"外星人"，恰是"夏商时期中华文明的古蜀文明"（王震中语）。

秦汉以后魏晋南北朝持续三百年的大分裂，为什么必然走向隋唐大统一，从文明演进的路向和格局看，也是深厚文化根基的"一元"作用。五胡十六国之各少数民族由逐鹿中原形成一个漩涡，各部落都卷进来，漩涡越卷越大，因为它是作为"一元"的同一个向心力主导的。以后因"豪族社会"的特殊历史阶段而出现阶段性的"多样""多体"的分裂状况，但"一元"的向心力生生不息，久久为功，也必回归大一统之格局。李唐一族所以崛兴，诚如陈寅恪先生言，"盖取塞外野蛮精悍之血，注入中原文化颓废之躯，旧染既除，新机重启，扩大恢张，遂能别创空前之世局。"作为塞外少数民族，则是"万里车书尽混同，江南岂有别疆封"（金朝完颜亮语）。

自元而清、五族共和直到当代中国，更显示了"始于一元、多必归一"的巨大磁感应强度和不可抗拒的向心力，以及"基于一元、中华一统"的坚韧不拔的历史逻辑。

三、从"元"之本义看

现在讲文化、文明，广泛使用"多元"这个概念，把"多样""多源"皆说成"多元"。但"元"之本义何也？张其成先生说，这一问题不仅涉及中华文明的起源，而且也涉及中华文明的发展为何唯一没有中断而延续至今。从中华文明起源而言，所谓"满天星斗"说其实是"多源"，"多源"比"多元"更为恰当。而就思想史而言，则讲"一元"更精准。西周前期成书的《易经》第一卦乾卦卦辞的第一个字就是"元"，《彖传》解释："大哉乾元，万物资始，乃统天"。"元"的本义是人头，引申为首要、第一、开端。虽然《易经》还没有明确说出"元"的含义，但到《易传》已有明确论述。《易传》中的"元"作为万物资始、资生的根本，是"大一统"思想的反映。

《周易·大有》《彖》曰："其德刚健而文明，应乎天时而行，是以元亨。""元亨"者也，"元"为大，"亨"乃通。"应天则大，时行无违，是以元亨"。如总以"多元"讲文明，则"其德"不能"刚健"，难成其"大"；其行有违"天时"，难以"亨通"。讲"多元一体"，"多元"孰大？有违"元亨"。"多元"可以共生、共存、互鉴而"多元通和"。但如果要"多元一体"，就不成其为"多元"，就只能取消"多元"。

李勇刚认为，"元"可训为"始"，但董仲舒则更看重"元"另外所具有的"本原"之义，解释的重心，从作为"序数"的"一"，引申到作为"基数"的"一"。董仲舒在《春秋繁露·玉英第四》中说："惟圣人能属万物于一，而系之元也，终不及本所从来而承之，不能遂其功。是以《春秋》变一谓之元，元犹原也，其义以随天地终始也。""变一为元"，"元犹原也"，将理解的重心置换为"原"，"元"就具有了"万物之本"的本体论意义，"其义以随天地终始"。

如果说主流支流，百川汇集，都是源，哪里算"元"？"元"与"源"如何区别？韩愈说，夷入中国则中国之。其他文明要素融入了中国文明，算是一元还是多元？"多元"这个概念似应严格界定，避免滥用。

四、从费孝通"多元一体"的特指含义看

费孝通先生《中华民族的多元一体格局》中，是把各民族定义为"多元"（多个单元），把中华民族定义为"一体"，他提出"所包括的五十多个民族单位是多元，中华民族是一体，它们虽则都称'民族'，但层次不同"，仅此而已。王震中认为，费先生提出中华民族"多元一体"，就民族结构关系而说是具有辩证思维的理论创新。但当阐述"一体"的形成过程时，则可将"元"置换为"源流"之"源"，即"多源一体"，这样的表述既可更接近历史发展的本真，亦可避免一些歧义。

"多元一体"本是用于讲中华民族格局的特指概念。从概念的内涵和外延来说，如放大到界定整个人类文明的发展格局，是可以的。人类文明的确是"多元"的，但毕竟还是要向着"一体"——形成人类命运共同体前进。但用来讲中华文明的演进格局及其特质，则未必确切。

五、从"大一统"的"一元"文化传承来看

"大一统"是贯穿中国历史政治格局和思想文化的一条主线，是维系中华儿女大团结的文化基因，是造就中国这个超大规模文明型国家的内在动力，也是维系中华民族共同体意识的重要纽带。

"大一统"之相延，以"一元"文化传承为基。我国各民族交错杂居，显现为"多源"，但文化上兼收并蓄、经济上相互依存、情感上相互亲近，血缘上互相融合，不断从"多源"融为"一体"。始自"一元"，趋于"一元"，成就"一元"，巩固"一元"，铸造了、维系了、巩固着中华民族"一元多样（或多支）一体"的基本格局。本是同元同根，虽有多族之别，别无异元之心，无论如何交错杂居，颠沛流离，多源涌流，神采各异，终会融合而成一元一体的"中华民族"。这种特质，在四大古文明中，唯中华文明独俱，故唯我中华文明没有中断而永续。

六、从当前反分裂斗争的现实需要看

讨论将中华文明格局定义由"多元一体"调整为"多源一体",并非坐而论道。"元""源"一字之差,也非概念之争。说到底,事关当前反分裂斗争和维护国家安全之需要。

我们看到俄乌冲突的后面,无非是一场美国主导的西方与俄罗斯在多个战场开打的"混合战",即包括信息战、网络战、贸易战、金融战、科技战、舆论战、司法战等等及与其配套的军事战。而且,美国正力图将目前纠集的反俄阵营扩大为反华阵营,接着对中国再打"混合战",政治抹黑、外交孤立、安全遏制、经济"脱钩"、科技封锁等手段都已在施展中。我们中华民族从鸦片战争到新中国成立前的一百多年,一直积贫积弱内忧外患。这就注定了新中国成立后一百年的发展进步,一定要殚精竭虑内稳边安。而在实现民族伟大复兴的关键期,又很可能将不得不面对一场"混合战"甚至是"第一次世界混合战大战"。美国对华"混合战"开打的重点和突破口,就是在中国周边生战生乱,利用涉台、涉港、涉疆、涉藏问题,在中国强大躯体上制造流血的"溃疡面"。我们要有防范的底线思维,不能仅仅满足于"多元一体"中"多元"向着"一体"的正向凝结和流动,尤其要防范"一体"中所谓"多元"因素,因外部环境的激发产生分裂的"基因突变",甚至成为被境外敌对势力用来引发"溃疡面"的"病变毒株"。如果把本来就是共生于"一元"的多样、多支,视为本自"多元",很可能自找麻烦甚至留下隐患。

七、从哲学上看

"多元一体"这个概念,"多元"是个性,"一体"是共性,共性必寓于个性之中。"多元"作为矛盾的特殊性存在,变是绝对的,不变是相对的。如总以"多元"去铸成"一体","元"者自各异,则"体"必有分合。

结语:一个涉及"根"和"魂"的概念

习近平总书记说,"中华优秀传统文化是中华文明的智慧结晶和精华所在,是中华民族的根和魂,是我们在世界文化激荡中站稳脚跟的根基。"深化中华文明探源工程，对定义"文明格局"这样一个关乎国家统一之基、民族团结之本、精神力量之源，涉及"根"和"魂"的概念，不必约定俗成，人云亦云；避免含混不清，留下隐患；应该问底刨"根"，凝神聚"魂"。

"大哉乾元，万物资始"。以"多源一体"定义中华文明格局，展开讲就是，始于一元多样，归于多样一体。

"周虽旧邦，其命维新"。把"一元"的圆心固守住，把包容的多样性（多线性）半径拉长，画出最大同心圆，永固中华儿女大团结。

（原载《文史哲》2022 年第 6 期）

附：

清晨，收到韩建业教授大作《论早期中国的"一元多支一体"格局——论早期中国的"一元多支一体"格局》。文章以充实的考古证据，得出如下结论：

早期中国大部地区共有"一元"的宇宙观、伦理观、历史观等核心思想观念和文化基因，存在"多支"文化系统和多种文明起源子模式，交融形成以黄河—长江—西辽河流域为主体的、以黄河中游（或中原地区）为中心的、多层次的"一体"文化格局。这种"一元多支一体"格局，本质上趋向"一体""一统"而又包含多种发展变化的可能性，既长期延续主流传统又开放包容，是一种超稳定的巨文化结构，与此相适应的文明起源模式可称之为"天下文明"模式。

关于"中华文明与考古工作"的发言

2022 年 8 月 14 日下午 3 时，在全国政协书院（中国政协文史馆 5 层）大厅举办"中华文明与考古工作"线下活动。

今天的讲座，袁靖教授谈中原地区农业的持续发展是中华文明形成和发展的重要因素；唐际根教授通过对南方青铜器与北方商王朝的实证剖析，提供了中国文化南北交流的考古物证。都很精彩，很有说服力！

在 5000 多年漫长文明发展史中，中国人民创造了璀璨夺目的中华文明。习近平总书记在主持十九届中央政治局第三十九次集体学习时发表重要讲话指出："拓宽研究时空范围和覆盖领域，进一步回答好中华文明起源、形成、发展的基本图景、内在机制以及各区域文明演进路径等重大问题。"最新的考古发现和学术研究不断拓展我们对中华文明起源、形成、发展历史脉络的认知。同时，关于不同时期的文明发展历程还有许多谜题等待破解，尤其是中国早期文明的发展特征还有待深入研究。

考古，要靠铲子说话，要用发掘的实物（特别是如此精彩的青铜器）说话。

回答考古的重大问题，还需要在考古实证的基础上，进行由此及彼、由表及里的理论分析，来"拓宽研究时空范围和覆盖领域"。

袁教授的讲座，通过农业考古发现和研究表明，史前农业至晚在距今 6000—5000 多年（公元前 3500 年）时有了长足进步。综合栽培作物的驯化，包括耕作、耘田、收割和谷物加工的全套农具，南方水田田亩整治和给排水构造，以及家畜饲养等多方面情况看，当时的农业已经形成一整套生产体系，成为长江、黄河以及西辽河地区人类最主要的经济活动。农业的发展提供了比较稳定的食物，为人口增殖、社群规模扩大和向复杂化发展奠定了基础。

如果再往前追溯，在新石器时代距今 5000 年前后，我国黄、淮、江、汉等广大地区逐渐形成可以按地区划分的几个文化类型，包括黄河上游的马家窑文化、黄河中下游的中原龙山文化、海岱地区的大汶口文化、北方地区的老虎山文化和小珠山文化、西南地区的宝墩文化、长江中游的屈家岭—石家河文化、长江下游的良渚文化以及华南各地方文化，等等。这是一个分布在黄河、长江全域以及钱塘江、淮河、西辽河流域等广袤大地上的诸多地方文明构成的巨大丛体，体量为同时期世界古代文明之最，尽管这些文化各有渊源、各具特色，但它们之间也存在着广泛联系，并且由于相互影响，各地方文化或多或少存在着共同特征。

青铜器的发掘，提供了中国文化南北交流的考古物证。距今三四千年前的三星堆文明，也并非中华文明之另一"元"。其用于祭祖的青铜神像，其铸造技术与商王朝一样，其"纵目"乃表示"极目通天"，并非"外星人"，可以说就是"夏商时期中华文明的古蜀文明"。

对于这种广泛联系，相互影响，存在着共同特征的现象怎么认识？过去称此为"多元一体演进格局"。

但这个提法，是否确切？究竟是多元一体，还是一元多样？也有学者把这一阶段文明的特征形容为"重瓣花朵式"格局，中原文化是整朵花瓣的"花心"。既然是花心，就已经不是多元了。

我赞成韩建业教授的提法：早期中国大部地区共有"一元"的宇宙观、伦理观、历史观等核心思想观念和文化基因，存在"多支"文化系统和多种文明起源子模式，交融形成以黄河—长江—西辽河流域为主体的、以黄河中游（或中原地区）为中心的、多层次的"一体"文化格局。这种"一元多支一体"格局，本质上趋向"一体""一统"而又包含多种发展变化的可能性，既长期延续主流传统又开放包容，是一种超稳定的巨文化结构，与此相适应的文明起源模式可称之为"天下文明"模式。

听了袁、唐两位教授的讲座，是不是可以这样说明：距今 4500 年前，中华文明的各个区域文明之间形成了"早期中华文化圈"。这文化圈当然是多源涌流，但因其"一元"，方成"一圈"，虽系多源，终汇一体。而"多元"之喻，"然终不免一盘散沙之消者，则以无合群之德故也。"（梁启超语）

通过与来自另一"元"域外其他文明之间交流互动，从西亚地区接受了小麦、黄牛、绵羊等先进的文化因素（冶金术我们也有），丰富了中华文明的内涵。距今4300—4100年前，长江中下游的区域文明相对衰落，中原地区持续崛起，在汇聚吸收各地先进文化因素的基础上，政治、经济、文化持续发展，涓涓溪流汇于江河，"多源"文化汇于"一元"主体，为进入王朝文明奠定了基础。夏王朝建立后，经过约200年的发展，在河南二里头形成王朝气象，从"满天星斗"到"月明星稀"。种种青铜器礼器及其蕴含的观念向四方辐射，形成方位广大的中华文化影响圈，一元含多样，有如一月映万川。中华文明从距今5000年到4000年期间的各区域文明各自发展，交流共进，转变为用中原王朝引领的一体化新进程，展示的正是多源汇为一体的发展路向。

习近平总书记说，"中华优秀传统文化是中华文明的智慧结晶和精华所在，是中华民族的根和魂，是我们在世界文化激荡中站稳脚跟的根基。"深化中华文明探源工程，对定义"文明格局"这样一个关乎国家统一之基、民族团结之本、精神力量之源，涉及"根"和"魂"的概念，不必约定俗成，人云亦云；避免含混不清，留下隐患；应该问底刨"根"，凝神聚"魂"。

"大哉乾元，万物资始"。以"多源一体"定义中华文明格局，展开讲就是，始于一元多样，归于多样一体。

"周虽旧邦，其命维新"。把"一元"的圆心固守住，把包容的多样性（多线性）半径拉长，画出最大同心圆，永固中华儿女大团结。

附：全国政协举办"和全国政协委员一起读书"活动社会读者群线下活动

本报讯（记者　孙金诚）由全国政协书院联合国家图书馆、光明日报社共同推出的"加强中华儿女大团结"主题读书暨"和全国政协委员一起读书"活动，8月14日在全国政协书院举行社会读者群第二场线下活动，主题是"中华文明与考古工作"。

中华文明是世界四大文明之一，延绵至今未曾中断，在人类文明史上占有独特而重要的地位。今年5月，中共中央政治局就深化中华文明探源工程进行第三十九次集体学习。习近平总书记强调，中华文明探源工程对中华文明的起源、形成、发展的历史脉络，对中华文明多元一体格局的形成和发展过程，对中华文明的特点及其形成原因等，都有了较为清晰的认识。同时，习近平总书记指出，对文明起源和形成的探究是一个既复杂又漫长的系统工程，需要把考古探索和文献研究同自然科学技术手段有机结合起来。为更好贯彻落实习近平总书记重要讲话精神，"和全国政协委员一起读书"活动组织部分有代表性、影响力的全国政协委员与社会各界读者展开深入学习研讨，以期进一步深化对中华文明的认识，增强历史自觉，坚定文化自信，坚定不移走中国特色社会主义道路。

全国政协文化文史和学习委员会副主任、委员读书活动指导组副组长叶小文表示，最新的考古发现和学术研究不断拓展我们对中华文明起源、形成、发展历史脉络的认知。中华文明从距今 5000 年到 4000 年期间形成的各区域文明各自发展交流共聚，转变为中原王朝引领的一体化性进程，展示出多源汇为一体的发展路线。面向未来，继续推进、不断深化中华文明探源工程，逐步还原文明从涓涓溪流到江河汇流的发展过程，需要在考古实证的基础上进行由此及彼、由表及里的理论分析。同时，关于不同时期的文明发展历程还有许多谜题等待破解，尤其是中国早期文明的发展特征还有待深入研究。

全国政协委员、中国社科院考古研究所科技考古中心研究员袁靖和南方科技大学教授唐际根分别围绕"农业与社会——中原地区的农业状况与中华文明早期发展的关系""南方青铜器与北方商王朝：中国文化南北交流的考古物证"作讲座交流，并与社会读者互动交流。

全国政协文化文史和学习委员会副主任丁伟、吕世光、孙庆聚和全国政协委员代表，以及社会各界读者代表参加，全国政协委员、国家图书馆古籍馆副馆长陈红彦主持活动。

（《人民政协报》2022 年 8 月 17 日第 2 版）

关于"多元一体"提法的提问

——在全国政协第 39 次重点关切问题情况通报会上

刚才高翔副院长关于大遗址的保护和利用的报告，提出要深化大遗址的学术研究和价值阐释。我想提一个与此有关的问题。

习近平总书记说，"中华文明探源工程……还有许多重大问题需要通过实证和研究达成共识。"我们政协委员的"文明溯源深度谈"读书群，在"中华文明起源、形成、发展和特质研讨座谈会"上，曾提出一个问题：能否将"中华文明格局"的定义，由"多元一体"调整为"多源一体"或"一元多支（多样）一体"？

"元"之本义是什么？《易经》讲"大哉乾元，万物资始，乃统天"。文明讲"多元一体"，在文明溯源、大遗址考古发掘中，主流支流，百川汇集，都是源，哪里算"元"？"元"与"源"如何区别？韩愈说，夷入中国则中国之。其他文明要素融入了中国文明，算是一元还是多元？"多元"这个概念似应严格界定，避免滥用。

费孝通先生提出"多元一体"的"元"，有其特指含义，即中华民族"所包括的五十多个民族单位"，仅此而已。56 个民族不能说成 56 个"元"。56 个民族是一家，属一元，只能是大一统传承，一元化领导，不能搞"多元化"。

从中华文明发展路向的考古实证来看。距今 4500 年前，中华文明的各个区域文明之间就形成了"早期中华文化圈"。虽多源涌流，但因其"一元"，方成"一圈"。虽系多源，终汇一体。随后在河南二里头形成王朝气象，从"满天星斗"到"月明星稀"，"一月映万川"。

从中华文明发展基本格局的历史脉络来看。中华文明始于一个特殊地缘，在以长江、黄河流域为中心的共同的地理环境中，形成一个生于斯、长于斯的共同的农业文明。目前我国 150 处大遗址，就是以黄河中游为核心。农业文明主要通过与游牧文明的冲突和交融，形成和养育了先称为"华夏"、后名为"中华"的民族共同体，无不处处显示了"始于一元、多必归一"的巨大磁感应强度和不可抗拒的向心力（三星堆也不例外），体现了"基于一元、中华一统"的坚韧不拔的历史逻辑。

中国的"大一统"之相延，以"一元"文化传承为基。我国各民族虽是不同单元，但始自"一元"，趋于"一元"，成就"一元"，巩固"一元"，所以铸造了、维系了、巩固着中华民族"一元多样（或多支）一体"的大一统基本格局。今天，我们如何进一步铸牢中华儿女大团结？如果讲"多元一体"，就不仅有"多元"向着"一体"的正向凝结和流动，也难免有"一体"中所谓"多元"因素，因外部环境的激发产生分裂的"基因突变"，甚至成为被境外敌对势力用来引发"溃疡面"的"病变毒株"，即所谓"分久必合、合久必分"也。中国还能分吗？绝不能分！我们提"多元一体"，不经意中就把本来就是共生于"一元"的多样、多支，多个单元，视为本自"多元"，很可能自找麻烦甚至留下隐患。所谓"多元一体"，多个脑袋或多个元首，怎么形成一体？

虽然我们大家现在都习惯讲"多元一体的文明格局"，但深化中华文明探源工程，特别是在大遗址的考古研究和价值阐释中，对定义"文明格局"这样一个关乎国家统一之基、民族团结之本、精神力量之源，涉及"根"和"魂"的概念，似不必约定俗成，人云亦云；要避免含混不清，留下隐患；还需要问底刨"根"，凝神聚"魂"。

所以，我们一些政协委员，在深入探讨中提出的问题是：对"多元一体的中华文明格局"这个重大提法，还应推敲。建议由"多元一体"调整为"多源（来源的'源'）一体"，或"一元多支（或'多样'）一体"。当然，还可以研究其他或许更为确切的提法。

何以中国　其命维新

《人民政协报》历经半年的系列报道"中华文明探源·何以中国"，精彩不断，引人瞩目，叹为观止，令人惊喜。

正如编者所言，"上下五千年，中华文明发端于何时、何地？经历过怎样的曲折、回合？这些问题牵系根脉，事关'何以中国'。不同于世界其他远古文明，独立起源的中华文明能延续发展至今的内在脉络是什么？这个文明古国如此强的韧性和生命力是如何造就的？又能为处在百年未有之大变局中的我们提供什么样的文化自信和智慧？这些是当代中国人最关心的问题。"

围绕国人最关心的这些问题，系列报道带着读者探良渚，观陶寺，进石峁，析殷墟，解三星堆之谜，继而带我们领略《科技考古：勾勒古代中国的历史细节》《学科融合：让考古变得更加精准、安全、高效》……这些报道，实证雄辩，栩栩如生，把辽阔的空间和漫长的时间浇灌给我们，把许多高贵生命早已飘散的信号传递给我们，把无数的智慧和美好呈现给我们。

跟着这些报道，我们区区五尺之躯，短短半年光阴，居然能驰骋古今，经天纬地。沿着这些文明探源的足迹，我们尤其能感悟到，我们的先人和我们的文明之中，所蕴含的无穷无尽的智慧。

正如全国政协副主席刘新成在一次传统村落调研会上所说，"后代一定比前代更有知识，但后代却不一定比前代更有智慧。智慧是什么？统而言之，它是处理人与自然、社会和自我三大关系的理念和能力。每个时代的人都有处理这三大关系的方式，其精华便是智慧。时代不同，处理这三大关系的理念与办法会有不同，但这并不意味着后代就比前代处理得更好，也就是说后人并不一定比前人更有智慧。因此明智的后人懂得向前人学习智慧，这就是传统之用！"

　　我们必须尊重文化传统，学习文化传统，学习前人的智慧，"这就是传统之用！"我们的文化传统中，我们的文明传承中，我们中国先人的智慧中，就包含着"周虽旧邦，其命维新"的代代相承、薪火相传、生生不息、日日出新的智慧。中国这样一个有着深厚文化传统，五千年文明未曾中断的泱泱大国、文明古国，在实现中华民族伟大复兴的新的进程中，应该也可以对人类作出新的较大的贡献。

　　又想起当年冯友兰先生在西南联合大学纪念碑上留下的金石之言："我国家以世界之古国，居东亚之天府，本应绍汉、唐之遗烈，作并世之先进。将来建国完成，必于世界历史居独特之地位。盖并世列强，虽新而不古；希腊、罗马，有古而无今。惟我国家，亘古亘今，亦新亦旧，斯所谓周虽旧邦，其命维新者也。"何为"亘古亘今，亦新亦旧"？为何"周虽旧邦，其命维新"？细读"中华文明探源·何以中国"的报道，进而深入了解中华民族在漫长的历史进程中，以自强不息的决心和意志，筚路蓝缕，跋山涉水，走过的不同于世界其他文明体的发展历程，可以了然，可以释然。

从中华文明探源中汲取复兴伟力

——来自全国政协书院读书群的观点分享

新石器时代，以农耕为基础的"满天星斗""重瓣花朵"的区域文化，为什么最后月明星稀，只有二里头文化一枝独秀？

什么是文明？文明的标志是什么？文明与文化的关系和区别在哪里？文明的源流关系怎么界定？文明创造与发展和人类进化与发展的关系如何看？

中华文明是"一体"还是"多元"？中国文明社会形成的标志是什么？文明与国家有什么区别和联系？早期华夏民族的源流和形成及其与"大中原"有怎样的关系？

中共中央政治局日前就深化中华文明探源工程进行第三十九次集体学习，习近平总书记在主持学习时强调把中国文明历史研究引向深入，推动全党全社会增强历史自觉、坚定文化自信。

在此前后，一场关于文明溯源的讨论在政协委员线上书院展开。50多位委员和专家围绕这些话题，开展了10余次线上集中研讨，交流发言共计20余万字，通过溯源中华文明，把中国文明历史研究引向深入，也激发了奋进新时代的文化力量。

"大一统"传统是中华文明"可久可大"的根本保障

在漫长的历史进程中，中华民族以自强不息的决心和意志，筚路蓝缕、跋山涉水，走过了不同于世界其他文明体的发展历程。

在这个进程中，为什么中华文明能源远流长、博大精深，保持着良好的连续性和包容性？委员们认为，"六合同风、四海一家"的"大一统"传统是中华文明"可久可大"的根本保障。"大一统"成为本场讨论的关键词之一。

"'大一统'是一个地理概念,更是一个文化概念;不仅是一个政体概念,还是一个政道概念。在政权上定于一,才有所谓'中国'。在文明上合为一,才有所谓'中华文明'。"中央社会主义学院中华文化教研部中国传统文化教研室主任李勇刚认为,正是基于"大一统"传统,中国在漫长的历史中形成了一个让人叹为观止的超大规模共同体,中国人浓厚的家国情怀和天下观念,成为今天铸牢中华民族共同体意识、推动构建人类命运共同体的重要心理基础。

中国地域广大、环境多样,彼此间不断交流融合,距今6000年左右正式形成"一体"格局,称之为"早期中国文化圈",后世则发展为"文化上的中国"。在中国人民大学历史学院考古文博系教授韩建业看来,"文化上的中国"是"政治上的中国"分裂时向往统一、统一时维护统一的重要基础。中华文明不同于西亚、希腊那样的"城邦文明",不同于文化高度同质化的埃及文明,她因"一元"宇宙观而本质上趋向于"一体""一统",因"多支""多样"而又包含多种发展变化的可能性,既长期延续主流传统又开放包容,是一种超稳定的巨文化结构。

"这种'一元'宇宙观和'多支一体'格局,是中华文明长存于世的根本之道,也是中华文明伟大复兴的根基所在。"韩建业说。

全国政协文化文史和学习委员会副主任、委员读书活动指导组副组长叶小文也赞同"大一统"是贯穿中国历史政治格局和思想文化的一条主线,是维系中华儿女大团结的文化基因,是造就中国这个超大规模文明型国家的内在动力,也是维系中华民族共同体意识的重要纽带。

文化上兼收并蓄、经济上相互依存、情感上相互亲近、血缘上互相融合,铸造了、维系了、巩固着中华民族"一元多样(或多支)一体"的基本格局。叶小文认为,无论如何交错杂居、颠沛流离、多源涌流,终会融合成为一元一体的"中华民族","把'一元'的圆心固守住,把包容的多样性(多线性)半径拉长,就能画出最大同心圆,永固中华儿女大团结"。

建立中国特色中国风格中国气派的文明研究学科体系、学术体系、话语体系

要建立中国特色中国风格中国气派的文明研究学科体系、学术体系、话语体系，为人类文明新形态实践提供有力理论支撑。

此次讨论中，50 多位来自考古学和历史学、人文科学和自然科学等相关领域的委员和专家，多学科、多角度、多层次、全方位地回答中华文明起源、形成、发展的基本图景、内在机制以及各区域文明演进路径等重大问题。

如何运用生物学、分子生物学、化学、物理学等前沿学科的最新技术分析我国古代遗存，拓展我们对中国五千多年文明史的认知？全国政协委员、民革山西省委主委、山西省人民政府副省长张复明认为，文明溯源应结合考古学证据和科学分析手段，从聚落和定居模式、农具和耕作方式、土地利用、历法和节气、种子驯化、野生动物驯化和家畜养殖等方面，更加深入地揭示华夏文明的源头、演进和空间扩散模式，这样才更具说服力和国际影响力。

经过几代学者的接续努力，中华文明探源工程等重大工程的研究成果，以新的科学手段进一步勾勒和描绘中华文明起源、形成、发展的壮阔图景，实证了我国百万年的人类史、一万年的文化史、五千多年的文明史。中国社会科学院学部委员、历史学部主任王巍介绍了探源工程 20 年来的部分研究成果，项目组从良渚、陶寺、石峁等遗址的考古发现中，把进入文明社会的标准浓缩为三个方面，即生产发展、人口增加出现城市；社会分工和社会分化不断加剧，出现阶级；权力不断强化，出现王权和国家——以国家的出现作为进入文明社会的标志。

不仅要"探源"，也要"观流"。清华大学人文学院中文系教授李守奎提出，中华文明一经诞生，就具有了无比强大的生命力，我们重视中华文明的文化内核，也要重视其流传的技术条件，"汉字研究是中华文明研究的一部分，迫切需要建立中国自己的汉字研究话语权和体系"。

从中华文明的源头汲取前进的力量

100 多年前，现代考古学在仰韶村落下"第一铲"，中华先民在广袤华夏大地上披荆斩棘走向文明舞台中央的雄壮历程，越来越清晰地铺展开来。

中华文明是在同其他文明不断交流互鉴中形成的开放体系。从历史上的佛教东传、"伊儒会通"，到近代以来的"西学东渐"、新文化运动、马克思主义和社会主义思想传入中国，再到改革开放以来全方位对外开放，中华文明始终在兼收并蓄中历久弥新。

哲学家冯友兰在西南联合大学纪念碑碑文里曾写道："盖并世列强，虽新而不古；希腊罗马，有古而无今。惟我国家，亘古亘今，亦新亦旧，斯所谓'周虽旧邦，其命维新'者也。"

李勇刚解释道，所谓"亘古亘今，亦新亦旧"，就是说中华文明有变有常，新旧相续，既不是停滞，也不是断裂，而是在变动不居中延续自身文明的主体性。从满天星斗，到月明星稀，"这个转变本身，也反映了各地早期文化之间交往交流交融的加深，展现了中华文明的包容吸纳能力"。

从涓涓溪流，到江河汇流，各区域文明繁衍生息、相互影响、携手前行。全国政协委员，中国社会科学院学部委员、历史学部副主任王震中认为，我们对中华文明源头阶段的精神特质和发展形态的研究，对于阐明中国道路的深厚文化底蕴、独特的精神标识，对于从文明源头汲取文化自信之力量，对于当代文化建设，都是十分有益的。

中华优秀传统文化也为协商民主提供了丰沃的土壤。全国政协常委、中国税务学会副会长张连起表示，中华早期文明就有了先贤治国和协商民主的文明形态，这对于当下专门协商机构树立战略思维、辩证思维、创新思维、法治思维、团结思维，对于文明竞争、制度竞争提供了根源性话语体系。

要让世界读懂中国，自己要先读懂自己。全国政协委员，中国孔子研究院院长杨朝明表示，"谈文化自信，必须从文化自知开始"，了解中华文明的长度，是为了认识中华文明的高度，认识中华文明的宽度，才能真的理解中华文明的深度，把中华文明研究引向深入，走出盲目的疑古时代。

（《光明日报》2022 年 7 月 18 日　本报记者　俞海萍）

坚持和发展中国特色社会主义宗教理论

全国政协委员读书活动持续两年，已进入第九期，围绕"加强中华儿女大团结"主题，开设了"中华儿女大团结与统一战线""中华儿女大团结与祖国统一"等全国政协委员读书群，以及五个省级政协专题读书群，开展了阵容浩大的线上线下联动读书活动。政协书香还向社会溢出，依托国家图书馆，围绕"加强中华儿女大团结"主题遴选书目，组建社会读书群"和全国政协委员一起读书"，交流读书心得，凝聚思想共识。

习近平总书记关于全国政协开展委员读书活动的重要指示，强调读书是"新时代政协委员履职尽责的内在要求"。政协委员围绕"加强中华儿女大团结"读书，不是一般的泛泛而谈，应该更深入透彻，应该在致力于领悟团结之重、思考团结之道、广聚团结之力、筑牢团结之基上，履委员之职、尽委员之责。围绕"加强中华儿女大团结"这个主题，可以从论理、说史、讲故事三个方面展开。在论理中，党的统一战线理论及其包含的民族理论和宗教理论，自然是其中极为重要的方面。我国是一个多民族、多宗教国家，民族、宗教无小事，处处关乎中华儿女大团结。我从事过多年的民族、宗教工作特别是宗教工作，现在还是"马克思主义理论研究和建设工程""宗教学"课题的首席专家。特别是要践行"新时代政协委员履职尽责的内在要求"，在参加政协委员读书活动中，在担任全国政协委员的最后一年，有责任对党的宗教理论继续进行一点深入的研究，为"加强中华儿女大团结"尽绵薄之力。

2016 年，习近平总书记在全国宗教工作会议上开创性地提出"中国特色社会主义宗教理论"。2021 年，习近平总书记在全国宗教工作会议上的重要讲话中再次强调"必须坚持和发展中国特色社会主义宗教理论"，其意义之重大，当不限于宗教理论本身。

中国特色社会主义宗教理论，以马克思主义为指导，对我国社会主义特别是初级阶段的宗教进行理论阐述，分析宗教在我国社会主义时期的特征和作用，明确党和国家在社会主义条件下处理宗教问题的方针政策。这一理论，坚持和发展了马克思列宁主义、毛泽东思想关于宗教的基本观点，总结概括和集成了邓小平理论、"三个代表"重要思想、科学发展观关于宗教问题的重要论述，融会贯通和突出了党的十八大以来以习近平同志为核心的党中央关于宗教问题的新思想新要求。这是我们党关于宗教工作理论的系统总结和重大创新，是当代中国的马克思主义宗教观，是中国特色社会主义理论体系的"宗教篇"。

研究中国特色社会主义宗教理论，要看得更深、更远，就要站得更高。习近平总书记《在庆祝中国共产党成立 100 周年大会上的讲话》，强调要"坚持把马克思主义基本原理同中国具体实际相结合、同中华优秀传统文化相结合。"这里鲜明提出了"两个结合"。中国特色社会主义宗教理论，当然是我们无神论的执政党究竟怎么看待宗教，怎么对待宗教的理论。但站高一看，这个理论正是深刻地体现了"两个结合"。换一个角度来说，从中国特色社会主义宗教理论，可以清晰地看到马克思主义与中华优秀文化相结合的一个"契合点"。

分四部分讨论。

一论，中国特色社会主义宗教理论植根于马克思主义宗教观基本原理，同中华优秀传统文化相结合，并显现了二者相结合之"契合点"。

二论，中国特色社会主义宗教理论来源于马克思主义宗教观基本原理同中国具体实际相结合，是中国宗教工作的"实践论"。

三论，中国特色社会主义宗教理论的理论框架和基本内容。

四论，贯彻中国特色社会主义宗教理论的两个实践要点——下好一盘棋，做活两个"眼"。

植根于马克思主义宗教观，同中华优秀传统文化相结合——一论"中国特色社会主义宗教理论"

中国特色社会主义宗教理论植根于马克思主义宗教观基本原理，同中华优秀传统文化相结合，并显现了二者相结合之"契合点"。

　　众所周知，马克思主义诞生在西方，马克思主义宗教观正是从历史唯物主义对宗教的批判立论的。从马克思主义的三个来源和三个组成部分的德国哲学来源来看，马克思主义的创立正是从批判宗教起步的。这和提出以人为中心而不是以神为中心，肯定人的价值和尊严，倡导个性解放的文艺复兴，有异曲同工之处。

　　宗教是对宇宙存在的解释，是一种对神明信仰与崇敬的文化现象。它历史悠久，在全世界信徒众多，可以说，世界上多数人都是信仰宗教的，包括普京总统，更不要说拜登总统。在信徒眼里，"神"或"上帝"是人类最高的也是最后的庇护，是人类最高的也是最后的精神家园。然而，马克思以深刻的理性思考和大无畏的科学批判精神，第一次旗帜鲜明地将这种颠倒了的世界意识颠倒过来。他指出，"是人创造了宗教，而不是宗教创造人"。他通过宗教批判，揭露现实的世俗世界矛盾。他从"现实的人"的实践活动出发，揭示宗教的实质是人的异化，指出只有彻底消除私有制和异化劳动才能消灭宗教，使人得到真正的解放。马克思的这一套学说，在西方真是惊世骇俗，大逆不道。所以《共产党宣言》开篇就说，"一个幽灵，共产主义的幽灵，在欧洲游荡。为了对这个幽灵进行神圣的围剿，旧欧洲的一切势力，教皇和沙皇、梅特涅和基佐、法国的激进派和德国的警察，都联合起来了。"什么"幽灵"？是居然要和神圣的上帝对着干的"魔鬼"。而此时，远在东方，却有个延续了几千年而不曾中断的中华优秀传统文化，尽管其中也包含着宗教信仰的因素，但总体上也不乏"深刻的理性思考和大无畏的批判精神"，其更多的成分是没有颠倒的"人的文化"而不是"神的文化"，是"天行健，君子以自强不息；地势坤，君子以厚德载物"的"天人合一"大无畏精神。当然，其中也包含或混杂着宗教，但这种宗教，更多是与西方宗教截然不同的"人文宗教"，而不是绝对的"神圣宗教"。从"教"后面看到"人"，或者说重"人"而非重"教"，是中国优秀传统文化具有的特质，它与马克思主张的"是人创造了宗教，而不是宗教创造人"，是有相通之处的。正是从文化上，马克思主义这个在欧洲被"围剿"的"幽灵"，却可以在东方找到文化的同盟军。"道虽迩，不行不至；事虽小，不为不成"。这就是马克思主义基本原理同中华优秀传统文化相结合，有一个天然的"契合点"

（当然，不限于此点）。

　　马克思和恩格斯运用辩证唯物主义和历史唯物主义科学揭示宗教及其规律，提出了工人阶级政党处理宗教问题的基本原则，形成了马克思主义宗教观。其根本，就是立足于唯物史观看待宗教。恩格斯指出："唯物史观是以一定历史时期的物质经济生活条件来说明一切历史事件和观念，一切政治、哲学和宗教的。"列宁指出："发现唯物主义历史观，或者更确切地说，把唯物主义贯彻和推广运用于社会现象领域，消除了以往的历史理论的两个主要缺点。第一，以往的历史理论至多只是考察了人们历史活动的思想动机，而没有研究产生这些动机的原因，没有探索社会关系体系发展的客观规律性，没有把物质生产的发展程度看作这些关系的根源；第二，以往的理论从来忽视居民群众的活动，只有历史唯物主义才第一次使我们能以自然科学的精确性去研究群众生活的社会条件以及这些条件的变更。"通过恩格斯和列宁的阐述，可以得出这样的结论：谈论宗教必须根据唯物史观这一重要原则和基本立场，回到社会基础及社会现实之中。

　　卓新平先生 5 月 21 日在四川大学举办的"马克思主义宗教学学科建设"研讨会上，作了题为《马克思主义唯物史观与宗教学研究》的首位发言。他深刻地看到了这一点，提出："研究宗教存在，描述其起源与发展，说明其本质所在，都基于这一宗教得以存在的'物质经济生活条件'，根据其具体'历史时期'和'历史事实'。若离开其社会存在、社会处境而空谈宗教则是无的放矢、毫无意义。因此，对宗教的科学研究，只能是从宗教借以产生和存在的具体历史条件来认识，也只能根据宗教所处的社会氛围及发展变迁来说明，而不可脱离这一基础、离开这种氛围、不顾其存在条件而任意奢谈宗教，随意界定宗教本质。所以说，从'物质经济生活条件'来看思想文化发展，从'经济基础'来分析由此所奠立的'上层建筑'和所形成的'意识形态'，这是观察研究及说明宗教现象的基本前提条件。"我们要警惕那些貌似慷慨激昂、似乎与宗教势不两立的所谓的"战斗唯物论者"，他们其实是一帮以历史唯心主义来奢谈宗教问题的历史虚无主义者。"马克思主义从对社会生产力和生产关系、经济基础和上层建筑的关系来观察宗教现象、审视宗教问题、剖析宗教本质，这就形成了马克思主义从社会存在探讨社会意识、从现实社会寻找宗教秘密的研究方法和基本原则。马克思主义唯物史观的创立及其认知方法的运用，对宗教认识及研究具有开创性作用，并对宗教学学科的正确发展有着重要指导意义。"

正是基于这种唯物史观的认识，我们要从社会经济基础及其支撑的社会建构来看待宗教。如恩格斯指出："一切宗教都不过是支配着人们日常生活的外部力量在人们头脑中的幻想的反映，在这种反映中，人间的力量采取了超人间的力量的形式。"宗教的根源不是在天上，而是在人间，必须在人类现实生活的过程中寻找宗教产生存在的原因。而关于对宗教消亡的认识也是如此。马克思指出："只有当实际日常生活的关系，在人们面前表现为人与人之间和人与自然之间极明白而合理的关系的时候，现实世界的宗教反映才会消失。只有当社会生活过程即物质生产过程的形态，作为自由联合的人的产物，处于人的有意识有计划的控制之下的时候，它才会把自己的神秘的纱幕揭掉。但是，这需要有一定的社会物质基础或一系列物质生存条件，而这些条件本身又是长期的、痛苦的发展史的自然产物。"马克思的这个意思，后来浓缩成中国共产党的一个著名论断，"宗教的消亡可能比阶级和国家的消亡还要久远"。马克思指出："废除作为人民的虚幻幸福的宗教，就是要求人民的现实幸福。要求抛弃关于人民处境的幻觉，就是要抛弃那需要幻觉的处境。"要让人民大众抛弃幻想的幸福，从宗教的幻梦中觉醒，摆脱宗教的束缚，就必须通过自己的力量改造世界、改变现实的生活条件，作为有理性的人去思想、去行动，建立起自己的现实性，获得真实的幸福。从表面上看"宗教离开物质生活最远，而且好像是同物质生活最不相干"，但马恩经典作家分析阐释宗教都是从宗教所具有的社会本质来分析的。宗教的产生与发展离不开其社会经济基础及其支撑的社会建构，宗教的演变归根结底要用人类社会生活的发展变化去说明。这些重要观点，后来被我们简略地表述为，宗教问题的关键是群众性、根本是长期性、特殊的复杂性（详见本文第三部分）。

以上是马克思主义唯物史观如何认识宗教的简要概括。那为什么唯物史观对宗教的认识能够在中华大地生根发芽呢？中国共产党对宗教问题的一贯重视和基于马克思主义宗教观的谨慎、科学的认识，诚然是根本原因。但也如前所述，从根子上说，唯物史观对宗教的认识，与中华优秀传统文化对宗教的认识，有契合点，有共通性。

　　我认为，中华传统文化的要点，大都包括在中华文化之"天人合一"的"天道"观中。尽管"天道"并非是一个现代的、清晰的、科学的概念，其中也包含着模糊的、神秘的甚至宗教的因素，但更突出的是中华传统文化的"天人合一"之整体论思维，是讲究天人共生之道，实现天人和谐共生。这里，蕴含着中华儿女代代相传的"天行健，君子以自强不息，地势坤，君子以厚德载物"的精神纽带和精神基因（详见我在《中央社会主义学院学报》2022年第2期上发表的《中国优秀传统文化与人类文明新形态》一文）。"天道"是一个不断演化发展的体系，中华民族的思维逻辑建立在人与天地互通、主体和客体统一的思维框架之中。人与天地万物同源同根，人能感悟天道，做到自强不息；也能如大地般容纳万物，实现厚德载物。注意，中国传统文化的"天道"，尽管也有一定神秘的色彩，但更多是对自然、客观规律的敬畏和尊重。而西方宗教观，则是更为纯粹、绝对的彼岸精神世界的宗教观，更多的是强调超世、离世情怀，要求人们追求彼岸的生活，由此必然非常重视人们对神的虔诚崇拜以及对来世的终极关怀，甚至堕落成为列宁说的"麻醉人民的鸦片"。中国传统文化及宗教观则是包括此岸的整体宗教观，体现出一种涵括社会存在、人文关注的思想体系，有着强烈的现实关切及人文关怀。包含着宗教信仰因素的中国的传统文化，它不能说就是"无神论"，但的确是"有人论"。它始终关注的是"神"后面的人，有更多"天人合一"的整体思维。这不仅和马克思主义宗教观强调"是人创造了宗教、而不是宗教创造了人"的基本观点，有相通之处；与"唯物史观是以一定历史时期的物质经济生活条件来说明一切历史事件和观念，一切政治、哲学和宗教的"，也有相近之点。

　　特别是以孔子为代表的儒家所培植的、现实的理性和人文精神，对中国人的宗教信仰的入世导向，产生了更为直接的指引。孔子明确"子不语怪力乱神"，"未能事人，焉能事鬼"，"敬鬼神而远之"，远鬼神，重人事；轻死后，重人生。也就是说，致力于老百姓当务之急的事情是为他们多做些实事，所以对超现实的鬼神问题不能采取亲近的态度，只存有敬重之情就够了。这种价值取向，决定了中国人重此岸而轻彼岸的现实品格。中国宗教信仰体系中虽然具有神灵崇拜的内容及其形式，但神灵大都要发挥的就是这种对世俗社会和人生的"教化"功能。这就是中国宗教所特有的"神道设教"

思想，如《易经》言，是"观天之神道，而四时不忒，圣人以神道设教，而天下服矣。"在中国宗教观念中，包括传统的宗法性宗教，中国本土道教，中国民间宗教以及中国化的世界性宗教等，都主要把人们的信仰引向现实的社会和人生，归属现实的民生和利益，五谷丰登、国泰民安、家庭和睦、福寿康宁是各种宗教关注的重点。中国佛教，主张的是"庄严国土，利乐有情"。中国化的伊斯兰教，主张"两世吉庆"，"爱国是伊玛尼（信仰）的一部分"。近代天主教传入中国时因反对信徒拜祖祭宗，曾引起强烈反弹以致"百年禁教"。

　　我于 2001 年在香港中文大学崇基学院的演讲《中国宗教的百年回顾与前瞻》曾提到，中国人对万物和人生本源的基本看法是"万物本乎天，人本乎祖"（《礼记》），基本信念是敬天法祖，报本答愿的方式是祭天祭祖，由此演化出一套统治制度和伦理秩序。这个特征有两个层面的含义，一是政治、制度层面，包括维系统治的"神权"制度；二是伦理、文化层面，包括维系社会关系的礼仪习俗。费正清认为这种"制度和文化的持续性，曾经产生了体现为气势澎湃和坚守既定方针的惯性"。马克斯·韦伯把中国形容为"家族结构式的国家"，把儒学列为"清醒的宗教"，把中华民族称为"未醉的民族"，认为中国宗教"就其意义而言是面向今世的"。梁漱溟则认为中国"以宗法组织社会，以伦理代替宗教"。在这种强大的惯性中，中国文化以儒学为支柱，中国宗教"儒释道"相浸染，都打上了"敬天法祖重社稷"的烙印，强调维系现存世界，并理性地适应现存世界。具有这种传统的文化，对外来文化是"食而能化，化而能食"。外来宗教也只有尊重和适应这种特征，才能在中国立足，与"天朝上国"一起，分享"万国衣冠拜冕旒"的古老荣光。

　　总之，中国传统文化、包括其中的宗教观，与西方宗教形成很大的差异性，并形塑了我们中国宗教的特色。中华文化强调现世，重此岸的现实品格，与唯物史观强调从社会存在看待宗教，不谋而合。

　　以上我们阐述了马克思主义宗教观，也即马克思主义唯物史观的基本原理，是中国特色社会主义宗教理论的理论渊源。接着又剖析了中国传统文化中"天人合一"观（其中包括宗教观），相对西方的宗教观、世界观而言，与唯物史观有相通、相近之处。从这里可以看到，马克思主义唯物史观之宗教观的基本原理，正是"第二个结合"——马克思主义与中国优秀传统文化相结合的"契合点"之所在。

正如《红楼梦》说："汝果欲作诗，功夫在诗外"。正是基于这样的历史唯物主义的基本立场、观点和方法，我们党一贯高度重视研究宗教问题，而且从对宗教问题的认识，往往引申出坚持辩证唯物主义和历史唯物主义，"提高全党同志的思想理论水平"的大问题。例如，1982年，在改革开放伊始、百废待举待兴的千头万绪之中，党中央花了巨大的精力组织起草了《关于我国社会主义时期宗教问题的基本观点和基本政策》的文件（即著名的19号文件，被赵朴初称为"菩萨一样的文件"），比较系统地总结了新中国成立以来党在宗教问题上的正反两个方面的历史经验，阐明了党对宗教问题的基本观点和基本政策。其重大意义，显然不限于做好宗教工作本身。在中央向全党下发这个文件时，就特别指出，"中央认为，由这次宗教问题的总结可以得到启发，我们党在其他各方面的工作，各地区各部门的工作，也都需要进一步系统地总结自己的经验。应当肯定，粉碎'四人帮'以来，特别是十一届三中全会以来，我们党在总结自己的历史经验方面，已经取得了重大的成果。十一届六中全会通过的《关于建国以来党的若干历史问题的决议》，就是这种成果的集中表现，标志着党在指导思想上已经完成了拨乱反正的历史任务。但是另一方面，就我们党在各个战线的工作来说，就各地区各部门的工作来说，总结经验的工作还做得很不够。因此，中央希望各级党委，主要是省、市、自治区和中央、国家机关部委一级党委党组，在集中主要力量做好当前工作的前提下，用二三年的时间，对自己主管的地区和部门的工作进行认真的调查研究，系统地总结正反两个方面的历史经验，形成符合本地区、本部门情况的，理论与实际密切结合的一套观点和办法。中央相信，只要切实地抓住这个环节，花力气，下苦功，必能作出新的成果，必将大有利于提高全党同志的思想理论水平，采取正确而有效的工作方法，为我们国家在本世纪最后二十年中的伟大社会主义建设事业打开崭新的局面。"

今天，习近平总书记开创性地提出"中国特色社会主义宗教理论"并强调"必须坚持和发展中国特色社会主义宗教理论"，其意义也绝不仅仅限于指导和做好宗教工作本身。习近平新时代中国特色社会主义思想，包括方方面面的理论，为什么要特别突出地提"中国特色社会主义宗教理论"？我认为，创立中国特色社会主义宗教理论，是习近平新时代中国特色社会主义思想的重要理论贡献之一，是又一次"必将大有利于提高全党同志的思想理论水平，采取正确而有效的工作方法"。中国特色社会主义宗教理论植根于马克思主义宗教观基本原理同中华优秀传统文化相结合，并显现了二者相结合之"契合点"。

来源于马克思主义宗教观，同中国具体实际相结合—— 二论"中国特色社会主义宗教理论"

中国特色社会主义宗教理论来源于马克思主义宗教观基本原理，同中国具体实际相结合，是中国宗教工作的"实践论"。

中国特色社会主义宗教理论既是来源于马克思主义宗教观基本原理，同中国具体实际相结合，更是从实践中提炼升华又重在正确指导实践的理论，是中国宗教工作的"实践论"。

党的十八大以来，以习近平同志为核心的党中央高度重视宗教问题，把正确认识和处理宗教问题摆在党治国理政的突出位置，在继承不同时期党对宗教问题探索经验的基础上，站在统筹把握中华民族伟大复兴战略全局和世界百年未有之大变局的高度，全面总结宗教工作的成绩经验，深入分析宗教工作面临的形势任务，提出一系列关于宗教工作的新理念新举措，深刻回答了新时代怎样认识宗教、怎样处理宗教问题、怎样做好党的宗教工作等重大理论和实践问题，在这个实践基础上开创性地提出了中国特色社会主义宗教理论，成为党关于宗教工作理论的重大创新。

新时代党的宗教工作理论和方针政策最核心的内容，就是习近平总书记2021年在全国宗教工作会议上概括的"九个必须"，要以"九个必须"为统领，系统理解习近平总书记关于新时代党的宗教工作的新思想新理念新战略。

第一，必须深刻认识做好宗教工作在党和国家工作全局中的重要性。指出宗教问题始终是我们党治国理政必须处理好的重大问题，宗教工作在党和国家工作全局中具有特殊重要性，关系中国特色社会主义事业发展，关系党同人民群众的血肉联系，关系社会和谐、民族团结，关系国家安全和祖国统一。强调全面贯彻新时代党的宗教工作理论，全面贯彻党的宗教工作基本方针，全面贯彻党的宗教信仰自由政策，坚持我国宗教中国化方向，积极引导宗教与社会主义社会相适应，提高宗教界自我管理水平，提高宗教事务治理法治化水平，努力开创宗教工作新局面，更好组织和引导信教群众同广大人民群众一道为全面建成社会主义现代化强国、实现中华民族伟大复兴的中国梦而团结奋斗。

第二，必须建立健全强有力的领导机制。指出新形势下宗教工作范围广、任务重，既要全面推进，也要重点突破，要结合各宗教情况，抓住主要矛盾，解决突出问题，以做好重点工作推进全局工作。强调要把握好涉及宗教工作的重大关系，多做打基础、利长远的工作，常抓不懈、久久为功。强调要健全宗教工作体制机制，推动构建党委领导、政府管理、社会协同、宗教自律的宗教事务治理格局，各级党委要把宗教工作纳入重要议事日程，及时研究宗教工作中的重要问题，做好对宗教工作的引领、规划、指导、督查，推动落实宗教工作决策部署，统战部门要负起牵头协调责任，宗教工作部门要担负起依法管理责任，各有关部门及工会、共青团、妇联、科协等人民团体要齐抓共管，共同做好宗教工作。强调要培养一支精通马克思主义宗教观、熟悉宗教工作、善于做信教群众工作的党政干部队伍。

第三，必须坚持和发展中国特色社会主义宗教理论。指出做好新形势下宗教工作，就要坚持用马克思主义立场、观点、方法认识和对待宗教，遵循宗教和宗教工作规律，深入研究和妥善处理宗教领域各种问题，结合我国宗教发展变化和宗教工作实际，不断丰富和发展中国特色社会主义宗教理论，用以更好指导我国宗教工作实践。强调要加强对党关于宗教问题的理论和方针政策的学习，加强对宗教基本知识的学习，把党关于宗教问题的理论和方针政策纳入干部教育培训计划，让他们深入学习马克思主义宗教观、党的宗教工作理论和方针政策、宗教知识，不断提升"导"的能力；培养一支思想政治坚定、坚持马克思主义宗教观、学风优良、善于创新的宗教学研究队伍，加强马克思主义宗教学学科建设；广泛宣传党关于宗教问题的理论和方针政策，宣传宗教相关法律法规，加强宗教方面宣传舆论引导；加强对青少年的科学世界观宣传教育，引导他们相信科学、学习科学、传播科学，树立正确的世界观、人生观、价值观。

第四，必须坚持党的宗教工作基本方针。指出党的宗教工作基本方针是我们党坚持马克思主义宗教观，从我国国情和宗教具体实际出发，汲取正反两方面经验制定出来的。强调要完整、准确、全面贯彻党的宗教信仰自由政策，尊重群众宗教信仰，依法管理宗教事务，坚持独立自主自办原则，积极引导宗教与社会主义社会相适应。强调做好党的宗教工作，把党的宗教工作基本方针坚持好，关键是要在"导"上想得深、看得透、把得准，做到"导"之有方、"导"之有力、"导"之有效，牢牢掌握宗教工作主动权。强调要坚持总体国家安全观，坚持独立自主自办原则，统筹推进相关工作，坚决抵御境外利用宗教进行渗透，防范宗教极端思想侵害；加强互联网宗教事务管理，高度重视互联网宗教问题，在互联网上大力宣传党的宗教理论和方针政策，传播正面声音。

第五，必须坚持我国宗教中国化方向。集过去积极引导宗教与社会主义社会相适应之大成，进一步明确了一个重要的任务就是支持我国宗教坚持中国化方向。强调要深入推进我国宗教中国化，引导和支持我国宗教以社会主义核心价值观为引领，增进宗教界人士和信教群众对伟大祖国、中华民族、中华文化、中国共产党、中国特色社会主义的认同。强调要在宗教界开展爱国主义、集体主义、社会主义教育，有针对性地加强党史、新中国史、改革开放史、社会主义发展史教育，引导宗教界人士和信教群众培育和践行社会主义核心价值观，弘扬中华文化。强调要支持各宗教在保持基本信仰、核心教义、礼仪制度的同时，深入挖掘教义教规中有利于社会和谐、时代进步、健康文明的内容，对教规教义作出符合当代中国发展进步要求、符合中华优秀传统文化的阐释。

第六，必须坚持把广大信教群众团结在党和政府周围。指出党的宗教工作的本质是群众工作，信教群众和不信教群众在政治上经济上的根本利益是一致的，都是党执政的群众基础，既要保护信教群众宗教信仰自由权利，最大限度团结信教群众，也要耐心细致做信教群众工作。指出在爱国主义、社会主义旗帜下，同宗教界结成统一战线，是我们党处理宗教问题的鲜明特色和政治优势；要坚持政治上团结合作、信仰上相互尊重，多接触、多谈心、多帮助，以理服人，以情感人，通过解决实际困难吸引人、团结人。强调党的基层组织特别是宗教工作任务重的地方基层组织，要切实做好宗教工作，加强对信教群众的工作。

第七，必须构建积极健康的宗教关系。指出在我国宗教关系包括党和政府与宗教、社会与宗教、国内不同宗教、我国宗教与外国宗教、信教群众与不信教群众的关系，促进宗教关系和谐，这些关系都要处理好。强调处理我国宗教关系，必须牢牢把握坚持党的领导、巩固党的执政地位、强化党的执政基础这个根本，必须坚持政教分离，坚持宗教不得干预行政、司法、教育等国家职能实施，坚持政府依法对涉及国家利益和社会公共利益的宗教事务进行管理。强调要高举民族团结大旗，依法妥善处置涉及民族、宗教等因素的社会问题，促进民族关系、宗教关系和谐。

第八，必须支持宗教团体加强自身建设。指出宗教团体是党和政府团结、联系宗教界人士和广大信教群众的桥梁和纽带，要为他们开展工作提供必要的支持和帮助，尊重和发挥他们在宗教内部事务中的作用。强调要支持引导宗教界加强自我教育、自我管理、自我约束，全面从严治教，带头守法遵规、提升宗教修为；加强宗教团体自身建设，完善领导班子成员的民主监督制度，努力建设政治上可信、作风上民主、工作上高效的高素质领导班子；支持宗教界搞好人才队伍建设，培养一支政治上靠得住、宗教上有造诣、品德上能服众、关键时起作用的宗教界代表人士队伍，切实解决影响我国宗教健康传承的突出问题。

第九，必须提高宗教工作法治化水平。强调要全面推进宗教工作法治建设，深入开展法治宣传教育，用法律规范政府管理宗教事务的行为，用法律调节涉及宗教的各种社会关系。强调宗教活动应当在法律法规规定范围内开展，不得损害公民身体健康，不得违背公序良俗，不得干涉教育、司法、行政职能和社会生活。强调要保护广大信教群众合法权益，依法保障信教群众正常的宗教需求，尊重信教群众的习俗，稳步拓宽信教群众正确掌握宗教常识的合法渠道，教育引导广大信教群众正确认识和处理国法和教规的关系，提高法治观念。强调要保护合法、制止非法、遏制极端、抵御渗透、打击犯罪，要采取有力措施，坚决取缔各种非法宗教组织，坚决刹住滥建庙宇和佛（神）像之风，对民间信仰活动进行正确引导和管理，对属于违法犯罪的，不论涉及哪个民族、信仰何种宗教，都要依法处理。

中国特色社会主义宗教理论的理论框架与主要内容——
三论"中国特色社会主义宗教理论"

中国特色社会主义宗教理论是对马克思列宁主义、毛泽东思想关于宗教的基本观点和基本政策的坚持和发展，是对包含在邓小平理论、"三个代表"重要思想、科学发展观和习近平新时代中国特色社会主义思想中的宗教理论的提炼概括，包含了党对宗教本质、宗教属性、宗教问题和宗教工作等的全面深刻的认识，以及党认识和处理宗教问题、做好宗教工作的经验总结，紧紧围绕"社会主义与宗教"这个核心，解决了社会主义社会中对宗教问题"怎么看"，对宗教工作"怎么办"的问题。坚持和发展中国特色社会主义理论，最关键的是要学深悟透习近平新时代中国特色社会主义思想关于宗教问题和宗教工作一系列新理念新思想新战略，切实用以武装头脑、指导实践、推动工作。

中国特色社会主义宗教理论的框架和内容十分丰富，我这里从三个方面来讲。其一，用马克思主义唯物史观的立场观点方法，来认识宗教的本质、根源、演变规律和社会作用等基本问题。这是讲"根"。其二，用马克思主义唯物史观的立场观点方法，准确把握我国宗教的主要特征。这是提"神"。其三，在重点把握宗教的三个最基本的特性的基础上，解决"怎么看"的问题，就进一步形成了党的宗教工作"四句话"的基本方针，解决"怎么办"的问题——这就是中国特色社会主义宗教理论的简明而又核心的基本内容。这是讲"体"。

（一）用马克思主义唯物史观的立场观点方法，来认识宗教的本质、根源、演变规律和社会作用等基本问题

一个理论，当然要在一些最基本的问题上明晰观点，澄清和统一认识。中国特色社会主义宗教理论的基本观点，是一以贯之地坚持马克思主义宗教观，即运用辩证唯物主义和历史唯物主义的立场、观点、方法，来认识和把握宗教的本质、根源和演变规律。

1. 关于宗教的本质

宗教是人类社会发展到一定阶段的历史现象；宗教是把支配人们日常生

活的异己的、却是人间的或自然的力量，幻想为超人间、超自然力量的一种社会意识，以及由此产生的信仰和崇拜行为，是综合这种意识和行为并使之规范化、体制化的社会文化体系。宗教观念、宗教行为和组织制度，都是社会的、历史的产物。

把信仰"支配着人们日常生活的异己的、却是人间的或自然的力量"作为宗教的独特思想观念，把"幻想的反映""超人间、超自然力量"作为宗教的典型表现形式，把"支配着人们日常生活"作为"人间力量超人间化"这一宗教异化的社会原因等。马克思主义宗教观揭示了宗教的意识形态本质，其归根结底受社会存在的支配，一切宗教都是对客观世界的一种颠倒的认识，是唯心主义世界观。要走出从宗教本身的历史去说明宗教，用精神因素去说明宗教本质的误区。宗教作为支配人们生活的外部力量在人们头脑中的幻想的、"超人间"的反映，作为上层建筑和社会意识的一部分，最终由社会的经济基础所决定，只有在社会经济基础中才能深刻把握宗教的根源和本质。否则，宗教研究就只能在"神"或精神的太空中飞翔，难以落脚于坚实的大地。

2. 关于宗教的根源

宗教作为一种意识形态，根源于社会物质生产方式和经济基础，在此基础上又有自然根源、认识根源、社会根源、阶级根源等诸多方面因素。一般说来，社会主义时期宗教存在的根源，是社会异己力量尚未完全消失，自然力量的异己性也并未完全消失。宗教长期存在有其深刻的认识根源，只要人们还有一些不能从思想上解释和解决的问题，就难以避免会有宗教信仰现象。此外，马克思、恩格斯在1848年《共产党宣言》发表之前和以后一段时期，基本上认为宗教存在之最深刻的根源是私有财产制度以及在此基础上产生的"劳动异化"。因此，宗教的消亡应在社会主义革命胜利和私有财产制度消亡之后实现。随后，马克思又揭示了宗教其消亡有更复杂的历史条件。"只有当实际生活的关系，在人们面前表现为人与人之间和人与自然之间极明白而合理的关系的时候，现实世界的宗教反映才会消失。只有当社会生活过程即物质生产过程的形态，作为自由结合的人的产物，处于人的有意识有计划的控制之下的时候，它才会把自己神秘的纱幕揭掉。"

"人与神"的宗教关系是"人与人"的社会关系在观念上的反映，随着经济基础和上层建筑的演变，宗教关系也会发生演变。在阶级社会中则需要用阶级斗争的观点和阶级分析的方法去说明。沿着这条路径才能正确揭示宗教的社会功能和历史作用。马克思主义宗教观为宗教研究提供了正确的路径和方向，改变了长期以来"用宗教说明历史"的状况，开始"用历史来说明宗教"。

3. 关于宗教的演变规律

宗教同其他事物一样，是由低级到高级、由简单到复杂逐渐发展起来的，宗教有其产生、发展、消亡的客观规律。随着人类异己力量不断得到克服，转化为人类自身力量，宗教所反映的内容必然会越来越少，以至于最终必然消亡。"当谋事在人，成事也在人的时候，现在还在宗教中反映出来的最后的异己力量才会消失，因而宗教反映本身也就随着消失。理由很简单，因为那时再没有什么东西可以反映了。"但"这需要有一定的社会物质基础或一系列物质生存条件，而这些条件本身又是长期的、痛苦的发展史的自然产物"。宗教的消亡将是一个漫长的历史过程，甚至可能比阶级、国家的消亡还要久远。

对影响人类几千年的宗教现象，要把它作为一种对社会经济基础有重大反作用的客观存在，研究其存在和发展的机理及发生作用的规律。宗教虽然属于唯心论范畴，但也是客观存在，也有其不以人们的主观愿望发生和发展的客观规律。这样去看待"唯心"的宗教现象，正是唯物史观的基本要求。我们通常会把唯物论与宗教的区别比较集中于无神论和有神论的区别。这当然是必要的、正确的。但深入进去研究宗教发生发展的客观规律，就不是"有神""无神""唯物""唯心"的简单画线便可解决问题的。唯物史观是进入并具体研究宗教这种人类精神的复杂现象的"一座桥"，而不是隔阻和拒绝研究宗教现象的"一堵墙"。唯物史观不是非此即彼的简单、庸俗的机械唯物论，而是指导我们研究精神现象复杂反作用的唯物辩证法。

4. 关于宗教的社会作用

宗教具有积极作用和消极作用两重性，积极性和消极性共生共存。宗教既有心理慰藉、道德制约、社会整合的作用，也有对人们思想意识控制、精神麻痹、瓦解社会的作用，既可以成为稳定社会、促进社会和谐的力量，也可能成为引发社会仇恨和冲突的诱因，具有二重性。要最大限度发挥宗教的积极作用，最大限度抑制宗教的消极作用。宗教的社会作用不是一成不变的，会随着社会性质的改变而发生变化。在我国社会主义制度条件下，可以更好地发挥宗教界人士和信教群众在经济社会发展中的积极作用。

（二）用马克思主义唯物史观的立场观点方法，准确把握我国宗教的主要特征

因为马克思主义以其唯物史观的"精髓就在于具体问题具体分析，阐明并强调一切宗教都会因时间、地点和条件而发生变化；没有抽象的宗教，任何宗教都不可能脱离其时空之社会现实而存在。所以，不能从纯精神史的层面来解释宗教思想，也不可离开其具体时空、社会背景来评论宗教价值、界定宗教本质。马克思主义宗教学学术体系对宗教问题的认识突出了宗教存在的社会物质基础、历史发展背景和时代文化氛围，我们必须按照其唯物史观来以历史发展的眼光、社会存在的真实来能动、动态地看待及对待宗教"。

中国特色社会主义宗教理论是运用马克思主义的唯物史观，具体分析和把握中国宗教问题的基本特性的理论。全面、充分、深刻、准确地认识和把握我国现阶段宗教的特性，是中国特色社会主义宗教理论的重要内容。全面认识宗教的五个特性，并进一步深入分析和把握其中更为基础的三个特性，是中国特色社会主义宗教理论的重中之重。

习近平在 2016 年全国宗教工作的讲话中，指出要解决"对宗教存在的长期性、群众性、民族性、国际性、复杂性认识不足"的问题。解决好这个"认识不足"的问题，对宗教特性充分、正确、深刻地认识，关系到能否正确看待宗教，防止偏向，遵循规律，坚持正确方针，做好宗教工作。

宗教问题的"五性"说，即强调把握住宗教的"长期性、群众性、民族性、国际性、复杂性"，力图从多个角度比较全面地认识我国的宗教问题。

长期性，即社会主义时期宗教将长期存在，宗教的消亡比阶级和国家的消亡还要久远。长期性中包含着阶段性、曲折性、反复性。

群众性，客观上信教人数众多，我们要"目中有人"，正确对待宗教问题也是正确对待群众问题，宗教工作本质上是群众工作。

民族性，要善于体察民族问题与宗教问题的区别和属性，宗教对一些少数民族，历史上既发挥过"民族神圣的旗帜"的积极作用，也发挥过"被

黑暗势力所利用"的消极作用，具有两重性。

国际性，宗教总体上是一种国际现象，要从世界总体发展的高度来观察宗教问题。既要积极开展宗教方面的国际友好往来，又要坚决抵制境外宗教中的敌对势力的渗透。

复杂性，宗教自身是一个复杂的结构功能体系。宗教的社会作用有积极和消极的二重性。宗教问题与阶级、社会、政治问题相联系时有种种复杂表现。

当然，还可以概括宗教的其他特性，诸如文化性、伦理性、神圣性、世俗性，等等，但比较突出的是上述"五性"。把握宗教问题上强调"五性"，对于既了解宗教的全貌又把握其特性，是一种比较全面、科学的概括。

但要进一步充分、正确、深刻地认识宗教的特性，就要着眼宗教情况的深刻变化，立足宗教现象的问题导向来把握宗教的特性，基于做好引导宗教的工作来驾驭宗教的特性。这就需要在全面把握宗教"五性"特征的基础上，进一步深入把握住其中三个更为基本的特性。

从历史和现实的角度看，观察世界的宗教问题，首先要把握住其三个主要特点。第一个特点是：宗教的存在有着深刻的社会历史根源，宗教将会长期存在并发生作用。第二个特点是：宗教与一定社会的经济、政治、文化问题交织在一起，对社会发展和稳定产生重大影响。第三个特点是：宗教常常与现实的国际斗争和冲突相交织，是国际关系和世界政治中一个重要因素。我们要全面认识宗教产生和存在的深刻历史根源、社会根源、心理根源，全面认识宗教在社会主义社会将长期存在的客观现实，全面认识宗教问题同政治、经济、文化、民族等方面因素相交织的复杂状况，全面认识宗教对相当一部分群众有较大影响的社会现象。概而言之就是，宗教问题根本是长期性，关键是群众性，特殊的复杂性。这"三性"，是"五性"之中更为基础的三个特性。

习近平在全国宗教工作会议上的讲话，对全面、充分、深刻、准确地认识和把握我国现阶段宗教的这三个基础特性，作了深刻的阐述。

首先，要着眼深刻变化，认识宗教特性。

当前，我国宗教发生深刻变化，集中表现在信教群众人数持续增加，宗教结构发生变化。宗教领域出现的很多问题都是由这两个变化引发的。这两个变化，一是显示了宗教的"关键是群众性"——信教群众人数持续增加；二是显示了宗教的"特殊复杂性"——宗教结构发生变化。群众性和特殊性，这两个基本的特性更为凸显。而无论是分析当前宗教领域出现的突出问题，特别是互联网给宗教工作带来了新的挑战，还是面对复杂的形势，以及我们的宗教工作本身也存在一些亟待解决的问题，也都凸显了宗教的群众性有新的演变的特殊复杂性。面对我国发生宗教深刻变化，需要把握宗教的三个基本特性——根本是长期性，关键是群众性，特殊的复杂性，抓住关键，才能直击要害。

对宗教的"民族性"，要作深入的具体分析。过去，我国民众信仰宗教，不少是出于功利主义目的。现在，情况有所变化，不少人把宗教信仰当作精神上的追求和寄托，宗教对其世界观、人生观、价值观的影响越来越深。对这种现象，就不好以宗教有"民族性"来概括。从历史角度看，宗教早就同人类社会经济政治进程紧紧联系在一起了。就"民族性"这个概念而言，各个民族和各种宗教也有不同的情况。有些少数民族大多数人信仰某一种宗教，如伊斯兰教和藏传佛教，那里的宗教问题和民族问题往往交织在一起，宗教在这些民族中有着广泛而深刻的影响。但在汉族中，佛教、道教、天主教和基督教则同民族问题基本上没有更多的深刻的联系。所以，在"五性"中，"民族性"是区别于作为基本特性的"三性"（长期性、群众性、复杂性）的第二层次的特性。"民族性"是不同于"长期性""群众性""复杂性"这些宗教的普遍属性的有特殊规定性的属性。或者说，民族性不过是"关键是群众性"的特殊展开。如果过于突出地强调宗教的民族性，过于强化凡宗教都有民族性，在实践中容易引起"某一个民族一定需要有一种宗教"的误解。我们要看到宗教与民族的区别与联系，不是某种宗教就是某个民族的特征，更不是凡民族皆归属于某种宗教。我们把民族性作为第二层次的特性，也是从理论上否定"族教一体"和"族教捆绑"。我们必须细心地体察民族问题和宗教问题的区别与联系。宗教既可以成为民族神圣的旗帜，也可能被黑暗势力所利用。我们要警惕和反对任何利用宗教破坏民族团结的行为。

对宗教的"国际性"，也要作深入的具体分析。就"国际性"这个概念而言，从广义上去强调之，正如西方强调所谓"普世价值"，也容易引出一些问题。首先，国际性涵盖不了中国所有的宗教，道教是中国土生土长的宗教，一般说并不具有国际性。更值得关注的是，西方某些势力打着基督教、天主教有"国际性"的旗号，强调宗教的"普世性""宗教信仰无国界"，以此作为干涉我国宗教的借口。反对强权干涉、抵御境外渗透，不宜过多强调我国宗教都具有"国际性"，以免被境外势力利用，成为他们攻击我国宗教坚持独立自主自办教会原则的口实。所以，必须旗帜鲜明地突出我国宗教必须坚持中国化方向，也即某种意义上的"中国性"。只有坚持中国化方向的宗教，只有实现了中国化的宗教，才能更好地与我国社会主义社会相适应，在我国社会发展进步中发挥积极作用。而民族分裂势力、宗教极端势力、暴力恐怖势力就是要使我国宗教"去中国化"，按照他们的标准来办，把"上帝至上""万物非主"推向极端。境外利用基督教进行渗透的势力也宣称要把中国"福音化"。支持我国宗教坚持中国化方向，就是针锋相对抵御渗透。因此，在"五性"中，"国际性"也应该说是区别于作为基本特性的"三性"（长期性、群众性、复杂性）的第二层次的特性，国际性是"特殊的复杂性"的普遍表现。这不是概念之争，而是实践需要。

其次，要立足问题导向，把握宗教特性。

做好宗教工作，首先要解决认识问题。对宗教问题的不同态度，归纳起来，主要是三种看法：一是主张"放"，二是主张"收"，三是主张"导"。这三种态度中，主张"导"是正确的，主张"放"和"收"都是不正确的。对此，道理要讲清楚，认识要搞准确，行动上才有方向、有定力。这就需要既全面地认识宗教的五个特性，也要准确地把握其中最基本、最重要的三个特性。

主张"放"的这种态度，要害在于对宗教的"关键是群众性"没有准确把握，只讲个体属性不讲社会属性，只看到表象而没有看到本质。对宗教"特殊的复杂性"也没有准确把握，忽视了宗教背后包含的复杂社会政治因素，甚至赋予宗教一些本身没有也不应该有的社会功能，因而是不全面的，也是不正确的。宗教作为一种复杂的社会现象，从古至今都具有鲜明的群体特征和广泛的社会影响。因此，信不信教、多少人信教、怎么信教，从来就不只是个人的私事，更是重要的社会事务。

主张"收"的这种态度，要害也是对宗教存在的"五性"认识不足，特别是忽视了宗教是一种客观存在，忽视了信教群众是一个庞大的群体，夸大了宗教的消极作用，因而是不全面的，也是不正确的。

为了针对"认识不足"、纠正对宗教简单"一收了之"的错误态度，全面认识"五性"是非常必要的。何为"全面认识"？简单化的认识论基础是片面性，是貌似全面的片面。"全面"不是不分主次。不分主次的全面只能是貌似全面的片面。抓不住主要矛盾或矛盾的主要方面的"全面"，还会陷入教条主义。强调充分认识"五性"，也包括深入认识其中更为关键、更为根本、更为特殊的属性。我国信教群众这么大的一个数量，不是简单的一个"收"就能解决问题的。"收"固然能从明面上抑制宗教活动，但难以抑制信教群众对宗教信仰的需求，而且容易激化信教群众同社会的矛盾。我们要尊重宗教自身规律，不能在工作中犯"急躁病""激进病"。作为唯物主义者，并不讳言应该与一切唯心主义在认识论上划清界限，包括与宗教作斗争。但斗"教"不斗"人"，批判宗教并非批判信教群众；斗"教"斗其根，强调应同产生宗教的根源而并非宗教本身作斗争；斗"教"为争"人"，着眼点始终在争取、团结、动员、组织信教的劳苦大众，为实现自身的解放、争取人类的解放而斗争。同是批判宗教，但正是在这些特点上，马克思主义宗教观同激进资产阶级的宗教观划清了界限。以马克思《〈黑格尔法哲学批判〉导言》为例，一开篇就宣称："就德国来说，对宗教的批判实际上已经结束；而对宗教的批判是其他一切批判的前提。"

区分"五性"中哪些是更为关键、更为根本、更为特殊的属性，有助于避免"急躁病"和"激进病"。唯物论者从世界观上与唯心论当然是对立的，问题往往出在容易忽视宗教是一种客观存在，忽视信教群众是一个庞大的群体，夸大宗教的消极作用。因此，我们必须按照历史唯物主义观点，正确认识宗教产生、发展、消亡的客观规律。宗教不仅过去长期存在，将来还会长期存在，不可能人为去消灭。宗教在社会主义社会也将长期存在。宗教走向消亡，可能比阶级、国家的消亡还有久远。处理宗教问题、开展宗教工作，要把握好尺度，树立长期工作的观念。宗教的"根本是长期性"。有人需要、有人信奉是宗教得以存在的前提，宗教工作的本质是群众工作。没有信教群众，宗教问题只是个抽象的哲学问题。我们要把能不能把广大信教群众团结在党和政府周围作为评价宗教工作成效的根本标准。宗教的"关键是群众性"。

对宗教信仰，不能用行政力量、用斗争方法去消灭。这是对宗教自身规律的把握，是党和国家宗教工作方针政策的要求，也是最大限度团结广大信教群众的需要。归结起来，必须更深刻、准确地认识和把握宗教的"根本是长期性""关键是群众性"。

正确的态度应该是"导"。"导"体现了实事求是，体现了辩证法，体现了党的一贯主张。体现实事求是，就是要客观准确地认识宗教的特性。体现辩证法，就要求在全面把握宗教主要特性的同时应深刻认识其更为基本的特性，抓住事物的主要矛盾或矛盾主要方面。做好宗教"导"的工作，必须坚持党的宗教工作基本方针，要全面贯彻党的宗教信仰自由政策，依法管理宗教事务，坚持独立自主自办原则，积极引导宗教与社会主义社会相适应。实行宗教信仰自由政策，出发点和落脚点是要最大限度把广大信教和不信教群众团结起来。坚持保护合法、制止非法、遏制极端、抵御渗透，打击犯罪。

做好党的宗教工作，把党的宗教工作基本方针坚持好，关键是要在"导"上想得深、看得透、把得准，如同大禹治水，管、控、调、疏等手段都可以用，做到"导"之有方、"导"之有力、"导"之有效，牢牢掌握宗教工作主动权。所以，"五性"的全面阐述与"三性"的深入探讨，关系到在"导"上想得深、看得透、把得准。"五性"是"三性"的展开，"三性"是"五性"的深化。充分认识宗教的根本是长期性、宗教问题关键是群众性和特殊复杂性，抓住"根本"，守住"关键"，掌握"特殊"，有助于集聚焦点，防止在宗教问题上容易出现认识上的短视症和片面性。

（三）在重点把握宗教的三个最基本的特性的基础上，解决"怎么看"的问题，就进一步形成了党的宗教工作"四句话"的基本方针，解决"怎么办"的问题——这就是中国特色社会主义宗教理论的简明而又核心的基本内容

中国特色社会主义宗教理论紧紧围绕"社会主义与宗教"这个核心，深入研究了中国共产党对宗教问题"怎么看"、对宗教工作"怎么办"两大问题。

如前所述，坚持和发展马克思主义宗教观，立足我国社会主义初级阶

段的基本国情，以科学的、历史的观点看待宗教，必须把握宗教问题的三个最重要特征：根本是长期性、关键是群众性和特殊复杂性。

对宗教问题的特殊复杂性，一般来说，我们能够清醒认识到。但处于社会主义建设阶段的马克思主义执政党，正确认识和处理社会主义社会的宗教问题，特别要注意自觉克服对待宗教问题的简单化和片面性。这就特别需要深刻认识和牢牢把握宗教存在的长期性和宗教问题的群众性。

这两个问题看似简单，却关系根本和关键。就如同我们党执政多年，走了很多弯路，才明确了要以经济建设为中心一样。从社会主义革命阶段走向社会主义建设阶段，全党的工作中心就应该转移到建设上去，这个道理似乎很简单，但要明确和统一认识，并始终扭住这个中心不放，不动摇，不懈怠，不折腾，却很不简单。正是有了这个看似简单的认识，中国特色社会主义事业才从此踏上了坦途。同理，宗教问题所具有的长期性和群众性，似乎是不言自明的简单问题，但在这个问题上的错误认识和浅薄之见，曾经长期困扰我们。观点影响政策、支配行动。正确的观点指导人们走向光明，夺取胜利；错误的观点也会使人误入歧途，导致政策上的失误和工作上的被动。改革开放以来的宗教工作，正是深刻、正确地认识和把握了这一点，不动摇，不懈怠，不折腾，在这个关系马克思主义执政党认识和把握宗教的根本和关键的问题上，解放思想、与时俱进，才推动社会主义社会的宗教工作在理论创新和实践探索上取得了重大进展。

马克思主义政党坚持辩证唯物主义和历史唯物主义，因此在领导群众进行革命、建设和改革的实践中，就要特别注意防止把宗教问题看作可以较为快速解决的非主流意识形态问题，从而导致认识的短视症，忽视宗教问题的长期性；注意防止把信仰上的差异扩大为政治上的对立，从而导致政策的狭隘性，忽略宗教问题的群众性。随着社会主义建设的深入，我们必须深刻理解马克思主义宗教观与马克思主义群众观的一致性，必须彻底纠正这种"忽视"和"忽略"的现象。所以，马克思主义执政党透彻、深刻地认识宗教问题，必须根治短视症和片面性，把握长期性和群众性，以及宗教问题的特殊复杂性。

强调"根本是长期性"，就要真正抓住"根本"。根本是不以我们主观意志为转移的客观存在，关乎事物发生、发展的规律，关乎能否着眼长远、立足现实，按照规律去做好宗教工作。强调"关键是群众性"，就是要牢牢把握住"关键"。群众路线是党贯彻始终、渗透到各方面的生命线。信教群众也是群众。面对信教群众，仍然要牢牢把握这条关键的生命线。而认识宗教问题的"特殊复杂性"，方能避免简单化。

深刻认识宗教的长期性，分析宗教问题才能把握规律性和复杂性。对反复出现、长期存在的东西，要特别注意把握其规律。深刻认识宗教的群众性，从事宗教工作才能找准立足点和出发点。对大量出现、普遍存在的东西，应特别注意掌握好政策。我们常说，宗教工作左不得，右不得，难的是左不得；急不得，松不得，主要是松不得。对宗教问题长期性、群众性、复杂性更加清晰明确地认识，有助于我们摆脱"左了、右了"的困惑，避免"松了、紧了"的摇摆。

在社会主义社会处理宗教问题时，把握好这"三性"，清楚"怎么看"了，"怎么办"也就比较好统一认识、拿出办法来了。

着眼宗教问题的"关键是群众性"，就要一切着眼于群众，尊重人民群众的自主选择，就要确定并认真贯彻宗教信仰自由政策。着眼宗教问题的"特殊复杂性"，就要坚持依法管理宗教事务，我们强调"坚持我国宗教独立自主自办的原则"，这也是我国广大信教群众的自觉选择。着眼宗教问题"根本是长期性"，我们强调，在社会主义初级阶段，宗教会长期存在，这个阶段的主要任务不是"削弱"宗教、"促退"宗教，而必须立足宗教长期存在甚至在某些地方、某些时候还会有所发展的现实，积极引导已经存在的宗教与社会主义社会相适应，促进其发挥积极作用。

为此，就引出四句重要和基本的话：全面贯彻党的宗教信仰自由政策，依法管理宗教事务，坚持我国宗教独立自主自办的原则，积极引导宗教与社会主义社会相适应。这四句话，逐步在全党形成共识，得到广泛的推行和认真的贯彻，上升为"党的宗教工作基本方针"。党的十七大、党的十八大报告都强调要全面贯彻这个基本方针。党的十七大将贯彻党的宗教工作基本方针的要求，写入了党章总纲。

基本观点	基本方针	基本命题
根本是长期性	积极引导宗教与社会主义社会相适应	基础命题

续表

基本观点	基本方针	基本命题
关键是群众性	全面贯彻党的宗教信仰自由政策	核心命题
特殊的复杂性	依法管理宗教事务　坚持独立自主自办原则	主要命题

真理总是朴素的，但真理又总是具体、丰富的。基本方针的"四句话"，是在我们党关于社会主义社会宗教问题的一整套基本观点和基本政策基础上提炼的。在实践中，则展开为若干基本规定和具体政策，有待在进一步贯彻实施中丰富和完善。

贯彻中国特色社会主义宗教理论的两个实践要点——
四论"中国特色社会主义宗教理论"

贯彻中国特色社会主义宗教理论的两个实践要点——下好一盘棋，做活两个"眼"。

中国特色社会主义宗教理论的主要内容，概括地说就是在从中国的实际出发，深刻认识和重点把握宗教的三个最基本的属性的基础上，提炼的指导宗教工作的四个要点的"基本方针"。当前，在全面贯彻宗教工作基本方针中，尤其要抓好两个实践要点，好比下一盘围棋，下好一盘棋，就要做活两个"眼"。一个"眼"是"坚持我国宗教中国化方向"，这是党的宗教工作基本方针中"坚持独立自主自办原则"和"积极引导宗教与社会主义社会相适应"的深化和更有力道的展开。一个"眼"是"提高宗教工作法治化水平"，这是党宗教工作基本方针中"依法管理宗教事务"的落实和更高水平的要求。

（一）坚持我国宗教中国化方向

习近平在 2016 年的全国宗教工作会议上指出，引导宗教与社会主义相适应，一个重要的任务就是支持我国宗教坚持中国化方向。只有坚持中国化方向的宗教，只有实现了中国化的宗教，才能更好地与我国社会主义社会相适应，在我国社会发展进步中发挥积极作用。习近平在 2021 年的全国宗教工作会议上强调，要深入推进我国宗教中国化，引导和支持我国宗教以社会主义核心价值观为引领，增进宗教界人士和信教群众对伟大祖国、中华民族、中华文化、中国共产党、中国特色社会主义的认同。要在宗教界开展爱国主义、集体主义、社会主义教育，有针对性地加强党史、新中国史、改革开放史、社会主义发展史教育，引导宗教界人士和信教群众培育和践行社会主义核心价值观，弘扬中华文化。

中国宗教历来就与中华文化相融相生。各教自成一体，但只要生在中国，或虽由外传却长在中国，就无一不在中华文化之中潜移默化、春风化雨。以世界三大宗教而论，佛教传入中国两千年来已中国化，提倡"人间佛教"，"不依国主则法事难立"；伊斯兰教在中国一度称"回教"，主张"以儒诠经"，"爱国是伊玛尼（信仰）的一部分"；基督教、天主教在中国，也成了中国人独立自主自办的事业。中华文明从未被外来文化中断，中国宗教特别以爱国为荣；中国历史上从未出现过全国性的政教合一政权，中国宗教习惯以社稷为上；中华民族多元一体，中国宗教自然以"和合"为贵；中国是礼仪之邦，中国宗教大都以伦理为重。

今天提倡宗教弘扬中华文化，与中华文化相融相生，条件更充分，意义更重大。即要用社会主义核心价值观来引领和教育宗教界人士和信教群众，用团结进步、和平宽容等观念引导广大信教群众，支持各宗教在保持基本信仰、核心教义、礼仪制度的同时，深入挖掘教义教规中有利于社会和谐、时代进步、健康文明的内容，对教规教义作出符合当代中国发展进步要求、符合中华优秀传统文化的阐释，使宗教积极与社会主义社会相适应。

今天，何为我国宗教的中国化方向？就是要引导各宗教更好适应我国社会制度、社会道德、社会文化。宗教中国化既要有外在形象，更要有实质内容。

一是适应我国社会制度，在政治上自觉认同。坚持独立自主自办的原则，坚持把中国特色社会主义作为巩固同宗教界和信教群众团结奋斗共同的政治基础的主轴，不断增强对伟大祖国、中华民族、中国共产党、中国特色社会主义的政治认同、情感认同和思想认同。用社会主义核心价值观引导我国宗教，广泛开展爱国主义教育和民族团结进步教育，开展马克思主义祖国观、民族观、文化观等宣传教育，引导宗教界人士和信教群众热爱祖国，拥护社会主义制度，拥护中国共产党的领导，遵守国家法律法规和方针政策，坚持爱国与爱教的统一。

二是适应我国社会道德，在社会上自觉适应。按照"政治上团结合作，信仰上互相尊重"，坚持马克思主义无神论的执政党可以充分发挥持有神论（信仰）的宗教界人士和信教群众的积极作用，鼓励宗教界人士和信教群众利用自己优势、顺应时代发展，积极融入社会，不断探索和拓展发挥积极作用的新途径。

三是适应我国社会文化，在文化上自觉融合。各宗教的教义教规、经典的解释、礼仪、服装、建筑，努力体现中国风格，运用中国文化的表达方式。中华文化浸润着我国各种宗教，包容开放、兼收并蓄，把各宗教放到中华文化的大怀抱中来"化"。坚持我国宗教中国化方向，最核心的是要"积极践行社会主义核心价值观，弘扬中华文化，努力把宗教教义同中华文化相融合"。

坚持宗教中国化方向是渐进的历史过程，并非用强制的方式推进，而是因地制宜、因时制宜、因事制宜，充分尊重宗教界的意愿，发挥它们的积极性和主动性。

中国化的宗教，可以在促进社会和谐发展中发挥一定积极作用。例如，安身立命即"生命的安立"，作为中华文化的传统话题，不仅是儒家的追求，更是儒释道的通义。这一话题可演绎为关于生命的三条约定：热爱生命，追求幸福——这是安身立命的基本约定；尊重生命，道德约束——这是追求幸福的集体约定；敬畏生命，终极关切——这是追求幸福的未来约定。现代化和市场经济不断放大、满足着安身立命的基本约定，但也在一定程度上刺激、放任了个体对物质享受的过度追求，不断洗刷甚至消解追求幸福的集体约定和未来约定。而在中华文化的大怀抱中相融相生两千年的中国佛教则认为，由贪婪驱动的唯利是图是不可持续的。现代人需要从内心深处去控制贪婪，需要学会节制、知足、理性，个人自身和社会都需要免疫力。中华文化可以为我们提供这种免疫力，中国化的宗教则可以为信教群众增强这种免疫力。

中国化的宗教，还可以在促进人类和谐发展中发挥一定积极作用。例如，近代的文艺复兴极大地解放了"人"，但"人"也为自身解放付出了极大的代价。发展颇有冲劲，缺乏平衡功能。人欲不断扩张，节制日渐式微。

好比一部越开越快的汽车，油门不断加大，刹车一再失灵。人类中心主义的极大张扬，使得拜神教转化为拜物教，人变成了欲望的奴隶。德国哲学家叔本华说："人在各种欲望不得满足时处于痛苦的一端，得到满足时便处于无聊的一端，人的一生就像钟摆一样在这两端之间摆动。"英国历史学家汤因比进一步指出，"避免人类自杀之路，在这点上现在各民族中具有最充分准备的，是两千年来培育了独特思维方法的中华民族"。什么是中华民族的"独特思维方法"？就是天人合一，允执厥中，仁者爱人，以和为贵，和而不同，众缘和合。其核心，就是"和"。"礼之用，和为贵，先王之道斯为美。"在中华文化的大怀抱中相融相生的中国宗教，大都赞成和谐、主张和睦，以和为贵。在中华文化的大怀抱中，信教和不信教的群众都应该劝人向善、教人立德、慈悲为怀，己所不欲勿施于人。走向全球化的世界，需要引导全球化的理念，需要"转化冲突"的和解。追求"多元和谐""和而不同"的中国传统文化和宗教，要向世界所传达的理念，正是"和"。居于世界东方的中国，有"和气东来"。面对着不安宁的西方，可"和风西送"。

进一步说，坚持我国宗教中国化传统。借鉴了中国传统宗教观念、政教关系和治理经验中国特色社会主义宗教理论对中国古代宗教治理智慧加以继承和发展。

在我国历史上，历代国家政权均重视通过礼乐教化推动宗教积极融入中国历史文化传统和现实社会环境。如佛教传入中国2000多年，在历代国家政权推动下实现与中国文化高度融合，成为中国传统文化的重要组成部分。伊斯兰教从唐代传入我国，回族等少数民族主要信仰伊斯兰教，历代国家政权均对伊斯兰教的"经堂教育"和"汉译经典"等活动给予支持，帮助其不断实现本土化。近代，广大天主教、基督教信徒也不断地探索中国神学思想建设。中国特色社会主义宗教理论对我国宗教中国化传统加以借鉴和发展，提出深入推进我国宗教中国化，倡导各宗教弘扬中华文化，积极践行社会主义核心价值观，对教义教规作出符合当代中国发展进步要求、符合中华优秀传统文化的阐释等。

在我国历史上，历代国家政权均重视引导宗教围绕服务社会生产生活发挥积极作用。例如，在历代国家政权引导下，中国佛教弘扬利世济生、慈悲济世精神，形成了庄严国土、利益众生、报国土恩、报众生恩等思想观念，形成了具有中国特色的农禅并重的修行方法，在学术研究、文化交流、慈善事业、民间交往等诸多方面发挥了积极作用。特别是近代以来，面对国家蒙辱、人民蒙难、文明蒙尘，中国佛教提出"护国护教""上马杀贼，下马学佛"等进步主张，弘一、圆瑛等一批进步僧人积极支持近代革命运动和抗日救亡运动，抗日战争时期湖南南岳爱国僧人更是结成抗日救国组织直接参与抗战。中国特色社会主义宗教理论对积极引导宗教的传统加以借鉴和发展，提出积极引导宗教与社会主义社会相适应，最大限度地发挥宗教中的积极因素，抑制消极因素，发挥宗教在促进经济发展、维护民族团结、增进社会和谐、发展慈善事业、弘扬传统文化、保护生态环境、开展民间外交等方面的积极作用。

在我国历史上，历代国家政权均注重发扬和而不同、求同化异的文化传统，主张各种思想、信仰和文化形态和谐相处，反对极端排他主义，对宗教整体持宽容、包容态度，基于儒家思想对古代宗教观念进行人文化、伦理化的改造，将宗教信众视为治国理政必须团结依靠的力量。因此，在我国历史上，各宗教都服从于国家政权，各宗教长期共存，促进了中华民族的融合和凝聚。中国特色社会主义宗教理论对团结信教群众的传统加以借鉴和发展，提出构建积极健康的宗教关系，要求引导信教群众与不信教群众政治上团结合作，信仰上相互尊重，共同为实现中华民族伟大复兴的中国梦而奋斗。

在我国历史上，历代国家政权均注重依法治理宗教。北魏孝文帝时期制定《僧制》47条，作为佛教管理法规。唐代制定《僧道格》27条作为宗教管理法规，《唐律》中专门设置了惩治触犯人伦道德宗教人员的法律条疏。宋代把宗教事务纳入礼部统一管理，并继承了唐末五代对佛教清整的政策。元代政府制定《百丈清规》，推动佛教基于丛林制度加强自身建设。明清时期，《大明律》《大清律》都有宗教管理的具体法律条款，对僧官任命、寺院度牒的发放等均有严苛的规定。中国特色社会主义宗教理论对宗教治理法治化传统加以借鉴和发展，提出依法管理宗教事务、提高宗教工作法治化水平、保护信教群众合法权益、增进宗教界人士和信教群众尊法学法守法用法意识等要求，并在政策层面推动宗教事务立法工作不断完善。

（二）提高宗教工作法治化水平

习近平总书记在 2016 年的全国宗教工作会议上指出，做好新形势下宗教工作，必须用法律规范政府管理宗教事务的行为，用法律调节涉及宗教的各种社会关系。习近平总书记在 2021 年的全国宗教工作会议上强调，必须提高宗教工作法治化水平。从依法管理宗教事务到宗教工作法治化，法律规范的内容更为广泛，调节的对象更加全面，对我们在宗教领域贯彻全面依法治国战略提出了更高的要求，为我们正确处理宗教领域各种矛盾和问题指明了根本途径。

宗教界人士和广大信教群众是全面推进依法治国的积极力量。要保护广大信教群众合法权益，使他们认识到遵守法律法规是对他们的最大保护，要提高他们学习法律的自觉性，进一步树立法律意识，增强他们依法依规开展宗教活动的自觉性和主动性。深入开展法治宣传教育，教育引导广大信教群众正确认识和处理国法和教规的关系，提高法治观念。针对一些信教群众也存在法治意识淡薄问题，有的重教规、轻国法，甚至把违法行为当作信仰坚定的表现；有的把宗教身份和宗教问题特殊化，甚至利用宗教聚众滋事的现象，深入开展涉及宗教的法治宣传教育，将涉及宗教的法律法规纳入全国普法内容，将宗教领域普法宣传纳入全国普法规划，深入开展法治宣传教育进宗教团体、宗教活动场所、宗教院校活动，教育引导宗教界人士和信教群众正确认识和处理国法与教规的关系，自觉维护宪法法律权威，增强国家意识、法律意识、公民意识，在法律法规允许范围内开展宗教活动。要坚持法律面前人人平等，无论是什么人、属于哪个民族、信仰什么宗教，只要触犯法律法规，是什么性质就按什么性质处理，绝不允许有法外之地、法外之人、法外之教。要引导他们自觉守法、遇事找法、解决问题靠法，充分发挥他们在法治建设中的积极作用。

提高宗教工作法治化水平，各级党委、政府特别是统战、宗教工作部门要在法治轨道上推进宗教工作，处理宗教问题要做到于法有据，杜绝以个人意志替代法律法规。要按照行政法律法规相关要求，加强宗教领域的执法监督。各有关部门要对宗教事务涉及其他领域的具体事务进行监管，是什么问题就按什么问题处理，能通过法定途径就按法定途径处置，各司其职，齐抓共管。

　　提高宗教工作法治化水平，要完善涉及宗教的法律法规。宗教方面的一般性社会事务，要通过国家一般性的法律法规来调节规范，这也是世界上大多数国家的做法。宗教方面的具体问题，可通过新修订的《宗教事务条例》等法规规章解决，社会其他领域制定法律法规时要考虑和涵盖宗教的相关内容。同时要研究完善有关具体政策，把实践证明行之有效的政策适时上升为法律，努力实现政策与法律的衔接配合。

中国优秀传统文化与人类文明新形态

中华民族拥有在 5000 多年历史演进中形成的灿烂文明。坚持把马克思主义基本原理同中国具体实际相结合、同中华优秀传统文化相结合，用马克思主义观察时代、把握时代、引领时代，有助于建设人类文明新形态。

一、读懂中国的"文化秘诀"

读懂中国，就要读懂中国共产党。这个拥有 9500 多万名党员、领导着 14 亿多人口大国、具有重大全球影响力的世界第一大执政党，一百年来如何与中国人民共同奋斗，书写了中华民族几千年历史上最恢宏的史诗，向世界庄严宣告，中华民族迎来了从站起来、富起来到强起来的伟大飞跃。

读懂中国共产党，就要读懂中华文明、中华文化，读懂中国的"文化秘诀"。

从世界的角度，读懂中国的"文化秘诀"，抓住了三个基本问题，便可提纲挈领：其一，中华文明作为世界唯一不曾中断延续 5000 年的优秀文明，其秘诀何在？其二，为什么说强起来的中国，永远不会有称霸世界的基因？其三，为什么说中国共产党"为中国人民谋幸福，为中华民族谋复兴"，也就是"为人类谋进步，为世界谋大同"？

把这三个问题讲清楚，就正如习近平总书记所要求的："讲清楚每个国家和民族的历史传统、文化积淀、基本国情不同，其发展道路必然有着自己的特色；讲清楚中华文化积淀着中华民族最深沉的精神追求，是中华民族生生不息、发展壮大的丰厚滋养；讲清楚中华优秀传统文化是中华民族的突出优势，是我们最深厚的文化软实力；讲清楚中国特色社会主义植根于中华文化沃土、反映中国人民意愿、适应中国和时代发展进步要求，有着深厚历史渊源和广泛现实基础。中华民族创造了源远流长的中华文化，中华民族也一定能够创造出中华文化新的辉煌。"

第一个问题，中华文明作为世界唯一不曾中断延续 5000 年的优秀文明，其秘诀何在？

中国近代的文化人梁漱溟先生所言，道出了大家的共识，"历史上与中国文化若后若先之古代文化，或已转易，或失其独立自主之民族生命。唯中国能以其自创之文化绵其独立之民族生命，至于今日岿然独存。"那么，这其中究竟有何秘诀？

一言以蔽之，大都包括在中华文化之"天人合一"的"天道"观念中。中华文明讲究天人共生之道，实现天人和谐共生，这是中华儿女代代相传的精神追求。

"天道"是一个不断演化发展的体系，中华民族的思维逻辑建立在人与天地互通、主体和客体统一的思维框架之中。人与天地万物同源同根，人能感悟天道，做到自强不息；也能如大地般容纳万物，实现厚德载物。即所谓"天行健，君子以自强不息；地势坤，君子以厚德载物"。

中国传统文化博大精深，是对中国人的精神、人的心性、人的价值、生命意义、存在方式、生存样态、行为方式、思维方式，以及深沉的民族心理结构产生持久影响，探讨人与神灵、人与自然、人与社会、人与他人、人与自身之间关系的思想文化之总成。用中国哲学的概念来说，就是关于"心性之学"的真学问和"天人之学"的大学问。中华民族的先人历来认为"天"是宇宙万物的主宰，"天意"是不可抗拒的，天人关系即"神人"关系。上天造就万物并赋予其美好的德性，为其制定了法则，《诗经》中有"天生烝民，有物有则。民之秉彝，好是懿德"。《尚书》中则有对尧舜"协和万邦""燮和天下"的记述。中华文化中的儒、道、释三家对此也均有阐述。从儒家看来，仁义礼智本性乃是天的赋予，人通过修德可成贤成圣；从道家看来，修道之心人人都有，返本归真，回归大道；从佛家看来，佛性人人有，佛法无边，慈悲普度众生。由此可见，要达到人与天通的境界，人必须要升华道德，达到更高的标准以达天人合一。儒家讲"致中和"，中是"天下之大本"，和为"天下之达道"，只有中和一致，才能实现"天地位焉，万物育焉"的和谐天下。

　　故宫的保和、太和、中和三个大殿，分别高悬着三块牌匾，告诫统治者以致天下庶民，必须永世传承的中华文化之精华。一曰"皇建有极"，极是指中道、法则，意思是统治者建立政事要有中道，基本是不偏不倚，取中庸之意。二曰"建极遂猷"，意思为统治者承担上对皇天、下对庶民的双重神圣使命，既须承天而建立法则，又要抚民而顺应大道。三曰"允执厥中"，语出《尚书》"人心惟危，道心惟微，惟精惟一，允执厥中"，意思是人心是危险难安的，道心则微妙难明，惟有精心体察，专心守住，才能坚持一条不偏不倚的正确路线。指言行要符合不偏不倚的中正之道。三块警世名言牌匾一以贯之的，正是中华文化之"天人合一"的"天道"观念。陈来先生认为，中国传统文化里边主流的治国理政理念，就是以人为本，以德为本，以民为本，以合为本。与西方近代价值观的不同在于，责任先于自由，义务先于权利，群体高于个人，和谐高于冲突。且"不患寡而患不均，不患贫而患不安"，强调社会和谐，重视公平平等。今天我们要坚持这些"本"与"先"，当然也要关注那些"被先于"的内容；当然也要患寡患贫，更要逐步实现共同富裕。（参见陈来《中华传统文化与核心价值观》，《光明日报》2014 年 8 月 15 日）

　　概而言之，"天人合一、天人相通，民本为上、厚德载物，以仁为本、以和为贵，惟精惟一、允执厥中"的"天道"观念，乃是中华文化生生不息的源头。由此方可"致广大而尽精微，极高明而道中庸"（《礼记·中庸》），展开来就是：道法自然、天人合一，天下为公、世界大同，自强不息、厚德载物，以民为本、安民富民乐民，为政以德、政者正也，苟日新日日新又日新、革故鼎新、与时俱进，脚踏实地、实事求是，经世致用、知行合一、躬行实践，集思广益、博施众利、群策群力，仁者爱人、以德立人，以诚待人、讲信修睦，清廉从政、勤勉奉公，俭约自守、力戒奢华，中和、泰和、求同存异、和而不同、和谐相处，安不忘危、存不忘亡、治不忘乱、居安思危，等等。其中，自尊自信、自强不息的奋斗精神，与时俱进、日新变革的创新精神，崇真求实、经世致用的实事求是精神，天下为公、公而忘私的献身精神，协和万邦、睦邻友好的和平精神等，构成了中华民族博大精深、贯彻始终的精神内涵。

　　《周易》说："夫大人者，与天地合其德，与日月合其明，与四时合其序，与鬼神合其吉凶，先天而天弗违，后天而奉天时。"《礼记》说："凡举事，毋逆天数，必顺其时，慎因其类。"老子则说："人法地，地法天，天法道，道法自然。"《庄子·齐物论》说："天地与我并生，而万物与我为一。"王阳明是天人合一思想的集大成者，他认为人与宇宙是一个整体；人心与万物一体相通，一气流通，原是一体，所以天人合一；万物一体靠"心之仁"才可能，此即"一体之仁"；"一体之仁"使"大人者""视天下犹一家，中国犹一人焉"。

坚持"天道"观念，天人合一，方可"养天地之正气，法古今之完人"。

第二个问题，为什么说强起来的中国，永远不会有称霸世界的基因？

如果按照"修昔底德陷阱"之说，一个新崛起的大国必然要挑战现存大国，而现存大国也必然会回应这种威胁，这样战争变得不可避免；强起来的中国，与世界第一强国美国的竞争，也必然陷入"修昔底德陷阱"。为此2014年1月22日《世界邮报》刊登的对中国国家主席习近平的专访，针对中国迅速崛起后，必将与美国这样的旧霸权国家发生冲突的担忧，习近平明确地说，"我们都应该努力避免陷入'修昔底德陷阱'，强国只能追求霸权的主张不适用于中国，中国没有实施这种行动的基因。"

基因，是内在成因，是根脉，是抗体。正如人长得像自己的父母是有遗传基因，一个国家、一个民族也有自己独特的精神基因，从而形成不同于他国、他民族的人文性格和文化习惯。中华文明长期演进过程中，形成了中国人看待世界、看待社会、看待人生的独特价值体系、文化内涵和精神品质，这是我们区别于其他国家和民族的文化基因与根本特征。"中国没有实施这种行动的基因"，就是出自"天人合一、天人相通，民本为上、厚德载物，以仁为本、以和为贵，惟精惟一、允执厥中"的这个"致广大而尽精微，极高明而道中庸"的"天道"观念。如孙中山说，"盖吾中华民族和平守法，根于天性，非出于自卫之不得已，决不肯轻启战争"。在中国人的哲学中，和平是个人心境的内在修为，也是一种关注黎民苍生的外在超越。这种"根于天性"、出于"修为"、成于"超越"的和平追求，就是中国的文化基因。

"礼之用，和为贵"。中华民族自秦汉时期实现大一统之后，"和"从价值层面跃升为治国理政的重要理念。和平思想已深深地积淀在了中国人的民族性格之中。中华民族历来是一个爱好和平的民族，中华文明历来崇尚"以和邦国""和而不同""以和为贵"。中国《孙子兵法》是一部著名兵书，但其第一句话就讲："兵者，国之大事，死生之地，存亡之道，不可不察也"，其要义是慎战、不战。几千年来，和平融入了中华民族的血脉中，刻进了中国人民的基因里。数百年前，即使中国强盛到国内生产总值占世界 30% 的时候，也从未对外侵略扩张。1840 年鸦片战争后的 100 多年里，中国频遭侵略和蹂躏之害，饱受战祸和动乱之苦。孔子说，己所不欲，勿施于人。中国人民深信，只有和平安宁才能繁荣发展。中国从一个积贫积弱的国家发展成为世界第二大经济体，靠的不是对外军事扩张和殖民掠夺，而是人民勤劳、维护和平。中国人民对战争带来的苦难有着刻骨铭心的记忆，对和平有着孜孜不倦的追求。深知和平是发展之基，发展是和平之本。强起来的中国无论发展到什么程度，永远不称霸，永远不搞扩张，永不谋求势力范围。爱好和平的思想深深嵌入了中华民族的精神世界，今天依然是中国处理国际关系的基本理念。

当然，有"地势坤的厚德载物"，就有"天行健的自强不息"。中国人民是崇尚正义、不畏强暴的人民，中华民族是具有强烈民族自豪感和自信心的民族。中国人民从来没有欺负、压迫、奴役过其他国家人民，过去没有，现在没有，将来也不会有。同时，中国人民也绝不允许任何外来势力欺负、压迫、奴役我们，谁妄想这样干，必将在 14 亿多中国人民用血肉筑成的钢铁长城面前碰得头破血流！

第三个问题，为什么说中国共产党"为中国人民谋幸福，为中华民族谋复兴"，也就是"为人类谋进步，为世界谋大同"？

中国共产党始终把为中国人民谋幸福、为中华民族谋复兴作为自己的初心使命，始终坚持共产主义理想和社会主义信念，团结带领全国各族人民为争取民族独立、人民解放和实现国家富强、人民幸福而不懈奋斗。这是毋庸置疑的。但为什么说，坚持为中国人民谋幸福、为中华民族谋复兴，也就是在为人类谋进步，为世界谋大同？

中国共产党植根的深厚的文化根源，离不开"天人合一、天人相通，民本为上、厚德载物，以仁为本、以和为贵，惟精惟一、允执厥中"的这个

"致广大而尽精微，极高明而道中庸"的"天道"观念。中国共产党当然是马克思主义政党。而中华优秀传统文化中的"天道"观念与马克思主义，就有着许多天然的契合相通之处，其中蕴含着丰富的具有社会主义和马克思主义特征的朴素的思想因素。比如，大道之行、天下为公、大同社会的思想与共产主义理想，废私立公、贫富有度、与天下同利的思想与最终消灭私有制、实现共同富裕的主张，以民为本、以政裕民、安民富民的思想与马克思主义的群众观，万物自生、不信鬼神、重视人事的思想与马克思主义的无神论，以道制欲、不为物使、俭约自守的思想与马克思主义的消费观，克己奉公、集思广益、群策群力的思想与马克思主义的集体主义思想，知行合一、以行为本、知易行难的思想与马克思主义的认识论，道立于两、阴阳共生、物极必反的思想与马克思主义的辩证法之间，都有着天然的契合相通之处。

　　更为重要的是，既然秉持"天人合一"，就要坚定"以人为本"。人民至上，"事人如事天"。中国共产党始终着眼于人民对美好生活的向往，始终坚持全心全意为人民服务的根本宗旨，在改革开放新时期创造性提出"小康社会"的目标，在新时代鲜明提出"人民对美好生活的向往，就是我们的奋斗目标"、积极倡导构建人类命运共同体……这些都得到了马克思、恩格斯关于"无产阶级的运动是绝大多数人的，为绝大多数人谋利益的独立的运动""人的全面自由的发展""生产将以所有的人富裕为目的"等思想的科学指引，也都得到了中华优秀传统文化中"保民、安民、富民、乐民"等思想的滋养。正是因为我们党在把马克思主义基本原理同中华优秀传统文化相结合中，始终着眼于为人民创造更美好、更幸福的生活，马克思主义中国化的理论成果就能为广大人民群众所认同、信服和践行，指引我们这个古老的东方大国创造出人类历史上前所未有的发展奇迹，为当代中国找到了一条实现中华民族伟大复兴的正确道路。中国特色社会主义进入新时代，我国社会主要矛盾转化为人民日益增长的美好生活需要和不平衡不充分的发展之间的矛盾，人民美好生活需要日益广泛，不仅对物质文化生活提出了更高要求，而且在民主、法治、公平、正义、安全、环境等方面的要求日益增长。坚持把马克思主义基本原理同中华优秀传统文化相结合，就要顺应人民群众对美好生活的向往，立足新发展阶段，完整、准确、全面贯彻新发展理念，加快构建新发展格局，推动高质量发展，让广大人民群众共享改革发展成果，不断满足人民群众多层次多样化的需求。

既然深信"天人合一"，必然崇尚天下为公，功在天下。中国的发展不是自私自利、损人利己、我赢你输，中国深信"己欲立而立人，己欲达而达人"。中国致力于推动世界建立更平等均衡的新型全球发展伙伴关系，大家在追求本国利益时兼顾他国合理关切，在谋求本国发展中促进各国共同发展，同舟共济，和衷共济。中国人始终认为，世界好，中国才能好；中国好，世界才更好。

世上没有两片完全一样的树叶，人类的价值观也难免众说纷纭，但既然同为"人类"，就总有相同相通之处，总有全体人类都认同的共同价值观。如果说"以人为本""天下为公"的价值观高不可及，总不会有人公然反对和平、发展。和平与发展是当今时代的主题，也关乎人的生存权发展权。和平是世界人民的永恒期望，犹如空气和阳光；发展是各国的第一要务，是文明存续的有力支撑。无人公然反对公平与正义，这是国际关系的重要准则，也关乎人的尊严。无人公然反对民主与自由，这是现代政治文明的重要内容，也关乎个人的福祉。和平、发展、公平、正义、民主、自由这六大要素，作为全人类共同价值，相互联系、层层递进，相互支撑，形成完整的逻辑链条。

中国人民的价值观和精神世界，既始终深深植根于中华优秀传统文化沃土之中，也完全契合全人类共同价值的逻辑链条。全人类共同价值，又正好体现着中华优秀传统文化的历史厚度。全人类共同价值传承着"天下一家""协和万邦""大道之行，天下为公"等中华文化基因，蕴含着中华民族讲仁爱、重民本、守诚信、崇正义、尚和合、求大同等思想理念。

因此，传承着中华文化"天人合一"基因的中国共产党，必然坚持和弘扬全人类共同价值，必然坚持胸怀天下，坚持大道之行，天下为公。中国共产党始终以世界眼光关注人类前途命运，从人类发展大潮流、世界变化大格局、中国发展大历史正确认识和处理同外部世界的关系，坚持开放、不搞封闭，坚持互利共赢、不搞零和博弈，坚持主持公道、伸张正义。坚持和平发展道路，既通过维护世界和平发展自己，又通过自身发展维护世界和平，同世界上一切进步力量携手前进，不依附别人，不掠夺别人，永远不称霸。中国共产党是为中国人民谋幸福的政党，也是为人类进步事业而奋斗的政党。中国共产党人始终坚守初心，言行一致，坚定不移地倡导和践行和平、发展、公平、正义、民主、自由的全人类共同价值，永远站在历史正确的一边，站在人类进步的一边，推动历史车轮向着光明的目标前进。

二、微言真的有大义

中华优秀传统文化作为历史上人类文明的结晶，蕴含丰富，对于建设人类文明新形态，提供着基本元素和价值支撑。

以荀子的"人性趋恶论"为例，由荀子的"化性起伪"说发端，对当前的市场经济伦理建设，都有启示。

我们一直有个误解，认为孟子主张"性善论"，荀子主张"性恶论"。而"性善"与"性恶"之矛盾，古已有之，中西皆然，判如水火，不可调和。体现在当代市场经济伦理学说中的，就有"斯密悖论"。

如果说亚当·斯密的《国富论》探讨市场经济的经济学基础，那么他的《道德情操论》就在探索市场经济的伦理学基础。在《国富论》中，斯密把人性本恶作为经济学的前提假设，把个人利己主义的利益追求当作人类经济行为的基本动机。他说，"每个个人都努力使其生产物的价值达到最高程度……他通常既不打算促进公共的利益，也不知道他自己是在什么程度上促进那种利益，他只是盘算自己的安全；由于他管理产业的方式目的在于使其生产物的价值达到最大程度，他所盘算的也只是他自己的利益。"在《道德情操论》中，斯密又基于人性本善的假设，把源于人的同情的利他主义情操视为人类道德行为的普遍基础和动机："无论人们会认为某人怎样自私，这个人的天赋中总是明显地存在着这样一些本性，这些本性使他关心别人的命运，把别人的幸福看成是自己的事情，虽然他除了看到别人幸福而感到高兴以外，一无所得。""人总是以利己为出发点，但是，如果每个人都毫无节制地发挥自己利己心的话，社会必将混乱，最终导致毁灭。所幸的是，人的感情是多样的，利他心、慈善心、爱心。"斯密的论述，实际上基于人的既"性恶"又"性善"的"二重属性"，触及了市场人的经济理性与伦理理性的"二律背反"。但他无法解决这个问题。此即所谓"斯密悖论"。

而荀子的"化性起伪"说或"人性趋恶论"，由此发端，显然是有助于超越"斯密悖论"的。

　　通常被人们解读为与荀子对立的孟子的性善论，准确地说其实也是"人性趋善论"。孟子把人性"四端"称为"良知"，但毕竟只是"端"，是萌芽，需要通过教育和修身加以扩充。但孟子讲的良知是人的道德属性。问题是，人怎么与生俱来就有这个"端"，这个道德属性，讲不清楚。倒是后来阳明心学强调"致良知"，多了一个"致"字。"致"包含两层意思，一是行，达到；二是依据，标准。王阳明说，"一语之下，洞见全体，真是痛快，不觉手舞足蹈"。"某与此良知说，从百死千难中得来，不得已与人一口说尽，只恐学着得知容易，把做一种光景玩弄，不实落用处，负此之尔。"其实，准确地理解荀学的"化性起伪"说，早就"一口说尽"，透彻痛快了。

　　在荀子看来，人性是与生俱来、自然而成的人的动物性、生物性，无所谓善恶，但可以趋善也可以趋恶，此其一，关键是"趋"。"性者，本始材朴也；伪者，文理隆盛也。无性则伪之无所加，无伪者性不能自美。性伪合，然后成圣人之名，一天下之功于是就也。"此其二。这里的"伪"，不是现在字面意义上的真假之"伪"，而是象形文字直接表意的"人"与"为"之"伪"。"伪者，文理隆盛也"，人之为之也，此说与孟子强调后天的道德教化、王阳明强调"致良知"的"致"，其实是相通的。不过荀子说得更为简明通透。

　　那么，为什么说荀子的"化性起伪"说，竟然对当代市场经济伦理建设都可以有所启示？

　　我们知道，马克斯·韦伯试图解决市场经济伦理中"性善"和"性恶"冲突的"斯密悖论"。他的晦涩难懂的《新教伦理与资本主义精神》一书，被哈佛大学百名教授奉为经典。韦伯赞美"资本"，主张通过资本运作使钱生钱，赚钱光荣。但他强调赚钱要讲伦理、有美德：一要勤勉劳动，二要依诚信赢得信任、以合法方式赚钱，三要节俭以积累资本并进一步以钱生钱，这就是韦伯说的"资本主义精神"。问题是"人的天性"总是趋向于既要"富起来"，又要少干活；满足"人的欲望"是有钱就要花，有水要快流。韦伯认为，资本主义的衰落，恰是因为这种"人的天性和欲望"导致"资本主义精神"的缺失。怎么抑制"人的天性和欲望"？韦伯惊喜地发现，16世纪脱离罗马天主教的新教的各教派，却"伴随"出一种所谓的"资本主义精神"。他引马丁·路德的说法，"劳动是唯一取悦上帝的方式"。加尔文的"预定论"则进一步说明，辛勤劳动取得工作成就被证明是得到上帝恩宠、列为上帝选民的唯一手段。而财富全是上帝的，人，只是代上帝管理和使用财富，因此"富起来"之后只有节制消费和热心公益，才能得到上帝的青睐。于是韦伯指出，"圣徒们为了证明自己获得上帝的救赎，就要积极地勤劳致富，那么就要把现世的生活彻底理性化，完全受增添上帝的荣耀这个目的支配，他的一切言行都为着上帝的荣耀。"因此，资本主义发展与新教发展聚集区便高度重合，两者"伴随"发展。这里，他用了"伴随"一词，有意回避了"因果关系"的提法，但又忍不住说，"新教伦理不但赋予经济活动以伦理的意义，而且恰恰是由于把经济活动伦理化，而使经济活动理性化，从而导致'资本主义精神'"。韦伯断言，"一个人对天职负有责任乃是资产阶级文化的社会伦理中最具代表性的东西，而且在某种意义上说，它是资产阶级文化的根本基础。"

显然，韦伯用的是宗教伦理的观念，注重的是"宗教信仰"。他把人解决不了的问题，推给了神。

两相比较，就不难看出，如果沿用荀子的"化性起伪"说来解决市场经济伦理问题，其实比韦伯简明通透。

荀子的"化性起伪"说，当然还只是一个朴素的萌芽，但立足点、出发点是"准"的，由此发端，对建设市场经济伦理可以有诸多启示。

启示一，荀子的"人性趋恶论"是孟子的"人性趋善论"的补充和深化。无论"性善"还是"性恶"，关键不在"性"本身的善恶（性本身也无善恶），而在如何"趋"善抑恶。要点在"趋"而非"性"。我不能否认市场经济的起点。每一个经济的个体，都追求利润的最大化，这是资本的本质；每一个真实的个人，都追求利益的最大化，这是自私的本性。这两个起点是市场经济的动力，正是这两个最大化，进入市场经济运作，演出了一部激烈竞争、效率至上的交响曲，从整体上形成推动市场经济不断发展的动力，形成了市场经济优胜劣汰的秩序。但任这两个最大化自然"趋"向的"无限度"追求，又必然导致互相欺诈、物欲横流，市场经济的秩序就无法维持下去。简单地说，一味节制甚至禁止人的欲望，就没有市场经济。不适当和有效地节制资本而任其野蛮增长（今年中央经济工作会议提出了这个问题，要正确认识和把握资本的特性和行为规律，要为资本设置"红绿灯"，要依法加强对资本的有效监管，防止资本野蛮生长），不适当和有效节制人的欲望，而搞得物欲横流，也搞不好市场经济。所以，由荀子的"人性趋恶论"发端，其实可以引出今天迫切需要的大道理、大学问。

启示二，市场经济的伦理建设中"化性起伪"，要把握好底线和边界。在市场经济中，手持利益这把"双刃剑"，身处社会这个共同体，就需要坚守底线、明晰边界，有所为、有所不为。经过了个人利益的觉醒、市场经济的洗礼，如何把欲望冲动与道德追求、把物质富有与精神高尚结合起来，把握好这个底线和边界，关乎社会主义市场经济的成败。

启示三，回头来准确解析荀子的"化性起伪"说，就有新意了。正如牟钟鉴先生的《荀学新论》所说，"荀子讲性恶和化性起伪，一不是指斥欲利本身为恶，二是主张化性而非禁欲"，"荀子不是禁欲主义者，而是养欲主义者，不把礼与欲对立起来，能看到两者的辩证关系，首次提出以礼养欲，比之节欲更具有柔性"。市场经济的伦理建设，如何"化性起伪"？不能靠宗教信仰，必须有理想信念。"不把礼与欲对立起来"，既要坚持铁腕反腐的刚性，也要生出"以礼养欲"的柔性。要使道德成为市场经济的正能量，做到"文理隆盛"，则自然风清气正。

启示四，市场伦理建设，关键在党。中国共产党是在当今世界人口数量最多、经济体量扩增最快、国民财富总量增长最快的国家，大力推动社会主义市场经济发展的执政党，如何防止市场经济负面效应对党员干部的诱惑、对党的肌体的腐蚀，更是我们党必须直面且必须消解的重大难题，是一场新的大考。党的十八大以来，以习近平同志为核心的党中央高度重视党风廉政建设和反腐败工作，全面从严治党不断向纵深推进。党的十九大以来，中央纪委国家监委立案审查调查中管干部 192 人，处分 177 人，已送检察机关 70 人，运用"四种形态"批评教育帮助和处理中管干部 2342 人次（其中谈话函询、提醒批评 2161 人次）。再加上十八大至十九大期间落马的数百名中管干部，数量已经相当多了，确是需要认真"准确把握反腐败斗争阶段新特征"了！为什么在市场经济条件下贪腐屡禁不止，甚至一度来势凶猛？我们在理论上有更为透彻的思考，在实践上也有更强有力的措施。

市场经济的考验，对我们党是全新的、长期的、"富起来"的新考验，是在利益诱惑下如何普遍做到"拒腐蚀、永不沾"的更为复杂的考验。市场经济的法则是经济运行的普遍法则，但不能"普遍"到侵入或浸入党的政治肌体。党如何保持生机活力、如何保持先进性和纯洁性？如何让广大党员干部在市场经济中更好地发挥积极性创造性，既"很想干，很愿干，很能干"，又"不敢腐、不能腐、不想腐"？广大党员干部如何始终做到"忠诚、干净、担当"，不仅"贫困不能屈"，更加"富贵不能淫"？这些问题都需要进一步探索。

在这种探索中，不妨研究和借鉴荀子的"化性起伪"说。

三、呼唤新的文明复兴

在中华民族实现伟大复兴中焕发青春的中国优秀传统文化，呼唤着人类文明新形态中的新的文明复兴。

先看，所谓"守成大国"即当代西方发达国家的崛起，曾经面临怎样的"世情"。

现代化起源于数百年前，西欧历史上发生的一场持续200余年的文艺复兴运动。文艺复兴把"人"从"神"的束缚中解放出来，把生产力从封建社会的束缚中解放出来，带领西欧走出中世纪的蒙昧和黑暗，迎来了现代文明的曙光。文艺复兴是"黑暗时代"的中世纪和近代的分水岭，是使欧洲摆脱腐朽的封建宗教束缚，向全世界扩张的前奏曲。这就是当代西方发达国家崛起所依托的基本"世情"。

再看，文艺复兴带来的生产力解放使当代西方国家发达，但文艺复兴后出现的"三个紧张"又使发达国家的发达难以持续，新兴国家的崛起难走老路。

自文艺复兴以来，近代大国经济的发展，都是以工业化和城市化为基本模式，必然涉及对煤、石油和天然气等不可再生资源的大量需求，以及对市场、对资源不断扩张的需求。近代西方世界在崛起的过程中为满足这种需求，以坚船利炮、圈占土地和奴役他人来掠夺资源。这虽造就了西方世界近代以来的繁荣，也埋下了它与世界其他部分的仇恨，引起如下三个关系的"紧张"，成了生产力进一步发展必须破除的桎梏。

一是人与社会的关系紧张。文艺复兴推动了以资本主义生产方式为基础的、早期现代化进程，形成了以"欧洲体系"为骨架的"世界体系"的初期形态，以世界市场为基础的现代世界体系。但这个市场体系，无疑延续了传统的帝国式殖民体系的政治结构，形成了一批殖民地、半殖民地。孙中山早前就敏锐地发现：欧洲近百年是什么文化呢？是科学的文化，是注重功利的文化，也是行霸道的文化。自欧洲的物质文明发达，霸道大行之后，世界各国的道德，便天天退步。

资本主义生产方式的资本的私人占有与生产社会化的内在矛盾，外化为世界体系的剧烈动荡乃至分裂。两次世界大战、欧洲的危机与革命、亚非拉民族解放运动反映出这个世界体系形成之初，就开始解构。二战后，这个世界体系的中心区域重新整合：从西欧到美国。同时，这个世界体系之外，崛起了一股强大的与之对抗的力量——苏联及社会主义阵营。

冷战以苏联解体告终。其结局说明，文艺复兴推动生产力发展产生的世界体系，是建立在资本运行的劳动分工和世界市场的基础上的。只要世界市场的基本结构及其运行机制仍然是资本主义生产方式主导，超越它的世界体系就建立不起来。但后冷战时代的冲突和危机也显示，随资本主义工业化而来的现代性矛盾，并未因冷战的结束而消除。以伊斯兰复兴运动为背景的伊斯兰激进主义运动，成为对抗西方世界和"现代性"的"文明冲突"，"核威慑"的恐怖，使大国之间不得不寻求相对的"核妥协""核均衡"。

二是人与自然的关系紧张。现代工业文明彻底打破了自然的和谐与宁静，人类成了自然的主人和敌人。人类生存的基本要素：天、地、水、空气都在遭到破坏。天——1906—2005年全球地表平均温度上升了0.74℃。国际公认的气候变化科学评估组织IPCC发出警告，最近50年主要是由于排放二氧化碳等大气温室气体的浓度大幅增加，造成温室效应增强，致使全球气候变暖。地——未经无害化处理的粪便、生活垃圾、废水、有毒有害废物使生态环境日益恶化。水——局部地区水源枯竭，水源污染。空气——H7N9禽流感再次发出警号，莫名疫病正危害人类健康。

美国电影《黑客帝国》感叹："人类不是哺乳动物。因为地球上的每一种哺乳动物都会本能地发展和自然的平衡与周围环境的关系，但是人类并不这样。人类每到一处就拼命扩张，直到耗尽自然资源。人类生存的唯一出路就是扩张到新的地点。地球上只有一种生物与人类相似，那就是病毒。"这是极而言之。

三是人与人的关系紧张。当代西方社会在从"现代社会"向"后现代社会"转型的过程中，"上帝之死"带来了信仰迷茫和精神焦虑。当代中国社会在向现代化转型的过程中，也出现了某些"远离崇高"和"信仰缺失"的精神现象。现代化带来了"迷心逐物"的现代病。人失落了信仰，也就失落了对自身存在意义的终极关怀。无论社会怎么发展，无论经济怎么繁荣，如果放弃了对崇高理想信念的追求，大家都心浮气躁不思进取，心烦意乱不知所从，心高气盛欲壑难填，社会不能和谐稳定，发展又如何协调持续？

综上所述，文艺复兴虽然极大地解放了"人"，但"人"又付出了极大的代价：文艺复兴使"人"从神的束缚中被解放出来，之后人又被神化、异化。

那么，出路何在？

一场新的文艺复兴——新的文明复兴，已躁动于时代的母腹，呼之欲出：它要把过度膨胀的人还原为和谐的人，要建设人与自然和谐、人与社会和谐、人与人和谐的和谐世界。

中华民族的文化传统，因应着促进新的文明复兴的时代要求。中华民族实现民族复兴的伟大进程，肩负着推进一场新的文明复兴的时代使命。迎接这场并不逊色于历史上的文艺复兴的、新时代的文明复兴，中国应该有所作为。

这是基于两点：

一是中国坚持和平发展。汤因比在比较世界各种文明的发展后指出，中国这个东方大国从来没有对其疆域以外表示过帝国主义野心，传统上就是一个大而不霸的国家。"避免人类自杀之路，在这点上现在各民族中具有最充分准备的，是两千年来培育了独特思维方法的中华民族。"这种"独特思维方法"就是天人合一，允执厥中，仁者爱人，以和为贵，和而不同，众缘和合。其核心是"和"，"礼之用，和为贵，先王之道斯为美。"

改革开放以来，中国成功地走出了一条与以往大国崛起不同的和平发展道路，既通过争取和平的国际环境来发展自己，又通过自己的发展来促进世界和平。中国走和平发展道路，不是为了说服谁、取悦谁、欺骗谁，而是基于自己的基本国情和文化传统，基于自己国家的根本利益和长远利益，必须坚定不移的战略抉择。

　　二是中国倡导"新人文主义"。人类文明的交汇已走到量变到质变的临界点，人类危机呼唤人本主义在否定之否定意义上的继承和发扬。新时代对人本主义的呼唤，需要对传统人本精神继承吸收，发扬其积极成果又要革故鼎新。因为西方近代人本主义多强调作为个体的自由与权利，尊重人的本能欲望，催生了迅猛发展的经济，也造就了膨胀的个人。面对第一次文艺复兴遗留下来的膨胀了的个人，新的文明复兴，将建造和谐的人。它既巩固第一次文艺复兴人本主义积极成果，又要对其过分的运用有所克制。

　　人类社会发展先后经历了罗马时期西塞罗人文主义、14—16 世纪文艺复兴和启蒙时代的人文主义、18 世纪德国人文主义、当代西方"新人文主义"。但"新人文主义"并不是西方文明的专利。五千年中华文明积淀了十分厚重的人文理念："刚柔交错，天文也。文明以止，人文也。观乎天文，以察时变。观乎人文，以化成天下。"（《易经》）深厚的中国传统文化资源，加上当代中国大力贯彻"以人为本"为核心的科学发展观，顺应时代、借鉴创新、改革开放，在中国特色社会主义理论话语体系中，在人口最多的发展中大国的实践中，最广泛最深刻地凸显了"新人文主义"。

　　当西方文明以霸权的形式推行其价值观的时候，我们需要新型的人与社会的关系；当传统的工业文明发展导致生态危机的时候，我们需要新型的人与自然的关系；当西方文明过分强调物质、商业和市场利益的时候，我们需要新型的人与人的关系。这种新型关系的潮流，就是新的文明复兴；这种新型关系的旗帜，就是"新人文主义"。

　　中国优秀传统文化有助于建设人类文明新形态。在中华民族实现伟大复兴的进程中，我们要高举起促进"新的文明复兴"的大旗，把握住"新人文主义"的话语权；高举起"人类和平、世界和谐"的大旗，站立在构建"新型大国关系"的制高点；使冷战战略、冷战思维彻底成为历史，为推动人类可持续发展作出积极贡献；同时，也就为中华民族赢得和延长实现伟大复兴、重新跻身于世界民族之林的战略机遇期。

（原载《中央社会主义学院学报》2022 年第 2 期）

弘扬中华民族协和万邦的天下观

习近平总书记在主持中央政治局第三十九次集体学习时指出："中华文明自古就以开放包容闻名于世，在同其他文明的交流互鉴中不断焕发新的生命力。"在中华文明史上，协和万邦的理念一脉相承，集中体现着中国人特有的天下观。

中华文明是在同其他文明不断交流互鉴中形成的开放体系。亲仁善邻、协和万邦是中华文明一贯的处世之道，天下一家、世界大同是中华民族源远流长的思想传统。《尚书·尧典》中讲："克明俊德，以亲九族。九族既睦，平章百姓。百姓昭明，协和万邦。"这里所说的尧之"德"，是要让家族和睦；家族和睦之后再协调百姓，也就是协调各个家族之间的关系，以实现社会和睦；社会和睦之后再协调各邦国的利益，让各邦国都能够和谐合作。其中的"协和万邦"，在今天可以理解为协调不同国家之间的关系，促进各个国家相互尊重、相互合作、共同发展。

习近平总书记指出："以和为贵、和而不同、化干戈为玉帛、天下大同等理念在中国世代相传。"协和万邦的天下观，蕴涵"和气"、氤氲"和风"，彰显中华文明源远流长的"和"文化。《中庸》有云："中者，天下之大本也；和者，天下之达道也。""和"文化是中华文明的精髓所在。"和"的核心精神，是相互承认、彼此尊重、和谐圆融。"和"的基础，在于和而不同、互相包容，求同存异、共生共长。"和"的途径，是以对话求理解，和睦相处；以共识求团结，和衷共济；以包容求和谐，共同发展。"和"的佳境，是各美其美、美人之美、美美与共、天下和美。

协和万邦的天下观，与各国人民对美好世界的追求相契合。西方近代人本主义思潮强调人作为个体的自由与权利，强调尊重人的本能欲望，这虽然促进了资本主义经济迅猛发展，但也带来个人主义的膨胀。今天，个别西方国家奉行自我优先的单边主义、保护主义、霸权主义，从某种程度上就是西方人本主义极端化的表现。当今时代，各国是相互依存、彼此融合的利益共同体，不能牺牲他国利益来谋求一己之利。人类文明百花园绚烂多彩，不同文明各有千秋，应坚持弘扬平等、互鉴、对话、包容的文明观，以文明交流超越文明隔阂，以文明互鉴超越文明冲突，以文明共存超越文明优越。因此，协和万邦的天下观在今天仍然闪耀着智慧光芒。

习近平总书记强调："在5000多年的文明发展中，中华民族一直追求和传承着和平、和睦、和谐的坚定理念。"在协和万邦的天下观感召下，以和为贵，与人为善，己所不欲、勿施于人等理念在中国代代相传，深深植根于中国人的精神中，充分体现在中国人的行为上。在处理对外关系时，中华民族积极开展对外交往通商，而不是对外侵略扩张；秉持保家卫国的爱国主义，而不是开疆拓土的殖民主义。古代中国长期是世界强国，但中国对外传播的是和平理念，输出的是丝绸、茶叶、瓷器等丰富物产。中国走和平发展道路，不是权宜之计，更不是外交辞令，而是从对历史、现实、未来的客观判断中得出的结论，是思想自信和实践自觉的有机统一。今天的中国，传承和弘扬协和万邦的天下观，既通过争取和平的国际环境来发展自己，又通过自己的发展来促进世界和平，以宽广胸怀理解不同文明对价值内涵的认识，尊重不同国家人民对自身发展道路的探索。事实证明，中国走和平发展道路，不是为了说服谁、取悦谁、安慰谁，而是基于自己的基本国情和文化传统，基于全人类的根本利益和长远利益作出的正确抉择。

协和万邦的天下观，蕴含着民胞物与、立己达人、家国一体、天下大同等中华优秀传统文化智慧，具有深刻的现实意义。当今世界正经历百年未有之大变局，大变局中充满不确定性。在诸多不确定性中有一点是确定的，这就是人类前途命运的休戚与共前所未有，各国相互联系和彼此依存比过去任何时候都更频繁、更紧密，整个世界日益成为你中有我、我中有你的命运共同体。中国坚定不移扩大开放，扎实推动共建"一带一路"高质量发展，既发展了自己，也造福了世界。把中华文明中协和万邦的理念讲深讲透，可以让世界看到中国推动人类共同发展、共享未来的积极贡献，不断为构建人类命运共同体凝聚共识、汇聚合力。

（原载《人民日报》2022年6月20日）

每个时代都有处理三大关系的方式和智慧

——读刘新成副主席在【漫谈群】的发言有感

刘新成副主席带领全国政协文化文史和学习委员会的调研组，深入贵州进行"加强传统村落保护与利用"考察调研，这段话讲得太深刻、太到位了！他说："后代一定比前代更有知识，但后代却不一定比前代更有智慧。智慧是什么？统而言之，它是处理人与自然、社会和自我三大关系的理念和能力。每个时代的人都有处理这三大关系的方式，其精华便是智慧。时代不同，处理这三大关系的理念与办法会有不同，但这并不意味着后代就比前代处理得更好，也就是说后人并不一定比前人更有智慧。因此明智的后人懂得向前人学习智慧，这就是传统之用！"

我们必须尊重文化传统，学习文化传统，"明智的后人懂得向前人学习智慧，这就是传统之用！"我们的文化传统中，中国先人的智慧中，就包含着"周虽旧邦，其命维新"（《诗经》）。中国这样一个有着深厚文化传统的泱泱大国、文明古国，在实现中华民族伟大复兴的进程中，可以对人类作出新的较大的贡献。

不可否认，数百年前，西欧历史上发生了一场持续 200 余年的文艺复兴，带领西欧走出中世纪的蒙昧和黑暗，迎来了现代文明的曙光。现代科学的发展、地理大发现、民族国家的诞生等都得益于文艺复兴中倡导的人本精神。文艺复兴是"黑暗时代"的中世纪和近代的分水岭，是使欧洲摆脱腐朽的封建宗教束缚，向全世界扩张的前奏曲。"这是一次人类从来没有经历过的最伟大的、进步的变革，是一个需要巨人而且产生了巨人——在思维能力、热情和性格方面，在多才多艺和学识渊博方面的巨人的时代。"（恩格斯）文艺复兴把"人"从"神"的束缚中解放出来，把生产力从封建社会的束缚中解放出来。"人"的作用空前放大了，可以上天入地，呼风唤雨，转化基因，试管造人……文艺复兴及其后的工业革命，为西方的崛起乃至后来的世界现代化潮流，奠定了基础。

但"时代不同，处理这三大关系的理念与办法会有不同，但这并不意味着后代就比前代处理得更好，也就是说后人并不一定比前人更有智慧。"文艺复兴解放了的"人"又过度膨胀了，其"处理这三大关系的理念与办法"已危机四伏，难以为继：

——"人"对自然过度开发，环境污染破坏，大流行病持续大规模地折磨人类；

——"人"对社会为所欲为，霸权、霸凌、霸道在世界上越演越烈；

——"人"对"人"损人利己、尔虞我诈，继美国放出的次贷危机一度引爆席卷全球的金融危机后，美国又设下"代理人战争"的圈套，把欧洲绑在战车上一起厮打俄罗斯，以维护自己的世界霸权，核战的阴影已经显现。

美国电影《黑客帝国》感叹："人类不是哺乳动物。因为地球上的每一种哺乳动物都会本能地发展和自然地平衡与周围环境的关系，但是人类并不这样。人类每到一处就拼命扩张，直到耗尽自然资源。人类生存的唯一出路就是扩张到新的地点。地球上只有一种生物与人类相似，那就是病毒。人类是地球的癌症，是瘟疫。"

如此埋怨就有出路吗？不，如果说文艺复兴使"人"从神的束缚中被解放出来，之后人又被神化、异化、走向自身的反动，甚至成为"病毒"，时代就呼唤着一场新的文艺复兴，必须把过度膨胀的人还原为一个"和谐"的人，必须建设一个人与自然和谐、人与社会和谐、人与人和谐的新的"和谐世界"。"每个时代的人都有处理这三大关系的方式，其精华便是智慧。"

中华民族的文化传统，中华文化的智慧传承，中国共产党领导的中国人民的文化自信，因应着这个时代要求。英国的历史学家汤因比说过，"避免人类自杀之路，在这点上现在各民族中具有最充分准备的，是两千年来培育了独特思维方法的中华民族。"什么"独特思维方法"？是天人合一，允执厥中，仁者爱人，以和为贵，和而不同，众缘和合。中华民族实现民族复兴的伟大进程，肩负着这个时代使命，这就是在百年未见之大变局中，展开一个不逊色于历史上的文艺复兴的、新时代处理三大关系的新方式和新智慧，在兴起一场新时代的"文艺复兴"。

中国在稳步推进民族伟大复兴的进程中，自觉坚持以人为本，全面、协调、可持续的科学发展观，致力于构建人类命运共同体，这体现了中华文化的深邃智慧，涵盖了新的文艺复兴的核心思想内涵——人类社会的全面发展、和谐发展、科学发展，自觉地因应着新的时代要求，肩负着新的时代使命。

每个时代的人都有处理三大关系的方式和智慧。"周虽旧邦，其命维新"，中国正为全人类展开新的方式，贡献新的智慧。

"文化自信"与"文化他信"

中华民族有优秀的传统文化，今天又在大踏步迈向伟大的民族复兴。因此，我们最有资格讲"文化自信"。

不过，文化自信不仅在于自己的决心有多大，声音有多高，历史有多久，块头有多大，还在于人家是否信服，有没有"他信"；在于我们有多大本事，争取"他信"。当今时代，面对百年未有之大变局，面对各种思想文化更加频繁的交流交融交锋，谁占据了文化发展制高点，谁就能够更好地在激烈的国际竞争中掌握主动权。我们要努力到全世界去讲"中国故事"，传播"中国声音"，像习近平总书记要求的那样，"加强对中国共产党的宣传阐释，帮助国外民众认识到中国共产党真正为中国人民谋幸福而奋斗，了解中国共产党为什么能、马克思主义为什么行、中国特色社会主义为什么好。"

到国外讲中国，就要了解国外民众的思维方式和习惯，因势利导，讲好故事。特别要善于针对不同的国外民众对中国、对中国共产党的疑虑，释疑解惑，摒弃偏见，而不是硬说我"就是能""就是行""就是好"。我们"自信"是自信了，却不能赢得"他信"。他们抱住成见、偏见不放，结果只能"对牛弹琴"。

笔者多年前作为中国国家宗教局局长去美国访问。美国的民众大都信仰基督教，他们从西方媒体的宣传，对中国共产党的宗教政策充满偏见。偏见比无知更远离真理，偏见比万水千山更阻断交流。怎么对他们"宣传阐释"？除了摆事实，也得讲道理。我告诉他们，中国共产党的宗教信仰自由政策是深刻、真诚、一贯和牢固的。

深刻：中国共产党对宗教问题有深入思考，认为尊重宗教信仰自由与主张辩证唯物论并不冲突。中国共产党主张的辩证唯物论认为物质是第一性的，从这个意义上讲，与宗教唯心论是不同的；但"物质的第一性"中，包含着承认客观事物存在、发展和变化有其内在规律等观点，认为任何违反客观存在、客观过程的内在规律的外部干预，任何对复杂问题的简单处置，都是有害的。宗教作为一种社会现象具有漫长的历史，在社会主义社会也将长期存在，有其自身发展的客观规律。尊重宗教信仰自由，是基于对客观存在、客观过程、客观规律的尊重。

真诚：中国共产党全心全意为人民服务，一切努力都是为了实现和维护广大群众的基本权利，这些权利体现在诸多方面，当然也包括人民群众对自己宗教信仰的自由选择权利。中国主要有佛教、道教、伊斯兰教、天主教和基督教等宗教，信教民众近 2 亿人，宗教教职人员近 40 万人，他们当然都是为促进社会和谐发挥积极作用的基本力量。中国共产党坚持以"政治上团结合作、信仰上互相尊重"的原则处理同宗教界的关系，同宗教界的爱国统一战线不断巩固。

一贯：中国尊重宗教信仰自由有深厚的历史文化传统作基础。中国文化主张以和为贵，求同存异、兼容并蓄，社会对宗教持包容态度。中国各宗教在发展过程中历来与中国优秀传统文化相融合、与社会发展现实需求相适应。今天，中国宗教界坚持宗教中国化方向，践行社会主义核心价值观，弘扬中华民族优良传统，积极探索符合中国国情的宗教思想，努力对宗教教义教规作出契合国情和时代要求的阐释。"礼之用，和为贵，先王之道斯为美。"凡在中国的宗教，都认这个理、服这个理、守这个理。信教与不信教，各美其美，美人之美，和睦相处，美美与共。

牢固：中国尊重宗教信仰自由有宪法和法律作保障。宪法明确规定："中华人民共和国公民有宗教信仰自由"。中共十八大以来，在以习近平同志为核心的党中央坚强领导下，全面推进依法治国，把宗教工作纳入国家治理体系，用法律调节涉及宗教的各种社会关系，中国特色社会主义法律体系不断完善。2017 年修订公布的《宗教事务条例》，强化了对公民宗教信仰自由和宗教界合法权益的保障，依法规范政府管理宗教事务的行为，增加了维护国家安全和社会和谐的内容。宗教信仰自由权利保障的法治化水平不断提高，政府对宗教事务的管理更加规范，对广大信教公民合法权益的保护更加全面有力。国家采取措施遏制宗教极端主义传播、蔓延，同时特别注意防止把暴力恐怖活动、宗教极端主义与特定民族或特定宗教联系在一起。

言之高下在于理,道无古今唯其时。中国尊重宗教信仰自由的深刻、真诚、一贯和牢固的特点,既有现实的理由也有历史的根据,既是理性的抉择更有法律的保障。这是一个主张无神论的政党,一个贯彻政教分离原则的政府,在维护宗教方面人权的问题上,为世界作出了具有特殊意义的贡献。

习近平总书记强调,"中华优秀传统文化是中华文明的智慧结晶和精华所在,是中华民族的根和魂,是我们在世界文化激荡中站稳脚跟的根基",当然也是我们赢得"他信"的根基。从中国文化阐释"人类命运共同体",就抓住了当代人类之所想、所急、所欲的好题目、大文章。中国文化在此中,有好戏可唱,有好路可走。

今天,人类文明的交汇已走到量变到质变的临界点,人类危机呼唤人本主义在否定之否定意义上的继承和发扬,呼唤一场新的文明复兴。它要继续人的解放,但也要把过度膨胀的人改变成和谐的人。它要继续促进发展,但要实现各国相互尊重、平等相待,合作共赢、共同发展。它要保障人类的安全,但应该实现共同、合作、可持续的安全。一言以蔽之,就是"人类只有一个地球,各国共处一个世界",这一次新的文明复兴,应该建设"人类命运共同体",这是时代的要求,人类的共同关切。

中华民族实现民族复兴的伟大进程,肩负着融入推进一场新的文明复兴的时代使命。迎接这场并不逊色于历史上的文艺复兴的新时代的"文艺复兴",中国应该有所作为。一位叫胡适的学者,还并非共产党人,近百年前就曾作此判断,现在看来是确实的。他说,"缓慢地、平静地、然而明白无误地,中国的文艺复兴正在变成一种现实。这一复兴的结晶看起来似乎使人觉得带着西方色彩。但剥开它的表层,你就可以看出,构成这个结晶的材料,在本质上正是那个饱经风雨侵蚀而可以看得更为明白透彻的中国根底——正是那个因为接触新世界的科学、民主、文明而复活起来的人文主义与理智主义的中国。"

中华民族的文化传统,因应着这个时代要求,回答着这个共同关切。汤因比说,"避免人类自杀之路,在这点上现在各民族中具有最充分准备的,是两千年来培育了独特思维方法的中华民族。"这种"独特思维方法"就是天人合一,允执厥中,仁者爱人,以和为贵,和而不同,众缘和合。其核心是"和","礼之用,和为贵,先王之道斯为美"。

这样"斯为美"的文化,这样推陈出新的文化,这样促进建设"人类命运共同体"的文化,正是今天中国文化"走出去"的新招牌和精气神,是"讲好中国故事"的题中应有之义,是"传播好中国声音"的最动听感人的声音。

在"人类命运共同体"的时代交响中共振、共鸣,中国文化既有自信也有他信,在他信中更有自信。

（原载《人民政协报》2022 年 7 月 7 日第 3 版）

要防止富起来和强起来进程中
可能产生的"颠覆性风险"

——《博览群书》之"政协委员读书成果谈"

　　《博览群书》总编董山峰来信："大家很重视这篇文章，有的发朋友圈比我还要早。"

　　全国政协委员读书活动，经过两个月"防控疫情读书群"的"试水"阶段，于 4 月 23 日世界读书日暨我国全民阅读日正式启动第一阶段，至 7 月 3 日"综合线下交流会"再开启新阶段，作为全国政协推动学习型社会建设、提高委员履职水平的实际行动，也是适应常态化疫情防控、创新履职方式的重要举措，初步形成了线上线下相结合、读书履职相促进的良好局面，委员读书活动取得了阶段性成果。

　　我作为全国政协文化文史和学习委员会副主任，从 3 月中旬响应动员进入"试水"群，到后来被任命为"读书活动指导小组副组长"，要到各读书群去"漫游"，至今正好百日，我也有幸成为这"阶段性成果"百花园中的一片树叶、一棵小草、一朵小花。

　　在"书香政协"这样一个最善于读书的群体里读书，在社会主义民主协商这样一个专门机构里读书，在理性建言、知识咨政这样一个特殊平台上读书，思想的闪电随处可见，头脑的风暴时有爆发。特别是各读书群的"群主"，每天都在辛勤地笃学、劝学、导学、助学，却谦称自己是为委员读书服务的"店小二"。我这个"副组长"，充其量也就是跟在各群主后面跑腿、吆喝的"小跑堂"。但也不仅是光吆喝，"店"里那么多美酒佳肴，吆喝之余也不禁驻足观望，举杯对饮，忍俊不禁，日日跟读，朝惕夕虑，昼夜不息，于是时而有感而发，形式长短不拘，每日写一两则，晒到读书群里参与讨论。其中有些体会，过去也多少有所谈及和思虑，但这次读书确有新启发、新感悟，忍不住一吐为快。恰逢百日，积累百篇，集腋成裘，汇总成册，形成这本由中央党校出版社出版的《在"书香政协"里的百日漫游——叶小文读书笔记》。现在，又着手编辑第二本——《处处书友遍地书——"政协委员读书漫谈群"笔记》，30余万字，将由文史出版社出版。

《在"书香政协"里的百日漫游》也是30余万字，所收的不同角度的读书笔记，其实都聚集于一个焦点：防止中华民族复兴进程中的颠覆性风险。

习近平总书记2019年9月3日在中央党校讲话指出："中华民族伟大复兴，绝不是轻轻松松、敲锣打鼓就能实现的，实现伟大梦想必须进行伟大斗争。在前进道路上我们面临的风险考验只会越来越复杂，甚至会遇到难以想象的惊涛骇浪。我们面临的各种斗争不是短期的而是长期的，至少要伴随我们实现第二个百年奋斗目标全过程。"

我们中华民族站起来、富起来、强起来的历史性伟大飞跃，也可以说是一个动态平衡、巨大无比的"生命的稳态"工程，要防止从内部、从外部、从内外结合部产生的各种"稳态失衡的系统性风险"。

保持稳态是"生命的法则"，但稳态乃是矛盾的特殊性和相对性的存在形式，不断打破稳态的风险，不管你高兴不高兴、看见没看见，它就在那里，它总在那里，乃是矛盾的普遍性和绝对性的存在形式。我们只能在对立统一的矛盾运动中不断调节，在自身内部环境与外部的互动中不断适应，才能实现稳态，保持稳态。

这种风险又属于一种高级别的"颠覆性风险"。它是不会一蹴而过的，是要一浪接一浪、后浪推前浪地扑过来的，是不以人的意志为转移的，是"勿谓言之不预"的，否则何以要标志为最高级别的风险，否则何以有颠覆14亿人民伟业的危险。它有时是"山雨欲来风满楼"，但只要众志成城，尚可"挽狂澜于既倒"；有时却虽只现蛛丝马迹，却也会如"风起于青萍之末"，不要说麻痹大意，哪怕只是一时疏忽就可能错过时机，就只能付出更为沉重甚至更为惨痛的代价。

一代人有一代人的责任，作为以"为民族谋复兴，为人民谋幸福"为初心为使命的我们这一代中国共产党人，如果因为没有应对好"颠覆性风险"而栽了跟斗甚至被"颠覆"，我们何颜告慰先烈先贤，我们何以面对后世后人？

要防止"富起来"进程中内部可能产生的"颠覆性风险"

富起来，我们理直气壮。邓小平说，"贫穷不是社会主义"。改革开放以来，党中央提出鼓励一部分地区一部分人先富起来的政策，逐步实现共同富裕。习近平总书记说，人民对美好生活的向往，就是我们的奋斗目标。党的十九大明确，"中国特色社会主义进入新时代，我国社会主要矛盾已经转化为人民日益增长的美好生活需要和不平衡不充分的发展之间的矛盾"。这些，如一言以蔽之就是，14亿中国人要"富起来"。富起来，就要搞市场经济。

市场经济存在着"二律背反"：一方面，资本追逐利润，个人追求利益，导致拜金主义泛滥，排斥道德；另一方面，社会追求公平、整体要求正义，导致市场要求自律，呼唤和遵守道德。我们搞市场经济，也会面临"富起来"后的这个难题。如果不去正视市场经济中道德调节的"二律背反"难题，如果不经意间搞得金钱至上、诚信尽失、劣币驱除良币，乃至腐败丛生、积重难返，市场经济的正常秩序就难以为继。

诺贝尔经济学奖得主诺思曾有言：自由市场制度本身并不能保证效率。一个有效率的自由制度，除了需要一个有效的产权和法律制度相配合之外，还需要在诚实、正直、合作、公平、正义等方面，有良好道德的人去操作这个市场。如何建立我们自己的社会主义的现代市场经济发展所需要的"市场伦理"，把"富起来"的诉求，把"资本"增长的冲动，与"勤劳""诚信""节俭""不害人、坑人"的仁德建构成功嵌合，激发勤劳致富、不断创新的活力，倡导爱国守法和敬业诚信，抑制拜金主义、享乐主义、极端个人主义的泛滥，建立"不想腐、不敢腐、不能腐"的机制，促进扶贫济困、礼让宽容的人际关系，形成勤勉做事、平实做人，守信光荣、失信可耻的社会氛围，构建传承中华传统美德、符合社会主义精神文明要求、适应社会主义市场经济的道德和行为规范，实在是我们"富起来"过程中需要探索和解决的大课题。

今天，我们正在理直气壮地走向"富起来"，在大力发展市场经济中实实在在地"富起来"。尤其是跳出"均贫富"的困境，鼓励一部分人、一部分地区先富起来，促进先富带后富，实现共同富裕，卓有成效地"富起来"。

14 亿人走向"富起来"的图景如此波澜壮阔，当然不会，也不可能是只去"想象着一个朦胧的远景"。当然应该有，也必须会有我们实实在在的、清晰管用的"市场伦理、致富伦理、经济伦理、社会伦理与社会主义精神"。但市场经济中道德调节的"二律背反"，是悖论，也蕴含着调节"生命的稳态"的规律，是明明白白摆在那里的。我们党从夺取政权到长期执政，是一场历史考验。从领导和驾驭计划经济到领导和驾驭市场经济，也是一场历史考验。各级党员干部从以清贫为本色、与人民群众同患难，到以致富为追求带领人民群众奔小康，更是一场历史考验。党的工作要以经济建设为中心，无论从宏观调控到各项经济活动的组织、推进和监督，党的各级组织、广大党员全面参与市场经济，又必须防止市场经济负面的诱惑和腐蚀。如何自觉抵制商品交换原则对党内生活的侵蚀？如何把权力关进制度的笼子里，尤其是把支配资本的权力关进法制的笼子里？一个以利益关系为基础的社会价值体系和作为其反映的价值观念体系，必须回应全社会的利益关切。对于发展市场经济过程中社会上业已出现的道德滑坡、信任缺失、腐败时现的现象，如果不能对症下药、刮骨疗伤，而束手无策任其病入膏肓，整个社会的核心价值观就没有说服力、缺乏生命力。

我们建设的是社会主义市场经济。因此，只有让社会主义核心价值观，与现代市场体系以及相应的社会结构更加紧密契合，才能够对准人们思想的共鸣点、群众利益的交汇点而生生不息。培育和践行社会主义核心价值观，要落实到成功建立现代市场经济发展所需要的"市场伦理""经济伦理""社会伦理"和"致富伦理"。这决定了与人们生产生活和现实利益密切相关的具体政策措施，需要注重经济行为和价值导向的有机统一，经济效益和社会效益的有机统一，从而实现市场经济和道德建设良性互动。需要建立完善相应的政策评估和纠偏机制，防止出现具体政策措施与社会主义核心价值观相背离的现象。需要形成有利于弘扬社会主义核心价值观的良好政策导向、利益机制和社会环境。让社会主义核心价值观接地气，必须解决好厚德载物、厚德载市场经济的问题。总之，一步步"富起来"的过程中，要考虑"二律背反"与贫富差距结构性的存在。更需要看到，一个社会贫富差距的不断拉大，会引发巨大的社会风险。我们应该努力，在唯物史观的指导下，激活中华传统文化的优秀精神基因，建立适应社会主义市场经济的道德和行为规范，建立"君子厚德以载市场"的人文环境。

要防止"强起来"进程中外部遭遇的"颠覆性风险"

强起来，道理很明确，不强就站不住，不强就站不稳，甚至还会重新倒下。中国给自己强起来设定的"规定动作"，是强起来在世界上也永不当头、不称霸，始终致力于建设稳态的人类命运共同体，寻求的是和平崛起，着眼点是"开放的世界"。开放意味着多样化人类活动以及多种文化的相互尊重，这与坚持中国特色并不矛盾。

当今世界说得最多的，莫过于"修昔底德陷阱"论。现代有政治学家就断言有个"修昔底德陷阱"定律：一个新崛起的大国必然要挑战现存大国，而现存大国也必然会回应这种威胁，这样战争将变得不可避免。

"修昔底德陷阱"论，是与"生命的法则"相对立的伪法则、伪理论。我们可以不信，但不能不防别人传。正如病毒的危险在于可以不断增强传染性，"人传人，传死人"。政治病毒的危险，也在其传染性，人云亦云，人传亦传，同样是"人传人，传死人"。我们切不可掉以轻心。

习近平主席曾向世界呼吁，"我们都应该努力避免陷入修昔底德陷阱，强国只能追求霸权的主张不适用于中国，中国没有实施这种行动的基因。""中华民族历来是一个爱好和平的民族，爱好和平的思想深深嵌入了中华民族的精神世界，今天依然是中国处理国际关系的基本理念。"

今天，在"硬实力""软实力"之说后，我们不妨来个新提法——"暖实力"。经历了这次新冠肺炎病毒大灾难的寒冬，全球都会看到，究竟谁才有"暖实力"。疫情是全球性危机，不应是全球化危机。未来中国要做的，是进一步争取全球化信任，让人类命运共同体理念成为"暖实力"。

如果发达的总想遏制发展的，天下只许我发达，不容人发展，只能自找麻烦，徒增烦恼。如果发展的总是与发达的对着较劲，闷着头生气，也会引来麻烦，徒增干扰。

发达的，要有那么一点"包容性增长"的胸怀；发展的，要有坚持和平发展、科学发展的定力。地球只有一个，你要发达，我要发展，当然难免竞争。但竞争中还要合作，还要控制竞争、发展合作。竞争，不是固守冷战思维，不是去支持和加剧各种形式的动荡和地缘政治冲突，从中谋利，不是在病毒来袭时先忙着"甩锅""病急不投医""狗急乱咬人"，而是总能够"以和为贵"，在对抗加剧时也能以实力避免，缓解对抗，在对抗不断时也能致力于在不同领域和不同层次扩大和深化利益汇合点，寻求合作。

我们是在走向全球化的新秩序、新潮流中崛起，在与全世界、与大自然和谐发展的新格局、新天地中复兴，这就出现了必须面对"非对称风险"的新挑战、新难题。如果光是中国一家来对付，就叫作"非对称风险"。我们不能只按"利益最大化"的逻辑出牌，独揽风险，而要以"提高自己健康演进的几率，避免系统性毁灭"的理性，共担风险；还要按照"利益攸关"的原则，用我们的话来说就是在国际上也"善于团结一切可以团结的力量，调动一切积极因素"，来对抗"非对称风险"。

今天的中国，不当头，也不会做附庸。不当"老大"，也不是"老二"。不惹谁，也不怕谁。不会损人利己，也不会吞下损害 14 亿人民根本利益的苦果。既然风险是非对称的，就应用非对称的办法去应对。经济实力的非对称，把我国自己的经济发展好，是最好的应对之策；科学技术的非对称，关键技术买不来，要像"两弹一星"一样，牢牢把科技命脉握在自己手中；军事力量非对称，毛泽东军事思想讲得好，"你打你的，我打我的"，以劣胜优是我们的制胜法宝；战略格局的非对称，"一带一路"倡议就是大道，你拉"富家子弟"，我靠"穷朋友、小朋友"，照样撑起一片天。中国作为一个发展中的大国，当然要为亚太地区乃至世界的共同发展繁荣，尽力尽责，携手同行；但也当然要量力而行，承担自己应该且能够承担的国际义务；更要韬光养晦，埋头把自己的事情办好，加快转变经济发展方式，争取更为协调、平衡、可持续地发展。

中国优秀传统文化中，"以和为贵"是透彻的法则，"上善若水"有深刻的智慧。人与自然的和谐相处是人类社会发展的前提。中国文化提倡天人合一，要"与天地合其德，与日月合其明，与四时合其序"；要将"仁"的精神推广及于天下，泽及草木禽兽有生之物，天地万物人我一体，天地人合德并进，圆融无间。人可以认识自然，在与自然的和谐相处中谋生存、求发展；人不能破坏自然，有的古文明由盛而衰，就是对自然肆意开发和掠夺导致自然惩罚人类，酿成文明悲剧。

人与人之间的和睦相处是社会文明的重要标志，也是国家长治久安、国之相交相好、世界和平发展的基础。中国文化主张与人为善，推己及人，求同存异，以达到人际关系的和谐。孟子说"天时不如地利，地利不如人和"，只要人们和睦相处，什么困难都能克服。要真正实现人与人之间的和睦，就需要发展社会生产力，消除贫穷与落后，使人们过上富裕的生活；就需要实现社会的公平与正义，坚持法律面前人人平等，尊重和保障人权；就需要提倡不同民族、不同信仰的人们相互包容、相互尊重、与人为善、以邻为伴。

可以说，"和"是中国历史文化的特征向量，古代先哲的生命信仰和思维基础。"和"的思想，反映了事物总是在对立统一的"稳态"中生存和发展的普遍规律，因而能够与时俱进、与时俱丰。中国的儒、释、道思想中都含有"和"。"和"的精神，是一种承认，一种尊重，一种感恩，一种圆融。"和"的基础，是和而不同，互相包容，求同存异，共生共长。"和"的途径，是以对话求理解，和睦相处；以共识求团结，和衷共济；以包容求和谐，和谐发展。"和"的哲学，是"会通"，既有包容，更有择优；既有融合，更有贯通；既有继承，更有创新，是一以贯之、食而化之、上善若水、美而趋之。"和"的佳境，是各美其美，美人之美，美美与共，天下和美。

中国共产党要实现中华民族的伟大复兴，要"以和为贵"，去"建设一个新世界"，不仅要继续"全世界无产者联合起来"，还要"建设人类命运共同体"。这，就是立足于更基础、更深厚、更广泛的中国文化自信和文化自觉，立足于现阶段实现中华民族复兴伟大斗争实践的中国马克思主义的新发展；是马克思主义的基本原理与中国革命实际相结合、与"百年未遇大变局"相结合而与时俱进、与时俱丰、与时俱新、与时永在的新境界。

世界日益全球化、多极化，给了我们难得的崛起、发展和复兴的战略机遇期。防止中华民族复兴进程中的"颠覆性风险"，可以在推进和实施"建设人类命运共同体"这一艰苦卓绝的大方略中去化解。运用"利益相关、风险分摊"的大智慧，谋我中华民族的伟大复兴。

今天，社会主义中国巍然屹立在世界东方，没有任何力量能够撼动我们伟大祖国的地位，没有任何力量能够阻挡中国人民和中华民族的前进步伐。

（本文选自《博览群书》2021年第1期"政协委员读书成果谈"专栏，现题为《博览群书》编者所加）

做人　做官　做事

今年七十有二，过了孔夫子说的"不逾矩"之年。连续当了五届全国政协委员（因工作需要，历任近15年国家宗教事务局局长，7年中央社会主义学院党组书记），至本届结束，最后任期将至。恰值虎年，我又属虎，总该说点什么吧。

虽已"垂垂老矣"，还要再次用伟人来激励自己。记得有人这样评价王阳明，"凡聪明敏捷，能洞察秋微，又能妙计频出者，是为有智之人；天真恻怛、感愤人间之不幸、感慨国家之悲运者，是为有情之人；豪情勇猛、处事不惊，临大敌而无所惧者，是为有意之人。"王阳明自幼读书就立志要做圣人，果然其一生立言、立功、立德，皆居绝顶。我等凡人，只能望其项背，做不了这样的圣人。但欲做一个"有情、有智、有意"之人，当毕生追求、趋而行之。这样高的境界，尽管达不到，回顾人生，其实有三个"矩"，是要始终不渝遵循的。

做人，要勤读书

做人，要做好人、高人、新人，摆脱平庸的人，就要勤读书。

怎么做一个好人？要读书。"为什么读书便能学得做一个高境界的人呢？因为在书中可碰到很多人，这些人的人生境界高、情味深，好做你的榜样……他们是由千百万人中选出，又经得起长时间的考验而保留以至于今日，像孔子，距今已有二千六百年，试问中国能有几个孔子呢……为什么我们敬仰崇拜他们呢？便是由于他们的做人。"钱穆说，"假如我们诚心想学做人，'培养情趣，提高境界'，只此八字，便可一生受用不尽。"怎么做一个高人？要读书。习近平总书记说："各级领导干部要深刻认识现代领导活动与读书学习的密切关系，深刻认识领导干部的读书学习水平在很大程度上决定着工作水平和领导水平，真正把读书学习当成一种生活态度、一种工作责任、一种精神追求，自觉做到爱读书读好书善读书，积极推动学习型政党、学习型社会建设。"

怎么做一个新人？要读书。进入"互联网＋"的时代，不能读死书，死读书。所谓"互联网＋"，就是"互联网＋各个传统行业"，利用信息通信技术以及互联网平台，让互联网与传统行业进行深度融合，创造新的发展生态，促进创业创新、协同制造、现代农业、智慧能源、普惠金融、公共服务、高效物流、电子商务、便捷交通、绿色生态、人工智能，形成若干新产业模式。今天，要善于在"互联网＋"的大趋势中，在经济发展的新常态中，创造性地读书。如果"互联网＋读书"呢，会不会也创造奇迹？

怎么做一个摆脱平庸的人？要读书。"阅读的最大理由是想摆脱平庸……平庸是一种被动而又功利的谋生态度。平庸者什么也不缺少，只是无感于外部世界的精彩，人生历史的厚重，终极道义的神圣，生命含义的丰富。而他们失去的这一切，光凭一个人有限的人生经历是无法获得的。"余秋雨说，"只有书籍，能把辽阔的空间和漫长的时间浇灌给你，能把一切高贵生命早已飘散的信号传递给你，能把无数的智慧和美好对比着愚昧和丑陋一起呈现给你。区区五尺之躯，短短几十年光阴，居然能驰骋古今，经天纬地，这种奇迹的产生，至少有一半要归功于阅读。"

天下谁人不读书，到了政协书更香。我作为全国政协委员，从 2020 年至今，每天都沉浸于政协委员读书活动之中。书香政协品书香，养浩然之气；政协书院悟书韵，修资政之德。

习近平总书记在 2020 年 4 月全国政协委员读书活动启动之际作出重要指示，强调全国政协开展委员读书活动很有意义。希望运用好读书活动这个载体，组织广大政协委员勤读书、读好书、善读书，努力提高思想水平和能力素质，并努力带动和影响各界别群众开展读书活动。两年来，全国政协以"互联网＋读书"的形式，已连续组织 9 期委员读书活动，共创建 129 个线上委员读书群，2100 余名全国政协委员登录政协书院，覆盖全部 34 个界别，遍布 31 个省区市，参与率达 98%，发言量超过 58 万条，浏览量近 296 万人次。委员读书活动在加强思想政治引领、广泛凝聚共识、提升委员履职能力、助力专门协商机构建设方面发挥了重要作用。我们常说政协在国家治理体系中的地位，不是靠说了算，而是靠说得对。政协委员是说得对，要读书；说得好，读好书；说到位，多读书；讲硬话，硬读书。百战归来再读书，腹有诗书气自华。"黄叶地，露华浓。老城东。故人依旧，鹤发谈笑，硬语盘空。""硬语"喻政协委员履职建言的凌空回响掷地有声。"硬语"之中多"硬核"，阵阵书香溢政协。

我是全国政协委员读书活动指导组副组长，职责所系，要到各读书群去"漫游""督学"。在书香政协这样一个最善于读书的群体里读书，在社会主义民主协商这样一个专门机构里读书，在理性建言、知识咨政这样一个特殊平台上读书，思想的闪电随处可见，头脑的风暴时有进发。特别是各读书群的"群主"，每天都在辛勤地笃学、劝学、导学、助学，却谦称自己是为委员读书服务的"店小二"。我这个副组长，充其量也就是跟在各"店小二"后面跑腿、吆喝的"小跑堂"，是"大王叫我敲锣打鼓来巡山"的"小妖精"。但也不仅是光巡山吆喝，"店"里那么多美酒佳肴，吆喝之余也不禁驻足观望，忍俊不禁，尝一筷子，举杯对饮，讨论切磋。于是日日跟读昼夜不息，朝惕夕虑有感而发。每日写一两则，形式长短不拘，不时晒到读书群里参与讨论。其中有些体会，过去也多少有所谈及和思虑，但这次读书确有新启发、新感悟，忍不住一吐为快。两年多来集腋成裘，汇总成册，先后出版了三本书：《在"书香政协"里的百日漫游——叶小文读书笔记》（中央党校出版社），《处处书友遍地书》（中国文史出版社），《读书漫谈群一年日记（2020—2021）》（人民出版社），每本均30余万字。还将再出版两本：一本是《寻珠望海楼》（人民出版社），60余万字；另一本是《小文论丛》（中国社会科学出版社），50万字。

做官，有座右铭

做官，要做一心为民能干事，少干不干糊涂事的好官，就要"白天走干讲，晚上读写想"。

白天走干讲：走下去、干起来、讲出水平。走，毛泽东在《反对本本主义》中说："迈开你的两脚，到你的工作范围的各部分各地方去走走，学个孔夫子的'每事问'。"走，不仅要开动双脚，还要开动脑筋，不能走马观花，"葫芦掉进井里，还是在水上漂着"。干，就是实践。纸上得来终觉浅，绝知此事要躬行。干部干部，先干一步。讲，是领导干部向广大人民群众讲解和宣传党的方针政策，动员、组织群众的重要手段。能不能讲、会不会讲，是否不念稿子也能讲，往往体现出一个领导干部的水平。我们有的干部，与新社会群体说话，说不上去；与困难群众说话，说不下去；与青年学生说话，说不进去；与老同志说话，给顶了回去。稿子一放下，套话一说完，"主客便只好默默地相对，逐渐沉闷起来。"数年前，为了挫败"台独"势力阴谋策划的"入联公投"，我几次应台湾高僧邀请，到台湾数万人的群众集会上发表即席演讲，一概不拿稿子，受到热烈欢迎。

晚上读写想：耐心读、勤于写、创造性地想。读，过了学生时代，没有专门时间读书，也没有老师督着你读书，就看自己愿不愿挤出时间读书。再忙，睡前总能挤一小时。关键是耐得住寂寞，稳得住心神，便可以进入另一个美妙的世界，从读书中获得心灵的充实和内心的愉悦。写，是反映客观事物、表达思想感情、传递知识信息的创造性脑力劳动过程。读书是学习，摘抄是整理，写作是创造。邓小平同志讲过："用笔领导是领导的主要方法，这是毛主席告诉我们的。凡不会写的要学会写，能写而不精的要慢慢地精。"习近平总书记希望，应"通过更多有筋骨、有道德、有温度的文艺作品，书写和记录人民的伟大实践、时代的进步要求，彰显信仰之美、崇高之美"。想，学而不思则罔，思而不学则殆。朱熹说："读书有三到，谓心到、眼到、口到。心不在此，则眼看不仔细，心眼既不专一，却只漫浪诵读，决不能记，记不能久也。三到之中，心到最急。心既到矣，眼口岂不到乎？"

走干讲与读写想，相辅相成。读写想是坐而思，走干讲是起而行。白天光阴似金，最宜多走多干多讲；夜晚沉寂幽静，更适勤读勤写勤想。坚持走干讲，才能读得透、写得深、想得远；不懈读写想，才能走得实、干得好、讲得准。

白天走干讲，晚上读写想，夜以继日，累也不累？其实进入这样一种生活方式，便不难体会孔夫子的那股豪迈："子在川上曰：逝者如斯夫，不舍昼夜！"

白天走干讲，晚上读写想，周而复始，烦也不烦？其实会另生出一番快乐的滋味。享受工作，一心一意，忙并快乐着；享受生活，一茶一书，闲并快乐着；享受天伦，一生一爱，爱并快乐着。

　　白天走干讲，晚上读写想，积以时日，我就写出了若干文章，拿去发表。在《中国社会科学》杂志上发表了三篇论文。在各种报刊上发表的文章，有近20篇被《新华文摘》杂志转载。结集出版了《望海楼札记》《小文百篇》《宗教七日谈》《多视角看社会问题》《化对抗为对话》《把中国宗教的真实情况告诉美国人民》《从心开始的脚步》《宗教问题怎么看怎么办》《中国破解宗教问题的理论创新和实践探索》《多元和谐的中国宗教》《做"四有"县委书记》《文明的复兴与对话》等书。现在大都上网，这类书的读者不会多，但总还有人关注。有领导鼓励，"小以见大，文以见长，自成一体，贵在有恒"。有领导来信："小文大作，每每拜读，感慨良多。言简意赅，有彩无华，实不多见。"鼓励之后，留了个作业题："我常想'是大家常说家常'，也一直想找到上对，终不得，求教为盼。"

　　我回信说："人民出版社为我出过一本《小文百篇》，其后我又发表了近百篇。拟凑够250篇之数后，再集一本，或名《小文二百五》，既有'小文的250篇小文'之意，也想说明：学海无涯，天外有天；佳作无穷，读之汗颜。我虽笔耕不辍，杂论一番，其实捉襟见肘，败笔时现。充其量，还只是个'二百五'而已。唯有学习再学习，努力再努力，突破'二百五'，进入新境界。"当然，毕竟没人喜欢"二百五"，人民出版社后来出的是《小文三百篇》。

　　至于那个对子，对成"凡才子夜读子夜，是大家常说家常"。夜读子夜，就是"晚上读写想"；常说家常，就是"白天走干讲"。

做事，求高境界

　　做人、做官的价值，在于做事，如王阳明所说，总要在"事上练"。做事的高境界是，通过心外无物，心即理，塑造人生乃至民族之大气象；通过知行合一，事上练，增长人生乃至民族之大智慧；通过致良知，以应万事，构建人生乃至民族之大境界。

　　做官，业已退休；做人，即将到头。做事，还有可为吗？我喜欢希腊一句谚语，"老了，再重新做一回孩子"。"思想人生"当一切归零，从头开始。"盈缩之期，不但在天。养怡之福，可得永年"。

　　我追求的新境界，来自阳明学，如钱穆《阳明学概述》所言："王学的萌芽，他所倡良知的根柢，是有生命的，有活力的，是那样地执着，那样地跳脱，从多方面的兴趣、很复杂的经历中流变而来的。他有热烈的追求，有强固的抵抗，他从恳切的慕恋里，转换到冷静的洗伐，又从冷静的洗伐里，转换到恳切的慕恋。他狂放地奔逐，他彻悟地舍弃。他既沉溺，又洒脱。""若忘了他的实际生活，空来听他的说话，将永不会了解他说话的意义。若空听了他的说话，又忘了你自己当身的实际生活，那便更不会了解他说话的一番真义所在了。"

　　而做事的高境界，归结起来，即阳明先生所言，"且知且行，且行且知"，"知是行的主意，行是知的功夫。知是行之始，行是知之成。"

把全面从严治党要求体现在
党领导经济工作之中

加强党对经济工作的全面领导，是我国经济发展的根本保证，是习近平经济思想的重要内容。党的领导要在经济工作中得到充分体现，党对经济工作的全面领导要得到加强、确保落实，就要切实把党领导经济工作的制度优势转化为治理效能，不断提高党领导经济工作科学化、法治化水平，增强党领导经济工作专业化能力，同时，还必须把全面从严治党要求体现在党领导经济工作之中，将正风肃纪反腐与深化改革、完善制度、促进治理、推动发展贯通起来。

中国共产党的长青之道，就是始终坚持进行彻底的自我革命，始终勇于直面问题、善于解决问题。党的二十大报告强调："全党必须牢记，全面从严治党永远在路上，党的自我革命永远在路上，决不能有松劲歇脚、疲劳厌战的情绪，必须持之以恒推进全面从严治党，深入推进新时代党的建设新的伟大工程，以党的自我革命引领社会革命。"我们必须深刻认识到，党面临的执政考验、改革开放考验、市场经济考验、外部环境考验将长期存在。面对市场经济带来的严峻复杂考验，深入推进全面从严治党，提高党的自我净化、自我完善、自我革新、自我提高能力，有其特殊的重要性和紧迫性，必须在加强党对经济工作的全面领导中探索实现自我革命的有效路径。

一、从制度上制约权力

发展社会主义市场经济是我们党的一个伟大创造。实现全体人民共同富裕，必须加快完善社会主义市场经济体制，充分发挥市场在资源配置中的决定性作用，更好发挥政府作用。党的领导要在经济工作中得到充分体现，从宏观调控到各项经济活动的组织、推进和监督等，都要面对市场经济考验。

市场经济具有二重特性。一方面，市场经济有利于推动生产力发展、促进社会整体财富积累；另一方面，市场经济的存在和发展不可避免地带有一定的自发性和盲目性，会强化市场主体的功利性，出现唯利是图、损人利己、互相欺诈等问题，造成两极分化。

加强党对经济工作的全面领导，坚持把人民放在心中最高的位置，坚持在发展中保障和改善民生，坚决防止两极分化，坚定不移走共同富裕的道路，实现更高质量、更有效率、更加公平、更可持续、更为安全的发展，就要防止市场经济负面影响对党员的诱惑、对党的机体的腐蚀，防止出现因权力与资本勾连导致的腐败。这是我们党必须面对的新情况、必须解决的新问题。

党的十八大以来，以习近平同志为核心的党中央高度重视党风廉政建设和反腐败工作，健全党中央统一领导、各级党委统筹指挥、纪委监委组织协调、职能部门高效协同、人民群众参与支持的反腐败工作体制机制，扎紧防治腐败的制度笼子，形成了一整套比较完善的党内法规体系和反腐败法律体系，全面从严治党不断向纵深推进，反腐败斗争取得压倒性胜利并全面巩固。但还要看到，腐败存量仍没有完全消除，增量还在发生，并且呈现出权钱交易更加隐蔽、资本和权力深度勾连、一些领域系统性腐败突出等新的阶段性特征。

习近平总书记强调，"要坚持用制度管权管事管人，抓紧形成不想腐、不能腐、不敢腐的有效机制，让人民监督权力，让权力在阳光下运行，把权力关进制度的笼子里"。要通过增强制度刚性，完善权力监督制度和执纪执法体系，确保各项法规制度落地生根，加强对权力运行的制约和监督，坚决治理政商勾连破坏政治生态和经济发展环境，坚决防止领导干部成为利益集团和权势团体的代言人、代理人，深化整治权力集中、资金密集、资源富集领域的腐败，打造河清海晏的政治生态。

二、从思想上固本培元

习近平总书记在"不忘初心、牢记使命"主题教育总结大会上的讲话中深刻指出："古人说：天下之难持者莫如心，天下之易染者莫如欲。一旦有了'心中贼'，自我革命意志就会衰退。"在党长期执政和市场经济的条件下，各种弱化党的先进性、损害党的纯洁性的诱惑无时不有，各种违背初心使命的危险无处不在，如果不严加防范、及时整治，久而久之必将积重难返，小问题就会变成大问题、小管涌就会沦为大塌方，消极腐败就会猖獗横行。

全面建设社会主义现代化国家，实现新时代新征程各项目标任务，关键在党。如何使我们党永葆先进性和纯洁性，防范被瓦解、被腐化的危险，这是一个重大的理论问题和现实问题。市场经济的考验，是在利益诱惑下如何普遍做到"拒腐蚀、永不沾"的更为复杂的考验，是党的建设需要着眼和面对的现实问题。把全面从严治党要求体现在党领导经济工作之中，必须从思想上固本培元，提高党性觉悟，增强拒腐防变能力，涵养富贵不能淫、贫贱不能移、威武不能屈的浩然正气。要坚持不懈用习近平新时代中国特色社会主义思想凝心铸魂，全面加强党的思想建设，加强理想信念教育，引导全党牢记党的宗旨，自觉做共产主义远大理想和中国特色社会主义共同理想的坚定信仰者和忠实实践者。同时，也要深入研究，如何从中华优秀传统文化中汲取培育和弘扬社会主义核心价值观的丰厚滋养，构建传承中华传统美德、符合社会主义精神文明建设要求、适应社会主义市场经济发展的道德和行为规范。

三、确保党不变质不变色不变味

党的二十大报告指出："经过不懈努力，党找到了自我革命这一跳出治乱兴衰历史周期率的第二个答案，确保党永远不变质、不变色、不变味。"

"不变质、不变色、不变味"，是针对党面临的市场经济考验来说的。这是因为，如果承受不住市场经济的考验，就会带来潜移默化之变。这一重要提醒和要求，是为了防范量变到质变。读懂其深意，对于我们在市场经济的考验中始终坚持党要管党、全面从严治党，增强全面从严治党永远在路上的政治自觉，着力建设德才兼备的高素质干部队伍，具有十分重要的现实意义和深远的历史意义。

市场是经济活动的基础，要在确保市场秩序可控、经济运行稳定的状态下果断行动，既刮骨去腐，也对症给药，既标本兼治，也激浊扬清。既要善于把"不敢腐、不能腐、不想腐"一体推进，努力取得更多制度成果和更大治理成效，还要一体推进建立广大党员、干部"很想干、很能干、很愿干"的体制和机制。

打铁必须自身硬。新的征程上，党如何保持生机活力、如何保持先进性和纯洁性？如何让广大党员干部既"很想干、很能干、很愿干"，又"不敢腐、不能腐、不想腐"？如何让广大党员干部始终做到"忠诚、干净、担当"？对这些问题，在理论上要有更为透彻的思考，在实践上要有更强有力的措施。我们必须继续推进新时代党的建设新的伟大工程，坚定不移推进党风廉政建设和反腐败斗争，坚决清除一切损害党的先进性和纯洁性的因素，清除一切侵蚀党的健康肌体的病毒。要在保持反腐倡廉高压态势，把严的基调长期坚持下去，保持强大的正风肃纪反腐力量常在的同时，使鼓励干事创业担当的体制机制制度化常态化，充分调动广大党员干部的积极性创造性，从而在坚持反腐倡廉、实现风清气正的基础上，把党对经济工作的全面领导落实得更好，把社会主义市场经济搞得更好，推动经济高质量发展，向着共同富裕的目标不断前进。

（原载《经济日报》2022 年 10 月 24 日理论版）

以"钢已多，气更足"来坚定不移地
走和平发展道路

——10月28日"周周论学"中【战略
对话学友谈】的一场讨论

习近平总书记在党的二十大报告中指出，"当前，世界之变、时代之变、历史之变正以前所未有的方式展开，人类社会面临前所未有的挑战。世界又一次站在历史的十字路口，何去何从取决于各国人民的抉择。"这是在深入分析研判形势基础上，作出的重大战略判断，进一步丰富了"世界百年未有之大变局"科学论断的思想内涵，为认识把握世界发展趋势、战略演变格局和国际秩序变革指明了方向、提供了遵循。

在昨天的"周周论学"读书线下研讨会上，【战略对话学友谈】群主戚建国委员，作了题为《从战略和全局上认识把握百年大变局》的报告：

提出要运用大历史观去认识把握大变局，运用大战略观去认识把握大变局，运用大变革观去认识把握大变局；

剖析世界历史发展进程的百年之变，全球一体化的百年之变，世界多极化的百年之变，国际战略力量和权力格局的百年之变，战略地缘政治的百年之变，世界安全威胁的百年之变，美国霸权秩序的百年之变，全球治理体系的百年之变；

指出要认识把握美国战略转型的本质。美国霸权主义感受到前所未有的冲击，带来极端民粹主义上升，在这样的政治环境下，对外政策越来越强硬，集中呈现出新型帝国主义的新特征，综合运用"美军＋美元"的综合实力，强行推动遏制战略，其侵略性、寄生性、腐朽性、垂死性更加强化，对抗性、搏杀性、疯狂性、冒险性更加凸显，美国对华政策制定者是在做最后决战的准备，美国印太战略就是其决战的重要抓手。美国对华战略的调整，不是竞争性合作或合作性竞争的策略调整，而是资本主义和社会主义两条道路、两种制度、两种阶级力量的殊死搏斗。要认识把握美国战争形态演变的特征。战争界限更加混合模糊，战争有时处在似战非战、似武非武的灰色地带，摩擦无时不有、冲突无处不在；安全威胁更加混合多元，潜在对手复杂化，既包括传统国家，又包括非国家组织、宗教集团，甚至超能个人的暴力集团；作战样式更为混合多类，除军事战外，政治战、外交战、法律战、舆论战、心理战、金融战，甚至资源战、能源战、生态战、生物战、基因战等混合运用；作战力量更加混合多样，正规力量与民间力量并用、微软与弓箭共存，隐形技术人体炸弹并举，作战手段从尖端技术到一般技术、从精确武器到大刀长矛，从大规模毁灭到恐怖袭击，力求实现非对称作战效果；战场构成更为混合多域，在物理域和认知域同时进行的全频谱战争，将在传统战场、非传统战场和社交民意战场同时展开。混合战争正在成为美国对华战略的重要组成部分。

可以预见我们的主要战略对手很可能会将下一场混合战争的目标盯向我们，这值得高度战略警觉。

世界正处于百年未有之变局，时代环境发生了深刻变化，战略博弈手段和战争形态都在发生重大变化，但帝国主义就是战争的历史结论没有改变，国际金融垄断资本主义的帝国主义本质特征没有改变，帝国主义亡我之心不死的战略图谋没有改变，美国争霸主导世界的战略野心没有改变，帝国主义必然灭亡、社会主义必然胜利的历史趋势没有改变。要统筹谋划国家安全战略。坚持国家总体安全观，坚持国家利益至上，以人民安全为宗旨、以政治安全为根本、以经济安全为基础、以军事科技文化社会安全为保障、以促进国际安全为依托，统筹外部安全和内部安全、国土安全和国民安全、传统安全和非传统安全、自身安全和共同安全，以新安全格局保障新发展格局。一要分析安全威胁。统筹谋划国家安全战略和发展战略，这是一个巨大的系统工程，事关人类社会生存发展，事关国家民族生死存亡，必须高度关注。

接着，王卫星委员，作了题为《"共生、共守、共融、共兴"实现祖国完全统一——学习党的二十大报告体会》的报告。

　　他提出，党的二十大报告在讲台湾问题时，"血脉相连""深入协商""融合发展""心灵契合""造福台湾同胞""和平统一""民族复兴"等重要理念，层层展开、环环相扣，揭示了两岸"共生""共守""共融""共兴"的和平统一新规划、新路线，是贯彻落实新时代党解决台湾问题总体方略的规划蓝图。"共生"是两岸和平统一的逻辑起点，"共守"是两岸和平统一的基本条件，"共融"是两岸和平统一的主要路径，"共兴"是两岸和平统一的最终目标。它们相互联系、相互作用，共同构成了两岸关系未来发展的坐标图，两岸和平统一的方向标。

　　论坛进行了热烈的讨论。

　　大家认为，站起来、富起来、强起来的中国，有战略定力，更有战略实力。如果说当年的抗美援朝一战，我们在朝鲜半岛，以"钢少气多"战胜了"钢多气少"的美帝国主义。今天，我们正以"钢已多，气更足"，在家门口等着一切敢于来犯之敌。中国人民从来没有欺负、压迫、奴役过其他国家人民，过去没有，现在没有，将来也不会有。同时，中国人民也绝不允许任何外来势力欺负、压迫、奴役我们，谁妄想这样干，必将在 14 亿中国人民用血肉筑成的钢铁长城面前碰得头破血流！"台独"势力胆敢以身试法，我们必将采取断然措施。外部势力胆敢玩火挑衅，我们必将迎头痛击。

　　百年未有之大变局中的一个大变量，就是今日之中国，要以"钢已多，气更足"来坚定不移地走和平发展道路！

迎接市场经济挑战　走好新的赶考之路

党的二十大报告强调："全党必须牢记，全面从严治党永远在路上，党的自我革命永远在路上，决不能有松劲歇脚、疲劳厌战的情绪"。在这条坚韧不拔、永不停歇的路上，正面临一场市场经济挑战的大考。

一、从制度上制约权力与资本

为什么在反腐高压态势下，仍然存在不收敛不收手的现象？

作为执政党，领导干部是拥有权力的管理者，今天的用权、施政、管理，甚至治国理政的大事，都要围绕经济建设展开，经济建设又是在市场经济、资本运作中进行的。在这里，资本与权力相遇了。不受制约的权力难免腐败，绝对不受制约的权力有可能绝对腐败。当权力调控市场，当权力与资本相遇，不受制约的权力，难免导致普遍性、塌方型的腐败。资本不断扩张的冲动和权力不断膨胀的欲望结合，会使得道德的界限丧失，使得法律的界限模糊，甚至成为马克思主义所严厉批判的垄断资本主义，彻底走向党和人民的反面。

习近平总书记一再强调，必须"坚决防止权力和金钱相结合"，要"把权力关进制度的笼子里"。二十大报告直击要害：要坚决治理政商勾连破坏政治生态和经济发展环境。坚决防止领导干部成为利益集团和权势团体的代言人，代理人。深化整治权力集中、资金密集、资源富集领域的腐败，打造河清海晏的政治生态。

二、从思想上落实固本与培元

市场经济与道德建设存在一个"二律背反"：一方面，资本追逐利润，个人追求物质利益，导致拜金主义——排斥道德；另一方面，社会追求公平，市场遵守规则，道德要求自律——要求道德。尤其共产党人应该始终是全社会的道德楷模。正是这种"二律背反"从两端形成的强大张力，使得"两面人"等现象出现。

办好中国的事情，关键在党。要在市场经济中不断保持党的先进性和纯洁性，不断防范被瓦解、被腐化的危险，就必须在思想上固本培元。

三、在队伍建设上确保不变质不变色不变味

党的二十大报告指出，"经过不懈努力，党找到了自我革命这一跳出治乱兴衰历史周期率的第二个答案，确保党永远不变质、不变色、不变味。"

我们还要警惕和防止一种"变味"：在全面从严治党的高压之下，在党员干部普遍高度注重廉政建设之中，一些地方悄然出现变了味、走了样的倾向。诸如"不落腰包、不留痕迹"的隐形腐败，"为官不为、不愿担当"的庸政懈怠，"空喊不干、不干无错"的形式主义，"照搬照转、空谈空转"的官僚主义，"数豆子的比种豆子的还多""动辄得咎、不动最好"的种种奇形怪状，都是对反腐倡廉的消极对抗，是"变了味"的腐败和腐朽，是必须清除的公害。不干，半点马列主义也没有。

市场是经济活动的生态基础，不可以有分秒间断，不可能把经济活动停下来再整党治党。必须在确保市场秩序可控、经济运行稳定的状态下果断行动，既刮骨去腐，也对症给药；既标本兼治，也激浊扬清。理论要透彻，措施要透底；共产党人的道德高地要坚守；不变质、不变色，还要加一条不变味。要善于把"不敢腐、不能腐、不想腐"一体推进，努力取得更多制度新成果和更大治理成效，还要与建立广大党员、干部"很想干、很能干、很愿干"的体制和机制相辅相成、一体推进，激励干部敢于担当，积极作为。

在自我革命、从严治党中，我们伟大的党一定能战胜市场经济的挑战，杜绝腐败变质的危险，走好新的赶考之路，永葆生机活力。

（2022 年 11 月 3 日列席全国政协常委会小组会上的发言）

唐诗中的酒文化

　　第十一届中国（贵州）国际酒类博览会，于秋高气爽之日隆重开幕。正如贵州省省长所说，酒博会历经十多年，已经成为具有贵州风格、中国特色、世界水平的知名展会。

　　会知名，酒更知名。"世界白酒看中国，中国白酒看贵州"。贵州作为中国酱酒大本营，白酒无疑是贵州省一张靓丽的名片，白酒产业成为贵州产业结构里重要的组成部分。特别是茅台酒，走遍全世界，都在夸茅台。

　　酒知名，文化更销魂。名曰"酒博会"，会之堪"博"，在酒好客多，也在文化厚重。贵州的好酒，连着文化，浸润文化。比如，全世界都闻名茅台酒，也都知道红军经此长征的历史传奇。茅台酒与中国革命的历史机缘，进一步提升了茅台河谷酱香型酒的文化内涵品质，革命与美酒，英雄与美酒，伟人与美酒，在贵州频频汇集。现在，贵州县县通高速，立交大桥如彩虹，美景与美酒，美人与美酒，美好与美酒，又在这里相遇相融。贵州，历史传奇，名震八方。贵州，地灵人杰，世代飘香。贵州，醉美多彩，心旷神怡。贵州，快速发展，后来居上。

　　贵州是酱香型白酒的发源地和主产区。贵州省独特的自然环境、悠久的酿酒历史、精湛的酿酒技艺、多彩的酒文化习俗，构成了贵州厚重的酒文化底蕴，是贵州酱酒产业实现高质量发展的文化之魂、文化之根，是贵州酱酒产业高质量发展的"软实力"。

　　在中国的一部文明史上，酒之为酒，不仅是酒，更是文化：酒中更香、更醇的，是其中蕴含、沉淀、积聚、展现着的，底蕴丰厚的"酒文化"。饮酒品酒，最有味道的其实是酒文化。酒不醉人人自醉，皆因酒中有文化。

　　清人沈德潜的《唐诗别裁集》，乃其个人之选本。中国作家协会副主席阎晶明先生将其中的咏酒言情句，列出十一类，展示于网上的全国政协委员读书漫谈群中，令人且吟其醉。我且略略抄来几句，为酒博会助兴。

之一：离情

　　　　　　花间一壶酒，独酌无相亲。

（李白《月下独酌》）

　　　　　　欲持一瓢酒，远慰风雨夕。

（韦应物《寄全椒山中道士》）

　　　　　　酒后留君待明月，还将明月送君回。

（丁仙芝《余杭醉歌赠吴山人》）

　　　　　　劝君更尽一杯酒，西出阳关无故人。

（王维《送元二使安西》）

之二：友情

　　　　　　我醉君复乐，陶然共忘机。

（李白《下终南山过斛斯山人宿置酒》）

　　　　　　无辞一杯酒，昔日与君深。

（许浑《送客归湘楚》）

之三：纵情

　　　　　　日中为乐饮，夜半不能休。

（白居易《歌舞》）

　　　　　　一生大笑能几回，斗酒相逢须醉倒。

（岑参《凉州馆中与诸判官夜集》）

　　　　　　酒酣耳热忘头白。

（杜甫《醉歌行，赠公安颜少府请顾八题壁》）

　　　　　　白日放歌须纵酒，青春作伴好还乡。

（杜甫《闻官军收河南河北》）

之四：诗情

　　　　　　敏捷诗千首，飘零酒一杯。

（杜甫《不见》）

　　　　　　何时一樽酒，重与细论文。

（杜甫《春日忆李白》）

知章骑马似乘船,

眼花落井水底眠。

汝阳三斗始朝天,

道逢曲车口流涎,

恨不移封向酒泉。

(杜甫《饮中八仙歌》)

之五:"忘忧却更忧"

眼前一樽又长满,心中万事如等闲。

(张谓《湖中对酒作》)

举杯消愁愁更愁。

(李白《宣州谢朓饯别校书叔云》)

之六:乡愁

但使主人能醉客,不知何处是他乡。

(李白《客中作》)

主人下马客在船,举酒欲饮无管弦。

醉不成欢惨将别,别时茫茫江浸月。

(白居易《琵琶行》)

山水弹琴尽,风花酌酒频。

(卢照邻《春晚山庄率题》)

生计抛来诗是业,家园忘却酒为乡。

(白居易《送萧处士游黔南》)

之七:独乐

浊醪谁造汝,一酌散千愁。

(杜甫《落日》)

将曛陌树频惊鸟,半醉归途数问人。

(张谔《九日》)

不有小舟能荡桨,百壶那送酒如泉。

(杜甫《城西陂泛舟》)

花间酒气春风暖,竹里棋声夜雨寒。

(许浑《村舍》)

之八：众乐

> 酒伴来相命，开尊共解酲。
> 当杯已入手，歌妓莫停声。
>
> （孟浩然《晚春》）
>
> 开轩面场圃，把酒话桑麻。
>
> （孟浩然《过故人庄》）
>
> 江涵秋影雁初飞，与客携壶上翠微。
> 但将酩酊酬佳节，不用登临恨落晖。
>
> （杜牧《九日齐山登高》）

之九：伤情

> 却忆年年人醉时，只今未醉已先悲。
>
> （杜甫《乐游园歌》）
>
> 重阳独酌杯中酒，抱病起登江上台。
>
> （杜甫《九日》）
>
> 醉里欲寻骑马路，萧条几处有垂杨。
>
> （张南史《陆胜宅秋暮雨中探韵同作》）

之十：劝酒

> 琉璃钟，琥珀浓，
> 小槽酒滴真珠红。
> 劝君终日酩酊醉，
> 酒不到，刘伶坟上土。
>
> （李贺《将进酒》）

之十一：闲情

> 旁人借问笑何事，笑杀山翁醉似泥。
>
> （李白《襄阳歌》）
>
> 葡萄美酒夜光杯，欲饮琵琶马上催。
>
> （王翰《凉州词》）
>
> 酒泉太守能剑舞，高堂置酒夜击鼓。
>
> （岑参《酒泉太守席上醉后作》）

以上饮酒言情之句，竟可分列出 11 类来。原来千杯少，酒中深情多啊。

当然，最脍炙人口的，还是李白的《将进酒》：

　　　　君不见黄河之水天上来，奔流到海不复回。

　　　　君不见高堂明镜悲白发，朝如青丝暮成雪。

　　　　人生得意须尽欢，莫使金樽空对月。

　　　　天生我材必有用，千金散尽还复来。

　　　　烹羊宰牛且为乐，会须一饮三百杯。

　　　　岑夫子，丹丘生，将进酒，杯莫停。

　　　　与君歌一曲，请君为我倾耳听。

　　　　钟鼓馔玉不足贵，但愿长醉不复醒。

　　　　古来圣贤皆寂寞，惟有饮者留其名。

　　　　陈王昔时宴平乐，斗酒十千恣欢谑。

　　　　主人何为言少钱，径须沽取对君酌。

　　　　五花马、千金裘，呼儿将出换美酒，与尔同销万古愁。

　　参加中国（贵州）国际酒类博览会的八方嘉宾，乘兴而来，微醺而归。君不见黄河之水天上来，奔流到海不复回。君不见贵州美酒如泉涌，情义深深多传奇。请来贵州饮美酒，与君同销万古愁。请来贵州歌与诗，不废江河万古流。

（原载《贵州日报》2022 年 11 月 25 日）

坚持问题导向　真正解决问题

党的二十大报告指出，"必须坚持问题导向。问题是时代的声音，回答并指导解决问题是理论的根本任务。"要"不断提出真正解决问题的新理念新思路新办法。"当前需特别关注的一个突出问题，是打通推进高质量发展的卡点瓶颈；一个深层次问题，是在市场经济挑战中走好新的赶考之路。

打通推进高质量发展的卡点瓶颈

"推进高质量发展还有许多卡点瓶颈"。一是"卡点"，不能被卡住；一是"瓶颈"，不能被憋住。

已流行三年的疫情就是一个严重的卡点瓶颈。我们防控疫情，要完整、准确、全面贯彻落实党中央的决策部署。既要坚定不移贯彻动态清零总方针，也要坚定不移地稳住经济、发展经济，进而推动高质量发展。国务院最近再次向地方派出督导工作组，督促前期已出台的稳经济一揽子措施切实落地。不能因为疫情管控，一个企业甚至一群企业，一个区域甚至一个城市，一个局部甚至是心脏部分，说关就关，说停就停，搞得生产生活都失去正常秩序。长此以往，发展就会被卡住，"高质量发展"岂不沦为空喊？

我们的经济发展有韧性，对此要有足够的信心；但也要防止经济失速，对此也要有必要的警觉。一旦失速，再强的韧带也会折断。一旦折断，严重的后果就不堪设想。中央一再强调，疫情要防住、经济要稳住、发展要安全。必须高效统筹疫情防控和经济社会发展，最大程度保护人民生命安全和身体健康，最大限度减少疫情对经济社会发展的影响。

新冠病毒仍在持续变异，全球疫情仍处于流行态势，国内新发疫情不断出现。尤其这几天北京市新增病例数持续高位增长，社会面病例数持续上升，奥密克戎 BF.7 变异株传播速度快、隐匿性强，面临新冠疫情发生以来最复杂最严峻的防控形势，处于最关键最吃紧的时刻。现在的关键，是要在落实各项防疫举措的同时，加强分析研判，根据大流行中病毒的演变规律来对症下药、精准施策。坚持动态清零，是党中央从党的性质宗旨出发、从我国国情出发确定的基本方针。坚持动态清零，也是坚持科学精准、尊重科学、尊重规律的必然选择。动态清零的要义是"清零"，但对准的是一个阶段的特定的病毒。病毒在变，我们岂能以不变应万变？动态清零的实质是"动态"，是向着"清零"的绝对目标不断努力的相对过程，非毕其功于一役。

　　在新冠肺炎流行之初，全国政协文化文史和学习委员会就在线上的"全国政协委员移动履职平台"上，建群组织了一个线上的"防控疫情读书会"。大家一起阅读和讨论《病毒来袭》（*Nathan Wolfe*）、《逼近的瘟疫》（*Laurie Garrett*）、《生命的法则》（*Sean B. Carroll*）、《人类终极问题》四本书。这些书籍，记载了人类长期与病毒作斗争的反复实践和规律性认识。在我们这个星球上，病毒生存和演变的历史比人类史长得多，病毒还要与人类共生共存、相生相克，直到天荒地老。有的病毒帮助人类诞生和延续生命，有的病毒不断威胁和危及人类生命。有的病毒可以灭绝清零（如天花病毒），有的病毒则总要卷土重来、反复延宕（如感冒病毒）。有的病毒毒性大但传播率相对较低（如艾滋病毒），有的病毒毒性逐渐减低但传播率逐渐增高（如奥密克戎变异毒株）。而病毒演变的一个规律是，病毒要在人体这一大计量的宿主中传播和长期共存，会不断适应人体甚至变异基因，来抵抗和逃逸人体免疫抗体的概率。人体也只能在与病毒对立统一的矛盾运动中不断调节，在自身内部环境与外部的互动中不断适应，以变制变，才能实现生命的稳态和保持稳态。因此，要把坚持动态清零与提升科学精准防控统筹好。动态清零就是要求遵循规律、拿准病毒、以变制变、精准施策。现在必要的防疫举措不能放松，既要反对不负责任的态度，又要反对和克服形式主义、官僚主义，纠正"层层加码""一刀切"等做法。既不能"一封了之"，也不能"一放了之"。

　　把坚持动态清零与提升精准防控相结合，把坚持长期抗疫与保持经济稳定发展统筹好，是解决好当前推进高质量发展的卡点瓶颈问题，应当打通必须打通的任督二脉。

在市场经济挑战中走好新的赶考之路

这是一个深层次问题，也是一个尖锐问题。我们党是在当今世界人口数量最多、经济体量扩增最快、国民财富总量增长最快的国家，大力推动社会主义市场经济发展的执政党，如何防止市场经济负面效应对党员干部的诱惑、对党的肌体的腐蚀，是我们党必须直面且必须消解的重大难题，是一场新的大考。走好新的赶考之路，要坚持问题导向，解决好三个问题：

其一，从制度上制约权力与资本。为什么在反腐高压态势下，仍然存在不收敛、不收手的现象？为什么腐败的存量尚未清除、增量仍有发生？作为执政党，领导干部是拥有权力的管理者，今天的用权、施政、管理，甚至治国理政的大事，都要围绕经济建设展开，经济建设又是在市场经济、资本运作中进行的。在这里，资本与权力相遇了。不受制约的权力难免腐败，绝对不受制约的权力有可能绝对腐败。当权力调控市场，当权力与资本相遇，不受制约的权力，难免导致普遍性、塌方型的腐败。资本不断扩张的冲动和权力不断膨胀的欲望结合，会使道德的界限丧失，使法律的界限模糊。

习近平总书记一再强调，必须"坚决防止权力和金钱相结合"，要"把权力关进制度的笼子里"。党的二十大报告直击要害，要"坚决查处政治问题和经济问题交织的腐败，坚决防止领导干部成为利益集团和权势团体的代言人、代理人，坚决治理政商勾连破坏政治生态和经济发展环境问题，决不姑息。深化整治权力集中、资金密集、资源富集领域的腐败"，打造河清海晏的政治生态。

其二，从思想上落实固本与培元。市场经济与道德建设存在一个"二律背反"：一方面，资本追逐利润，个人追求物质利益，导致拜金主义——排斥道德；另一方面，社会追求公平，市场遵守规则，道德要求自律——要求道德。尤其共产党人应该始终是全社会的道德楷模。正是这种"二律背反"从两端形成的强大张力，使得"两面人"等现象不断出现。在市场经济中不断保持党的先进性和纯洁性，不断防范被瓦解、被腐化的危险，就必须在思想上固本培元。

市场经济是"趋利"的。在市场经济考验中把"利"与"义"协调起来，就成为一个重大课题。中国共产党坚持以人民为中心的发展思想，在义利冲突中必须坚定不移地先义后利、重义轻利、为义弃利，鼓励、向往大公无私、舍生取义的精神。"地势坤，君子以厚德载物"。中国特色社会主义事业的发展之所以能浩浩荡荡，其特色之一，就是中国共产党人能以"厚德"而"载"市场经济。发展社会主义市场经济，就要尊重市场经济的规律，遵守市场经济的法则，追求市场经济的效率；但绝不能"一切向钱看"，把精神、信仰一概物化，把诚信、道德统统抛弃。手持利益这把"双刃剑"，身处社会这个共同体，就需要坚守底线、明晰边界，有所为、有所不为。这个底线和边界，就是共产党员的党性修养，这是共产党员的需固之本、需培之元。经过了个人利益的觉醒、市场经济的洗礼，如何把欲望冲动与道德追求、把物质富有与精神高尚结合起来，考验着我们党的执政能力，关乎社会主义市场经济的成败。办好中国的事情，关键在党。要"坚持党性党风党纪一起抓，从思想上固本培元，提高党性觉悟，增强拒腐防变能力，涵养富贵不能淫、贫贱不能移、威武不能屈的浩然正气。"

其三，确保不变质不变色不变味。党的二十大报告指出，"经过不懈努力，党找到了自我革命这一跳出治乱兴衰历史周期率的第二个答案，确保党永远不变质、不变色、不变味。"

"不变质，不变色"过去讲得多，现在为什么还要加一条"不变味"？这就是针对市场经济的新考验、新问题来说的。如果变了味，质也会变，如果变了质，色必然变！市场是经济活动的生态基础，不可以有分秒间断，不可能把经济活动停下来再整党治党。必须在确保市场秩序可控、经济运行稳定的状态下果断行动，既刮骨去腐，也对症给药；既标本兼治，也激浊扬清。理论要透彻，措施要透底；共产党人的道德高地要坚守；不变质、不变色，还要加一条不变味。

还要警惕和防止一种"变味"：在全面从严治党的高压之下，在党员干部普遍高度注重廉政建设之中，一些地方悄然出现变了味、走了样的倾向。诸如"不落腰包、不留痕迹"的隐形腐败，"为官不为、不愿担当"的庸政懈怠，"空喊不干、不干无错"的形式主义，"照搬照转、空谈空转"的官僚主义，"数豆子的比种豆子的还多""动辄得咎、不动最好"的种种奇形怪状，都是对反腐倡廉的消极对抗，是"变了味"的腐败和腐朽。

　　党的二十大报告指出，在充分肯定党和国家事业取得举世瞩目成就的同时，必须清醒看到，"一些党员、干部缺乏担当精神，斗争本领不强，实干精神不足，形式主义、官僚主义现象仍较突出；铲除腐败滋生土壤任务依然艰巨，等等。对这些问题，我们已经采取一系列措施加以解决，今后必须加大工作力度。"要善于把"不敢腐、不能腐、不想腐"一体推进，努力取得更多制度新成果和更大治理成效，还要善于把"不敢腐、不能腐、不想腐"与建立广大党员、干部"很想干、很能干、很愿干"的体制和机制相辅相成、一体推进，激励干部敢于担当，积极作为。

　　前进路上面临的问题很多，且"今天我们所面临问题的复杂程度、解决问题的艰巨程度明显加大"。只要坚持问题导向，真正解决问题，我们一定能在疫情防住、经济稳住、发展安全的基础上进一步推进高质量发展；只要勇于自我革命、坚持从严治党，我们伟大的党一定能战胜市场经济的挑战，杜绝腐败变质的危险，走好新的赶考之路，永葆生机活力。

　　　　　　　　　　（2022 年 11 月 26 日在"中国马克思主义论坛 2022"上的演讲）

中国式现代化向世界宣示的两条基本逻辑

中国式现代化有其深刻的历史逻辑、理论逻辑和实践逻辑，如归结为两条，即：其一，中国式现代化是立足中国基本国情的，实事求是而又稳步迈进、协调发展的现代化；其二，中国式现代化是契合当代基本世情的，快速发展而又走和平发展道路、合作共赢的现代化。第一条基本逻辑显示中国已找到自己的一条正确的现代化新道路；第二条基本逻辑展示世界正呈现一种成功的现代化新模式。

中国共产党二十大报告作为一篇新时代中国式现代化道路的世界宣言，宣示了中国式现代化的这两条基本逻辑。

其一，中国式现代化是立足中国基本国情的，实事求是而又稳步迈进、协调发展的现代化。

新中国在积贫积弱的旧中国基础上立国，摆脱贫困落后、走向繁荣富强、实现现代化，就是刚解放的中国人民最强烈的愿望。从 20 世纪 50 年代初的"一五"计划建立社会主义工业化的初步基础开始，中国人民在中国共产党的领导下，开始了现代化的艰苦卓绝的探索，一步一步取得了举世瞩目的巨大成就，也有不少教训和挫折。记得还在 20 世纪 50 年代，我们就喊过"十五年超过英国""二十年赶上美国"的口号。我们吃过大跃进、洋跃进的苦头，走过一些弯路。终于，现代化目标越来越明确，步履越来越坚实。我们在持续推进"四个现代化"的进程中，立足于在一个基本是农业社会、人口众多的国家搞现代化的基本国情，邓小平同志把建设小康社会明确为现代化的阶段性目标，经过 40 多年坚定持续的改革开放，奋发图强，成功地全面建成了小康社会，为进一步现代化奠定了坚实基础。新时代 10 年，在新中国成立特别是改革开放以来的长期探索和实践基础上，以习近平同志为核心的党中央团结带领全党全国各族人民，经过党在理论和实践上的创新突破，成功推进和拓展了中国式现代化。

二十大报告向世界庄严宣告：

——中国式现代化以中国共产党的坚强领导为根本保证。

——中国式现代化以社会主义为根本方向。

——中国式现代化以中华民族伟大复兴为奋斗目标。

——中国式现代化是人口规模巨大的现代化。

——中国式现代化是全体人民共同富裕的现代化。

——中国式现代化是两个文明相协调的现代化。

——中国式现代化是人与自然和谐共生的现代化。

——中国式现代化是走和平发展道路的现代化。

中国式现代化明确了以人民为中心的发展思想，把增进人民福祉、促进人的全面发展、朝着共同富裕方向稳步前进作为经济发展的出发点和落脚点，扎实推动共同富裕，统筹推进经济建设、政治建设、文化建设、社会建设、生态文明建设，推动新型工业化、信息化、城镇化、农业现代化同步发展，推动物质文明、政治文明、精神文明、社会文明、生态文明协调发展，形成了系统协调的现代文明新形态。中国式现代化是在物质、人与制度这三大层面的现代化的协调发展，推进全方位的、均衡的，而不是单向度的现代化。

中国式现代化遵循现代化理论中关于以工业化、市场化、经济全球化促进生产力发展的普遍规律，但与西方现代化的基本逻辑并不相同且有本质区别。我们创造性地把社会主义与市场经济有机结合起来，探索建立了社会主义市场经济体制，既充分发挥市场经济提高资源配置效率的长处，又有效发挥社会主义制度集中力量办大事的优越性；既使市场在资源配置中起决定性作用，又更好发挥政府作用；既充分利用资本在促进生产力发展方面的积极作用，又有效防止资本野蛮生长，促进有效市场和有为政府的更好结合，让一切劳动、知识、技术、管理、资本的活力竞相迸发，让一切创造社会财富的源泉充分涌流，极大解放和发展了社会生产力。

中国式现代化道路沿着自己坚定不移的战略逻辑，一步一步扎实推进。以习近平同志为核心的党中央对全面建成社会主义现代化强国作出了分两步走的战略安排：从 2020 年到 2035 年基本实现社会主义现代化，从 2035 年到本世纪中叶把我国建成富强民主文明和谐美丽的社会主义现代化强国；并在"十三五""十四五"规划建议中提出一批具有标志性的重大战略，实施富有前瞻性、全局性、基础性、针对性的重大举措。习近平总书记关于立足新发展阶段、贯彻新发展理念、构建新发展格局、推动高质量发展的一系列重要论述，为破解发展难题、增强发展动力、厚植发展优势、加快现代化发展提供了行动指南。适合国情的正确现代化战略，指引我国加快迈上更高质量、更有效率、更加公平、更可持续、更为安全的发展之路。

其二，中国式现代化是契合当代基本世情的，快速发展而又走和平发展道路、合作共赢的现代化。

现代化，一场跨越数百年、关涉五大洲的全球社会大转型，贯穿经济、科技、政治、文化等领域，给世界带来巨变，是各国的共同追求。但这巨变中，也不可避免地"变"出了以下两个方面的基本世情。

一方面，今天的西方发达国家走过的现代化道路，不断给自己带来繁荣的同时也不断给世界带来苦难。

近代西方大国经济的发展，都是以工业化和城市化为基本模式，必然涉及对煤、石油和天然气等不可再生资源的大量需求，以及对市场、对资源不断扩张的需求。特别是近代西方世界在原始积累过程中为满足这种需求，以坚船利炮、圈占土地和奴役他人来掠夺资源、薅取羊毛。这虽造就了西方世界近代以来的繁荣，也埋下了它与世界其他部分的仇恨，以资本主义生产方式为基础的、早期现代化进程，形成了以西方为骨架的"世界体系"的初期形态，以世界市场为基础的现代体系。但这个市场体系，无疑延续了传统的帝国式殖民体系的政治结构，形成了一批殖民地、半殖民地。当年孙中山就敏锐地发现："欧洲近百年是什么文化呢？是科学的文化，是注重功利的文化，也是行霸道的文化。自欧洲的物质文明发达，霸道大行之后，世界各国的道德，便天天退步。"那么，作为后期的，正在快速发展、大踏步向现代化迈进的中国，会不会走资本主义早期现代化的老路？会不会也要到处去掠夺资源、薅取羊毛？世界在拭目以待。

另一方面，西方现代化进程中不断加剧的"三个紧张"的局面，已经使今天西方的现代化背离了人类，现代性背离了人性。发达国家的现代化难以持续，新兴国家的现代化难走老路。

追本溯源，现代化的确起源于数百年前西欧历史上发生的一场持续 200 余年的文艺复兴运动。文艺复兴把"人"从"神"的束缚中解放出来，把生产力从封建社会的束缚中解放出来，带领西欧走出中世纪的蒙昧和黑暗，迎来了现代文明的曙光。文艺复兴是"黑暗时代"的中世纪和近代的分水岭，是使欧洲摆脱腐朽的封建宗教束缚，向全世界扩张的前奏曲。但随着这个前奏曲演进，开始"变奏"了，随着西方现代化道路的延升，不和谐的"现代性"噪音不断扩大，世界在变成一架"发疯的钢琴"，出现"三个紧张"的局面。一是人与社会的关系紧张。后冷战时代的冲突和危机显示，随资本主义工业化而来的现代性矛盾日益尖锐，世界体系已面临百年未遇之大变局。二是人与自然的关系紧张。现代工业文明彻底打破了自然的和谐与宁静，人类成了自然的主人和敌人。新冠肺炎病毒的肆虐和泛滥已在警示，已经苦于病毒所害的人类，是否要把自己异化成只会扩张的病毒？三是人与人的关系紧张。当代西方社会在从"现代社会"向"后现代社会"转型的过程中，现代化带来了"迷心逐物"的现代病。无论社会怎么发展，无论经济怎么繁荣，如果只是"心为物欲"，连人类共同价值的底线都不遵守，世界如何和平安宁，发展又如何协调持续？世界在拭目以待，中国这样一个有 14 亿人口的"庞然大物"的后起之秀要现代化，究竟准备何去何从？

中国共产党的二十大报告向世界全面系统阐述了中国式现代化。中国式现代化摒弃了西方现代化所遵循的生产力发展单纯服从于资本的逻辑，摒弃了西方以资本为中心的现代化、两极分化的现代化、物质主义膨胀的现代化、对外扩张掠夺的现代化老路，克服了西方现代化道路日益加剧的"三个紧张"的弊端。中国式现代化既切合中国实际，体现社会主义建设规律，也体现人类社会发展规律，实现了对西方现代化理论的全面超越。作为一条现代化新道路，中国式现代化对于推进人类社会现代化进程具有重要理论价值和实践意义。

中国式现代化传承中华优秀传统文化以和为贵、协和万邦的文化基因，继承"己所不欲勿施于人""己欲立而立人、己欲达而达人"的文化传统，坚持合作共赢，坚信"世界好、中国才会好；中国好，世界会更好"。"一带一路"就是其实践的生动体现。西方现代化是从农耕文明到工业文明再到信息文明的依次发展过程，形成了传统和现代二元对立的文明观，主张用现代性取代传统性。而中国式现代化则主张以文明交流超越文明隔阂，以文明互鉴超越文明冲突，以文明共存超越文明优越，和而不同，兼容并包，把现代性和传统性很好结合起来，探索创立具有包容性的人类文明新形态。中国式现代化弘扬和平、发展、公平、正义、民主、自由的全人类共同价值，推动构建人类命运共同体，实现了对西方以资本为中心的现代化理论的全面超越。

中国式现代化是走和平发展道路的现代化。与西方国家在现代化进程中长期奉行"国强必霸"的丛林法则和对抗性的零和博弈思维不同，和平发展是中国式现代化的重要特征。在推进现代化的过程中，中国始终坚守永远不称霸、不搞扩张、不谋求势力范围的庄严承诺，坚持推动构建人类命运共同体，在努力谋求自身发展的同时，积极为维护世界和平、促进共同发展贡献力量。

中国式现代化是在全世界争取合作共赢的现代化。"构建人类命运共同体是世界各国人民前途所在。万物并育而不相害，道并行而不相悖。只有各国行天下之大道，和睦相处、合作共赢，繁荣才能持久，安全才有保障。中国提出了全球发展倡议、全球安全倡议，愿同国际社会一道努力落实。中国坚持对话协商，推动建设一个持久和平的世界；坚持共建共享，推动建设一个普遍安全的世界；坚持合作共赢，推动建设一个共同繁荣的世界；坚持交流互鉴，推动建设一个开放包容的世界；坚持绿色低碳，推动建设一个清洁美丽的世界。"

早在 2004 年 5 月，英国著名思想库伦敦外交政策研究中心发表的《北京共识：提供新模式》，就认为中国通过努力、主动创新和大胆实践，探索出了一个适合本国国情的发展模式，这种发展模式不仅适合中国，也是发展中国家仿效的榜样。"'中国模式'的有效性证明，西方自由民主并非人类历史进化的终点。人类思想宝库要为中国传统留有一席之地。"

的确如此，中国共产党探索的中国式现代化道路，实现了对西方现代化逻辑的超越。世界将记住这一历史性时刻：中国共产党二十大报告，发布了新时代中国式现代化道路的世界宣言，令人信服地展示了中国式现代化的两条最基本的逻辑。它给这个在种种不确定性中彷徨不安的世界，以如此强烈清晰的信息：这是一个人口规模巨大的发展中国家的持续而协调发展的、势不可挡的现代化；这更是一个和平发展、合作共赢，有助于促进解决共同面临难题、有助于推动构建人类命运共同体的现代化。它给这个"人而无信，不知其可也。大车无輗，小车无軏，其何以行之哉"的世界，以如此明确坚定的信念：中国是一个重诚信、讲诚信、守诚信的，自强不息、厚德载物、讲信修睦、亲仁善邻的，可信、可亲、可敬、可靠的信用大国。

为增强中华儿女大团结做更多的
理论建树和理论引导

"明天的中国，力量源于团结。"14亿人聚合的磅礴之力，是我们无比强大的前进动力。新的一年，理论界要为增强中华儿女大团结、画大同心圆、聚合磅礴之力，做更多的理论建树和理论引导。

聚合，首先是"聚"。一盘散沙，泥沙俱下，群龙无首，鱼龙混杂，就谈不上"聚"。办好中国的事情，头绪很多，矛盾很多，方方面面往哪里"聚"？其焦点、中心、重心、核心、圆心，无疑就是作为中流砥柱、作为主心骨的中国共产党。党的强大的创造力、凝聚力、战斗力，来自特别善于"聚"，能够"聚"、确保"聚"中国人民的力量，中国强起来的力量，从根本上说来自党的力量，来自"在新时代中国特色社会主义的伟大实践中，以党的坚强领导和顽强奋斗，激励全体中华儿女不断奋进，凝聚起同心共筑中国梦的磅礴力量"。2023年，在百年未有之大变局加速演进背景下，全球各地区走势将充满新的不确定性。最重要的是中美关系走向，将影响世界稳定与发展；最关注的是乌克兰危机，将从根本上改变地缘政治格局；最忧虑的是世界经济趋势，能否走向复苏关系世界人民安康。在诸多不确定性中，中国的确定性，就在善于聚合、坚强团结，"团结就是力量，这力量是铁，是钢"！

聚合，还要善"合"。天下没有一片相同的树叶，世上总有无数的矛盾，怎么"合"？"合"的关键，在于正确处理一致性和多样性关系。一致性要有多样性基础，多样性必须一致性指导。既不能过于追求一致性，也不能过于放任多样性，关键是坚持求同存异。"只要我们把政治底线这个圆心固守住，包容的多样性半径越长，画出的同心圆就越大。"

固守圆心，就要坚决维护"两个确立"。"两个确立"把全党全国各族人民紧密团结起来，形成万众一心、无坚不摧的磅礴力量。

拉长半径，就要扎实推进全过程人民民主。选举民主与协商民主，是中国社会主义民主即全过程人民民主相辅相成的两种重要形式。

坚定"两个确立"，做到"两个维护"，和贯彻实践好全过程人民民主，是中国社会主义民主相得益彰的两个关键环节。相辅相成基于相得益彰。相得益彰促进相辅相成。"两个确立"是高度集中，全过程人民民主是广泛民主。集中是民主基础上的集中，民主是集中指导下的民主。集中接受民主监督，民主服从集中指导。社会主义集中力量办大事的优越性，以切实贯彻实践全过程人民民主为基础，总能把大事办得更多、更好、更有效率，还可以避免"好心办错事"，避免把集中力量办的大事，变成办"大跃进""文革"那样的错事。

党和国家事业越是向前推进，越需要凝聚最广泛智慧和力量；越是处于发展关键期，越需要凝聚人心、众志成城。习近平总书记说，"要把握好固守圆心和扩大共识的关系，不断增进共识，真正把不同党派、不同民族、不同阶层、不同群体、不同信仰以及生活在不同社会制度下的全体中华儿女都团结起来"。统一战线是一致性和多样性的统一体。在充分尊重多样性基础上，一致性程度越高，统一战线团结的基础就越牢；在不断巩固一致性基础上，多样性范围越宽，统一战线团结的力量就越大。坚持在一致性指导下发展多样性，在尊重多样性中寻求一致性。在始终坚持中国共产党领导基础上，拉长包容的多样性半径，充分发扬民主，尊重包容差异，发扬"团结—批评—团结"的优良传统，做好求同存异、协调关系、化解矛盾、凝聚共识的工作，团结一切可以团结的力量，调动一切可以调动的积极因素。

书友谈读书

诗教中国　美育华夏

——读廖彬宇先生《中天而立集》有感

　　庚子冬，我和彬宇先生共同去往南宁出差，途中他告诉我他即将要出版一部诗集，名为《中天而立集》。我心中一动，这位年轻的文化大家又给了我一个惊喜。为什么呢？因为在此前，我对他的了解，只是认为他精通《周易》，是易学家；他有专门论述老子思想的专著，是老学家；他为中华文化思想精髓构建了系统的理论框架，他还融通马克思主义与中华文化，是文化大家。而如今，在读了他的诗稿后，我忍不住欢喜、赞叹，原来他还是一位不让古人的大诗家。

　　彬宇先生在传统文化领域的研究，十分深广，而且独到。他20多岁时出版了《国学旨归》第一辑，《老子汇通》代表了他对老学的研究，重点是以易解老；《干支哲学》代表了他在易象术数方面的精湛造诣，对人类命运终极关怀的深刻思考，很难想象这些都出自一位年方弱冠年轻人之手；他30岁时出版了《平心平天下》，对中华文化的核心精髓构建起了一座理论框架，接着又出版了《大成之道》，从《论语》入手解构儒家，纵横捭阖，包容诸学，并与马克思主义相结合，不同凡响。每一部作品，都体现出他独到的见解与系统的建构，闪耀着思想的光芒、良知的光辉，真正做到了创新性发展、创造性转化，殊为难得，十分罕见。无怪乎他《国学旨归》甫一问世，时任中国新闻社社长的郭招金先生就写了一篇《天降其才耀中华》的文章来向世人推介。

　　值得一提的是，2017年他的《平心平天下》出版后，我也写了一篇介绍他思想及学术的文章《梦有根，学有士》发表在《贵州日报》上。不曾想，这篇文章竟然成为他与他太太的红线——他太太正是在看到了这篇文章后开始关注彬宇先生、了解彬宇先生，最终在两年后的 2019 年冬萌生了专程赴京拜访求教彬宇先生的念头，谁知这一见，定终身。彬宇先生在一见面时便说："你是我妻子，我一直在等你"……

上天有好生之德，君子有成人之美。一不小心，我竟然就促成了一对璧人的姻缘，这或许是冥冥之中自有天意，又或是福德因缘不可思议。彬宇先生自幼走了一条传奇之路，和他夫人也是一桩奇缘，这从他《吾妻吟》一诗便可大体了解。我一生中见证过的所谓神奇事件也不算少，而今又再度见识并见证了。

对于诗，彬宇先生也有极独到的见解，振聋发聩，令人耳目一新，甚至出版这部诗集也是他宏伟计划的一步，并非仅仅为写诗而写、为出版而写。他是想要推广并弘扬一个他所认为的伟大理念，助推中华文化的伟大复兴。他和我谈了很多，让我深受触动、大为感动。情可佩，志可嘉。而这个伟大的理念便是——诗教。

彬宇先生从"传统文化进校园"这一话题说起，说出了一个关于诗教的震人心魄的奥秘。

现在，大家都重视中华优秀传统文化的传承发展，于是，有了传统文化进校园的倡议与呼声。然而，传统文化进校园怎么进、进什么？成了一个重要的课题。彬宇先生也一直在思考这个问题。

在当代传统文化研究中，涉猎面既广且深，研究成果还能自成体系、自成气派的年轻一辈学人里，彬宇先生独树一帜、独占鳌头。他自幼用功于传统文化，熟读经典，可以说他完全是在传统文化的土壤上成长起来的，传统文化培养了他，他就必然要弘扬传统文化。他越成功，也就越加证明传统文化具有不凡的功力。那么，他是怎么学习传统文化的？他的学习经验，对于传承弘扬中华优秀传统文化是否具有借鉴意义？我相信答案是肯定的。

彬宇先生的答案是，中华文化中教育的根本方法是"寓教于乐"，即培养兴趣。兴趣是最好的老师，有兴趣，便能自发地学、自觉地学、自强不息地学。《论语·雍也》载孔子之论："知之者不如好之者，好知者不如乐知者"。兴趣引发爱好，爱好令人沉醉，都说明了兴趣的重要。而孔子作为历史上伟大的教育家，对诗教无比重视，同时也将诗作为一种教育方法、教育手段，故名"诗教"。孔子说，"不学诗，无以言"。诗教，是古圣孔子所倡导的以诗为教育手段的一种伟大的教育方法。孔子又讲，"兴于诗，立于礼，成于乐"。"兴于诗"。《诗》即《诗经》，兴就是兴起、开始、振奋的意思。孔子在《八佾》中说："起予者商也！始可与言《诗》已矣。"表明一个人在国家社会生活中，想要表达自己的思想，待人接物、言辞修身等各个方面，都应当是要从学习《诗经》开始，只有这样感性的语言认识，才能激发"美"的感受，才能"绘事后素"，立德修身。

彬宇先生说，诗，本是文字游戏，却能让人在游戏中升华，成就文字般若，最终获得实相般若。所以古圣将读诗和作诗，作为一种文字游戏让大家乐在其中，引发浓厚的兴趣。要写出好诗，就必然要提升人生格局、思想境界、美学修养，必须要有海量词汇储备，在不断提升诗意境界中完成自我升华，内圣修养。所以诗能连接一切学问，而一切学问也都能化身为诗。

彬宇先生生命中所接触到的第一本课外书是《唐诗三百首》，在读诗背诗的过程中也逐渐爱上了作诗。从写顺口溜到写打油诗，再到古风诗、格律诗，从形式为诗到形式与内容皆诗，这不断地变化提升过程，也正是彬宇先生思想境界、情怀格局、器识学养的综合提升。他说，为了把诗写好，在这过程中就拼命读书，读经典，读历史，掌握词汇量，博览群书，再将所思所学变而为诗，就完成了一次创造，既是创造性转化，也有创新性发展，把所学化为所思，将所思纳入所学，进而融入血脉精神，进行人格塑造、格局拓展、智慧发掘，这便是"腹有诗书气自华"的根本价值所在。他于是鲜明、高明、独到、系统地、创造性地首次提出了诗教这一伟大教育方法中蕴含着十多项功能，彬宇先生将之概括为"五学九维一情怀"。

我问他何为"五学九维一情怀"，他说诗中包含着哲学、文学、美学、史学、音韵学五学；包含着逻辑思维、灵感思维、类比思维、跳跃思维、形象思维、辩证思维、战略（统摄）思维、发散思维、圆融思维九维；一情怀即诗中包含着悲天悯人的大担当、大格局、大情怀。

我由衷地赞叹，诗教诚然是孔子最为重视的、中华民族历史上最为伟大的教育方法。彬宇先生发现了诗教的伟大，而这同样也是一个伟大的发现。我不禁也试写一首七律，赞彬宇先生：

　　　　文脉相承通上下，

　　　　江山岁代有新人。

中天而立光真际，
振世之才贵绝伦。
笔底诗豪辉北斗，
襟苞海宇振精神。
勋华国里无双士，
万象星罗集一身。

（原载《人民政协报》2021年7月28日）

读书的"趣味记忆法"

吴尚之【阅读的方法】之二十五专门谈了书的"趣味记忆法"。这真是一种促进读书的好办法。但欲得此法，更要有一种摆脱平庸、愿意读书的好态度。

无趣，是因为平庸。阅读的最大理由，正是摆脱平庸。

平庸是一种被动而又功利的谋生态度。平庸者什么也不缺少，只是无感于外部世界的精彩，人生历史的厚重，终极道义的神圣，生命含义的丰富。因此，一切都浑浑噩噩，一切都无聊无趣。

怎么办？如果去读书呢？

书籍，能把辽阔的空间和漫长的时间浇灌给你，能把一切高贵生命早已飘散的信号传递给你，能把无数的智慧和美好对比着愚昧和丑陋一起呈现给你。区区五尺之躯，短短几十年光阴，居然能驰骋古今，经天纬地。

平庸，还是精彩？

无趣，还是有趣？

而当你抱着这种态度去读书，更能得"趣味记忆法"之神韵。

祝贺卓新平先生《宗教学新论文丛》出版

　　今年是我们伟大的中国共产党百年华诞。看到这部沉甸甸的学术著作，我认为，是否也可以作为我们中国学者的一份献礼。

　　为什么这样说？中国共产党是真诚、全面、正确地实行宗教信仰自由政策的。讲真诚，就因为能说清真诚的理由让别人、也让自己信服，能拿出真诚的措施促别人、也促自己落实。共产党人既然坚信物质第一、客观第一、存在第一，就必然坚信客观事物的发展和变化是由其内在规律所决定的，任何违反其内在规律的外部干预，任何对复杂问题的简单处理，都是不能奏效的。所谓客观，除了自己的思想，其他都是客观，宗教的存在也是客观。宗教作为人类精神生活中的一种普遍、长期存在的现象，有其发生和发展的社会根源和认识根源，有其不以人的意志为转移的客观规律。宗教在社会主义社会也将长期存在，其消亡可能比阶级和国家的消亡还要久远。诚如卓新平先生所言，"在人类可以追溯的漫长历程中，不难察觉人与宗教共存、与信仰共舞的史实，从而使宗教有着'人类学常数'之说。因此，对宗教的审视和研究就代表着对人之社会认识、对人之自我体悟的重要内容。从人本及其社会出发，对宗教奥秘的探究则扩展到对无限微观世界和无垠宏观宇宙的认知及思索。"我们既然是唯物主义者，就要承认、尊重这一客观存在和客观事实；就要鼓励这一认知及思索，从科学的角度、以学科的深度，来系统深入地研究宗教学。唯有如此，才能立足长远、着眼当前，按规律去做宗教工作。这也是我一再主张的，认识宗教问题，归结起来要把握最基本的"三性"——根本是长期性，关键是群众性，特殊的复杂性，所蕴含的基本理由。

　　看到这部沉甸甸的学术著作，我想起习近平总书记的话，"文化自信，是更基础、更广泛、更深厚的自信。"在中华文明长期演进的过程中,形成了中国人民看待世界、看待社会、看待人生的独特价值体系、文化内涵以及精神品质。今天,"和"已经成为中国共产党治国理政的重要理念;和平的思想已经深深地积淀在中国人民的民族性格之中;"和而不同"正在成为人类构建命运共同体应有的文化基础、共同的文化底蕴和共同价值。中国是一个讲求"和合"文化的国家,主张"和而不同""以和为贵",对各种文化兼容并包,自然也包括对若干宗教经典、教义,宗教道德、艺术中所积累着的人类生命繁衍的文化信息,所渗透着的历史积淀的体验和哲理,所孕育着的民族优秀文化因素,所镌刻着的人类精神文明发展的轨迹的兼容并包。这部学术著作,正是在力求从文化角度对宗教作全面的深刻阐释,有助于为我们对宗教现象的认识,夯实文化基础和坚定文化自信。

看到这部沉甸甸的学术著作,我又想起鲁迅先生的话,"我们从古以来,就有埋头苦干的人,有拼命硬干的人,有为民请命的人,有舍身求法的人……这就是中国的脊梁。"我要向卓新平先生这位埋头苦干、拼命硬干的有着"中国的脊梁"的学者,也是我的老师和挚友,表示崇高的敬意。

看到这部沉甸甸的学术著作,我还想起恩格斯在论及历史上的文艺复兴时所说的话:"这是一次人类从来没有经历过的最伟大的、进步的变革,是一个需要巨人而且产生了巨人——在思维能力、热情和性格方面,在多才多艺和学识渊博方面的巨人的时代。"中华民族的伟大复兴,应该是、当然是、也必须是人类历史上又"一个需要在各方面产生巨人的时代"。这个时代,"每个人都了不起"。这个时代,"巨人"就出自平凡,就来自我们身边。从卓新平等学者身上,我看到就在我们的中国,就在我们的时代,这方面的"巨人",或正在成长中的"巨人",真的来了!

在《大局》一书出版研讨会上的发言

有学理的新理论，有规律的新实践，大有可谈。

党的十九届五中全会之后谈"大局"，中央党校"大有书局"谈《大局》，正当其时。

党的十九届五中全会公报，基于对"当今世界正经历百年未有之大变局"的深刻、科学分析，要求全党"增强机遇意识和风险意识"，"防范和化解影响我国现代化进程的各种风险"。

"防范和化解"，既要善防范，更要能化解。防范，就是要"立足社会主义初级阶段基本国情，保持战略定力，办好自己的事，认识和把握发展规律，发扬斗争精神，树立底线思维，准确识变、科学应变、主动求变"；化解，就是要"善于在危机中育先机、于变局中开新局，抓住机遇，应对挑战，趋利避害，奋勇前进。"

"防范和化解影响我国现代化进程的各种风险"之中，尤其要善于防范和化解中华民族站起来、富起来、强起来进程中的"颠覆性风险"。

一、防范和化解"站起来"仍然面临的"颠覆性风险"

站起来，仍然面临"颠覆性风险"。中华民族从鸦片战争到新中国成立前的一百多年，一直积贫积弱、内忧外患；这就注定了新中国成立后一百年的发展进步，一定要殚精竭虑、内稳边安，防止"西化、分化"。为什么20世纪末以来，一度消沉的"藏独""疆独""台独"又闹腾起来，连什么"港独"都跑上来凑热闹？为什么历史上延续下来的民族分裂主义呈现一个增长态势？主要原因就是西方反华势力要遏制中国崛起。现在我们国家面临一个"周边纷扰陷阱"，归结起来大都是美国在周边直接或间接地给我们布的雷、挖的坑。无论什么样的陷阱，我们总能看到后面的黑手和阴影。现在他们是手忙脚乱、全面出击，打贸易战中混杂科技战，还想打金融战，又不遗余力地在我周边国家挑拨离间，忙不迭地在我南海、东海生事，不间断地派军舰在我家门口"自由航行"，还公然为"台独"打气，为"藏独""疆独"招魂，为"港独""港闹"煽风，千方百计要挑起我周边纷扰、制造种种陷阱，意在陷我穷于应对、乱了方寸之地，阻滞、延缓我快速发展，甚至企图伺机对中国再来一次"庖丁解牛"！

二、防范和化解"富起来"进程中内部可能产生的"颠覆性风险"

富起来，就必须搞市场经济，必须搞好市场经济。但如果不经意间搞得金钱至上、诚信尽失、劣币驱除良币，乃至腐败丛生、积重难返，市场经济的正常秩序就难以为继，社会就会积累不满乃至引发动乱，以至于"颠覆"！我们党从夺取政权到长期执政，是一场历史考验。从领导和驾驭计划经济到领导和驾驭市场经济，也是一场历史考验。各级党员干部从以清贫为本色与人民群众同患难，到以致富为追求带领人民群众奔小康，更是一场历史考验。党的工作要以经济建设为中心，无论从宏观调控到各项经济活动的组织、推进和监督，党的各级组织、广大党员全面参与市场经济，又必须防止市场经济负面的诱惑和腐蚀。如何自觉抵制商品交换原则对党内生活的侵蚀？如何把权力关进制度的笼子里，尤其是把支配资本的权力关进法制的笼子里？我们必须从严治党。人民群众最痛恨腐败现象，腐败是我们党面临的最大威胁。只有以反腐败永远在路上的坚韧和执着，深化标本兼治，保证干部清正、政府清廉、政治清明，才能跳出历史周期率，防止"富起来"进程中内部可能产生的"颠覆性风险"。

三、防范和化解"强起来"进程中可能从外部遭遇的"颠覆性风险"

中华民族的伟大复兴，当然就是14亿人实现站起来富起来强起来的伟大飞跃。如果发生可以颠覆14亿人复兴伟业的风险，那必然也是全人类共同的大灾难、大风险。如果实现了14亿人复兴的伟业，也应当并必然给全人类的和平、发展、福祉带来大贡献、大进步。我们是在走向全球化的新秩序、新潮流中崛起，在与全世界、与大自然和谐发展的新格局、新天地中复兴。中国共产党要实现中华民族的伟大复兴，是"以和为贵"，去"建设一个新世界"，不仅要继续"全世界无产者联合起来"，还要"建设人类命运共同体"。这，就是立足于更基础更深厚更广泛的中国文化自信和文化自觉，立足于现阶段实现中华民族复兴伟大斗争实践的中国马克思主义的新发展；是马克思主义的基本原理与中国革命实际相结合、与"百年未遇大变局"相结合而与时俱进、与时俱丰、与时俱新、与时永在的新境界。世界日益全球化、多极化，给了我们难得的崛起、发展和复兴的战略机遇期。

站起来富起来强起来，都要警惕、要防范、要化解各种风险特别是"颠覆性风险"。中华民族伟大复兴，绝不是轻轻松松、敲锣打鼓就能实现的，实现伟大梦想必须进行伟大斗争。在前进道路上我们面临的风险考验只会越来越复杂，甚至会遇到难以想象的惊涛骇浪。但蕴含在中国人民之中的磅礴力量，已经让世界都知道了，"现在中国人民已经组织起来了，是惹不得的。如果惹翻了，是不好办的"！中国有伟大的中国共产党凝聚和领导的14亿人民的磅礴之力，有坚强决心、坚定意志、坚实国力应对挑战，有足够的底气、能力、智慧战胜各种风险考验。

"人类的明天"：两条观察主线

——以社会和人为中心的牵引现代化观

谈"人类的明天"，当然要谈现代化。费孝通先生对于现代化的论述可资参考。他将现代化理解为利用人类所掌握的先进科学技术来促进生产，提高社会的生产力，从而促进其社会、文化的发展。显然，在他所理解的现代化中，经济发展的目的在于推动社会、文化发展，经济并不是目的，社会和文化的发展才是目的。这是一种以社会和人为中心的牵引现代化观（或称发展观）。

这一深刻思想，对于我们正确观察和把握"人类的明天"，很有启示。我认为，观察"人类的明天"要抓住两条主线：一是新科技革命；二是新人文主义。新科技革命促进的经济发展和飞跃并不是目的，社会和文化的发展、人的发展才是目的。二者的结合，就是"利用人类所掌握的先进科学技术来促进生产，提高社会的生产力，从而促进其社会、文化的发展"，也就是费孝通说的"以社会和人为中心的牵引现代化观"。

第一条主线：新科技革命

它是生产力发展最突出的标志，引领人类进入全新时代。

铁器的运用，人类出现了"轴心时代"。蒸汽机的运用，人类进入了工业时代。现在，新科技革命和创业革命的突飞猛进，必然使人类进入一个全新的时代。关于新科技革命，众说纷纭，有三种观点比较典型：一种是变革已来，铺天盖地，刻不容缓。例如，经济学专家朱嘉明认为，当今世界正在开始从"经济主导科技"到"科技主导经济"的转型。就近来说，从 2021 年至 2025 年，全球科技革命就将进入叠加爆炸的历史新阶段。现在不论是认知区块链，还是数字货币和数字经济，都需要置于科技整体性革命的背景和趋势之下。全球科技革命正在逼近"奇点"，区块链影响未来人类社会的走向。

另一种是变革深刻，惊天动地，匪夷所思。例如，历史学家赫拉利的《未来简史——从智人到智神》一书认为，全球科技革命势必前所未有地"绑架"人类。明天的"人类将面临着三大问题：生物本身其实就是算法，生命是不断处理数据的过程；智慧与智能的分离；拥有大数据积累的环境将比我们自己更了解自己"。人类将被"智神"所主宰。

还有一种是就看当下，已露端倪，危机四伏。法国社会活动家席里尔·迪翁在《人类的明天》这本书中判断："人类的明天，并不是人工智能、大数据、高消费、增长率，而是新的能源供给、新的出行方式、更公平有效的经济模式，更别样自由的教育理念、更有活力的社会结构，以及更幸福多样的生活。"

一场以微电子技术、光导纤维通信技术、生物遗传工程、新材料技术和能源技术、大数据、区块链、人工智能等的应用为标志的新科技革命，正在世界上兴起。若简要回顾人类社会的文明进步史，可以看到在数千年的文明进步中，人类社会已经经历了六次信息革命。第一次，语言的发明，使信息可以分享，人与人之间可以更好地沟通交流，这是人类进化的一次重大革命。第二次，文字和纸的发明，使信息可以记录，人类可以把信息更好地储存下来，使人类的感知认知变成知识，这是人类走进文明的一个重要标志。第三次，印刷术的发明，使信息可以传得更远，通过信息传输使人类可以更好地分享认知成果，实现了"见字如面"，这是人类文明成果共享的历史性进步。第四次，电话和无线电的发明，使信息可以实现远距离实时传输，人们的时空限制消除了，实现了"听音如面"，这是人与人之间信息交流的一次重大跨越。第五次，电视的发明，使信息传输实现多媒体尤其是图像和声音的实时传输，实现了"看图见字听音如面"，使人类的精神生活更加丰富多彩。第六次，互联网的发明，使信息可以成网络状双向多向实时传输，为人类社会进入信息时代奠定了坚实基础。这六次信息革命，改变了人类的生产方式和生活方式，构成了现代文明社会的基础。人类追求信息革命的步伐从来都不会停步，进入 21 世纪以来，人类正在进行第七次信息革命。以人工智能技术为核心，大数据、云计算、量子通信、物联网等不断涌现，人类社会正在进入以智能化为特征的信息时代。第五代移动通信技术也就是5G技术，为第七次信息革命提供了坚实支撑。如果人类离开了上述六次信息革命成果，社会将会失去高质量的生产生活。面向未来，第七次信息革命将给人类社会带来划时代变化，5G技术将支撑第七次信息革命而再度大幅度改变社会！

总之，新科技革命将成为"人类的明天"最重要的因素，如马克思所说，是"危险万分的革命家"。党的十九届五中全会指出，"当今世界正经历百年未有之大变局"的第一变数，就是"新一轮科技革命和产业变革深入发展，国际力量对比深刻调整"。我们是闭目塞听、麻木不仁、漠不关心，还是以高度的敏感、极大的关注和衷心的喜悦，研究对策，做好准备，迎接这个"危险万分的革命家"的到来？

马克思曾经给我们树立过光辉的榜样。"任何一门理论科学中的每一个新发现，即使它的实际应用甚至还无法预见，都使马克思感到衷心喜悦。"马克思曾经以超乎常人的敏感和喜悦，来迎接"蒸气、电力和自动纺织机"这样一些他称之为"危险万分的革命家"的问世。直到他临终前不久，还注意了第一条实验性输电线路的架设。马克思的这种敏感和喜悦，是革命者所必然具有的精神状态。因为"他把科学首先看成是历史的有力的杠杆，看成是最高意义上的革命力量"。他指出："随着一旦已经发生的、表现为工艺革命的生产力革命，还实现着生产关系的革命。"革命者对于革命，岂有不敏感、不欣喜之理？

面对着新科技革命，我们的敏感和喜悦，又是一种抓住机会的兴奋，迎接挑战的激动。正如恩格斯《在马克思墓前的讲话》中所指出的，马克思对于科学技术新进展的喜悦，一到"当有了立即会对工业、对一般历史发展产生革命影响的发现的时候，他的喜悦就完全不同了"。何以"不同"？这时的喜悦，已经包含着如下丰富的内涵：

首先，这种喜悦贯注着革命的批判精神。马克思主义的革命的批判的本质，决定了它总是在倾听着科技发展的呼声，反映着科技发展的要求。

其次，这种喜悦渗透着冷静的求实精神。一部中国近现代史，记载着我们在学习西方先进科学技术问题上的许多教训。从所谓"中学为体、西学为用"到"全盘西化"的破产，以致若干年前搞的所谓突击多少天在全国实现"超声波化""管道化""农业机械化"的教训，我们不应该忘记。我们一方面要坚定地执行对外开放政策，尽可能吸取一切对我们有用的新技术，另一方面又要避免头脑发热，不顾国情，照搬照套，盲目乱干。我们迎接新技术革命，应该取创新的姿态和创新的战略。

再次，这种喜悦包含着严谨的科学态度。要以扎实、细致、深入的调查和冷静、周密、系统的分析，来制定我们迎接新技术革命的对策。新技术革命究竟会给社会生活的各个方面带来什么变化，自然也需要扎扎实实地调查研究。我们的研究以马克思主义为指导，应该更加准确地揭示事物发展的规律，把握新科技革命和整个社会生活跳动的脉搏。

第二条主线：新人文主义

新的文明复兴的实质是进一步解放人，建立和谐世界，旗帜是"新人文主义"。

新科技革命带来的生产力迅猛发展、生活方式和社会结构的深刻变革，归根结底，还是要落到如何满足人类对美好生活的向往和追求上。这样来看问题，也就是"以社会和人为中心的牵引现代化观"。20世纪80年代，在印度德里，基辛格等一批世界巨擘就曾一起来讨论21世纪人类如何建设一个美好社会的问题，表达了对未来的关心和担心。

人类掌握了新科技，当然可以更多地满足人类不断扩张的欲望。但正如一部美国电影《黑客帝国》的感叹："人类不是哺乳动物。因为地球上的每一种哺乳动物都会本能地发展和自然地平衡与周围环境的关系，但是人类并不这样。人类每到一处就拼命扩张，直到耗尽自然资源。人类生存的唯一出路就是扩张到新的地点。地球上只有一种生物与人类相似，那就是病毒。"这是极而言之。但此刻，新冠肺炎病毒的确是在按照"生存的唯一出路就是扩张到新的地点"的逻辑大流行，与人类展开争夺战。

因此，新科技革命不能是人类欲望不断膨胀、"人类每到一处就拼命扩张"的工具，与之并行的，当是"新人文主义"。

现代化起源于数百年前，西欧历史上发生的一场持续200余年的文艺复兴运动。文艺复兴把"人"从"神"的束缚中解放出来，把生产力从封建社会的束缚中解放出来，带领西欧走出中世纪的蒙昧和黑暗，迎来了现代文明的曙光。文艺复兴是"黑暗时代"的中世纪和近代的分水岭，是使欧洲摆脱腐朽的封建宗教束缚，向全世界扩张的前奏曲。这就是当代西方发达国家崛起所依托的基本"世情"。文艺复兴带来的生产力解放使当代西方国家发达，但文艺复兴后出现的"三个紧张"又使发达国家的发达难以持续，新兴国家的崛起难走老路。

自文艺复兴以来，近代大国经济的发展，都是以工业化和城市化为基本模式，必然涉及对煤、石油和天然气等不可再生资源的大量需求，以及对市场、对资源不断扩张的需求。近代西方世界在崛起的过程中为满足这种需求，以坚船利炮、圈占土地和奴役他人来掠夺资源。这虽造就了西方世界近代以来的繁荣，也埋下了它与世界其他部分的仇恨，引起如下三个关系的"紧张"，成了生产力进一步发展必须破除的桎梏。

一是人与社会的关系紧张。文艺复兴推动了以资本主义生产方式为基础的、早期现代化进程，形成了以"欧洲体系"为骨架的"世界体系"的初期形态，以世界市场为基础的现代世界体系。但这个市场体系，无疑延续了传统的帝国式殖民体系的政治结构，形成了一批殖民地、半殖民地。孙中山早前就敏锐地发现：欧洲近百年是什么文化呢？是科学的文化，是注重功利的文化，也是行霸道的文化。自欧洲的物质文明发达，霸道大行之后，世界各国的道德，便天天退步。

资本主义生产方式中资本的私人占有与生产社会化的内在矛盾，外化为世界体系的剧烈动荡乃至分裂。两次世界大战、欧洲的危机与革命、亚非拉民族解放运动反映出这个世界体系形成之初，就开始解构。二战后，这个世界体系的中心区域重新整合：从西欧到美国。同时，这个世界体系之外，崛起了一股强大的与之对抗的力量——苏联及社会主义阵营。

冷战以苏联解体告终。其结局说明，文艺复兴推动生产力发展产生的世界体系，是建立在资本运行的劳动分工和世界市场的基础上的。只要世界市场的基本结构及其运行机制仍然是资本主义生产方式主导，超越它的世界体系就建立不起来。但后冷战时代的冲突和危机也显示，随资本主义工业化而来的现代性矛盾，并未因冷战的结束而消除。以伊斯兰复兴运动为背景的伊斯兰激进主义运动，成为对抗西方世界和"现代性"的"文明冲突"，"核威慑"的恐怖使大国之间不得不寻求相对的"核妥协""核均衡"。

二是人与自然的关系紧张。现代工业文明彻底打破了自然的和谐与宁静,人类成了自然的主人和敌人。人类生存的基本要素:天、地、水、空气都在遭到破坏。1906年至2005年全球地表平均温度上升了0.74℃,科学评估表明近50年二氧化碳大量排放是温室效应增强,使全球气候变暖的主要原因;未经无害化处理的粪便、生活垃圾、废水、有毒有害废物使生态环境日益恶化;局部地区水源枯竭,水源污染;各种病毒不断发出警号,莫名疫病正危害人类健康,新冠肺炎疫情作为前所未知、突如其来、来势汹汹的疫情天灾,开启了一场全人类与病毒的"战争"。

三是人与人的关系紧张。当代西方社会在从"现代社会"向"后现代社会"转型的过程中,"上帝之死"带来了信仰迷茫和精神焦虑。当代中国社会在向现代化转型的过程中,也出现了某些"远离崇高"和"信仰缺失"的精神现象。现代化带来了"迷心逐物"的现代病。人失落了信仰,也就失落了对自身存在意义的终极关怀。无论社会怎么发展,无论经济怎么繁荣,如果放弃了对崇高理想信念的追求,大家都心浮气躁不思进取,心烦意乱不知所从,心高气盛欲壑难填,社会不能和谐稳定,发展又如何协调持续?

综上所述,文艺复兴虽然极大地解放了人,但人又付出了极大的代价:文艺复兴使人从神的束缚中被解放出来,之后人又被神化、异化。

那么,出路何在?

一场新的文艺复兴——新的文明复兴,已躁动于时代的母腹,呼之欲出:它要把过度膨胀的人还原为和谐的人,要建设人与自然和谐、人与社会和谐、人与人和谐的和谐世界。

从以上对世情变迁的剖析,可以得出结论:

——所谓"守成大国"即当代西方发达国家的崛起,大都得益于文艺复兴极大地解放了生产力。但这种解放过程中引起的"三个紧张",又成了生产力进一步发展必须破除的桎梏。

——人类文明的交汇已走到量变到质变的临界点,人类危机呼唤人本主义在否定之否定意义上的继承和发扬,呼唤一场新的文明复兴。

——"新兴大国"发展正当其时,已不能按过去的老路新兴。"守成大国"要继续领先,也不能按过去的方式守成。于是,两者既有需要、也只能努力去构建新型大国关系。

为此，在当今世界，中国就应当：

高举起促进新的文明复兴的大旗，把握住"新人文主义"的话语权；高举起"人类和平、世界和谐"的大旗，站立在构建"新型大国关系"的制高点；使冷战战略、冷战思维彻底成为历史，为推动人类可持续发展作出积极贡献；同时，这也就为中华民族赢得和延长实现伟大复兴、重新跻身于世界民族之林的战略机遇期。中华民族的文化传统，因应着促进新的文明复兴的时代要求。中华民族实现民族复兴的伟大进程，肩负着推进一场新的文明复兴的时代使命。

鉴于人类文明的交汇已走到量变到质变的临界点，人类危机呼唤人本主义在否定之否定意义上的继承和发扬，新时代对人本主义的呼唤，需要对传统人本精神继承吸收，发扬其积极成果，又要革故鼎新。因为西方近代人本主义多强调作为个体的自由与权利，尊重人的本能欲望，催生了迅猛发展的经济，也造就了膨胀的个人。面对第一次文艺复兴遗留下来的膨胀了的个人，新的文明复兴，将建造和谐的人。它既巩固第一次文艺复兴人本主义积极成果，又要对其过分地运用有所克制。此即所谓"新人文主义"。

文艺复兴的实质是解放人，旗帜是人本主义。新的文明复兴的实质是进一步解放人，旗帜是"新人文主义"。

中华民族伟大复兴的进程，肩负着推进一场新的文明复兴的时代使命。

世界各民族的文化多见"以神为本"，尤以人数众多的基督教文化、伊斯兰教文化为是。中国文化的主流则始终坚持"以人为本"，"未能事人，焉能事鬼？""子不语怪力乱神"。历史证明，若总要"以神为本"，总是会搞不下去的。文艺复兴的旨归就是要"以人为本"，要把人从神的束缚中解放出来，也就把生产力从封建社会的束缚中解放出来了。但不幸的是，随着资本主义的膨胀，又走到另一头，搞成了"以资（本）为本"，把人类带到"以物为本"的沟里去了。而新的"拜物教"未必取代得了旧的"拜神教"。可见回归"以人为本"并非易事，"一切向钱看"却容易流行。人，如果在金钱面前什么都不管不顾不怕不要了，就病入膏肓了；社会，如果利令智昏恬不知耻肆无忌惮之徒比比皆是了，就危在旦夕了！"新科技革命"带来的产业革命、生产力飞跃，可是人类从来没有见过的"摇钱树"。当财富突然暴涨、金钱充分涌流的时候，人究竟何去何从?!

　　新时代对人本主义的呼唤，需要对传统人本精神继承吸收，发扬其积极成果又要革故鼎新。西方近代人本主义多强调作为个体的自由与权利，尊重人的本能欲望，虽催生了迅猛发展的经济，也造就了大为膨胀的个人，实际又走向了"物本主义"的歧途。面对第一次文艺复兴遗留下来的膨胀了的个人，新的文明复兴，将建造和谐的人。它既巩固第一次文艺复兴人本主义积极成果，又要对其过分地运用有所克制。这种新的文明的旗帜，就是"新人文主义"。

　　当西方文明以霸权的形式推行其价值观的时候，我们需要新型的人与社会的关系；当传统的工业文明发展导致生态危机的时候，我们需要新型的人与自然的关系；当西方文明过分强调物质、商业和市场利益的时候，我们需要新型的人与人的关系。尤其当新科技革命呼啸而至的时候，我们需要构建人类命运共同体的新型关系。这种新型关系的潮流，就是新的文明复兴；这个新的文明复兴的旗帜，就是"新人文主义"。

　　在西方的话语体系中，关于人文主义，有罗马时期西塞罗的人文主义，有14—16世纪文艺复兴和启蒙时代的人文主义，有18世纪德国人文主义，还有当代西方"新人文主义"。罗马时期的人文主义主要是适应新兴封建制度需要，关注礼仪规范文明。真正有广泛社会影响力的是文艺复兴启蒙时代的人文主义，还有现在备受追捧的"新人文主义"。所谓"新人文主义"，一方面要高举启蒙理性大旗，抗击任何形式宗教原教旨主义的冲动；另一方面也要坚持人文、人性、人权的观念，反对后现代理论的价值随意。但他们的这个东西有局限性。因为其实践基础和关切点主要是从人和环境的矛盾谈人文主义，而我们的实践比它丰富多了。

　　回到"以神为本"没有退路，听任"以物为本"没有出路，只能继续探索"以人为本"的新路。正在全球现代化进程中迈进的人类，开始发现和关注，"避免人类自杀之路，在这点上现在各民族中具有最充分准备的，是两千年来培育了独特思维方法的中华民族。"（汤因比语）"中国至高无上的伦理品质中的一些东西，现代世界极为需要。这些品质中我认为和气是第一位的。"这种品质"若能够被全世界采纳，地球上肯定比现在有更多的欢乐祥和。"（罗素语）

　　当代中国深入大力贯彻"以人为本"的发展思想。在今年已过去的 10 个多月时间里，中国共产党团结带领全国各族人民，进行了一场惊心动魄的抗疫大战，经受了一场艰苦卓绝的历史大考，付出巨大努力，取得抗击新冠肺炎疫情斗争重大战略成果，创造了人类同疾病斗争史上又一个英勇壮举，生动地诠释了中国如何真正做到"以人为本"。顺应时代、借鉴创新、改革开放，在中国特色社会主义理论话语体系特别是习近平新时代中国特色社会主义思想中，在世界上人口最多的发展中大国的实践中，最广泛最深刻地凸显了"新人文主义"。

　　站在时代制高点上，可以清楚地看到：世界历史的发展方向与中国历史的发展方向已经交汇在一起。保障人类可持续生存和发展，需要中国作出榜样。中国在世界作出了榜样，也就实现了自己的伟大复兴。中华民族实现民族复兴的伟大进程，肩负着推进一场新的文明复兴的时代使命。迎接这场并不逊色于历史上的文艺复兴的、新时代的"文艺复兴"或文明的复兴、转型和创新，中国应该有所作为。中国优秀传统文化中的人文主义底色，支撑了中国在新的"文艺复兴"中，率先高扬"新人文主义"的厚积薄发的底气。中国在世界百年未见之大变局的定力和表现，必将展现"新人文主义"的蒸蒸日上的朝气。

　　在实现中华民族伟大复兴路上迅跑的中华民族，真诚地笃信和奉行"己欲立而立人，己欲达而达人"的儒家哲学。中华民族在促进构建人类命运共同体中实现伟大复兴，中华民族的伟大复兴是对构建人类命运共同体的最大贡献。

　　中华民族的伟大复兴，站在新科技革命的前列，高举新人文主义的旗帜，顺应"人类的明天"的发展趋势，符合"人类的明天"的发展逻辑，秉持"以社会和人为中心的牵引现代化观"。呼啸而来的新科技革命呼唤新人文主义。中华民族的伟大复兴引领新人文主义。

（原载《人民论坛》2021 年 11 月（中））

荀子"化性起伪"说对市场经济伦理建设的启示

——读牟钟鉴先生《荀学新论》

牟钟鉴先生的又一力作《荀学新论》出版了。研究荀学者多，但先生新论，却是"苦读《荀子》三十二篇，为了正本清源，便手抄全书，一边抄读一边解注，反复数遍，务求准确理解和读出新意"的心血之作。

"准"在何处，"新"有何意？仅以书中"人性趋恶论"为例。对荀子的"化性起伪"说解析之"准"，可以"新"到由此发端，对当前的市场经济伦理建设，都有启示。

我们一直有个误解，认为孟子主张"性善论"，荀子主张"性恶论"。而"性善"与"性恶"之矛盾，古已有之，中西皆然，判如水火，不可调和。体现在当代市场经济伦理学说中的，就有"斯密悖论"。

如果说亚当·斯密的《国富论》探讨市场经济的经济学基础，那么他的《道德情操论》就在探索市场经济的伦理学基础。在《国富论》中，斯密把人性本恶作为经济学的前提假设，把个人利己主义的利益追求当作人类经济行为的基本动机。他说，"每个个人都努力使其生产物的价值达到最高程度……他通常既不打算促进公共的利益，也不知道他自己是在什么程度上促进那种利益，他只是盘算自己的安全；由于他管理产业的方式目的在于使其生产物的价值达到最大程度，他所盘算的也只是他自己的利益。"在《道德情操论》中，斯密又基于人性本善的假设，把源于人的同情的利他主义情操视为人类道德行为的普遍基础和动机："无论人们会认为某人怎样自私，这个人的天赋中总是明显地存在着这样一些本性，这些本性使他关心别人的命运，把别人的幸福看成是自己的事情，虽然他除了看到别人幸福而感到高兴以外，一无所得。""人总是以利己为出发点，但是，如果每个人都毫无节制地发挥自己利己心的话，社会必将混乱，最终导致毁灭。所幸的是，人的感情是多样的，利他心、慈善心、爱心。"斯密的论述，实际上基于人的既"性恶"又"性善"的"二重属性"，触及了市场人的经济理性与伦理理性的"二律背反"。但他无法解决这个问题，此即所谓"斯密悖论"。

　　而荀子的"化性起伪"说或"人性趋恶论"，由此发端，显然是有助于超越"斯密悖论"的。

　　牟先生指出，通常被人们解读为与荀子对立的孟子的性善论，准确地说其实也是"人性趋善论"。孟子把人性"四端"称为"良知"，但毕竟只是"端"，是萌芽，需要通过教育和修身加以扩充。但孟子讲的良知是人的道德属性。问题是，人怎么与生俱来就有这个"端"，这个道德属性，讲不清楚。倒是后来阳明心学强调"致良知"，多了一个"致"字。"致"包含两层意思，一是行，达到；二是依据，标准。王阳明说，"一语之下，洞见全体，真是痛快，不觉手舞足蹈"。"某与此良知说，从百死千难中得来，不得已与人一口说尽，只恐学着得知容易，把做一种光景玩弄，不实落用处，负此之尔。"其实，准确地理解荀学的"化性起伪"说，早就"一口说尽"，透彻痛快了。

　　在荀子看来，人性是与生俱来、自然而成的人的动物性、生物性，无所谓善恶，但可以趋善也可以趋恶，此其一，关键是"趋"。"性者，本始材朴也；伪者，文理隆盛也。无性则伪之无所加，无伪者性不能自美。性伪合，然后成圣人之名，一天下之功于是就也"，此其二。这里的"伪"，不是现在字面意义上的真假之"伪"，而是象形文字直接表意的"人"与"为"之"伪"。"伪者，文理隆盛也"，人之为之也，此说与孟子强调后天的道德教化、王阳明强调"致良知"的"致"，其实是相通的。不过荀子说得更为简明通透。

　　那么，为什么说荀子的"化性起伪"说，竟然对当代市场经济伦理建设都可以有所启示？

　　我们知道，马克斯·韦伯试图解决市场经济伦理中"性善"和"性恶"冲突的"斯密悖论"。他的晦涩难懂的《新教伦理与资本主义精神》一书，被哈佛大学百名教授奉为经典。韦伯赞美"资本"，主张通过资本运作使钱生钱，赚钱光荣。但他强调赚钱要讲伦理、有美德：一要勤勉劳动，二要依诚信赢得信任、以合法方式赚钱，三要节俭以积累资本并进一步以钱生钱，这就是韦伯说的"资本主义精神"。问题是"人的天性"总是趋向于既要"富起来"，又要少干活；满足"人的欲望"是有钱就要花，有水要快流。韦伯认为，资本主义的衰落，恰是因为这种"人的天性和欲望"导致"资本主义精神"的缺失。怎么抑制"人的天性和欲望"？韦伯惊喜地发现，16世纪脱离罗马天主教的新教的各教派，却"伴随"出一种所谓的"资本主义精神"。他引马丁·路德的说法，"劳动是唯一取悦上帝的方式"。加尔文的"预定论"则进一步说明，辛勤劳动取得工作成就是被证明得到上帝恩宠、列为上帝选民的唯一手段。而财富全是上帝的，人只是代上帝管理和使用财富，因此"富起来"之后只有节制消费和热心公益，才能得到上帝的青睐。于是韦伯指出，"圣徒们为了证明自己获得上帝的救赎，就要积极地勤劳致富，那么就要把现世的生活彻底理性化，完全受增添上帝的荣耀这个目的支配，他的一切言行都为着上帝的荣耀。"因此，资本主义发展与新教发展聚集区便高度重合，两者"伴随"发展。这里，他用了"伴随"一词，有意回避了"因果关系"的提法，但又忍不住说，"新教伦理不但赋予经济活动以伦理的意义，而且恰恰是由于把经济活动伦理化，而使经济活动理性化，从而导致'资本主义精神'"。韦伯断言，"一个人对天职负有责任乃是资产阶级文化的社会伦理中最具代表性的东西，而且在某种意义上说，它是资产阶级文化的根本基础。"

显然，韦伯用的是宗教伦理的观念，注重是"宗教信仰"。他把人解决不了的问题，推给了神。

两相比较，就不难看出，如果沿用荀子的"化性起伪"说来解决市场经济伦理问题，其实比韦伯简明通透。

荀子的"化性起伪"说，当然还只是一个朴素的萌芽，但立足点、出发点是"准"的，由此发端，对建设市场经济伦理可以有诸多启示。

启示一，如牟先生言，荀子的"人性趋恶论"是孟子的"人性趋善论"的补充和深化。无论"性善"还是"性恶"，关键不在"性"本身的善恶（性本身也无善恶），而在如何"趋"善抑恶。要点在"趋"而非"性"。我不能否认市场经济的起点。每一个经济的个体，都追求利润的最大化，这是资本的本质；每一个真实的个人，都追求利益的最大化，这是自私的本性。这两个起点是市场经济的动力，正是这两个最大化，进入市场经济运作，演出了一部激烈竞争、效率至上的交响曲，从整体上形成推动市场经济不断发展的动力，形成了市场经济优胜劣汰的秩序。但任这两个最大化自然"趋"向的"无限度"追求，又必然导致互相欺诈、物欲横流，市场经济的秩序就无法维持下去。简单地说，一味节制甚至禁止人的欲望，就没有市场经济。不适当和有效地节制资本而任其野蛮增长（今年中央经济工作会议提出了这个问题，要正确认识和把握资本的特性和行为规律，要为资本设置"红绿灯"，要依法加强对资本的有效监管，防止资本野蛮生长），不适当和有效节制人的欲望，而搞得物欲横流，也搞不好市场经济。所以，由荀子的"人性趋恶论"发端，其实可以引出今天迫切需要的大道理、大学问。

启示二，市场经济的伦理建设中"化性起伪"，要把握好底线和边界。在市场经济中，手持利益这把"双刃剑"，身处社会这个共同体，就需要坚守底线、明晰边界，有所为、有所不为。经过了个人利益的觉醒、市场经济的洗礼，如何把欲望冲动与道德追求、把物质富有与精神高尚结合起来，把握好这个底线和边界，关乎社会主义市场经济的成败。

启示三，回头来准确解析荀子的"化性起伪"说，就有新意了。正如牟先生所说，"荀子讲性恶和化性起伪，一不是指斥欲利本身为恶，二是主张化性而非禁欲"，"荀子不是禁欲主义者，而是养欲主义者，不把礼与欲对立起来，能看到两者的辩证关系，首次提出以礼养欲，比之节欲更具有柔性"。市场经济的伦理建设，如何"化性起伪"？不能靠宗教信仰，必须有理想信念。"不把礼与欲对立起来"，既要坚持铁腕反腐的刚性，也要生出"以礼养欲"的柔性。要使道德成为市场经济的正能量，做到"文理隆盛"，则自然风清气正。

启示四，市场伦理建设，关键在党。中国共产党是在当今世界人口数量最多、经济体量扩增最快、国民财富总量增长最快的国家，大力推动社会主义市场经济发展的执政党，如何防止市场经济负面效应对党员干部的诱惑、对党的肌体的腐蚀，更是我们党必须直面且必须消解的重大难题，是一场新的大考。党的十八大以来，以习近平同志为核心的党中央高度重视党风廉政建设和反腐败工作，全面从严治党不断向纵深推进。党的十九大以来，中央纪委国家监委立案审查调查中管干部 192 人，处分 177 人，已送检察机关 70 人，运用"四种形态"批评教育帮助和处理中管干部 2342 人次（其中谈话函询、提醒批评 2161 人次）。再加上十八大至十九大期间落马的数百名中管干部，数量已经相当多了，确是需要认真"准确把握反腐败斗争阶段新特征"了！为什么在市场经济条件下贪腐屡禁不止，甚至一度来势凶猛？我们在理论上有更为透彻的思考，在实践上也有更强有力的措施。

我最近有篇论文，题为《在社会主义市场经济发展中把党建设得更有力更坚强》，在《经济日报》发表后获得特别奖。其中提出，市场经济的考验，对我们党是全新的、长期的、"富起来"的新考验，是在利益诱惑下如何普遍做到"拒腐蚀、永不沾"的更为复杂的考验。市场经济的法则是经济运行的普遍法则，但不能"普遍"到侵入或浸入党的政治肌体。党如何保持生机活力、如何保持先进性和纯洁性？如何让广大党员干部在市场经济中更好地发挥积极性创造性，既"很想干，很愿干，很能干"，又"不敢腐、不能腐、不想腐"？广大党员干部如何始终做到"忠诚、干净、担当"，不仅"贫困不能屈"，更加"富贵不能淫"？这些问题都需要进一步探索。

在这种探索中，不妨研究和借鉴牟钟鉴先生所准确解析的荀子的"化性起伪"说。

谢谢先生"务求准确理解和读出新意"的《荀学新论》。我借此"发端"，也是借题发挥，谈起来了荀子"化性起伪"说对市场经济伦理建设的启示。

你永远在开拓创新

朱永新的《书香政协满庭芳》一书出版了。

这本书，厚重！无论"两会"手记、调研手记，抑或提案发言、参政声音、社情民意，还是议政网事、媒体关注，不仅琳琅满目，让你目不暇接，更有沉甸甸的分量，让你满目生辉。

这个人，永新！文如其人，名副其实。其特质，正是"永新"——永远在路上，孜孜以求；永远在读书，昼夜不息；永远在写作，笔耕不辍；永远在出新，开拓创新。

例如，全国政协开展了一年的"政协委员读书活动"，十多个线上"委员读书群"书卷常开，灯火不熄，朱永新是首任"试水群"里先鞭进取、奔跑在前的群主。

又如，"政协委员读书漫谈群"开张三百天，每天凌晨都有朱永新谈读书的专栏，一天也不中断，成了一道亮丽的风景线。

再如，全国政协的一次大会，朱永新就以个人名义或联名的方式，提交了关于在线教育、全民阅读、脱贫攻坚等方面的 10 个提案，其中有的提案网络点击量近 1800 万人次。

更让人叹为观止的是，这位兢兢业业履职的政协委员，还有那么多精力去写作，一年内出版了多部著作，如《走向学习中心：未来学校构想》《给教师的信：阅读与人生》《新家庭教育论纲》《教育的对白——朱永新对话麦克法兰》等，一年出了四本书！

朱永新获得了人民教育出版社 70 年 70 位"功勋作者"称号。

我早知道朱永新是国内知名的大教育家，现在他的名声已然蜚声国际。2020 年，国际儿童读物联盟的首届"IBBY-iRead 爱阅人物奖"授给了他。

一丹奖基金会在香港成立一丹奖"明师堂",汇聚了包括可汗学院创始人萨勒曼·汗等 16 名成就卓著的神经科学家、心理学家、经济学家、统计学家和教育工作者等,朱永新作为唯一的华人,也赫然名列其中。

朱永新如此充满活力,充满能量,颇有传奇色彩。他是个什么样的人?一个人,凡聪明敏捷,能洞察秋微,又能妙计频出者,是为有智之人;凡天真恻怛、感愤人间之不幸、感慨运之多难者,是为有情之人;凡豪情勇猛、处事不惊,临大敌而无所惧者,是为有意之人。这有智、有情、有意三者,能兼具其二已属难得,而朱永新似乎三者皆具。

"永新"的"秘诀"何在?依我看,就在古代一位也姓朱的读书人的诗中:"半亩方塘一鉴开,天光云影共徘徊。问渠那得清如许?为有源头活水来。"(朱熹《观书有感》)

"秘诀"在"天光云影共徘徊"中。朱永新说,作为一名党外知识分子,学问报国,以学术研究的成果参政议政,用做学问的方法当政协委员,是他多年来一直践行的原则。

"秘诀"在"为有源头活水来"中。这源头活水,就是勤奋不息,久久为功。朱永新说,每天坚持写 1000 字,坚持一年,必有奇功。果然如此,仅这本书而言,40 余万字,平均每天可超过了 1000 字。

永新——永远在路上,孜孜以求;永远在读书,昼夜不息;永远在写作,笔耕不辍;永远在出新,开拓创新。

你想详解永新的"秘诀"吗?请读此书。

自我革命的伦理自觉

党的十九大报告指出，要深刻认识党面临的执政考验、改革开放考验、市场经济考验、外部环境考验的长期性和复杂性；深刻认识党面临的精神懈怠的危险、能力不足的危险、脱离群众的危险、消极腐败的危险的尖锐性和严峻性。

我认为，四大考验中，最为长期最为复杂的考验是市场经济的考验。四大危险中，最为尖锐最为严峻的危险是消极腐败的危险。正如习近平总书记指出的："我们党作为执政党，面临的最大威胁就是腐败。"（《在庆祝中国共产党成立95周年大会上的重要讲话》）

我在《自我革命》一书的"伦理自觉"一章（第六章）中，集中讨论了这个问题。

习近平总书记强调，我们党"永不脱离群众，与群众有福同享、有难同当，有盐同咸、无盐同淡"，讲得生动、透彻、深刻。"与群众有难同当"，不言而喻，我们党就是这样走过来的；"与群众有福同享"，这更不成问题，但面对新情况、新问题，要研究、实施新办法，走对、走好新路子。其中，强化并构建市场经济条件下自我革命的伦理自觉，是一个使中国共产党永葆青春活力的特殊重要任务所在，也是一个影响人们正确认识与思考自我革命问题的特殊难点所在。

一、"心中贼"会使自我革命意志衰退

对于中国共产党而言，从夺取政权到长期执政，是一场历史考验；从领导和驾驭计划经济到领导和驾驭市场经济，也是一场历史考验；各级党员干部从以清贫为本色与人民群众同患难，到以致富为追求带领人民群众富起

来，更是一场历史考验。按照社会发展规律，实现人民共同富裕，必须发展好市场经济。党的工作要以经济建设为中心，从宏观调控到各项经济活动的组织、推进和监督，党的各级组织、广大党员应全面参与市场经济。

然而，市场经济自身具有"二重特性"。一方面，市场经济是一条推动生产力发展、促进社会整体财富积累的必由之路；另一方面，市场经济是一种以个人对自身利益的追求作为基础的交换共同体。市场经济的两个起点：每一个经济的个体，都追求利润的最大化（资本的本质）；每一个真实的个人，都追求利益的最大化（自私的本性）。正是这两个最大化进入市场经济运作，演出了一部激烈竞争、效率至上的交响曲，从整体上形成推动市场经济不断发展的动力，形成了市场经济优胜劣汰的秩序；但不可否认，其也是市场经济的严重阻力和破坏力，两个最大化的"无限度"追求会导致互相欺诈、物欲横流，使得市场经济秩序无法维持下去。于是，可以看到一些现象：因为大力发展市场经济，市场极大丰富，生活极大改善，人们的物质生活水平普遍提高，但精神世界却缺少了关照。欲望会吞噬理想，多变会动摇信念，心灵、精神、信仰会被物化、被抛弃。如何防止市场经济负面影响对党员的诱惑、对党的机体的腐蚀，就是我们党必须面对的新情况、必须解决的新问题。

党的十八大以来，以习近平同志为核心的党中央高度重视党风廉政建设和反腐败工作，全面从严治党不断向纵深推进。党的十九大以来，中央纪委国家监委立案审查调查中管干部192人，处分177人，移送检察机关70人，运用"四种形态"批评教育帮助和处理中管干部2342人次（其中谈话函询、提醒批评2161人次）。再加上党的十八大至党的十九大期间落马的数百名中管干部，数量已经相当多了。

为什么在市场经济条件下贪腐屡禁不止，甚至一度来势凶猛？习近平总书记在"不忘初心、牢记使命"主题教育总结大会上的讲话中深刻分析道："古人说：天下之难持者莫如心，天下之易染者莫如欲。一旦有了'心中贼'，自我革命意志就会衰退。"在党长期执政和市场经济的条件下，更是"难持者莫如心，易染者莫如欲"。市场经济法则几乎"无孔不入"地渗透，各种弱化党的先进性、损害党的纯洁性的诱惑无时不有，各种违背初心使命的危险无处不在，如果不严加防范、及时整治，久而久之必将积重难返，小问题就会变成大问题、小管涌就会沦为大塌方，消极腐败就会猖獗横行。

市场是经济活动的生态基础，不可以有分秒间断，不可能把经济活动停下来再整党治党。必须在确保市场秩序可控、经济运行稳定的状态下果断行动，既刮骨去腐，也对症给药；既标本兼治，也激浊扬清。要善于把"不敢腐、不能腐、不想腐"一体推进，努力取得更多制度新成果和更大治理成效，还要与建立广大党员、干部"很想干、很能干、很愿干"的体制和机制相辅相成、一体推进。

如何使我们党不断保持党的先进性和纯洁性，不断防范被瓦解、被腐化的危险，这在市场经济时代是个极大的问题。市场经济的考验，是全新的、长期的、"富起来"的考验，是在利益诱惑下如何普遍做到"拒腐蚀、永不沾"的更为复杂的考验，是党的建设最需要着眼、最需要面对的现实问题。市场经济的法则是经济运行的普遍法则，但不能"普遍"到侵入或浸入党的政治肌体。党如何保持生机活力、如何保持先进性和纯洁性？如何让广大党员干部在市场经济中更好地发挥积极性创造性，既"很想干、很能干、很愿干"，又"不敢腐、不能腐、不想腐"？广大党员干部如何始终做到"忠诚、干净、担当"，不仅"贫困不能屈"，更加"富贵不能淫"？这些问题，在理论上要有更为透彻的思考，在实践上要有更强有力的措施。

我们要在保持反腐倡廉高压态势，把严的基调长期坚持下去，保持强大的正风肃纪反腐力量常在的同时，使鼓励干事创业担当的体制机制制度化常态化，充分调动广大党员干部在发展市场经济中的积极性创造性，从而在坚持反腐倡廉、实现风清气正的基础上，把社会主义市场经济搞得更好，把高质量发展搞得更好，让实现共同富裕的目标离我们更近，让党的队伍更加纯洁，更加富有生机活力。这就需要进一步研究如何建设好共产党人"市场经济伦理"等问题。

二、建设共产党人的"市场经济伦理"

市场经济与道德建设存在一个"二律背反"：一方面，资本追逐利润，个人追求物质利益，导致拜金主义——排斥道德；另一方面，社会追求公平，市场遵守规则，道德要求自律——要求道德。尤其共产党人应该始终是全社会的道德楷模。正是这种"二律背反"从两端形成的强大张力，使得

"两面人"等现象出现。

中国共产党是执政党，领导干部是拥有权力的管理者，今天的用权、施政、管理，甚至治国理政的大事，都要围绕经济建设展开，经济建设又是在市场经济、资本运作中进行的。资本在这里与权力相遇了，不受制约的权力难免腐败，绝对不受制约的权力有可能绝对腐败。当权力调控市场，当权力与资本相遇，不受制约的权力，难免导致普遍性、塌方型的腐败。资本不断扩张的冲动和权力不断膨胀的欲望结合，会使得道德的界限丧失，使得法律的界限模糊，甚至成为马克思主义所严厉批判的垄断资本主义，彻底走向党和人民的反面。孟德斯鸠在《论法的精神》中说过，"一切有权力的人都容易滥用权力，这是万古不易的一条经验。有权力的人使用权力一直到遇有界限的地方才休止"。所以，习近平总书记一再强调，必须"坚决防止权力和金钱相结合"，要"把权力关进制度的笼子里"，同时谆谆告诫，"古人说，'内无妄思，外无妄动'。党的领导干部更要对组织和人民常怀感恩敬畏之心，对功名利禄要知足，对物质享受和个人待遇要知止。'惟江上之清风，与山间之明月，耳得之而为声，目遇之而成色，取之无禁，用之不竭。'苏轼的这份情怀，正是今人所欠缺的，也是最为珍贵的。生不带来、死不带去。想通这个道理，就一定能够以身作则、以上率下，以清廉养浩然正气"。由此可以看出，习近平总书记已经把对官员的崇高道德要求以及市场经济的伦理建设，都纳入共产党常青之道的大视野中了。

不管是社会主义还是资本主义，只要搞市场经济，就要面对在资本盈利和个人谋利这两个"起点"被启动、激活后，人们如何提高自我约束力和道德水平的实际问题。如果不正视市场经济中道德调节的"二律背反"，如果在市场经济中普遍地重利轻义甚至逐利弃义，乃至腐败丛生、积重难返，市场经济的正常秩序就难以为继，社会就会积累不满乃至引发动乱。所以，市场也有伦理。这个市场伦理，当然要以"治国理政关注的社会价值观"，即政治伦理、社会伦理为重要导向。毕竟政治伦理、社会伦理和市场伦理，既要求一致，又有所不同。简单照搬照套、一并笼统要求，恐未必管用。

应该肯定，韦伯的《新教伦理与资本主义精神》一书的意义，在于开始了对人类如何建立市场伦理的思考和探索。他认为，"它的基本内容包括：人人应承担'诚实交易''遵守承诺''守时'等义务和责任，并且以'刻苦''勤奋''忠诚'等态度来对待各自的职业，以精确的理性计算，来使资本和劳动的组织合理化，小心而又有远见地追求经济成功"。问题是怎么做得到？韦伯以当年异国他乡的新教徒们的致富举动为例："圣徒们为了证明自己获得上帝的救赎，就要积极地勤劳致富，那么就要把现世的生活彻底理性化，完全受增添上帝的荣耀这个目的支配，他的一切言行都为着上帝的荣耀。"就此，韦伯得出结论，"没有企业家阶层就没有资本主义的发展，没有道德宪章就没有企业家阶层，没有宗教信念就没有道德宪章"。在他看来，这个问题最终是靠宗教信念解决的。但显然这个问题并没有解决，靠上帝帮忙是解决不了市场伦理问题的。正如《21世纪资本论》一书所揭示的，市场经济还有一只"看不见的手"在起支配作用，即"R>G"，资本收益的增长大于经济收益增长的趋势是起决定性作用的，严重的两极分化而导致社会危机的局面是迟早会到来的。

如何建立我们自己的、社会主义市场经济发展所需要的、共产党人的市场伦理，把"富起来"的诉求以及"资本增长"的冲动，与"勤劳""诚信""节俭""不害人、不坑人"的仁德建构成功嵌合？如何创造一种新的谋利和致富基因，在激发勤劳致富、不断创新的活力的同时，坚守爱国守法和诚信敬业？如何抑制拜金主义、享乐主义、极端个人主义的泛滥，建立"不敢腐、不能腐、不想腐"的机制？如何促进扶贫济困、礼让宽容的人际关系，形成勤勉做事、平实做人、守信光荣、失信可耻的社会氛围，构建传承中华传统美德、符合社会主义精神文明建设要求、适应社会主义市场经济发展的道德和行为规范（即新的市场伦理）？还有许多问题，需要去实践、去探索、去创新，其中一个重要方面，就是要化解市场经济自发运行的道德悖论。

三、涵养党员干部无私无畏的崇高境界

"工人阶级政党从成立之日起就注重自我更新和自我革命，通过严格的组织管理来实现组织政治目标的实现，从而体现了一种高度的道德反省和伦理调适能力。"无私才能无畏，出于公心才能筑牢底气。我们党自我革命的勇气从哪里来？说到底，是从党的性质和人民立场中来，是从"没有任何私利"的无私无畏革命情怀中来。关于共产党人的"无私"立场，《共产党宣

言》作了经典表述："过去的一切运动都是少数人的或者为少数人谋利益的运动。无产阶级的运动是绝大多数人的、为绝大多数人谋利益的独立的运动。"列宁在《共产主义运动中的"左派"幼稚病》一文中指出："一个政党对自己的错误所抱的态度，是衡量这个党是否郑重，是否真正履行它对本阶级和劳动群众所负义务的一个最重要最可靠的尺度。公开承认错误，揭露犯错误的原因，分析产生错误的环境，仔细讨论改正错误的方法——这才是一个郑重的党的标志。"① 毛泽东强调，全心全意为人民服务，就是向人民负责，为人民的利益而勇于坚持真理，勇于修正错误。他指出："我们的责任，是向人民负责。每句话，每个行动，每项政策，都要适合人民的利益，如果有了错误，定要改正，这就叫向人民负责。"② 他还说："共产党人必须随时准备坚持真理，因为任何真理都是符合于人民利益的；共产党人必须随时准备修正错误，因为任何错误都是不符合于人民利益的。"

"马克思主义始终具有鲜明的政治立场和价值指向，这就是始终站在以无产阶级为代表的最广大人民群众的政治立场上，它是由马克思主义政治伦理思想的根本性质决定的，也是马克思主义政治伦理不同于以往其他一切政治伦理的本质区别所在。"③ 中国共产党作为马克思主义政党，把全心全意为人民服务作为自己的宗旨，始终以实现中华民族伟大复兴为己任。中国共产党除了国家、民族和人民的利益，没有任何自己的特殊利益，所以才有资格有底气敢于直面问题、勇于自我革命。"在革命、建设、改革各个时期，我们党一次次拿起手术刀革除自身病症，一次次依靠自身力量和与群众结合的力量解决自身问题，攻克了一个又一个看似不可攻克的难关，创造了一个又一个彪炳史册的人间奇迹。"因为我们是为人民利益而奋斗的，为人民利益可以舍得一切，只要对人民有益的批评意见，我们都要善于接受，勇于修正错误，才能不断克服自身的缺点、自我完善，始终不背离全心全意为人民服

①　列宁：《共产主义运动中的"左派"幼稚病》，《列宁全集》第 39 卷，人民出版社 1986 年版，第 37 页。

②　毛泽东：《抗日战争胜利后的时局和我们的方针》（1945 年 8 月 13 日），《毛泽东选集》第 4 卷，人民出版社 1991 年版，第 1128 页。

③　戴木才、彭隆辉：《论中国共产党执政伦理建设的首要问题》，《伦理学研究》2021 年第 4 期。

务的根本宗旨。"无欲则刚"讲的就是这个道理；"人民是我们党执政的最大底气"，背后也是这个道理。

习近平总书记指出，我们共产党人为的是大公、守的是大义、求的是大我，更要正心明道、怀德自重，始终把党和人民放在心中最高位置，做一个一心为公、一身正气、一尘不染的人。只有时时处处摆正公与私、义与利、是与非的关系，坚持"以革命利益为第一生命，个人利益服从革命利益"，才能保持强大的人格力量，才能保持自我牺牲的崇高境界。《入党誓词》要求："为共产主义奋斗终身，随时准备为党和人民牺牲一切"。从自我革命角度来看，共产党人必须是具备党的"理想人格"的"政治人"。在公与私、义与利、是与非方面，涵养强大的党内政治文化氛围，不是一件容易的事情。因此，对于党员、干部来说，必须不断加强党性修养、强化公仆本色，坚持党的事业第一、人民利益第一，保持克己奉公、大公无私的情怀，始终做到甘于奉献、甘于付出。要进一步强化中华优秀传统文化、革命文化和社会主义先进文化对广大党员干部的浸润滋养作用。《老子》有言，"吾所以有大患者，为吾有身，及吾无身，吾有何患"。只有摆脱了个人利益的束缚、摆脱了部门和地方利益的局限，才能以浩然正气、昂扬锐气、蓬勃朝气涵养自我革命的无畏勇气。

贵州大学——我梦想起飞的地方

口述人：叶小文
访谈人：张蝉　叶鑫
访谈时间：2022 年 4 月 15 日
访谈地点：线上

个人简介：叶小文，男，汉族，中共党员。1950 年 8 月生于重庆，籍贯湖南宁乡，1975 年 9 月加入中国共产党。贵州大学哲学系 1976 级学生。历任共青团贵州省委书记、党组书记；共青团中央统战部副部长（正局级），全国青联副秘书长；中央统战部民族宗教局（二局）局长；国务院宗教事务局局长、党组书记；国家宗教事务局局长、党组书记；中央社会主义学院党组书记、第一副院长（正部长级）；中共十五大、十六大、十七大代表；中共第十六届、十七届中央候补委员，中共十八届中央委员，全国政协第九、十、十一届常委，十二届委员、文史和学习委员会副主任。现任十三届全国政协委员、文化文史和学习委员会副主任、分党组副书记。主要著作有《多视角看社会问题》《化对抗为对话》《把中国宗教的真实情况告诉美国人民》《从心开始的脚步》（中、韩版）、《宗教问题怎么看怎么办》《宗教七日谈》《小文三百篇》《望海楼札记》（中、日版）、《处处书友遍地书》《小文论丛》等。在国内核心期（报）刊发表各种文章数百篇，论文《社会学否定之否定的进程及其内在矛盾》曾于 1984 年获中国社会科学中青年优秀论文奖。

扎实刻苦学习　梦想落地萌芽

我只要有机会回到贵州大学，都会偷偷地去学校食堂转一圈，吃顿饭，就像回家一样。现在的学生真幸福呀，顿顿都能吃到品种丰富、色香味俱全的饭菜，不用饿着肚子读书。每每看到学校食堂，总能让我想起1976年我在贵州大学读书的那些日子。

1976年社会经济还未完全复苏，生活依然艰苦。我们是穷学生，又正值年轻力壮，饿肚子是常事。每个月的饭票20天就吃完了，剩下的10天就吃稀饭，甚至空着肚子过。食堂的菜呢，大多是应季的，比如蒜苔上市了，食堂就天天做、顿顿做，以至于进了食堂是蒜苔味，进了教室是蒜苔味，进了寝室是蒜苔味，进了厕所也是蒜苔味。但即便如此，除了上课，大家每天最激动的事就是去食堂排队抢饭。

好在粮食虽不够，学校给我们提供的"精神食粮"是充足的。那时候大学刚恢复，学校引进许多老师，老师非常认真地教学生，学生也是如饥似渴地学习。大家都挤进图书馆读书，经常看书看到深夜，去晚了是找不到座位的。

我是贵州大学1976级哲学系的学生。在我读高中的时候，记得贵阳一中的韩述明校长有一次把我叫到了一个橱窗前，橱窗里是一中考上北京大学、清华大学同学的名字、照片。他对我说："你的成绩是非常好的，希望你要有志向，考到好的大学去，相信这里也会贴上你的照片。"我就下决心，考大学时，非北大、清华不读。但接着就爆发"文化大革命"了，大学一律停办，我无法进入梦想中的北大、清华。借着红卫兵大串联，我跑到北大校园里待了三天。满校园只有大字报。我就抄了两笔记本大字报，毕竟是北大的啊。后来，我终究没有能到北大念书。但又到后来，我连续三次被北大聘为兼职教授，直到现在，每学期还要给北大博士上几节"通识课"。一上课就说，"同学们，真羡慕你们在北大念书。"这当然是后话了。当年上不了大学一概停办，只能上山下乡，我去到贵阳市孟关公社石龙大队当"插队知识青年"。过一年，当时的解放军某部为了"普及革命样板戏"，听说我参加过贵阳一中的中学生乐团，就特地来找到了我，让我去做了五年文艺兵，像电影《芳华》的那种。我在部队里入了党，转业又转到了贵州省群众艺术馆做干部。

直到1976年"文革"结束，百废待兴，国家进行拨乱反正，邓小平决定要恢复大学。但是刚刚恢复大学的时候，恢复高考还来不及，怎么办呢，于是就采取了推荐的办法。我就成了被推荐的最后一届"工农兵学员"

（毕竟当过兵嘛）。就这样，我成了贵州大学 1976 级哲学系的学生。北大没去成，毕竟上了贵大。得知能去贵大读书，心情十分激动，我终于能上大学了！

　　我在贵大，实际上只念了一年书。这一年，是奠定我整个人生的一年。我这一生得益于贵州大学起步的扎实刻苦的学习。一方面，学校老师对我哲学的学习起到了很大的指导作用。讲马克思主义基本原理的张老师，后面成为副校长，他的原理讲得非常好；还有讲原著的赵老师，我们知道原著是比较晦涩的，年代背景比较复杂，名字又长又费劲，但赵老师能深入浅出地讲解，让我们真正去理解原著的精神。另一方面，我一边听课一边自学，自己找 1975 级的同学借书看，到图书馆找书读。就这样，我用一年时间基本上自学完了大学四年的课程。

　　对于哲学的学习，我是抱有一种信念的——"演奏第一提琴"。恩格斯说，每一个时代的哲学作为分工的一个特定的领域，都具有由它的先驱传给它而它便由此出发的特定的思想材料作为前提。因此，经济上落后的国家在哲学上仍然能够"演奏第一提琴"。大家知道，在一个交响乐队中，第一提琴演奏者担负着繁重的任务并享有高的声誉，被称为乐队的"副指挥"和"灵魂"。第一提琴演奏者不但要经常独奏，要带领小提琴声部并帮助指挥协调整个乐队的演奏，还要以他的定音为乐队校音的标准。演奏第一提琴是需要高超技艺和修养的。因此，当演奏结束观众鼓掌时，指挥常常请第一提琴演奏者站起来代表乐队向观众致意。恩格斯以在哲学上演奏第一提琴的比喻，生动地说明了经济落后国家仍然可以在思想领域领先、特别是在哲学领域领先。所以，纵然那时贵州很落后，但我相信我是来学哲学的，我们完全可以当之无愧地在哲学上"演奏第一提琴"，奏出时代的华丽乐章。

　　我在贵大期间读了很多哲学的著作，像列宁《哲学笔记》、黑格尔《逻辑学》之类的，虽然晦涩难懂，但还是坚持"啃"了下来。特别是毛泽东的《矛盾论》《实践论》，我读了多遍，当时作为教科书的《辩证唯物主义》《历史唯物主义》，更是反复推敲。这为我后面的哲学之路打下了坚实的基础。在贵大读完一年后，贵州省委决定要办贵州社会科学院，并公开进行哲学专业研究生招生考试。我想，我不是把四年的课都学完了吗？去报名试试吧！据说当时有 80 多人报名参考，我以专业课 82 分（总分 100 分）的成绩考取第二名。为什么能够跳级考研究生还考到第二名呢？我觉得得益于在贵州大学的读书和思考。当时，我还押中了一道50分的考试大题——"试论思维与存在的同一性与差异性是哲学的基本问题"，这道题得了高分，其实这就是老师在课上教的。后来，得知我考上研究生的消息，贵州大学很开明，支持我去读研究生，还破格给我提前发了毕业证书，以严格考核后的合格成绩为标准，承认我学完了四年的课程。感谢贵州大学让我完成了人生的重要转折。

恩师循循善诱　启我写作之路

我在贵大读书的那一年，孙安菊老师教我们写作课。这么多年过去了，我非常想念她。孙老师您在哪里，好想和您见一面！

写作对我的人生有着极大的意义，它磨炼了我的人生，而正是贵大的写作训练让我养成了读书写作的习惯。有一次，孙安菊老师给我们出了一个题目叫"学雷锋"，我想雷锋已经走了，但是身边依然有很多"雷锋"，我就写了一篇文章《雷锋回来了》。没想到，孙老师说这个文章写得很好，就把它转给了当时《贵州日报》文艺版的主编。那个主编是孙老师的同学，于是我的文章就在《贵州日报》文艺版头条发表了。拿到这张报纸，我内心十分激动，下课后自己一个人躲在教室里，看了一遍又一遍。当时一个大一的学生，竟然能够在《贵州日报》上发表将近一个版面的文章，这在校园里引起了轰动，好多同学都赞扬、羡慕我。这激发了我写作的激情，由此我也爱上了写作。

在这之后，我就不断写，不断投稿，加之我是学哲学的，写了很多评论。每每文章寄过去后，我就会一直惦记文章有没有发表。那时一个穷学生，买饭票的钱都不够，哪订得起报纸？到图书馆也看不到当天的报。于是只要每个星期四有"理论版"，上午一上完课，我就骑上自行车，近20公里，那时的公路不是现在的高速路，崎岖不平，尘土飞扬。我总是兴致勃勃地从花溪一直骑车到贵阳喷水池的读报栏，看有没有我的文章。如果有，就激动万分，把原本用来吃饭的钱拿去买好多份报纸，送给老师和同学作为纪念。那段时期，我在《贵州日报》前前后后发表了几十篇评论，这也引起当时《贵州日报》总编的高度重视，后来甚至主动跟我约稿，我写的文章就越来越多。当时没有稿费，发表一篇文章就给你寄一本新出的短篇小说之类的书，我收到了几十本书，好多是重复的，但我都如获至宝，这毕竟是我写作路上的一个见证。

还有一位老师，特别喜欢《新华文摘》。他知道我喜欢写文章，就把我带到他的房间给我看，房间里堆满了一摞摞《新华月报》文摘版，并欣喜地告诉我从 1981 年开始出专版《新华文摘》了。还说，希望有一天在《新华文摘》看到你的文章。我也很喜欢里面的文章，萌生了订书的想法。那个时候一本《新华文摘》是很贵的，相当于好多饭票，但我咬着牙，坚持养成了订阅《新华文摘》的习惯，直到现在都一期不落。现在《新华文摘》已经转载了我的几十篇文章，我和它结下了不解之缘，成为"好朋友"，还请我为创刊四十周年题词，我题了"撷英集翠，富揽周赏，辑芳观妙，至功华夏"，发表在《新华文摘》杂志的封底。

我当过多年的国家宗教局局长，著名散文家梁衡就来找我，说他想写一篇有关贵州传教士的文章，能不能写？我告诉他可以写，但估计没有刊物能登，建议他可以"出口转内销"，先在海外发表，我来争取《新华文摘》转发。果然，《新华文摘》转发了，引发了广泛的关注。我给梁衡先生发了这样一段话："信仰宗教的人们，往往会执着地追求和向往天堂的幸福，其实他们的追求和向往，与不去信仰宗教的人们的追求和实现现实的幸福，并不矛盾。都是追求幸福，不论以宗教的方式还是世俗的方式，不论按东方的价值观念衡量还是西方的价值观念衡量。一个心胸狭窄的灵魂，总是把不同视为对立，将差异变成仇敌；而对于一个襟怀博大的精神来说，不同意味着多姿多彩，差异包含着统一与和谐。"梁衡先生回复我："爱是一条底线，在道德上叫人道，在哲学上叫共性，在品格上叫纯粹。这是超阶级、超种族、超时空的。只不过一般的爱心总要有一个躯壳，如男女之爱，如亲情之爱，如阶级之爱，如同病相怜等等。宗教也是众多躯壳之一，柏格理就是顶着这个躯壳来推行爱心的。事实上他已超越了宗教。因为并不是所有的宗教和宗教徒都能做到这一点。相反，以宗教名义进行的战争、残杀，从来也没有休止过。伯格理是从宗教的蛹壳中化飞出来的一只彩蝶。他体现的是最彻底的人道精神。而当一个人修炼得超出这个躯壳后，就是一个纯粹的人，有道德的人，他会超时空地受到所有人的尊敬。""人总是要死的，把身体埋入地下，把精神寄托在天上。宗教称之为天国。在各国的神话中都有一整套天国世界的人和物。中国的古典名著《西游记》就是一个天国世界，那里还有一棵蟠桃树。毛泽东还写过一首浪漫的天国题材的《蝶恋花》。柏格理也早就是天上的人了。但是，他在人间留下了一棵树：柏格理树。一年又一年，这棵树挺立在石门坎上，舞动着青枝绿叶，呼吸着乌蒙山里的八面来风，现在它已经超过主人生命的一倍，将来还会超十倍、几十倍地活下去，向后人讲述爱的故事。"

2021年，我随全国政协委员视察团到贵州考察，听到了有关贵州石阡困牛山战斗遗址及其红军战士跳崖的历史故事。我们的分团长戚建国将军写了篇《困牛山百壮士》，没有地方发表。拉着我署名，先在《贵州日报》发表了。我转给《新华文摘》转载，引起广泛的关注。军委主要领导和贵州省委、省政协领导都作了重要批示，正在进一步扩大宣传。

这些故事，竟然和当年一个偏远省份的青年学子迷上了《新华文摘》有关。

在大学里，写作习惯慢慢养成了，到我读研究生的时候，更热衷于写文章。上世纪八十年代初，已经停顿了30年的社会学研究开始"复苏"，著名社会学家费孝通主持，世界著名的几位社会学教授齐聚北京，每省选派一名学员进行为期40天的培训，我有幸参加了这场培训。回来后，我用哲学思维去思考社会学，写了一篇2万多字的文章，对中国社会学的历程进行反思，文章题目为《社会学否定之否定的进程及其内在矛盾》。那时候不用电脑打字，我是用复写纸一字一字写，密密麻麻的，然后投到中国最权威的杂志《中国社会科学》去。现在想起来真是有点"日鼓鼓"的，大家都笑话我，觉得在那么权威的杂志上，你一个来自偏僻贵州的学生，发表文章是不可能的。但我一直坚持，天天到传达室看有没有回应，过了半年，竟然喜从天降，《中国社会科学》杂志来信了：你的文章我们要采用。那种激动的心情，有点像"范进中举"，难以言表！后来，这篇文章刊登到了1982年的《中国社会科学》杂志上。因为这个事情，《贵州日报》还采访了我，并在头版头条发表了一篇长篇的通讯，题目叫《他摘下了速成的核桃》。1984年，我写的那篇文章获得了中国社会科学优秀论文奖。此后，我又一鼓作气在《中国社会科学》上发表了两篇长篇论文，都被《新华文摘》摘要转载了。

据说，从我的这篇论文，省委的领导知道了我，后面经过考察，1985年把我破格提拔成贵州团省委书记，连升三级。

所以说，写作磨炼了我的人生。后来我当了干部，也坚持写作，我的座右铭是"白天走干讲，晚上读写想"，就是要多读书、多动笔，多思考、多走动，我还把座右铭写成了一篇文章，登在了《光明日报》头版头条。现在，我已经出了将近20本专著，发表在核心期（报）刊上的文章有几百篇，而且作为全国政协委员读书活动指导小组的副组长，我每天也带头读书，读书感想已经写了三本书，现在正在写第四本。回想起这些，我还是想说，好的老师在一个人的人生中会发挥很大的作用，是贵大的写作课老师推动了我的写作之路。

文化传承浸润　育我音乐人生

贵州大学要培养的是懂得真善美的学生。一个人的人生没有对真善美的追求，就不是好的人生，贵州大学不培养这样的人。

1977年我离开贵大去读研究生的时候，学院想要为我举办一场欢送会，于是我萌生了拉琴的想法，想借琴声表达我感谢和不舍的心情。当时我没有琴，就千方百计借了一把大提琴。欢送会除了我们班的同学，还有哲学系其他班的代表参加，现场聚集了很多人。我拉着琴，虽然音拉不准，但我很激动，很开心。音乐为我这一年的时光画上了圆满的句号，我深深地记着当时的场景。

我的音乐之路是从贵阳一中开启的。哲学音乐老师胡启文是我的启蒙老师。后来在部队作文艺兵宣传样板戏。但到了贵大没有条件学音乐，就暂且搁置了，所以那场毕业晚会不算成功的表演，是唯一的一次拉琴，对我来说有着重要的意义。虽然当时学校艺术教学条件不太成熟，但很鼓励同学们发展自己的兴趣爱好。我记得我们住在红楼（我们的宿舍楼）里，8个人挤在一个房间，臭烘烘的，饭都吃不饱，但依然不影响好氛围，大家一起下围棋，互相切磋技艺。

61岁以后，我买了一把琴，开始学习拉大提琴。准备学琴的时候，我去找一位非常厉害的大提琴老师，请她收下我这个学生。老师说我的学生6岁就来了，你60岁了怎么学？但我也是一个"日鼓鼓的贵州人"啊。我就恳求她，最后才得偿所愿。现在我是"满天星业余交响乐团"的团长兼首席大提琴。

我记得刚开始练琴的时候，每天 6 点起床拉琴到 7 点，然后出门去上班。谁知刚拉了三天，电梯里贴着一张纸条："隔壁那位热爱音乐的人士，你能不能 8 点以后再练琴！"没办法，我就跑到地下室练琴。结果地下室隔音也不太好，练了一个星期，我爱人来跟我说：你去听听邻居那个老爷爷怎么哄孩子，老爷爷说，"不要哭不要哭，你再哭隔壁的爷爷又要拉琴啦！"

后来，在国务院原副总理李岚清的支持下，我们成立了"三高乐团"——由高级知识分子、高级干部、高级军官中的爱乐之士组成，由来自 16 个省市区和解放军系统的 97 名乐手、141 名合唱团员组成，平均年龄 64 岁，主要是热爱音乐的教授、专家和干部。我任团长。这个乐团后来演变成现在的"满天星业余交响乐团"，加上了一些忙于本职工作但热爱音乐、事业有成的年轻人。我们完全利用业余时间排练演出。为什么叫"满天星"？因为这些人分散各处，聚起来很不容易，"聚是一团火，散是满天星"，于是这个理念被引入乐团的名字——"满天星"。几年间，我们走进北京大学、清华大学、延安大学以及贵州大学等等，"音乐点亮人生"，"一路歌与诗"，演出了近两百场。

2014 年，我率领满天星乐团回到贵大演出，讲述了我的音乐情缘，后来又回来进行过一次演出，前后两次，算是弥补了当年在校无法拉琴的遗憾。是贵大，教会我坚持热爱音乐，才能让音乐点亮了我的人生。

"游子"逐梦远游　"慈母"永记心间

母校母校，学校和学子来说就是"母子"关系。我对贵大一直有种情愫，想起贵大，就会想起一句诗——"慈母手中线，游子身上衣"。这些年，我一直关注贵大发展，做过特聘教授，也回来做过几次报告，还参加了 110 周年校庆，能够有机会和现在的青年学子们谈谈人生。我时常记得，我永远是贵州大学的一名学生，以至于我后来每当小有成就，都要感谢贵州大学！所以每一次我回到母校总是特别激动，看到母校越来越漂亮，打心里高兴。

我们过去条件艰苦，办学艰辛。但即便以前的贵州是艰苦的地方，王阳明的心学不就是在这里创立的吗？遵义会议不就是在这里召开的吗？世界上最好的桥梁不也在这里吗？如今，贵州大学发生了巨大的变化，一方面是硬件设施的改善，比如我们的新校区已经有了世界一流大学的模样；另一方面，贵州大学在学科建设、教师队伍建设上都有了长足的进步。现在哲学与社会科学学院已经发展得很好，好多学科已经往前冲了，希望能够"演奏哲学的第一提琴"。

贵州的发展最关键的是人才，我现在还在担任山东大学的兼职教授，我想借他们的两句校训送给贵州大学——"为天下储人才，为国家图富强"。贵州大学就是要为贵州、为国家培养人才，储备人才要"万马如龙出贵州"，要鼓励同学们努力奋进，为中华民族伟大复兴而读书。就像是接力比赛一样，如今到了关键时刻，国家发展需要新一代青年和人才，所以，贵州大学要培养更多的人才，要培养一批有贵州精神的人才，让他们像小花小草一样，给点阳光就能灿烂，到哪都能发光发亮。我自己就是从贵州大山走出去的"小草"，我在每个岗位上都要冲在前面，我在国家宗教事务局当局长，一干就是 14 年，和广大宗教工作者在前人奋斗的基础上，一起干出了若干个"第一"。我常想，我要努力传承贵大学子的精神，贵州人精神。

贵州大学大有希望。细数起来，毛主席亲笔写了贵州大学的校名，习近平总书记也对贵州大学给予殷切希望。在我担任贵州团省委书记的时候，当时的贵州省委书记是胡锦涛同志。因为团省委书记是青年的代表，我曾陪同胡锦涛同志到贵大与青年学子交流、对话，还在数学系开了一个班会。同学们邀请胡锦涛书记唱歌，他还激情澎湃地唱了一首歌，那时候的照片我还保存着。后来贵州大学的同学很忐忑，写了一封信给我，请我转给胡锦涛同志，我转给他后，他认认真真地亲笔回了一封长信，这也是贵大学子、贵州大学的一段特殊经历。可以看出，几代党和国家的领导人都对贵州大学寄予厚望，所以贵州大学一定要牢记殷切嘱托，培养更多的"贵人"、人才和国家栋梁，这是我作为贵州大学老校友提出的一个希望。

（原载《中国政协》2022 年第 12 期）

春风荡荡又绿山

——读《台湾问题与新时代中国统一事业》白皮书有感

8月10日，国务院台湾事务办公室、国务院新闻办公室发表《台湾问题与新时代中国统一事业》白皮书，进一步重申台湾是中国的一部分的事实和现状，展现中国共产党和中国人民追求祖国统一的坚定意志和坚强决心，阐述中国共产党和中国政府在新时代推进实现祖国统一的立场和政策。

习近平总书记指出："台湾问题因民族弱乱而产生，必将随着民族复兴而解决。"实现祖国完全统一，是中华民族的历史和文化所决定的，也是中华民族伟大复兴的时和势所决定的。国家发展进步特别是经济实力、科技实力、国防实力持续增强，不仅有效遏制了"台独"分裂活动和外部势力干涉，更为两岸交流合作提供了广阔空间、带来了巨大机遇。当前，中国共产党团结带领中国人民已经踏上了全面建设社会主义现代化国家的新征程，我们解决台湾问题的基础更雄厚、能力更强大，必将有力推动祖国统一进程。我们比历史上任何时期都更接近、更有信心和能力实现中华民族伟大复兴的目标，也更接近、更有信心和能力实现祖国完全统一的目标。

读着白皮书，不禁想起晚清抗日保台志士、爱国诗人、教育家丘逢甲（1864—1912）那深受梁启超赞许的、令人热泪盈眶的三首诗：

送颂臣之台湾

（其六）

亲友如相问，吾庐榜念台。

全输非定局，已溺有燃灰。

弃地原非策，呼天偾见哀。

百年如未死，卷土定重来。

送颂臣之台湾

（其七）

王气中原在，英雄识所归。
为言乡父老，须记汉官仪。
故国空禾黍，残山少蕨薇。
渡江论俊物，终属旧乌衣。

春　愁

春愁难遣强看山，往事惊心泪欲潸。
四百万人同一哭，去年今日割台湾。

现在，就要到"王师北定中原日，家祭无忘告乃翁"之时了。我也谨拟一诗《祭告丘逢甲》：

春风荡荡又绿山，往事历历志愈坚。
十四亿人同一心，来年今日收台湾。

文艺修身与文"益"修身

前　言

近日，全国政协文化文史和学习委员会副主任委员叶小文受邀成为深圳国际公益学院公益导师。纵观叶小文老师的过往经历，他不仅在国家的宗教、文化和统战事业中积极作为，同时还潜心研究社会科学和传统文化领域相关工作。从读书写作、到文艺修身、再到文"益"修身，叶小文老师希望以高尚的公益追求，点亮人生，感染世界。

社科领域先行者

1980 年 7 月，叶小文代表贵州省社科院到北京参加中国社会学研究会和中国社会科学院社会学研究所举办的第一期社会学讲习班，这次培训激发了叶小文对社会学的学习热忱。

回顾这段经历时，他曾写下这样的体会："我们在社会主义现代化建设中研究新情况、解决新问题，需要社会学；迎接新的科学技术革命的挑战，需要社会学；开发贵州，振兴贵州，无疑也需要社会学。"经过 40 多天培训，他的论文《社会学否定之否定的进程及其内在矛盾》，最终发表在 1982 年的《中国社会科学》杂志上，引起社会学界广泛关注和共鸣，并且一举获得中国社会科学中青年优秀论文奖，成为社会学研究的代表作。

那个时代，需要许许多多在社会科学领域艰苦跋涉、辛勤耕耘的青年科研工作者，叶小文在跨进社会学研究领域的较短时间内就取得了一定的成果。党的十一届三中全会以来，他陆续在贵州省内外报刊上发表的学术论文、调查报告、理论宣传文章达 70 余篇。

随着在社科领域的不断深耕，叶小文又升任国家宗教事务局局长一职。在他任职期间举办的 2006 年首届世界佛教论坛，使 37 个国家的佛教高僧齐聚浙江。这些经历让他与文化和宗教结下了不解之缘，也为他的公益之心埋下了种子。

传统文化笃行者

在 2010 年的"世界公益论坛发起人大会"上，作为论坛发起人之一的叶小文提出："'大道之行也，天下为公'。公益，乃'为天地立心'，'为圣人立言'，'为万世开太平'。"从宗教的角度看公益，他指出"宗教与公益有不解之缘。比如，佛教呼唤'不为自己求安乐、但愿众生得离苦'，道教主张'齐同慈爱、济世利人'，伊斯兰教认为'只爱自己的人没有信仰'，基督教强调'施比受更有福'。比如，'千手观音'的启迪：别人有难，你要不惜一千次伸手助人；你遇灾难，就会有一千只手来帮你。真善美的东西是相通的，不论它以何种形式存在"。从社会科学的角度看公益，他表示"中国需要公益。一则以喜——经济社会快速发展，中国和平崛起；一则以忧——若依赖于低工资、低地价、人口红利、土地红利的增长模式，发展难以为继、社会难以公平。劳动，不仅是基本权利，更加需要体面；社会，不仅要为富足，更要充满爱心。人民要生活得更加幸福、更有尊严"。

2016 年，叶小文卸任中央社会主义学院领导职务，转任十二届全国政协文化文史和学习委员会副主任（并获连任）。他继续潜心研究社会学与传统文化，提出"社会治理需要'厚德'"，并指出"社会治理是国家治理的重要方面。社会治理要以德治为基。市场经济的自发运行存在道德悖论，这给社会治理带来了新问题。如果道德的正能量衰减，甚至普遍的道德水准下降，即便社会治理再周密、国家监督再严厉，也可能出现法不责众、防不胜防、漏洞百出的窘境。中华民族的传统文化强调'厚德载物'，今天的市场经济同样需要'厚德'。厚德，也是我们一切治理、一切监督的严肃性、协同性、有效性的社会基础和道德基础"。

文"益"事业践行者

在全国政协工作期间，叶小文有机会把更多精力放在读书和音乐上。

他希望以生动的音乐示范和高尚的公益为追求，推动高雅音乐走入大众，向社会发出一个强烈的声音：高雅音乐要在中国成为大众的艺术，成为推动文化艺术繁荣发展、提高全民文化素养的重要力量。

曾在文工团工作的叶小文在青年时期就与音乐结缘，怀揣音乐梦想的他表示，在他人生的每个重要阶段，都有音乐陪伴。但直至60岁，他才有机会去践行年轻时的梦想，练习大提琴演奏，组建"满天星业余交响乐团"并担任团长兼大提琴首席。

"满天星业余交响乐团"长期获得由国务院批准设立的公益性基金——"国家艺术基金"的资助。乐团连续多年承担国家艺术基金年度传播交流推广任务，一直坚持业余、坚持公益，以"爱乐、博雅、奉献、至诚"为团训，以"做普及优秀音乐的使者、为全面素质教育做贡献"为奋斗目标。乐团成员多数年逾六十，他们都非常热爱音乐，在做好本职工作的同时，一直坚持业余练习，水准已经达到或接近专业演奏水平，第十三届全国政协经济委员会副主任、辽宁省委原副书记夏德仁，中国日报社原社长兼总编辑周树春，中国国家交响乐团指挥、合唱团团长王琳琳，上海大学原副校长、教授、博导叶志明，湖北省人民政府原副省长段轮一，第十九届中央委员、第十三届全国政协经济委员会副主任、农业农村部原党组书记、部长韩长赋等都是乐团成员。大家在一起演奏时常常感叹道："'聚是一团火，散是满天星'，我们虽然能量有限，仅如星光闪烁，但漫天星光，也能感染周围，照亮世界。"

在音乐世界里游走的叶小文，不仅被音乐潜移默化地影响着，也在潜移默化地影响着别人。叶小文带领满天星乐团，以"音乐点亮人生"为主题，用高雅音乐和大学生对话，短短几年时间已到过中共中央党校（国家行政学院）、清华大学、北京大学、中国人民大学、复旦大学、浙江大学、四川大学、中国科学技术大学、西南民族大学、延安大学、井冈山大学等全国各地近百所高校，为大学生公益演出160余场。同时，乐团还走进边远山区进行文化扶贫公益演出，受到普遍欢迎，演出反响热烈。

此外，叶小文还带领满天星业余交响乐团走出国门，走进美国南加州大学的校园，让美国的年轻人感受中国民族音乐之美。美国费城交响乐团来华演出时，作为世界顶级的交响乐团，也邀请"满天星业余交响乐团"在北京合作演出。一名大学生观看演出时当场赋诗："堪忆昔年往事，扶社稷，勋绩良多。韶华逝，青丝华发，未敢忘忧国。"叶小文欣慰地说："我们不就像蒲公英吗？满头白发了、成熟了，就变成蒲公英的种子飞到祖国各地去，再长出新的蒲公英。"他在 2021 博鳌全球少儿美育论坛上谈道："中国的人口是世界最多的，中国的学生也是世界最多的。对中国的教育事业，要大声疾呼，加强美育，对于全人类，也是善莫大焉，功莫大焉。"他希望为促进中华文化"兴于诗，立于礼，成于乐"的回归与超越、推动伴随中华民族伟大复兴的"礼兴乐盛"尽一份心力。叶小文老师希望更多的人喜爱音乐。在他看来，音乐对于个人、民族、国家来说，都是必不可少的。音乐，可以提升个人的审美能力与修养、可以提升与凝聚民族精神力量、可以提升国家的综合实力，是国家文化的"软实力"。

多年来，叶小文老师一直在社会科学领域深学笃行，在宗教文化事务上尽职尽责，在音乐育人中努力耕耘并一直致力于从文艺修身走向文"益"修身。我们期待作为学院公益导师之一的叶小文老师与学院师生一起共谱高质量发展新篇章，共建可持续发展新生态，共享跨越式发展新成果。

（深圳国际公益学院 EMP2022 年 8 月 9 日于北京）

非遗之花　盛世更昌

——在《中华非遗大观》系列丛书编撰研讨会上的讲话

《中华非遗大观》系列丛书编撰工作启动，首部二册将选择 300 个德艺双馨代表我国 56 个民族的国家级非遗大师入选其中，并将图书赠送给联合国和教科文组织等国际机构，将中华非遗的精华全面、完整、系列化地献给世界，对于深入挖掘中华优秀传统文化蕴含的思想观念、人文精神、道德规范，对于传播中国精神、中国价值、中国力量，讲好中国故事，可以说进行了具体实践和积极有益的探索。

这部系列丛书的编撰，体现了中华优秀传统文化创造性转化、创新性发展的智慧和担当，还可以推动中国非遗之花走出国门，绚丽多彩地在世界绽放。

一个百花齐放、民族文明交流互鉴的世界，比较有益于人类和谐发展，世界和平安宁。这个世界，应该更多地绽放绚丽多彩的中国非遗之花。

诚如梁漱溟先生言，"历史上与中国文化若后若先之古代文化，或已转易，或失其独立自主之民族生命。唯中国能以其自创之文化永其独立之民族生命，至于今日岿然独存。"也如冯友兰先生说："我国家以世界之古国，居东亚之天府，本应绍汉、唐之遗烈，作并世之先进。将来建国完成，必于世界历史居独特之地位。盖并世列强，虽新而不古；希腊、罗马，有古而无今。惟我国家，亘古亘今，亦新亦旧，斯所谓周虽旧邦，其命维新者也。"如何"其命维新"？习近平总书记指出："历史文化遗产承载着中华民族的基因和血脉，不仅属于我们这一代人，也属于子孙万代。要敬畏历史、敬畏文化、敬畏生态，全面保护好历史文化遗产。"习近平总书记为我们做好文化遗产保护工作指明了前进方向、提供了根本遵循。中国非物质文化遗产是中华文化传承的瑰宝，也是人类文明的重要组成部分。中华文明之所以能够延续到今天，就是传承，一代代传承。中国现在有 42 项世界非物质文化遗产，占据世界第一；有 10 万多项非遗项目，9 万多非遗传承人。更多的年轻人被非遗吸引，不断加入到非遗的大家庭里面来，这就是传承的力量。中国文化，中华民族一直有着天地相连的气度，大海般博大的胸襟。中华非遗不但是数千年来中国各民族人民世代相承的精神寄托，是中华民族的传家宝，也是全世界的文明瑰宝。

把非物质文化遗产精心守护好，让历史文脉更好地传承下去，这是我们这一代人的使命和责任。亘古亘今，亦新亦旧。中华文明，绵延不绝。非遗之花，盛世更昌。传承文明，吾侪有责。

每临大事有静气　每遇风险靠定力
每逢迷雾讲哲学

音乐是灵动的哲学，哲学是活着的灵魂。孔夫子讲"兴于诗，立于礼，成于乐"。学点哲学，一生受益，一路如歌。

哲学，马克思称"它是文明的活的灵魂"。

曾几何时，"哲学"一度变成令人陌生和讨厌的字眼。随着十一届三中全会以来党和人民的艰苦努力，在指导思想上完成了拨乱反正的艰巨任务，哲学才随之得到解放，洗刷掉抹在身上的污秽，恢复了马克思主义哲学的本来面目，以它不朽的生命和灿烂的光华，日益吸引着广大青年。

但是，与其说哲学吸引青年，不如说青年们自己在寻找哲学。这里有着更为深刻的原因。一个国家，一个民族，在长期动乱的阵痛中，必然孕育着、产生着思考的一代，奋起的一代，这是历史的必然。

正如恩格斯所说："每一个时代的哲学作为分工的一个特定的领域，都具有由它的先驱者传给它而它便由此出发的特定的思想资料作为前提。因此，经济上落后的国家在哲学上仍然能够演奏第一提琴。"我们由于继承了共产主义事业的先驱者——马克思、恩格斯、列宁的思想成果，并使之与中国革命的具体实践相结合，形成了习近平新时代中国特色社会主义思想，并且在我们建设社会主义现代化强国的实践中继续把马克思主义哲学推向前进，因此我们完全可以当之无愧地在哲学上演奏第一提琴，奏出时代的华丽乐章。

如此说，并不是反对青年们去比较、鉴别、探索。既然我们的前辈正是靠他们自己的探索与思考而最终接受了马克思主义哲学，我们这一代青年又何尝不可以通过自己的探索和思考而得出同样的结论？此番的皈依，比起幼时的听信，来得坚定、深沉。

实现中华民族伟大复兴已进入不可逆转的历史进程，我们比历史上任何时期都更接近、更有信心和能力实现目标。但这绝不是轻轻松松、敲锣打鼓就能实现的，我们遭遇的风险挑战接踵而至，浪急风高，有时甚至是惊涛骇浪，其复杂性严峻性前所未有。我们要谨防蹈入颠覆性陷阱，绝不能去犯颠覆性错误。我们现在是"到中流击水，浪遏飞舟"，必须勇于进行具有许多新的历史特点的伟大斗争，准备付出更为艰巨、更为艰苦的努力。我们需要更有战略定力，以正确的战略策略应变局、育新机、开新局，靠顽强斗争打开事业发展新天地；我们也需要更有哲学头脑，"一个民族要想站在科学的最高峰，就一刻也不能没有理论思维"，中华民族要实现伟大复兴，也同样一刻不能没有理论思维。

每临大事有静气，每遇风险靠定力，每逢迷雾讲哲学。哲学的头脑和眼光，善于以大历史观环顾世界。日前，从线上全国政协委员读书群里，看到外媒报道：俄乌战事陷入胶着状态，俄外长拉夫罗夫敦促全世界将目光投向更广阔的舞台。在拉夫罗夫看来，一个人们必须作出抉择的历史阶段已经到来。要么遵循西方强加的"基于规则的秩序"，其中只有一条规则：听从华盛顿的命令，继续屈从美国霸权，否则受到惩罚。要么遵循《联合国宪章》的原则，即联合国基于各国主权平等的原则，建设一个公平的新世界。的确，以往决定国际秩序的主要因素是大国主导，甚至是霸权；如今，基于大国主导的国际秩序正在发生变化，随着多极化格局的形成，国际关系范式正在走向基于"命运共同体"的新秩序。这种思想理念，以我们中国倡议的"共享的未来"为引领，要构建一种新的世界秩序，给人类社会发展带来新的和平与稳定。

在此，哲学的量变质变和否定之否定规律又显现了。人类文明的交汇已走到量变到质变的临界点，人类危机呼唤人本主义在否定之否定意义上的继承和发扬。新时代对人本主义的呼唤，需要对传统人本精神继承吸收，发扬其积极成果又要革故鼎新。自文艺复兴以来西方近代人本主义多强调作为个体的自由与权利，尊重人的本能欲望，虽然催生了迅猛发展的经济，也造就了极端膨胀的个人。面对第一次文艺复兴遗留下来的膨胀了的个人，新的文明复兴，要建造和谐的人，构建人类命运共同体。它既巩固第一次文艺复兴人本主义积极成果，又要对其过分的运用有所克制。当西方文明以霸权的形式推行其价值观的时候，我们需要新型的人与社会的关系；当传统的工业文明发展导致生态危机的时候，我们需要新型的人与自然的关系；当西方文明过分强调物质、商业和市场利益的时候，我们需要新型的人与人的关系。这种新型关系的潮流，就是新文明复兴；这种新型关系的旗帜，就是新人文主义。

中华优秀传统文化有助于促进新文明复兴，建设新人文主义。"天人合一、天人相通，民本为上、厚德载物，以仁为本、以和为贵，惟精惟一、允执厥中"的"天道"观念，乃是中华文化生生不息的源头，由此可"致广大而尽精微，极高明而道中庸"。在中华民族实现伟大复兴的进程中，我们要在哲学上高举起迎接新文明复兴、促进人类命运共同体的大旗，把握住新人文主义的话语权，在哲学上演奏第一提琴，使冷战战略、冷战思维彻底成为历史，跨越所谓"修昔底德陷阱"，为推动人类可持续发展作出积极贡献。同时，也就为中华民族赢得和延长实现伟大复兴的战略机遇期。

（2022 年 9 月 8 日　长安街读书会）

关于"不确定性"问题的读书、讨论与思考

未来的名字是不确定性

朱永新：人类历史过去是、今后仍将是一个未知的探险。理智的伟大的成功将是终于能够摆脱预言人类命运的幻想。未来保持为开放的和不可预测的。当然，在历史的进程中存在着经济的、社会的和其他的决定机制，但是这些与无数使这个进程分岔或改道的偶然事变和随机因素发生着不稳定的和不确定的关系。（[法] 埃德加·莫兰：《复杂性理论与教育问题》，陈一壮译，北京大学出版社 2004 年版，第 62 页）

从今天开始我们一起学习第五章《迎接不确定性》。其实，在某种意义上讲，复杂性与不确定性是孪生兄弟。正因为事物严重的复杂性才会导致其不确定性。这对于长期习惯于确定性思维的人来说，的确是一件比较痛苦的事情。我们知道，物理学上有所谓的"不确定性原理"（Uncertainty principle），它是海森堡于 1927 年提出的。他认为，"在因果律的陈述中，即'若确切地知道现在，就能预见未来'，所得出的并不是结论，而是前提。我们不能知道现在的所有细节，是一种原则性的事情。"不确定性原理颠覆了牛顿引力论提出之后的宇宙"决定论"，也引发了人们从哲学的角度思考确定性与不确定性的问题。此前，人们总是习惯于用因果关系来判断事物之间的必然联系，因为"传统的文明生存于循环的时间周期的确定性中"，即使是近代文明，也曾经生活在"历史进步的确定性中"。但是，进入第三个千年之后，人们面对的世界发生了深刻的变化，这种变化带来的不确定性是我们难以想象的，"由于我们全球纪元的复杂的和随机的过程的速度和加速度

所引起的所有的不确定性，它们是无论人类精神、超强电脑还是任何拉普拉斯妖都不能把握的。"莫兰这里提到的拉普拉斯妖（Démon de Laplace），是由法国数学家皮埃尔－西蒙·拉普拉斯于 1814 年提出的一种假想生物。此妖知道宇宙中每个原子确切的位置和动量，能够使用牛顿定律来展现宇宙事件的过去、现在和未来。莫兰用大量的历史事实来说明历史本身的不确定性，如在 1914 年春天，谁曾经想到在萨拉热窝的一次谋杀居然导致了历时 4 年的世界大战，造成数百万人的牺牲？在 1916 年，谁又能够想到一个处于边缘地位的苏维埃政党会在 1917 年 10 月成功发动一场共产主义革命？在 1989 年，谁曾经想到会发生海湾战争？莫兰甚至断言："新事物的突然出现是不能预言的，否则它将不是新事物。一个创造的突然发生也是不能预知的，否则就将没有创造。"所以，从根本上来说，我们面对的是一个不确定性的世界，"未来的名字是不确定性"，只有不确定性才是确定的。

叶小文：请教：莫兰的"不确定性论"，如何区别于"不可知论"呢？

朱永新：这是一个非常有价值的问题。莫兰的不确定性理论，是属于其复杂性理论的命题，他认为，认识是在一个不确定的海洋里穿越一些确定性的群岛的航行。他提出，只有认识不确定性才能迎战不确定性。所以，与不可知论不一样的是，他认为在未知世界面前人类有敬畏之心，要用博弈和策略来解决不确定性带来的问题。

【读与思】（10 月 12 日）

人类被投入一个未知的探险

朱永新：如此之多的问题可悲地联系在一起，使我们想到世界不仅处于危机之中，而且处在致死的力量和求生的力量相互激烈对抗的这种可称之为"垂危"的状态之中。人类虽然是相互依存的，但仍然互为敌人，种族的、宗教的、意识形态的仇恨的泛滥一再引起战争、屠杀、暴行、仇恨、鄙视。种种过程都是对一个在这里有着数千年、在那里有数百年历史的古老世界的破坏者。人类终于还未曾达到把"人类"分娩出来。我们还不确知这到底是预告一个新世界的降生的旧世界的垂危，还是一个必死的垂危。一个新的意识开始涌现：人类被投入一个未知的探险。（[法] 埃德加·莫兰：《复杂性

理论与教育问题》，陈一壮译，北京大学出版社 2004 年版，第 67 页）

莫兰分析了不确定性的种种表现，有大脑——精神的不确定性、逻辑的不确定性、理性的不确定性和心理学的不确定性，等等，这一系列的不确定性，导致我们生活在一个充满变化的时代，充满危机的时代。在这个时代，致死的力量与求生的力量激烈对抗，文明与野蛮、创造与破坏、创生与致死并存同在。一方面，人类生活在一个联系日益紧密、价值日益多元、相互依存度不断提高、利益交织错综复杂的世界之中；一方面，由于种族的、国家的、宗教的、意识形态领域的差异甚至对立，导致了各种误解、摩擦、纠纷，甚至战争、屠杀、暴行、仇恨、鄙视，第三次世界大战是否会发生？核战争的威胁是否存在？人类及其赖以生存的地球会不会毁灭？这一切的确充满了不确定性。莫兰说，人类至今仍然没有到达把真正的"人类"分娩出来，就意味着人类还没有成为真正的理性的人类命运共同体，没有真正地形成人类的共识，没有成为真正的理想境界的"人类"。如果人类对此没有清醒的意识，没有对于未知世界的敬畏和危机感，没有在不确定性中寻求确定性的能力，人类就不是"预告一个新世界的降生的旧世界的垂危"，而是一个"必死的垂危"。

叶小文：莫兰关于不确定性的阐述和他对人类的警告，值得深思。诚如斯言，"如果人类对此没有清醒的意识，没有对于未知世界的敬畏和危机感，没有在不确定性中寻求确定性的能力，人类就不是'预告一个新世界的降生的旧世界的垂危'，而是一个'必死的垂危'"。

当前，世界正经历百年未有之大变局，最突出的特征是充满不确定性，世界处在大变革的时代，动荡几乎涉及各个领域，构成历史发展的大趋势：

新冠肺炎疫情的不确定性——2022 年仍然是全世界继续与疫情抗争的一年；

全球经济走势的不确定性——世界经济脆弱复苏，面临的不确定性和不稳定性仍然较大；

全球地缘政治的不确定性——当前地缘政治紧张状况，正处于冷战结束后的危机聚焦时段；

全球气候变化政策协调的不确定性——当前国际应对气候变化合作出现一些变化，最重要的变化就是某大国采取单边主义措施；

　　全球治理体系调整存在不确定性——当前全球治理体系正步入调整变革期，第二次世界大战后形成的全球治理体系日益暴露出诸多弊病，深陷全球治理"赤字"……

　　最大的不确定性，正如美国著名智库——大西洋理事会首席执行官今年年初发表的一篇文章所说，新的一年美国将何去何从？究竟要作为还是不作为？到底是确定还是不确定？这一切，就像面临着一个解不开、理还乱的"戈尔迪之结"。

　　戈尔迪是古希腊神话传说中小亚细亚弗里基亚的国王，他在自己以前用过的一辆牛车上打了个分辨不出头尾的复杂结子，并把它放在宙斯的神庙里。神示说能解开此结的人将能统治亚洲。戈尔迪之结常被喻作缠绕不已、难以理清的问题。美国继续做统治世界的美梦，特别对可能妨碍其实现美梦的力量极力打压，在自己的"牛车上打了个分辨不出头尾的复杂结子"。"宙斯的神示"其实还有话没说完：继续纠缠在这个结子中吧，总有一天"戈尔迪之结"会成为缠住你脖子的绞索！

　　这位大西洋理事会首席执行官感叹，"在冷战结束后的 30 年里，没有哪位美国总统在进入新的一年时，面对如此巨大的地缘政治和国内政治的不确定性。它们交织在一起，就像一个'戈尔迪之结'，只有大胆的行动才能将这个难题解开。"请问，美国"大胆的行动"，是打算放弃霸权，钻出套子吗？看来并不是。那是什么？

　　普遍性即寓于特殊性之中，共性即寓于个性之中，确定性即寓于不确定性之中。今天的美国，究竟要以什么样的"大胆的行动"继续逆历史潮流而动，最终走向自己的"确定性"的归宿？

中国式现代化的世界宣言

本文核心观点

——西方现代化是从农耕文明到工业文明再到信息文明的依次发展过程，形成了传统和现代二元对立的文明观，主张用现代性取代传统性。而中国式现代化则主张以文明交流超越文明隔阂，以文明互鉴超越文明冲突，以文明共存超越文明优越，和而不同，兼容并包，把现代性和传统性很好结合起来，探索创立具有包容性的人类文明新形态。

——与西方国家在现代化进程中长期奉行"国强必霸"的丛林法则和对抗性的零和博弈思维不同，中国式现代化坚持走和平发展道路。

——作为一条现代化新道路，中国式现代化对于推进人类社会现代化进程具有重要理论价值和实践意义。中国式现代化不断以中国新发展为世界提供新机遇。

习近平总书记在党的二十大报告中庄严地向世界宣告：从现在起，中国共产党的中心任务就是团结带领全国各族人民全面建成社会主义现代化强国、实现第二个百年奋斗目标，以中国式现代化全面推进中华民族伟大复兴。中国式现代化为人类实现现代化提供了新的选择，中国共产党和中国人民为解决人类面临的共同问题提供更多更好的中国智慧、中国方案、中国力量，为人类和平与发展崇高事业作出新的更大的贡献。

中国式现代化实现了对西方现代化的超越，重写了世界现代化理论

习近平总书记在二十大报告中指出："中国式现代化，是中国共产党领导的社会主义现代化，既有各国现代化的共同特征，更有基于自己国情的中

国特色。中国式现代化是人口规模巨大的现代化，是全体人民共同富裕的现代化，是物质文明和精神文明相协调的现代化，是人与自然和谐共生的现代化，是走和平发展道路的现代化。"这段重要论述深刻阐述了中国式现代化的鲜明特质，揭示了中国式现代化与西方现代化的根本区别。

长久以来，因占据现代化发展早期红利，西方资本主义国家控制了现代化话语权，将现代化等同于西方化，甚至认为现代化只能在西方文化土壤中发生。追本溯源，现代化的确起源于西方，但是随着西方现代化道路的延伸，不和谐的"现代性"噪音不断扩大，世界仿佛在变成一架"发疯的钢琴"。"三个紧张"使西方现代化难以持续。

一是人与社会的关系紧张。近代西方大国经济的发展，都是以工业化和城市化为基本模式，必然涉及对煤、石油和天然气等不可再生资源的大量需求，以及对市场、对资源不断扩张的需求。近代西方世界在崛起的过程中为满足这种需求，以坚船利炮、圈占土地和奴役他人来掠夺资源、薅取羊毛。这虽造就了西方世界近代以来的繁荣，也埋下了它与世界其他部分的仇恨，以资本主义生产方式为基础的、早期现代化进程，形成了以"欧洲体系"为骨架的"世界体系"的初期形态，以世界市场为基础的现代体系。但这个市场体系，无疑延续了传统的帝国式殖民体系的政治结构，形成了一批殖民地、半殖民地。

资本主义生产方式的资本的私人占有与生产社会化的内在矛盾，外化为世界体系的剧烈动荡乃至分裂。两次世界大战、欧洲的危机与革命、亚非拉民族解放运动反映出这个世界体系形成之初，就开始解构。二战后，这个世界体系的中心区域从西欧到美国重新整合。但后冷战时代的冲突和危机显示，伴随资本主义工业化而来的现代性矛盾日益尖锐，世界体系已面临百年未遇之大变局。

二是人与自然的关系紧张。现代工业文明彻底打破了自然的和谐与宁静，人类成了自然的主人和敌人。人类生存的基本要素：天、地、水、空气都在遭到破坏。

三是人与人的关系紧张。当代西方社会在从"现代社会"向"后现代社会"转型的过程中，现代化带来了"迷心逐物"的现代病。无论社会怎么发展，无论经济怎么繁荣，如果只是"心为物役"，到处搞霸权主义，强权政治，双重标准，连人类共同价值的底线都不遵守，世界如何和平安宁，发展又如何协调持续？

"三个紧张"使西方现代化背离了人类，现代性背离了人性。那么，出路何在？

2004年5月，英国思想库伦敦外交政策研究中心发表的《北京共识：提供新模式》，就认为中国通过努力、主动创新和大胆实践，探索出了一个适合本国国情的发展模式，这种发展模式不仅适合中国，也是发展中国家仿效的榜样。"'中国模式'的有效性证明，西方自由民主并非人类历史进化的终点。人类思想宝库要为中国传统留有一席之地。"的确，中国共产党探索的中国式现代化道路，实现了对西方现代化理论逻辑的超越，重写了世界现代化理论。

中国式现代化对于推进人类社会现代化进程具有重要理论价值和实践意义

党的十八大以来，中国特色社会主义进入新时代，以习近平同志为核心的党中央在新中国成立特别是改革开放以来的长期探索和实践基础上，经过理论和实践上的创新突破，带领中国人民成功推进和拓展了中国式现代化。中国式现代化已经展示了成功的实践，取得了辉煌的成就。

习近平总书记在二十大报告中进一步向世界阐释了中国式现代化。中国式现代化的本质要求是：坚持中国共产党领导，坚持中国特色社会主义，实现高质量发展，发展全过程人民民主，丰富人民精神世界，实现全体人民共同富裕，促进人与自然和谐共生，推动构建人类命运共同体，创造人类文明新形态。

中国式现代化摒弃了西方现代化所遵循的生产力发展单纯服从于资本的逻辑，摒弃了西方以资本为中心的现代化、两极分化的现代化、物质主义膨胀的现代化、对外扩张掠夺的现代化老路，克服了西方现代化道路日益加剧的"三个紧张"的弊端。中国式现代化既切合中国实际，体现社会主义建设规律，也体现人类社会发展规律，实现了对西方现代化理论的全面超越，有着深刻的历史逻辑、理论逻辑、实践逻辑。

中国式现代化坚持以人民为中心的发展思想，把增进人民福祉、促进人的全面发展、朝着共同富裕方向稳步前进作为经济发展的出发点和落脚点，扎实推动共同富裕，统筹推进经济建设、政治建设、文化建设、社会建设、生态文明建设，推动新型工业化、信息化、城镇化、农业现代化同步发展，推动物质文明、政治文明、精神文明、社会文明、生态文明协调发展，形成了系统协调的现代文明新形态。

中国式现代化遵循现代化理论中关于以工业化、市场化、经济全球化促进生产力发展的普遍规律，但其与西方现代化的基本逻辑并不相同，与西方现代化有着本质区别。我们创造性地把社会主义与市场经济有机结合起来，探索建立了社会主义市场经济体制，既充分发挥市场经济提高资源配置效率的长处，又有效发挥社会主义制度集中力量办大事的优越性；既使市场在资源配置中起决定性作用，又更好发挥政府作用；既充分利用资本在促进生产力发展方面的积极作用，又有效防止资本野蛮生长，促进有效市场和有为政府的更好结合，让一切劳动、知识、技术、管理、资本的活力竞相迸发，让一切创造社会财富的源泉充分涌流，极大解放和发展了社会生产力。

中国式现代化道路沿着自己坚定不移的战略逻辑，一步一步扎实推进。从 2020 年到 2035 年基本实现社会主义现代化；从 2035 年到本世纪中叶把我国建成富强民主文明和谐美丽的社会主义现代化强国。未来五年是全面建设社会主义现代化国家开局起步的关键时期。中国式现代化立足新发展阶段、贯彻新发展理念、构建新发展格局、推动高质量发展，破解发展难题、增强发展动力、厚植发展优势，加快迈上了更高质量、更有效率、更加公平、更可持续、更为安全的发展之路。

中国式现代化传承中华优秀传统文化以和为贵、协和万邦的文化基因，弘扬和平、发展、公平、正义、民主、自由的全人类共同价值，推动构建人类命运共同体，实现了对西方以资本为中心的现代化理论的全面超越。西方现代化是从农耕文明到工业文明再到信息文明的依次发展过程，形成了传统和现代二元对立的文明观，主张用现代性取代传统性。而中国式现代化则主张以文明交流超越文明隔阂，以文明互鉴超越文明冲突，以文明共存超越文明优越，和而不同，兼容并包，把现代性和传统性很好结合起来，探索创立具有包容性的人类文明新形态。

中国式现代化是走和平发展道路的现代化。与西方国家在现代化进程中长期奉行"国强必霸"的丛林法则和对抗性的零和博弈思维不同，中国式现代化坚持走和平发展道路。在推进现代化的过程中，中国始终坚守永远不称霸、不搞扩张、不谋求势力范围的庄严承诺，坚持推动构建人类命运共同体，在努力谋求自身发展的同时，积极为维护世界和平、促进共同发展贡献力量。

当前，世界之变、时代之变、历史之变正以前所未有的方式展开，人类社会面临前所未有的挑战。世界又一次站在历史的十字路口，何去何从取决于各国人民的抉择。作为一条现代化新道路，中国式现代化对于推进人类社会现代化进程具有重要理论价值和实践意义。中国式现代化不断以中国新发展为世界提供新机遇。世界将铭记这一历史性时刻：党的二十大报告，发布了新时代中国式现代化的世界宣言。

（原载《北京日报》2022 年 10 月 17 日）

万物并行而不相害　道并行而不相悖

——聆听党的二十大报告有感

在中华民族实现伟大复兴的进程中，我们要高举起迎接新文明复兴、促进人类命运共同体的大旗，把握住新人文主义的话语权，使冷战战略、冷战思维彻底成为历史，为推动人类可持续发展作出积极贡献。同时，也为中华民族赢得和延长实现伟大复兴的战略机遇期。天下为公的大同理念，是中国建构同心圆的共识基础；民族复兴的家国情怀，是中国调动积极性的情感纽带；不偏不倚的中道精神，是中国包容各种力量的方法原则；得道多助的政治理念，是中国汇聚人心力量的精神底色。

世界之变、时代之变、历史之变正以前所未有的方式展开，人类社会面临前所未有的挑战。一个不仅屹立于世界民族之林，而且正在实现民族伟大复兴的大道上迈进的、有着14亿人口的中华民族，向世界发出怎样的呼喊？

中国共产党的二十大报告重申："中国始终坚持维护世界和平、促进共同发展的外交政策宗旨，致力于推动构建人类命运共同体。""中国坚持在和平共处五项原则基础上同各国发展友好合作，推动构建新型国际关系，深化拓展平等、开放、合作的全球伙伴关系，致力于扩大同各国利益的汇合点。秉持真实亲诚理念和正确义利观加强同发展中国家团结合作，维护发展中国家共同利益。""坚定奉行互利共赢的开放战略，不断以中国新发展为世界提供新机遇，推动建设开放型世界经济，更好惠及各国人民。中国坚持经济全球化正确方向，共同营造有利于发展的国际环境，共同培育全球发展新动能。""坚持真正的多边主义，推进国际关系民主化，推动全球治理朝着更加公正合理的方向发展。"

中国的主张和实践，体现了中国优秀传统文化强调的"万物并行而不相害，道并行而不相悖"，因为世界的普遍法则遵循着"和而不同"。

"不同"何以致"和"？调和平衡，执"中"求"中"。"人心惟危，道心惟微。惟精惟一，允执厥中"。

"和而不同"这个哲学概念十分深刻又随处可见。"君子和而不同，小人同而不和。"君子可以与其周围的人保持和谐融洽的关系，绝不这边搭台、那边拆台，而是相互补台、好戏连台；小人则没有自己独立的见解，只求与别人完全一致，不讲求原则，并不能与别人保持融洽友好的关系。"君子周而不比，小人比而不周。"古写的篆文"比"字，象形两个人完全一样，只跟与自己要好的人做朋友，什么事都以"我"为中心、为标准。这就是典型的小人，不是君子。中国文化是君子文化，提倡"君子坦荡荡""天行健，君子以自强不息；地势坤，君子以厚德载物"。

人类现代化呼唤的时代精神，可以在中华民族优秀的传统文化的深厚积淀中重铸。这种重铸，既应该突出主导、主流，也应该强调和谐、合作，即应该"和而不同"，避免"同则不继"；应该"去粗取精、去伪存真"，但孰去孰留不能简单化。现实往往是"江南三月，杂花树生"，并非谁最美，谁就居于"至善至美"之不二法门；谁最"精"，其他的就皆在"去粗"之列；谁要存，就必争夺主位、排斥异端；谁有影响，就不断膨胀，甚至走向极端；谁最霸道，就可以确立和裁定"基于规则的世界秩序"的"规则"。

中国人民崇尚"和而不同""以和为贵"，当然也崇尚正义、不畏强暴。中华民族是具有强烈民族自豪感和自信心的民族。中国人民从来没有欺负、压迫、奴役过其他国家和人民，过去没有，现在没有，将来也不会有。同时，中国人民也绝不允许任何外来势力欺负、压迫、奴役我们，谁妄想这样干，必将在14亿中国人民用血肉筑成的钢铁长城面前碰得头破血流！"台独"势力胆敢以身试法，我们必将采取断然措施。外部势力胆敢玩火挑衅，我们必将迎头痛击。

先哲罗素说过，"避免人类自杀之路，在这点上现在各民族中具有最充分准备的，是两千年来培育了独特思维方法的中华民族。"这种"独特思维方法"，就是仁者爱人，以和为贵，和而不同，众缘和合，天人合一，允执厥中。

和而不同，不仅是中华文化蕴含的精髓，实乃遍布天下之大道。

中国人民历经至少 5000 年悠久文明的洗礼，既自信自立，又谦逊包容。我们将继续按照自己的"独特思维方法"，沿着自主选择的中国特色社会主义道路和方向，坚定不移地走下去，并走得更稳、走得更好。同时，我们深知"一花独放不是春，百花齐放春满园"，会更加看重"和而不同、众缘和合"，会更加努力借鉴一切国际上的有益经验和人类文明成果，在文明的交流互鉴中坚守和平、发展、公平、正义、民主、自由的全人类共同价值，同各国人民一道，共同推动构建人类命运共同体，共同承担起迎接人类新文明复兴、促进新人文主义的历史使命。

世界正经历百年未有之大变局，最突出的特征是充满不确定性，世界处在大变革的时代，动荡几乎涉及各个领域，构成历史发展的大趋势：

新冠肺炎疫情的不确定性——2022 年仍然是全世界继续与疫情抗争的一年；

全球经济走势的不确定性——世界经济脆弱复苏，面临的不确定性和不稳定性仍然较大；

全球地缘政治的不确定性——当前地缘政治紧张，正处于冷战结束后的危机聚焦时段；

全球气候变化政策协调的不确定性——国际应对气候变化合作出现一些变化，最重要的变化就是某大国采取单边主义措施；

全球治理体系调整存在不确定性——全球治理体系正步入调整变革期，第二次世界大战后形成的全球治理体系日益暴露出诸多弊病，深陷全球治理"赤字"……

习近平总书记指出："应对共同挑战、迈向美好未来，既需要经济科技力量，也需要文化文明力量。"人类文明的交汇已走到量变到质变的临界点，新时代对人本主义的呼唤，需要对传统人本精神予以继承吸收，发扬其积极成果又要革故鼎新。因为西方近代人本主义多强调作为个体的自由与权利，尊重人的本能欲望，虽然催生了迅猛发展的经济，也造就了极端膨胀的个人。面对第一次文艺复兴遗留下来的膨胀了的个人，新的文明复兴要建造和谐的人，构建人类命运共同体。它既巩固了第一次文艺复兴人本主义积极成果，又要对其过分的运用有所克制。

当西方文明以霸权的形式推行其价值观的时候，我们需要新型的人与社会的关系；当传统的工业文明发展导致生态危机的时候，我们需要新型的人与自然的关系；当西方文明过分强调物质、商业和市场利益的时候，我们需要新型的人与人的关系。这种新型关系的潮流，就是新文明复兴；这种新型关系的旗帜，就是新人文主义。

中华优秀传统文化有助于建设人类文明新形态。中华民族是富于人类正义心的伟大民族，中国是一个应当对于人类有较大贡献的国家，中国共产党是为人类进步事业而奋斗的政党。在中华民族实现伟大复兴的进程中，我们要高举起迎接新文明复兴、促进人类命运共同体的大旗，把握住新人文主义的话语权，使冷战战略、冷战思维彻底成为历史，为推动人类可持续发展作出积极贡献。同时，也为中华民族赢得和延长实现伟大复兴的战略机遇期。

中华文明深深融于中国人民的血液中，镌刻在中国人民的生命历程中，根植于中国人民的精神生活和物质生活中。其生生不息、枝繁叶茂、百花齐放的秘诀，皆因有和而不同之"同"、美美与共之"共"。天下为公的大同理念，是中国建构同心圆的共识基础；民族复兴的家国情怀，是中国调动积极性的情感纽带；不偏不倚的中道精神，是中国包容各种力量的方法原则；得道多助的政治理念，是中国汇聚人心力量的精神底色。

万物并行而不相害，道并行而不相悖，这里蕴含着天下之大道。世界各国只有和睦相处，合作共赢，繁荣才能持久，安全才有保障。

（原载《中国青年报》2022 年 10 月 18 日）

中国式现代化以文明交流超越隔阂

《新京报》记者何强

与西方国家在现代化进程中长期奉行"国强必霸"的丛林法则和对抗性的零和博弈思维不同，和平发展是中国式现代化的重要特征。在推进现代化过程中，中国始终坚守永远不称霸、不搞扩张、不谋求势力范围的庄严承诺，坚持推动构建人类命运共同体，在努力谋求自身发展的同时，积极为维护世界和平、促进共同发展贡献力量。

党的二十大报告首次系统地阐述了中国式现代化，首次提出了中国式现代化九个方面的本质要求。

10月23日下午，在中共第二十届中央政治局常委同中外记者见面之后，《新京报》新京智库举办了主题为"迈向中国式现代化新征程"线上研讨会。会上，全国政协文化文史和学习委员会副主任，中央社会主义学院原党组书记、第一副院长叶小文表示，人与社会、人与自然、人与人之间的紧张，使得发达国家的现代化难以持续，新兴国家的现代化难走老路，而中国现在向世界展示了一条切实可行、坚定不移的新路。

"三个紧张"关系使发达国家现代化难以持续

叶小文表示，纵览世界近代史，一个国家、特别是一个大国的崛起（现代化），与"走和平发展道路"难免要冲突的。追根溯源，现代化起源于数百年前西欧历史上发生的一场持续200余年的文艺复兴运动。文艺复兴把"人"从"神"的束缚中解放出来，把生产力从封建社会束缚中解放出来，带领西欧走出中世纪的蒙昧和黑暗，迎来了现代文明的曙光。

文艺复兴是"黑暗时代"的中世纪和近代的分水岭，是使欧洲摆脱腐朽封建宗教束缚，向全世界扩张的前奏曲。但随着西方现代化道路的延升，不和谐的"现代性"噪音不断扩大。

"'三个紧张'关系使发达国家的现代化难以持续，新兴国家的现代化难走老路。"叶小文介绍，这三种紧张分别是人与社会的关系紧张、人与自然的关系紧张，以及人与人的关系紧张。

近代西方大国经济发展，是以工业化和城市化为基本模式，必然涉及对煤、石油和天然气等不可再生资源的大量需求，以及对市场、对资源不断扩张的需求。

近代西方世界在崛起过程中为满足这种需求，以坚船利炮、圈占土地和奴役他人来掠夺资源、薅取羊毛。

叶小文认为，这虽造就了繁荣，形成了以"欧洲体系"为骨架的"世界体系"的初期形态、以世界市场为基础的现代体系，但这个市场体系，无疑延续了传统帝国式殖民体系的政治结构，形成了一批殖民地、半殖民地。资本主义生产方式对资本的私人占有与生产社会化的内在矛盾，外化为世界体系的剧烈动荡乃至分裂，世界体系已面临百年未有之大变局。这是人与社会的关系紧张。

其次，则是人与自然的关系紧张。现代工业文明彻底打破了自然的和谐与宁静，人类成了自然的主人和敌人。人类生存的基本要素：天、地、水、空气都在遭到破坏。

三是人与人的关系紧张。当代西方社会在从"现代社会"向"后现代社会"转型过程中，现代化带来了"迷心逐物"的现代病。无论社会怎么发展、经济怎么繁荣，如果只是"心为物欲"，连人类共同价值底线都不遵守，世界如何和平安宁，发展又如何协调持续？

中国式现代化与西方现代化有着本质区别

面对"三个紧张"关系应该如何抉择？

叶小文认为，党的二十大报告向世界展示了一条切实可行、坚定不移的新路：中国式现代化。

中国式现代化当然也要遵循现代化理论中关于以工业化、市场化、经济全球化促进生产力发展的普遍规律，但与西方现代化的基本逻辑并不相同，与西方现代化有着本质区别。

叶小文表示，社会主义市场经济体制既充分发挥市场经济提高资源配置效率的长处，又有效发挥社会主义制度集中力量办大事的优越性；既使市场在资源配置中起决定性作用，又更好发挥政府作用；既充分利用资本在促进生产力发展方面的积极作用，又有效防止资本野蛮生长，促进有效市场和有为政府的更好结合，让一切劳动、知识、技术、管理、资本的活力竞相迸发，让一切创造社会财富的源泉充分涌流，极大解放和发展了社会生产力。

"因此，中国式现代化可以摒弃西方现代化所遵循的生产力发展单纯服从于资本的逻辑，摒弃西方以资本为中心的现代化、两极分化的现代化、物质主义膨胀的现代化、对外扩张掠夺的现代化老路，从而可以克服西方现代化道路日益加剧的'三个紧张'的弊端。"

叶小文同时认为，中国式现代化传承中华优秀传统文化以和为贵、协和万邦的文化基因，弘扬和平、发展、公平、正义、民主、自由的全人类共同价值，推动构建人类命运共同体，实现对西方以资本为中心的现代化理论的全面超越。

西方现代化是从农耕文明到工业文明再到信息文明的依次发展过程，形成了传统和现代二元对立的文明观，主张用现代性取代传统性。而中国式现代化则主张以文明交流超越文明隔阂，以文明互鉴超越文明冲突，以文明共存超越文明优越，和而不同，兼容并包，把现代性和传统性很好结合起来，探索创立具有包容性的人类文明新形态。

叶小文强调，"万物并行而不相害，道并行而不相悖。只有各国行天下之大道，和睦相处，合作共赢，繁荣才能持久，安全才有保障。"

"中华民族正在势不可挡地实现从站起来、富起来到强起来的伟大飞跃，但我们明确地告诉世界也告诉美国，中国式现代化是走和平发展道路的现代化，是'己所不欲，勿施于人'的现代化，是'己欲立而立人，己欲达而达人'的现代化。"

叶小文认为，与西方国家在现代化进程中长期奉行"国强必霸"的丛林法则和对抗性的零和博弈思维不同，和平发展是中国式现代化的重要特征。在推进现代化过程中，中国始终坚守永远不称霸、不搞扩张、不谋求势力范围的庄严承诺，坚持推动构建人类命运共同体，在努力谋求自身发展的同时，积极为维护世界和平、促进共同发展贡献力量。

在文明交流互鉴中共同推动构建人类命运共同体

中国人民崇尚"和而不同""以和为贵"，当然也崇尚正义、不畏强暴。叶小文表示，中华民族是具有强烈民族自豪感和自信心的民族。中国人民从来没有欺负、压迫、奴役过其他国家人民，过去没有，现在没有，将来也不会有。同时，中国人民也绝不允许任何外来势力欺负、压迫、奴役我们，谁妄想这样干，必将在14亿中国人民用血肉筑成的钢铁长城面前碰得头破血流！

"中国人民历经5000年悠久文明的洗礼，既自信自立，又谦逊包容。"叶小文说，"我们将继续按照自己'独特思维方法'，沿着自主选择的中国特色社会主义道路和方向，坚定不移地走下去，并走得更稳、走得更好。"

叶小文最后强调，我们也深知"一花独放不是春，百花齐放春满园"，会更加看重和而不同、众缘和合，会更加努力借鉴一切国际上的有益经验和人类文明成果，在文明的交流互鉴中坚守和平、发展、公平、正义、民主、自由的全人类共同价值，同各国人民一道，共同推动构建人类命运共同体。

（原载《新京报》2022年10月24日）

形成同心共圆中国梦的强大合力

习近平总书记在党的二十大报告中强调："完善大统战工作格局，坚持大团结大联合，动员全体中华儿女围绕实现中华民族伟大复兴中国梦一起来想、一起来干。"统一战线因团结而生，靠团结而兴。促进中华儿女大团结，是新时代爱国统一战线的历史责任。新时代新征程，我们要深入学习贯彻党的二十大精神，贯彻落实习近平总书记关于做好新时代党的统一战线工作的重要思想，发挥统一战线凝聚人心、汇聚力量的政治作用，找到最大公约数、画出最大同心圆，形成同心共圆中国梦的强大合力。

在革命、建设、改革各个历史时期，我们党始终把统一战线和统战工作摆在重要位置。从民主联合战线到抗日民族统一战线、人民民主统一战线，从爱国统一战线到新时代爱国统一战线，统一战线为促进中华儿女共同团结奋斗发挥了极其重要的作用。党的十八大以来，我们党从治国理政的战略高度对统战工作作出全面部署，统一战线呈现出团结、奋进、开拓、活跃的良好局面。十年来，我们遭遇的风险挑战风高浪急，有时甚至是惊涛骇浪。以习近平同志为核心的党中央团结带领全党全国各族人民坚定信心、迎难而上，一仗接着一仗打，战胜接踵而至的风险挑战，推动党和国家事业取得历史性成就、发生历史性变革。历史告诉我们，把绝大多数人团结在中国共产党周围，结成最广泛的统一战线，是我们战胜一切困难、夺取事业胜利的强大力量源泉。

党和国家事业越是向前推进，越需要凝聚最广泛智慧和力量；越是处于发展关键期，越需要凝聚人心、众志成城。在中央统战工作会议上，习近平总书记指出了新时代做好促进中华儿女大团结工作要把握好的四个方面关系，其中第一个方面就是"要把握好固守圆心和扩大共识的关系，不断增进共识，真正把不同党派、不同民族、不同阶层、不同群体、不同信仰以及生活在不同社会制度下的全体中华儿女都团结起来"。这为新时代爱国统一战线画出最大同心圆、更好承担促进中华儿女大团结的历史责任指明了方向和路径。

画出最大同心圆，要始终坚持中国共产党领导，把团结根基铸牢靠。做好统战工作，最根本的是要坚持党的领导。只有坚持党的集中统一领导，才能把全党牢固凝聚起来，进而把全国各族人民紧密团结起来，形成万众一心、无坚不摧的磅礴力量。要在以习近平同志为核心的党中央坚强领导下，在习近平总书记关于做好新时代党的统一战线工作的重要思想科学指引下，把巩固共同思想政治基础作为着力点。既求同存异，不断巩固已有的政治共识；又聚同化异，在消除隔阂和分歧中形成新的共识。及时了解统一战线内部思想动态，把在一些复杂敏感问题上强化思想政治引领同经常性思想政治工作结合起来，推动各党派团体和各族各界人士实现思想上的共同进步，让广大统一战线成员更加普遍地认同党的主张，更加自觉地团结在党的周围、跟党走。

画出最大同心圆，要扩大团结范围、不断增进共识。习近平总书记指出："只要我们把政治底线这个圆心固守住，包容的多样性半径越长，画出的同心圆就越大。"统一战线是一致性和多样性的统一体。在充分尊重多样性基础上，一致性程度越高，统一战线团结的基础就越牢；在不断巩固一致性基础上，多样性范围越宽，统一战线团结的力量就越大。正确处理一致性和多样性关系，是党的统一战线百年发展史的重要经验，也是新时代统战工作能够取得历史性成就的重要原因。要坚持在一致性指导下发展多样性，在尊重多样性中寻求一致性。在始终坚持中国共产党领导基础上，拉长包容的多样性半径，充分发扬民主，尊重包容差异，发扬"团结—批评—团结"的优良传统，做好求同存异、协调关系、化解矛盾、凝聚共识的工作，团结一切可以团结的力量，调动一切可以调动的积极因素。

新时代新征程，统一战线面临的时和势、肩负的使命和任务发生某些重大变化。我国面临着复杂严峻的国际形势和前所未有的外部风险挑战，国内改革发展面临着更加繁重艰巨的任务。无论是应对外部风险挑战，还是推动国内经济社会发展，都对凝聚人心、汇聚力量的工作提出了更高要求。要适应新形势新要求，围绕发挥我国新型政党制度效能，健全完善符合民主党派特点、系统规范的参政党建设制度机制，推动新时代多党合作更加规范有序、生动活泼。发挥统一战线人才荟萃、智力密集、联系广泛等优势，鼓励支持党外知识分子和新的社会阶层人士建功立业，促进非公有制经济健康发展和非公有制经济人士健康成长，进一步涵养壮大知华友华力量，促进统一战线在维护国家主权、安全、发展利益上，在围绕中心、服务大局上，在增强党的阶级基础、扩大党的群众基础上发挥更重要作用，推动形成海内外全体中华儿女心往一处想、劲往一处使的生动局面，聚合实现中华民族伟大复兴的磅礴伟力。

（原载《人民日报》2022 年 10 月 28 日第 9 版）

走和平发展道路的中国式现代化
开创人类文明新形态

　　党的二十大报告指出，"当前，世界之变、时代之变、历史之变正以前所未有的方式展开，人类社会面临前所未有的挑战。世界又一次站在历史的十字路口，何去何从取决于各国人民的抉择。"今天研讨会的主题，是"在马克思主义与中国传统优秀文化结合中开创人类文明新形态"，首当其冲，当然要回答这个中国人民如何抉择、人类社会何去何从的大问题。

　　纵览世界近代史，一个国家、特别是一个大国的崛起（现代化），与"走和平发展道路"似乎难免冲突，似乎都要落入"修昔底德陷阱"。随着文艺复兴以来三次工业革命的发生以及西方现代化道路的延升，不和谐的"现代性"噪音不断扩大，不确定因素不断增多。大流行、气候变化、俄乌冲突火上浇油，世界经济面临衰退，世界仿佛在变成一架"发疯的钢琴"。发达国家的现代化难以持续，新兴国家的现代化难走老路。现代化背离了人类，现代性背离了人性。那么，出路何在？

　　党的二十大报告向世界展示了一条切实可行、坚定不移的新路：走和平发展道路的中国式的现代化。

　　中国式现代化当然也要遵循现代化理论中关于以工业化、市场化、经济全球化促进生产力发展的普遍规律，我们会在加速完成三次工业革命的基础上，以新的高质量发展更好地迎接现代工业革命。但与西方现代化的基本逻辑并不相同，与"国强必霸"的丛林法则和对抗性的零和博弈思维截然有别，与西方现代化有着本质区别。和平发展是中国式现代化的重要特征。中国人民对战争带来的苦难有着刻骨铭心的记忆，对和平有着孜孜不倦的追求。深知和平是发展之基，发展是和平之本。在推进现代化的过程中，中国始终坚守永远不称霸、不搞扩张、不谋求势力范围的庄严承诺，坚持推动构建人类命运共同体，在努力谋求自身发展的同时，积极为维护世界和平、促进共同发展贡献力量。

西方现代化是从农耕文明到工业文明再到信息文明的依次发展过程，形成了传统和现代二元对立的文明观，主张用现代性取代传统性。而中国式现代化则主张以文明交流超越文明隔阂，以文明互鉴超越文明冲突，以文明共存超越文明优越，和而不同，兼容并包，把现代性和传统性很好结合起来，探索创立具有包容性的人类文明新形态。

正如当年冯友兰在"国立西南联合大学纪念碑"的碑文中所说，"我国家以世界之古国，居东亚之天府，本应绍汉、唐之遗烈，作并世之先进。将来建国完成，必于世界历史居独特之地位。盖并世列强，虽新而不古；希腊、罗马，有古而无今。惟我国家，亘古亘今，亦新亦旧，斯所谓周虽旧邦，其命维新者也"。所谓"亦新亦旧，其命维新者"何也？中华文化深深融入中国人民的血液中，镌刻在中国人民的生命历程中，根植于中国人民的精神生活和物质生活中。其生生不息、枝繁叶茂、百花齐放的秘诀，皆因有和而不同之"同"、美美与共之"共"。天下为公的大同理念，是中国建构同心圆的共识基础；民族复兴的家国情怀，是中国调动积极性的情感纽带；不偏不倚的中道精神，是中国包容各种力量的方法原则；得道多助的政治理念，是中国汇聚人心力量的精神底色。"万物并行而不相害，道并行而不相悖。只有各国行天下之大道，和睦相处，合作共赢，繁荣才能持久，安全才有保障。"中国式现代化传承中华传统优秀文化中以和为贵、协和万邦的文化基因，弘扬和平、发展、公平、正义、民主、自由的全人类共同价值，推动构建人类命运共同体，实现对西方以资本为中心的现代化理论的全面超越。

罗素说，"避免人类自杀之路，在这点上现在各民族中具有最充分准备的，是两千年来培育了独特思维方法的中华民族。"这种"独特思维方法"，就是以和为贵，和而不同。中国人民历经 5000 年悠久文明的洗礼，既自信自立，又谦逊包容。我们将继续按照自己的"独特思维方法"，沿着自主选择的中国特色社会主义道路和方向，坚定不移地走下去，并走得更稳、走得更好。同时，我们深知"一花独放不是春，百花齐放春满园"，会更加看重和而不同、众缘和合，会更加努力借鉴一切国际上的有益经验和人类文明成果。

已经站起来、富起来并正在强起来的中国，有战略定力，更有战略实力。现在有人在中国周边磨刀霍霍，叫嚣要准备和中国一战。如果说当年的抗美援朝一战，我们能够在朝鲜半岛，以"钢少气多"战胜了"钢多气少"的美帝国主义；今天，我们正以"钢已多，气更足"，在家门口等着一切敢于来犯之敌。中国人民从来没有欺负、压迫、奴役过其他国家人民，过去没有，现在没有，将来也不会有。同时，中国人民也绝不允许任何外来势力欺负、压迫、奴役我们，谁妄想这样干，必将在 14 亿中国人民用血肉筑成的钢铁长城面前碰得头破血流！"台独"势力胆敢以身试法，我们必将采取断然措施。外部势力胆敢玩火挑衅，我们必将迎头痛击。

中国式现代化是走和平发展道路的现代化。昔称"紫气东来"，今有"和气东来"；人叹"文明冲突"，我有"和风西送"。"东来"的，是实现中华民族伟大复兴而生长、凝聚的自强不息、和实生物之"和气"；"西送"的，是推动建设人类命运共同体而呼唤、弘扬的厚德载物、协和万邦的"和风"。

走和平发展道路的中国式现代化，就是在马克思主义与中国传统优秀文化结合中，开创的人类文明一个新形态。

字里行间寄丹心

——《以诗词养性情·蒋定之诗词选》序

　　全国政协十三届五次会议期间，因疫情住北京友谊宾馆"闭环管理"数日，开会、讨论、吃饭、散步，与一群政协委员也是线上读书讨论常相会的书友，从"键对键"到"面对面"，朝夕相处，竟与久闻大名、素仰已久的诗词大家蒋定之委员相遇。我笑言，"过去只在报上读您的诗词，暗叹功夫了得，这回'看到活佛真身'了。"双方都带着手机，遂互相加了微信。为了向他索要诗词先睹为快，我从微信发了一段仿诗词的长短句给他：

　　　　　　闭环群中散步，

　　　　　　时有好友相顾。

　　　　　　隔窗闻吟诗，

　　　　　　曾见李杜在否？

　　　　　　在否？

　　　　　　在否？

　　　　　　定之句中可数。

　　定之即将他的一本诗稿赠我"指正"，并从微信转来了他与同样热衷诗词的一位署名柳千岸的同志之应答，读来感人至深。虽是两人私信，我感到这段佳话如藏之深山，实在可惜。遂不揣冒昧，未经二人同意，发到"政协委员读书漫谈"群里，与爱好诗词的书友共赏。

七律·读定之诗稿

柳千岸

惜伤天籁碍君行，

　　　　　　　　垂袖归来又一春。

　　　　　　　　岁月如丝织练锦，

　　　　　　　　诗书最是览风尘。

　　　　　　　　只当朝野隐雅士，

　　　　　　　　愿为乾坤写大真。

　　　　　　　　自古秦淮钟毓秀，

　　　　　　　　高吟妙和有来人。

　　注：近日收到定之诗词印稿，细读感触良多。其从政多年，南北迁任，后因耳疾回江苏就职并潜心攻诗炼词，收获颇丰，实在难能可贵。

　　定之应答：

七　律

　　夜间，千岸同志微信传来《七律·读定之诗稿》，余心头一热，捧读良久，夜不能寐，随步韵秉笔敬和。

　　　　　　　　花间小路遂君行，

　　　　　　　　重过江南二度春。

　　　　　　　　昨日云浓天有雪，

　　　　　　　　今时风淡地无尘。

　　　　　　　　高歌低唱情依在，

　　　　　　　　白首丹心写出真。

　　　　　　　　莫谓书台天籁少，

　　　　　　　　清香叩齿好宜人。

　　千岸同志又回应：

　　定之的和诗极佳，比原诗更具感情深度。作者把自己的职路历程和心路历程艺术化感情化，回首往事雪消云过，顾看今时地净风清，并寄语鹤发丹心、写真境界，有动人的艺术效果。学习了。

　　我不懂诗词，最怕平仄，不通韵律。但读了这段应答，更热爱佳作，热衷此事，崇敬定之。欣闻定之诗词结集出版，不惧狗尾续貂，但求抛砖引玉，欣然为之作序如次。

　　定之的诗词稿，越读竟感到越有味道。字里行间让我对定之有了新的认识，不由想起了苏轼那句话："其为人深不愿人知之，其文如其为人。"

古体诗词是千百年来中国人表达情感最独具特色的方式，是中华传统文化的瑰宝。从诗经到乐府，再到唐诗、宋词，以其蕴含的人生价值和审美追求世代相传，滋养着炎黄子孙的灵魂，塑造着华夏儿女的气质。许多经典之作虽历经千百年，依然能够穿越时空，拨动着当今中国人的心弦，成为中华民族的精神家园。可以说，国人对古体诗词有着独一无二的文化情结。

一个民族有一个民族的文化传统，同时文学是时代的产物，不可避免会打上时代的烙印。古人云："文以载道，诗以言志。"纵观定之的诗词，有感时怀古之思，有题景抒情之吟，有壮物言志之咏，个人喜怒哀乐的背后，更多的是对时代的讴歌、对祖国的热爱、对民生的关切、对社会的责任，这是对家国情怀这一中华优秀文化传统的传承和发扬。翻开五千年中华文明史，修齐治平的家国情怀始终一脉相承、薪火相传，已深深融入华夏儿女的血脉，铸就了炎黄子孙自强不息的精神品格，支撑着中华民族战胜千难万险，傲然屹立于世界民族之林。党的十八大以来，在以习近平同志为核心的党中央领导下，面对百年未有之大变局，凝聚起亿万中华儿女众志成城的磅礴力量，戮力同心、勇毅前行，为民族复兴伟业矢志奋斗。定之的诗词充满着向上向善的正能量，有"相伴情柔似水，种菊去，绕篱墙""戏捉迷藏几许，寻声去，老少相拥"的亲情，有"难忘琼海木棉花，不尽银滩三亚"的战友情，更有"莫教愁脸夜无眠，万户千家细勘"的人民情；有"闻道民生稚子，念社稷，未敢忘忧"的自励，有"莫问危难身远近，苍生自有回天力"的信念，更有"南湖棹去，横槊依然，浪遏从容"的豪迈，"尤须记，安危早觉，休戚俱相同"的期许；有"春秋青史人民刻"的感悟，更有"向来贪欲误平生"的警醒。这些情感表达与人民休戚与共，与时代同频共振，传递了生生不息的伟大民族精神，彰显了中国传统诗词文化家国情怀的精神底色，读来温暖人心，也鼓舞人心。

古体诗词讲求的是"境"，而诗词的境界与诗人思想和生命的境界密不可分。恰如明代书画家董其昌所言："读万卷书，行万里路，胸中脱去尘浊，自然丘壑内营。"我们熟知的古体诗词大家，唐有杜甫、李白，宋有苏东坡、辛弃疾，今有毛泽东，不仅博览群书、学识过人，更是历经坎坷、几度沉浮，所以能够用手中的笔，把各自人生的跌宕壮阔、各自心灵的万千气象，挥洒成一首首脍炙人口的名篇佳作，矗立起古体诗词的一座座高峰。定之的诗词，有的恢宏博大、深沉雄放，有的恬淡闲逸、旷达悠远，有的绮丽柔婉、清新隽永，呈现出多样性的风格特征，我感到很难归于"豪放派"或"婉约派"。这种风格上的多样性，来之于其深厚的人生积淀。定之从基层工作一步步走上领导岗位，辗转江苏、北京、海南等多地任职，而后垂袖归来转岗人大、政协工作，见证了国家近半个世纪在沐风栉雨中的前进脚步，也经历了天南地北的人事沧桑。没有丰富的人生阅历，难以有其作品中的种种深沉情愫和透彻感悟。在其诗词作品中，我们看到的是他在洗尽铅华之后沉淀的不矫不伪、无悔无怨的真性情真品格真境界，是在领略人生真谛之后从容平和的心境。难能可贵的是，这种从容平和不是消极避世，而是以另一种方式拥抱生活。这里有"事非经过，安知得？件件艰难"的慨叹，也有"曲迳道中消夏，甚是好，何必东篱"的襟抱；有"十万急、重整好山河，争朝夕"的记事，也有"笑语唤回乡梦，如此近，下阶行"的淡然；有"不是硝烟，胜似硝烟，断发请缨"的壮怀，也有"建言资政，挽君衣袖。走！走！走！"的执着；有"境自心生非物意"的通透，也有"古都豪杰一时多，今见遗冢几座"的逸怀；有"今对韶华渐逝，又回首，少作绸缪"的坦荡，也有"从前余事，都付清风流水旁"的释然……这种积极健康、举首高歌、达观圆融的人生态度，这种对真善美的执着追求，都深深打动了我。

定之的诗词，大部分是词作，且对大部分词牌曲调都有所涉猎。它打破了唐诗五、七言句法的局囿，充分运用长短句交错的手法，艺术表现力大大拓展。古体诗词读起来是很美的，写起来却是很苦的。对现代人来说，古典诗词有近乎苛刻的格律要求。要想带着平仄韵脚这些"镣铐"跳舞，须字斟句酌、反复推敲、掌握规律直至熟稔于心，方能达到自由的境界。叶嘉莹先生说过，仅有作诗的感动而没有作诗的训练，那是远远不够的。据我所知，定之在这方面是下了功夫的。一字一句都追求精准的表达，既力求合辙押韵又不因辞害意，既巧妙用典又不故弄玄虚，正如总书记所倡导的，学古不泥古、破法不悖法，是十分难得的。

定之对作词情有独钟，并不时有所涉猎，但真正醉心其间的却是近几年来的事。从这个册子收集的400多首作品看，可以说得上是一种大观。能够取得如此的成就，殊为不易。这得益于这个伟大的时代，也源自于他的个人的才情和努力。"天择春秋笔，风扬国韵声。"愿有更多的人能够加入到古体诗词的创作队伍中来，为时代为人民弦歌不辍，把我们的优秀传统文化传承下去、发扬光大。

是为序。

学者叶小文

——《小文论丛》序

赵剑英

　　叶小文先生现任全国政协文化文史和学习委员会副主任，曾任中央社会主义学院第一副院长、党组书记，国家宗教事务局局长。在我看来，他不仅仅是一位领导干部，还是一位学术造诣深厚的学者，视野开阔、思维敏捷的理论家，功底扎实的宗教学专家，在政界、学术文化界和宗教界有着广泛影响。即将出版的这本《小文论丛》就是一本成色十足的学术著作，比较集中地反映了叶小文先生理论探索和学术研究的不凡成就。

"有缘在先" 励志故事后的感恩之情

　　说起来，我与叶小文先生的相识还挺有戏剧性的，可谓"有缘在先"。我早就知道叶小文先生的大名。20世纪80年代末90年代初，我在中国社会科学杂志社当编辑时，就听一些年长的编辑老师讲，有一位贵州省的青年学者叶小文先生，在《中国社会科学》发表文章后，引起贵州省委领导的关注与重视，先是被破格提拔为共青团贵州省委书记，后又从贵州调到中央统战部担任重要领导职务。这样一个非常励志的故事给刚走出校门、步入社会的我留下了深刻的印象。

　　首次见到叶小文先生是2004年，我在中央党校中青班学习时，有幸聆听时任国家宗教事务局局长叶小文先生的专题讲座，那是在党校新建成的学术报告礼堂，记得叶小文先生的报告谈古论今，中西结合，风趣幽默，赢得学员们多次热烈的掌声。他深邃的思想和出色的口才给我留下了极为深刻的印象，不禁心生钦佩。但那次只是"同时空"存在、"远距离观望"而已，并没有近距离的交流。后来，我不时阅读到他一些风格鲜明、很有见地的文章。

真正与叶小文先生进行交流是今年 4 月，在著名宗教学家卓新平先生系列新著的出版座谈会上，我十分荣幸地与叶小文先生在主席台毗邻而坐。当他得知我曾是中国社会科学杂志社的编辑和领导以及现在的工作身份时，就开始跟我"热聊"，我明显感受到他对我似乎有一种见到"娘家人"的亲切感。我们谈起他 1982 年在《中国社会科学》发表的首篇文章，该文创下了贵州省在《中国社会科学》首次发文的纪录。他后来又陆续在《中国社会科学》发表了两篇大作。虽然几十年过去了，但是说起当年的事，他依然记得责任编辑的名字，当时来回写了十几封信，反复讨论文章的修改。叶小文先生动情地说，他永远是《中国社会科学》的学生和读者。从与叶小文先生的交谈中，我深深感受到他这么多年来依然保持对他寂寂无闻时扶持过他、赏识他文章的《中国社会科学》杂志及责任编辑的那份感恩之心，以及《中国社会科学》杂志在叶小文先生学术成就和人生轨迹中有着特殊的分量。可以说，《中国社会科学》所发表的文章改变了他的人生轨迹。当然，这一改变之所以发生，首先在于他自身的努力以及他出色的才华。可是他心中始终感恩《中国社会科学》杂志，感恩几任责任编辑和编辑部领导对他文章的青睐。

叶小文先生从一位青年研究人员到共青团贵州省委书记，再到调任中央统战部，后来又任国家宗教事务局局长、党组书记，这真是一段颇有传奇色彩的故事。

《小文论丛》收录了叶小文先生的学术理论类文章 50 余篇，近 50 万字，内容涉及社会学、政治学、哲学、伦理学、文化学等。其中有的文章我以前虽然拜读过，但这次还是以一种全新的心情认真通读了全书，一些文章还反复读了几遍，深感这是一部有思想、有观点、高质量的学术著作，读后获益良多。掩卷沉思，嘴上自然地蹦出一句话：学者叶小文！

学而优则仕　理论研究接地气

说叶小文先生是学者，首先他是"标准的"社会学学者出身，是"学而优则仕"。

20 世纪 80 年代初，叶小文先生尚是贵州社科院社会学研究所的助理研究员，他撰写发表了大量高水平的社会学专业论文。本书第一部分收录的文章就是社会学方面的。读完这些文章，感到叶小文先生当年作为青年学者时的确非同凡响、出类拔萃。本书的第一篇文章便是他的成名作——发表于《中国社会科学》1982 年第 6 期上的《社会学否定之否定的进程及其内在矛盾》。这篇文章运用唯物史观和唯物辩证法，考察了社会学的发展历程，认为社会学的发展是一个从原始综合到经验实证再到辩证综合的否定之否定的进程，并从六个方面证明当代社会学正酝酿着向辩证综合阶段发展的趋势。

文章视野开阔，深刻把握了社会学史的理论逻辑，立足当代社会和科学技术发展的特征，对社会学发展趋势、研究对象和研究方法提出了自己的观点，文章显示出了作者熟练运用马克思主义哲学特别是历史唯物主义和唯物辩证法指导社会学研究，具有扎实的社会学史的功底和很强的理论性。文章十分大气，对于正处于重建之时的中国社会学具有重要的指导意义。实事求是地说，这篇文章不像是出自边远省份的一位青年社会学研究者之手，倒像是一位成熟老练的社会学大家的非凡手笔。应当说，即使从现在看，这篇文章的观点依然站得住脚，当时的《中国社会科学》编辑及相关领导没有因为这篇文章出自一个边远省份的无名青年学者之手而予拒发，他们的独具慧眼和学术公正之心令人感慨。发表两年后，此文获得《中国社会科学》青年作者优秀论文奖，获得一些社会学大家的肯定。叶小文先生由此在社会学界崭露头角，进而声名大噪。

另外，同时期他发表的《社会学：科学研究的立足点和出发点》《社会结构分析中的几种社会学角度和概念工具》《论社会的"有机体"性质》等文，阐发了马克思主义的社会学理论，特别是对"社会有机体"和"社会结构"概念作了精深的研究。

1989 年，叶小文先生的《变革社会中的社会心理：转换、失调与调适》又登上了《中国社会科学》之学术殿堂，针对社会变革过程中存在的社会心理三级失调，提出了应当进行由表及里的三级调适。文章最后指出："如果说人类对自然的改造要以生态失衡为代价，改造自然的成功必须以建立新的生态平衡为基础；那么，社会变革也难免要以心态失衡为代价，变革社会的成功也有赖于建立新的心态平衡。中国十年的改革实践使我们进一步认识到，这场社会变革运动必须伴之以对社会心理失调的深入、持续、有效的调适和引导，必须包含社会心理机制的转换和重构，从而形成有利于社会主义现代化建设和全面改革的舆论力量、价值观念、文化条件和社会环境。"这一结论至今仍有启发意义。

叶小文先生还是较早对"乡规民约"进行研究的学者。在《论乡规民约的性质》一文中，指出了旧时乡规民约的性质是道德规范、政治规范和法律规范的重叠，认为在社会主义社会，应当赋予乡规民约以社会主义民主的自治形式和特殊的社会主义职业道德规范的地位，指出乡规民约可以成为与我国农民现有的思想水平和民族特点相适应的，为群众喜闻乐见的建设有中国特色社会主义新农村的一种有效形式。"我们应当重视它，研究它，运用它，推广它，促进它向前发展。"读到这儿，真为叶小文先生这么早对乡规民约有如此科学的认识而佩服，他的研究真正是接地气，体现了前瞻性。当今，乡规民约在基层社会治理、基层民主协商实践中发挥着重要作用，应当说叶小文先生的超前性研究功不可没。

仕而不忘学　立学为民

说叶小文先生是学者，是因为他"仕而不忘学"，"白天走干讲，晚上读写想"。无论在哪个岗位，他始终不忘学者之初心使命，孜孜不倦探求真理，立学为民，报效国家，献计于民族伟大复兴大业。

矛盾是事物前进的动力。人类社会总是在不断解决矛盾的进程中开辟前进道路的。在推进改革开放和中国特色社会主义伟大事业、实现中华民族伟大复兴的进程中，我们遇到许多未曾遇到的矛盾与问题，许多无法预料的巨大风险与挑战。叶小文先生虽然居庙堂之高，但始终怀有强烈的忧患意识，不仅忧党忧国忧民，也忧我们身处的地球、人类、世界、自然！不停思考、研究那些"国之大者""国之要者"等关涉我们党长期执政、国家长治久安、中华民族伟大复兴、人类未来生存发展等重大问题。他的文章不是人云亦云，而是总能表达自己的思考和想法，为中国崛起、民族复兴、人民幸福，以及推进人类命运共同体建设，促进人类和平、安宁与幸福，奉献智慧。他所提出的许多思想观点具有很强的原创性和前瞻性。

比如，在《全球治理的中国理念》一文中，叶小文先生提出，摆脱人类危机，再谋人类振兴，需要又一次新的"文艺复兴"，即新的文明复兴，它有三个新的起点：和谐、绿色、简约，这也是全球治理之中国方案的三个基本理念。

在《在市场经济的赶考中交出优异答卷》一文中，他指出，当前要深入研究从中华优秀传统文化中汲取培育和弘扬社会主义核心价值观的丰厚滋养，使道德成为市场经济的正能量。绝不能"一切向钱看"，把精神、信仰一概物化，把诚信、道德统统抛弃。身处社会这个共同体，就需要坚守底线、明晰边界，有所为，有所不为。这个底线和边界就是"适中"。指出如何把欲望冲动与道德追求、把"资本"的冲动与"诚信"的建构、把物质富有与精神高尚结合起来，检验着我们社会的文明程度，关乎社会主义市场经济的成败，也考验着我们党的执政能力。

在《中华民族复兴路上防范颠覆性风险的思考》一文中，他提出，在中华民族伟大复兴的进程中，要高度重视、警惕和防范可能对中华民族复兴大业带来重大冲击的"颠覆性风险"。而保持稳态是"生命的法则"，但稳态乃是矛盾的特殊性和相对性的存在形式，我们只能在对立统一的矛盾运动中不断调节，在自身内部环境与外部的互动中不断适应，才能实现稳态、保持稳态、延续生命、好好活着。如何调节？这就需要科学的支撑、哲学的思维，需要"群学肄言"，需要补短板、强机制、善分析。

在《核心价值观要以"辨义利"为核心》《市场伦理建设也要纳入治国理政的大范畴》等文中，叶小文先生指出，富起来，就必须搞市场经济，就必须搞好市场经济。但如何自觉抵制商品交换原则对党内生活的侵蚀？如何把权力关进制度的笼子里，尤其是把支配资本的权力关进法制的笼子里？如何建立我们自己的社会主义的现代市场经济发展所需要的"市场伦理"，在全社会树立正确的义利观，是我们"富起来"过程中需要探索和解决的大课题。如果听任一个社会贫富差距不断拉大，如果放任腐败不能制止，如果整个社会都重利轻义，会引发巨大的社会风险。因此，他提出市场伦理建设也要纳入治国理政的大范畴。"要成功建立现代市场经济发展所需要的'市场伦理''经济伦理''社会伦理'和'致富伦理'。""要建立完善相应的政策评估和纠偏机制，防止出现具体政策措施与社会主义核心价值观相背离的现象。""医疗系统不能都完全彻底交给'二律背反'左右的市场。交响乐、芭蕾舞、非遗保护、博物馆、图书馆……亦应如此。"必须解决好"厚德载物""厚德载市场经济"的问题。

他还提出，要建立建设中国特色的统一战线学，当代中国的统一战线学有四个基本概念，即领导者、同盟者、共同利益、政治联盟。有两对基本范畴：同与异、合与分。五个重点研究领域：政党关系、民族关系、宗教关系、阶层关系和海内外同胞关系。

在《协商民主：中国特色社会主义新篇章》一文中，指出中国社会主义协商民主有五大优势，即达成共识的优势、畅通渠道的优势、纠错机制的优势、群众广泛参与的优势、凝心聚力的优势。协商民主在中国具有深厚的文化、理论、实践、制度基础。

以上这些观点，都是在学习研究阐发习近平新时代中国特色社会主义思想中提出的一些深刻思考和独到的理解，可谓切中要害，给人以深刻的启迪。

另外，在哲学、宗教学、文化学以及国际问题研究等领域，叶小文先生也均有深入研究和思考，发表了许多富有见解的文章。

乐只君子　养浩然之气

说叶小文先生是学者，是因为他身上始终葆有学者情怀和学者风范。

读叶小文先生文章的人不难发现，他的学术理论文章不是通常大家熟悉的一般的"官样"文章，套用马克思的话说，他的文章洋溢着一种"理性的激情"，彰显了思想的魅力；他的文章视野十分开阔，有一种登高望远、一览众山小的气势；他的文章说理透彻，切中要害，把握根本，是对事物本质和规律的揭示；他的文章观点鲜明，原创性强，语言时而犀利，时而幽默，时而清新。他的文章耐读、受读者好评的根本原因，是他思考问题深入而独到，甚至尖锐。

叶小文先生不管在什么职位上工作，始终有一种学者风范与气质。我相信不仅仅是我能感受到，与他有交往、相熟的朋友可能都有这样的感受：他虽身为正部级干部，但是他的为人处世，他的言谈举止，具有一种学者本色和学者风范。他没有官员的架子，而是十分自然、天然地愿意与学者打交道，说学者的话，讨论学术问题。这既与他本身学者出身有关，也与他长期从事统一战线工作有关，他善于与知识分子打交道，交真朋友，说真心话。

叶小文先生说话快言快语，直来直去，有时甚至有些率性，十分可爱，这恰恰反映出他多年来未曾湮没的"书生意气"。无论是老专家还是中青年学者，他都愿意与他们打交道、交朋友。比如说这次他请我这个晚辈后学为他这本学术文集作序，按常理说，无论从年龄、资历、级别还是影响力上来说，我都不是最合适的，但他却看中我学者兼出版工作者的身份和在中国社会科学杂志社工作过这一渊源。从这件事上我真切地感受到他十分重情，对学术、对学者的尊重，对晚辈后学及下级能"平视而不是俯视"。每次与叶小文先生交流，我都觉得他很可亲、有趣，可近也可敬！

最后，读叶小文先生的书，能感觉到他身上蕴含着一种强大的正能量。首先是他的一身正气，这种正气源于他挚爱中华优秀传统文化所养成的浩然之气，也体现着中国共产党人理想信念的力量，马克思主义的立场观点方法的科学性的底气，以及坚持党的全面领导，坚决维护习近平总书记党中央的核心、全党的核心地位，坚决维护党中央权威和集中统一领导的政治自觉以及政治坚定性。

读他的书还能感受到他对近代以来中华民族最伟大的梦想——实现中华民族伟大复兴的热切期盼，进而被他一直为实现这一伟大梦想而不懈追求的奋斗精神所感染。

"乐只君子，德音是茂。""乐只君子，邦家之基。"努力以马克思主义观察时代、把握时代、引领时代，勤学深思，深入实践，弘扬优秀传统文化，放眼世界和人类未来，心系党和国家长治久安、民族复兴伟业的学者型专家型干部越多，我们党的事业就越兴旺发达。

（2021 年 11 月 25 日于后海北岸）

（作者系中国辩证唯物主义研究会副会长，中国历史唯物主义学会副会长，中国社会科学出版社社长，中国社会科学院大学哲学院教授）

《小文论丛》跋

　　2015 年 8 月 3 日的《光明日报》头版头条，刊登了我的一篇短文《白天走干讲　晚上读写想》。评论说："著名学者叶小文的座右铭来自一位基层干部，内容简简单单——'白天走干讲，晚上读写想'。但这里面，却浓缩着'先天下之忧而忧'的胸怀、'沛乎塞苍冥'的正气和'绝知此事要躬行'的勤勉，简单却丰富，直白也深刻。"

　　其文如下：

　　有段话耳熟能详："予尝求古仁人之心……居庙堂之高则忧其民，处江湖之远则忧其君。是进亦忧，退亦忧。然则何时而乐耶？其必曰'先天下之忧而忧，后天下之乐而乐'乎。噫！微斯人，吾谁与归？"（范仲淹《岳阳楼记》）

　　予尝求之座右铭，源自这"古仁人之心"，在进退皆忧、忧国忧民中，总传承着一股"沛乎塞苍冥"的浩然之气。

　　多忧，必多思；多思，要多干。这"忧、思、干"何以相得益彰？听一位"处江湖之远"的基层干部说，他是"白天走干讲，晚上读写想"。有了，我的座右铭，就是它了。

　　白天走干讲：走下去、干起来、讲出水平。走，毛泽东在《反对本本主义》中说："迈开你的两脚，到你的工作范围的各部分各地方去走走，学个孔夫子的'每事问'。"走，不仅要开动双脚，还要开动脑筋，不能走马观花，"葫芦掉进井里，还是在水上漂着"。干，就是实践。纸上得来终觉浅，绝知此事要躬行。干部干部，先干一步。讲，是领导干部向广大人民群众讲解和宣传党的方针政策，动员、组织群众的重要手段。能不能讲、会不会讲，往往体现出一个领导干部的水平。我们有的干部，与新社会群体说话，说不上去；与困难群众说话，说不下去；与青年学生说话，说不进去；与老同志说话，给顶了回去。"套话一说完，主客便只好默默地相对，逐渐沉闷起来。"

晚上读写想：耐心读、勤于写、创造性地想。读，过了学生时代，没有专门时间读书，也没有老师督着你读书，就看自己愿不愿挤出时间读书。再忙，睡前总能挤一小时。关键是耐得住寂寞，稳得住心神，便可以进入另一个美妙的世界，从读书中获得心灵的充实和内心的愉悦。写，是反映客观事物、表达思想感情、传递知识信息的创造性脑力劳动过程。读书是学习，摘抄是整理，写作是创造。邓小平讲过："用笔领导是领导的主要方法，这是毛主席告诉我们的。凡不会写的要学会写，能写而不精的要慢慢地精。"想，学而不思则罔，思而不学则殆。朱熹说："读书有三到，谓心到、眼到、口到。心不在此，则眼看不仔细，心眼既不专一，却只漫浪诵读，决不能记，记不能久也。三到之中，心到最急。心既到矣，眼口岂不到乎？"

走干讲与读写想，相辅相成。读写想是坐而思，走干讲是起而行。白天光阴似金，最宜多走多干多讲；夜晚沉寂幽静，更适勤读勤写勤想。坚持走干讲，才能读得透、写得深、想得远；不懈读写想，才能走得实、干得好、讲得准。

白天走干讲，晚上读写想，夜以继日，累也不累？其实进入这样一种生活方式，便不难体会孔夫子的那股豪迈："子在川上曰：逝者如斯夫，不舍昼夜！"

白天走干讲，晚上读写想，周而复始，烦也不烦？其实会另生出一番快乐的滋味。享受工作，一心一意，忙并快乐着；享受生活，一茶一书，闲并快乐着；享受天伦，一生一爱，爱并快乐着。

白天走干讲，晚上读写想，积以时日，我就写出了若干短文，拿去发表。互联网时代，这类文章读者不会多了，但总还有人关注。记得五年前，有位领导同志来信说："小文大作，每每拜读，感慨良多。言简意赅，有彩无华，实不多见。还望能坚持下去，一以贯之。"鼓励之后，留了个作业题："我常想'是大家常说家常'，也一直想找到上对，终不得，求教为盼。"

我回信说："人民出版社为我出过一本《小文百篇》，其后我又发表了近百篇。拟凑够250篇之数后，再集一本，或名《小文二百五》，既有'小文的250篇小文'之意，也想说明：学海无涯，天外有天；佳作无穷，读之汗颜。我虽笔耕不辍，杂论一番，其实捉襟见肘，败笔时现。充其量，还只是个'二百五'而已。唯有学习再学习，努力再努力，突破'二百五'，进入新境界。"当然，毕竟没人喜欢"二百五"，人民出版社出的是《小文三百篇》。

如何给"是大家常说家常"对句？这位领导对的是："凡才子夜读子夜，是大家常说家常。"其意境，或许"夜读子夜"就是"晚上读写想"，"常说家常"就是"白天走干讲"吧？

白天走干讲，晚上读写想，一位基层干部的话，透着"古仁人之心"，我奉为座右铭。尽管"官"已"居庙堂之高"，但"微斯人，吾谁与归？"

我起步于"学而优则仕"。一个在当时还十分闭塞、堪称穷乡僻壤的贵州的青年学子，竟在改革开放初期的1982年，在刚创刊不久、标志中国社会科学界最高殿堂的《中国社会科学》杂志上，发表了一篇社会学长篇论文，并随后于1984年获"中国社会科学中青年优秀论文奖"，引起各方关注，也成了《贵州日报》头版头条新闻。后来，我竟被选拔为共青团贵州省委书记，开始了"为官"的生涯。逐渐官至部级，也"居庙堂之高"了。但不能不"仕而优则学"，在"为官"的过程中更感本领恐慌，更要不断学习，广泛涉猎哲学、政治学、经济学、社会学、社会心理学、伦理学、民族学、宗教学，研究诸多文化问题，以致努力推动建立"统战学"，大都是不断结合"走干讲"而"读写想"。在边干边学的过程中，在理论与实践的结合中，就写下了深浅不一、主题斑杂的若干篇论文。回头总结，集为"论丛"，无非都是在践行这个座右铭："白天走干讲，晚上读写想。"

我喜欢这个说法，"贵州大山里的一棵小草，放在哪里就在哪里生长；给它一点阳光，它就灿烂"。虽祖籍湖南，也有那么一点湖南人"吃得苦、耐得烦、霸得蛮"的基因传承，但这棵小草，毕竟是从贵州的大山里走出来的。

小草灿烂，或集为草丛。草丛之中，或藏有卧虎。我属虎，又恰逢虎年，故本书名《小文论丛》。

我曾任国家宗教事务局局长多年，宗教学方面另出有《宗教问题怎么看怎么办》《宗教七日谈》《中国破解宗教问题的理论创新和实践探索》《多元和谐的中国宗教》等专著。本书主要选辑社会学、政治学、伦理学、哲学、文化论方面的论文。

学术，也是有温度的。培养过我的《中国社会科学》杂志，是我毕生的初心所在，学术的初恋之地。中国社会科学出版社作为以"中国社会科学"命名的治学严谨、品位最高的学术出版社，编辑同志为编辑此书下了很多功夫。编辑一丝不苟，书中每段引文都要求我详细注明出处、包括版本来源。但我过去读书都是摘记卡片，这些信息都在卡片上，有了电脑，卡片就丢光了，现在要找回这些信息，犹如大海捞针，只好付之阙如了。

特别是中国社会科学出版社赵剑英社长亲自为本书作序，更使我有清晨"雨露滋润草丛，阳光穿过树林"般的温暖和感动。这个意境，无以言表，体现在巴赫的著名大提琴组曲的序曲中（注：我曾任"三高爱乐之友业余交响乐团"的团长兼大提琴首席，"三高"为高级知识分子、高级干部、高级将领的简称）。

被称为"世界古典音乐之父"的巴赫创作的六组无伴奏大提琴组曲（BWV1007—1012），是无伴奏乐曲中最早闻名于世的典范，在音乐结构、艺术魅力和思想深度上都举世无双。自 1901 年被大提琴家卡萨尔斯"发现"并介绍给全世界的听众以来，它们便成了无限意义的延伸，被誉为演奏家技巧与修养的试金石。史塔克、罗斯特罗波维奇、傅尼叶、马友友等无数大提琴大师，都屡次争相诠释这一纪念碑式作品。在我崇拜的巴赫这座"音乐论丛"的大山面前，这部《小文论丛》，是一簇小小的"草丛"。

壬寅虎年于京华

中国强起来的文化支撑

编者的话：10 月 16 日，举世瞩目的中国共产党第二十次全国代表大会开幕。党的二十大是在迈上全面建设社会主义现代化国家新征程、向第二个百年奋斗目标进军的关键时刻召开的一次十分重要的大会。在这一重要历史节点，更加需要我们坚定文化自信，以文化形成思想穿透力、广泛动员力、社会凝聚力，众志成城凝聚起中华民族伟大复兴的磅礴之力，坚定信心、同心同德，埋头苦干、奋勇前进，为全面建设社会主义现代化国家、全面推进中华民族伟大复兴而团结奋斗。这是叶小文先生近期在中央党校研究生院"求是大讲堂"演讲的部分内容，本刊整理发表，以飨读者。

10 月 16 日，举世瞩目的中国共产党第二十次全国代表大会在人民大会堂开幕。习近平总书记代表第十九届中央委员会向大会作了题为《高举中国特色社会主义伟大旗帜　为全面建设社会主义现代化国家而团结奋斗》的报告。报告中提到了 50 多次"文化"，这让我印象深刻。

党的二十大报告指出，"中国共产党和中国人民正信心百倍推进中华民族从站起来、富起来到强起来的伟大飞跃"。站起来、富起来、强起来，靠的是党和人民的动力、活力、耐力、定力以及硬实力和软实力，尤其是思想穿透力。德国诗人海涅曾说，"思想走在行动之前，就像闪电走在雷鸣之前一样。"有了思想穿透力，就有了广泛动员力，就有了社会凝聚力，就有了众志成城力。如果 14 亿多中国人，都使出了洪荒之力，那就是磅礴的力量；洪荒之力、磅礴之力中一定包含着思想的力量、文化的力量。习近平总书记指出，我们要建设的社会主义现代化强国，不仅要在物质上强，更要在精神上强。精神上强，才是更持久、更深沉、更有力量的。因此，我们"站起来"要文化自信，"富起来"要文化涵养，"强起来"要文化力量。

一、"站起来"要文化自信

党的二十大报告指出，推进文化自信自强，铸就社会主义文化新辉煌。要"增强全党全国各族人民的志气、骨气、底气。"中国人民的志气、骨气、底气，在中华五千年的文明文化中就有蕴含、有淬炼、有基因。

中国是文明古国。思想家、哲学家梁漱溟在其《中国文化要义》中提到，历史上与中国文化若后若先之古代文化，如埃及、巴比伦、印度、波斯、希腊等，或已夭折，或已转易，或失其独立自主之民族生命。唯中国能以其自创之文化绵永其独立之民族生命，至于今日岿然独存。

五千年中华文明不仅没有断流，还要实现伟大复兴，究竟有什么密码？抗战胜利后，当时的国立西南联合大学有一个著名的"三绝碑"，其碑文是冯友兰先生撰写的。冯先生在其中写道："我国家以世界之古国，居东亚之天府，本应绍汉唐之遗烈，作并世之先进。将来建国完成，必于世界历史，居独特之地位。盖并世列强，虽新而不古；希腊、罗马，有古而无今。惟我国家，亘古亘今，亦新亦旧，斯所谓'周虽旧邦，其命维新'者也！"真的是"惟我国家，亘古亘今，亦新亦旧，其命维新"啊！

关于这一点，习近平总书记有很多经典论述。比如，在庆祝中国共产党成立100周年大会上发表的重要讲话中指出，坚持把马克思主义基本原理同中国具体实际相结合、同中华优秀传统文化相结合。再如，在主持中共中央政治局第三十九次集体学习时的重要讲话中指出，中华文明源远流长、博大精深，是中华民族独特的精神标识，是当代中国文化的根基，是维系全世界华人的精神纽带，也是中国文化创新的宝藏。在漫长的历史进程中，中华民族以自强不息的决心和意志，筚路蓝缕，跋山涉水，走过了不同于世界其他文明体的发展历程。习近平总书记还强调，中华文明探源工程对中华文明的起源、形成、发展的历史脉络，对中华文明多元一体格局的形成和发展过程，对中华文明的特点及其形成原因等，都有了较为清晰的认识。同时，工程取得的成果还是初步的和阶段性的，还有许多历史之谜等待破解，还有许多重大问题需要通过实证和研究达成共识。

中华文明讲究"多元一体"，我曾在文章《"多'元'一体"与"多'源'一体"辨析》（刊于《文史哲》）中提出一个问题，在进一步研究中，可否将"中华文明格局"的定义，由"多元一体"调整为"多源一体"？"元"和"源"一字之差，相去甚远，有必要认真辨析。我从 7 个角度做了分析，一是从中华文明发展路向的考古实证来看，二是从中华文明发展基本格局的历史脉络来看，三是从"元"之本义看，四是从费孝通"多元一体"的特指含义看，五是从"大一统"的"一元"文化传承来看，六是从反分裂斗争需要来看，七是从哲学上看。那么，得出什么样的结论呢？习近平总书记说，"中华优秀传统文化是中华文明的智慧结晶和精华所在，是中华民族的根和魂，是我们在世界文化激荡中站稳脚跟的根基。"深化中华文明探源工程，对定义"文明格局"这样一个关乎国家统一之基、民族团结之本、精神力量之源，涉及"根"和"魂"的概念，不必约定俗成，人云亦云；避免含混不清，留下隐患；应该问底刨"根"，凝神聚"魂"。

"大哉乾元，万物资始。"以"多源一体"定义中华文明格局，展开讲就是，始于一元多样，归于多样一体。"周虽旧邦，其命维新。"把"一元"的圆心固守住，把包容的多样性（多线性）半径拉长，就能画出最大同心圆，永固中华儿女大团结。

二、"富起来"要文化涵养

讲"文化自信""文化涵养""文化支撑"，其实人人皆在"文化"之中，人人都有责任从"我"做起，"好'自'为之"。

《道德经》有云："合抱之木，生于毫末；九层之台，起于累土。"中华民族文化支撑"合抱之木"的参天巨柱，我也能作"毫末"之贡献吗？

我是五届政协委员，这一届我们开展了读书活动。自 2020 年全国政协读书活动开展以来，两年多的时间，我已出版 4 本书。这里介绍两本，谈谈我的"读写想"心得。

第一本是《"书香政协"百日漫游——叶小文读书笔记》。作为全国政协文化文史和学习委员会副主任，从 2020 年 3 月中旬响应动员进入"试水"群，到后来被任命为"读书活动指导小组副组长"，再到各读书群去"漫游"，正好百日。我也有幸成为这"阶段性成果"百花园中的一片树叶、一棵小草、一朵小花。

在"书香政协"这样一个最善于读书的群体里读书，在社会主义民主协商这样一个专门机构里读书，在理性建言、知识咨政这样一个特殊平台上读书，思想的闪电随处可见，头脑的风暴时有爆发。特别是各读书群的"群主"，每天都在辛勤地笃学、劝学、导学、助学，却谦称自己是为委员读书服务的"店小二"。我这个"副组长"，充其量也就是跟在各群主后面跑腿、吆喝的"小跑堂"。但也不仅是光吆喝，"店"里那么多美酒佳肴，吆喝之余也不禁驻足观望，举杯对饮，忍俊不禁，日日跟读，朝惕夕虑，昼夜不息，于是时而有感而发，形式长短不拘，每日写一两则，发送到读书群里参与讨论。其中有些体会，过去也多少有所谈及和思虑，但这次读书确有新启发、新感悟，忍不住一吐为快。恰逢百日，积累百篇，集腋成裘，汇总成册，形成这本《"书香政协"百日漫游——叶小文读书笔记》。

针对全球新冠肺炎疫情流行，各国奋起抗疫和病毒疫情可能带来改变世界的影响，全国政协文化文史和学习委员会在"全国政协委员移动履职平台"上，请全国政协常委兼副秘书长、民进中央副主席朱永新任"群主"，建群组织了一个线上的"防控疫情读书会"，推荐阅读《病毒来袭》《逼近的瘟疫》《生命的法则》《人类的终极问题》4本书。作为读书群一员，我在线上结合自己的学习心得体会，以及与书友的切磋讨论，一个多月来连续作了数篇思考性发言。

现在看来，在病毒来袭，在逼近的瘟疫等现实挑战面前，我们可能有必要把公共卫生安全方面的风险作为民族复兴进程中颠覆性的风险之一来认真对待。我们民族复兴还有很长的路要走，就像我们保卫国土安全一样，要把它作为一个可能出现的颠覆性风险来考虑，这样很多问题就容易解决。如果我们已经判断未来公共卫生事件是民族复兴进程中颠覆性的考验，甚至概率比打仗还要高一些，那么就值得研究，值得花工夫去认真对待。这样来提出问题，是否可称作当代中国的"世纪之问"？

这使人想起近代著名的"李约瑟之问"。李约瑟的问题是，"为什么直到中世纪中国还比欧洲先进，后来却会让欧洲人着了先鞭呢？怎么会产生这样的转变呢？"这个问题振聋发聩，促使一代一代中国人警醒、震惊、深思、探索、奋斗。现在对"李约瑟之问"，我们已有答案：中国特色社会主义已经进入新时代，意味着近代以来久经磨难的中华民族实现了从站起来、富起来到强起来的伟大飞跃。否定之否定，转变再转变，历史又"转变"回来了！但对新的"世纪之问"，我们这代中国人，是不是也应该警醒、震惊、深思、探索、奋斗呢？

中华民族伟大复兴不是轻轻松松、敲锣打鼓就能实现的，必须勇于进行具有许多新的历史特点的伟大斗争，准备付出更为艰巨、更为艰苦的努力。10年来，我们遭遇的风险挑战风高浪急，有时甚至是惊涛骇浪，各种风险挑战接踵而至，其复杂性严峻性前所未有。我们坚定信心、迎难而上，一仗接着一仗打。

第二本是《读书漫谈群一年日记（2020.7.10—2021.7.10）》。政协委员读书漫谈群从2020年7月10日开群，到2021年7月10日，正好一年。三月一期，连续四期。五位群主（第四期是双群主）轮番上阵挂帅，诸多委员（包括全国政协领导）不断上线读书，好多专栏已经成为品牌，专题讨论常常风生水起，"委员风采"每天熠熠发光，在全国政协委员读书群中，构成了一道连续不断、天天好看、漫而不散、精品多多的亮丽风景线。

全国政协委员、中国作协副主席阎晶明说，"这是一个开放的空间，天天在线被视作模范但不是所谓大V，新人路过打个招呼，同样有故友重逢、热烈欢迎的不亦乐乎。这里逐渐形成一种独特的交流格式'小文体'，但绝不强制要求成为'官方语言'，甚或排斥其他'语种'……"

这里所谓的"逐渐形成一种独特的交流格式'小文体'"，是对着我说的。作为全国政协委员读书活动指导组的一位副组长，我在这个漫谈群的"保障群"里打工，自然要多卖力。为了做好"保障"工作，要"全天候"天天盯住，时时加油，还要发点体会，不时凑几句半文不白、无韵无仄的"小文体"打油逗趣，每天送一道可看可不看的"下午茶"填空补白。

但是，每天要写出让自己有味道、让书友还看得下去、能够有以告人信息的文字，也要不胜其烦，要搜索枯肠。有时受群里委员读书讨论的激励启发，会思如泉涌；有时也实在写不出来，就摘录一点书友的妙言金句。一年下来，集合在一起，竟又有30余万字了，就是这本"小文体"的《读书漫谈群一年日记》。

思考全党的"文化涵养"。党的二十大报告指出，全党必须牢记，全面从严治党永远在路上，党的自我革命永远在路上，决不能有松劲歇脚、疲劳厌战的情绪，必须持之以恒推进全面从严治党，深入推进新时代党的建设新的伟大工程，以党的自我革命引领社会革命。

我们党从夺取政权到长期执政，是一场历史考验；从领导和驾驭计划经济到领导和驾驭市场经济，也是一场历史考验；各级党员干部从以清贫为本色与人民群众同患难，到以致富为追求带领人民群众奔小康，更是一场历史考验。党如何经受和战胜市场经济的考验，防范和解决消极腐败的危险？

首先，要不断自我革命，从严治党，才能始终不忘初心，保持先进性、纯洁性。

习近平总书记指出："我们党历史这么长、规模这么大、执政这么久，如何跳出治乱兴衰的历史周期率？毛泽东同志在延安的窑洞里给出了第一个答案，这就是'只有让人民来监督政府，政府才不敢松懈'。经过百年奋斗特别是党的十八大以来新的实践，我们党又给出了第二个答案，这就是自我革命。"

我们党不同于世界上其他政党，不仅在于能够铁腕反腐，刀刃向内，尤其形成了党长期执政条件下实现自我净化、自我完善、自我革新、自我提高的一条有效途径，这就是始终坚持立党为公，坚守初心使命。这是我们这个伟大的党坚不可摧的内心的强大定力。

守初心，就是要牢记全心全意为人民服务的根本宗旨。以坚定的理想信念坚守初心，牢记人民对美好生活的向往就是我们的奋斗目标；以真挚的人民情怀滋养初心，时刻不忘我们党来自人民、根植人民，人民群众的支持和拥护是我们胜利前进的不竭力量源泉；以牢固的公仆意识践行初心，永远铭记人民是共产党人的衣食父母，共产党人是人民的勤务员，永远不能脱离群众、轻视群众、漠视群众疾苦。

其次，在"富起来"的考验中，要不断增强自身"文化涵养"。

党的二十大报告指出"以党的自我革命引领社会革命"，一个重要原因是，办好中国的事情关键在党。能否在长期执政条件下探索出一条实现自我革命的有效路径，关乎党和国家事业成败、关乎我们能不能跳出历史周期率。因此，有必要以新时代中国共产党的历史使命来思考自我革命的必要性和紧迫性，进一步把握自我革命的科学内涵、主要挑战和实践遵循。

"地势坤，君子以厚德载物"。中国特色社会主义之所以能席地而来、浩浩荡荡，其特色之一就是能以"厚德"载物。共产党人必须在全社会带头培育和践行社会主义核心价值观，只有这样，才能让社会主义核心价值观接地气，才能对准人们思想的共鸣点、群众利益的交汇点而生生不息，增强对广大人民群众的吸引力和感染力而生动活泼，进而成为人们自觉的利益诉求和价值愿望而潜移默化，成为人们世界观、人生观、价值观的总开关而无所不灵。

习近平总书记谆谆告诫，"古人说，'内无妄思，外无妄动'。党的领导干部更要对组织和人民常怀感恩敬畏之心，对功名利禄要知足，对物质享受和个人待遇要知止。'惟江上之清风，与山间之明月，耳得之而为声，目遇之而成色，取之无禁，用之不竭。'苏轼的这份情怀，正是今人所欠缺的，也是最为珍贵的。想通这个道理，就一定能够以身作则、以上率下，以清廉养浩然正气。"

在"富起来"的考验和诱惑中，没有文化涵养的政党，又如何"惟江上之清风，与山间之明月"？当然，在道德约束的同时，还需加强刚性的法律约束。习近平总书记一再强调，要"把权力关进制度的笼子里"，确保党的先进性和纯洁性。

三、"强起来"要文化力量

党的二十大报告指出，坚守中华文化立场，提炼展示中华文明的精神标识和文化精髓，加快构建中国话语和中国叙事体系，讲好中国故事、传播好中国声音，展现可信、可爱、可敬的中国形象。

回顾历史，支撑我们这个古老民族走到今天的，支撑5000多年中华文明绵延至今的，是根植于中华民族血脉深处的文化基因。中华民族历来讲求"天下一家"，主张民胞物与、协和万邦、天下大同，憧憬"大道之行，天下为公"的美好世界。

中国作为顶天立地的君子，一切外来的质疑，在中国文化力量的面前都能不攻自破。中国无意与任何人针锋相对，为此我们要"讲好中国故事"，要有长期打算，要利用一切可以利用的机会，要连续不断地做工作，要针对不同对象，力求工作成效，要坚持锲而不舍，注重日积月累，要深层次分析不同受众，针对不同受众、不同阶层做好分众化的宣传。

前不久洛杉矶刁难我们的留学生，我多次到这座城市访问，深感那里的人民宽容友好，待客热情厚道。"国之交在于民相亲"，国和国之间人民的交往应该多一点天使，少几个小人，应该鼓励友好交往，不容许小人胡搞乱来。中美两国相距遥远，历史背景、文化传统、发展水平各异，更需要加强沟通，求同存异。

2005 年 11 月 20 日我应邀出访美国洛杉矶，在演讲时说："亲爱的朋友们，我从东方到西方，来到这座天使之城，我相信世界分成东方和西方，不是要让彼此对峙冲突，而是要让彼此团结和睦，东西东西合在一起才是个东西嘛，世人分为男人和女人，不是要让他们争吵不休，而是要让他们相亲相爱。我们应该尊重事实，摒弃偏见，偏见比无知更远离真理，偏见比万水千山更能阻挡我们之间的沟通和交流。"

一百多年来，中国共产党忠实践行初心使命，团结带领全国各族人民，在中国这片广袤的土地上，绘就了人类发展史上波澜广阔的壮美画卷，使新中国大踏步赶上了时代，中华民族伟大复兴，展现出光明的前景，这就是中国强起来的文化的力量。

（原载《人民政协报》2022 年 10 月 31 日）

跳出治乱兴衰历史周期率

——读黄炎培《延安归来》

　　毛泽东和黄炎培的"延安之问"，问出了我们党在长期实践中得出的至关紧要的规律性认识。经过百年的奋斗和不懈的探索，"这一条新路"现在可以说是十分明确了：中国共产党已经找到了跳出治乱兴衰历史周期率的两个答案，走出了一条始终保持同人民群众的血肉联系，始终接受人民批评和监督，始终同人民同呼吸、共命运、心连心，矢志不渝、笃行不怠、永葆生机活力的新路。

　　1945年7月1日至5日，黄炎培、章伯钧、傅斯年等6人组成国民参政员访问团赴延安。黄炎培是当时著名的教育家、爱国民主人士。回到重庆之后，黄炎培将5天的经历感受，写成一本74页的小册子，题为《延安归来》。内容分为三个部分：第一部分是"延安归来答客问"，回答了10个重要问题，包括延安之行的动机、去延安的名义、对大局的看法、对延安的观感、延安的政治作风、与中共领导人谈话的经过、国共合作的前途等。第二部分是作者在延安5天所写的日记。第三部分是作者访问延安有感而作的《自重庆之延安》《延安去》两首诗。书一出版，《新华日报》即连续推广，几天内，初版2万册的《延安归来》被抢购一空，成为轰动一时的畅销书。

　　《延安归来》一书中最为后世称道的，是黄炎培披露了在延安窑洞中诞生的"历史周期率"之问。在"延安归来答客问"一节中，详细记述了7月4日下午他与毛泽东在窑洞里的一次长谈。

　　毛泽东问黄炎培来延安几天感想怎样？黄炎培引用《左传》《中庸》等典章，提出了"周期率之问"，即史称"延安之问"："我生六十多年，耳闻的不说，所亲眼看到的，真所谓'其兴也勃焉，其亡也忽焉'，一人，一家，一团体，一地方，乃至一国，不少单位都没能跳出这周期率的支配力。大凡初时聚精会神，没有一事不用心，没有一人不卖力，也许那时艰难困苦，只有从万死中觅取一生。继而环境渐渐好转了，精神也就渐渐放下了。有的因为历时长久，自然地惰性发作，由少数演为多数，到风气养成，虽有大力，无法扭转，并且无法补救。也有为了区域一步步扩大了，它的扩大，有的出于自然发展，有的为功业欲所驱使，强求发展，到干部人才渐见竭蹶、艰于应付的时候，环境倒越加复杂起来了，控制力不免趋于薄弱了。一部历史，'政怠宦成'的也有，'人亡政息'的也有，'求荣取辱'的也有。总之没有能跳出这周期率。中共诸君从过去到现在，我略略了解的了。就是希望找出一条新路，来跳出这周期率的支配。"

毛泽东沉思后答道："我们已经找到新路，我们能跳出这周期率。这条新路，就是民主。只有让人民来监督政府，政府才不敢松懈。只有人人起来负责，才不会人亡政息。"

永恒的时刻　永远的问题

延安之行，是光明行，留下了一个永恒的时刻。延安之问，是大哉问，提出了一个永远的问题。

当年黄炎培问毛泽东，"中共诸君如何找出一条新路？"是啊，历史本无情，兴衰岂由君，新路何处寻？我们且看看"苏共诸君"如何？苏共20万党员时，打败了资产阶级临时政府，建立苏维埃政权；200万党员时，打败了德国法西斯，保卫了政权；2000万党员时，却打败了自己，失去了政权。历史周期，果然再现。兴也勃焉，亡也忽焉。历史之问，振聋发聩。"苏共诸君"，如此惨烈。治乱兴衰，令人唏嘘，"中共诸君"，殷鉴不远啊！

延安之问，深深地镌刻在历史年轮上，成为中国共产党时时自警自省的一面镜子。作为一个百年辉煌、世界上最大的执政党，中国共产党不断扪心自问："初心易得，始终难守。以史为鉴，可以知兴替。我们要用历史映照现实、远观未来，从中国共产党的百年奋斗中看清楚过去我们为什么能够成功、弄明白未来我们怎样才能继续成功，从而在新的征程上更加坚定、更加自觉地牢记初心使命、开创美好未来。"（习近平总书记在庆祝中国共产党成立100周年大会上的讲话）

　　延安之问，民主党派领导人发自肺腑，肝胆相照。共产党领袖虚怀若谷，从善如流。这也成为后来中国共产党领导的多党合作和政治协商制度的一个前奏曲和一个典范。黄炎培从延安归来后，于 1945 年 12 月 6 日在重庆创建的中国民主建国会，一直同中国共产党长期亲密合作。新中国成立后，成为中国共产党领导的多党合作和政治协商制度中的参政党，始终贯彻中国共产党与各民主党派"长期共存、互相监督、肝胆相照、荣辱与共"的方针，接受中国共产党的领导。在长期实践中，逐步形成了坚持爱国主义、致力于中国特色社会主义事业，坚持接受中国共产党的领导、与中国共产党亲密合作，坚持遵从人民群众的根本利益、认真履行参政党职能，坚持与经济界的紧密联系、努力发挥会的特色，坚持与时俱进、在自我教育中不断提高会的素质等优良传统。

　　我曾任作为中国八个民主党派的联合党校——中央社会主义学院的党组书记和第一副院长。黄炎培也是我们社院的第一届学员，他的《延安归来》，就成为我们院党组的必读书。经过慎重研究，院党组决定在社院内建一个雕塑，留下这个永恒的时刻，牢记这个永远的问题。2015 年，由全国政协常委、中国美术馆馆长、世界雕塑大师吴为山精心创作的青铜雕塑《延安窑洞对——毛泽东与黄炎培》，矗立在中央社会主义学院的教学楼门口。毛泽东和黄炎培似乎还在那里侃侃而谈，反思历史，烛照未来，言犹在耳，掷地有声。

　　《光明日报》头版、《求是》杂志封底都相继登载了这个雕塑的照片，引起广泛关注。这个雕塑经吴为山复制，现永久收藏于延安革命纪念馆中。

　　党的十八大后，刚接任中共中央总书记的习近平同志，就到民建中央走访，提出要永远铭记延安窑洞中诞生的"历史周期率"之问。以后，他又多次用这段著名的问答告诫中国共产党全党。

　　2021 年 7 月 1 日，习近平总书记在庆祝中国共产党成立 100 周年大会上的讲话中，对这个深刻的历史之问给出了新的答案，他说："勇于自我革命是中国共产党区别于其他政党的显著标志。我们党历经千锤百炼而朝气蓬勃，一个很重要的原因就是我们始终坚持党要管党、全面从严治党，不断应对好自身在各个历史时期面临的风险考验，确保我们党在世界形势深刻变化的历史进程中始终走在时代前列，在应对国内外各种风险挑战的历史进程中始终成为全国人民的主心骨!"

党的二十大报告进一步明确指出:"经过不懈努力,党找到了自我革命这一跳出治乱兴衰历史周期率的第二个答案,自我净化、自我完善、自我革新、自我提高能力显著增强,管党治党宽松软状况得到根本扭转,风清气正的党内政治生态不断形成和发展,确保党永远不变质、不变色、不变味。"

经过不懈努力,中国共产党已经找出了新路,明确了跳出历史周期率的两个答案。

跳出历史周期率的第一个答案:民主监督

延安之问,振聋发聩。当年毛泽东明确回答,要跳出治乱兴衰的历史周期率,就必须实行人民民主,人民监督政府。而今天的人民民主、民主监督,已发展为一套全过程人民民主。

一个国家民主不民主,能不能真正对政府进行民主监督,关键在于是不是真正做到了人民当家作主。要看人民有没有投票权,更要看人民有没有广泛的参与权;要看人民在选举过程中得到了什么口头许诺,更要看选举后这些承诺实现了多少;要看制度和法律规定了什么样的政治程序和政治规则,更要看这些制度和法律是不是真正得到执行;要看权力运行规则和程序是否民主,更要看权力是否真正受到人民监督和制约。如果人民只有在投票时被唤醒、投票后就进入了休眠期,只有竞选时聆听天花乱坠的口号、竞选后毫无发言权,只有拉票时受宠、选举后就被冷落,这样的民主不是真正的民主。

发展社会主义民主政治,是我们党的一贯追求。党的十八大以来,以习近平同志为核心的党中央坚持中国特色社会主义政治发展道路,坚持党的领导、人民当家作主、依法治国有机统一,坚决抵制西方所谓"宪政"、多党轮流执政、"三权鼎立"政治思潮的侵蚀影响,走出了一条发展全过程人民民主的民主道路。

党的二十大报告指出:"我国是工人阶级领导的、以工农联盟为基础的人民民主专政的社会主义国家,国家一切权力属于人民。人民民主是社会主义的生命,是全面建设社会主义现代化国家的应有之义。全过程人民民主是社会主义民主政治的本质属性,是最广泛、最真实、最管用的民主。必须坚定不移走中国特色社会主义政治发展道路，坚持党的领导、人民当家作主、依法治国有机统一，坚持人民主体地位，充分体现人民意志、保障人民权益、激发人民创造活力。我们要健全人民当家作主制度体系，扩大人民有序政治参与，保证人民依法实行民主选举、民主协商、民主决策、民主管理、民主监督，发挥人民群众积极性、主动性、创造性，巩固和发展生动活泼、安定团结的政治局面。"

我国全过程人民民主是一个完整的制度链条，包括选举民主、协商民主、社会民主、基层民主、公民民主等民主政治的全部要素，涵盖了民主选举、民主协商、民主决策、民主管理、民主监督等民主过程的一切领域，不仅有完整的制度程序，而且有完整的参与实践，实现了过程民主和成果民主、程序民主和实质民主、直接民主和间接民主、人民民主和国家意志相统一，是全链条、全方位、全覆盖的民主，是最广泛、最真实、最管用的社会主义民主，以多样、畅通、有序的民主渠道，有效保证了全体人民依法通过各种途径和形式管理国家事务、管理经济和文化事业、管理社会事务。

人民政协，作为社会主义协商民主的重要渠道和专门协商机构，使命光荣，责任重大。

跳出历史周期率的第二个答案：自我革命

延安之问，警钟长鸣。党的二十大报告明确指出，要跳出治乱兴衰的历史周期率，"全党必须牢记，全面从严治党永远在路上，党的自我革命永远在路上，决不能有松劲歇脚、疲劳厌战的情绪，必须持之以恒推进全面从严治党，深入推进新时代党的建设新的伟大工程，以党的自我革命引领社会革命。"

要深刻理解习近平总书记提出的我们党总是"以伟大自我革命引领伟大社会革命"，"深入研究党加强自身建设、推进自我革命的百年历程，增强全面从严治党永远在路上的坚定和执着，确保党在新时代坚持和发展中国特色社会主义的历史进程中始终成为坚强领导核心"。

要准确把握反腐败斗争阶段性特征。中国共产党是在当今世界人口数量最多、经济体量扩增最快、国民财富总量增长最快的国家中大力推动社会主义市场经济发展的执政党，如何防止市场经济负面效应对党员干部的诱惑、对党的肌体的腐蚀，更是我们党必须直面且必须消解的重大难题，是一场新的大考。

毛泽东同志早就告诫全党，"可能有这样一些共产党人，他们是不曾被拿枪的敌人征服过的，他们在这些敌人面前不愧英雄的称号；但是经不起人们用糖衣裹着的炮弹的攻击，他们在糖弹面前要打败仗。我们必须预防这种情况。"

邓小平同志在改革开放之初就警示全党，"自从实行对外开放和对内搞活经济两个方面的政策以来，不过一两年时间，就有相当多干部被腐蚀了。"

党的十八大以来，以习近平同志为核心的党中央高度重视党风廉政建设和反腐败工作，全面从严治党不断向纵深推进。党的十九大以来，中央纪委国家监委立案审查调查中管干部 261 人，在高压震慑和政策感召下，8.1 万人向纪检监察机关主动投案，2020 年以来 21.6 万人主动交代问题，运用"四种形态"批评教育帮助和处理 933.6 万人次，确是需要认真"准确把握反腐败斗争阶段新特征"了！

为什么在市场经济条件下贪腐屡禁不止，甚至一度来势凶猛，到现在还有人不收敛、不收手？我们在理论上要有更为透彻的思考，在实践上要有更强有力的措施。习近平总书记在"不忘初心、牢记使命"主题教育总结大会上的讲话中深刻分析道："古人说：'天下之难持者莫如心，天下之易染者莫如欲。'一旦有了'心中贼'，自我革命意志就会衰退。"在党长期执政和市场经济的条件下，更是"难持者莫如心，易染者莫如欲"。市场经济法则几乎"无孔不入"的渗透，各种弱化党的先进性、损害党的纯洁性的诱惑无时不有，各种违背初心使命的危险无处不在，如果不严加防范、及时整治，久而久之必将积重难返，小问题就会变成大问题、小管涌就会沦为大塌方，消极腐败就会猖獗横行。

市场是经济活动的生态基础，不可以有分秒间断，不可能把经济活动停下来再整党治党。必须在确保市场秩序可控、经济运行稳定的状态下果断行动，既刮骨去腐，也对症给药；既标本兼治，也激浊扬清。要善于把"不敢腐、不能腐、不想腐"一体推进，努力取得更多制度新成果和更大治理成效。

习近平总书记说，"党的百年历史，也是我们党不断保持党的先进性和纯洁性，不断防范被瓦解、被腐化的危险的历史。要教育引导全党通过总结历史经验教训，着眼于解决党的建设的现实问题。"市场经济的考验，是全新的、长期的、"富起来"的新考验，是在利益诱惑下如何普遍做到"拒腐蚀、永不沾"的更为复杂的考验，是党的建设最需要着眼、最需要面对的现实问题。市场经济的法则是经济运行的普遍法则，但不能"普遍"到侵入或浸入党的政治肌体。党如何保持生机活力、如何保持先进性和纯洁性？如何让广大党员干部在市场经济中更好地发挥积极性创造性，既"很想干，很愿干，很能干"，又"不敢腐、不能腐、不想腐"？广大党员干部如何始终做到"忠诚、干净、担当"，不仅"贫困不能屈"，更加"富贵不能淫"？这些问题，都需要在"准确把握反腐败斗争阶段新特征"基础上进一步探索。

党的二十大报告指出："腐败是危害党的生命力和战斗力的最大毒瘤，反腐败是最彻底的自我革命。只要存在腐败问题产生的土壤和条件，反腐败斗争就一刻不能停，必须永远吹冲锋号。坚持不敢腐、不能腐、不想腐一体推进，同时发力、同向发力、综合发力。以零容忍态度反腐惩恶，更加有力遏制增量，更加有效清除存量，坚决查处政治问题和经济问题交织的腐败，坚决防止领导干部成为利益集团和权势团体的代言人、代理人，坚决治理政商勾连破坏政治生态和经济发展环境问题，决不姑息。深化整治权力集中、资金密集、资源富集领域的腐败，坚决惩治群众身边的'蝇贪'，严肃查处领导干部配偶、子女及其配偶等亲属和身边工作人员利用影响力谋私贪腐问题，坚持受贿行贿一起查，惩治新型腐败和隐性腐败。深化反腐败国际合作，一体构建追逃防逃追赃机制。深化标本兼治，推进反腐败国家立法，加强新时代廉洁文化建设，教育引导广大党员、干部增强不想腐的自觉，清清白白做人、干干净净做事，使严厉惩治、规范权力、教育引导紧密结合、协调联动，不断取得更多制度性成果和更大治理效能。"

我们要在保持反腐倡廉高压态势、把严的基调长期坚持下去、保持强大的正风肃纪反腐力量常在的同时，使鼓励干事创业担当的体制机制制度化常态化，充分调动广大党员干部在发展市场经济中的积极性创造性，从而在坚持反腐倡廉、实现风清气正的基础上，把社会主义市场经济搞得更好，把高质量发展搞得更好，让实现共同富裕的目标离我们更近，让党的队伍更加纯洁，更加富有生机活力。

中国共产党历经百年沧桑更加充满活力，其奥秘就在于始终坚持真理、修正错误。党的伟大不在于不犯错误，而在于从不讳疾忌医，积极开展批评和自我批评，敢于直面问题，勇于自我革命。只要我们不断清除一切损害党的先进性和纯洁性的因素，不断清除一切侵蚀党的健康肌体的病毒，就一定能够确保党不变质、不变色、不变味。

民主监督（全过程人民民主），自我革命（以伟大自我革命引领伟大社会革命），中国共产党找到了跳出历史周期率的两个答案，可以确保党在新时代坚持和发展中国特色社会主义的历史进程中始终成为坚强领导核心。党的二十大报告庄重宣告，"全面从严治党是党永葆生机活力、走好新的赶考之路的必由之路。这是我们在长期实践中得出的至关紧要的规律性认识，必须倍加珍惜、始终坚持，咬定青山不放松，引领和保障中国特色社会主义巍巍巨轮乘风破浪、行稳致远。"

毛泽东和黄炎培的"延安之问"，问出了我们党在长期实践中得出的至关紧要的规律性认识。当年黄炎培说，"中共诸君从过去到现在，我略略了解的了。就是希望找出一条新路，来跳出这周期率的支配。"经过百年的奋斗和不懈的探索，现在可以说是十分明确了：中国共产党已经找到了跳出治乱兴衰历史周期率的两个答案，走出了一条始终保持同人民群众的血肉联系，始终接受人民批评和监督，始终同人民同呼吸、共命运、心连心，矢志不渝、笃行不怠、永葆生机活力的新路。

（原载《中国政协》2022 年第 21 期）

研究的记录　记录了研究

——《畲族雷氏志》序

　　志者，记也。中华民族共同体一员、东南沿海地区之主要少数民族的畲族，因封建统治者的民族歧视，旧志书对畲族的历史与文化不但记载少，且不实。史书、志书中对畲族的记载，几乎都是封建统治者如何"征剿"、平叛畲民起义之类内容；畲家人被贬称为"南蛮""獠"；提及畲民文化，也仅仅是猎奇而已。宋代刘克庄的《漳州谕畲》，是学界认为最早较系统对畲民的记录，然而，这是为表彰卓德庆镇压畲民起义所作的牌文。文中以"畲""畲民"称呼雷姓在内的畲家人，不仅对溪峒畲民进行了较详尽地分类介绍，同时对畲民起义的原因进行了比较客观的分析，对畲民遭受的歧视和盘剥给予了一定的同情，并指出畲民的盘瓠神话传说是"殆受教于华人耳"。较客观记录畲民历史与文化的，是 1928 年夏德国学者哈史·图博与学生李化民在敕木山考察畲民文化后，著的《浙江景宁县敕木山畲民调查记》，此著作记录的是一个村落，且夹叙夹议。20 世纪 80 年代以来，福建、浙江等省部分畲族人口较多的县，编写了《畲族志》，根据志书文体"记而不论"、文字简洁的要求，对畲族历史与文化现象作简单描述，用神话传说阐释族源与文化，尤其是缺乏"语境"，即因循着以往剥离语境的事象记录模式。如畲族的确认，是畲族的一件大事，都是记"1956 年被国务院确认为畲族"，没有记录为何要确认、如何确认、哪个部门确认？确认依据是什么，畲民、学者的反应如何？等等，即这个民族是怎么来的？而且缺乏主体，即谁被确认？谁确认？也是错的。导致长期以来众说纷纭。

　　民族志（Ethnography）又称人种志，从用词和翻译上说，英文"Ethno-graphy"翻译为"民族志"其实并不确切，应该译为"族群文化志"，是人类

学家基于实地调查、建立在对特定族群第一手观察和参与之上的关于文化的
描述，是人类学的一种研究方法和写作文本。《畲族雷氏志》应属于这类体
裁。记录、研究方法的不断创新是学科发展的生命力，研究、记录畲族雷
氏的历史文化也应如此。畲族雷氏历史悠久，早期与各氏族、部落相互交
往交流交融，后与汉等民族杂居一起，有语言，没有系统文字，对其历史
与文化的记录，用传统记录范式，很难得出令人信服的结论。要综合考虑
地理状况、战争状况、民族迁徙、民族融合等多方面因素，将多种研究范
式进行集成、综合应用，这就需要研究、记录范式转换。"范式"，英文为
"Paradigm"，源自希腊词"Paradeig-ma"，意指"模范"或"模型"，由美国
哲学家托马斯·库恩于1962年在其经典著作《科学革命的结构》一书中提
出。库恩对科学发展持"历史阶段论"，认为每一个科学发展阶段都有特殊
的内在结构，而体现这种结构的模型即"范式"。研究范式是一门学科的世
界观、方法论和工具，是指"特定的科学共同体从事某一类科学活动所必须
遵循的公认的'模式'，它包括共有的世界观、基本理论、范例、方法、手
段、标准等等与科学研究有关的所有东西。"《畲族雷氏志》，运用马克思主
义方法，遵循马克思关于"我们不把世俗问题化为神学问题。我们要把神学
问题化为世俗问题。相当长的时期以来，人们一直用迷信来说明历史，而我
们现在是用历史来说明迷信"。"任何神话都是用想象和借助想象以征服自然
力，支配自然力，把自然力加以形象化；因而，随着这些自然力之实际上被
支配，神话也就消失了。"科学表明，生命是蛋白质的存在方式，人是由古
猿进化而来。运用这一观点分析畲族历史资料得出，盘瓠神话传说诠释畲族
来源，不仅仅是"想象"，而是封建统治者镇压畲家人的"将卒所为"，即镇
压畲家的文化手段。针对传统志书以家谱为据，指出"修谱"畲语为"shao
bo"，译为汉语是"造谱"，向汉族学习而来，畲族雷氏族谱基本上是清代
"造"的，前面数千年的历史、特别是族源，无法搞清，只好用外来的神话
传说，最早是清代苍南县雷云把神话传说写入族谱，后来其他各地效之；上
挂黄帝，黄帝是汉民族人文始祖，也不是血缘始祖；"郡望"与"发源地"
是两个不同概念，雷氏郡望"冯翊郡"的"冯"应念成"píng"，不能念成
"féng"。冯，念为"féng"，姓也。尤其是用马克思主义中国化的最新成果
习近平新时代中国特色社会主义思想为指导，对畲族历史文化事象，都进行

实地考证。通过实地考察，收集相关资料后，进行分析，形成观点，然后多次到实地进行反复印证，符合实际的进行记录，不符合实际的予以否定。运用生物学、分子生物学、化学、地学、物理学等前沿学科的最新技术分析今粤、闽、赣三省交界地——凤凰山地区古代遗存。这一考古学的研究方法，比起历史典籍研究方法在进行文化特征的编年史上更具有科学性、精确性，当由民族学、民俗学材料所显示的时间上的深度与文献材料没有关系的时候，就提供了通过考古学的研究成果来思考。同时，在根据考古学的调查弄清物质文化的功能或其社会背景的时候，就将民族志的材料和民族学的解释作为线索。分子遗传学则主要研究基因的本质、基因的功能以及基因的变化等问题。DNA 是生物的遗传物质，基因以遗传密码的形式编码在 DNA 分子上。目前的 DNA 分析技术已经使人们可以从基因水平上直接研究人类自身的体质特征和遗传演化规律。人类基因组中的基因包含着所有有关人类生长发育、衰老、疾病乃至性格的全套遗传信息，控制着人类个体乃至群体的遗传特征。对人类 DNA 的分析将揭示出人类个体和群体特征的众多信息和复杂的变异，这就为进行畲族识别和分析畲族起源、迁徙、流动、融合提供了依据，从使畲族历史文化探源有了坚实的科技分析依据。通过集半个多世纪的文献分析、田野调查、实地考证、特别是 20 世纪末以来的考古新发现、遗传基因鉴别等丰富有力证据的基础上，得出了族源科学结论——"畲族源于凤凰山"，凤凰山不是一座山，而是一个区域，包括了今榕江、韩江、九龙江、晋江流域及江西南部，由凤凰山古人因劳动创造进化而来。

全书记录了畲族雷姓从周代"畲家人"到如今全面小康的 3000 多年的主要事件。记录不是停留于对事件的表面现象的记述，而是强调"语境"。"语境"（context），是有系统明确的所指的术语，代表着一套精细的可操作程度很高的学术思想与方法论。这一方法，有时间、空间、事件、心理、功能、背景要素，揭示事件时间、空间、原因、过程、结果等要素。不但记录民众的解释，还再给出科学解释。这种科学解释并不是以学术研讨的形式出现，而是以对该事件的相关生活背景的记述形式出现，不违背志书"述而不论"的文体要求，又使读者全面深入地知晓了畲族雷氏特色文化。

由于《畲族雷氏志》不但记录运用现代科学方法研究畲族雷氏的历史与文化得出的结论，而且记录了研究的过程，因而志书具有"资治、教化、存史"功能。

首先是具有存史功能。以文字形式记录畲族历史文化,保存史料,流传后世,有"补史之缺、参史之错、详史之略、续史之无"的存史价值。

其次是资政功能。"治天下者以史为鉴,治郡国者以志为鉴"。志书是考察一地地情的工具书。习近平总书记曾说"要马上了解一个地方的重要情况,就要了解它的历史。了解历史的可靠的方法就是看志,这是我的一个习惯。过去,我无论走到哪里,第一件事就是要看地方志,这样做,可以较快地了解到一个地方的山川地貌、乡情民俗、名流商贾、桑麻农事,可以从中把握很多带有规律性的东西"。还曾问及畲族有无志书等。《畲族雷氏志》为领导干部快速了解畲族的历史与文化提供最好的教材,为其科学决策提供历史借鉴和现实参考。也为科学研究人员提供大量的畲族远古遗存、雷氏基因、文献资料,为进一步深化畲族研究提供方法。

三是教化功能。习近平同志在《巩固民族大团结的基础》一文中指出:畲族人民在漫长的历史岁月中,创造了光辉灿烂的文化,这不仅是畲族人民自己的瑰宝,也是我们国家的一份宝贵的财富。畲族文化为畲族的延续和发展起到了积极作用,在实现社会主义现代化过程中一定要让畲族文化更加发扬光大。首先,要继承和发扬畲族文化传统中优秀的部分。畲族语言、畲歌、畲族服饰,这些都是最基本的文化,都应当很好地继承。《畲族雷氏志》客观、全面记录的畲族历史与文化,有利于畲民弘扬畲族优秀传统文化。习近平总书记于2014年5月4日在北京大学师生座谈会上指出:"一个民族、一个国家,必须知道自己是谁,是从哪里来的,要到哪里去,想明白了、想对了,就要坚定不移朝着目标前进。"深化了"我是谁?我从哪里来?要到哪里去?"的人类千古哲学之问。畲族哪里来?长期以来众说纷纭,神话传说影响了畲民的自尊心、自信心,也阻碍了民族团结。本志的研究、记录的结论是,中华人民共和国成立后,中国共产党贯彻执行民族平等、民族团结政策,畲家也同其他族群一样,亮出自己的民族成分。鉴于当时全国各地报出400多个民族名称,许多族称混乱,为有利于保障少数民族的平等权利,中央决定由中央及地方民族事务机关组织科研队伍,进行识别。1953年,中央派出了畲民识别调查小组,这是由中央派出的第一个民族识别调查组,体现党中央、人民政府对畲族的重视。民族识别以历史唯物主义为指导,斯大林的民族四特征为依据，两次到浙江、福建、广东调查，调查结果均认定畲族既不是汉族，也不是苗族、瑶族的一支，是一个具有自己民族特点的单一的少数民族。当专家提出族称为"畲"时，闽东许多畲民不同意这个名称，甚至激烈反对，认为"畲"与"蛇"同音，带有侮辱、歧视色彩，不愿接受这个称呼。族称要"名从主人"。中央统战部1956年8月16日，给浙、闽、粤、赣省委统战部发出电报，"畲族的名称问题，据过去的调查及报告，闽东的畲族（约占畲民人口的一半）不愿被称为'畲'，认为有侮辱之意，而愿改为自称'SAN-HAK'（音译：山嘛）。其他地区愿采取何名，也请你们设法了解。以上请你们研究提出意见，以便迅速解决这一问题。"浙江省组织专家研究，征求畲民意见，认为"畲"符合历史，并报中央。于是中央统战部于1956年12月8日，发出《关于确定畲族的民族成分和民族名称问题》并报中央的电报，确认畲族为单一民族，族称为"畲"。志书记录了新中国70多年沧海桑田、波澜壮阔，畲族的面貌、畲乡的面貌、民族关系的面貌都发生了翻天覆地的历史性巨变。畲族人民深感：没有共产党就没有畲族的今天！畲族人民非常感恩共产党！2019年12月24—26日，由潮州市潮安区人民政府、潮州市畲族文化促进会主办的"首届中华畲族发源地潮州凤凰山文化交流会"在潮州市凤凰山举行。全国各地的畲族研究会（促进会、协会、联谊会）会长，北京及相关省市有关部门领导、专家学者及海外畲族宗亲代表，潮州市畲族文化促进会会员等欢欣鼓舞参加了此次"千年首聚"盛会。大家认同凤凰山是畲族的发源地，把12月8日定为畲族的"感恩节"。这就为铸牢中华民族共同体意识、构筑中华民族共有精神家园打下坚实基础，将进一步推动共同团结奋斗，共同繁荣发展。

以上序言所述所论，皆出自研究者提供的资料，是研究者希望我如是说，是研究的记录，也记录了研究。我虽研究不多，但乐于为研究者鼓与呼，故应邀挂名作序。在我看来，讲中华民族"多元一体"，不如讲中华民族"多源一体"更为确切。费孝通先生提出"多元一体"的"元"，有其特指含义，即中华民族"所包括的五十多个民族单位"，仅此而已。56个民族不能说成56个"元"。56个民族是一家，属一元，只能是大一统传承，一元化成体，不能搞"多元化"。中国的"大一统"之相延，以"一元"文化传承为基。我国各民族虽是不同单元，但始自"一元"，趋于"一元"，成就"一元",巩固"一元",所以铸造了、维系了、巩固着中华民族"一元多样（或多支）一体"的大一统基本格局。中华文明始于一个特殊地缘，在以长江、黄河流域为中心的共同的地理环境中，形成一个生于斯、长于斯的共同的农业文明。目前我国150处大遗址，就是以黄河中游为核心。农业文明主要通过与游牧文明的冲突和交融，形成和养育了先称为"华夏"、后名为"中华"的民族共同体，无不处处显示了"始于一元、多必归一"的巨大磁感应强度和不可抗拒的向心力，体现了"基于一元、中华一统"的坚韧不拔的历史逻辑。（详见《文史哲》2011年6期，叶小文《"多'元'一体"与"多'源'一体"辨析》一文）

　　这本《畲族雷氏志》，通过探析畲族之"源"，也确证这个人口不足百万人的少数民族，同样为我中华民族之"一体"。

一篇珍贵的"三亲"史料

我党我军我国各族人民公认的享有崇高威望的卓越领导人，伟大的马克思主义者，伟大的无产阶级革命家、政治家、军事家、外交家，久经考验的共产主义战士，中国特色社会主义伟大事业的杰出领导者，党的第三代中央领导集体的核心，"三个代表"重要思想的主要创立者江泽民同志与世长辞，在全国各族人民心中引起无限悲痛。12月6日上午，中共中央、全国人大常委会、国务院、全国政协、中央军委在人民大会堂隆重举行江泽民同志追悼大会。江泽民同志同我们永别了。他的英名、业绩、思想、风范将永载史册，世世代代铭刻在人民心中。全党全军全国各族人民要更加紧密地团结在以习近平同志为核心的党中央周围，踔厉奋发、勇毅前行，为全面建设社会主义现代化国家、全面推进中华民族伟大复兴而团结奋斗。

在江泽民同志任总书记期间，我一直是国家宗教事务局（前为国务院宗教事务局）局长。多次聆听和认真学习贯彻江总书记有关宗教问题、宗教政策、宗教工作的重要阐述和指示。2001年，党中央召开了全国宗教工作会议。这是党的历史上首次由中央召开的全国宗教工作会议，江总书记在会上发表重要讲话，强调要全面贯彻新时代党的宗教工作理论，全面贯彻党的宗教工作基本方针，全面贯彻党的宗教信仰自由政策，坚持我国宗教中国化方向，积极引导宗教与社会主义社会相适应，提高宗教界自我管理水平，提高宗教事务治理法治化水平，努力开创宗教工作新局面，更好组织和引导信教群众同广大人民群众一道为全面建成社会主义现代化强国、实现中华民族伟大复兴的中国梦而团结奋斗。讲话全文收入了他亲自主持编辑和逐篇审定的《江泽民文选》中。

记得2000年跨入新世纪之初，江泽民总书记亲自给我打来电话，嘱我撰写一篇文章，谈谈世界宗教问题及其对我国的影响。初稿报给他后，他又打来电话，用一个多小时和我详细讨论文中的内容。我按照他的要求再报去修改稿，他亲自修改后，批发给当时的部级领导参阅。随后，我以此为题，分别在中央党校、国防大学作了专题报告。

虽然时过 20 多年，文中所言仍不过时。

我现在还在政协做一点文史工作，按人民政协的老传统，要收集"亲见、亲历、亲为"的"三亲"史料。我以为，这就是一篇珍贵的"三亲"史料。

这篇题为《世界宗教问题及其对我国的影响》的文章中谈道：

在和平与发展成为时代主题的当今世界，科技进步日新月异，经济全球化进程加快发展，世界格局多极化趋势不可逆转，以经济力、科技力、军事力以及凝聚力为主要内容的竞争日趋激烈。民族宗教问题成为当今世界的热点问题。我们要在这样的世界环境中发展必须高度关注宗教问题。

马克思指出："宗教里的苦难既是现实的苦难的表现，又是对这种现实苦难的抗议。宗教是被压迫生灵的叹息，是无情世界的感情，正像它是没有精神的制度的精神一样。宗教是人民的鸦片。"

宗教问题对当代世界的经济发展、政治运动、社会变迁、人类生活，仍发生着重大影响：

——以美国为首的西方国家不断挥舞着宗教的旗帜，以"反对宗教迫害""人道主义干涉"为借口推行强权政治，干涉别国内政，甚至穷兵黩武，大打出手。他们散布所谓的"文明冲突论"，挑起西方同伊斯兰世界、同东方文明的冲突。不少国际政治家惊呼，21 世纪宗教问题将是突出的世界性问题。

——早在"全球化"这个时髦名词叫响之前，宗教的"普世性"的概念就广为流传。宗教问题对国际经济、政治生活产生着重大影响。因民族、宗教、领土等因素而引发的局部冲突时起时伏，世界并不安宁。当今世界许多热点问题的台前幕后，均同宗教有着或多或少的关联。有的冲突、战争直接因宗教引发。有的冲突又因宗教因素而加剧、扩大，变得扑朔迷离。中东和平进程步履维艰，巴尔干半岛被称为"世界的火药桶"，中亚又被称为"东方的巴尔干"。

——在国际政治势力的角逐中，各方都在争夺宗教这面旗帜，因为这旗帜下汇集着数量可观的群众。一些国家的政治家为拉选票，争相拉拢靠近宗教。美国的政客们不遗余力地向中国推行基督教，既是在国内哗众取宠，也有把中国"福音化"的企图。按他们的说法，"宗教迈向政治只有一小步"，利用宗教进行渗透是他们"西化""分化"社会主义国家的突破口和长期战略。他们利用民族、宗教问题兴风作浪，在苏联解体、东欧剧变中尝到了甜头，于是此风更紧，此浪更高。"始作俑者"，皆为西方。

——社会邪恶势力也打着宗教的旗号，图财害命，危害社会。邪教不是宗教，但它往往利用或盗用宗教的名义，散布精神麻醉的病毒，实施精神控制的邪术，迅速纠集起乌合之众，于无声处听惊雷，于无形处露凶相，于无意中掉人头，倏忽为害，触目惊心。对邪教，国际社会广泛关注，纷纷采取果断措施予以严惩。当然，也有别有用心的国家，对邪教问题采取双重标准，对自己国内的邪教出动装甲车围剿加纵火焚烧，必欲斩草除根而后快，却偏要我们把痈疽当作宝贝。他们为"法轮功"邪教张目打气，兴趣其实不在"法轮功"，而在如何给中国添乱。

18 世纪法国唯物主义者曾经预言，随着科学的节节胜利，宗教将很快被逐出历史舞台。但两个世纪以来的情况并非如此，在生产力空前增长、科技飞速发展、人类文化素质普遍提高的同时，宗教也异彩纷呈，积极参与社会政治生活，在一些地方颇有升温之势。如伊斯兰教在阿拉伯世界反抗西方强权压迫中蓬勃发展，已形成一股宗教和政治难分难解的社会力量。宗教激进主义和宗教极端势力异军突起，引起很多国家的关注和忧虑。梵蒂冈只有 0.44 平方公里，但罗马教廷这个从精神上控制当今世界 10 亿多天主教徒的"千年老店"，却无改弦更张、关门大吉之意。梵蒂冈与世界上 160 多个国家建立了外交关系，教皇以病弱之躯频频出访世界热点地区。各种新兴宗教也趁势而起。据美国《国际基督教传教公报》1998 年第 1 期统计，截至 1997 年，世界 59 亿人口中，宗教信仰者有 47.8 亿，占总人口比例的 81%。这数字可能有水分，但各种统计都表明，全世界多数人是信教的。

江泽民同志指出，宗教的产生和发展经历了一个复杂的演化过程。佛教有 2500 多年的历史，基督教有近 2000 年的历史，伊斯兰教也有近 1400 年的历史。在漫长的演变过程中，各种宗教既相互渗透又相互冲突，同复杂的社会政治斗争和民族关系交织在一起，至今仍然对世界事务发生着重要的影响。我们的干部要更好地开展国际交往，更有力地进行国际斗争，一定要按宪法的规定和党的政策进一步做好宗教工作和其他有关工作，一定要加强对马克思主义关于宗教的基本观点的学习和掌握，同时还要学一点宗教历史和现状方面的知识，以提高自己的认识能力和理论水平。

文章在分几个部分展开阐述"观察宗教问题需要坚持马克思主义宗教观，需要世界的眼光和历史的眼光""世界三大宗教简析""当今世界具有宗教背景的冲突与争端""从宗教角度看影响我国的热点问题"之后，提出如下几点看法：

1. 宗教作为一种社会意识形态，是社会政治经济矛盾的反映。要把神学问题化为世俗问题，不要把世俗问题化为神学问题（马克思语）。当今世界因宗教问题引起的冲突，背后都是经济政治利益的冲突。在未来的世纪中，"文明的差异"仅仅是实际利益冲突的幌子。

2. 宗教的社会功能具有两重性。宗教既有维护、也有破坏现存社会秩序的功能，两种社会功能并存，但在不同社会历史条件下，其中一种功能更为突出。

3. 民族和宗教既有区别，又有联系。宗教往往使一个民族具有凝聚力，而民族又往往使某种宗教具有生命力。民族借助宗教张扬其个性，宗教利用民族扩大其影响。当一种宗教成为基本上是全民族信仰的宗教时，会出现特殊的两重作用：一方面是民族的神圣的旗帜，一方面容易被黑暗势力所利用。

4. 宗教在发展中既具适应性又有稳定性。基督教、伊斯兰教、佛教等世界性宗教从小到大，从区域到世界，从古代文明到现代文明，很大程度上有赖于其能不断地调整和改革自身，适应社会发展，但三大世界性宗教的基本教义和教规都没有发生根本的变化。

5. 宗教领袖在信教群众眼中具有"神圣的光环"，有很强的感召力和凝聚力，往往会成为整个宗教共同体团结的核心。宗教凝聚和控制着众多的群众，有时甚至可以调动巨大的社会群众力量，掀起声势浩大的宗教运动。

文章指出，当今世界，各种思想文化的相互激荡，因民族、宗教、领土等因素引发的频频不断的局部冲突，敌对势力利用宗教进行的无孔不入的渗透和分裂活动。在社会主义初级阶段，我国宗教不仅存在，在某些方面还有所发展。我们必须正确认识和把握这种复杂情况，正确对待宗教问题，切实做好宗教工作。要像江泽民同志所反复强调的那样，"领导干部特别是高级干部，对宗教问题和宗教工作必须高度重视，不能掉以轻心。""一定要注意研究当今世界的民族和宗教问题，同时做好我们自己的民族和宗教工作。""我们也要了解世界民族、宗教方面的最新动态，加强工作的主动性。"

此后，习近平总书记在 2021 年全国宗教工作会议上，进一步提出了"新时代党的宗教工作理论"，深刻回答了新时代宗教工作一系列重大理论和实践问题，概括起来说就是"九个必须"：必须深刻认识做好宗教工作在党和国家工作全局中的重要性，必须建立健全强有力的领导机制，必须坚持和发展中国特色社会主义宗教理论，必须坚持党的宗教工作基本方针，必须坚持我国宗教中国化方向，必须坚持把广大信教群众团结在党和政府周围，必须构建积极健康的宗教关系，必须支持宗教团体加强自身建设，必须提高宗教工作法治化水平。习近平总书记围绕"九个必须"的全面系统深刻的阐述，对 2001 年全国宗教工作会议上江泽民同志关于宗教问题的阐述，既是一脉相承，又有创新发展，是对新时代党的宗教工作实践的进一步科学凝练和政策理论总结，全面、系统、深刻阐明了新时代党关于宗教问题的基本理论、基本路线和基本方略，就宗教治理推出了一系列原创性思想、变革性实践、突破性进展、标志性成果，为加强和改进新形势下的宗教工作指明了前进方向、提供了根本遵循。新时代党的宗教工作理论既继承了党的宗教工作理论方针政策，又作出了许多原创性贡献，彰显了中国特色社会主义宗教理论守正创新的品格，开辟了中国特色社会主义宗教理论的新境界。

想写一本新的《容斋随笔》

——在文化文史和学习委员会会议上的交流发言

　　我连任五届全国政协委员，二十余载，在政协真的看到了、结识了、结交了许多杰出人物。日月之行，若出其中；星汉灿烂，若出其里。

　　特别是本届政协，赶上连续三年的全国政协委员读书活动。在一个最善于读书的群体里读书，在社会主义民主协商的专门机构里读书，在理性建言、知识咨政的特殊平台上读书，和几千个委员一起读书，思想的闪电随处可见，头脑的风暴时有爆发，真理的追求更加勤奋，学习习近平新时代中国特色社会主义思想更加自觉、更加努力、更加深刻、更加扎实。正如习总书记所说，政协委员"通过读书学习增长知识、增加智慧、增强本领，做到懂政协、会协商、善议政"，委员尽职履责也由此开辟出一个新渠道和新天地。于是，跟着优秀人物一起读书，一起尽职履责，我也就一起"优秀"起来，在告别政协的最后一届，竟被评选为"优秀履职委员"。即将退休，这是我一生的"最高成就奖"。

　　每天和委员、大咖、专家、大师们一起读书，也忍不住发点体会杂谈，书友戏称为"小文体"。汪洋主席经常进读书群参加讨论，看到了就亲切批示鼓励，"小以见大，文以见长。自成一体，贵在有恒"，"文章值得学习，精神尤应提倡"。我遂集腋成裘，汇集成册，结集出版了《在"书香政协"里的百日漫游》《处处书友遍地书》《读书漫谈群一年日记》3本书，共百万余字。还有一本新书《寻珠望海楼》，人民出版社正编辑中，内容取自我在"委员读书漫谈群"里开设的"望海楼札记"专栏，书名取自奇葆副主席赠送我的一首诗《读叶小文"望海楼札记"》："有日寻珠望海楼，云光水色漫天收。鲛人泪泣青霜重，淬取凭生岁月稠。"我想，若能跟着委员们四十年一以贯之地读下去，或许也能写出一本新的《容斋随笔》。大家知道，毛主席爱读《容斋随笔》。这本由宋朝人洪迈撰写的文言笔记小说，是四十年作者博览群书、经世致用的智慧和汗水的结晶，"鲛人泪泣青霜重"啊！

习总书记说，政协读书"既是新时代政协委员履职尽责的内在要求，也是把人民政协制度坚持好、把人民政协事业发展好的重要举措。"讲"内在要求"，政协作为"最喜欢读书、最有条件读书、最能把书读好的群体"，确实有这个内在特点，通过读书活动充分发挥和调动了这个统一战线组织中成员自我学习、自我教育、自我提高的内在传统和主观能动性。讲"重要举措"，一是在政协组织中发挥组织力量，千方百计"有组织"读书（同时把组织读书和鼓励个人读书结合好）；二是在信息时代借助网络优势，不间断、大规模地"在线上"读书（同时把线上读书和线下交流结合好）。"有组织"加上"有网络"，读书交流与协商议政相结合、自我教育与共同进步相促进，委员读书活动参与持续扩大、服务履职不断提质、溢出效应切实增强、政协特色更加彰显。我认为，三年的全国政协委员读书活动，必将载入我们国家、我们民族读书史的史册。

百战归来且读书。最后一届，有幸和委员们一起读书。线上线下，处处书友遍地书。告别政协，第一件事是读书。

（2023 年 1 月 17 日）

三年一起读书　滴水直达汪洋

【望海楼札记】（2 月 12 日 ）

予登乎望海一楼，凭栏远瞩，悄然而思：……望其澎湃奔腾之势，则感世界潮流之变，而思何以应之；望其浩瀚广袤之状，则感孕育万物之德，而思何以敬之；望其吸纳百川之广，则感有容乃大之量，而思何以效之；望其神秘莫测之深，则感宇宙无尽之藏，而思何以宝之；望其波澜不惊之静，则感一碧万顷之美，而思何以谐之；望其咆哮震怒之威，则感裂岸决堤之险，而思何以安之。嗟夫，望海之旨大矣！

三年一起读书　滴水直达汪洋

第十三届政协即将结束，本届政协为期三年的"全国政协委员读书活动"即将结束，"委员读书漫谈群"也即将结束了。

从 2008 年 1 月到 2023 年 2 月，在十三届全国政协委员的任期中，有整整三年，每天不间断地，在全国政协书院的线上线下，和最会读书、最能把书读好的一个特殊的群体——两千多全国政协委员，一起读书；和汪洋主席、刘奇葆副主席以及全国政协的各位领导一起读书。在 2023 年全国政协委员读书活动圆满结束时，再次被评为"读书积极分子"。

我是一滴水，读书使我融入了政协委员的大海。在这里处处书友遍地书，通过读书活动真的看到了、结识了数不完的杰出人物，日月之行，若出其中；星汉灿烂，若出其里。

我是一滴水，是两千分之一的一个普通的政协委员，因为读书，竟然多次与汪洋主席对话交流讨论，多次跟着刘奇葆副主席研究组织推动读书活动的工作。三年一起读书，滴水直达汪洋。

在"书香政协"这样一个最善于读书的群体里读书，在社会主义民主协商这样一个专门机构里读书，在理性建言、知识咨政这样一个特殊平台上读书，和几千委员中许许多多杰出人物、优秀人物一起读书，思想的闪电随处可见，头脑的风暴时有爆发，真理的追求更加勤奋，学习习近平新时代中国特色社会主义思想更加自觉、更加努力、更加深刻、更加扎实，委员尽职履责也由此开辟出一个新的渠道和新的天地。真是"半亩方塘一鉴开，天光云影共徘徊。问渠那得清如许？为有源头活水来。"（朱熹《观书有感》）通过持续三年的委员全员读书，真正做到了习近平总书记所要求的，政协委员"通过读书学习增长知识、增加智慧、增强本领，做到懂政协、会协商、善议政"，本届政协工作又是一番"为有源头活水来"的新景象。于是，跟着这些优秀人物一起读书，一起尽职履责，我也就一起"优秀"起来，在告别政协的最后一届，竟被评选为"优秀履职委员"。即将退休，这是我一生的"最高成就奖"。

每天在线上和委员们一起读书，不断有新启发、新感悟，也忍不住在线上一吐为快。书友戏称这些不拘一格、直言快语的体会，形成了风格独特的"小文体"。汪洋主席经常进读书群参加讨论，看到了就亲切批示鼓励我，"小以见大，文以见长。自成一体，贵在有恒"，"文章值得学习，精神尤应提倡"。

作为副组长，多次参加读书活动指导组长刘奇葆副主席主持的指导小组会议，我还和委员们几次提出书面建议。

在全国政协委员读书活动圆满结束之际，人民出版社为我赶出了一本新书《寻珠望海楼》，内容取自我在"委员读书漫谈群"里开设的"望海楼札记"专栏，书名取自全国政协副主席、全国政协委员读书活动指导小组组长刘奇葆同志赠送我的一首诗《读叶小文"望海楼札记"》："有日寻珠望海楼，云光水色漫天收。鲛人泪泣青霜重，淬取凭生岁月稠。"

我想，若能跟着委员们四十年一以贯之地读下去，或许也能写出一本新的《容斋随笔》。大家知道，毛主席爱读《容斋随笔》。这本由宋朝人洪迈撰写的文言笔记小说，是四十年作者博览群书、经世致用的智慧和汗水的结晶，"鲛人泪泣青霜重"啊！

2022 年 4 月，我和夏德仁委员给汪洋主席写信，我们异想天开，希望满天星音乐交响乐团和国家交响乐团一起，给政协委员作一场汇报演出。汪洋主席做了批示。

今年元月 3 日，我再次给汪洋主席写信说，"去年我和夏德仁委员曾向您书面报告，满天星业余交响乐团与国家交响乐团李心草委员商量好，能否给政协委员联袂演出一场交响乐。您即亲切批示，'来日方长，后会有期'。未料疫情肆虐，后会已无期。即将告别政协，格外想念主席，怀念在这一届里跟着您读书学习、尽责履职的日日夜夜。"

汪洋主席在信上批了八个字："疫去春回，期有所会。"

汪洋主席在全国政协常委会上给我颁发 2022 年度全国政协委员优秀履职奖时，我激动地向他说："疫去春回，期有所会。"

前天，在全国政协委员读书活动经验交流会上，散会告辞时，我拉着汪洋主席合影留念，又对他说"你说我拉大提琴的音，现在已经准了，我想给您拉一次琴啊！"汪主席一笑，"期有所会"。

三年一起读书，滴水直达汪洋。

莫道佛光千里远　兄弟和合终相连

——叶小文撰文回应赴台遭拒

　　2月11日凌晨，随大陆吊唁团准备启程赴台湾吊唁星云大师。由于民进党当局阻挡，吊唁团最终无法成行。写此文。

　　惊悉星云大师于2023年2月5日安详示寂。人天眼灭，般若舟沉。我于当夜就含泪写了《蓦然回首那人却在灯火阑珊处——忆星云大师》的长文。"星汉暂灭，万里长天空寂一瞬；云霞灿烂，一代高僧光耀万年。蓦然回首，那人却在，灯火阑珊处……"，想起当年赵朴初老91岁时，曾手书一幅大字赠送"星云大师印可"，上面写着"富有恒沙界，贵为人天师"，星云大师真是"富有恒沙界星汉不灭，贵为人天师云霞灿灿"。正如现任国家宗教局局长、中华宗教文化交流协会会长崔茂虎先生的唁电所说，星云"长老身在台湾心系两岸，致力推动两岸佛教友好交流，为促进两岸民众心灵契合、推动两岸关系和平发展做出了重要贡献。多年来，长老不辞辛劳，辗转奔走海峡两岸，举办一系列有深远影响的重大交流活动，书写两岸佛教交流的新篇章。牵头迎请佛指舍利赴台供奉，成就两岸民间交流盛事；协力无锡，共同主办第二届世界佛教论坛，开创了两岸交流的新模式；推动两岸佛教界青年法师交流，为延续两岸佛教界法谊亲情厚植根基；向苏州寒山寺迎请'兄弟和合钟'，向世界展示了两岸佛教同根同源、法乳一脉的血缘和法谊，赤子之心，可嘉可叹。"接到佛光山宗委会心保法师邀请函，称鉴于"先生为家师上人多年好友，共同促进两岸和平交流"，特邀请"赴台参加二月十三日上午九时举行的'星云大师圆寂赞颂典礼'。"邀请函还特别附录了星云大师2007年9月9日在"佛光山祈求两岸和平人民安乐回向法会"的演讲，希望两岸赠送和平钟，象征我们今后两岸兄弟和好。

　　还记得当时我也曾应星云大师邀请，在法会上演讲："兄弟和合钟"在两岸同时敲响。这是千年诗意、千年钟声的因缘汇聚；绵绵法情、浓浓乡情的融合交响；同胞兄弟、骨肉至亲的深切思念；和合共生、合则安乐的时代潮音。让我们一起来倾听——倾听自己的心音，倾听佛陀的法音，倾听兄弟的呼唤，倾听时代的潮音。《叩钟偈》云："干戈永息，人民安乐"，表达了和平、和谐、和合的祈愿；"所求满愿，诸事吉祥"，呼唤着平安、幸福、快乐的向往。两岸之间，和则两利，斗则俱伤。听信蛊惑同胞分离的邪见，会让我们中华民族痛上加痛、苦上增苦；放任挑动兄弟相煎的逆行，会把我们骨肉亲人推向地狱，投入火坑！和平安定，共同发展，是华夏儿女最大的愿望，中华民族最大的福报！

　　星云大师当即赋诗云："两岸尘缘如梦幻，骨肉至亲不往还；苏州古刹寒山寺，和平钟声到台湾"。我也和诗云："一湾浅水月同天，两岸乡愁夜难眠；莫道佛光千里远，兄弟和合钟相连"，骨肉兄弟一定"终相连"！往事历历，热泪盈眶。我立即买好机票，准备随大陆吊唁团赴台湾，送星云大师最后一程。未曾想到台湾媒体竟有报道，"大陆前宗教局长申请来台吊唁星云大师，陆委会不同意"，且言"希望陆方在此时刻勿再政治操作"云云。我唯愿大师的在天之灵，能唤醒那帮还在阻挡"骨肉至亲不往还"，竟然不顾起码的人道主义，连参加赴台吊唁都要"政治操作"的不肖子孙。大陆吊唁团将于 12 日去佛光山的祖庭宜兴大觉寺吊唁星云大师，我也将前往。期望在"和平钟"的钟声震鸣回荡中，寄托对大师的缅怀与哀思，为两岸和合祈愿。一湾浅水月同天，两岸乡愁夜难眠；莫道佛光千里远，兄弟和合终相连。

蓦然回首，那人却在
灯火阑珊处——忆星云大师

今年的元宵节，入夜之时，突然想到，去哪里能看灯会呢？我问好友、著名的非遗专家田青先生，没想到却接到他的短信："星云大师刚刚（下午五点）圆寂了！"

我不敢相信，愿是误传。但不能不信，因深知田青先生与星云大师的情谊。记得大师生前说过，"我从一九八九年春天第一次返乡探亲以来，认识的、要感谢的朋友很多，除了政府官员、中国佛教协会诸方大德、法师，以及国家宗教局等领导，其中有两位最为特殊，一位就是前中国佛教协会会长赵朴初长者，一位就是中国艺术研究院田青教授。如果说，佛光山在两岸未通之时，得以宗教先通，乃至后来两岸文化的交流上有一点点贡献，其中之一，就是要感谢田青教授的穿针引线。"

纵然不敢相信，我旋即接到了佛光山的讣告，心中悲痛不已。田青先生说，"一代高僧择佳节圆寂，万世师表乘大愿再来"，今天是元宵节啊。星云大师，您在冥冥之际，是否也去看了人间的元宵灯会呢？我在泪眼蒙眬中，分明看到您的身影了。元宵节观灯，灯火辉煌、歌舞腾欢、火树银花、飞歌艳舞。"东风夜放花千树，更吹落，星如雨。宝马雕车香满路。凤箫声动，玉壶光转，一夜鱼龙舞。蛾儿雪柳黄金缕，笑语盈盈暗香去。众里寻他千百度，蓦然回首，那人却在，灯火阑珊处。"星云大师走了，"更吹落，星如雨"，"笑语盈盈暗香去"。但"众里寻他千百度，蓦然回首，那人却在，灯火阑珊处"啊！流光之间，仿若看到您生命斑斓的绽放。阑珊之处，愈发见到您一生旅途中无数的精彩。

我想起几年前，星云大师在台湾突患脑溢血，打开了脑盖骨抢救，但竟奇迹般地痊愈了。那年国庆假期，我突然接到佛光山妙士法师的电话，说星云大师回到宜兴的大觉寺了，想见您。我和夫人立即从北京赶去看望。他说，我这次回来，就不想走了，叶落归根嘛。但医生说我这个病，在台湾的气候里疗养更好，只好走。临走前，我要和你见一面啊。我知道大师念旧友，思乡愁，就用大提琴给他老人家演奏了一首《牧歌》。他静静地听着，眼里似闪着泪花。

今年大年初六，接到台湾妙士法师的短信，说"会将您文章念给大师听，我在台湾。"我即回复，"妙士菩萨念妙音，大师吉祥又安康。"元宵节下午，妙士突然给我要地址，说"有文件要寄给您寄到哪呢？"我知道，星云大师又想念我了，是不是又要我去看他啊！

我因任国家宗教事务局局长的职责所系，要推动两岸佛教交流，便有缘与星云大师交往甚多。星云大师常说，有佛法就有办法。是的，弘扬包括佛教文化在内的中华优秀传统文化，可以增强休戚与共的民族认同，不断解决前进道路上的各种问题，终结两岸对立，抚平历史创伤，共同为实现中华民族伟大复兴而努力。

大师积一生万语千言，归结起来，就是"存好心，说好话，做好事，写好字"。

大师87岁，曾送我一幅字——"有情有义"；

88岁，又送我一幅字——"有你真好"；

89岁，再送我一幅字——"我有欢喜"；

90岁，再送我一幅字——"不忘初心"。

我的脑海里常能想起他的话，感悟到一个努力推动两岸关系和平发展，希望共圆民族复兴梦，虔诚善良的佛教徒的赤子之心。

星云对我说过，佛教讲世间的"八苦"之一"苦"，是"爱别离苦"。爱得越深，思得越切，别得越久，苦得越重。中华民族本是一家，大陆人、台湾人，都是中国人！两岸骨肉同胞长期不能团聚，乃国之大殇、乡之深愁。

数年前我率团访日，那时星云法师到大陆不便，闻讯就专程从台湾赶到日本，陪我同游富士山，至"五合目"饮茶叙旧。我们默默对坐良久，百感交集，却又相视无言。这是怎样的"爱别离苦"的乡愁。我写了首小诗回忆当时情景："男儿有泪不轻弹，英雄一怒喷火山。无情未必真豪杰，尚留泪痕挂山峦。五合目外春尚寒，一饮君茶暖心间。异国更有思乡苦，万语千言却无言。"

数年前，台湾有人企图通过"入联公投"绑架民意搞"台独"，挑起两岸冲突。星云法师针锋相对，在台北举办数万人的"佛光山祈祷两岸和平大法会"，还从大陆请了一尊"和平钟"。他在会上赋诗云："两岸尘缘如梦幻，骨肉至亲不往还；苏州古刹寒山寺，和平钟声到台湾"。我也以诗相和："一湾浅水月同天，两岸乡愁夜难眠；莫道佛光千里远，兄弟和合钟相连"！"入联公投"之前，星云法师在台湾"英雄一怒喷火山"了，他公开发表文章说："既然台湾没有加入联合国的条件，就不要用公投来欺骗老百姓，现在台湾需要的是经济发展，是安定与和平，所以千万不要再无端制造麻烦，大家应该体念台湾得来不易的现有成就，不要将之毁于一旦。现在我们要让台湾和谐，就不要公投；要让台湾成长，就不要公投；要让台湾人民安全地生活，就不要公投；要让台商在大陆能平安地发展，就不要公投"，"中国现在改革开放，扬威国际，这是中国人团结的大好机会。中国能和平统一，不但是海峡两岸人民的幸福，也是旅居海外一亿多华侨的希望。"

台湾诗人余光中《乡愁》诗中，一句"乡愁是一湾浅浅的海峡，我在这头，大陆在那头"，让多少人潸然泪下。前不久，余光中又发表了一首表达乡愁的《行路难》：

> 欲去江东，却无颜面见江东父老，问子弟而今安在？
> 欲去江北，却无鹤可以乘载，况腰间万贯何来？
> 欲去江南，暮春却已过三月，追不上杂花生树；
> 欲去江西，唉，别把我考倒了，谁解得那些典故……

我随后收到星云的诗。"今晨，1月25日，学生们读报纸给我听，报导余光中先生《行路难》一诗。一时雅兴，也以诗句和之"：

> 今日江东，未曾改变大汉雄风。大汉名声如雷贯耳，茱萸宝莲遥遥相

望。汉唐子嗣，今朝可望；楚汉子弟，引首顾盼，望早归乡；

回首江南，江南紫金山，孙中山先生声望仍隆。两岸人民，寄予尊重。春有牛首，秋有栖霞，雨花红叶，回首难忘；

欲去江西，一花五叶，禅门五宗的文化，至今人人都向往。江西得道的马祖，洞庭湖的石头（石头西迁禅师），多少人在'江湖'来往。临济儿孙满天下，庐山的景光迷蒙，何愁江西无望；

再去江北，汉朝淮阴侯，现代周恩来，人文荟萃的地方。江北盐城是丹顶鹤的故乡。扬州仙女庙，鉴真图书馆，与镇江金焦二山隔江相望。扬子江风光依旧，扬子江的母亲，思念云水天下的游子，回乡探望……

我回复："大师行路何惧难，爱国思乡梦能圆。安得迢迢路千里，眼前翩翩一少年"。

田青先生说，"星汉暂灭，万里长天空寂一瞬；云霞灿烂，一代高僧光耀万年。"是的，我想起星云与赵朴老，都是当代中国佛教的两颗巨星——闪烁在海峡两岸，照耀在天地之间。

还记得，我刚当宗教局长不久，朴老就特地给我看过两幅他的诗词墨宝。一是《一九九三年一月二十九日赠星云大师》，缘起是"星云大师来金陵省母，余藉缘南下与师相见，共叙昔年'千载一时，一时千载'之语，相视而笑。得诗两首，奉乞印可"，诗云：

大孝终身慕父母，深悲历劫利群生；西来祖意云何是？无尽天涯赤子心。

一时千载莫非缘，法炬同擎照海天；自勉与公坚此愿，庄严国土万年安。

另一幅是《调寄忆江南词　一九九四年三月二十日　至南京赋赠星云大师》：

经年别，重到柳依依，烟雨楼台寻古寺，庄严誓愿历僧只，三界法云垂。金陵会，花雨满秦堤，登岸何须分彼此？好从当下证菩提，精进共相期。

朴老是在以诗示我，尽管海峡两岸还处于分离状态，但毕竟是一家，迟早要统一。有佛法就有办法，可以"法炬同擎照海天"；有高僧就有努力，"好从当下证菩提，精进共相期"。

还记得，1999年，当时已久病不起的朴老不顾医生劝阻，坚持亲自到香港为佛指舍利赴港主礼，那是朴老最后一次参加公众活动，回来一年竟然就与世长辞了。当时我陪着朴老，会见专程从台湾赶到香港的星云大师。只见二老紧握双手，互相凝视，百般感慨，尽在不言中。良久，朴老才深情地说，医生们都不许我远行。其实我哪里是只为送佛舍利过来，我是要和你见一面啊！闻此言，我感动不已，朴老这是在言传身教开示我，作为大陆主管宗教事务的官员，一定要和台湾高僧以诚相待、深交朋友啊。尽管回到北京后，朴老就再没有从病床上起来，但我每次去看他，他都十分欢喜，谆谆教导我："佛牙何所言，佛指何所指？有了佛陀慈悲、智慧的加持，能庄严国土，利乐有情，祖国统一，民族复兴，世界和平，皆大欢喜。"

还记得，朴老91岁时，曾手书一幅大字赠送"星云大师印可"，上面写着"富有恒沙界，贵为人天师"。而星云大师回忆，"当赵朴初居士九十几岁逝世的时候，我不能前去为他奔丧，只有亲自题写一幅'人天眼灭'，托人带去北京，表示哀悼。多年后，我到大陆去访问，在他的灵堂前，看到我写的'人天眼灭'还挂在中间，他的夫人陈邦织女士接待我，带我参观他的故址家园，让我怀念不已。赵朴初居士，这也是现代的菩萨。"

一个"贵为人天师"，一个"人天眼灭"。这岂止是"惺惺相惜"？实乃"星星相耀"满目辉，星汉暂灭，万里长天空寂一瞬；云霞灿烂，一代高僧光耀万年。蓦然回首，那人却在灯火阑珊处……

（写于2023年2月6日凌晨）

思念您，又看见了中国梦的力量

——写在随大陆吊唁团赴佛光山祖庭宜兴大觉寺途中

2月12日上午，从北京乘高铁去宜兴，随大陆吊唁团赴佛光山祖庭——江苏宜兴大觉寺，参加下午3时在大觉寺大雄宝殿举行的大陆吊唁团吊唁星云法师仪式。

列车高速奔驰，窗外美景闪过。但往事并不如烟，多次和星云法师交谈的一幕幕，也不断在我脑海里闪现。

记得9年前，2014年2月18日下午，中共中央总书记习近平在北京会见中国国民党荣誉主席连战及随访的台湾各界人士。前排就座的一位台湾高僧分外引人瞩目，他就是年届九旬的星云法师。

当晚，星云法师和我谈了很久，仍言犹未尽，意犹未尽。

法师多年来一直为两岸和平统一热心奔走。他说，佛教讲世间的"八苦"之一"苦"，是"爱别离苦"。爱得越深，思得越切，别得越久，苦得越重。两岸骨肉同胞本是一家，大陆人、台湾人，都是中国人，长期不能团聚，乃国之大殇，乡之深愁。但"有佛法就有办法"，只要常念着乡愁，断不了血脉，有佛力加持，两岸一家亲谁也挡不住。我曾长期担任国家宗教事务局局长，自然也就跟这位热心的台湾高僧交上了朋友。

星云法师说：今天见到习总书记，很开心。一见面他就拉着我的手说，看到您的书了。他那么忙还博览群书。我说，您提出的中国梦，给天下中国人新的力量，新的希望！

听了总书记一席话，很感动。以情感人，以理服人，共圆美梦，天下归仁。我回台湾去要给大家作一个演讲，题目就是"看见梦想的力量"。

——以情感人。总书记说，"我们完全理解台湾同胞的心情。熨平心里创伤需要亲情，解决现实问题需要真情，我们有耐心，但更有信心。亲情不仅能疗伤止痛、化解心结而且能实现心灵契合。我们尊重台湾同胞自己选择的社会制度和生活方式，也愿意首先同台湾同胞分享大陆发展的机遇。历史不能选择，但现在可以把握，未来可以开创。"精诚所至，金石为开。两岸同胞定能捐前嫌，弃小隙，增强休戚与共的民族认同，不断解决前进道路上的各种问题，终结两岸对立，抚平历史创伤。

　　——以理服人。总书记说，"广大台湾同胞都是我们的骨肉天亲。大家同根同源、同文同宗，心之相系，情之相融，本是血脉相连的一家人。两岸走近、同胞团圆是两岸同胞的共同心愿，没有什么力量能把我们割裂开来。"人同此心，心同此理。只要你是中国人，谁能不服这个理？

　　——共圆美梦，天下归仁。总书记说，"中国梦与台湾的前途是息息相关的。中国梦是两岸同胞共同的梦，需要大家一起来圆梦。两岸同胞要相互扶持，不分党派，不分阶层，不分宗教，不分地域，都参与到民族复兴的进程中来，让我们共同的中国梦早日成真。""我们对台湾同胞一视同仁，无论是谁，不管他以前有过什么主张，只要现在愿意参与推动两岸关系和平发展，我们都欢迎。"星云法师强调，这番肺腑之言会特别打动人心，总书记真是"心包天下，慈悲天下"。

　　我问法师，您的演讲"看见梦想的力量"，准备讲点什么？他说，我们的领导人提出中国梦。其实全世界的人都有梦想。梦想，就是希望。不过，希望会趋于渺茫，梦想却总有特别的力量。因为梦想包含着虔诚的心力和巨大的愿力。梦想是独特的意识，它可以上天入地，可以翻山越岭。人要有希望，更要愿力、有梦想。我们中华民族一个大的愿力，就是民族复兴。当然，大家要团结合作，两岸要和平发展，一起勤劳奋斗，才能真的实现大中华的中国梦。这也是我的愿望、我的梦。

　　我说，是的，跟着法师，我也看见了中国梦的力量。

　　——中国梦的力量，来自中华民族最深沉的精神追求，来自中华文明五千年独特、深厚的文化积淀，其中包括佛教文化，来自中华民族生生不息、发展壮大的文化滋养，因而是具有深厚历史渊源和广泛现实基础的文化软实力。英国历史学家汤因比也指出，"就中国人来说，几千年来，比世界任何民族都成功地把几亿民众，从政治、文化上团结起来，他们显示出这种在政治、文化上统一的本领，具有无与伦比的成功经验。"

——中国梦的力量，来自中国特色社会主义的伟大实践。中国为什么能？国外有识之士的评论是，中国独具"四个有"——有力政党，有为政府，有效市场，有益文化。其实，"问渠那得清如许，为有源头活水来"，还有"一个有"，即"有用基因"——正在被激活，被创造性转化和创新性发展的中华民族传统文化的优秀基因。

——中国梦的力量，来自"苟日新，又日新，日日新"的不断改革的动力。全面深化改革和全面依法治国就像两个轮子，推动着中国特色社会主义事业不断前行，必将不断促使中国大地上一切劳动、知识、技术、管理和资本的活力竞相迸发，一切创造社会财富的源泉充分涌流。

——中国梦的力量，来自中华儿女大团结。正如星云法师在台湾、在海外经常说的，"中国现在改革开放，扬威国际，这是中国人团结的大好机会。中国能和平统一，不但是海峡两岸人民的幸福，也是旅居海外一亿多华侨的希望。"

"天行健，君子以自强不息；地势坤，君子以厚德载物"。中国梦有自强不息顶天立地，厚德载物经天行地，君子之德感天动地的神奇而强大的力量。天地之间，惟此为大。天地之力，川流不息！

星云法师说，有梦想就有力量，有梦想就有希望。此后他到北京的国家图书馆、山东滨州明珠剧院、广州中山纪念堂、厦门大学、云南大学、湖南大学、台湾高雄佛光山大觉堂等地，到处去演讲《看见梦想的力量》。

想起那次长谈，星云法师，今天下午吊唁时，我有好多话还想跟您说：

——思念您，又看见了中国梦的力量。爱得越深，思得越切，别得越久，苦得越重。但两岸骨肉同胞本是一家，打断骨肉也连着筋。"有佛法就有办法"，只要常念着乡愁，断不了血脉，有佛力加持，两岸一家亲什么力量也挡不住。

——思念您，又看见了中国梦的力量。中国道路中国梦，咱们中国有力量！

战略参考述评

请美国更好地解决美内部的尖锐问题

美国《连线中国》杂志 7 月 25 日发表的对美国前驻华大使芮效俭的专访中，芮效俭先生这段话说得很直白："当美国就涉疆、涉港等问题对中方无端指责时，中国人是否也应该采取措施强迫美国更好地解决美内部尖锐问题或举行诚实可信的选举？大多数美国人或许会说这是个愚蠢的问题，因为对美国的事情指手画脚超出了中国的能力范围。但认为美有能力干预中国内政的想法同样是荒唐的。""对于中国内政，干预只会弄巧成拙。"芮效俭先生说得很好。这个意思，其实中国人也常说，就是："己所不欲，勿施于人"！

例如，美方在涉我新疆的问题上不断捏造"种族灭绝""强迫劳动"的弥天大谎，并发起对我有关官员的制裁。按照"中国人是否也应该采取措施强迫美国更好地解决美内部尖锐问题"的建议，我就此对美国提出三个问题。

其一，近年来，面对暴力恐怖活动在世界各地（包括美国，也包括中国）一度多发频发的情况，各国都采取反恐措施，在坚决打击恐怖主义的同时，当然也要动员、教育民众，防止成为"9·11"事件那样的无辜牺牲品。美国推行了"社区矫正"，英国则有"转化与脱离项目"。中国政府在坚决依法打击恐怖主义的同时，通过对民众教育的方式实现去极端化。我们和民众一起讨论，形成共识，共同构建反恐防恐的铜墙铁壁。这就是你们一再关注的新疆"再教育"的主要内容。为何美方根据所谓的"西方媒体和其他消息来源"，就把它说成是"迫害宗教"，甚至扣上"反人类罪"和"种族灭绝"的帽子？你们要为恐怖主义张目吗？

其二，新冠肺炎病毒还在世界泛滥。中国民众自觉响应政府号召，采取了必要的隔离措施，迅速制止了病毒在中国的泛滥，保护了更多人的生命、人权和自由。谁也不会对必要的隔离措施吹毛求疵。你可以说，我们美国就是崇尚自由，就是反对隔离，就是不戴口罩。但我要提醒的是，这对于美国的广大民众，是不是一场灾难？制止宗教极端主义、暴力恐怖主义思想病毒的泛滥，也要摆事实，讲道理。事实是雄辩的，道理是一样的。

顺便说一句，美方说中方应该允许无论是谁，特别是美国人，想去新疆就去，想看什么就看什么，进行"不受限制的访问"。我想问一问，中国人突然对美国的任何一个州感兴趣，美方是否都允许去作"不受限制的访问"？我就很想去美国某个州的病毒研究所，去看看那里是否泄漏了病毒，请帮我申请签证。

其三，美方宣称说关于新疆的信息来自卫星的照片和中国的某个精英。我们对用卫星看美国不感兴趣。但我也引用来自美国精英的一则信息。我刚看到的美国《新共和》杂志网站5月20日的一篇文章，其中说，"美国人沦为华盛顿反华狂热的受害者"："扩散'中国将取代西方'的谬论，为的是令在亚太地区挑起冲突合理化。按此类逻辑，不断增长的黄种人口，对西方人权、市场经济、'基于规则'的秩序以及美国的地位构成威胁。《战略竞争法》以及围绕它的言论，让人想起冷战时期麦卡锡主义的仇华症。"我记得中国古代的哲学家王阳明说过，"破山中贼易，破心中贼难"。一个国家，如果其内部、其内心，在滋生仇恨、在泛滥恐怖主义性质的"麦卡锡主义"，是否就是心中生出"贼"来了？

在中国民众看来，美国一些人以谎言、以污蔑为基础，如此高调地反复炒作中国的所谓"新疆问题"。我要为美国头脑清醒的人们忠告一句，看看你们自己内部的问题吧，"破山中贼易，破心中贼难"！

"有着粗壮的三条腿的凳子"

著名管理学大师亨利·明茨伯格对理想社会如此定义："可以用坐在一张有着粗壮的三条腿的凳子上来描述一个平衡的社会：一个拥有受人尊敬的政府的公共部门来给民众提供许多保护（比如治安及监管）；一个拥有责任的企业的私营部分来供应我们所需要的很多产品及服务；还有一个源自强盛社区的社群领域，从中能找到许多我们的社会归属。"读后很有启发。

我们讲社会主义制度的优越性。亨利·明茨伯格设想的"有着粗壮的三条腿的凳子"的理想社会，应该是其中应有之义。

但社会主义制度的优越性，还要通过不断进行的机制体制改革，具体实在地建立完善的"有着粗壮的三条腿的凳子"，从而具体实在地体现出来。

社会主义制度是以人民为中心的制度。人民，并不是被动地坐在"有着粗壮的三条腿的凳子"的食客、看客。当凳子的哪条腿不给力时，人民有权（民主）、有能力（素质）去迅速调整、修复、巩固、加强之。当凳子不能支撑人民不断增长的美好生活需要，而显得"发展不平衡不充分"时，人民能够通过不断解放和发展生产力，使之始终"有着粗壮的三条腿"。

面对美国的甩锅栽赃战

美国用了三个月时间，炒作病毒起源问题，进行政治化操作，掀起一波一波舆论战，抹黑中国。拜登让美国情报部门90天内拿出病毒溯源报告。8月27日（美国时间）美"国家情报总监"（Director of National Intelligence）办公室终于公布了一份所谓的"新冠病毒起源的调查报告（非机密版）"，其结论是，病毒可能是实验室泄漏，也可能从动物身上自然传播而来。美国情报机构对COVID–19病毒最可能的起源仍有分歧，但是，COVID–19"很可能"不是作为生物武器或基因工程开发的，但两种主流理论——实验室泄漏或从动物身上自然传播——仍然是合理的。

从特朗普到拜登都声嘶力竭地炒作和栽赃的"中国病毒"说，到了奉命"奋战"90天的美国情报部门那里，不得不得出这样一个含混不清、模棱两可的"两说"。

究其原因，有四条：

其一，目前美国3.5亿人口中，已经有近4000万人感染了新冠肺炎病毒，美国政府负什么责任，查不查？

其二，再顺着"实验室泄漏"论查下去，美国在世界各地那么多病毒实验室，特别是一度因泄漏关闭的实验室，查不查？

其三，新冠病毒溯源，毕竟不是随便可以到联合国去举起一包洗衣粉，就可以信口雌黄，掩人耳目。

其四，中国，毕竟不是当年美国想打就打的伊拉克。何况，美国现在正从阿富汗溃退，丢人现眼。

但是，美国发起的对中国这场"甩锅"栽赃战还会继续，最主要的是因为上述第一条原因摆在那里，而且愈演愈烈。美国当局总想继续转移国内视线，在美国民众中"统一思想"，把愤怒和焦虑指向中国，火上浇油，否则就会惶惶不可终日。

目前世界上已有100多个国家和地区300多个政党、社会组织和智库，在向世卫组织秘书处提交的《联合声明》中也指出，病毒溯源是世界各国的共同义务，世卫组织秘书处在美国压力下单方面提出的第二阶段溯源工作计划不符合世卫大会决议要求，未同成员国充分协商，也未全面反映全球溯源研究最新成果，不利于指导全球溯源合作继续深入推进。呼吁世卫组织秘书处同成员国开展合作，充分考虑不断出现的新的科学证据，充分采纳中国—世卫组织新冠病毒溯源联合研究报告的相关建议。支持医学专家和科研人员本着专业精神在多国多地全面展开病毒溯源工作，坚决反对各种政治化、标签化、污名化的企图，反对政治因素和政治操弄干扰研究进程和国际抗疫合作。

当然，尽管关于"病毒溯源研究不应被当作地缘政治竞争的工具"的呼声强烈，美国不会在乎。世卫组织扛不住美国的压力。美国的盟友们也都不会说"NO"。

但毕竟"流水落花春去也"，美国当年曾在联合国由国务卿举着一包洗衣粉，就作为"大规模杀伤化武"的"证据"，大举进攻伊拉克的故事，实在难以重演了。今天，谅美国也未必就敢对中国宣战。尽管这个由美情报部门主导杜撰的毫无科学性和可信度可言的报告，没有给出美方想要的确切答案，再搞下去，也是竹篮打水一场空，其"调查"本身就是子虚乌有、反科学的，美国仍处心积虑要搞政治操弄"病毒溯源"，要继续作足文章，希望籍此持续地在世界掀起一股反华恶浪。

此招十分险恶，来者不善！所以，美国"国家情报总监办公室"公布的"新冠病毒起源的调查报告"，仍留着模棱两可的尾巴，是要等待机会，想干再干。我们必须高度警惕和重视，丢掉幻想，准备斗争！

美国对华"病毒溯源"，是打"政治牌"和"分裂牌"，我们坚持打"科学牌"和"合作牌"，这是以正压邪的根本策略。我们要继续及时有效地用真相揭穿谎言，使世界人民有所了解，使美国人民有所醒悟，使美国当局有所忌惮，使美国"盟友"有所心虚。这也是扬正抑邪的重要方略。

《人类简史》的作者尤瓦尔·赫拉利最近在《金融时报》发表的一篇长文《冠状病毒之后的世界》说得好，"我们面临的第二个重要选择是在民族主义孤立与全球团结之间做选择。流行病本身和由此产生的经济危机都是全球性问题，只有全球合作才能有效解决这些问题。首先，为了战胜病毒，我们需要在全球范围内共享信息。这是人类相对于病毒的最大优势。中国可以向美国传授许多有关冠状病毒及其应对方法的宝贵经验……我们需要一种全球合作与信任的精神。各国应该愿意公开地分享信息，谦虚地寻求建议，并且应该信任所收到的数据和见解。我们还需要全球范围内的努力来生产和分销医疗设备，尤其是测试套件和呼吸机……但是现任美国政府已经放弃了领导人的职务。它已经非常清楚地表明，它更关心美国的伟大而不是关心人类的未来。这个政府甚至放弃了它最亲密的盟友……即使美国现任政府最终改变了立场，并提出了一项全球行动计划，也很少有人会追随一个从不承担责任，从不承认错误，并将所有责任归咎于他人，荣誉归属于自己的领导人。如果美国留下的空白没有其他国家填补，那么阻止当前的流行不仅更加困难，而且这种空白将在未来几年继续毒害国际关系。然而，每次危机也是一个机会。我们必须希望，当前的流行病将帮助人类认识到全球不团结带来的严重危险。人类需要作出选择。我们是走全球团结的道路，还是继续各据一方？如果我们选择不团结，这不仅会延长危机，而且将来可能会导致更严重的灾难。如果我们选择全球团结，这将不仅是对抗冠状病毒的胜利，也是抗击可能在 21 世纪袭击人类的所有未来流行病和危机的胜利。"

美国发起的对中国这场"甩锅"栽赃战，只是一种"下三烂"的伎俩。中国打"科学牌"和"合作牌"，得人心，顺民意。孰优孰劣，高下立见。

"我们要努力建设一个远离恐惧、普遍安全的世界。让和平的阳光普照大地，让人人享有安宁祥和。我们要努力建设一个远离贫困、共同繁荣的世界。让发展成果惠及世界各国，让人人享有富足安康。我们要努力建设一个远离封闭、开放包容的世界。让各种文明和谐共存，让人人享有文化滋养。我们要努力建设一个山清水秀、清洁美丽的世界。让自然生态休养生息，让人人都享有绿水青山。"（2017 年 12 月 1 日习近平在中共与世界政党高层对话会开幕式上发表的《携手建设更加美好的世界》的主旨讲话）这段话掷地有声，振聋发聩。人同此心，心同此理。世界毕竟还有良知，有公论。是任美国继续栽赃折腾，还是听中国正义呼声，讲科学，要合作？历史潮流，不可逆转。

（原载《中国青年报》2021 年 8 月 28 日）

中国与欧洲——从区分"你我"到寻求"我们"

10年前，我就在"中欧社会论坛"发表演讲，通过各方的会谈汇流会通，锤炼共识，争取"我们"共赢。中欧要结为全面战略伙伴，交往活跃且富有成果。正如论者所说："我们，欧洲人和中国人，应该抓住每一个机会，化解潜在的摩擦，尽力弥补双方商业关系不断强化而思想文化交流尚属薄弱的差距。"

论坛达成共识：中欧之间，应从区分、区隔"你我"，到寻求、做大"我们"。

我们要重建新的丝绸之路。昔日丝绸之路是一条伟大的中西贸易商道，一座辉煌的东西文化桥梁，一条韧长的人类文化纽带。现在中欧都在努力重新崛起。中国会进一步扩大开放。中国在迈向海洋的同时，应继续发挥善走陆路的特长，再度走向欧洲。强化陆路沟通，不会拒绝海洋；强调海路通达，不必拒绝天空。人类正进入"太空时代"，网络正推出"智慧地球"。中国在扩大开放，欧洲当然不会反其道而行之，搞"关门"，闹"脱钩"。作为新的丝绸之路的"一带一路"，不只是两点的相连，也是立体的交叉、多元的会通；不只是区分"你我"，更要寻求"我们"。焕然一新的中国与欧盟，当然不是简单去重现两千多年前由商旅驼队、士兵僧侣和帝王将相们在农耕文明的晕光下"走出"的昔日辉煌，而要为世界的和谐、和平发展，为构建人类命运共同体，创建新的辉煌。

我们要促进新的文艺复兴。欧洲是文艺复兴的摇篮，人文主义的因子融入欧洲文化的血脉，形成独特的文明特性。中国在古典人文主义基础之上产生的思想理念，以及阿拉伯的哈里发们在"智慧宫"里的百年翻译运动，都为文艺复兴的启蒙闪烁过星星之火。文艺复兴带领西欧走出中世纪的蒙昧和黑暗，迎来了现代文明的曙光。当今时代，尽管主流仍然是和平与发展，但地区冲突、强权政治、恐怖主义、环境污染、全球变暖、贫困蔓延等也不断困扰人类。应该有一场新的文艺复兴，来促使人类共建和谐世界。中国有"和"的文化资源，对此欧洲人早有领悟。英国哲学家罗素就说过："中国至高无上的伦理品质中的一些东西，现代世界极为需要。这些品质中我认为和气是第一位的。"这种品质"若能够被全世界采纳，地球上肯定比现在有更多的欢乐祥和"。

古代对人类思想产生过重大影响的智者有四位，欧亚各二，即苏格拉底、孔子、佛陀、耶稣。他们的思想形成并开始传播都在公元前 500 年前后，他们所展示的都是"对人类基本境况的体验和对人类使命的澄明"。那是一个需要智者并产生智者的时代，德国哲学家雅斯贝尔斯称之为"轴心时代"。

今天，人类社会面临着新的历史转折，新的"轴心时代"或许正在酝酿。多极世界的出现与合作，多元文明的交汇与融合，使新的文艺复兴潜流涌动，如地下奔腾的岩浆，寻找着喷发的裂缝。过去"轴心时代"发出的中国智慧，今天仍在召唤中、欧这两个古老的文明，"己所不欲，勿施于人"；"己欲立而立人，己欲达而达人"。道理朴实而深刻，这正是从区分、区隔"你我"，到寻求、做大"我们"。

附：德国前高官《我们没法软禁中国》

德国媒体于 3 月 25 日发表了一篇名为《我们没法软禁中国》的文章，文章是由两名德国前高官，德国的前外长和前防长两人联名撰写的。文章的主要论点就是，在和中国打交道时，选择的应该是合作而不是对抗这种方式。

文章中以新冠肺炎疫情作为第一个选题，提出这场世界性的灾难造成的影响之一就是，至少在东亚地区，没有人会接受由欧洲人或是美国人来扮演理所当然的领导人角色，想要就像过去一样去制定标准和规则也是做不到的，就像这一次中美会晤中所体现出的那样，美国早就已经不能拿实力说话，居高临下地和中国交流了，再保持这种态度只能自取其辱。

　　文章作者提出，最现实的一件事就是，在新冠肺炎疫情这场二战后的全球最大危机中，欧洲和美国都没有做好准备来应对这场灾难，或者说，至少没有做到向发育较落后的国家提供实质性帮助，而正是中国承担了这项任务。

　　他们认为这次新冠肺炎疫情挑战着万事万物，使得许多领域的发展速度加快，尤其是数字化这一方面，新的经济和动力重心其实正在逐渐向亚太地区转移，美国和欧洲各国都应该明白过来，只有合作共赢才是他们能够选取的道路，尝试独立领导是行不通的。

　　尤其是对中国所采取的态度，应该是合作而不是对抗。在这件事上，美国的失败对于欧洲来说就是教训。德国前高官在文章中表示，持孤立和脱钩的态度在今天这个世界是格格不入的，对于世界的平衡性是没有益处的。

　　恰恰是"特朗普时期"美国的经验教训让今天的欧洲明白，如果执意搞对抗，是需要付出高昂代价的，且最后还没有取得真正的成功，反而失败。统计出来的数据已经证明了这件事，为了对抗中国而与中国发起贸易战，使得美国国内的生产总值损耗了大约 3200 亿美元。

　　因此，这两名德国高官警告认为，当下的德国和其他欧洲国家应该仔细思考，对中国采取的到底应该是什么态度。他们特意提起了，原本中国已经准备好与欧盟签订的投资协议，他们认为这绝对是欧盟的一次成功，证实中国确实是想和欧盟建设一个自由贸易区，更证明了中国和欧盟是能够达成良好合作的。

　　然而在之前欧盟跟随美国制裁中国后，这种良好的关系就破裂了。两名德国高官因此警告认为，想要通过这种艰难的对抗行为来对付和软禁 14 亿中国人是做不到的，这是欧盟必须面对的问题。

不是"新冷战"与"走向新两极"

　　读美国欧亚集团主席兼研究主任克里夫·库普坎的《走向新两极》，以及美国前商务部长卡洛斯·古铁雷斯的《过去四年，不能定义中美关系的未来》，我认为与西方媒体的那些瞎嚷嚷不同，这倒是两篇颇有见地、值得重视的战略判断和分析。诚如所言，中美双方"不能通过新闻稿或推特沟通。双边关系非常重要，非常复杂，不能简化处理。我们需要回到谈判桌前。"

　　时代背景不同了，旧时代美苏对峙的那种"冷战"不可能重演。今天越演越烈的中美对峙，说是"新冷战"，也并不确切。但讲"合则两利，斗则两伤"吧，现在双方共同利益趋于淡化、虚化，摩擦、冲突却容易增多、难控。合，未必见"两利"；斗，谋图"先下手为强"。那么，中美关系究竟是什么？

　　"走向新两极"之说，不失为一种重要的战略分析角度。克里夫·库普坎认为，"两极格局正在逐渐成型——在可预见的未来，美中两国将成为世界超级大国"。这种"两极格局"的新体系，"并不是新冷战。新体系的属性与冷战截然不同。尽管军事驱动力在两极格局早期占主导地位，目前，经济驱动力比军事驱动力重要得多。"而美国要靠"联盟"来拉着其他国家与中国"打群架"，也未必行得通。因为"与之前相比，当今世界上各个联盟的意识形态性较弱，灵活性更强。因此，中等强国和地区集团拥有更高的自由度。2020 年 12 月完成《全面投资协定》谈判就明确体现了这一点。新两极格局的特点是，相较于冷战时期，非国家行为体将发挥更大作用。最后，网络竞争也是一个新特征。"

　　还要特别注意克里夫·库普坎的一个观点，"美中之间的平衡主要会是在经济领域，两国经济实力将更接近均势；在军事领域，由于中国会受到美国力量的遏制，两国之间的平衡程度会低很多。"但"经济平衡比军事平衡更安全。"

冷战时期，苏联在军事驱动力上与美国竞争，美国也不断刺激和强化苏联在军事上不断加强投入而导致延缓甚至拖垮其经济，最终导致苏联解体，美国全胜。现在恰恰相反，中国在稳步、扎实地增长着自己的经济驱动力，并有望在不久的将来在经济总量上赶上美国。

以史为鉴，我们决不打"新冷战"，要维持与美国的竞争与合作、斗争与平衡，在保持和增长必要的军事驱动力展示我坚定不移地维护核心利益的能力和决心，使美国不能或不敢轻易逾越底线的同时，更要坚定不移地保持和不断加强我在经济驱动力上赶超美国的趋势。这应该是百年未遇之大变局中我们坚定不移的大战略，是我们在中美之间类似而并非"新冷战"的竞争与合作新格局中，中国最终取胜的关键的一招！

在这种类似而并非"新冷战"的竞争与合作新格局中，美国当然不会坐视中国在经济驱动力上超过美国，而完全的经济脱钩又不可能，于是必将全力以赴地与中国打"技术冷战"。但正如卡洛斯·古铁雷斯看到的，"我们必须认为不可能掀起新的技术冷战。美中两个经济体不能脱钩，同样也不可能实现技术脱钩——技术是我们根本看不到的，而且发展速度非常快，始终领先于政策。技术永远领先于政府阻止、改变、调整它的能力。技术脱钩会让中国成为孤岛，让中国陷入孤立状态；但是，也会让美国陷入孤立状态，让美国成为孤岛。这对谁都不是好事。"

中国在经济、技术领域的目标不是赶超美国，而是赶超自己。中国的发展，符合近代以来人类文明发展的现代化和全球化两大走向。一是现代化，人民要过上好日子，"我们目下的当务之急，是一要生存，二要温饱，三要发展。苟有阻碍这前途者，无论是古是今，是人是鬼，是《三坟》《五典》，百宋千元，天球河图，金人玉佛，祖传九散，秘制膏丹，全都踏倒他。"（鲁迅语）二是全球化，疫情冲击下世界经济大幅度下滑，经济复苏步履维艰；逆全球化浪潮还在蔓延，还在上涨，且美国竟然首当其冲。但是，人类从来没有像今天这样感受到共同的威胁、共同的挑战，也必然理性地看到，新一轮全球化还会到来。当今世界正经历百年未有之大变局。突如其来的新冠肺炎疫情再次表明，人类是休戚与共的命运共同体。面对各种复杂严峻的挑战，人类比任何时候都更需要加强合作，共克时艰，携手前行。

　　对中美来说，不打"新冷战"，"走向新两极"；对世界来说，推进全球化，"新两极"仍然是多极化中的"两极"。

看待"9·11" 何须百年后

——读哈佛大学教授文章

美国《外交政策》双月刊网站发表题为《一个世纪后，人们将如何看待"9·11"事件》的文章，作者系哈佛大学国际关系学教授斯蒂芬·沃尔特。文章称，"等到100周年纪念日时，人们将如何看待'9·11'恐怖袭击？它会被视为一个戏剧性但归根结底微不足道的悲剧，还是一个从根本上改变了美国和世界政治轨迹的转折点？未来几代人会把这一天视为潜在趋势的生动体现、一系列灾难性外交政策失误的催化剂，还是长期影响相对有限的一次性孤立事件？或许我们唯一能断言的是，它的意义取决于由谁来做解读。"（详见附后【战略参考】之413）

看待"9·11"，何须百年后？我在"9·11"事件发生15天后，即2001年9月26日，就写了一篇《关于霸权主义和恐怖主义问题的分析》，有些认识，似乎比今天的哈佛大学教授，来得更透彻和深刻。当然，"它的意义取决于由谁来做解读"。

旧文一字不改，照录如下。

附：关于霸权主义和恐怖主义问题的分析

1. 美国出于其政治、经济利益和称霸世界的需要，曾一度企图利用伊斯兰教中的宗教极端势力，对其予以支持，种下祸根。美国为达到利用伊斯兰极端势力打击苏联称霸世界的目的，曾对拉登提供过大力支持。美国过去在贯彻稳定中东方针的同时，热衷于在与其利益相矛盾的其他地区和国家内部，煽动宗教狂热和民族仇恨，以达到分化、弱化、遏制这些国家和地区的目的。美国的态度对原教旨主义势力、民族分裂分子是一个很大的鼓励。在阿富汗抗苏战争中，美国、沙特、巴基斯坦支持原教旨主义组织建立了不少组织网络，这些网络成为 90 年代以来暴力恐怖活动的源头。

2. 美国大搞霸权主义、单边主义和强权政治。对伊斯兰国家的欺负、掠夺和压迫，激化了伊斯兰世界与西方的矛盾。海湾战争中以美国为首的西方国家对伊拉克的打击和长期封锁，巴以冲突中美国对以色列的纵容和支持，树敌过多，积怨太深，都会在有很强认同感的伊斯兰世界中引起不满和敌视。尤其是布什上台后，奉行单边主义，加强了对伊拉克的打击和封锁，在巴以冲突中进一步支持以色列，无视巴勒斯坦人民的苦难，使巴以冲突不断升级，引起广大穆斯林的绝望和愤怒。

3. 恐怖主义由于以原教旨主义、宗教极端主义为支撑，以"圣战"为旗帜，以宗教狂热为煽动和组织群众的手段，很快发展坐大，在伊斯兰世界有不少信徒和支持者，有巨大的财源，在全球织起了一张恐怖活动网。

4. "9·11"事件的发生，具有突发性，也有其必然性。这一事件不是孤立的，是国际上各种力量相互交错、相互较量的一种反映，有很深的历史、文化和现实政治的背景。恐怖主义袭击者和被袭击的美国双方，都有很深的宗教情结。宗教因素在其中起了重要作用。

5. 现在美国对恐怖主义宣战，犹如被虱子猛咬一口的老虎，急于抓自己身上的虱子，越挠越痒。美国现在是进退两难，不打不行，打又难免伤及无辜百姓。尽管美国竭力在打击恐怖主义中回避伊斯兰教因素，避免与整个伊斯兰世界作对，但由于本质上恐怖主义既是霸权主义的死对头，又是霸权主义的伴生物，在美国对恐怖主义的斗争中，很难摆脱宗教因素的牵缠，稍有不慎，就会激起整个伊斯兰世界的反对。用霸权主义反对恐怖主义，只能是打一场"看不清战场、找不准敌人、算不出时间、分不了胜负"的所谓"第四种战争"。

但美国为了实现称霸世界的战略图谋，肯定会利用这个机会和充足的理由，打着打击国际恐怖主义的旗帜，加大其称霸世界的战略部署。这比过去打人权旗帜谋求霸权有更大的危险性和更直接、现实的操作性。

6. 霸权主义与恐怖主义，是相生相克，又相克相生。霸权主义是国家形态的恐怖主义，恐怖主义则往往是采取民间形态的极端民族主义和原教旨主义；霸权主义是强大的、公开的恐怖主义，恐怖主义则因为其力量的相对弱小，躲在暗处，采取隐蔽的活动形式；霸权主义是包装过的、打着维护人类公义和人类安全旗号的恐怖主义，恐怖主义则是赤裸裸、血淋淋的，高举着复仇、圣战旗号的疯狂的宗教极端势力。

7. 美国攻打阿富汗，从近期来看，由于主要矛盾转移，对我新疆反对民族分裂主义和宗教极端主义的斗争有利。但从长远来看，霸权主义和恐怖主义相斗的主战场就在与我毗邻的地区，无论谁占上风，对我西部边陲的安全和稳定都会产生影响。我们要防止"城门失火，殃及池鱼"，防止"血溅到我们身上来"。一方面要看到，美国借机把它的势力范围扩大到中亚地区，对我构成潜在威胁；另一方面也要看到，正如恩格斯早就指出过的，"阿富汗的地理位置和民族特征，使这个国家在中亚细亚的事务中具有非常重大的政治作用。"阿富汗内战是美苏冷战的又一个后遗症。过去在阿富汗抗苏战争中以志愿名义参战的阿拉伯志愿兵，在战后曾到处寻求圣战战场，成为影响地区稳定的一股祸水。在阿富汗新的抗美战争中，这股祸水有可能扩大。因此，我们既要防止美国霸权主义借机觊觎我西部，也要防止恐怖主义的祸水东渐，防止"圣战战场"波及我新疆地区。

8. 我高举维护世界和平与发展的崇高事业的旗帜，坚持既坚决反恐怖主义，也坚决反霸权主义。既可借共同合作反对国际恐怖主义的机会，改善与美国的关系；也要注意把恐怖主义与伊斯兰国家和伊斯兰教区分开来，多向伊斯兰国家表示同情和友好。强调对恐怖主义采取打击行动，一定要有确凿的证据，要有明确的目标，要符合联合国宪章的宗旨和原则及国际关系基本准则。在促进联合国公正、和平解决巴以冲突的问题上，我可持较为积极的姿态。在国际上霸权主义与恐怖主义相斗的时候，我始终保持比较超脱、于我有利的地位，维护我国的安全利益。

9. 关键把我们自己的事情做好。要守好国门，护好家园。现在的国际气候，给我们提供了在新疆深挖和铲除民族分裂主义和宗教极端势力的时机。要早打严打，露头就打，追着打，挖着打。但一定要少说多做，内紧外松，不要与美国打击阿富汗的战争挂钩，不要给人趁势而上的印象，不要授人以柄。同时要在新疆加强"两个反对"（反对任何形式的霸权主义，反对任何形式的恐怖主义）的教育。要尽量把打击三股势力从宗教中摘出来，与正常的宗教活动区分开来。在"解经"中要多讲正确认识和理解"吉哈德"，淡化"圣战"观念。要全面认真地贯彻好党的民族政策和宗教政策,增强民族团结,做好伊斯兰教上层人士的工作。要多做争取人心,争夺信教群众,争夺思想阵地的工作。继续大规模培训宗教人士,抓紧、深入做好"解经"工作。

10. 也要注意做好西北地区和穆斯林散居区的工作,注意防止因为一些人的不恰当的言行影响地区稳定和外交工作全局。

11. 宗教因素在世界不同地区的冲突中起着越来越重要的作用。无论恐怖主义还是霸权主义,都在争夺宗教的旗帜,都在打宗教牌。我们要密切关注、认真研究国际宗教问题及其对我国的影响。

(2001 年 9 月 26 日)

【战略参考】之 413

哈佛大学教授撰文:百年后,人们如何看待"9·11"?

美国《外交政策》双月刊网站发表题为《一个世纪后,人们将如何看待"9·11"事件》的文章,作者系哈佛大学国际关系学教授斯蒂芬·沃尔特。文章称,"9·11"事件对子孙后代的意义更多地取决于美国和其他国家从这一天开始做些什么。

"中美欧" 大三角　合纵连横大战略

读欧洲对外关系委员会网站 9 月 13 日发表的题为《走得更近：欧洲对印太地区的看法》的文章，有两段话，很值得我们关注：

其一，"美国的印太战略明确将中国称为'战略对手'。相比之下，法国、德国和荷兰的国家战略则试图通过坚持'包容性'来避免在中国问题上采取艰难的立场——这意味着北京更应该是个伙伴而不是对手。"

其二，"欧洲内部的真正分歧似乎并不在于担心中国是否参与了印太概念。相反，它涉及两种截然相反的包容性。第一种态度反映的无非是一种回避中国问题的愿望，即坚持认为有必要与所有人合作，并掩饰两国关系中可能存在问题的方面。第二种态度承认与北京存在利益冲突和价值观差异，但要求继续与中国合作。"

如何与和平崛起的中国打交道，欧洲各国（姑且称作"欧盟"），与美国是大有不同的。

中国当然也要区别对待。

人无远虑，必有近忧。中国这样一个泱泱大国要和平发展，在自己东面，必须突破美国设置的"第二岛链"，扩大向东开放；在自己西面，也要尽可能与欧盟缓解对抗，争取合作，扩大向西开放。

扩大向东开放，才能东接财源；扩大向西开放，才能西接能源；扩大双向开放，才能"左右逢源"。

中国建设丝绸之路经济带、21 世纪海上丝绸之路，是统揽政治、外交、经济社会发展全局作出的重大战略决策，是实施新一轮扩大开放的重要举措。形象地说，这"一带一路"，就是要再为我们这只大鹏插上两只翅膀，建设好了，大鹏就可以飞得更高更远。

战略西进，向西开放，经营欧盟，是我和平发展的一条可行的、风险可控制的道路。只要我把好战略方向、操作节奏和策略，在中国和平崛起、中华民族实现伟大复兴的道路上，有希望营造出一个有利于我的、游刃有余的宽松格局，在中、美、欧之间演出一部新的"三国演义"，来一个新的"合纵连横"。

洛杉矶，不要辜负了你这座"天使之城"

位于美国西海岸的大城市洛杉矶（Los Angeles），西班牙语的意思是"天使"，美国人把洛杉矶称为"天使之城"。我曾多次去这座城市访问，深感那里的人民宽容、友好，待客热情、厚道。

可是，在这座城里，最近却出现了几个与"天使"格格不入、让洛杉矶丢脸的"小人"。

近期，多名中国留学生在洛杉矶国际机场入境时，遭美国边检人员用各种借口限制和打压，反复盘问来美学习目的、过往学业成绩、是否曾经就业、是否受过纪律处分、是否"剽窃"实验室数据等情况，有的还遭到威胁、恐吓，甚至被限制自由长达数十小时，最终被拒绝入境遣返回国。此外，还有部分中国留学生离境回国时遭美边检人员盘查，被没收个人电子设备……

美方利用各种借口对中国留学生进行无端限制和打压的错误做法，就是地地道道的"小人"行为。

"国之交，在于民相亲"。国与国之间人民的交往，应该多一点"天使"，少几个"小人"；应该鼓励友好交往，不容许"小人"胡搞乱来。中美两国相距遥远，历史背景、文化传统、发展水平各异，更需要加强沟通，求同存异。

记得 2005 年 11 月 20 日，我作为中国的国家宗教事务局局长，应美国洛杉矶水晶大教堂创建人舒乐博士的邀请，参加该教堂创建 50 周年纪念活动。舒乐博士说，他"是第一个到共产党国家——苏联公开发表演讲的牧师"，"叶大概是第一个到美国的大教堂里直接面对这么多信众，并通过电视面对全世界，发表公开演讲的共产党国家的部长。我非常荣幸能够亲自见证

中国政府官员与美国、与全世界基督教徒交流的这个历史时刻。让我们热烈
欢迎这位来自中国的贵宾。"

　　我在演讲中说：

　　亲爱的朋友们，我从东方来到西方，来到这座"天使之城"。我相信世
界分成东方和西方，不是要让彼此对峙冲突，而是要让彼此团结和睦；世人
分为男人和女人，不是要让他们争吵不休，而是要让他们相亲相爱。我们应
该尊重事实，摈弃偏见。偏见比无知更远离真理，偏见比万水千山更能阻挡
我们之间的沟通和交流。

　　我们都赞成德雷撒（Teresa）修女的话："微笑是和平的开始，教人们
去微笑吧。"

　　我也相信舒乐博士的话："编织你的梦想，梦想就会成就你。"1968 年，
当身无分文的舒乐博士立志要在加州用玻璃建造一座水晶大教堂的时候，是
在编织他的梦想。但 12 年之后，梦想就变成了辉煌的现实。

　　朋友们，2008 年北京奥运会，也在编织她的梦想，奥运会的口号就是
"同一个世界，同一个梦想"。同一个世界———一个"不同文明互相尊重、多
元文化和谐共存"的"和平的世界"；同一个梦想——能够"以对话求理解，
以共识求团结，以包容求和谐"的"美好的梦想"。

　　同一个世界，需要同一个梦想。成就同一个梦想，需要更多的"天
使"。即使当不了"天使"，也应该争取来做"君子"，不要做"小人"。"君
子和而不同，小人同而不和"。"君子周而不比，小人比而不周"。"君子坦荡
荡，小人长戚戚"。

　　洛杉矶，不要听任、容忍几个"小人"的胡作非为，不要辜负了你这
座"天使之城"。

（原载《人民日报海外版》2021 年 10 月 14 日第 1 版）

关于"中美脱钩既不现实也不容易"的讨论

究竟脱钩划算不划算，无论打大算盘还是小算盘，不妨自己去盘算。但无论怎么算，新冠肺炎疫情造成的财政恶化、贸易逆差、通货膨胀，已经是一把悬在头上的达尔摩斯之剑。

"新冠肺炎疫情造成了美国财政状况恶化、国内储蓄缺口扩大，这使其在未来几年更容易出现巨额贸易逆差。通过双边'脱钩'，将中国拒之门外，无助于缩小美国贸易逆差的总体规模，只会造成美国与其他贸易伙伴的逆差重新分配。"

正如戚建国将军所说：美国一度试图在高科技领域，尤其是在芯片领域与中国脱钩，包括拜登自己都要成立撇开中国的所谓"半导体联盟"，其实这是一个跟特朗普一样的损招。

美国是要强行建立两套系统，并且是要逼迫厂商站队，显然是不符合市场经济规律的。

在美国遭遇通货膨胀的巨大压力的阶段，作为美国贸易代表的戴琪就公开表示不愿意与中国脱钩，而是要与中国再挂钩。

这次美国毫不掩饰，在需要中国帮助的时候，公然要寻求对话与合作，再次暴露了美国利益优先的无耻要求。

我们一再告诫美国，"和则两利，斗则两伤"。但美国哪里听得进去？是美国先向中国发起挑衅，先发制人。虽然它自己也有点痛，但还未必到了"碰得头破血流"的地步，所以损招迭出。不到南墙心不死啊！

但问题是现在自己内部面临经济危机，需要喘口气。这就给我们"以斗争求合作"的机会。

只有到我们的实力强大得让它明白，美国硬碰硬，只能得不偿失，要吃大亏，甚至头破血流，这时的"合作"局面才有可能出现。

藏族谚语：石头碰鸡蛋，是鸡蛋吃亏。鸡蛋碰石头，还是鸡蛋吃亏。中国要成为坚强的石头！

【战略参考】之 435

《斯蒂芬·罗奇：中美"脱钩"既不现实，也不容易》（观中国 | 斯蒂芬·罗奇：中美双擎"脱钩"，全球经济"脱轨"）

名称上的"细节"与"秘诀"

中共十九届六中全会审议通过的《中共中央关于党的百年奋斗重大成就和历史经验的决议》，引起了全世界的关注。

《纽约时报》、美国有线电视新闻网（CNN）关注到了决议名称上的细节——"前两份有关历史的决议标题使用了'问题'一词，而这次用的是'重大成就和历史经验'。"CNN 表示，与前两份"历史决议"相比，这次文件名称更有"庆祝性"和"前瞻性"。

讲"庆祝性"，当然决非仅仅如此。讲"前瞻性"，倒是颇有点道理。CNN 关注到的这个"名称上的细节"，其实正是我们伟大的中国共产党为什么能够"百年恰是风华正茂"的"恰是"之"秘诀"所在。

以史为鉴，方能知兴替。开创未来，要立足本来。回顾百年之问，要聚焦在"过去我们为什么能够成功"。展望未来之答，要更明确"未来我们怎样才能继续成功"。总结党的百年奋斗重大成就和历史经验，是在建党百年历史条件下开启全面建设社会主义现代化国家新征程、在新时代坚持和发展中国特色社会主义的需要；是全党增强政治意识、大局意识、核心意识、看齐意识，坚定道路自信、理论自信、制度自信、文化自信，做到坚决维护习近平同志党中央的核心、全党的核心地位，坚决维护党中央权威和集中统一领导，确保全党步调一致向前进的需要；是推进党的自我革命、提高全党斗争本领和应对风险挑战能力、永葆党的生机活力、团结带领全国各族人民为实现中华民族伟大复兴的中国梦而继续奋斗的需要。在建党百年的重大历史节点，全党坚持唯物史观和正确党史观，聚焦于从党的百年奋斗中看清楚过去我们为什么能够成功、弄明白未来我们怎样才能继续成功，是更加坚定、更加自觉地践行初心使命，在新时代更好坚持和发展中国特色社会主义的需要。

党的十九届六中全会审议通过的《中共中央关于党的百年奋斗重大成就和历史经验的决议》，通篇融汇了百年来中国共产党践行为中国人民谋幸福、为中华民族谋复兴的初心使命所进行的奋斗、牺牲和创造，深刻揭示了"过去我们为什么能够成功、未来我们怎样才能继续成功"，必将对推动全党统一思想、统一意志、统一行动，团结带领全国各族人民以史为鉴、开创未来，在新时代更好坚持和发展中国特色社会主义，产生重大而深远的影响。

"百年恰是风华正茂"，"恰是"揭示历史必然，未来必定继续成功，中国正在开创未来。站在建党百年的历史节点上的伟大的中国共产党的"关于党的百年奋斗重大成就和历史经验的决议"，"恰是"一份激励中国共产党全党和全国各族人民，意气风发踏上向第二个百年奋斗目标进军的新征程的，新中国、新时代的中国共产党的新的《共产党宣言》。

"现在是共产党人向全世界公开说明自己的观点、自己的目的、自己的意图并且拿党自己的宣言来反驳关于共产主义幽灵的神话的时候了。"（马克思、恩格斯 170 多年前发表的《共产党宣言》语）

【战略参考】之 468

这些细节引发世界关注

法新社、新加坡《联合早报》等多家外媒注意到，此类"历史决议"在中国历史上只有两次，即：1945 年中共六届七中全会通过的《关于若干历史问题的决议》，以及 1981 年中共十一届六中全会通过的《关于建国以来若干历史问题的决议》。

路透社报道称，这份自 1921 年中国共产党成立以来颁布的第三份"历史决议"，正式记录了中国共产党的百年历史成就。

《南华早报》、彭博新闻社均用"里程碑"（landmark）一词来形容十九届六中全会及全会审议通过的《决议》，称这份"历史决议"具有深远影响，是对中国共产党从 1921 年成立以来历史的正式总结。

彭博新闻社认为，这份决议或将改变中国未来发展进程（could change the course of China）。

　　《纽约时报》、美国有线电视新闻网（CNN）则关注到了"决议"名称上的细节——"前两份有关历史的决议标题使用了'问题'一词，而这次用的是'重大成就和历史经验'。"

　　CNN 表示，与前两份"历史决议"相比，这次文件名称更有"庆祝性"和"前瞻性"。

关于"共同富裕"的思考

——英媒文章《中国"共同富裕"具世界影响力》引起的讨论

英媒文章独具眼光，看到了"共同富裕"的商业意义

英媒文章《中国"共同富裕"具世界影响力》独具眼光。"建立一个更加公平的社会——规模更大、更富裕的中等收入群体，以及能回馈社会而不是一味索取的企业。"（吴尚之）这个模式，致力于扩大中等收入群体，扩大消费，从长远来看更有力拉动企业发展盈利。

对比：中国的新发展理念与"新美国世纪计划"

大多数西方媒体忽视了中国发生的重大变化。这些变化不仅会影响这个亚洲国家，还会引起全世界的共鸣。

中国强调，实现共同富裕的新发展不应该是空洞的口号，这是战略文件从原则和理论走向实际问题的关键点。

中国的新发展理念是在这个国家战胜疫情后的关键时刻出现的，但还不仅如此，也是在美国衰落之时出现的，与失败的"新美国世纪计划"形成鲜明对比。

"新美国世纪计划"这种新保守主义理念为特朗普主义奠定了基础，但另一方面，目前拜登的民主党政府还未能通过自己的替代计划来克服"新美国世纪计划"的影响。（戚建国）

《共产党宣言》揭示"共同富裕"的世界意义

"共同富裕"的全球意义就在于：它旨在解决自《共产党宣言》发表以

来，全球财富向少数国家集中和向少数人手中集中这一世界性课题，为人类社会健康科学可持续发展探索新的路径。（丁元竹）

中国传统文化揭示"共同富裕"的朴实真理

实现均贫富，方能社会大同。习近平指出推进"共同富裕"的现实意义。现在，我们正在向实现第二个百年奋斗目标迈进。适应我国社会主要矛盾的变化，更好满足人民日益增长的美好生活需要，必须把促进全体人民共同富裕作为为人民谋幸福的着力点，不断夯实党长期执政基础。高质量发展需要高素质劳动者，只有促进共同富裕，提高城乡居民收入，提升人力资本，才能提高全要素生产率，夯实高质量发展的动力基础。当前，全球收入不平等问题突出，一些国家贫富分化，中产阶层塌陷，导致社会撕裂、政治极化、民粹主义泛滥，教训十分深刻！我国必须坚决防止两极分化，促进共同富裕，实现社会和谐安定。

习近平概括我们对"共同富裕"的基本定义

共同富裕是社会主义的本质要求，是中国式现代化的重要特征。我们说的共同富裕是全体人民共同富裕，是人民群众物质生活和精神生活都富裕，不是少数人的富裕，也不是整齐划一的平均主义。

关注改变世界的科技发展趋势

——战略对话五人谈

读【战略参考】之 520

德媒文章：未来十年，十大趋势重塑我们的生活

甄贞：科技影响生活，科技改变世界，这是不争的事实。"未来十年，十大趋势重塑我们的生活"一文中提到的许多趋势，实际是科技探索发展发现创造的力量，已经在相关领域显示其威力。比如生物学与人工智能融合，医学与机器人技术融合。在科技、日常生活以及医药领域，都带来惊人的变化，攻克了一些在过去被认为难以解决的难题，使许多疾病得以治愈，人们的寿命得以延长，这无疑将会使人们有更多的时间去拓展兴趣，享受生活。从古至今，这样的科技进步层出不穷，不断引领改善着人类的生活。所以，我们会说，科技造福人类，科技创新发展的趋势影响我们的未来。

但我们也要看到，科技的发展也受许多条件的影响和限制。以新冠肺炎疫情为例，没有全球的团结抗疫，没有全球科学家们的团结协作，战胜疫情的时间可能就会拖得长久一些，许多人也会因此而丧生，对于那些不幸死于疫情的人们来说，何谈他们的未来呢？所以，不论外媒是总结 10 个趋势也好，还是 20 个趋势也好，人类最重要的未来，是要有一个和平、稳定、发展的大环境。科技的创新、科学的发展，离不开和平、稳定的政治环境、社会环境。影响我们未来生活最最重要的就是一个和平发展的世界大环境。只有在一个和平发展的大环境下，各国经济才得以发展，老百姓才能过上好日子，才能满足人民群众日益增长的物质和文化、精神等层面的需要。

当然，历史和现实都告诉我们，国家落后就要挨打，挨打的根源之一

就是科技落后。因此，经济体量大，并不代表我们就是强国了，还必须走科技创新、科技强国之路。我们要不断改善我们科技创新的环境，吸引更多优秀人才，用政策、制度保障科技创新发展。敏锐捕捉科技发展的大趋势，顺势而为，勇于探索，勇于担当，勇于创新。正如习近平总书记在两院大会强调的那样："中国要强盛、要复兴，就一定要大力发展科学技术，努力成为世界主要科学中心和创新高地。""把握大势、抢占先机，直面问题、迎难而上，瞄准世界科技前沿，引领科技发展方向，肩负起历史赋予的重任，勇做新时代科技创新的排头兵，努力建设世界科技强国。"

戚建国：是的，点到了科技发展的本质！不论外媒是总结 10 个趋势也好，还是 20 个趋势也好，人类最重要的未来，是要有一个和平、稳定、发展的大环境。科技的创新、科学的发展，离不开和平、稳定的政治环境、社会环境。影响我们未来生活最最重要的就是一个和平发展的世界大环境。

于守国：如德媒文章所言，十大趋势将重塑我们的生活。

科技已经并将继续影响生活、造福人类。诚然新冠肺炎疫情现尚未在全球得到有效的控制，但这丝毫不影响新的科技飞速发展，更不意味着可贬低其非凡价值。随着科学技术的不断进步，特别是跨学科领域科技创新的深化，我们应当对全球有效控制疫情、更加健康长寿、提升生活品质、提高工作效率等世界共同愿景，充满必胜信心。

以生命科学为例，该产业涵盖制药业、生物技术、环境科学、生物医学、神经科学、细胞生物学和生物物理学等。生命科学近年进步显著，未来在基础科学研究、机器人技术、人工智能、云技术、基因技术等方面，将取得新的突破和进步，并因遗传学技术进步，个性化医疗将快速发展，有专家曾预言，人类平均寿命不久将有新的突破。

叶小文：德国《商报》网站 2021 年 12 月 24 日发表题为《未来十年改变我们生活的十大趋势》的文章，称"世界各地的科学家和企业家正在颂扬能带来全新层面进步的创新，这或许还是工业革命开始以来的首次。这些突破因将两个领域结合起来而极具开创性，比如生物学与人工智能融合，医学与机器人技术融合。在科技、日常生活以及医药领域，以下十大趋势将在未来十年重塑我们的生活。"

不仅是"科学家和企业家"，作为战略家和革命者，我们更应以特有的敏感和喜悦，来观察和迎接这些"趋势"和"突破"。

马克思曾经给我们树立过光辉的榜样。"任何一门理论科学中的每一个新发现，即使它的实际应用甚至还无法预见，都使马克思感到衷心喜悦"。马克思曾经以超乎常人的敏感和喜悦，来迎接"蒸气、电力和自动纺织机"这样一些他称之为"危险万分的革命家"的问世。直到他临终前不久，还注意了第一条实验性输电线路的架设。马克思的这种敏感和喜悦，是革命者所必然具有的精神状态。因为"他把科学首先看成是历史的有力的杠杆，看成是最高意义上的革命力量"。他指出："随着一旦已经发生的、表现为工艺革命的生产力革命，还实现着生产关系的革命"。恩格斯《在马克思墓前的讲话》中所指出的，马克思对于科学技术新进展的喜悦，一到"当有了立即会对工业、对一般历史发展产生革命影响的发现的时候，他的喜悦就完全不同了"。

董强：科学家和企业家认为在科技、日常生活以及医药领域，十大趋势将在未来十年重塑人类的生活。而兼顾拯救气候和保持繁荣被列为十大趋势之首，这既突显了全球气候变暖已经成为全人类面临的涉及生存的最大挑战，又提醒人类将科技创新作为应对气候变暖最重要的措施来加快实施。

值得庆幸的是世界各国已对应对地球气候变暖和采取共同行动达成共识。应对气候变化作为 21 世纪的世纪工程，正在快速实施，并取得越来越多、越来越好的成果。我们自信人类有足够的智慧做到兼顾气候和保持繁荣，要做到和做好这一点，关键在于各国都要不等不靠地加快协调一致的行动。

戚建国：科技发展必须造福人类。当今世界，百年未有之大变局和经济全球化遭遇新挑战相互交织，对科学技术发展带来深刻影响，是造福人类，还是祸害人类，这是科技发展必须首先回答的重大问题。

其一，科学技术的宗旨是造福全人类，不是搞科技霸权。科技发展深刻地改变了人类命运，重构着社会生活。追溯科技发展史，不难发现，科技研究的初心就是探索未知，追逐真理，造福人类，它贯穿于科学技术发展始终，支撑并推动着科技进步与发展，这是时代文明进步的大趋势。但美国推行科技霸权，将科技问题政治化、工具化、意识形态化，不但影响科技发展，而且逆时代潮流而行，有悖于全球科技进步的规律，无益于全人类的福祉。应当顺应时代潮流，摒弃零和思维，以实际行动推动全球科技创新协作，走科技为共同发展服务的道路。

其二，科学技术的活力源自造福人类，不是搞科技封锁。科学技术不仅具有求真的功能，而且具有求善和趋美的功能。回顾科学技术发展的历程，那些维护人类生存、促进人类福祉、创造美好生活的科学技术往往具有强大生命力和发展活力，譬如当今时代的信息技术、人工智能、生命科学、新材料、新能源技术等，它们给人类带来美好生活，因而具有强大生机与活力，具有远大的发展前途。但美国把尖端技术作为一种封锁手段，尤其是对中国实行了70多年的科技封锁政策，这不仅违背了科技发展的自身规律，也损害了美国的自身利益。美国一方面限制高科技产品对中国出口，另一方面又谋求在中国的大市场赚钱。美国的政客与企业家，实际上是两个阵营。鹰派政客埋怨美国政府对华科技封锁不作为；企业家痛斥美国政客不懂市场规律，搞损害美国利益的乱作为。

其三，科技发展的目的是造福人类，不是在资本追逐下祸害人类。近代以来，在资本追逐利润的利益驱动下，科学技术一路疾驰猛进，造成了环境污染、生态破坏，各种新型病菌不断出现，全球气候变暖等乱象，直接威胁人类生存和发展。一方面说明，科技发展越来越偏离其本质和初心，亟待人类警觉；另一方面说明，科学技术不会自动趋善臻美、造福人类。科技的健康持续发展需要价值导航与社会呵护。

法国哲学家圣西门曾说："对全人类来说，只有一种共同利益，那就是科学的进步。"坚持科技以人为本，守护科技工作初心，开展国际科技合作，让科技创新更好地造福人类，这是科技事业发展的人间正道。

略谈从当前俄乌冲突看确保我复兴进程不可逆转的大策略

俄乌冲突如何发展，还有待观察。

一方面，冲突有可能逐渐陷入持久的僵局。苏联解体后的俄罗斯，作为一个曾经的超级大国，其国力的确在衰落了。虽然被北约东扩、乌克兰受美国唆使不断挑衅，逼到忍无可忍而绝地反击，但有点力不从心了。现在，俄罗斯在战场上保持局部优势。但只要一撤军，乌克兰就可能在美国支撑和怂恿下又把失地夺回来。

另一方面，俄乌冲突的实质，就是俄美冲突。但俄美互相还有忌惮，尚未踩对方底线——美国尽管使劲拱火、疯狂制裁，但并不直接出兵；俄罗斯很可能已经拿实了在全世界搞臭美国的底牌（美国在乌克兰研制生化武器中包括新冠病毒，病毒溯源，终于看到了罪魁祸首）但还没有摊牌，把美国的遮羞布彻底扒下来，激起全世界公愤。

山雨欲来风满楼。美国在忙于拱火俄乌冲突的同时，还始终不忘叫嚣、剑指中国，磨刀霍霍，不断接近踩台湾问题的底线了。

中国，是加紧备战？还是放手加大对俄罗斯的支持，加大背靠背的战略支撑？

这些重大决策，的确要认真研究，要坚决、谨慎、果断。

更重要的，是我们从这场冲突中，不仅可以学到未来战争的很多东西，更应该得到极大的警示。

我认为，应该要有这样的战略思考和战略远见了：

我们说，今天，"中华民族迎来了从站起来、富起来到强起来的伟大飞跃，实现中华民族伟大复兴进入了不可逆转的历史进程！"

但这个"历史进程"，是在"百年未遇之大变局"中展开的。

讲"不可逆转"，不是"没有阻力"，"没有难关"，"没有陷阱"，不是可以"两岸猿声啼不住，轻舟已过万重山"地自行到达终点。

"强起来"，还只是开端，只是"强起来"，是"ing"，是正"起来"，刚"起来"，甚至很多还是"将强未强"的状态（如我们的科技发展水平，我们的中、高端制造业，我们经济的高质量发展转型）。

"强起来"，仍然是立足于社会主义初级阶段的基础上；

"强起来"，更要天天警惕"中华民族到了最危险的时候……"

要实现"不可逆转"，必须靠中国共产党领导下的中华民族，万众一心、众志成城，坚韧不拔、踔厉奋发，韬光养晦、持续奋斗，有耐力、有定力，还要有巨大的凝聚力。

这个巨大的凝聚力，首要的是，在中国共产党的坚强、正确领导下，中华儿女大团结。

这个巨大的凝聚力，其次是，在当今世界变局中，中国能否继续善于团结一切可以团结的力量，调动和利用一切可以争取的积极因素，还善于化消极因素为于我有利的因素。

邓小平说过，"我们的现代化建设要取得成功，决定于两个条件。一个是国内条件，就是要坚持现行的改革开放政策。……还有一个是国际条件，就是持久的和平环境。""经验证明，关起门来搞建设是不能成功的，中国的发展离不开世界。"

今天的世界，还能有"持久的和平环境"吗？这个条件没有了，中国的现代化建设还要继续搞吗？中国的现代化建设能成功吗？

中国如果不得不靠"关起门来搞建设"，或者与俄罗斯、伊朗等"另拉圈子搞建设"，就能确保成功吗？

我们不是只看着美国今天如何衰落，而是要借鉴当年、特别是二战以来美国如何崛起，供我们应对俄乌冲突后的世界变局作参考。

中国，在大国冲突中仍然争取和平崛起，甚至爆发了"三战"仍争取相对于我国的"和平环境"，不是绝对没有可能，而是看中国为了真正实现"强起来的伟大飞跃"，实现"中华民族伟大复兴不可逆转的历史进程"，有没有、并能不能运用高超的战略、策略，有没有定力、耐力、实力和万众一心的磅礴之力，"任尔东南西北风"也能排除万难地干下去。

关于霸权主义和恐怖主义问题的分析

今天戚建国将军发的【战略参考】之 655 期中说道，英国《经济学人》周刊网站 5 月 30 日发表题为《埃尔多安谈北约扩大规模》，副题为《土耳其总统解释土耳其为何阻止瑞典和芬兰加入北约》的文章，作者是土耳其总统雷杰普·塔伊普·埃尔多安。文章称，恐怖主义是北约所有成员国面临的威胁，候选国在加入之前应承认这一现实。除非它们采取必要措施，否则土耳其不会改变在这一问题上的立场。

想起了我在 2001 年 9 月 26 日，美国纽约发生"9·11"恐怖主义袭击半个月之后写的一篇文章《关于霸权主义和恐怖主义问题的分析》。（参见本书《看待"9·11"何须百年后》附文）

认清中美冲突的实质

——再析布林肯 5.26《对中华人民共和国的讲话》露出的杀机

讨论"乌克兰危机可能的影响与对策建议",必须看到俄乌冲突的始作俑者,是美国为主导的北约不断东扩,在战略上把俄罗斯逼向绝境,并怂恿乌克兰不断挑衅使俄罗斯忍无可忍;战火烧起来后,又绑架欧洲一起不断拱火。"乌克兰危机"后面的主角,是美国。

我们以为俄乌冲突客观上有利于缓解中美冲突,但美国并不掩饰,更主要的是要针对中国。

5月25日,美国国务卿布林肯发表了《对中华人民共和国的讲话》。我在5月28日讨论的发言题目是《一篇对中国的新冷战宣言——析美国务卿布林肯5.26讲话》。过了十天之后的"周周论学",我发言的题目是《认清中美冲突的实质——再析布林肯5.26讲话露出的杀机》。

布林肯说,"即使普京总统的战争仍在继续,我们仍将继续关注对国际秩序提出的最严重的长期挑战——这是中华人民共和国提出的挑战。"这是叫板,中国才是美国的主要对手。

布林肯说,"我们并不是要阻止中国作为大国的角色,也不是要阻止中国——或任何其他国家——发展经济或促进中国人民的利益。"但"北京的愿景将使我们摆脱在过去75年里支撑了世界取得巨大进步的普世价值观。"因此,"我们将捍卫和加强维护和平与安全的国际法、协议、协定、原则和制度、保护个人和主权国家的权利,使包括美国和中国在内的所有国家能够共存和合作。"

这段话,倒是点出了中美冲突的实质,恰恰在于美国"要阻止中国发展经济或促进中国人民的利益",因为这客观上威胁了美国的既得利益。美国让中国加入世贸时，中国主要处于产业链的低端，只能为美国不断在高端攫取利益服务和作贡献。没有料到迅速发展的中国竟向着产业链的中、高端迈进，《中国制造2025》威胁已迫在眉睫。美国要保障其超级福利，中国也要争取美好生活。正是因为这个无解之局，美国将中国视为头号假想敌。布林肯说，"北京的愿景将使我们摆脱在过去75年里支撑了世界取得巨大进步的普世价值观"，这句话是要说，中国的发展将威胁甚至剥夺美国所谓"基于规则"的独霸产业高端谋利的特权。

我们说中美"合则共赢，斗则俱伤"。但美国要维护其霸主的福利，要想渡过危机只有牺牲中国。中国不愿意做待宰的羔羊，希望拥有公平合理的劳动变现权力。《战争与大国崛起》一书（载于线上"全国政协书院——图书馆——有声书库"），详细地叙述了几个世纪以来欧洲大国的争夺和一战、二战的历史。历史上在一个竞争资源的文明形态当中，只有战争能够重新分配权力，也只有战争才能阶段性地解决资源竞争的矛盾。当然，现在有核威慑，情况有所不同。但俄乌冲突中，美俄已在叫板，看谁先眨眼。黑格尔说过，"人类从历史学到的唯一教训就是，人类没有从历史中吸取任何教训"。

美国要阻止中国这头最肥硕的奶牛脱缰而去的方法是战争威慑。它们在十几年的时间里已经将资源转向亚太地区，进行着各种战争准备。美国在台湾问题上"切香肠"不仅是要试探中国的底线，而是要准备去踩底线、越底线，就像当年美国不会把"不得越过三八线"的警告放在眼里一样。我们说台湾不是乌克兰，但美国真有可能把台湾像乌克兰一样当作下一枚棋子，将中国拖下水。世界大战的火药桶在哪里？台湾一定是其中一个。

不要把希望寄予美国经不起一场同中国的战争，连阿富汗塔利班都能弄得美国灰头土脸。但美国的确是修理"老二"的专业户。200多年里，美国陆续地把大英帝国、西班牙帝国、日本、德国、苏联，这些超强对手相继踩在脚下。它们善于将软、硬实力完美地结合起来，选择最佳进攻点。

不要把希望寄托在中美之间有共同利益的捆绑。面对生存问题，任何利益都不起决定作用；何况这个利益还在不断地缩水，何况通过冲突还会彻底地改变利益结构，获得更大更长远的利益。

中国始终坚持走和平发展道路，这是基于自己的基本国情和文化传统，基于自己国家的根本利益和长远利益，必须坚定不移的战略抉择。和平发展道路对中国有利、对世界有利。当代中国既通过争取和平的国际环境来发展自己，又通过自己的发展来促进世界和平。中国当然要以最大的努力争取中美关系不要再恶化下去，但也必须认清中美冲突的实质。

中国要有威慑对手的足够力量，更要有敢于使用这种力量的战斗意志，并对任何级别的风险做好足够准备，才能维护和平。当年中国敢于应对美国挑战，反倒打出了和平，打进了联合国，打来了中美之间的接触和三个公报。以斗争求和平则和平存，以退让求和平则战必至。无备之战必吃大亏，有充分的硬实力、软实力包括美国说的"巧实力"，才能"不战而屈人之兵"。

在政协常委会小组讨论会上的发言

今天，本组讨论的专题是"加快绿色科技革命，加快区域协调发展和对外交流合作"。

对"绿色科技革命"，我们这里有很多专家，行业领导，大家的发言很有分量，很有价值，听了深受教益。

如果从"区域协调发展和对外交流合作"的角度来看，我认为，无论双碳战略实施，无论绿色科技革命，后面都有个更大范围的利益机制、利益协调问题，以及当前面临的美国向中国挑战，处处与中国为难的问题，也值得关注。

今天早上，在委员读书漫谈群里，吴尚之委员【图书推荐】之93《人类笔记》，尽管只是简介，却也令人深思。据介绍，这本书以人类的生存和生存所必需的资源为总轴线，以进化开智、生存资源存在的方式及其演化、人类围绕生存资源的规律性运动、利益关系、利益体及其演化等为基本关注点，依托现有事关人类历史的浩瀚记录，以独特视角品味，记述人类自太古时代到联合国成立那一刻的艰辛跋涉，聚散离合，爱恨情仇，成败兴衰和更替演进的经历。

这本《人类笔记》还没能读到，但从其独特视角，我想到今天美国为什么要与中国过不去？美国为什么要揪住中国不放？要害并不是美国说的价值冲突，制度冲突，而是实实在在、日益尖锐的利益冲突。

中国就是要发展自己，究竟招了谁惹了谁？美国国务卿布林肯前不久的公开演讲说，"北京的愿景将使我们摆脱在过去75年里支撑了世界取得巨大进步的普世价值观。"因此，"我们将捍卫和加强维护和平与安全的国际法、协议、协定、原则和制度、保护个人和主权国家的权利"。这段话，点出了美国就是要和中国过不去的实质，恰恰在于美国"要阻止中国发展经济或促进中国人民的利益"，因为在美国看来，这种发展和利益，客观上威胁了美国的既得利益。美国让中国加入世贸时，中国尚处于产业链的低端，只能为美国不断在高端攫取利益服务和作贡献。没有料到迅速发展的中国竟向着产业链的中、高端迈进了（"中国做什么，就把什么作出白菜价"）。美国最愤怒的是《中国制造2025》，在它们看来，这简直就是要抢美国的饭碗了。美国要保障其超级福利，中国也要争取美好生活。美国将中国视为头号假想敌，是因为中国的发展将威胁甚至剥夺美国所谓"基于规则"的独霸产业高端谋利、继续在全世界薅羊毛的特权。好啊，你现在还要进一步搞绿色科技革命，通过推进"双碳"工作破解资源约束瓶颈，实现可持续发展和推动经济结构转型升级，要到处搞绿水青山，要把绿水青山都变成金山银山，要走到发展的更前沿、更高端。真是"一山放过一山拦"，你要让美国过什么山？

我们讲中国的主要矛盾，在国内是"人民日益增长的美好生活的需要与发展不平衡、不充分的矛盾"，但这个矛盾从国外来看呢，美国的"发展能平衡、能充分"吗？我们说中美"合则共赢，斗则俱伤"。中国只是不愿意做待宰的羔羊，希望拥有公平合理的劳动变现权力。但美国要维护其霸主的福利和权力，谁对此有碍，就要和谁过不去。

所以我认为，还需要从更深刻的背景，也就是百年未遇之大变局的背景中，去研究"加快绿色科技革命，加快区域协调发展和对外交流合作"。

（2022年6月21日）

讨论"乌克兰危机的发展趋势"发言

无论乌克兰危机的发展趋势如何,对我们中国来说,百年未遇之大变局的最大考验,是中国如何妥善应对、善于化解"和平崛起"进程中大概率的"不和平"因素。

中国坚决摒弃冷战思维,高举和平、发展、合作、共赢的旗帜,坚持走在和平发展、合作共赢之路。但必须看到,一个世界上最大的发展中国家要走上坡路、要崛起,一个世界上最大的发达国家在走下坡路、在衰落。尽管太平洋足够大,放得下中国,也容得下美国,但毕竟是狭路相逢,两强相遇。

一个还处在强势地位的下坡者,不可能容忍尚在相对弱势地位但容易强起来的上坡者之"和平崛起"。

这,就是美国动不动就要用"实力地位"来挑衅、遏制中国的原因。尤其在它感到自己的"实力地位"受到挑战、受到威胁而正在削弱时,就更加色厉内荏、变本加厉。

中国怎么应对?

狭路相逢勇者胜。我们要靠实力、有勇气,发扬斗争精神,增强斗争本领,凝聚起全党全国人民的意志和力量,战胜一切可以预见和难以预见的风险挑战。

狭路相逢智者胜。我们要靠定力和耐力,靠智者胜。中国的最好选择是绕过这个最大的绊脚石,少与其正面相斗,而是稳步发展自己,抓紧壮大自己,"两岸猿声啼不住,轻舟已过万重山"。

如何才能做到?

第一,抓住、用好稍纵即逝的战略机遇。

三个战略机遇期：

——冷战，中美建交（与美国缓和）；

——"9·11"事件（与美国再次缓和）；

——这一次（难以与美国缓和，但毕竟又一次缓解直接对我的压力，看我怎么经营、应用）。

美国加强军援、加紧制裁、加大舆论攻势、加强联盟，要逼俄罗斯于死地，但明确底线是不直接参战（美国《星条旗报》网站3月26日报道："美国能够以所谓'绝对重击侵略者'的方式，调动'它在全球金融体系中的主导地位'以及它的盟友网络)"。

第二，增加内敛功夫，坚定战略定力。

内部坚定信心："中华民族迎来了从站起来、富起来到强起来的伟大飞跃。"

对外不多喊、不早喊"强起来"。闷声发大财，少说多干。

既要看到"我们比历史上任何时期都更接近、更有信心和能力实现中华民族伟大复兴的目标"，更要清醒地认识到前进道路上仍然存在可以预料和难以预料的各种风险挑战；清醒地认识到我国仍处于并将长期处于社会主义初级阶段。越是接近目标，越是要以"行百里者半九十的清醒"韬光养晦。

第三，增长缠斗本领，善于战略周旋。

美国学者也将中美两国的复杂关系，形容为"两国紧紧纠缠在一起"。

中国是在全球化的大趋势、大浪潮中崛起（尽管分工和产业链的断裂导致全球化暂时受挫，气变和疫情大流行却在日益加剧全球化趋势）。

第四，打好太极拳，还要打好足球。

我们善于打太极拳，还要学会踢足球（足球的教训：两种体制缺点的叠加，进攻和防御混战的难以适应）。

乌克兰危机的历史经纬——摘自
叶小文、戚建国的讨论

叶小文：

　　　　　一个硬撑强权的超级大国
　　　　　导演一场木偶戏
　　　　　用长线牵着一个喜剧演员
　　　　　押着一个国家
　　　　　拽着一个欧洲
　　　　　为维持世界霸权疲于奔命

戚建国：

　　　　　一个号称无敌的霸权大国
　　　　　挑起一场代理人战争
　　　　　用美援支撑乌克兰
　　　　　用军火拼抗俄罗斯
　　　　　制裁一个国家
　　　　　拖累一个欧洲
　　　　　影响一个世界
　　　　　为拖垮俄罗斯而拼命
　　　　　为耗垮美利坚而送命

从德国、美国、俄罗斯、中国四个角度来看

今天的主题是《乌克兰危机对能源、金融领域的影响与对策建议》，分别从德国、美国、俄罗斯和中国四个最主要的角度，理清粗脉络，条分缕析。

一、德　国

欧洲各国中，德国对俄罗斯的油气进口依赖尤其之高，德国进口 32% 的管道天然气，45% 的煤炭和 26.28% 的石油都来自俄罗斯。这也是德国在此次制裁中态度犹豫的原因，因此德国是这轮"经济战"中关键中的关键。

读【战略参考】之 606

能源危机对德国将带来什么

本想"北溪 –2 号""引气入国"

却成了罪魁祸首"引狼入室"

打掉了门牙只能往肚子里吞

跟美国霸主，有何好果子吃？

经济相互依赖的程度和方向要与自身的外交和政治目标相契合。从欧盟这次在经济制裁上的尴尬处境我们可以看到这种不匹配造成的后果。欧盟国家在能源供应上高度依赖俄罗斯，但是其外交政策又不是建立在接纳俄罗斯作为西方世界一员的基础上。政治上的互相猜忌和不信任与能源上的不对称依赖，造成欧盟在此次经济制裁中的两难境地。

欧洲目前要摆脱俄气，大概需要将近十年时间，这注定是一场漫长的

告别。德国尤甚。对俄罗斯能源出口的全面制裁不仅意味着西方与俄罗斯的彻底决裂，也是国际能源市场的至暗时刻，因为全球供应链承担着非常大的压力。

二、美　国

读【战略参考】之 607 点评：美国在能源问题上绑架欧洲的阴招

英国学者马丁·雅克：俄乌冲突加剧欧洲衰退进程
美国成最大赢家

美国这回使了阴招。眼看着"北溪—2"即将开通，拉紧了俄欧关系，美国今后如何玩转欧洲？故千方百计挑起俄乌冲突，挥舞制裁大棒，断了油气念想，彻底绑架欧洲。

这一招，犹如一举击沉"莫斯科号"导弹巡洋舰，看得很准，打得很痛，美国暂时成了最大赢家。

但还得走着瞧，有道是："机关算尽太聪明，反误了卿卿性命"。

对欧盟来说，北溪二号通道停止了，美国虽然可以成为较大的赢家，但是长远来看，即便美国 LNG 全年出口量全部供往欧洲，也无法解决欧洲的全部缺口量，更何况美国 LNG 还要供往亚洲市场。所以受反作用力最大的还是欧盟，自身所追求的战略自主也受到了很大的打击。

三、俄罗斯

这一轮制裁本质上是一场能源战，西方国家如果堵不住俄罗斯的能源出口，短期制裁效果将十分有限。

中美俄是一个能源三角。美西方必须把石油价格打到 50 美元以下，这样才能真正遏制俄罗斯财政。但如果把世界市场上的油价打到 50 美元以下，中国又将是非常大的受益者。因此，对于西方而言，这是一个"两难目标"，在油价问题上，美国不可能同时实现削弱俄罗斯和打压中国这两个目标。中俄在能源问题上的抱团取暖将是必然的。

从制裁后果来看，由于俄罗斯一直在去美元化，加上其掌握油气出口、粮食出口以及关键矿产资源出口三个杀手锏，短期之内不会对俄罗斯经济产生致命影响。俄罗斯的石油和天然气出口分别占世界的 11% 和 12%，所以油气等能源贸易才是整个制裁与反制裁的关键。世界上有的国家需要俄罗斯的油气，有的国家不需要。但俄罗斯的财政的确高度依赖油气收入，占其财政总收入的 50%。也就是说，美西方只有堵住俄罗斯的油气出口，才能打击俄罗斯的财政，因此这次制裁本质上主要是一场"能源战争"。如果俄罗斯的油气出口卡不住，那么制裁对俄罗斯经济的短期影响将比较有限。

2020 年，中国进口了俄罗斯原油出口的 27.3%，因此只要中国不参加制裁，俄罗斯 1/4 的原油出口收入就是安全的。此外，韩国也有比较大的份额。而欧洲作为进口俄罗斯油气的主要对象，是这一轮制裁的关键。如果欧洲不能下定决心制裁俄罗斯的油气的话，这一次制裁基本上就是雷声大雨点小，特别是荷兰从俄罗斯的原油进口额占其出口量的 16.5%，德国占 7%，还有波兰、白俄罗斯等一些国家。而在天然气方面，欧洲对俄罗斯进口的依赖度更高，2019 年欧洲进口天然气的 41.1% 来自俄罗斯。

四、中　国

从这次美俄制裁与反制裁大战，我们应该未雨绸缪，看到什么？

美国一直认为，全球化让中国占了大便宜，必须与中国脱钩、去全球化。但毕竟动作太大，所以这次美俄制裁与反制裁大战的实质，是美国先拿经济体量小得多的俄罗斯来试水，为将来与个头大的中国决战作准备。

但正如丁伟所说，乌克兰危机已使美国一贯标榜的所谓市场、契约、信誉、道德原则和精神荡然无存，是美国走下神坛的重要标志。

于守国的分析一针见血：美国战略上历来狂妄自大，俄乌冲突以来，对我国战略遏制围堵一刻没有消停，频繁挑战我核心利益。不少美政客对近期与俄"混合战"充满自信，认为对俄极限制裁做法，可如法炮制用于对华。美反华议员格雷厄姆曾狂言，"是时候让中国付出代价了"。我们可能将面对这样的严峻局面：经俄乌冲突，美增强了激我破局、趁机纠集盟国全面对我制裁封锁，或提前摊牌、主动将中俄捆绑一并开启"新冷战"的冒险冲动。

也正如裘援平的分析，全球经济和金融格局出现新变化。美国对俄（包括对华）制裁的战略目的之一，是要重构排除中俄等国的全球经济贸易体系，这从美对俄的"切割"中可见端倪。全球经济一体化可能出现板块化趋势。即从地理相近国家经济区域化，向意识形态、社会制度和文化理念等相近国家板块化发展。有可能呈现三大板块：一是美国及其周边国家、与美意识形态和社会制度亲近国家，形成互联互通的大市场和相对独立的产业链供应链。二是在德法引领下进一步发展欧洲经济一体化，增强自身产业链和供应链的韧性。三是中国及周边东亚、中亚和"一带一路"沿线国家，推进几个"同心圆"的区域合作，形成更加紧密的自贸体系和产业链分工，对其他地区一些国家具有吸引力。世界金融从中心化也开始向多极化转变。

我们当然应该顺势而上，加强与俄罗斯联手，抱团取暖。客观上，还不能作最后与美国为首的西方脱钩的准备。

地缘政治方面，俄罗斯同西方关系的紧张会使俄罗斯更加坚定地转向，俄外交转向东方；欧洲为增强自身战略自主性，会寻求与中国的合作，如刚刚召开的中欧峰会；美国强行将俄罗斯与欧洲脱钩，把俄罗斯牵制在西边，腾出手来剑指中国。

但中俄贸易会增加，因为受到西方的限制，俄罗斯进出口将转向中国、印度、土耳其等市场，这些都属于人口大国。缺少了欧美的竞争，而且俄罗斯对不友好国家取消了专利费，中、印企业迎来了机会，有利于增加中俄贸易。俄乌冲突爆发后，中国手机在俄罗斯销量翻了一倍，可以很好地说明问题。另外，由于俄罗斯与西方相互制裁、隔离，以后借道中国的转口贸易会有所增长。

毕竟，能源、粮食、轻工业品，中国与俄罗斯正好互补；同时争取与俄罗斯联手保持并加强战略核威慑，就算脱钩，我们的日子也过得下去。但从抓住、用好稍纵即逝的战略机遇的角度来看，我们还要有更深层次的战略考量和战略运筹。

我们常说的所谓三个战略机遇期，毕竟客观上都是与美国、西方不同程度的缓和背景下，中国大力推进改革开放，进入世界市场而快速发展起来。

读【战略参考】与戚建国讨论

读【战略参考】之 637

美共和党议员：债务、通胀、移民……
美国这些问题都不是普京的错

俄罗斯是美国的"出气筒"，但美国的"气"，自不打一处出。国内矛盾重重，危机四伏，靠转移危机，就让人心服口服？

"债务、通胀、移民……美国这些问题都不是普京的错"，新冠肺炎美国死人百万，难道是"死者的错"？

将国内的高通胀，归咎于"普京涨价"，拜登的智力水平，就是如此被天下笑话。

维持世界霸权、到处去割韭菜的日子，再也难以为继。

一肚子戾气的美国，气还要往哪里出？

戚建国【读小文漫谈有感】

世界大格局如何发展难以预测，
美国的气数似乎早已命中注定，
天道轮回当是铁律正由盛转衰，
挑事点火祸害世界终引起众怒，
试看到处割韭菜维持美式霸权，
正在无事生非中走向穷途末路。

读【战略参考】之 648

精心策划的"亚太战略",

正在紧锣密鼓,喧声震天。

处心积虑的"亚太经济框架",

又由总统推销,跑了一圈。

为了遏制中国发展,

无所不用其极,

为了维持世界霸权,

图穷则匕首见。

什么"经济框架"?

德国人也看出来了,

"这是关于政治上的依赖,

而不是经济上的依赖"。

戚建国【读小文漫谈有感】

美国"印太经济框架"属于哪一类?首先要划出一个大大的问号,看透其背后隐藏的图谋。

美国企图"重新主导"亚太经济架构,目标是遏制中国经济发展,打造为印太战略服务的美国经济工具。

"印太经济框架"打着合作之名,行排他之实,企图建立美国主导的贸易规则,重组产业链体系,让地区国家与中国经济"脱钩"。

"印太经济框架"的前提是"美国优先",将注定走不远;美国借"印太经济框架"孤立中国,也注定落得损人害己的失败下场。

读【战略参考】之 654

美国反战的声音

美国人是否听到

抑或是言者谆谆

听者藐藐

毕竟"皇帝的新衣"

其实赤裸裸哪里穿衣

事实的真相

多数人看得更清

1914，一战爆发

2014，炮声又起

但世界早非百年前的 1.0 版

美国越干越发心虚

戚建国【读小文漫谈有感】

基辛格有言在先，做美国的敌人是危险的，但做美国的朋友却是致命的！

现在一些国家仍然想要做美国的朋友，那就等于是把生死交到了美国手上。

北约借助乌克兰，一只脚踩在了俄罗斯的门槛上，俄罗斯可不会答应！

发起特别军事行动的俄罗斯，必然会让美国人懂得在俄罗斯家门口不是美国人说了算！

过去常讲："世界乱不乱，美国说了算"。但从大趋势来看，美国乱不乱，也要别人说了算！

读【战略参考】之 656

这与其说是场新的冷战

不如说是欧洲的创口在溃烂

这与其说是一场代理人战争

代理人后面的主子已迫不及待

这与其说是一个尚且有限的局部冲突

全世界都在核战的阴影下发颤

拜登总统那次登机只是摔个跟斗

这回可真要向着棺材里大干

戚建国【读小文漫谈有感】

> 北约本应随着冷战的结束而自然消失
> 可是美国为称霸不断创造新对手目标
> 中俄已成为美西方结伙打击战略目标
> 这是一场将决定大国命运的殊死搏杀
> 坚信在历史潮流中人类将会迎接曙光

读【战略参考】之 657

评拜登《纽约时报》撰文

> 总统亲出面
>
> 拜登写文章
>
> 欲挺美利坚
>
> 大家莫悲伤
>
> 霸权要至上
>
> 色厉而内荏
>
> 一面下狠手
>
> 一面切香肠
>
> 一想核大战
>
> 自己也彷徨
>
> 送点榴弹炮
>
> 见风遛下场

戚建国【读小文漫谈有感】

> 美国总统怎么了：陷入战略怪圈
> 奥巴马怎么了：亚太要变天——实施亚太战略再平衡
> 特朗普怎么了：印太要变天——实施印太战略大博弈
> 拜登又怎么了：欧洲要变天——实施对俄封锁大制裁
> 这世界怎么了：人心要变天——人类需要命运共同体

叶小文：

> 三任总统在何方
> 一堆荒冢草没了

读【战略参考】之 659

美媒文章：美要把俄乌冲突推向无法收场

> 拉起群伙打群架
> 猛撕狂咬露獠牙
> 乱成一团要划线
> 别把核弹引爆炸
> 流血流脓我不管
> 岂能让我也烧化
> 内院一片乱纷纷
> 都怨拜登贼胆大

戚建国【读小文漫谈有感】

随着乌克兰危机演变，美西方内部利益冲突和矛盾不断激化，欧盟正面临着新一轮分裂。

原因之一：欧盟在能源上与俄罗斯脱钩陷入两难境地。无论是寻找新来源、发展替代能源抑或是推迟煤电和核电装置的退出，欧盟都将面临能源成本、转型瓶颈以及各成员国利益难以调和的战略难题。

原因之二：欧盟成员国固有的矛盾。能源困局只是促成欧盟分裂的因素之一，欧盟成员国之间一直存在着严重的南北矛盾和东西矛盾。乌克兰危机从能源、粮食、民众等根本问题上成为欧盟分裂的引子，将欧盟内部的种种分裂摆上了台面。

原因之三：欧盟分裂的本质是缺少战略自主。在能源困局和欧盟分裂的背后存在更深层次的因素，即欧盟乱局的本质是在全球化"进二退一"大背景下，欧盟的战略自主意识淡化，跟随美国战略的欧洲注定四分五裂！

读【战略参考】之 662

德国绿党前主席特里廷："全球化 2.0"才是化解危机之道

如何"通过政治来塑造全球化的 2.0"
美国岂能收敛独霸世界的欺凌？
"多极化的 2.0"如火山爆发前的地火涌动
这才是"全球化 2.0"的真正的呼声

戚建国【读小文漫谈有感】

展望即将到来的全球化 2.0 时代，可以作出如下预测：随着美国走下霸主神坛，世界政治和经济的两极分化似乎越来越不沿着过去一个世纪的东西向轴线排列，而是沿着南北向轴线排列。

南北之间的地理边界将越来越模糊。世界范围内的和合南北，将会加快经济全球化形成，这将成为 21 世纪的大趋势！

北方摆脱不掉南方，南方也不能没有北方。人类命运共同体的理念将会成为共识，全球化 2.0 时代将为人类带来希望和光明。

叶小文 @ 戚建国：

东西争下去
不是个东西
南北大发展
可展望南北
新的全球化
会势不可挡
新版二点零
迟早当来临

读【战略参考】之 664

关于美元霸权的讨论

美元武器化

成了一把刀

杀人不见血

制裁当高招

害人不损己

何惧罪滔滔

刀刃转向内

美国一团糟

戚建国【读小文漫谈有感】

当前世界大变局充满了不确定性，尽管建立多极货币体系将是困难的，但美元霸权受到挑战的种子已经播下。

以美元为中心的国际货币体系将不可避免地转变为某种新的金融系统，这在人类历史上已经发生过不止一次。

100 年前，美元的力量被称为美元外交。第二次世界大战后，尤其是1989 年苏联解体后，这种力量演变成了美元霸权。

当今，挥霍了这么多年的"过度特权"后，美元的主导地位是否即将终结？历史会证明一切！

【委员自约书群】的讨论

戚建国 @ 张嘉极—台湾民主自治同盟：

下午好！为深入思考问题，有心得体会，有诗词言志，当应点赞！

美国的世界霸主地位体现为三点：科技霸权、军事霸权和金融安全。科技霸权是基础，保证军事霸权，军事霸权强行把美元和黄金、石油等必需大宗商品绑定，保证了美元的国际支付工具地位，有了这个地位，美元就占据国际货币储备的绝对份额，那么只要一个国家有国际贸易的需求，就被迫使用和储备美元。

读【战略参考】之 667

方式出人预料！英媒：俄乌冲突重塑世界

的确是"俄乌冲突重塑世界"

实质是美国为了霸权搞乱世界

一面是北约跟着美国武装到牙齿

一面是世界粮食、能源价格飞涨，通胀飙升

活得不耐烦的要作死

活不下去了的要造反

大变局的弦越绷越紧

"重塑世界"的烈火已经点燃

戚建国【读小文漫谈有感】

美西方指责乌克兰的"抗俄大业"没有什么进展，原本希望挖个坑埋俄罗斯，结果发现可能埋的是自己。

随着乌克兰逐渐掏空西方的武器库存和资金，西方对援助乌克兰的兴趣正在急速减退，华盛顿开始考虑榨取乌克兰的"剩余价值"。

乌克兰正在输掉冲突，无论西方国家向乌克兰军队提供多少军事装备，都无法改变这一结果。

乌克兰人在计算这场冲突的最终成本时应该记住这一点，美国与欧盟在与乌克兰打交道时永远不会忘记"利益是永恒的"。

读【战略参考】之 669

英媒文章：西方分歧或令乌克兰陷入一场旷日持久的消耗战

主子消耗代理人

耗着耗着已走神

号子喊很震天响

其实目的很不纯

乌克兰是一把刀

借刀杀人出高招

无奈此刀已卷刃

舞刀者也乱了套

乌克兰是一把火

隔岸拱火最稳妥

无奈火势控不住

跟着一起吃苦果

乌克兰人不是人

可用可弃不费神

无奈人民会觉醒

看清美国是鬼魂

戚建国【读小文漫谈有感】

看清美国是鬼蜮，在乌克兰危机中，美国扮演了什么角色？法国欧洲议会议员赫维·朱文认为，在俄乌冲突中，美国扮演着挑起冲突的角色，希望利用俄乌冲突控制欧洲，并阻挠欧洲在安全事务上独立自主。

作为乌克兰危机的始作俑者，美国为何这样做？其终极目标是什么？

之一，遏制打压俄罗斯。20 世纪末至今，全球化的发展使"冷战"几乎成历史。"冷战"其实从未结束，以美国为首的北约从未停止"冷战式"攻势。美国将北约势力扩至俄罗斯的"窗台"，并将乌克兰变为北约抗击俄罗斯的前沿地带。

之二，绑架欧洲上"战车"。拜登政府为何挑唆俄乌冲突？美国希望借此继续削弱俄罗斯的影响力，将欧洲牢固地绑在"战车"上，这样，可断绝部分欧洲国家与俄罗斯业已建立的经济伙伴关系，同时为美国转向全面实施"印太战略"作准备。

之三，终极目标是维护美国霸权体系。"印太战略"的真正目的是企图搞印太版的"北约"，维护以美国为主导的霸权体系，冲击以东盟为中心的区域合作架构，争夺印太乃至世界主导权。

读【战略参考】之 680

德国扛不住了，"现在天然气是稀缺商品"

本来要开通"北溪 –2"号

美国佬气得在一旁咆哮

现在被一把掐断

要启动"二级警戒"

不惜被断供断气

跟着唱制裁大戏

眼看要经济衰退

继续再援乌武器

德意志丢掉意志

全欧洲都没主意

被美国拖下了水

再往下还要憋气

戚建国【读小文漫谈有感】

俄乌冲突损害欧洲经济和安全利益，却有助于实现美国战略意图。制造欧俄能源脱钩，使本无竞争力的美国油气快速占领欧洲市场。随着欧俄对立加深，美国既强化了对欧洲的控制，也可以欧制俄。在应对俄乌冲突方面，美欧双方受影响程度与战略意图明显不同。欧洲需要构建持久和平稳定的新安全框架，这将增强欧洲战略自主。欧洲的自主不符合美国利益，一直遭到美国或明或暗的掣肘和反对。乌克兰危机进一步表明，欧洲经济和安全必须依靠欧洲的战略自主。

读【战略动态】之 682

美联社：从"美国回来了"到"美国正在倒退"

"美国回来了"，

还是"美国正在倒退"？

这是一个问题。

"最后的晚餐",

还是"最后的 G7",

这里有幅漫画。(画略)

戚建国【读小文漫谈有感】

美国是不是正在衰落?看看特朗普近日之评说:

特朗普称,在拜登的领导下,美国已经沦为一个"正在衰落的国家"。

特朗普说:"把两年前的美国和今天的美国做个比较,今天的情况不太好。(两年前)没有通货膨胀,俄罗斯去乌克兰打仗的事永远不会发生,永远不会。"

特朗普指责拜登是"我们国家历史上最糟糕的总统",称他为美国前总统吉米·卡特和大萧条早期的总统赫伯特·胡佛的"结合体",并声称在短短两年内,美国已经失去了它的"伟大"。

特朗普说道,"这是一个向委内瑞拉和沙特阿拉伯乞求石油的国家……这是一个以前所未有的方式将执法部门武器化来对付反对派政党的国家。这是一个不再有新闻自由或公平新闻的国家。你们得到的只有假新闻,它们是人民的敌人。这是一个不再允许言论自由、犯罪猖獗、经济崩溃的国家……也许最重要的是,在过去两年里,这个国家不再受到全世界的尊重或倾听。这是一个在很多方面都沦为笑话的国家。"

当然,特朗普之说是有其政治目的,但也从一个侧面反映出美国正在衰落!

读【战略参考】之 694

俄媒:对于西方援助来说,乌克兰是个填不满的无底洞

国内的通胀不断高企

国外又造出一个"无底洞不断吸金"

美国像一只疮疤流着脓的老虎

"乌克兰就像一只饥饿的小鸡"

"不管听起来多么奇怪，

这是一种资本的投资"

只要军火集团大赚一把

只要中间商也跟着饱餐喂肥

贪婪自有贪婪的逻辑

霸权自有霸权的道理

帝国自有帝国的主义

战争就是立足的根柢

戚建国【读小文漫谈有感】

面对乌克兰的需求似乎是一个无底洞。美国福克斯新闻网称，俄乌冲突以来，拜登政府已为基辅提供 80 亿美元的安全援助。

2001 年 10 月 7 日，小布什下令对阿富汗实施军事打击，福克斯新闻网提到，到 2006 年底，美国当时花费逾 74 亿美元。而阿富汗战争以塔利班控制喀布尔、美国完败而告终。

福克斯新闻网认为，尚不清楚 2022 年美国最终将为乌克兰危机花费多少，但根据美国政府官方对外援助统计网站数据，截至目前，美国对乌克兰的安全援助已经超过了其在阿富汗战争前五年的花销。

福克斯新闻网称，美国最新援助计划是与乌克兰协调制定的，以满足乌克兰在前线的需求。就在此时，俄罗斯总统普京宣布在乌东部卢甘斯克地区取得胜利。

如此下去，美西方将面临乌克兰不断增长的需求，同时也将面对乌克兰一场接一场败仗。乌克兰会不会成为第二个阿富汗？人们拭目以待！

读【战略参考】之 688

俄媒文章：北约希望俄乌战事"长期化"

源源不断提供武器

维持一个战争泥潭

死缠烂打绝不松手

美国北约抱成一团

经济制裁层层加码

不断给你制造混乱

如此干掉一个大国

美国打着如意算盘

戚建国【读小文漫谈有感】

　　美国的如意算盘是：利用乌克兰最大程度牵制和消耗俄罗斯是其战略目的。美国通过援助为乌克兰输血，让乌克兰持续牵制和消耗俄罗斯，挤压其发展空间。

　　美国试图利用俄欧矛盾来主导欧洲，破坏欧洲战略自主意图。美国利用乌克兰这颗棋子制造并推动俄欧矛盾，令俄欧互相消耗。

　　美国能够趁势打压欧洲谋求战略自主，实现美元资产避险功能上升、军工综合体利润滚滚、石油天然气价格上涨对其国内能源产业的利好等一些潜在收益。

　　欧洲无疑也是俄乌冲突的受害方，欧盟对俄加剧的敌意将严重掣肘德法等欧陆大国，使之很难扮演欧洲意见领袖和具有战略自主性的大国角色。

　　美在俄乌冲突中美国的信誉严重损伤。美国为自身利益将战略伙伴当成炮灰的做法，势必影响美国形象，使其他国家对美国所谓的安全保护承诺失去信心，这将从基础上动摇美式霸权的地位！

读【战略参考】之 687

美专家：北约助"燃"俄乌冲突反过来"烧"及自身

俄乌冲突——一场"代理人战争"

美国是被代理的主子

乌克兰是执行代理的凶手

北约是跟班代理的帮凶

"代理人战争"主子

不断拱火，又怕拱出核战火

送几架无人机，毕竟机上无人
送几门榴弹炮，随时准备开溜
通胀处于 40 年来的最高水平
"外交政策的国内基础远比过去更脆弱"

"代理人战争"凶手
高喊着"要流尽最后一滴血"
人民在一天天遭罪
领土在一块块丢掉
好好一个乌克兰
折腾得乌七八糟
"代理人战争"帮凶
助"燃"俄乌冲突反过来"烧"及自身
突然发现"这场冲突的影响
涵盖了种类广泛的众多问题"
好好一个欧洲
绑在美国的战车上晃晃荡荡

戚建国【读小文漫谈有感】

俄乌冲突像一面镜子，照出了美式代理人战争的"小算盘"，揭露了美国通过代理人战争"以乌制俄""因俄控欧"的地缘政治"大阴谋"。

以代理人战争形式展开对抗，可以在低成本消耗下达到维系盟友体系、巩固军事集团、保持势力扩张等目的，实现"利益最大化"和"风险最小化"。

作为世界头号霸权国家，美国正是操弄代理人战争的行家里手。据美国"拦截"网站最新报道，2017 年至 2020 年，美国通过秘密项目在全球开展了至少 23 次代理人战争，其中至少 14 次发生在中东和亚太地区。

此次俄乌冲突，美国不惜牺牲欧洲盟友的利益，直接在俄罗斯家门口放火浇油。这是一种跨越红线的危险行为，乌克兰成为美国这种尝试的试验区。

　　这次美国的如意盘算可能要算过头，西方国家表面上都支援乌克兰，又怕惹火上身。俄乌战争拖得越久，西方国家就会出现不同声音，解决不好就会出现内乱，美国老大位置不保，国际秩序就会重新排序。

读【战略参考】之 686

美学者认为俄乌冲突或成"拜登的第二个滑铁卢"

　　　　从纠集一伙喽啰
　　　　一起围攻、撕咬俄罗斯
　　　　到喽啰即将作鸟兽散
　　　　自己也已筋疲力尽
　　　　"拜登总统和我们北约盟友的议事日程，
　　　　已经从期待军事胜利，
　　　　变为祈祷政治生存。"
　　　　"一些不祥迹象正在显现，
　　　　美国可能正在带领北约，
　　　　走向更为严重的战略羞辱。"

戚建国【读小文漫谈有感】

　　北约是世界上最大的军事机构，不过，这 30 个国家中，也就美国有和俄罗斯一较高下的实力，其他国家都在跟着美国拱火。

　　俄罗斯和乌克兰之间的战争，实际上就是美国和俄罗斯之间的战争，就如同英国在第二次世界大战中一样，一旦美国战败，就会面临霸权的失落。

　　在俄罗斯面前，美国就算有这样的想法，也没有任何一个北约国家有这样的勇气。北约各国在面对弱小的国家时，可以一拥而上，从中获取利益。在俄罗斯面前，北约缺少不惜一战的胆量和实力。

　　以俄罗斯的民族性格，一旦和北约开战，没有人能够预料到一场战争的最终走向，因为这是一场豪赌，可能会赌的北约走向灭亡。

读【战略参考】之 695

外媒：新兴国家不愿在美俄之间"选边站队"

想劝中国也来入伙撕咬俄罗斯
只能说美国的脑子里进了水
要逼新兴国家都出来选边站
只能是美国费尽心机说破嘴

戚建国【读小文漫谈有感】

在联合国 190 多个成员国中，有 140 多个国家未参与对俄制裁，这些国家总人口多达 60 多亿。

世界上绝大多数国家不赞成采取缺乏国际法依据、没有安理会授权的单边制裁和长臂管辖，都反对选边站队和阵营对抗。

乌克兰危机不仅不会将广大发展中国家推入美西方大国的保护伞下，反而促使更多国家抛弃幻想，更加团结一致推动国际秩序向着更加公平合理的方向变革发展。

读【战略参考】之 697

对俄制裁的后果会很痛苦

俄罗斯的警告
欧洲当耳边风
再挥制裁大棒
喝西北风过冬

读【读小文漫谈有感】

夏季过后是秋冬
缺油少气迎寒风
制裁持久反伤身
盘耗之战谁称雄

读【战略参考】之 698

美国试图利用乌克兰危机阻挡世界多极化的脚步

美国和西方国家没有"敌人"无法生存

在没有"敌人"的一个世界

美国和西方国家无法认识自己

无法解释自己的存在

因为心中有贼

总在贼喊捉贼

窃贼大盗眼中

只有贼的世界

一定要有"敌人"

进行军备竞赛

拉起一群贼伙（建立联盟）

不断挑起大战

历史上一直如此

今后也将如此

谁想和平发展

就当死敌来干

戚建国【读小文漫谈有感】

美国《外交政策》杂志刊文指出，以美国为首的西方国家滥用贸易和金融制裁，必将导致各国在国际贸易中如履薄冰，进一步损害全球化进程。

——美国是历来采取经济制裁措施最多的国家，且近年来越来越频繁。过去 20 年间，美国实施的制裁数量增长了 10 倍。

——仅 2017 年至 2019 年，美国发起的单边制裁就达 3200 项之多。截至 2021 财年，美国已生效的制裁措施累计达到 9421 项，较 2000 财年增长 933%。

——最近几届美国政府均频繁使用制裁手段，其中特朗普任期内实施的制裁高达 3900 项，相当于平均每天挥舞 3 次"制裁大棒"。

——今年以来，以美国为首的西方国家对俄实施的新制裁超过 7000 项，制裁数量超过以往任何一个时期的任何一个国家。

美国为维护自身霸权，打着"民主""人权""国家安全"等旗号，滥用制裁手段肆意打压别国，严重损害全球化进程。

读【战略参考】之 700

外国学者从俄乌冲突看全球反美情绪

反美正成为弥漫全球的情绪，"在中东、非洲和拉美，对美国的敌视影响着人们的思维。""绝大多数拉美领导人，不论其意识形态信仰如何，都热切希望与崛起的中、俄保持关系，以此提高自主权，增强与美国讨价还价的能力。"

毛泽东早就说过："不是有一出戏叫'霸王别姬'吗？这些同志如果总是不改，难免有一天要'别姬'就是了。"（毛泽东《在中央扩大工作会议上的讲话》）官僚主义都行不通，"难免有一天要'别姬'就是了"。霸权主义能撑多久？

"难免有一天要'别姬'就是了"。

戚建国【读小文漫谈有感】

俄乌冲突引起局势动荡，美欧民众开始明白，这个世界上的多数人，已经不再听美国的所谓道德课。俄乌冲突爆发后拒绝选边站的国家，已经对美式霸权感到不满。

无视美国的国家有充分的理由。有实际利益问题，比如印度拒绝谴责俄罗斯，反而愿意进口打折的石油。或者比如巴西，它需要获得俄罗斯的化肥维持农业出口。

不少欧盟成员国认为，在对俄施压这件事上，欧盟应该适可而止，而不是什么都听美国的，特别是对俄罗斯能源实施制裁，否则的话，欧盟就会在 2022 年的冬天付出沉重的代价。

百年未有之变局已经到来，美式霸权主义和单边主义，正在遭到唾弃，世界多极化趋势不可逆转。何去何从，接下来，美国确实该好好想想了。

"物必先腐而后虫生",人类历史盛极一时的霸主,不都是因为"不断作死"才走向灭亡的吗?如果美国始终意识不到这一点,对全人类,未必是坏事。

叶小文:

> 帝国再强大,经不住反复折腾
> 霸权再牢固,总会演霸王别姬
> 苟延再残喘,受不了不断作死
> 美国再疯狂,忽剌剌似大厦倾

读【战略参考】之 704

外媒述评:美国该对霸权说再见了

习惯了"以实力地位说话",这就是霸权霸凌霸道的逻辑!可是"几十年来实力不断受到侵蚀",这更是世界世道世人的规律。

戚建国【读小文漫谈有感】

冷战结束后美国正式确立世界霸主地位,在过去 20 年,美国在重大国际事务上拥有说一不二的绝对话语权。

美式霸权的随心所欲,在给别国带来灾难的同时,美国为自己敲响了丧钟,霸权时代很可能提前终结。

美国从阿富汗的全面撤军,意味着美式军事霸权脚步将止步于此,甚至有可能丢失亚欧世界岛的主导权。

美国新冠肺炎疫情防控的失败,意味着国家治理能力的极度下降,一个战胜不了疫情的国家,还能成为所谓民主国家的"灯塔"吗?

美国在乌克兰危机中的表现,意味着战略控制能力的全面衰弱,随着俄乌冲突的持久盘耗,美国将会走下霸主神坛!

这一系列事件说明,如今的美国与 20 世纪 90 年代有天壤之别,靠绝对霸权地位干涉全球的时代已经过去,随着新兴国家的崛起,美国再也不能独自主宰世界!

读【战略参考】之 710

俄媒文章：西方制定的"规则"只约束非西方世界

"基于规则的世界秩序"

乃基于美国的世界霸权

高贵是高贵者的墓志铭

卑鄙是卑鄙者的通行证

戚建国【读小文漫谈有感】

美国所谓"基于规则的国际秩序"其实就是指第二次世界大战后"美国领导下的自由国际秩序"。

这套秩序由美国及其西方盟友主导，保留了不少帝国主义和殖民主义特质，其主要目的是维护美国的霸权和利益，把西方模式强加于其他国家。

英国皇家国际事务研究所高级研究员于洁认为，以自由主义为基础的国际秩序暗含的意思是，世界各国都应当实行多党代议制的西方民主模式。但过去 20 年来，恰恰是这套政治制度自身出现了不少亟待解决的问题。

哈佛大学国际关系学教授斯蒂芬·瓦尔特在美国《外交政策》网站撰文指出，美国在认为国际秩序不利于自己之时，就按自己的意愿忽略、逃避或改变秩序。美国应该诚实地承认，自己就是认可"强权即公理"和"赢者通吃"。

读【战略参考】之 703

德国 21 名学者呼吁西方尽快促成俄乌停火

德国学者集体发声

听者藐藐言者谆谆

不见棺材不会掉泪

不再拱火不是拜登

戚建国【读小文漫谈有感】

舆论场上关于"这场冲突会在何时结束"，人们在思考"停战权到底掌握在谁的手中?"

从理论上来说，"停战权"应该是掌握在交战双方的俄罗斯和乌克兰手中，特别是掌握在"主动进攻"一方的手中。

然而，由于这场冲突的成因极其复杂，涉及欧洲地缘政治"重塑"，所以"停战权"并非仅仅掌握在冲突双方手中。

俄罗斯总统新闻秘书佩斯科夫表示，西方目前希望战争持续下去，不允许乌克兰停止。美国不允许乌克兰思考或谈论关于和平的问题。

佩斯科夫意在表明：乌克兰没有"停战权"，停战权掌握在美国人手中，俄罗斯想停战，这场战事也不会停下来。

日前，美国白宫安全委员会战略沟通协调员柯比明确表示，现在就讨论俄乌和平谈判为时尚早。

显而易见，美国目前还不会放弃对乌克兰的援助，乌克兰自然也就不会轻易投降，而俄罗斯也就不可能单方面结束战争。

读【战略参考】之 718

美专家：美企图用新"边缘地带"围堵中俄

竟敢冲击霸权

中俄已成死敌

眼看实力日增

必须遏制无疑

这是世界规则

这是霸道逻辑

由此划出地带

由此布局下棋

眼看遏制不住

霸主心里好急

怎能左顾右盼

大家都得到齐

戚建国【读小文漫谈有感】

西方地缘政治理论中，著名的是陆权论、海权论和边缘地带论。边缘地带理论，是由美国斯皮克曼提出的，基本上是对陆权论的回应和对海权论的修正，因其独特的战略构想帮助西方赢得冷战。

所谓的新边缘地带论是西方传统地缘政治的翻版，试图把北约模式扩大化，打造亚洲版北约和中东版北约。

这种北约模式的东扩南下，看似巩固美式霸权，实则将为霸权终结压上最后一根稻草。世界多权化大势所趋，不可阻挡！

读【战略参考】之 719

法国外交官：中国的战略是全球性的，美国
印太战略围堵中国显得左支右绌

诚如斯言，"杜吉－葛霍说，阿联酋和沙特主动找中国合作，等同鼓励中国增加在波斯湾地区的存在"。

这种合作是多方面的。我们满天星业余交响乐团的一位成员陈思曼，近日就担任了迪拜一家新成立的国际文化交流机构的主席，以下是我（乐团团长）和她的对话截屏：

戚建国【读小文漫谈有感】

当前，全球化正在步入新的历史节点，全球化为发展中国家的生产方式和生活方式带来新变化，对全球治理提出新的要求。

新兴国家群体性崛起改变了战略力量对比，美西方主导的全球治理体系对发展中国家的代表性和包容性不足。

美西方战略实力整体下降，但仍在推行霸权主义，发展中国家的利益受到严重损害。面对全球性挑战和全球化变局，美式霸权地位正在动摇。

美西方如果不学会尊重发展中国家，强行维持霸权，随心所欲在亚太地区惹事挑事，太平洋、印太洋将是吞噬强权的"坟场"！

读【战略参考】之 721

欧洲专家：美国是世界和平的最大威胁

那个臭名昭著的佩洛西

"是突然从潮湿的森林地面

升起的一朵毒蘑菇"

执意窜访中国台湾地区

企图"为当地带来

无尽恶果和麻烦的老妇"

美国"故意且天真地

试探他国耐心的做法

将付出高昂的代价"

美国恶意且粗暴地

侵犯他国主权的行径

必搬石头砸向自己

戚建国【读小文漫谈有感】

美国刚过了第 246 个独立日。回顾美国短暂的历史，仅有 16 年没打仗，堪称"世界历史上最好战的国家"。

美国传统基金会防务项目高级研究员达科塔·伍德曾指出，美国平均每 15 年就卷入一场战争。

美国是全球和平跟发展最大的威胁，一直以世界警察自居，好像时常在维护地区的和平，事实上到处瞎捣乱才是真的，给世界带来巨大动荡和灾难。

当前美国内政外交危机更加复杂，拜登依然抱着霸权和冷战不放，这只会让美国优先变成美国孤立，只会加速美国的衰落，最终将毁掉美国！

读【战略参考】之 722

美媒：布林肯有何权力对中国人指手画脚？美国务卿难道能管全世界？

这段话，是美国人自己说的，讲到了实质，点出了要害。

这段话，是美国人自己说的，尽管言者谆谆，闻者藐藐。

这段话，是美国人自己说的，应该广而告之，让全世界听到。

"美国已加入失败国家的行列"，其挣扎会越加丧失理性、百倍疯狂。

"这些悲惨事情发生在美国，是未来前景的一个不祥之兆。"

这段话原文如下：

就像罗马对迦太基的敌意一样，美国对中国的敌意并不是因为中国做过或正在做什么坏事。相反，这是因为中国在世界舞台上的成功和稳固地位以及日益增强的影响力。罗马感到了迦太基日益繁荣对其霸权带来的威胁，就像华盛顿感受到了中国的威胁一样。然而在美国，正在发生大量侵犯人权行径，如果它们发生在别的国家都是美国会提出抗议的。这些悲惨事情发生在美国，是未来前景的一个不祥之兆。

戚建国【读小文漫谈有感】

事实反复证明，美国政客宣称与谁站在一起，谁就要倒霉，伊拉克、阿富汗、叙利亚、乌克兰等等，莫不如此。

鞋子合不合适，只有脚才知道。各个国家如何发展，也应由自己来决定，西方国家频繁指手画脚干预别国内政问题，看似宣扬自由民主，实则暗藏殖民主义流毒，也是为了攫取利益。

近年来，美国动辄依据其国内法对别国实施单边制裁，这种"长臂司法"，德国西门子公司、法国能源巨头阿尔斯通等许多企业都曾蒙受其害。美国为保住世界霸主地位，严重践踏国际秩序，实属冒天下之大不韪。

美西方应该改改老毛病，不要动辄指手画脚，试图用美式标准改造别国。美国应当学会尊重别国，学会国家之间平等相处，多做有利于和平发展的事。

读【战略参考】之 723

外媒文章：英国承担不起与中国"脱钩"的代价

一个昔日的老牌帝国

最懂得

石头碰鸡蛋，是鸡蛋吃亏

鸡蛋碰石头，还是鸡蛋吃亏

当中国日益成为坚硬的石头

为什么

英国还要以鸡蛋碰石头

接着吃亏！

这段话，有意思啊：

长期以来推动英国政策的理由正在重新确立：中国的规模和财富意味着英国根本承担不起不接触的代价。在英国脱欧、经济增长乏力、债务高企以及没有其他明显的替代办法来增加贸易的情况下，未来的英国首相真的能够忽视中国提供的东西吗？

戚建国【读小文漫谈有感】

英国政客制造的反华噪音，让英国工商界感到不安，但英企应该充分认识到，与华切断联系，将对他们在全球的竞争力造成灾难性影响，这种做法完全行不通。

英国"脱钩断链"的行为，与国际主流格格不入，即便是拜登政府，也没胆量彻底与中国断绝往来，否则美企首先就不会放过他。

没有必要对英国危言耸听的说法过于担忧，因为伦敦当前的实力和国际处境决定了，事实上根本没有多少选择。英国在国际上疯狂炒作，可它们的底牌早就被人看穿，不过是个跳梁小丑罢了。

读【战略参考】之 724

意专家：俄乌冲突延续必将更深地撕裂欧洲

古希腊有个梦想统治亚洲的国王
在牛车上打了一个复杂的结子
把这个"戈尔迪之结"放在庙里
宣称解开此结者将能统治亚洲
现在美国又比照"戈尔迪之结"
设计了一个"俄乌冲突"的套子
既可缠住和不断撕咬俄罗斯
又"必将更深地撕裂欧洲"
做着统治世界美梦的美国
要让一切有碍美梦的力量都咬成一团
还在不断设计新的"戈尔迪之结"
比如，又在竭力挑起一场"台海冲突"
可是机关算尽太聪明
反算了卿卿性命
那些纠缠不清的现代"戈尔迪之结"
正成为缠住美国自己的脖子的绞索

戚建国【读小文漫谈有感】

美国通过北约多方位控制欧洲，欧洲精英们考虑问题难免会站在北约的角度。跟随北约对俄制裁，只会损伤本国经济、加剧国内矛盾。

欧洲民众却很实在，要钱包，要生存。在对俄制裁的问题上，欧洲各国态度迥异，各有各的考量。有拒绝制裁的比如塞尔维亚，有态度含糊的比如德国，也有冲锋在前的比如波兰。

发布于 6 月的最新的《欧洲晴雨表》杂志指出，58% 的欧洲人没有做好能源价格上涨的准备，59% 的人还没有准备好迎接战争带来的食品价格上涨。40% 的人认为他们的生活质量有所下降，并且将会在 2023 年持续下降。

对俄制裁，伤自己比伤俄罗斯更狠，欧盟陷入分裂，近半国家反对减少从俄购气，匈牙利更是反其道而行之，多买俄罗斯天然气。

欧洲的分裂是肯定的，而且为时不会太远。因为欧洲人都是小国寡民思想，而且传承着自私自利的利己主义，不然的话欧洲现在不会出现那么多蕞尔小国还不知天高地厚。

读【战略参考】之 725

波兰总理投书德媒，控诉欧盟内部存在"帝国主义"

波兰，波兰

这个天天唱着《波兰永不灭亡》的国家

天天在垂死的边缘

挣扎呐喊

波兰，波兰

这个不知天高地厚的蕞尔小国

喜欢在欧盟中

打情卖俏

波兰，波兰

你们的总理如此慷慨激昂

莫非是要把这个国家

变成第二个乌克兰

戚建国【读小文漫谈有感】

波兰总理莫拉维茨基发文称，欧盟正在实施事实上的"寡头政治"，欧盟的话语权掌握在德国和法国等国手中，小国的声音正在被忽视。

莫拉维茨基指出，欧盟在俄乌冲突背景下面临两个任务，一个是打败"俄罗斯帝国主义"，另一个则是战胜欧盟内部的帝国主义威胁。

波兰虽然是欧盟成员国，但只想独善其身。从波兰近期表现来看，波兰既不愿意与欧盟共进退，也放不下欧盟的好处。

波兰与欧盟之间有着很深层次的分歧，而这些分歧也折射出"老欧洲"和"新欧洲"、传统上的西欧和东欧之间的深层矛盾。

无论俄乌战争未来将走向何方，只要战争结束，波兰将成为夹在美欧与俄罗斯之间的一枚棋子，试看波兰路在何方？

读【战略参考】之726

西媒文章：缺乏战略自主的欧盟走向何方

"温顺地跟着美国跑"

却发现自己没头脑

急着要展示"硬实力"

却发现自己吃亏了

高喊着"战略要自主"

天天被美国打屁股

欧盟那一邦小喽啰

跟不上美国大霸主

戚建国【读小文漫谈有感】

美国《国家利益》杂志发文评论称，对欧盟来说，寄望于美国这样一个遥远的霸权国家来保护自身安全是"最危险的选择"。

英国智库"变化欧洲中的英国"发文分析认为，欧盟能否实现战略自主，在很大程度上取决于各成员国整合政策的决心，以及未来与美国的合作路径。

从欧盟各国对乌克兰危机的反应可以看出，无论老欧洲国家和新欧洲国家之间，还是亲美国家和非亲美国家之间，在军援乌克兰和制裁俄罗斯等问题上存在诸多分歧，远未实现"用一个声音说话"。

正如卡内基欧洲中心警告的那样，"在乌克兰问题上，欧洲正在失去团结"。

读【战略参考】之 728

德媒：西方对俄制裁到底对谁更有害

圣彼得堡悠然度夏

欧洲却在焦虑过冬

制裁变本加厉却收效甚微

欧盟各国却乱哄哄

欧洲经济之肺来了一枪

正拼命挣扎呼吸空气

今年的严冬怎么度过

已得得瑟瑟等着断气

戚建国【读小文漫谈有感】

当前罕见的热浪正让欧洲进入一个能源需求猛增的阶段，再加上俄欧关系紧张和通货膨胀加剧，欧盟各国从现在起就为冬天"屯气"，实在是个必须面对的难题。

持续的高温与可能的寒冬再次让欧洲乃至全世界陷入一个两难境地——为了扛过极端的炎热或寒冷，很难不允许人们使用更多的空调或暖气；更多的空调和暖气往往意味着更多的化石能源消耗，欧洲怎么办？

如何在生存与发展间取得平衡？又如何求得一个可持续的能源政策？这些问题并不容易回答。联合国秘书长古特雷斯在气候会议上已发出警告，想要一个怎样的未来，人类需要共同作出决定。

读【战略参考】之 729

美媒文章：经济消耗战让俄与西方两败俱伤

用制裁群殴俄罗斯

看谁最后咬紧牙关

美国导演这场大戏

我们在旁认真观看

如何应对新的考验
不惧世界骤然大变

戚建国【读小文漫谈有感】

俄乌冲突是一场消耗战，继续耗下去，俄罗斯耗费了发展时机，但获得了国家安全。美西方继续耗下去，美国将失去美元的世界霸主地位。欧元将严重贬值，欧洲经济将严重倒退。

消耗战对谁也没有好处，俄罗斯虽然在全球能源价格上涨的背景下，打能源牌一度扭转经济困境，但面对美西方全面制裁，俄罗斯整体经济依然非常艰难。俄罗斯统计局表示，与去年同期相比，经济从 4 月到 6 月萎缩了 4%。

西方国家必须要考虑，如果俄乌冲突持久打下去，欧盟各国如何过冬，甚至对一些国家的政府继续执政都会产生重大影响。这种情况下如何寻求自保，以"牺牲乌克兰"来自保，这恐怕是未来西方国家不得不作出的一个选择。

读【战略参考】之 731

伊恩·布雷默文章：美国政治混乱无可救药

美国"民主"越混乱
对外谋霸越疯狂
"上帝之国"正乱套
要让世界来陪葬
百年未有大变局
美国已在大变样
中华民族要复兴
对美是篇大文章

戚建国【读小文漫谈有感】

近年来，美国党派斗争日趋激烈，民众对立情绪愈加尖锐，美国社会已陷入严重的两极对立状态。

2021 年 1 月的国会山骚乱事件，标志着美国社会的撕裂达到十分罕见的程度。围绕特朗普遭调查事件的严重对立成为美国政治乱象的又一标志。

美国《政治报》网站在特朗普被"搜家"后的民调显示，69% 的共和党选民认为搜查是出于"政治动机"，只有 11% 的民主党人这样认为；81% 的民主党选民认为搜查与"犯罪证据"有关，而共和党人的这一比例仅为 16%。

从目前趋势看，美国政治乱象仍在持续升级，两党及其支持者之间的对抗有可能朝着失控的方向发展。美国赖斯大学历史学教授道格拉斯·布林克利认为，美国正处在其历史上前所未有的时刻，甚至可以说已经处于"一种新内战中"。

读【战略参考】之 734

时机已到！俄外长：是继续屈从美国霸权还是建设新世界必须抉择

> 霸道越是横行
>
> 弱国越要合作
>
> 一石激起巨浪
>
> 弱国其实不弱
>
> 且听霸王别姬
>
> 更有四面楚歌
>
> 历史正在抉择
>
> 霸王来日不多

戚建国【读小文漫谈有感】

美国关于国际秩序的理念看似高大上，但本质是全球称霸，打着自由民主人权的旗号，提出"人权大于主权"的口号，在全球大搞政治颠覆、外交胁迫、经济制裁、武装干涉，为世界带来冲突和战争。

美西方对俄罗斯的打击也是全面而彻底的，如果不是俄乌冲突，谁也不会相信有一天全球受到制裁最多最广的国家会是俄罗斯。

俄方已表示，再也不会相信西方。西方不是要与俄罗斯"脱钩"吗？

如今俄罗斯率先掌握主动性，从多方出击，开始构建新秩序。

匈牙利总理欧尔班8月18日在访谈中表示，俄乌冲突或将终结西方的全球霸权地位。欧尔班认为，一旦俄乌冲突结束，欧盟在全球舞台上的影响力将会变弱。西方无法在军事上赢得这场冲突，对莫斯科实施的制裁未能动摇俄罗斯的稳定，"惩罚性措施"对欧盟而言更是事与愿违。

欧尔班强调，许多国家在乌克兰问题上显然不支持美国。他指出，印度、巴西、南非、阿拉伯世界和非洲不支持西方在俄乌冲突问题上采取的路线。

叶小文：

> 冷战得手美欲狂
>
> 继续围殴北极熊
>
> 一举压倒俄罗斯
>
> 再来收拾中国龙
>
> 机关算尽太聪明
>
> 卿卿性命实堪忧
>
> 天之大道尔可知
>
> 损有余而补不足

读【战略参考】之742

外媒：俄乌冲突或致东欧经济滑向疲软

> 为了绑架欧洲
>
> 挑起俄乌冲突
>
> 管他西欧东欧
>
> 搅它一锅糨糊
>
> 为了管住亚太
>
> 使劲遏制中国
>
> 继续称霸世界
>
> 就是美国大局

天下苦美已久

岂止东欧在哭

戚建国【读小文漫谈有感】

欧盟是西欧国家主导，在内部资源和利益分配的时候，基本上歧视东欧，照顾西欧，使得本来需要帮助的东欧，获得的更少，而发达的西欧，获得的更多，自然差距越来越大。

在利益分配不合理的情况之下，对东欧国家的义务和打击更加严重。最典型就是乌克兰危机的难民问题，在西欧压力下，东欧接收大量的难民，对本身脆弱的经济，更是雪上加霜。

欧盟的东欧部分，其实成为美西方围堵和打击俄国的前沿地带。长期对抗，这样的环境东欧经济必然滑坡。面对既要顶在前线，又要承担经济压力的困境，东欧需要更多的匈牙利站出来了！

读【战略参考】之 746

俄第一副总理：西方制裁之下，俄经济形势总体好于预期

西方制裁尽九牛二虎之力

俄经济形势总体好于预期

恶狼纠集狗群撕咬北极熊

只扯得一地鸡毛血肉横飞

搞垮苏联的那位已仙逝

俄罗斯又重新站起个普京

制裁的大棒若对中国开打

恶狼在盘算还会出啥预期

戚建国【读小文漫谈有感】

俄罗斯顶住西方全面制裁，除了油气出口与卢布挂钩之外，还有三招：

第一招：靠战略资源，大幅削减对欧盟输送油气，这就使欧盟必须考虑再出制裁的代价，必然是天然气储备更少，价格更高，如何度过寒冬？

第二招：靠利益交换，解封乌克兰港口，让乌克兰粮食出港，而西方也必须保证俄罗斯运粮船的正常通行，作为重要的小麦出口国，俄罗斯同样需要出口小麦赚钱。

第三招：靠战略耐心，在盘耗中比耐力，既然达不到速决目标，那就转入持久战。俄罗斯在乌克兰打得的确慢，但这种慢并非只对俄罗斯不利，欧盟国家一些民众对于持续支援乌克兰已经心生不满，美国纳税人可能就要闹事了。

读【战略参考】之 747

西媒：陷入"战争无底洞"令欧洲濒临崩溃

"战争无底洞"令欧洲濒临崩溃
"乌克兰危机"让欧盟雪上加霜
"完美的风暴"正放肆吞噬一切
"不可承受的代价"才刚刚开张

戚建国【读小文漫谈有感】

俄乌冲突以来，欧洲政治经济格局发生重大变化。欧盟制裁俄罗斯对自身带来较大冲击。

之一，通胀高企，欧洲地区本轮通胀更多由俄乌冲突的地缘政治因素决定，欧元区通胀短期或难言见顶。

之二，能源危机，由于欧盟对俄罗斯的能源依赖度较高，欧盟对俄制裁造成的供给冲击导致能源价格飙升。

之三，工业下滑，天然气涨价或断供将对工业生产造成重大打击，冲击下游多个行业。

之四，电价攀高，高电价对于经济的冲击将逐步展现。据 IMF 估算，天然气断供拖累欧盟 GDP 约 2 个百分点。

综述：高通胀和经济放缓最终带来政局动荡，欧洲经济不确定性继续上升，经济前景或更加黯淡。

读【战略参考】之 743

外媒：西方导演扎波罗热的荒诞剧

演员总统只管演戏

演技无所不用其极

美国老板后台操纵

手段不顾何为卑鄙

一切为了中期选票

悠悠万事唯此为急

洗衣粉案再难栽赃

炸核电站总可续集

贼喊捉贼借鬼打鬼

看我高举正义大旗

读【战略参考】之 750

不做美国附庸，"我们不准备与中国采取对抗战略……"

美国拱把火

玩转全欧洲

法国要说不

出个马克龙

一手难遮天

诡计虽无穷

一口咬不死

那个北极熊

戚建国【读小文漫谈有感】

马克龙说，法国将致力于发挥平衡作用，努力提升欧洲国家地位，使欧洲不至于成为美国的"附庸伙伴"。

近 20 年，欧洲靠谱的政治家是默克尔，她离任之后德国就摇摆了。马克龙有政治家的雄心，可惜单靠法国国力难以左右欧洲。

　　无论如何，马克龙能说不做美国的附庸，应该是一个进步，如果法德能够坚持战略自主，欧洲不做美国的附庸才有可能成为现实。

　　欧洲的政治家能否在地缘政治危机不断加深的今天，努力保持欧盟战略自主权，这不仅需要政治家们重振欧盟的理想，更需要一种尊重历史与审视现实的责任感，这似乎才是欧洲的希望。

读【战略参考】之 753

西方称将对俄油实施限价，俄罗斯强硬表态：不会接受，将直接断供

> 你要强买强卖
> 我能挺住不卖
> 你要加紧制裁
> 我就以牙还牙
> G7 只剩 G2
> 五国都要抓瞎
> 跟着美国起哄
> 冻得满地乱爬

戚建国【读小文漫谈有感】

　　9 月 7 日，欧盟发布声明称，欧盟将对俄罗斯天然气实施价格上限。俄方早就作出警告，欧盟此举将令其失去俄罗斯的天然气。由此看来，欧盟是不介意放弃俄罗斯的天然气了。

　　欧盟将俄罗斯越推越远，俄罗斯自然也要作出回应。普京强调，如果违背自身的利益，俄罗斯不会向国外供应任何东西。

　　对俄罗斯而言，不是继续看西方的脸色。普京明言，俄罗斯的未来在于远东和北极。为了俄罗斯的未来，俄罗斯事实上也在加大对远东和北极的投入。

　　俄现实政治学院院长普罗赫瓦季洛夫预测，对全球能源市场的任何干预都会导致油价上涨，而当世界经济走出停滞并开始加速时，石油价格将暴

涨，"站在俄罗斯的立场，我们不需要阻止他们自杀"。

读【战略参考】之 755

德媒：美国"政治动荡"前景引欧洲担忧

人们常讲，"穷凶，则极恶"；美国正在，"乱透，则必恶"。

"甚至口头上也不再将捍卫普遍的民主权利和自由放在首位"，而是提倡一项"严厉的、只专注于美国直接的自身利益的外交和安全政策"。

美国将出现"政治不稳定"，其次是"全球盟友将受到内部动荡的威胁"。

百足之虫，尚且死而不僵，昔日的霸主，又怎会挥挥手就向这个世界告别！

戚建国【读小文漫谈有感】

美国仍在全世界称王称霸，吆五喝六，但已力不从心。挑起俄乌冲突，企图孤立俄罗斯，把欧洲拖入战火。其以战维霸，以乱护权，破坏世界和平与安全的霸凌本质，日益被国际社会所看透和鞭挞。

美国企图维护摇摇欲坠的霸权地位的最后一搏，恰恰表明它的虚弱和无奈。历史将作出回答，搬起石头砸自己的脚是必然的结果，新兴国家日益强大是大势所趋，美西方阻挡不住这个大势。

但是美国仍是世界第一强国，还没有真正衰落，而只是在走下坡路。既要看到美国在走向衰落的趋势，又要看到美国仍很强大的现状，有助于准确把握国际形势的演变，正确制定应对之策。

读【战略参考】之 757

美媒：单边制裁正在扼杀美国领导地位

美国在全世界到处有军事基地
挥舞武力威慑的大棒力不从心
为了继续维持美国的世界霸权

拉起制裁圈子已无所不用其极

挑斗俄乌拉欧盟群殴制裁俄国

挺"台独"布局亚太准备再下杀手

对俄制裁"留下了一片混乱"

被证明是一个"巨大的失败"

"几乎从任何角度来看，

美国的制裁政策都是失败的。"

"基于规则的世界秩序"动辄制裁

"基于霸凌的美国霸主"能挺几载

戚建国【读小文漫谈有感】

让我们看看美国学者是如何评价"美式制裁"的："美国制裁成瘾""滥用经济胁迫"，美国《外交》杂志的一篇文章用如此的词句评价美国肆意制裁的本质。

美国塔夫茨大学教授、布鲁金斯学会高级研究员丹尼尔·德雷兹纳表示，现在人们一致认为，美国对伊朗的制裁"留下了一片混乱"，被证明是一个"巨大的失败"。

美国智库大西洋理事会高级研究员爱德华·菲什曼表示，美国政府比以往任何时候都更频繁地使用制裁工具。近年来，美国对伊朗、委内瑞拉等实施越来越严厉的制裁，但"几乎从任何角度来看，美国的制裁政策都是失败的。"

美国康奈尔大学历史学家尼古拉斯·马尔德指出，在过去的一个世纪里，制裁已成为华盛顿的一种无休止的经济战争工具，不仅没有解决冲突，反而加剧地区动荡。"美国滥用制裁严重侵犯了他国民众人权，最终也不可能奏效。"

读【战略参考】之 759

欧洲多国民众抗议能源危机

送欧洲民众一段中国智者鲁迅说过的话：我们目下的当务之急是：一要

生存，二要温饱，三要发展。苟有阻碍这前途者，无论是古是今，是人是鬼，是《三坟》《五典》，百宋千元，天球河图，金人玉佛，祖传丸散，秘制膏丹，全都踏倒他。

戚建国【读小文漫谈有感】

随着冬日临近，能源危机加重，欧洲民众走上街头，抗议政府对俄制裁政策带来的能源价格上涨。

欧盟在美国胁迫下中断了与俄罗斯的合作，为了"政治正确"而自断臂膀，只有美国渔翁得利，再对俄气限价无异于自杀。

美国搞乱世界，赚了小钱却丢了大盘，本想借此削弱俄罗斯和欧洲，结果还是反噬了自己。旧的世界体系坍塌了，但美国却没有能力建立新的体系，美国折腾到现在，失去的远比得到的多得多。

读【战略参考】之 769

武契奇警告：世界或面临二战以来从未有过的冲突

> 武契奇之言，
> 如宋玉之《风赋》：
> 夫风生于地，
> 起于青苹之末。
> 侵淫溪谷，
> 盛怒于土囊之口。
> 缘泰山之阿，
> 舞于松柏之下，
> 飘忽溯滂，
> 激飏熛怒。

戚建国【读小文漫谈有感】

这是武契奇所代表的一众小国之担忧。当前，联合国被削弱的状况可谓史无前例，这意味着"雅尔塔体系"正在出现裂变，也说明全人类可能将面临一场难以想象的剧变。

　　尤其是对于小国来说，只要外部环境有点风吹草动，小国就会蒙受巨大的损失。天下大乱，尤其是小国的民众经不起乱世的袭击！

　　时代的一粒灰，落在每个人身上都是一座大山，这在小国身上实在是无比贴切。无论如何，人类希望战争不再，和平永驻，霸权主义与帝国主义终将被扫进历史垃圾堆中。

读【战略参考】之 770

西媒：滞胀令西方陷入经济政治困境

　　这篇分析很有见地。不妨再读一本书《战争与大国崛起》。现在是世界大变局的形势，颇像即将面临一战、二战的欧洲的前夜。

　　滞胀，即停滞性通货膨胀（stagflation），简称滞胀或停滞性通胀，在经济学、特别是宏观经济学中，特指经济停滞（stagnation），失业及通货膨胀（inflation）同时持续高涨的经济现象。通俗地说就是指物价上升，但经济停滞不前。它是通货膨胀长期发展的结果。

　　地缘政治意义上的西方实际上处于滞胀的边缘。这既体现出周期性因素，也揭示出较为长期的问题。

　　在这种情况下，欧洲和美国都面临一系列复杂的经济和地缘政治困境。如果提高利率来遏制通胀，就可能导致经济衰退，同时还将戳破过去十年过度膨胀的金融泡沫（尤其是证券和技术领域）。

　　另一方面，如果为了避免能源部门继续遭受打击而停止与俄罗斯经济脱钩的进程，那么这将意味着不得不接受在乌克兰遭受战略失败。这将是在阿富汗、伊拉克和叙利亚之外，在欧亚大陆又一次遭遇挫折。

　　尽管很多欧美跨国企业借着乌克兰危机大发横财，但正如 2008 年以来所发生的情况，此类战略的政治、经济和社会后果（例如粮食价格飙升、能源短缺）最终将破坏其自身的政治合法性，加剧资本各部分之间的争端和欧美主要集团的内部分裂，进而加剧西方国家的社会动荡，甚至导致反全球主义运动愈演愈烈。

戚建国【读小文漫谈有感】

美欧长期货币宽松政策的后遗症是非常严重的，其构造了一个高风险组合：债务高增长、资产高泡沫、高通胀、滞胀与经济高风险等。

这组风险将决定美欧经济的走向，也将决定美欧政局的命运。

滞胀因素令美联储与欧央行当前的货币政策陷入两难，控制通胀还是稳定经济增速，两者很难平衡。美欧的 CPI 为 40 年来最高，债务为历史最高，资产泡沫为历史新高。这种情况下既想通过加息与缩表控制通胀，这将是一个超级高难度的经济难题。

美欧当前要极力摆脱滞胀旋流，否则美欧经济的多重风险就会接踵而至，这可能将是动摇美式霸权的一场经济风暴。

读【战略参考】之 772

**联合国前专家：假如美国北约遵守《联合国宪章》，
乌克兰危机早就能化解**

这段话，一针见血地说清楚了俄乌冲突的实质。"这场武装冲突并不是在 2022 年 2 月 24 日开始的，而是在 2014 年 2 月就已经开始了，当时美国和欧盟国家共同资助了推翻乌克兰民选总统维克托·亚努科维奇的反民主政变，把美国和欧盟的棋子安插在基辅。'乌克兰亲欧盟示威运动'与民主或人民的自决权无关，而与霸权扩张主义有关。根据联合国宪章第 39 条，这显然构成了对国际和平与安全的威胁。"

"普京在 2021 年 12 月提出了两项协议草案。都很温和，寻求对俄罗斯国家安全的保障，并完全符合《联合国宪章》。而北约秘书长斯托尔滕贝格和拜登傲慢地拒绝就这两项草案进行谈判，直接导致了冲突的爆发。"

拜登在联合国的演讲，竟然大言不惭地说，"没有人威胁俄罗斯，除了俄罗斯之外没有人寻求冲突……我们曾努力避免冲突。"

真是——

卑鄙是卑鄙者的通行证，

高尚是高尚者的墓志铭，

看吧，在那镀金的天空中，

飘满了死者弯曲的倒影。

读【战略参考】之 773

普京：无论俄乌冲突结局如何，美国的"全球霸权"都不可能永远持续

"无论俄乌冲突结局如何"，普京的话里似乎还含着"不确定性"。但"美国的全球霸权都不可能永远持续"，已经寻找到了"不确定性里的确定性"。

刚刚，由"全球财富论坛"在北京举办的 2022 秋季峰会主题就是——"寻找不确定性里的确定性"。

普京强调："至于俄罗斯，我们不会偏离我们的主权路线。"当然也是——"不确定性里的确定性"

戚建国【读小文漫谈有感】

自 1776 年建国以来，美国约 93% 的时间一直处于战争状态；过去 10 年间，美国入侵 20 多个国家或策动有关国家的"颜色革命"。

环顾拉美、中东、东欧等地，或是政局动荡，内乱不止，或是恐怖主义愈演愈烈，或是地区形势持续紧张，当今世界随处可见美国制造动乱的"杰作"。

这种天下大乱，势必引起天下公怒，可以预言，随着美式霸权的疯狂，世界将进入为霸权主义送终的时刻。

反抗"后殖民主义"将会是大趋势，不仅仅是斯拉夫人反抗盎撒人，也包括德意志人、法兰西人反抗盎撒人。西方殖民主义者内部的这种内卷必然会导致美国霸权的衰落。

读【战略参考】之 777

俄美就"北溪事件"激烈交锋　俄方要求全面调查

有证据说新冠肺炎病毒确系美国制造，美国甩锅栽赃拒绝全面调查，

拜登说要终止北溪，早就喊打喊杀。美国贼喊捉贼，拒绝全面调查。霸权霸道霸凌，怎能全面调查？美国独霸天下，怎么全面调查?!

戚建国【读小文漫谈有感】

面对北溪管道泄露的迷雾，特朗普站了出来，暗指是拜登干的！

特朗普近日在社交平台上转发了一名网友的推文，推文中援引了2月美国媒体的一则报道，当时拜登称如果俄罗斯发起冲突，北溪2号管道将不复存在，美国会终结它。

针对记者"以何种方式终结德国控制的北溪管道"的提问时，拜登强调，美国有能力做到。

特朗普还问道，有人能联想到新的大战吗。这是直接暗示北溪管道泄漏背后有拜登的影子，而这则新闻就是证据之一。

叶小文：

狗咬狗

淡扯淡

事坏事

美国干

读【战略参考】之 779

黙克尔发出"三个警告"

黙克尔发出"三个警告"：第三次世界大战真的已拉响警报，西方必须"着眼未来"，未来已来一场人类浩劫说到就到！

戚建国【读小文漫谈有感】

默克尔罕见地对当前俄乌局势发表了看法。有句话特别意味深长：（各国的行动）必须着眼于第二天。

古巴导弹危机时，肯尼迪在和赫鲁晓夫摊牌后，曾在夕阳下对弟弟罗伯特说：不知道我们能不能看到第二天的太阳。

　　这就是默克尔所说"第二天"的真正含义，默克尔是在告诫北约：普京的核威胁是实实在在的，西方国家必须重视俄罗斯的声音。

　　乌克兰危机发展到今天，普京只能选择枪炮"发声"。如果把俄罗斯逼到没有退路，将会意味着什么？默克尔的警告应该给北约一些启示。

读【战略参考】之778

"北溪"管道泄漏，美媒警告：俄气断供
对欧洲影响将超过全球金融危机

> 美国这盘大棋
> 一步一步紧逼
> 点燃俄乌冲突
> 挥刀砍断北溪
> 欧洲陷入衰退
> 缺气憋气断气
> 看我再薅羊毛
> 全球金融危机
> 都得听命美国
> 必须亦步亦趋
> 只要撑住霸权
> 无所不用其极

戚建国【读小文漫谈有感】

让我们看看来自美国的分析：

美国政治分析人士安德鲁·科里布科发布评论说，现在还没有证据显示谁破坏"北溪"管道以及动机是什么，但可以看到"北溪"管道被破坏有三重影响。

第一，人们对于从俄罗斯向德国输送能源的可靠性的信任被摧毁；

第二，波兰作为欧洲能源中心的地位将会得到提升；

第三，美国借机推动欧洲降低对俄罗斯能源的依赖以及新能源转型。

由此可见，一举三得的一招大棋，幕后黑手是否可以昭然若揭？

读【战略参考】之 660

《纽约时报》：美国不能长期援助乌克兰　应向欧洲"甩锅"

"美国是一个四面楚歌的全球霸主，面临的威胁比俄罗斯更多。我们也是一个内部分裂的国家，由一位不得人心的总统领导，他领导的多数党可能面临政治崩溃。"这段话，可不是我在写诗，而是美国人自己看到的，美国当今的——现实！

戚建国【读小文漫谈有感】

乌克兰危机是战场说了算。如果乌克兰东部的主力部队被消灭，那么俄乌冲突将会定局。

这也是拜登和一些西方政客所看到的未来，因此才会有马克龙呼吁要给俄罗斯留一条后路，其实就是在给自己留一条后路。

毕竟俄罗斯会赢得这场战争，在他们眼中已经是这样的结局。

如果是这样的结局，美国将会面临什么样的局面，美国人在思考……

读【战略参考】之 781

九国力挺乌克兰加入北约，美国认为不是时候，
英法德沉默，基辛格发出警告

光脚的不怕穿鞋的
二杆子不怕发毛的
九小国如此瞎胡闹
论出身原是苏联的
看一看一战二战史
小国也不是好惹的
欧洲再如此闹下去
核战火难免点燃的

戚建国【读小文漫谈有感】

泽连斯基提出紧急加入北约的申请被美拒绝后，直接反映出美国并不急于多一个乌克兰这样的北约成员国，而是需要乌克兰冲锋陷阵和俄罗斯对抗而已。

美国认为乌克兰作为"棋子"的价值还没有被充分利用，在俄罗斯被战争消耗得筋疲力尽之前，美国是不会轻易让乌克兰退出这场战争的。

虽然现在北约不可能近期接纳乌克兰，但这种情况如果发生了，所有的欧洲国家都会在可能的核战争阴影下发抖，包括乌克兰在内的全世界都不会安全。

北约扩张的主要目标就是让自己获得更多的优势，而非负担。乌克兰现在正处在战争中，北约根本就不可能让乌克兰进门。这是美国利益决定的！

读【战略参考】之 782

匈牙利总理欧尔班喊话欧盟：只有撤销对俄制裁，欧洲才可能恢复元气

> 说点真话不容易
> 惹得一伙发脾气
> 欧洲议会泼脏水
> 暂停援助匈牙利
> 经济战争已打响
> 大国小国都生气
> 谁在一边偷着乐
> 看我美国捞便宜

匈牙利这样一个欧盟眼中的"异见者"，显然引发了欧盟方面的不满。就在欧尔班多次发声反对制裁的同时，欧洲议会和多家非政府组织拿匈牙利政府所谓"严重腐败、不断滥用权力和多次侵犯人权"说事。匈牙利方面明确否认所有指控。

就在一周前（18 日），欧盟委员会又拿所谓腐败问题，建议暂停向匈牙利提供 75 亿欧元援助资金。

戚建国【读小文漫谈有感】

自从匈牙利力挺俄罗斯，拒绝加入美欧对俄罗斯的制裁后，匈牙利就被美欧贴上了"叛徒"的标签。

欧盟以腐败为理由，削减向匈牙利提供的欧盟经费。此举是在警告匈牙利，如果还是选择俄罗斯这边，欧盟还会有更多的招数等着匈牙利。

欧尔班只是尊重了"欧洲离不开俄罗斯能源"这个客观事实，却遭到美国及欧盟的报复打击。

由此说开了，就华盛顿＋布鲁塞尔这个水平，面对寒冬的到来，将会有更多的欧洲国家站在客观的一面，毕竟民众需要生活，需要安乐，需要和平！

读【战略参考】之784

世行预测冲突对俄乌经济影响深远

俄乌在战乱中苟延残喘
经济在战乱中缓缓爬行
美国在战乱中撑住霸权
世界在战乱中学会躺平

戚建国【读小文漫谈有感】

俄乌冲突使已经受到重挫的全球产业链供应链遭遇新的打击，世界经济复苏面临更加严峻复杂的挑战和更多的不确定性。

俄乌冲突最直接影响是大宗商品价格急剧上涨。俄罗斯和乌克兰是食品、能源和化肥等基本商品的主要供应国，这可能对低收入国家的粮食安全造成严重后果。

俄乌在这场冲突之后，经济会有较大幅度的萎缩，俄乌虽然是粮食、能源出口大国，但由于西方各国对俄罗斯经济的围追堵截，俄罗斯经济萎靡可能会比想象的更为严重。对乌克兰经济，可以说是致命的打击。保守估计，乌克兰经济可能会萎缩50%甚至更多。

如今全球经济都不乐观，世界各国都存在着经济下行的压力，市场信心不足。乌克兰危机对于本就行将就木的世界经济而言，是一次重创，新一轮经济危机可能又将爆发。

读【战略参考】之 789

埃尔多安：西方未从常识角度评估俄乌冲突，世界将发生激进政治变革

> 俄乌冲突一边火热
> 欧洲越冬一片冷冰
> 西方国家缺乏常识
> 因为霸道只有野心
> 埃尔多安讲了真话
> 正在等着会见普京
> 美国老大不想住手
> 调解只是白费心机

戚建国【读小文漫谈有感】

如何评估俄乌冲突的结局，首先是冬天能否再次"拯救"俄罗斯。历史上，冬天曾经两次"拯救"过俄罗斯。

冬天的来临，将使得欧洲国家对俄罗斯油气的依赖问题变得非常棘手，如果法国、德国、意大利顶不住压力，大幅减少对乌克兰的军事援助，那对俄罗斯是有利的。

目前看来，俄乌都没有要停战谈判的意思，双方都还在继续努力在战场上取得局部的优势。但是，随着战争的持续，双方国内的民意会发生变化，这场冲突能不能撑下去在于民心士气。

这场冲突能不能收手，其实要看美国，其利益集团执意要打下去，一能有利可图，二能盘耗俄罗斯，三能控制欧盟。但决定的还是美国选民，美中期选举快到了，这似乎是俄乌冲突走向的关键所在！

【战略参考】之 791

欧洲政要近日密集公开表达"厌美"情绪

马克龙是要说：

美国真是太棒

一边不断拱火

一边趁火打劫

使劲哄抬物价

掀起关税战争

经济主导全球

不断削弱欧洲

这样延续下去

友谊寿终正寝

注：马克龙用法国人的幽默，热情地赞美美国："本着伟大的友谊精神，我们会对美国朋友和挪威朋友说：'你们太棒了，你们为我们提供能源和天然气，但用卖给其他同行超 4 倍的价格卖给我们，这种事不能再延续下去了。'这可不是友谊一词的真正含义。"

戚建国【读小文漫谈有感】

美欧最大分歧在于双方利益并非完全一致，在处理国际事务中不可能采取完全一致的步调。

在乌克兰危机中，欧盟"身不由己"，不得不被绑上"美国战车"，致使不能完全掌握自身的命运。

当欧洲出现"气荒"时，美国既要利用能源控制欧洲，又要收割欧洲的韭菜。

当美欧出现矛盾时，美国会毫不犹豫地牺牲欧洲利益，这一核心矛盾促成了欧洲各国政要的厌美情绪。

读【战略参考】之 790

能源危机中　美国"两张脸"

咬俄罗斯一口
赚欧洲一大把
逼中东出点油
看谁敢不听话
美国有几张脸
一切为霸天下

戚建国【读小文漫谈有感】

冬季将至，欧洲顶着飙升的天然气价格补充库存。业内人士分析认为，欧洲今年冬季为天然气支付的金钱将达以往的 10 倍。

美国当前成为全球最大的液化天然气出口国，在美国政府与企业配合进行的"能源抢食大战"中，不少美国能源企业获得了罕见的能源暴利。

前有美国军火商、粮食商借俄乌冲突大发战争横财，后有美国能源企业毫不手软地收割自己盟友的"韭菜"，这让不少欧洲国家看清了美国的两副嘴脸。

欧洲人正面临一道难解的题，美国一手策划了欧洲能源危机，并成为最大受益者；美国让欧洲今后更加依赖美国——不仅在安全上，在能源上也是如此。

读【战略参考】之 793

普京：这是一个错误

对于德国来说，这是一个错误
对于俄国来说，这是一个阴谋
对于美国来说，这是天大喜讯
若不斩断北溪，美国死不瞑目
绑架欧洲上阵，挑起俄乌冲突

只有一刀两断，撕咬才能延续

哪管寒风凛冽，德国瑟瑟发抖

稳住世界霸权，小伙计们别哭

戚建国【读小文漫谈有感】

北溪管道事件，对欧盟国家意味着什么？由于供给减少导致能源价格上涨，欧洲能源危机进一步扩展。

地缘政治冲突导致的能源危机，直接促成欧洲国家经济下滑，甚至出现新的经济衰退迹象。

欧洲过冬能力将受到极大考验，这会直接影响到民众的生活质量，甚至引发社会动荡。

面对普京讲这是一件错事，拜登则认为这是一个机会，美国可以从中谋取更大的利益。

孰对孰错，孰是孰非，相信欧洲的政客们能够看得明白，但肯定有装睡者！

读【战略参考】之 794

法国喊话美国天然气"卖便宜些"，欧盟就联合购气达成共识

抱团取暖

联合购气

美国暗笑

雕虫小技

戚建国【读小文漫谈有感】

严冬无情

美国无义

欧盟无奈

民众无泪

读【战略参考】之 796

欧洲理事会警告

没有时间可以浪费了

没有机会可以扯皮了

没有油气可以过冬了

没有威胁可以避免了

继续跟着美国干下去吧

欧盟的摊子要撑不住了

戚建国【读小文漫谈有感】

寒冬将至，欧洲正步入能源稀缺、通胀高涨、经济衰退的多重困境中。

欧盟各国能源需求、对俄依赖程度、经费支撑能力各不相同，欧盟内部协调能源政策始终存在分歧。

一边是欧洲国家苦水难咽、分歧不断，另一边却是美国埋头自顾、大发横财。

天气不等人，美国不顾人，欧盟依赖人，解困靠何人，难道真有救世主吗？

读【战略参考】之 800

把战争带到欧洲！外媒分析俄乌冲突背后的美国意图

把战争带到欧洲

让霸权苟延残喘

把麻烦转到国外

让美国再放光彩

又：

战略参考到八百

纵横捭阖万山绝

漫谈群里天天见

锲而不舍跟你学

戚建国【读小文漫谈有感】

乌克兰战乱的"导火索"正是美国亲手点燃，执迷霸权的美国正是破坏世界和平稳定的祸源。

"霸权"和"扩张"写在美国的基因中，美国在战争和屠杀中成为超级大国，必将在战争和屠杀中走向万丈深渊。

美国一直是那个美国，但世界早已不是过去的世界。重拾冷战思维，挑动战乱对抗，是没有出路的。

乌克兰危机将会证明：祸害别国，必将伤及自己；搞乱欧洲，终将动摇霸权！

读【战略参考】之 808

新加坡媒体：英国如何变得如此"不靠谱"？

> 靠谎言执政
>
> 让信誉扫地
>
> 为"保质"挣扎
>
> 跟美国鬼混
>
> 如此"不靠谱"
>
> 正在瞎折腾
>
> 昔日的日不落帝国
>
> 破落的崩溃

戚建国【读小文漫谈有感】

自英国"脱欧"以来，特雷莎·梅、约翰逊、特拉斯等数位相继登场，试图挽救英国危机，然而一个个抱憾离去。

当前的"特拉斯现象"，表面上是不合时宜的减税政策造成的，但实质上是当代英国政治体制与政党制度的失败。

英国政治早已违背了维护国家利益的初衷，英国政党之间、党内不同派别之间的矛盾日益尖锐化，严重侵蚀了国内政治生活。

真正具有战略眼光的政治家无法脱颖而出，毫无建树的投机客恰恰容易成为英国政治的代言人。

这就是英国不靠谱的根子，此根不拔，英国谎言必定盛信，一个失去诚信的国家，民众苦也，美国笑也，别国弃也！

读【战略参考】之 810

英国专家布朗：西方与中国合作"不能停止"

我们继续踔厉奋发

世人总会重新观察

西方多有几个布朗

有望减少一点摩擦

戚建国【读小文漫谈有感】

随着美国对中国狂舞意识形态大棒，欧盟随之起舞，部分欧洲政客固执于意识形态偏见，在对抗中国的道路上越走越远。

中西方合作是互惠互利的，而不是一方给予另一方的"恩赐"，美西方政客的傲慢与偏见让原本前景广阔的中西方经贸合作面临重重困境。

美西方政客所作所为，给中西合作带来严重的负面影响，让原本良性互动的中西方经贸合作蒙上一层浓重的政治阴影。

相信有远见的西方政治家能够看清中西合作的大方向，纠正经贸合作政治对比的错误选择，莫让意识形态偏见成为中西方合作的拦路虎。

读【战略参考】之 812

德媒：欧洲应认真了解中国和平外交战略

和欧洲不同，中国并不是俄乌冲突最大的受害者，但中国并未像美国一样从战争中谋求好处。因为没有战争，中国会更好。

于是，从欧洲、从德国，有人发出了呼喊：

请不要捂住自己的耳朵，听一听来自中国的"不断重复的信息"——不要制裁，也不要战争！

请不要遮住自己的双眼，看一看这只仅用了两个世纪就涅槃重生的凤凰——要合作，也要共赢！

戚建国【读小文漫谈有感】

读懂中国大战略，是当今世界必须回答的大课题，也是西方政客的一个大难题！

曾有几时，美国一代战略学者已近于暮年，虽然美国中生代者不乏中国通，但政治偏见正在遮住其战略远见！

不干涉别国内政，不搞军事同盟，不挑事生乱，这样的战略定力当今世界屈指可数。

只有真正读懂中国，你才真正懂得中国为什么如此安定祥和、国泰民安；真正读懂中国大战略，你才真正懂得今日之世界什么是命运与共、天下大同！

我们能够，或者说愿意让中国成为一个强大而重要的合作伙伴吗？还是说我们不敢面对和直视这只仅用了两个世纪就涅槃重生的凤凰？或许我们也没有勇气走出熟悉的思维模式，进入新的现实。

必须非常积极地捂住自己的耳朵，或者放弃对中国消息来源的了解，才会听不到中国不断重复的信息：不要制裁也不要战争！中国在为外交、缓和以及谅解敞开大门。这是唯一行之有效的战略，因为它坚持联合国的人道理念：所有民族、国家和人的理性与合作意愿。

和欧洲不同，中国并不是俄乌冲突最大的受害者，但中国并未像美国一样从战争中谋求好处。因为没有战争，中国会更好。

读【战略参考】之 814

危机叠加 "欧洲心脏" 布鲁塞尔承压

欧洲心脏
现在怎样

美国一弄

砰砰乱跳

端着盘子

空着肚子

举着账单

喊破嗓子

一语中的

脍炙人口

快餐老板

快人快语

　　布鲁塞尔快餐店店主德米尔：现在美元比欧元更值钱了，（不管）谁赢了，美国都在获得好处，而欧洲在干什么？欧洲只能为美国喝彩，但问题是很多人还没有意识到。

戚建国【读小文漫谈有感】

　　危及欧盟的不仅是通货膨胀或衰退，甚至也不是天然气供应的削减，而是它的缺乏战略自主。

　　欧洲在政治上不堪重负，在制度上陷入瘫痪，美国利益优先又给了欧洲一记耳光，一味跟随美国，欧洲将陷入困境。

　　欧洲正在受到内部裂痕的困扰，德国找不到自己的位置，在瑞典和意大利近期选举之后，陷入停滞的挑战名单中又增加了两个。

　　欧洲何去何从，让我们拭目以待！

读【战略参考】之 816

俄媒：英国能源危机比欧洲其他国家更严重

英国新民谣

　　儿子，儿子快长大，"我儿子经历了 4 任财政大臣、3 任内政大臣、两任首相、两位君主。而他才 4 个月大。"儿子，儿子快长大，生在英国真有趣，政坛演着走马灯，你的双腿使劲蹬。儿子，儿子快长大，生在英国何所畏，饥寒交迫是儿戏，你得学会多憋气。儿子，儿子快长大，日不落帝国正破落，你还准备长成个啥？咱们什么都不说。

读【战略参考】之 819

外媒：中共二十大为中国发展指明方向

议论纷纷，外媒外电都在关注中国；回顾大会，有一个关键词是"中国式现代化"。展望未来，中国式现代化为人类实现现代化提供了新的选择。毫无疑问，中国的现代化将在全球产生积极影响。

读【战略参考】之 820

美媒：朔尔茨和马克龙达成共识"欧盟要反击美国的不公平竞争"

朔尔茨、马克龙

不当美国跟屁虫

兔子急了还咬人

何况我们是欧盟

戚建国【读小文漫谈有感】

俄乌冲突爆发后，美国一方面要求盟友与其保持一致，全面对俄制裁；另一方面继续损害盟友利益，近期推出《通胀削减法案》。

德法领导人联合对美说不的一大背景，就是美国损人利己的《法案》。德法释放的信号是，如果美国不收手，欧盟将不得不进行反击。

在欧盟面临的重重危机之下，德法对美国失去了耐心，这暴露了美欧内部裂痕的加深。

如果德法不随美起舞，欧盟向何处去？将对乌克兰危机带来什么影响？尚待耐心观察！

读【战略参考】之 827

专访：相信中国式现代化将不断增进人民福祉——
访日本公明党党首山口那津男

有识之士皆相信

我们自己有自信

中国式的现代化

行稳致远正迈进

读【战略参考】之 822

美媒：发展中国家对西方"家长式作风"不买账

家长式作风，美国以说得多听得少而著称；霸道式行径，美国以不听话揍死你而横行；达到了极限，世界已经在发生改变；转眼间一看，"非洲人蔑视美国国旗"。

戚建国【读小文漫谈有感】

美国存在一种传教士情结，自认为西方是中心，美国是灯塔国家，照耀着周围，散发着光芒，吸引着人们。

新世纪以来，从伊拉克战争到阿富汗战争，从叙利亚内战到俄乌冲突，世界战乱动荡的背后都能看到美式霸权的影子。

凡是"灯塔"照耀之处，民主、自由、人权无从谈起，严重的社会动荡甚至人道危机倒是泛滥成灾。

美国不断干涉别国甚至挑事惹事，不仅对第三世界国家尽耍"家长作风"，而且对盟友照样"家长说了算"，长此以往，美式霸权能维持下去吗？

读【战略参考】之 828

若美停止对乌援助，乌军只能再坚持一个月？

昨天，汪洋主席在政协常委会上说得好：国际竞争有如掰手腕，看谁有

实力挺下去！（大意）

戚建国【读小文漫谈有感】

俄乌冲突中，美国仍然坚持"美国利益优先"，在利益面前抛弃朋友，已经成为世人共识。

如果共和党中期选举取胜，控制了国会，美国有可能大幅削减对乌克兰的支援。

共和党早已发布声明，他们称，美国国会不只有乌克兰这一件事。这意味着乌克兰可能成为弃子。

乌克兰何去何从？是继续挺下去充当美国棋子，还是回到谈判桌前，寻找解决危机的出路，似乎到了十字路口！

读【战略参考】之 832

德媒文章：政治极化愈演愈烈，美国民主面临堕落

美国已经在堕落成"锤子"之国，对外，霸道要到处玩锤子；对内，堕落到施暴打锤子。

注：德媒评论："堕落——这个词也许很恰当。不存在通过辩论来说服的政治对手，只有需要消灭的敌人。在争夺最佳政治理念的斗争中，另一个党派不是竞争者，而是国家的叛徒。"

戚建国【读小文漫谈有感】

分享美国媒体和智库对美国民主的评点：

美联社和芝加哥大学全国民意研究中心对 1129 名成年人进行了调查，约一半受访者认为美国民主运转失灵，只有十分之一的受访者认为它运转良好。

国际民主与选举援助研究所去年发布报告，将美国列为"民主倒退国家"。报告指出，当特朗普质疑 2020 年总统大选结果时，历史性的转折点就出现了。

美国卡内基国际和平基金会 9 月发布的一份报告，美国民主正处在"危

险的拐点"。报告称，美国民主正在加速衰退。

美国视频博主赛勒斯·詹森把美国民主的加速衰退描述为一个雪球从山上滚落下来。"雪球越滚越大，下降速度也就越来越快。"

读【战略参考】之 834

德国钢企高管："担心对华依赖"是个伪命题

> 只要平等相待
> 合作就能共赢
> 霸道要行天下
> 还真是伪命题

戚建国【读小文漫谈有感】

> 合作共赢得民心
> 霸道优先散了群
> 挑事找茬惹战火
> 众人拾柴送瘟神

读【战略参考】之 840

港媒：中方鼓励美企融入中国新发展格局

美中贸易全国委员会在 8 月份发布的一份报告中表示："绝大多数企业在中国仍保持盈利，它们继续认识到中国对其全球竞争力的重要性。"

> 天下熙熙皆为利来
> 天下攘攘皆为利往
> 美国政客咬牙切齿
> 美国企业看着利好

戚建国【读小文漫谈有感】

美国芯片法案正式发布，规定接受补贴的企业，十年内不得扩充中国市场的产能，看似针对中国市场，但实则伤其美企自身。

美国顶级信息企业纷纷表态："不可能放弃中国市场！"为了企业的权益准备和美国当局硬刚到底。

比尔·盖茨发出警告：限制出货不仅无法阻止中企崛起，反而会刺激中企加快自给自足步伐，导致美芯片企业很快就被超越。

历史将证明，美企撤出中国，强行与中国被脱钩是个伪命题，逆市场规律而行，必然受到惩罚。

读【战略参考】之 842

英媒：抨击中国不会给欧洲带来任何好处

人往高处走
水往低处流
中国在高处
人要向往挡不住
中国市场大
一江春水向东流

戚建国【读小文漫谈有感】

市场决定投资方向，欧洲企业追求的是利益，而不是政治倾向，靠国家行政干预，终将走不远。

面临乌克兰危机冲击，"欧洲制造"正在经受挑战，全球市场不可能因为欧企停产而停止运转。

面对风险挑战，欧洲企业纷纷把目光转向中国。如今的中国，最大的优势是完善的产业链与庞大的市场。

而这一切只是刚刚开始，随着欧洲能源危机持续，未来将会有更多的欧洲高端制造企业跑到中国来投资。

全球经济充满不确定性，越是稳定的经济体就越受欢迎，投资中国，也就成了欧洲工业巨头们的最佳选择。

读【战略参考】之 846

外媒：美式"选举民主"正在失败

> 美式选举民主正在失败
> 美式独霸天下实在难办
> 这个国家哪像患了大病
> 一亿民众染上肺炎新冠

读【战略参考】之 847

外媒分析：美国中期选举的"五个决定性因素"

美国中期选举的"五个决定性因素"，剖析到位。

美国长期难过的"两个决定性因素"是：因内部资本主义社会固有矛盾难免引发的衰败，以及因外部维持帝国主义霸权难免滑向的衰落。

戚建国【读小文漫谈有感】

美国中间派智库"第三条道路"在美国会中期选举前进行一项最新民调，美国选民认为两党都背离美国人的价值观和优先事项。

美国竞选表面上是候选人在激烈竞争，其实更是候选人代表的资本的深层对决。资本靠着竞选资金来操控话语权，迷惑和诱导公民的投票方向。

根据美国相关民调数据显示，有高达 88% 的美国人担心，政治分歧的加剧，会再次刺激政治暴力。美国选民认为，两党近年来都变得更加极端化。

美国的选举如同激烈的战争，好似选民在摧毁美国的未来。对此，美媒发出警示，美国选举被称为美国"毁灭的前夜"。

读【战略参考】之 894、895

外谋评中美元首会晤

稳定健康的中美关系惠及世界

世界无不拭目以待

能否稳定健康的关键

是中国持续稳定发展

君子自强不息，厚德载物

有天行健的实力定力

有地势坤的博大胸怀

中国向世界呼唤

"共迎时代挑战

共建美好未来"！

戚建国【读小文漫谈有感】

进入新世纪以来，什么是中美之间正确的相处之道？成为中美必须回答的重大课题，也是世界关注的关键问题！

中国领导人坚持用合作共赢引领中美相处之道！习近平主席此前提出，中美应坚持相互尊重、和平共处、合作共赢。

此次"习拜会"，习近平作了更加细致的阐述。强调宽广的地球完全容得下中美各自发展、共同繁荣；双方应该正确看待对方内外政策和战略意图，确立对话而非对抗、双赢而非零和的交往基调。

当前形势下，中美两国共同利益不是减少了，而是更多了；共同确保中美关系沿着正确航向前行，不偏航、不失速，更不能相撞……

这些中美相处之道，来自于中美建交 40 多年的宝贵经验，体现了中国领导人对中美关系的精准把脉与登高望远，为中美关系摆脱当前困境提供了方向指引。

读【战略参考】之 897

外媒高度关注习近平出席 G20 峰会：中国声音振奋世界

习主席来了

中国来了

中国声音振奋世界

————共迎时代挑战

————共建美好未来

天行健

君子以自强不息

地势坤

君子以厚德载物

戚建国【读小文漫谈有感】

G20峰会11月15日至16日在印度尼西亚巴厘岛举行。国际社会尤为关注本次峰会上的中国声音。

古巴拉美社刊文指出，从习近平主席的讲话中可以看出，中国呼吁G20成员承担起作为国际和地区主要参与者的责任。中国提出的全球发展倡议旨在长期满足世界共同进步的迫切需要。

印尼《雅加达邮报》报道称，中国领导人此次峰会之行引发广泛关注，多国期待与中国进行沟通合作。印度《经济时报》等也都关注到中方在多个场合强调各国应该相互尊重，互利共赢。

新加坡《联合早报》刊文指出，中国提出反对以意识形态画线，搞封闭排他的"小圈子"，也坚决反对将粮食、能源问题政治化、工具化、武器化，并呼吁撤销单边制裁措施和科技合作限制。

菲律宾通讯社报道称，着眼全球共同发展的长远目标和现实需要，中国提出了全球发展倡议，明确地表达了与其他国家建立"双赢"关系的意愿，以及推动构建人类命运共同体的诚意。

中美领导人会晤是此间一场备受瞩目的元首外交，国际主流媒体聚焦会晤成果，"管控矛盾分歧""防止对抗冲突""不可逾越的红线"等成为国际舆论场热词。美联社评论认为，尽管美中关系紧张，但这是双方朝着寻找共同点迈出的重要一步。

【战略参考】之 897

外媒高度关注习近平出席 G20 峰会：中国声音振奋世界

读【战略参考】之 900

危机爆发，反俄带来的后遗症，让 30 万家德国公司面临破产风险

> 美国资本的每个毛孔
> 都带着鲜血
> 不仅啃俄罗斯的血
> 也要榨德国的血
> 不仅榨德国的血
> 也要吸欧洲的血

读【战略参考】之 901

西媒：寒冷或加剧欧洲"援乌疲劳症"

> 都病了——
> 寒冷或加剧欧洲的"援乌疲劳症"
> "援乌"正加剧欧洲的"经济衰退症"
> 美国仍患着疯狂的"称霸世界症"
> 世界正延续着无奈的"不确定症"

戚建国【读小文漫谈有感】

《纽约时报》称，美国总统拜登曾誓言"只要乌克兰需要"，美国就会同乌克兰"站在一起"。

美国国家安全委员会战略沟通协调员约翰·柯比表示，拜登政府将继续向乌克兰提供军事援助，直到俄乌冲突结束。

美国福克斯新闻网报道，俄乌冲突爆发以来，拜登政府已为基辅提供的安全援助，超过美国在阿富汗战争前 5 年的花销。

美国对乌军援大部分是以军工复合体订单形式呈现。战争刺激经济增

长，美国"以战养战"，通过"吸血"欧盟恢复经济。

美国不收手，欧盟不敢停。血腥的乌克兰冲突注定旷日持久。俄罗斯的选择似乎只剩下一条：多挖战壕，多备冬装。

读【战略参考】之 902、903

评泽连斯基耍乌龙

乌龙，只是延宕剧情推出的戏码
演员，还是那个一唱到底的演员

戚建国【读小文漫谈有感】

波兰导弹事件正在证明：西方压根不关心真相。在美国政客看来，真相要为政治服务，说到底要俄罗斯负责才是目的。

波兰导弹事件还将证明：俄乌冲突的唯一出路是和谈，如果美国继续咄咄逼人，彻底断绝通往和谈的道路，恐怕俄乌冲突只有升级了。

波兰导弹事件再次证明：北约内部并不是铁板一块，国家利益是第一位的，如果真要大打，一些国家就不干了，这将加速北约的分裂。

读【战略参考】之 906、907

评亚太经合会

亚太经合会
释放正能量
小人长戚戚
君子坦荡荡
中国助大力
团结是力量
一起向未来
坚定大方向

戚建国【读小文漫谈有感】

外媒如何评价亚太经合会的中国建议：

印尼《雅加达邮报》报道称，中国领导人此次峰会之行引发广泛关注，多国期待与中国进行沟通合作。

《今日印度》报道称，中国强调愿同所有国家在相互尊重、平等互利的基础上和平共处、共同发展，将继续同世界特别是亚太分享中国发展的机遇。

英国《卫报》称，中国呼吁各国走开放包容之路，强调要共同反对单边主义、保护主义，反对将经贸关系政治化、武器化。

美国有线新闻网络（CNN）形容在美国总统拜登和俄罗斯总统普京双双缺席 APEC 峰会下，中国正站上国际舞台中央，势必成为峰会的焦点所在。

泰国《曼谷邮报》称亚太地区各国要汲取历史经验和教训，因应时代挑战，坚定推进亚太区域经济一体化，构建亚太命运共同体。

南洋理工大学拉惹勒南国际研究学院副教授李明江表示，"我认为在未来数年，各国会看到中国确实在认真致力于实现大国外交。"

读【战略参考】之 908，909

评"美前财长警告"

美国的"前财长警告"
实在是难得的忠告
道理十分简单明了
只可惜是"言者谆谆听者藐藐"
我作为中国的"前宗教局长"
在政协委员读书的漫谈中
其实也有过类似的忠告
也可惜是"言者谆谆听者藐藐"

以下一段摘录，《博览群书》主编董山峰近日从微信又发给我：

在"硬实力""软实力"之说后，我们不妨来个新提法——"暖实力"。

经历了这次新冠肺炎病毒大灾难的寒冬，全球都会看到，究竟谁才有"暖实力"。疫情是全球性危机，不应是全球化危机。未来中国要做的，是进一步争取全球化信任，让人类命运共同体理念成为"暖实力"。

如果发达的总想遏制发展的，天下只许我发达，不容人发展，只能自找麻烦，徒增烦恼。如果发展的总是与发达的对着较劲，闷着头生气，也会引来麻烦，徒增干扰……

戚建国【读小文漫谈有感】

在美国政界把中国作为主要对手一边倒的环境中，美国战略界已经很难听到"前财长的警告"的理性声音！

在中美关系上，美国一直在拆台，中国从维护中美关系大局出发努力管控分歧，发挥的是建设性作用。

美国所作所为的症结是认知出现了问题，是美国的世界观、中国观、中美关系观出现了严重偏差。

21 世纪的今天，美国依然抱持冷战思维，沿袭霸权逻辑，推行集团政治，这种逆历史潮流而动的"世界观"让华盛顿政策迷失了方向。

基辛格曾经说过，中国的外交政策根植于数千年历史之上。在认知中国、了解中国历史、文化与政策上，建议美国政客不妨下点功夫。

【战略参考】之 908

美前财长警告：与中国竞争时应该专注提升自己，而不是攻击对手

【战略参考】之 909

美前财长：轮不到我们对中国指指点点，
若以"摧毁中国"为目标将非常危险

【战略参考】之 910、911

评欧盟"外长"中亚之行

跟着美国制俄

　　　　　欧盟日子难过

　　　　　紧缺憋气过冬

　　　　　辛苦找谁去说

　　　　　中亚还有油气

　　　　　虽然一度战火

　　　　　不妨花言巧语

　　　　　寻求紧密合作

戚建国【读小文漫谈有感】

　　中亚地区位于欧亚大陆"心脏地带"，是俄罗斯重要的战略后方，西方在该地区一举一动，自然是被俄罗斯密切关注的。

　　俄乌冲突的爆发，削弱了俄罗斯在中亚地区的影响力。美国、欧盟高层密集访问中亚，在针对俄罗斯的同时，也开始给中国埋雷。

　　长期以来，俄罗斯和中国在中亚一直发挥"核心作用"，而中亚目前正在努力实现其关系的多元化，欧盟称支持中亚朋友"自由选择"的权利。

　　对此，扎哈罗娃明确指出，美国的真正目的是将"中亚国家变成听话的卫星国"，相比之下，俄罗斯"尊重中亚各国的权利，积极帮助它们实现经济发展和社会繁荣"。

　　虽然欧美对中亚地区伸出了手，但是主动权仍在中亚国家手里。西方很远，中俄很近。一旦中亚地区和平稳定局势无法维持时，中俄没有理由置之不理。

读【战略参考】之 912

评武契奇称"未来将有许多不眠之夜"

　　　　世界正处于一个重大历史转折点

　　　　这个著名的火药桶——巴尔干半岛

　　　　这个曾经开始一、二战的地方

　　　　又在冒出火星、擦出火花了

　　　　"未来将有许多不眠之夜"

未来，已来！

戚建国【读小文漫谈有感】

塞尔维亚与科索沃谈判失败后，欧美施压科索沃推迟车牌禁令。在欧美等国压力下，库尔蒂 22 日宣布，政策将推迟 48 小时执行。

科索沃与塞尔维亚对抗的胆量从何而来？科索沃是西方势力养出来的。想要解决问题，必须找出根源所在。

科索沃危机，根子出在北约。如果不是北约轰炸南联盟，如果不是北约以"公投"的名义让科索沃独立，如果不是北约驻扎在科索沃，科索沃还会出现危机吗？

表面上好像欧美很关心科索沃地区和平，殊不知这一切都是欧美不断挑拨所造成的，明面上欧美要和平，暗地里北约干的却是提着汽油灭火的事。

【战略参考】之 913

谈判失败后，欧美施压科索沃推迟车牌禁令

读【战略参考】之 914、915

评沙特"减产将持续到明年底"

头顶一块布
世界我最富
我少给你油
看你急尿裤

戚建国【读小文漫谈有感】

欧佩克＋组织决定每天减产 200 万桶原油，把美国给彻底激怒，华盛顿威胁要将此举视为"敌对行动"。

俄总统新闻秘书佩斯科夫表示，这是一次"常识性的胜利，欧佩克＋的措施，有助于平衡美国在全球能源市场造成的混乱状态"。

美国和欧盟宣布给俄罗斯石油出口限价，目的就是"削弱普京用于发动战争的经济实力"。而欧佩克＋这一招，等于有效粉碎了西方的制裁行为。

事实证明，美霸在中东只手遮天的时代已经终结。至少在石油问题上，中东没把美国的话当圣旨。

读【战略参考】之 916、917

评"天然气战争的幽灵在欧洲卷土重来"

想起了《共产党宣言》的名言："一个幽灵，共产主义的幽灵，在欧洲游荡。为了对这个幽灵进行神圣的围剿，旧欧洲的一切势力，教皇和沙皇、梅特涅和基佐、法国的激进派和德国的警察，都联合起来了。"

现在，是"天然气战争的幽灵在欧洲卷土重来"，为了对付这个幽灵，欧洲各国政府都采取了紧急行动，可是，"由于看不到新的供应出现，且对现有天然气的争夺会加剧，2023 年底至 2024 年初的那个冬季对欧洲来说似乎越来越可怕。"

可怜的正迎着寒风颤抖着的欧洲，你看到了吗，谁和这个幽灵，正在后面大赚一把、欢笑一堂？

戚建国【读小文漫谈有感】

俄乌冲突以来，欧盟跟随美国对俄罗斯多轮制裁，致使欧洲能源危机带来多国财政吃紧。

受能源危机影响，德国 2023 年新增净负债预计达到 456 亿欧元，远超先前预计的 172 亿欧元。

意大利央行公布数据显示，2021 年 10 月至 2022 年 9 月，意大利"经常账户"出现 91 亿欧元赤字，能源价格是主要原因。

荷兰财政大臣卡格表示，荷兰政府为应对能源危机而出台的一系列举措将导致约 75 亿欧元的政府预算缺口，如果能源价格继续上涨，这一缺口还将进一步扩大。

美国能源大亨查里夫·苏基表示："随着欧洲面临许多'悲惨冬天'中

的第一个，美国将成为最大的受益者。"

根据埃克森美孚公布的二季度财报，公司实现净利润 178.5 亿美元，同比增加 281%，单季利润创埃克森美孚历史新高。雪佛龙二季度净利 117.15 亿美元，也创历史新高，同比增长 279%。

这真是，一家欢乐几家愁，面对天然气幽灵在欧洲大陆卷土重来，欧洲政客还能继续装睡吗？

读【战略参考】之 918、919

评"美欧贸易战或将开场"

> 美国为称霸
> 底牌是独大
> 一切要优先
> 好处全吞下
> 几个小伙伴
> 拉着哄着干
> 一旦有利图
> 都是下饭菜

戚建国【读小文漫谈有感】

欧盟是表面团结，各国立场并不相同，对于迫在眉睫的大西洋贸易战，各国提出不同的解决方案。

马克龙是第一个公开对拜登发出警告的人，法国呼吁欧盟复制美国的行为，建立起欧盟自己的"买欧洲货"补贴制度。

德国总理朔尔茨虽然强调对本土产业的支持，但德国强调在地缘政治冲突加剧下，欧盟与美国再陷入贸易战会是战略错误。

荷兰和瑞典发出警告称，不要制定可能招致其他贸易伙伴报复的补贴竞赛或歧视性制度。

面对四分五裂的欧盟，与美贸易战尚未开打，内部已经开斗，这样的欧盟，能否联手对付"美式收割"，让我们拭目以待！

读【战略参考】之 920、921

评美国《通胀削减法案》导致众怒

欧洲人怒了!
"美国大发战争财,
我们却在受苦"。
世界哗然了!
美国为一己之私利,
竟向大众开刀。
欧洲怒了又怎样?
大哥还不能,
啃几口小兄弟。
世界哗然又怎样?
没见我要削减通胀,
诸位也得跟着受点气。

戚建国【读小文漫谈有感】

美国一边借俄乌冲突向欧洲兜售高价能源和武器大发横财,一边以《通胀削减法案》严重恶化欧美贸易合作关系。

随着欧洲深陷能源危机,一些欧盟官员甚至发出"美国是否还是我们的盟友"的灵魂拷问。

美国政府为重振本国经济采取单边主义政策,其霸凌行径导致世界贸易争端进一步加剧。

欧洲在问:美国靠谱吗?亚洲在问:美国来干啥?非洲在问:乱源来自哪?众怒之下,美国何去何从?

读【战略参考】之 922、923

俄媒称俄酝酿石油禁运反击"限价令"

手中有粮,心中不慌

脚踏实地，喜气洋洋

手中有油，怕你个球

一纸禁令，看谁发愁

手中有气，跟谁斗气

我一断供，你就憋气

有油有气，有来有去

美国制裁，有如儿戏

戚建国【读小文漫谈有感】

俄罗斯有三大硬通货，能源、粮食、核武器。据此，俄罗斯不可能被压垮，仍然是世界不可或缺的战略力量。

从乌克兰危机看，俄罗斯对全球能源和粮食供应链影响非常大，想把俄罗斯从国际体系完全剔除出去，美西方无法承受后果。

这是全球化的必然结果，一个有硬通货的国家，根本不可能被孤立。这也是俄乌冲突带来的启示，实力才是硬道理。

当前看似有一群所谓的朋友支持乌克兰，但更像是做生意，冲锋陷阵的是乌克兰人，美西方目的只有一个，利用乌克兰盘耗俄罗斯。

读【战略参考】之 924、925

评"欧洲意识到……"
欧洲的感恩节

每一次受到美国的怠慢，

欧洲人都会感到震惊和沮丧：

"他们开始悄悄质疑

——美国还是我们的盟友吗？"

这一次被美国从欧洲吸血

欧洲人已经清醒地意识到：

美国不仅是我们的盟友，

更是我们的恩人！

把欧洲拖进俄乌冲突的火坑
欧洲人应该战战兢兢
对美国人感恩

把欧洲拉上"对抗中国的列车"（贼船）
欧洲人应该开开心心
对美国人感恩

为什么美国官员说
"将《通胀削减法案》送回国会调整，
这种可能性跟取消感恩节一样渺茫"？

因为在美国看来
欧洲若不对美国感恩
这种想法实在荒唐

欧洲人吹什么"战略自主意识"
你们已经堕落到
天天过着感恩节——对美国感恩

戚建国【读小文漫谈有感】

当前欧洲矛盾重重，在支持乌克兰的行动中，欧洲愿意承担巨大代价；在严酷的经济困境中，欧洲不愿意帮美国数钱。

美国的经济民族主义，正在大西洋两岸刮起贸易保护主义旋风，美国对欧洲经济困境感到心满意足；欧洲则对美国的经济剥夺感到心灰意冷。

影响跨大西洋关系的是"美式收割"，昂贵的能源价格和《通胀削减法案》，将使欧洲面临大规模去工业化的风险。

欧洲越来越担心，全球能源体系重塑、美国经济民粹主义和地缘政治裂痕，将严重威胁欧洲的繁荣，跨大西洋联盟能给欧洲带来希望吗？

读【战略参考】之 926、927

评乌克兰供电系统面临瘫痪

战争本来残酷
打仗就是拼命
切断几根神经
哪管伤及百姓

你炸我的大桥
我也不仁不义
让你摸黑过冬
看你何来何去

指望欧援供电
唱的哪门子戏
迎着凛冽寒风
欧洲正在憋气

戚建国【读小文漫谈有感】

试看停电战术如何"绊倒"泽连斯基？乌克兰正在陷入"电荒"困境。

从卫星图片看，乌克兰的夜晚地面一片漆黑，可谓"黑暗帝国"。

这是能源战的后果，也是苏罗维金"黑暗"战术的结果。

战争打了九个多月，乌克兰和欧洲已经进入了寒冬。

面对"黑暗帝国"，谁是救世主？马克龙、舒尔茨非也，拜登能是头号"救援者"吗？

读【战略参考】之 928、929

为何北约"进入艰难时期"

美国老板
工具箱里
一把好牌

俄乌冲突
始作俑者
别出心裁

"通胀削减"
"战争牟利"
"能源敛财"

战火冲天
寒风凛冽
与我何干

戚建国【读小文漫谈有感】

乌克兰危机升级以来，欧盟追随美国制裁俄罗斯，导致深陷能源危机。美国顺势将"欧洲之危"变为"美国之机"。

严冬已至，随着天然气价格飙升，美国赚得盆满钵满。行业数据显示，9 月以来，装载着液化天然气从美国港口出发，70% 的目的地是欧洲。

能源供应短缺，通胀屡创新高，经济滑向衰退边缘……随着对俄制裁反噬效应显现，欧洲国家不得不为追随美国埋单。

美式保护主义可能会耗尽欧洲的活力，欧洲正面临大规模去工业化的风险，面对经济衰退的严重后果，欧洲将向何处去？

读【战略参考】之 930、931

评美国愚弄欧洲，欧洲未必好弄

炮制"俄罗斯恐惧"的圈套
让欧洲在喧嚣的炮火
和凛冽的寒风中
颤抖

编造莫须有的"中国威胁论"的噩梦
恐吓欧洲不顾一切
再跟着美国
起舞

美国拿准了
这袋"散装的水泥"
不可能有什么
"战略自主意识"

美国吃准了
这块"富二代"的肥肉
只会任薅羊毛
只能言听计从

美国忘记了
欧洲可曾是点燃了
一战、二战火星的
火药桶！

德国《商报》的言论
不仅是一股清流

也是正在地下涌动的

冒着火星的暗流

戚建国【读小文漫谈有感】

欧洲的战略文化深受盎格鲁－撒克逊文化的钳制，沉迷于"西方中心论"，甘当欧亚大陆边缘版的美国化身，战略自主思想恐将长期缺位。

冷战时期的欧洲，接受了美国意识形态改造，唯美是举的跨大西洋意识形态纽带，已然是欧洲社会潜在的"红线"，也是欧洲政客思维的"天线"。

冷战结束后，美国更加唯我独尊，美国对外政策的目标就是阻止任何其他国家联盟成为超级一方，美国的统治将永远至高无上。

俄乌冲突凸现欧洲战略短板，欧洲在安全上离不开美国、在能源上离不开俄罗斯，要实现"战略自主"，欧洲还有很长的路要走。

实现"战略自主"是欧盟走出重围，真正成为地缘政治"参与者"的必由之路。然而，一个正在被美国撕裂的欧洲，似乎与"战略自主"渐行渐远！

读【战略参考】之 932、933

评"美媒曝光乌当局贪污乱象"

只要坚持给俄罗斯"放血"

美国就可续从欧洲"吸血"

只要美国军火集团大口"吃肉"

泽连斯基及其团队就能"喝汤"

这个仗再打下去

乌官员陆续在国外买房

这笔账再算下去

"通胀削减法案"还要大涨

戚建国【读小文漫谈有感】

美西方将大批武器装备运送到乌克兰，但这些军援成为乌克兰国内"寡头权贵和政治玩家"的筹码，很多军援在半道被"瓜分一空"。

美国媒体采访了亲乌克兰政府的民间组织"蓝黄"的负责人乔纳斯·奥曼，此人声称，西方国家提供的军事援助，只有30%的军事物资抵达了最前线。

分析人士指出，乌克兰伴随着国家与社会的全面转轨，寡头和新型权贵迅速崛起并成为国家经济、政治及社会生活的主导。

2018年以来，以泽连斯基为首的新权贵当政，他们将"统治乌克兰"视为一场生意，瓜分西方军援为己用早已经成为公开的秘密。

面对这样的军援乱象，西方军援能否支撑乌克兰"战斗到最后一个人"，可能只是美国政客空喊罢了！

读【战略参考】之 934、935

评"欧盟在美国注视下靠近中国"

"欧盟在美国注视下靠近中国"
美国正对欧盟火冒三丈
你们再这样搞下去
且看我怎样炸断"北溪二号"

"欧盟在美国注视下靠近中国"
大哥你请将怒火熄灭
四倍的高价油气给我过冬
你还要怎样吸我的血

戚建国【读小文漫谈有感】

中欧关系向何处去，事关欧洲未来，事关国际战略全局。欧盟认为面临的"最具挑战性"之一就是处理与中国的关系。

这是一种复杂的多面关系，欧盟有三种选择：从合作伙伴到竞争对手到系统性竞争对手，每一种关系都有利弊。

欧盟正在进行艰难的平衡工作，在谋求战略自主权的驱动下，欧盟希望摆脱美国束缚，以捍卫自己的利益。

试看今日欧洲政界，似乎缺少戴高乐、默克尔这样有战略远见和影响力的政治家，一个分裂的欧洲，难以挺直腰杆当家做主！

读【战略参考】之 936、937

评西方狡猾算计并非"法宝"

机关算尽太聪明，反误了卿卿性命。

生前心已碎，死后性空灵。

家富人宁，终有个家亡人散各奔腾。

枉费了，意悬悬半世心；

好一似，荡悠悠三更梦。

忽喇喇似大厦倾，昏惨惨似灯将尽。

呀！一场欢喜忽悲辛。叹人世，终难定！

——曹雪芹《红楼梦》第五回

戚建国【读小文漫谈有感】

石油已经成为美国的重要工具，美国利用美元＋石油，转嫁自身危机，这就是石油美元霸权。

当前世界原油供应并不紧张，一切都是人为制造的恐慌，看上去更像是美国导演的一场戏。

这是因为全球原油价格基本上都是对标英国伦敦布伦特原油期货和美国纽约 WTI 原油期货价格，只要能够影响这两个市场的原油价格，就可以控制全球原油市场。

"石油美元"是美国的聚宝盆、摇钱树，美国不惜代价维护石油美元的霸权地位。为此，美国是不会考虑盟友利益的。

读【战略参考】之 938、939

评西方对俄油限价
《诗经》新唱

关关雎鸠，在河之洲。窈窕淑女，君子好逑。
寒风凛冽，我要过冬。何处有油，君子好逑。

欧洲缺油，俄国富油。我卖你买，何须好逑。
虽然制裁，网开一面。你要限价，我才买油。

强买强卖，成何买卖？价涨四倍，去美国买。
辗转反侧，找欧佩克。继续减产，也不妥协。

关关雎鸠，在河之洲。俄国有油，君子好逑。
参差荇菜，左右流之。欧洲缺油，寤寐求之。

求之不得，寤寐思服。优哉游哉，辗转反侧。
经济衰退，寒风凛冽。何苦来哉，跟着美国。

戚建国【读小文漫谈有感】

乌克兰危机对俄罗斯、乌克兰、欧盟可以说是三败俱伤，局势走到今天，背后是美国操盘手不断制造"可控混乱"，牢牢把欧洲绑在北约战车上。

欧洲遭遇本世纪以来最大的难民危机，天然气价格暴涨，食品、电费、油价涨成"不可承受之重"。

一些城市居民一夜回到"前现代"，被迫砍柴取暖做饭。美元节节走高，欧元步步下跌，制裁负担几乎全部压在了欧洲身上。

欧洲因能源危机被迫陷入去工业化的窘境，将导致欧洲市场进一步失去原有的竞争优势，普通欧洲人和欧洲经济将面临一个"真正的寒冬"。

在多重危机叠加下，欧洲民众的抗议或许只是开始，如果欧盟不及时调整政策，能源危机将会转化为政治危机，乃至不排除欧洲政坛或掀起一场

"大震"。

读【战略参考】之 940、941

评美欧之哀声

随着美常务副国务卿舍曼一周欧洲之访，
美欧之哀声四起：

美国《时代》杂志刊文称，
西方到目前为止没有应对乌克兰危机的退出战略。
普京的核威胁确实让西方感到不安——谁愿意为基辅而死？
谁愿意在俄罗斯切断对欧洲的天然气供应时挨冻？
冲突爆发延续到今天，
西方领导人可能已经厌倦了这场战争。

法兰西议员尼古拉·杜邦 – 艾尼说，
"现在是避免欧洲自杀的时候了，
是和平的时候了，
是双方妥协的时候了，
是让泽连斯基平静下来的时候了"。

看来，分手的日子不远了：以法国和德国为首的欧洲主要大国不愿再无
休止地忍受美国的"薅羊毛"，
因为那绝不是什么正常且平等的盟友关系。
如果类似的思维和声音得以持续壮大，
欧洲各国同美国"分手"的日子恐怕就不远了。

以上言论之读后感：
"呜呼！
灭六国者，六国也，非秦也。

族秦者，秦也，非天下也。

嗟乎！

使六国各爱其人，则足以拒秦；

使秦复爱六国之人，

则递三世可至万世而为君，谁得而族灭也？

秦人不暇自哀，而后人哀之；

后人哀之而不鉴之，

亦使后人而复哀后人也。"

（杜牧《阿房宫赋》）

戚建国【读小文漫谈有感】

从经济和民生角度讲，欧洲当前的主要敌人不是俄罗斯，而是带领北约挑起俄乌的美国。

美国肆无忌惮地收割欧洲盟友的财富，是因为欧俄基本脱钩，欧洲在经济和安全上离不开美国。

对欧洲来说，跟着美国全面制裁俄罗斯，到最后却什么好处都没捞着，反而落到经济衰退、产业空心化的局面。

德法正在联手抗美，能否带动欧盟采取一致行动，变数很大，今日之欧盟德法的主轴地位似乎已经动摇。

美、俄、欧围绕能源问题的博弈局面正在发生变化，至少，在对俄能源禁运上，美欧不可能立场完全一致了。

同时，中美欧三方中的任何两方走近都会使第三方紧张，"联 A 抗 B"的思路只是理论上完美。

必须认识到，美欧的共性大于中欧的共性，美国对欧盟政策的调整，很可能使欧盟继续与美国站在一边。

环顾世界，百年未有之大变局，"战国时代"正在到来，不确定性明显增加，乌克兰危机正在改变世界！

读【战略参考】之 942、943

评 "对俄石油限价"

美国赚翻了

欧洲输惨了

俄国气极了

世界看傻了

百年大变局

花样翻新了

霸权撑不住

日薄西山了

戚建国【读小文漫谈有感】

欧盟和七国集团制定的石油限价措施，目的在于减少俄罗斯的财政收入，这将引发全球油气短缺带来价格飙升。

美西方对俄罗斯油价设定的上限是每桶 60 美元。用西方官员的话来说，这是对俄罗斯制裁最严厉的一次。

这场石油价格争斗，俄罗斯和欧盟都是输者，唯一赢家就是美国，成本高昂，竞争力差的页岩油在欧洲成了"香饽饽"，美国又狠狠收割了一波欧洲，这一手真是够狠辣的。

限价招数看似高明，实则无奈之举，这将加速国际能源格局大调整，看似短期卡住了俄罗斯的脖子，但从长远看，可能将为石油美元敲响了丧钟！

读【战略参考】之 944、945

评美国大打贸易战的两个法案

商人都是逐利的，

哪里能让他们赚到钱，

他们就会去哪里投资。

欧洲人都听美国的，
还没开打就输掉了贸易战，
因为各国当局太相信美国。

欧洲人也是无奈的，
被美国利用得太狠，
将自己推入了陷阱。

事情总是在变化的，
美国对欧盟如此狠毒，
欧洲人总是要醒来的。

美国暂时对中国把持某些行业的高端
但早已管不住这些行业的中、低端
何况中国正在奋力进入高端
好一似"落花流水春去也"
又像那"两岸猿声啼不住
轻舟已过万重山"

戚建国【读小文漫谈有感】

美国 8 月份通过的《2022 年芯片与科学法案》和《通胀削减法案》，向全球化和多边贸易规则发起了全面挑战。

《芯片法案》力图按照阵营分割原则，阻断全球芯片供应链；《通胀削减法案》通过大规模排他性补贴，把欧洲和亚洲新能源汽车、能源等产业拉到美国，欧洲和中国面临共同的挑战。

无论是制止美国《通胀削减法案》和《芯片与科学法案》对全球化和世贸规则的破坏，还是维护全球供应链完整和稳定，中欧的根本利益都是一致的。

　　当前的关键是如何摆脱贸易政治化的束缚，欧洲政客应该明白，西方价值观拯救不了民众的苦难，如果执意跟着美国干损人不利己的傻事，欧洲经济衰退将无可救药！

读【战略参考】之 946、947

评"还要援乌？华盛顿政客吵翻天"

俄乌冲突不断延伸的战火
烧开美国两党冲突的裂缝
中期选举即将带来的纷争
坐在总统座上的屁股喊痛

戚建国【读小文漫谈有感】

　　美国两党对乌克兰政策，已经从坚定支持演变成分裂，开始动摇美国继续援乌的基础。

　　乌克兰无疑是又一个战争泥潭，对美国来讲，这不仅是两党之争，两党内部分裂日趋公开化。

　　美参议院共和党高层，督促拜登增加对乌克兰的支持，而众议院共和党领袖麦卡锡的意见又背道而驰。

　　欧盟内部分裂正在显现，德法关系不再亲密，保加利亚、匈牙利与俄罗斯继续能源合作，波兰、意大利则公开表达对欧盟不满。

　　美欧分裂也同样加剧，让原本脆弱的大西洋利益共同体，正在渐行渐远。面对四分五裂的局面，美西方如何撑下去，似无回天之力！

读【战略参考】之 948、949

评美国还在给俄乌冲突拱火浇油

美国早已赚得盆满钵满
法国媒体方才有点不满

演员天天喊着要"保命钱"
笔笔是乌克兰的"送命钱"

美国岂止"试图从俄乌冲突长期化中渔利"
页岩气再昂贵也可以挤走"俄气"

等式已如此明白简单：
北约＝美国＝美国的武器

戚建国【读小文漫谈有感】

在乌克兰危机中，美国从埋下火种到煽风点火，从火上浇油到趁火打劫，始终扮演的是一个煽风点火者的角色，是一个投机渔利的角色，是一个通吃天下的角色。

美国用北约同盟绑架欧盟，要求欧洲对俄罗斯进行能源制裁，结果欧盟连续对俄罗斯进行九轮制裁，反而自己危机四伏。

让乌克兰充当"炮灰"，又借助对俄制裁将欧洲盟友榨干，同时俄罗斯在持续盘耗中实力大减，由此而来，真正的"大赢家"非美莫属。

通过乌克兰危机，世人看穿了美国所谓的"人道主义"，看清了美国的自私自利，看透了美国的霸权主义，认定美国才是乌克兰危机的操盘黑手。

乌克兰危机将成为改变世界的转折点，美国妄想通过挑事生乱转嫁危机的做法早已时过境迁，随着欧洲国家的政治觉醒，美式霸权走向衰落是大势所趋！

读【战略参考】之 950、951

评新近中东之变

中东是世界的大油桶
到处有石油富得流油

中东是世界的火药桶

美国为独霸频频伸手

霸主在那里飞扬跋扈
谁想活都得言听计从

但事情正在起着变化
中国也微笑向其招手

谁摆着好日子不愿过
谁愿意一代代当走卒

随着霸主渐日薄西山
中东出现多极化苗头

戚建国【读小文漫谈有感】

沙特媒体形容"三环峰会"

中沙层面，习近平主席应邀对沙特进行国事访问，也是二十大后习主席的首个国事访问。

中海层面，首届中国—海湾阿拉伯国家合作委员会峰会召开，中国同这一次区域组织深度互动，里程碑意义载入史册。

中阿层面，首届中国—阿拉伯国家峰会，被称为"新中国成立以来，中国面向中东外交的重大创举"，是"中阿关系划时代的里程碑"。

美国有线电视新闻网认为，沙特与中国在关键问题上保持一致，能够在多个领域达成合作。此行签订一系列协议并成功举办两场峰会，代表阿中关系新时代的到来。

英国埃克塞特大学海湾研究中心研究员埃尔哈姆·法赫罗的观点说，海湾国家"希望利用新的全球多极格局带来的新机遇"。

《今日埃及》报道称，埃及总统塞西在峰会上表示，加强阿中合作、多边合作成为应对全球挑战的主要动力。阿中合作前景和发展机遇不仅限于经济发展，还延伸至政治和文化领域。

阿拉伯国家联盟秘书长阿布·盖特说，拥有强大经济和科技实力的中国正在崛起，阿拉伯国家希望从中受益。

阿联酋《海湾新闻报》认为，习近平出席的两次峰会代表中阿关系的新起点，双方关系也借此实现历史性跨越。

真可谓：世界看中东，中东向东看，中国倡议、中国方案、中国风范，构建中阿命运共同体，真诚相待、互惠互利、包容互鉴、合作共赢，一个中阿新时代真正到来。

读【战略参考】之 952、953

评默克尔有关乌克兰言论

历史有经纬
事实有真相
是非有曲直
总有当事人

演员跳前台
幕后牵着魂
终场锣不响
越打越有神

戚建国【读小文漫谈有感】

乌克兰危机进一步证明：欧洲缺少政治家，只是一群政客。欧洲被美国玩弄于股掌之间，正在走向衰落。

回顾历史，从煤钢联盟到欧洲经济共同体再到欧洲欧盟，第二次世界大战后，欧洲的政治家逐步凝聚欧洲力量，力图将欧洲打造成世界独立的一极。

欧洲政治家追求，尽可能摆脱美国的控制，尽可能避免成为美国的附庸，这是美国绝对不能接受的。

美国的策略是：整垮欧元，涣散欧盟，挑起战乱，激活北约，这样才能牢牢地控制欧洲。

默克尔之后，欧洲政客只会按照美国剧本演戏，跟着美国在给乌克兰递刀子的同时，向自身扎刀子，这样的欧洲，还能自己当家做主吗？

读【战略参考】之 954、955

评"朔尔茨政府惨淡经营的一年"

德国走了一个默克尔
怎么又整出个朔尔茨

上台一年不看好
各种表现都很次

民众骂声已不断
日媒也来搞点事

跟着美国跑龙套
还有什么德意志
朔尔茨啊朔尔茨，你何时学一把默克尔？！

戚建国【读小文漫谈有感】

默克尔执政时，加强与中国的关系是其对外政策的一个支点。但美国一直希望柏林能够带动欧洲国家与其外交政策保持一致。

俄乌冲突爆发，美国认为时机来了，可以让德国在制裁俄罗斯的同时，加入遏制中国的战略布局。

现实使德国清醒，美国的政策使德国付出高昂代价，德国通胀严重，能源成本高企导致制造业萎缩。

这使德国外交政策选择存在重大分歧，朔尔茨有意在对华关系时与美即随即离，这是很难兼顾平衡的。

这种不确定性，正是当前中德乃至中欧关系现状乃至百年未有大变局下世界进入新的动荡期的真实写照。

读【战略参考】之 956、957

评"欧洲掉进依附美国的陷阱"

俄罗斯的评论是中肯的
少有愤怒的谩骂
多有实在的分析

欧洲的政客是不会听的
掉进了依附美国的陷阱
就在陷阱里坐井观天

对俄石油"限价令"是难奏效的
抽刀断水水更流
何况抽刀断石油

美国的陷阱是作茧自缚的
机关算尽太聪明
反算了卿卿性命

戚建国【读小文漫谈有感】

欧盟在美国面前，总是抬不起头，口号喊得响，实际行动难，这似乎成为欧洲难以逾越的障碍。

二次世界大战后，美欧结成盟友，共同应对强大的苏联。自此以来，美国从来是主角，欧洲只是配角，习惯跟着美国的步伐走。

从第二次世界大战之后，美欧结成盟友，共同应对强大的苏联。自此以来，美国从来是主角，欧洲只是配角，习惯跟着美国的步伐走。

美欧同盟看似公平，实则不然，因为欧洲依靠美国的军事保护，这一软肋注定了欧洲不敢与美国走得太远。

在近期美欧争吵中，唯一积极的信号是，欧洲开始学会了反思，那就是在美国面前如何保护自身的利益。

欧洲要获得自主自立，需要成熟的政治家，从美国那里"断奶"，应是当务之急，欧盟似乎缺少这种觉醒！

读【战略参考】之 958、959

读"欧洲议会贸委会主席呼吁向世贸组织告美国补贴"
《美国发话，欧洲无言》

美国：
现在大敌当前
俄国已来侵略
赶快加大援乌
其他一概忽略
欧洲：……，！

美国：
现在制裁俄国
必须彻底决裂
一举炸断北溪
休怨寒风凛冽
欧洲：……，？

美国：
现在削减通胀
美国需要补贴
只能捞你一把
这个不叫做贼
欧洲：?!?！

美国：怎么啦？

欧洲：呼吁向世贸组织告美国补贴

戚建国【读小文漫谈有感】

美欧利益不一致，似乎是一种常态，然而欧洲人失望的是，每当美欧利益出现分歧，被损害的往往是欧洲国家。

此次美颁布通胀法案，再次让欧洲国家醒悟，在资本的驱使下，美国的利益永远不可能满足。

欧洲呼吁向世贸组织诉讼美国，但以美国的做事风格，世贸能约束到美国吗？恐怕除了争吵什么也得不到，美欧贸易战无法避免。

欧洲对美强硬派认为敦促美国修改法案只是浪费时间，与其如此，不如动用防御性贸易工具，跟美国人掰掰手腕。

如果利益问题解决不好，西方世界将会被撕裂，没了经济利益，还谈什么"民主、团结"。

欧美"贸易战"正在继续，如果美国不做出让步，美欧关系即将面临更大的裂痕，美国"世界老大"的位置正在动摇，这是"美式收割"必然要付出的代价！

读【战略参考】之 960、961

评朔尔茨的讲话与俄国的回应

默克尔至少还有几分诚实
承认当年用过了缓兵之计

朔尔茨至多只有几分愚蠢
竟要俄国投降继续做生意

美国早就对北溪虎视眈眈
德国没有也不敢生一点气

这个出过马克思、黑格尔的国度
为什么现在的政客说话都像放屁

戚建国【读小文漫谈有感】

在当今世界，好像有"好几个德国"！曾经的法西斯纳粹的德国，一个曾下跪谢罪忏悔的德国，当下则是过度依附美国的德国！

一个曾经产生马克思、黑格尔的德国，为什么出现几副面孔，哪个才是"真实的德国"呢？特别是当今德国的政客们，能说得清楚吗？

当下的德国当局，似乎正在走一条与默克尔截然相反的路，就是打着制裁俄罗斯的幌子，借着"被美国胁迫"的遮蔽，正在大力军事化，欲再次重振"雄风"。

德国正处在又一个历史的十字路口上！欧盟也处在一个历史的十字路口上！究竟何去何从？正在选择！清醒的政治家到了作出理性回答的时候了！

读【战略参考】之 962、963

评"美国赚翻，欧洲输惨"

> 现在的确是
> "美国赚翻
> 欧洲输惨"
> 这副牌再打下去
> 总有一天会
> "桌子掀翻
> 美国输惨"

戚建国【读小文漫谈有感】

美国推出通胀法案，不仅要收割欧洲，而且要吸引欧企在美国投资建厂。

欧企去了美国建厂，就相当于把下蛋的鸡从欧洲抱到美国，然后还冠冕堂皇地表示，是欧洲的鸡自己选择了美国。

欧洲人对这种强盗逻辑并不生疏，因为欧美一伙，曾对其他国家实施抢劫，只不过现在自己成为被美国抢劫的目标。

此轮美国通过收割欧洲，成功避免了自己的经济衰退，欧洲已经到了不得不反抗的地步了，这将会是"桌子掀翻，美国输惨"！

读【战略参考】之 964、965

评基辛格"和平方案"

基辛格绝对不是什么"老糊涂"
明明是演员在后台的操纵下"红了眼"
美国为维持日落西山的霸权"昏了头"

"两个核大国与一个常规武装国家较量的战争"
"常规武装国家"正催着"核大国"摊牌
普京哪有机会对基辛格方案"好好通读"

"红了眼"加上"昏了头"
任何和平方案都是"老糊涂"

"昏了头"加上"红了眼"
眼看世界就要被他们"一锅煮"

戚建国【读小文漫谈有感】

基辛格提出和平建议，需要对其一贯的战略思维进行考究。他认为美国没有能力同时对抗中国和俄罗斯两个全球性大国，当前需要拉一个打一个。

当前，美国面临两难抉择，如果要摆脱窘境，要么与俄罗斯人讲和，要么就深度介入战争支持乌克兰拼掉俄罗斯。

华盛顿决策者现在对深度介入乌克兰危机表现出首鼠两端，并非是真的热爱和平，而是忌惮深入介入到乌克兰冲突中。

如果说美国介入属于收益大于支出，而随着乌克兰危机消耗美国国力，美国想要支持乌克兰继续对抗俄罗斯，其成本将飙升至美国难以承受的境地。

读【战略参考】之 966、967

评：欧洲的"气"

为缺气而憋气
为憋气而生气
都生气会短气
已短气还神气

缺气憋气生气短气
这个欧洲实在可气
究竟谁在暗中使劲
你看老美何其神气

又来通胀削减法案
老美再拿欧洲出气
欧洲已经忍无可忍
贸易争端开始斗气

戚建国【读小文漫谈有感】

随着俄乌冲突持续，欧洲能源价格飙升、通胀高企。受此影响，欧洲一些汽车业、制造业企业近期被迫停产或决定将生产线外迁。

由于美国能源价格远低于欧洲，且出台巨额补贴政策，美国成为欧洲企业生产线外迁的重要目的地之一。

美国试图"转欧洲之危为美国之机"，从中攫取利益。就在欧洲面临关键产业流失和经济衰退的严重挑战时，美国却暗暗举起"割欧洲韭菜"的镰刀，迫使跨大西洋伙伴关系的天平向有利于美国的一侧倾斜。

现在欧洲危机重重，民怨沸腾，给人一种风雨飘摇的感觉，像极了二战前夕的欧洲。现在俄乌冲突已进入关键时刻，鹿死谁手犹未可知，或许俄乌其中一方还未倒下，欧洲各国已经撑不住了。

读【战略参考】之 968、969

评欧美贸易冲突：与美国为敌是危险的，与美国为友是致命的

事实如此明白了当："美国与欧洲共同对俄罗斯实施制裁，可在制裁期间，欧洲遭到严重反噬，一度陷入能源危机。面对这种情况，美国不仅不伸出援手，反而趁火打劫，抬高了天然气价格，让本就陷入能源危机的欧洲国家，又陷入经济危机。援引法国总统马克龙的话来说，美国出售给欧洲的天然气价格是美国本土天然气价格的 3 至 4 倍。"

紧接着，通过《通胀削减法案》使得美国企业获益，"变相踩着欧洲汽车、电池、可再生能源等行业，给美国企业创造有利的条件，来挽救美国的经济。"

> 资本有十倍的利润
> 就会有百倍的疯狂
>
> 美国要"重新伟大"
> 霸权的旗帜高扬
>
> 美国啃一把欧洲
> 不是简单"薅羊毛"
>
> "与美国为敌是危险的
> 与美国为友是致命的"
>
> 世界的百年变局
> 大战眼看要打响

戚建国【读小文漫谈有感】

表面上看，欧洲大多数国家都是美国的盟友，可实际上，在美国这个恶狼面前，欧洲各国只是美国的一群羊而已，并且都是些肥美的绵羊。

近日，《华尔街日报》等美国媒体，《商报》等西方媒体，都在指出，"美国经济是欧洲能源危机的最大赢家""美国正在破坏欧洲""欧洲将留下永久的伤痕"……

全世界的资本都有一个共性，就是逐利，哪里投资能挣钱且风险小，就会拼命涌向哪里，因此欧洲企业渡过茫茫大西洋前往美国。谁叫欧洲不争气，自己弄到这步田地？被企业抛弃不冤。

欧洲人应该明白，当初白宫处心积虑点燃俄乌战火，目的固然有许多，但其中一个很重要的目的，就是要割欧洲的羊毛。美国挑起俄乌冲突，进而造成严重能源危机，正是针对欧洲的一条釜底抽薪之计。

现在欧洲这样惨，美国却趁机收割，这不是典型的落井下石吗？这就是充当美国盟友的宿命。难怪地缘政治大师基辛格说，"与美国为敌是危险的，与美国为友是致命的"。

读【战略参考】之 970、971

评泽连斯基访美向世界传递不安信号

演员卖力演戏
美国后台唱戏
翻云覆雨折腾
世界都在看戏

演员唱走了板
后台有啥脾气
点燃一场核战
大家全都没戏

【战略参考】之 972、973

评"美式国际规则"

又想起那著名的诗句：
卑鄙是卑鄙者的通行证，
高尚是高尚者的墓志铭，
看吧，在那镀金的天空中，
飘满了死者弯曲的倒影。

又看到那熟悉的把戏：
霸道是霸道的通行证，
规则是规则的座右铭，
看吧，在"美国重新伟大"的余光中，
飘满了死者弯曲的倒影。

戚建国【读小文漫谈有感】

所谓"美式规则"，就是第二次世界大战结束以来，美国主导的"布雷顿森林体系"和"石油美元体系"，使美元成为"世界货币"，美元霸权成为美式霸权的支柱。

在美元霸权基础上，美国通过国际机构制订了一整套所谓"规则"，冠以所谓"民主"，实际上都是为维护美国利益服务的。

几十年来，美国凭借霸权，在世界上玩所谓"规则"的游戏，而它自己从来不受规则约束，有用则用，无用则弃，蔑视他国正当权益，毫无诚信。

当今世界已经不是美国可以横行霸道的世界了，广大发展中国家和新兴市场国家的群体性崛起，使国际关系民主化的大势迅速强化，世界的规则必须由全世界各国集体制订并一体遵守，这是大势所趋。

在这样的形势下，仍要抱着昔日"规则制订者"和"规则操弄者"的特权不放，站在世界大多数国家的对立面，注定只能被历史潮流所淘汰！

读【战略参考】之 974、975

评俄国强势应对乌总统访美

美国拱火撑腰

演员跳得更高

俄国杀红了眼

核战阴云笼罩

世界有啥办法

促谈有何门道

狂轰滥炸声中

新的一年来到

戚建国【读小文漫谈有感】

俄罗斯将进行大规模扩军，并宣布不为军费设限，至少给世界传递了三个重要信号：

第一，坚决打赢俄乌冲突。当今俄罗斯武装力量总规模达到上百万人，但能战之兵大约一半，其他大都是综合保障人员。如果再去掉空天军海军以及战略火箭部队的话，那么俄罗斯陆军的总规模就更加有限。此次俄乌冲突，俄罗斯投入战场的陆军总规模不过 20 万人。要支撑持久的俄乌冲突，并最终赢得战争，必须要靠强大的一线直接作战力量。

第二，坚决应对北约新威胁。为应对北约将扩大到芬兰和瑞典，建立两个新的跨军种战略地域军团——莫斯科军区和列宁格勒军区。在北约步步紧逼情况下，俄罗斯需要及时作出调整。一方面，西部军区的大部分兵力已经被投入乌克兰前线；而另一方面，西部军区还不能放松对于本土的防御。在这种情况下，把保卫莫斯科和圣彼得堡，交给单独的一个军区来负责，无疑是一种新的战略布局。

第三，着眼未来军队改革。俄罗斯军队行将进行的大规模扩军和军队结构改革，是在为未来战争做准备。俄乌冲突是一面镜子，俄罗斯的有志之士当会警醒，进一步推动军事力量改革重塑，这是一个长期而重大的战略任务。

读【战略参考】之 976、977

评德国关于"与中国脱钩"的议论

炸断了北溪

还在憋气

与中国脱钩

要你断气

美国瞎胡闹

演的啥戏

德国在犹豫

何来何去

戚建国【读小文漫谈有感】

近年来，美国是鼓吹对华"脱钩断链"的重要推手，出台了一系列政策，意图将中国排除在全球供应链之外。

美国不仅禁止本国高新技术和设备对华出口，还利用技术霸权强压别国参与其中，竭力遏制中国发展。

中国已同世界经济体系深度融合，任何国家都无法关起门来搞建设，"脱钩断链""小院高墙"损人不利己。

尽管美国不断鼓噪中美"脱钩"，但数据很真实：自中美贸易战爆发以来，2022 年将成为一个中美贸易额创纪录的年份，美国向中国的出口也将创下新的纪录。

任何认为"脱钩"会使中国比美国遭受更大损失的想法，不仅愚蠢、无知，而且是完全被误导的。如果说脱钩中国将受到伤害，那么美国将要承受更大损失。

读【战略参考】之 978、979

评"俄乌战场或将迎来炙热的冬天"

严寒的冬天把土壤冻结成战场
炙热的战火把冻土融化为沼泽
欧洲各家都陷于其中不能自拔
俄乌两国更拼死拼活精疲力竭

严寒的冬天把土壤冻结成战场
炙热的战火把冻土融化为沼泽
即将点燃第三次世界大战战火
发出警告的是世纪老人基辛格

戚建国【读小文漫谈有感】

当前，谁将赢得冬季战役，成为俄乌冲突的关注点和转折点。

俄罗斯的意图：冬天成为俄罗斯的主要武器，俄军前线总指挥苏罗维金知道如何正确使用它。苏罗维金一方面对乌克兰关键基础设施实施大规模打击，与此同时正在建造一条层次分明的防线。这条防线正在赫尔松和扎波罗热地区的第聂伯河左岸、靠近克里米亚边境的地方以及卢甘斯克和哈尔科夫地区的边界形成，做好发动冬季攻势战役的准备。

乌克兰的意图：乌克兰国防部长近日宣称，等到大地冻硬的时候，乌军将再次发动大规模的战役攻势。列兹尼科夫还表示，乌军将在大反攻中解放被俄国人侵占的领土，使乌克兰的边境恢复到 1991 年的状态。值得一提的是，乌军总司令扎卢日内近日表示，乌克兰武装部队目前正在准备一项重大行动，乌克兰能够将俄罗斯人赶出乌克兰境内！这个说法是和乌克兰国防部长相一致的。

扎卢日内判断，俄罗斯正在准备 20 万士兵前往基辅。并称俄罗斯的新攻势可能会在 2 月至 3 月开始，甚至不排除是 1 月底。而进攻方向可能不是从顿巴斯，而是从白俄罗斯到基辅，也可能是从南部。

此外，关于冬季攻势的看法。北约秘书长则表示普京正在为新攻势和长期战争做准备，并强调北约不应"低估俄罗斯"，西方国家必须继续向乌克兰转移武器！

　　总体来看，当下，乌军仍有进攻能力，而俄军还有 20 万动员兵在备战。可以说，未来两个月，前线战事烈度极有可能升级，俄乌双方将可能正式进入为大战准备的关键时间。届时谁的战术战略更高明，谁将取得冬季战场优势，进而赢得战场胜势。

读【战略参考】之 982、983

评"俄美角力明年可能走向直接军事冲突边缘"

《致美国的战争拱火者》

拱火的日子很好过
在一旁添柴加点油
还能赚大钱揩把油

拱火的日子很好过
军援再加码何须愁
只要能咬住北极熊

拱火的日子很好过
欧洲都乖乖跟我走
何须在乎那马克龙

拱火的日子很好过
一旦点燃了核战火
大家一起当微生物

戚建国【读小文漫谈有感】

　　俄乌冲突，拖得时间越长局势越复杂，牵扯的势力越多。虽然美国一直强调不会和俄罗斯直面军事冲突，但是美国实质上早就踏入了战场。

　　美西方持续给乌克兰提供武器装备、数据、情报和军事人员训练支持，这是一场典型的代理人战争。

　　美国最希望看到的是，这场冲突能够持久，可以达到多重目的，持续收割欧洲财富、拖垮俄罗斯、制造欧洲和俄罗斯分裂，将欧洲彻底绑上自己的战车……总之冲突持久符合美国利益最大化。

　　但要想维持持久状况，美国需要持续不断向战场投入更多资源，甚至有可能被拖下水。美国习惯于玩"战争边缘游戏"，谁先眨眼谁先输。

　　即使美国如此疯狂，但有一个事实会让美国冷静。只要俄罗斯保持战略定力，中俄肩并肩站一起，美国就不会轻举妄动和俄罗斯直接冲突。

读【战略参考】之 984、985

评"这些办法不存在"

　　　"要是有办法摧毁俄罗斯，

　　　他们会立即开始行动。

　　　要是有办法强占地球上的……一切东西，

　　　他们会立即开始行动。

　　　要是有办法占领全世界，

　　　他们也会立即开始行动。

　　　感谢上帝，

　　　这些办法不存在。

　　　不然他们会立即开始这么做。"

　　　这些办法不存在

　　　因为头上有核弹

　　　直到点燃核战火

　　　继续拱火继续干

　　　捣蛋捣蛋再捣蛋

　　　不搞霸凌没事干

　　　不见棺材不掉泪

狼子野心不会变

戚建国【读小文漫谈有感】

俄乌冲突，是俄罗斯与北约之间的较量，实际上是一场由美国主导的，西方世界参与的对俄全面战争。

俄罗斯与美国之间的关系，实际上已经处于直接战争边缘，美国除了没有直接派出军队与俄罗斯发生正面对抗之外，美国等西方国家在战争中能够利用的所有方式已经用在乌克兰战场上。

美国好不容易找到利用乌克兰削弱俄罗斯的机会，美西方国家不会轻易放弃，因此，基于这一考虑，这场俄乌冲突可能会持久化，也一定会更加血腥且残酷。

美国必须清楚，如果真的把俄罗斯逼到绝境，俄罗斯将不惜一战。一旦俄美直接开战，可能就不会有输赢之分！

读【战略参考】之 986、987

评欧盟官员和马克龙的忧虑

"自由是有代价的"

"好日子"是要到头的

老跟在美国屁股后面转

难受是没完没了的

戚建国【读小文漫谈有感】

俄乌冲突至今，当欧洲正在承受沉重的政治、经济、社会代价时，美国却在收割红利，美国军火商正在开着香槟庆祝。

美西方对俄罗斯实施了多轮制裁，但这些制裁措施同时也在伤害欧洲，美国正以最低的成本获取最大利益。

北约在美国主导下不断东扩是造成俄乌冲突的根源之一，而冲突的代价却主要由欧洲承受，这么一个简单的问题，欧洲政客似乎找不到解。

在欧洲团结受到冲击的背景下，欧洲解决通胀恶化、粮食危机、气候危机、难民危机等危机的手段和能力下降了。

欧洲民众对政客彻底失望，激进民族主义开始在欧洲蔓延，剧烈的社会动荡不可避免。这种情况显然不会仅仅发生在欧洲内部，必将会外溢也将给世界局势带来风险，应当引起高度警觉。

叶小文：

> 欧洲如果大乱
>
> 世界必有大战
>
> 一战二战历史
>
> 早有前车之鉴

读【战略参考】之 988、989

读《全球地缘政治正进入新时代》

> 霸权的铁板一块
>
> 正在松动
>
> 地下奔腾的烈火
>
> 生生不息
>
> 正沿着边缘地带
>
> 不断涌动
>
> 发展的中国
>
> 不是要取代霸主
>
> 合作共赢的大道上
>
> 有中国先锋
>
> 百年变局
>
> 虽充满不确定性
>
> 确定的是
>
> 新时代已在招手
>
> 病树前头万木春
>
> 沉舟侧畔千帆渡

戚建国【读小文漫谈有感】

2022 年 2 月被视为新地缘政治时代的转折点。俄乌冲突带来深刻影响，世界经济格局、能源格局、金融格局正在重塑。

全球供应链深刻重组，在全球经济放缓的同时，气候变化影响越来越明显，地缘政治动荡正在改变世界，当前人类正处于大变局加速的历史十字路口。

美国为了维护自身利益，以单边主义、霸权主义、民粹主义对抗全球化，对世界的和平和发展构成了严重威胁。

同时，和平与发展的时代主题没有变，维护世界和平发展的力量同样在增长。冲突不可避免，变革旧的世界政治经济秩序的时代正在到来。

读【战略参考】之 990、991

评世界的不确定性

一个充满不确定性的世界？
怎样的不确定？
大家议论纷纷，
智者众说纷纭。

法国有人，从不确定性中看到了确定性，
法国的内桑·艾特－卡西米说，
"美元压迫者"将吹响复仇号角！

美国也有人，从不确定性中看到了确定性，
美国欧亚集团负责人伊恩·布雷默 2023 年世界走向何方的演讲中说，
"全球安全秩序将由美国主导，
全球经济秩序将取决于中国的发展轨迹，
全球数字秩序将由大型科技公司推动，
而全球气候秩序已经是'多极化和多利益攸关方'。"

戚建国【读小文漫谈有感】

当前，世界面临百年未有之大变局，国际环境日趋复杂，不稳定性不确定性明显增加，经济全球化遭遇逆流，世界进入动荡变革期。

其一，世界面临的不确定性主要根源在于美国的霸权主义和强权政治。美国总是不在联合国的框架内，实行长臂管辖，干涉别国内政，以西方的意识形态强加于人，这是世界动乱之源。

其二，国际地缘政治环境变化的不确定性，主要表现在全球范围内贫富差距的分化，全球化受阻和民粹主义抬头。近几年出现单边主义、贸易保护主义、狭隘的民族主义、强权政治等现象，以及"美国优先"等极端化思潮。这些暗流形成了一种反全球化的现象。

其三，"东升西降"是当前世界大变局的实质之变。美国综合实力有所下降，新兴市场国家崛起的强劲势头不可阻挡，国际组织（G20、金砖五国等）、世界区域性组织（上合组织、东盟等），成为塑造国际关系的重要多边力量。世界力量对比出现的"东升西降"日益显著，形成了无法阻挡的发展趋势。

其四，乌克兰危机的不确定性，意味着重新回归大国对抗时代。俄乌冲突是典型的代理人战争，背后真正较量的是俄罗斯和美国与北约。俄乌冲突时间越长，将对整个世界的政治经济局势产生极大的影响。

其五，新一轮科学技术创新推动科技大变革。当前智能化技术带来的不仅是科技的变革，也成为推动产业升级和社会生活进步的新动力。智能化是当今世界发展进步的强劲动力，数字赋能将是各国推动下一轮发展的根本性选择，而智能化科技变革是推动现代经济社会发展的根本动力。

其六，国际货币体系开始变革，随着新兴市场国家经济实力增强和人民币国际化步伐加快，世界结算货币、储存货币及货币价格体系有了新的重大变化。世界货币以美元为主导的"篮子"格局开始动摇，可是"篮子"里的"天鹅蛋"仍将是美元，世界货币结构的变与未变，大体反映了当今世界的金融变局的特点。

其七，全球治理体系正步入变革期。在世界大变局下深陷全球治理"赤字"，在相当长的时期内，全球治理体系处于应变而难变之境，全球治理体系变革是必然要推进的，人类也许将又一次步入多事之秋时代。

读【战略参考】之 992、993

评美国之腐烂

百足之虫
死而不僵
美国腐烂
殃及八方

病毒变异
到处扩张
色厉内荏
更加癫狂

戚建国【读小文漫谈有感】

英国著名历史学家尼尔·弗格森在《西方的衰落》一书中，认为西方民主、资本主义制度、法治、公民社会道德等显著恶化，导致了西方世界的衰落。

其一，民主制度的问题。基于民主理念而形成的现代代议制政府出现严重的问题。主要是由于选民的短视，而导致一系列不利于子孙后世的政策出现，从而让未来背上了沉重的负担。

其二，资本主义制度的问题。当今世界经济所面临的最大问题，是由于西方政府对金融市场进行了过多的监管，金融机构之上的繁冗复杂的规章制度，是造成金融危机的罪魁祸首。

其三，法治的问题。美国的立法机构、监管体系以及法律体系内部，都已经出现问题，需要进行改革，而且，这种改革必须来自公共机构范畴之外，出自公民之中。

其四，"公民社会"的衰落。作者引用著名思想家托克维尔的话说："统治者用一张密网盖住社会，这张网不实行暴政，但限制和压制人，使人精神萎靡、意志消沉、麻木不仁，最后使全体人民变成一群胆小而只会干活的牲畜，而政府则是牧人。"

西方的衰落，导致美国社会被撕裂，这就动摇了美式霸权赖以存在的基础，这是大势所趋，不可逆转！

读【战略参考】之 994、995

评"欧美对华政策存在'战略错位'"

美国的臀部带有什么纹章？

美国人发现："俄乌冲突没有提供任何理由让人乐观地认为法国和德国已经放弃了对战略自主的虚妄追求。事实上……这种愿望仍然根深蒂固。老欧洲几乎肯定希望乌克兰直接认输，尽快结束这一令人厌恶的事件，最好能消除让美国深度参与欧洲事务的最明显导火索，从而使新欧洲远远超出它的管辖范围。毕竟，波兰、波罗的海国家、罗马尼亚和保加利亚——它们有什么权利决定欧洲事务？它们有什么权利让美国继续参与欧洲事务？"

这段话令人发笑。想起了《共产党宣言》这段话："为了拉拢人民，贵族们把无产阶级的乞食袋当作旗帜来挥舞。但是，每当人民跟着他们走的时候，都发现他们的臀部带有旧的封建纹章，于是就哈哈大笑，一哄而散。"

欧洲人看到，美国的臀部带有霸权、霸道、通吃，连欧洲也要一起收割的纹章。总有一天，欧洲也会"哈哈大笑，一哄而散"。

戚建国【读小文漫谈有感】

在如何面对中国崛起上，美欧有着根本的分歧。美国把中国当作头号威胁，竭尽全力遏制，但欧洲却把中国定位为合作伙伴和竞争对手。

其一，欧洲需要世界多极化，欧洲要想实现战略自主，需要一个多极的世界，这样欧洲才能成为世界多极中的一切。特别是中美战略博弈，欧洲是直接的获益方。

其二，中欧双方有巨大的经济利益，欧洲长期以来大多是中国第一大贸易伙伴，除了市场，欧洲在很多领域对中国形成了依赖。

其三，美国为了霸权可以牺牲局部经济利益，但欧洲没有任何理由这样做。尤其重要的是，中欧经济具有重要的战略价值。已经失去俄罗斯的欧洲再失去中国，就彻底沦为美国的附庸。

总体上，正是欧美双方的结构性战略利益分歧，决定了双方必然渐行渐远，这将是我结成国际统一战线的有利环境，也是美国霸权终结的历史大趋势！

张嘉极：

欧美对华居高临下，傲慢无礼，停滞在百年前的优越感，恨人富贵嫌人穷，对中国的政策难免偏差，必然错位。

建立自给自足的供应链，不但不经济，还不现实。这个道理铁一样坚硬，谁拿脑袋去碰，谁头破血流。

读【战略参考】之 996、997

评欧盟对俄实施九轮制裁反噬效应凸显

嘈嘈切切错杂弹

大珠小珠落玉盘

美国拱火再断气

欧洲琵琶正反弹

戚建国【读小文漫谈有感】

乌克兰危机以来，欧盟追随美国对俄罗斯实施九轮制裁，产生的反噬效应愈加凸显，令欧洲经济雪上加霜。

美欧制裁俄罗斯带来的最大冲击是世界粮油危机，堪称坑了自己坑全球。石油、天然气、粮食、食品油和化肥都是大宗商品，任何一支价格波动都会引发全球性市场紊乱，五箭齐发，多灾并起，没有赢家。

美欧首先搬起石头砸自己的脚，欧元区通胀增长，见证创区以来最高水平；美国通胀也出现 40 年来最严重局面。欧美经济疲弱态势严重，疫情拖累久病未愈，制裁俄罗斯又添新伤。

随着对俄制裁效果大打折扣，美国早已感到失望，美国制裁俄罗斯越狠，表明美国越无法撼动俄罗斯。如今留给欧洲时间已经不多了，欧洲社会危机有可能全面爆发。

美西方决策者迷失在建立新的霸权秩序的幻想中，他们未能把握战略竞争日益严峻的威胁，也没有注意到制裁将严重损伤欧洲经济社会，这可能会在未来给世界地缘政治新格局带来新的机遇。

读【战略参考】之 998

评西方军工企业从俄乌冲突中获利丰厚

西方的军工企业，是在吃"人血馒头"。

人血馒头说是可以治疗肺结核，是守着刚刚倒下的尸体，拿馒头蘸着喷血吃下去。

人血馒头本来是封建迷信的产物，被鲁迅写在小说《药》里，用来讽刺人的愚昧无知，封建迷信，或者说是麻木不仁。

西方军工企业从俄乌冲突中获利丰厚，赚红了眼，是不是在吃那些蘸着俄乌战场上尸体喷血的"人血馒头"？

戚建国【读小文漫谈有感】

美国金融资本的获利方式主要有两个，其一是金融衍生品让资本在宏观金融领域继续进行钱生钱的循环。其二，就是不断在国际上制造战争，进而以洗牌方式实现财富的重新分配。

美国的这种资本天性和其军工复合体达成了完美融合，因为美国金融霸权的本质是维持美元世界霸权，而美元霸权靠军事实力为主的战略实力支撑。

同时，美式政治绑定决定军工复合体可以绑定美国政治和经济，往往决定着总统的支持率，这样一来任何总统都不可能挑战这个无形集团。

也正是由于美国军工复合体的本质，所以寻找敌人、制造敌人，就成为美国战略永恒的宗旨。乌克兰危机正是美国和北约长期以俄罗斯为敌手，不断逼近俄罗斯边界的必然结果！

美国军工复合体这个无形怪兽早已将其政治经济地位稳固化，如果美国军工复合体在绑架美国经济、破坏世界和平的危险之路上越走越远，世界各国都将长期笼罩在战争的阴影之下。

读【战略参考】之 999

评"美国再反华会翻个底朝天"

一口咬死俄罗斯

头上悬着核炸弹

一刀脱钩砍中国

眼看翻个底朝天

虎年转眼要过完

纸虎依然是笑谈

病树前头万木春

沉舟侧畔渡千帆

戚建国【读小文漫谈有感】

过去的一年，中美关系一度走到危险边缘。美国将中国视为"头号战略竞争对手"，在台湾问题上，疯狂实施"极限试探"，严重冲击了中美关系的政治基础。

在经贸领域不断对华制裁，大搞科技"脱钩"政策，频繁干涉中国内政，这些不仅严重冲击中美双边关系，也危及世界和平与稳定。

美国政治严重撕裂，已经对中美关系形成严峻挑战，即使拜登政府有意踩一脚刹车，但在"越反华越出位"的国会山，冷不丁就会抛出一个雷。

美国在第二次世界大战后干预亚洲的战略屡屡出现误判，从朝鲜战争、越南战争到阿富汗战争都以失败告终，充分证明美国仍高估自己，低估对手，错估形势。

历史已经证明：美国的对抗和孤立政策，逼迫中国丢掉幻想、自力更生，一个自立自强的中国屹立在世界东方。

历史正在证明：美国孤立中国不仅严重损害美国眼前利益，而且深度透支美国未来利益，将从基础上动摇美国的霸权地位！

读【战略参考】之 1000、1001

评"旧世界秩序已死"

旧世界秩序不是"已死",而是"着死""待死""必死""正在死"。

但百足之虫,死而不僵。垂死挣扎,会更疯狂。就是要死,也要拉一堆人殉葬。更加疯狂,是走向末日的疯狂,有可能引爆核战,不惜把世界推向末日。

诚如其言,"一个古老的强国(美国)现在显然正在衰落,一个新的强国(中国)正在崛起。唯一的其他潜在大国是欧盟,但欧盟成员国之间的不团结大大削弱了欧盟相对于美国和中国的竞争力。""次要的全球大国是日本和俄罗斯。在不同程度上落后于主要和次要大国的其他国家包括全球南方国家中的许多国家,这些国家在经济上正变得更加强大,但鉴于它们自身的分歧与不和,它们的经济实力仍然相对有限。"

"枪打出头鸟",中国已被当作旧世界秩序的主要掘墓人。旧秩序不会安心行将就木,乖乖进入坟墓,它会尽一切可能,向中国扑来,中断中国和平崛起的进程!

诚如其言,"2022 年最重要的事件甚至不是旧世界秩序的崩溃,而是新秩序的开始构建。"在并没有崩溃的旧秩序中,要构建新秩序,必须看到,"改变国际秩序对每个国家来说都是一个漫长且煎熬的过程,每个国家都应该在这个过程中节约能量。"

在这个"漫长且煎熬的过程"中,中国尤其要善于"节约能量",还要不断积聚能量,积蓄能量,善于发挥能量,团结一切可以团结的力量。

旧世界秩序"着死""待死""必死""正在死"。

《国际歌》又响起来了——

起来　饥寒交迫的奴隶

起来　全世界受苦的人

满腔的热血已经沸腾　要为真理而斗争

旧世界打个落花流水　奴隶们起来　起来

不要说我们一无所有　我们要做天下的主人

这是最后的斗争　团结起来到明天

英特纳雄耐尔就一定要实现

这是最后的斗争　团结起来到明天

英特纳雄耐尔就一定要实现

戚建国【读小文漫谈有感】

世界处于大变局过程中，政治、经济形势密切联动。总体而言，不确定性将明显增多，世界处于激烈动荡之中。

第一，政治层面：地缘政治新格局正在形成之中。

一是乌克兰危机仍将持续，战与和取决于大国战略较量，关键在于乌东 4 州和克里米亚的归属，俄、乌不会轻易让步。

二是亚太地区是战略重心，美国将继续加强遏制中国的战略布局。

三是朝鲜半岛、西亚北非地区等地缘政治热点仍有可能激化。

欧亚大陆，仍是地缘政治热点，随时引发紧张态势，美国坚持霸权主义是世界动荡之源。

第二，经济层面：经济危机将持续蔓延。

一是，美国坚持"美国优先"，主要经济体之间难以协调宏观政策，区域经济合作出现新的发展。

二来美国大挥制裁之棒，世界供应链产业链朝着切断方向逆行，世界能源格局和资源链正在调整之中。

三来美国金融政策继续促使资本回流美国，一些国家货币将继续贬值，美元霸权地位开始动摇。

在全球化和逆全球化激烈斗争背景下，美国加强单边主义、保护主义，世界经济复苏前景艰难。

第三，全球治理层面：世界治理秩序调整改革阻力重重。

一是美国坚持用"美国利益"主导世界秩序调整，世界治理运行机制已变得碎片化，有的失灵，有的出现裂痕。

二是大国从合作走向竞争乃至对抗状态，国际"大家庭"稳定共存局面正在消失。

三是，联合国改革呼声再起，但在重大原则上分歧大，大国间难以形成共识。

新的一年，整个世界依然处于动荡变革期，期待与担忧交织。地缘政治冲突延宕与影响深化将构成国际形势变化的最大风险点。

世界正处于十字路口，走向何方，尚需观察。尤其是能否有效防止世界再次走向分裂，走向阵营对抗，将是世界面临的最大风险挑战。

读【战略参考】之 1002、1003

评美媒体、智库预测 2003

美国：左算账，右算账，
笔笔盯住中国不放。

咬紧牙，切断齿，
二○○三奔向何方？

中国：稳增长、稳就业，
推动经济运行整体好转。

风更急，浪更高，
勠力同心、勇毅前行。

戚建国【读小文漫谈有感】

2023 年，在百年未有之大变局加速演进背景下，全球各地区走势将充满新的不确定性。

其一，亚太地区，战略竞争更趋激烈。总体可望保持相对稳定，发展与合作是大方向、大趋势。与此同时，大国竞争甚至走向对抗，将是现实挑战。

其二，欧洲地区，多重考验交织复杂。2023 年对欧洲将是充满不确定性的一年，将面临诸多考验，如何在乌克兰危机中调整地缘政治角色，如何面对困难的经济形势，如何推动中欧关系行稳致远，这都是欧洲国家需要解答的问题。

其三，北美地区，美国走向世界关注。北美地区的美国战略走向充满新的变数，众议院议长选举艰难产生，开年的这一乱象警示美国党争极化趋势恐愈演愈烈。美国固守冷战思维，将进一步扰乱国际秩序，引发更多乱局。美国经济衰退并影响世界经济复苏进程，将成为国际社会普遍担忧。

其四，中东地区，局势趋稳"向东行"。2023年，中东局势"总体缓和、局部震荡"。美西方将加紧对中东施加影响，加快调整中东政策。随着中阿关系持续升温，中东国家从"向东看"到"向东行"的步伐将加快。

其五，拉美地区，集体"左转"新趋势。2023年，拉美多国面临重大考验：政治上，如何巩固执政地位；经济上，如何推动转型升级；外交上，如何促进区域内团结合作、对外独立自主，为地区一体化增添动力。

其六，非洲地区，谋求稳定促发展。

踏入新的一年，作为发展中国家最集中的非洲大陆，有着人口增长快、市场潜力大、资源储量丰富的发展基础，可望进一步化解地区安全风险，迎来经济复苏，在国际舞台上发挥更大作用。

展望新的一年，最重要的是中美关系走向，将影响世界稳定与发展；最关注的是乌克兰危机，将从根本上改变地缘政治格局；最忧虑的是世界经济趋势，能否走向复苏关系世界人民安康。

读【战略参考】之 1004、1005

年终盘点，世界激变

高峡出平湖

那是堰塞湖

美国这把壶

漏洞已百出

勉强撑下去

还能做尿壶

当惊世界殊

世界也想哭

礼崩必乐坏

无处不添乱

黑天鹅扑腾

灰犀牛又现

中国要崛起

麻烦会不断

稳中方求进

稳住是关键

戚建国【读小文漫谈有感】

让我们分享国际组织、智库和媒体如何研判 2023 年的发展趋势。

英国《经济学人》杂志发表《2023 未来世界》，预测 2023 年全球政治经济和社会的十大趋势，包括俄乌战争影响持续、经济衰退、能源转型加速、印度人口超越中国、美国政局变化、地缘政治升温、国际结盟转变、报复性旅游出现、元宇宙实现情况或迎来答案以及更多新兴词汇出现等。

国际货币基金组织总裁在接受美国媒体采访时表示，2023 年世界将面临比过去 12 个月"更艰难"的一年，主要原因是欧美等主要发达经济体的经济活动在同时放缓。不过，未来一年，中国经济将稳步增长，成为世界经济最大的积极因素。

彭博社："经济学家表示，美国经济明年陷入衰退的可能性为十分之七，在美联储大规模加息后，它们下调了需求预测并下调了通胀预测。"

世界银行："随着世界各国央行同时加息以应对通货膨胀，世界可能会在 2023 年走向全球衰退，而新兴市场和发展中经济体的一系列金融危机将使它们持续受到伤害。"

美国银行最新预测显示，美国经济可能从 2023 年第一季度开始衰退，全年经济增速恐将为负值。

知名智库彼得森国际经济研究所此前也预计，美国经济 2023 年将萎缩 0.5%。美国经济政策具有显著的风险外溢效应，对 2023 年的世界经济构成风险。

西班牙《经济学家报》不久前发文称，据美国彭博社预测，2023 年全球经济增速或将为 2.1%，在几大主要经济体当中，中国经济增长将更加突出，是推动全球经济增长的最大贡献力量。报道综合经合组织与彭博社的预测结果指出，美国明年经济增长约为 0.4%，欧盟经济增长或为 0.2%，中国经济增长则有望达到 4.7%。

西班牙埃尔卡诺皇家研究所高级研究员马里奥·埃斯特万表示，中国将继续成为世界经济增长的引擎，中国庞大的经济规模及其增长速度都表明了中国是稳定世界经济的中流砥柱。

【委员读书漫谈群】之【战略参考】专栏一千期小结

贺【战略参考】之 1000 期

战略参考一千期
晨起每到日头西
天天侃侃论战略
细流潺潺汇成溪

战略参考一千期
五更即鸣早过鸡
纵横捭阖生慧眼
书友漫谈情依依

世界百年大变局
恶浪频频风声急
战略参考谋战略
战略贵在有定力

战略参考一千期
横刀立马戚将军
百战归来且读书
史上继光也姓戚

读小文主任贺【战略参考】之 1000 期有感

戚建国

战略参考过千期
三更灯火五更鸡
天下风云纵横谈
正是学友读书时

中美关系大课题
印太构想多玄机
俄乌冲突何处去
美洲中东波澜起

地缘政治一盘棋
人类命运共同体
世界变局识英雄
对话漫谈见神奇

千期战略参考的思考与启示

戚建国

习近平总书记指出："战略问题是一个政党、一个国家的根本性问题。战略上判断得准确，战略上谋划得科学，战略上赢得主动，党和人民事业就大有希望。"汪洋主席要求，要发挥政协应用型智库作用，开展战略问题综合研究。

为贯彻落实习近平总书记关于加强战略问题研究的指示精神，我们从【战略参考】到【战略对话五人谈】，再到【战略对话学友谈】，在近三年的读书活动中，围绕战略问题研究，每天推出【战略参考】，当前已过千期，做到了有理论研究、有难点攻关、有重点研讨、有互动交流，有工作建议，始终保持了积极向上充满活力的读书氛围。在读书学习过程中，线上和线下有机结合、学习和工作相互融合，实现了建言资政和凝聚共识双向发力、提高素质能力和积极履职尽责相互促进的读书目的。

第一，千期讨论始终围绕战略思维这个主题。着重把握三个方面。一是什么是战略。认真组织毛泽东、邓小平、习近平战略论述专题导读和专题讨论，认识到战略是从全局、长远、大势上作出的判断和决策。二是什么是战略思维。从学习领悟辩证唯物主义战略思维观入手，认识到战略思维是关于实践活动的全局性思维，其本质是通过正确处理实践活动中各方面、各阶段的关系，达到实践整体和长远的最佳效果。三是如何增强战略思维的自觉性，认识到提高战略思维能力，关键在于要有全局眼光，从战略高度去思考问题，正确处理战略目标问题、战略布局问题、战略步骤问题、战略重点问题、战略转变等问题，正确实施战略谋划和战略行动。

第二，千期讨论始终紧盯国际战略前沿。围绕当前普遍关心的国际形势，特别是乌克兰危机、中美关系和世界战略形势等战略问题，结成战略对话研讨小组，采取集体商议研究重点与分头准备结合，每阶段商议研究内容，分别做好讨论交流准备；每天学习交流与每周主题研讨结合，及时预告讨论内容，天天组织线上讨论，每周组织一次主题讨论；理论问题研究与实践案例剖析结合，围绕重要理论研究，开办【战略参考】【战略动态】【战略观察】等专栏，密切关注战略形势发展变化，讨论提出战略思考和建议。

第三，千期讨论始终注重学习交流质量。坚持理论与实践结合，围绕学习《中国共产党人的战略思维》，在读书群中开设《毛泽东军事文选》《邓小平文选》《习近平谈治国理政》专题讲座，组织对《孙子兵法》《战争论》《战略论》等中外战略经典著作专题介绍，进一步拓宽委员们的战略视野，打牢学习《战略思维》的理论基础。组织专题研究抗美援朝的战略决策实践，举办专题讲座，重温毛泽东主席和党中央抗美援朝战争战略决策的精髓要义，从中汲取战略智慧和精神力量。专题研究土地革命战争、抗日战争、解放战争和抗美援朝战争的战略决策过程，形成专题史料组织宣讲介绍，帮助大家学习理解党在不同历史阶段的军事战略指导和战略运筹思想。

当前，世界百年未有之大变局加速演进，世界之变、时代之变、历史之变的特征更加明显。我国发展面临新的战略机遇、新的战略任务、新的战略阶段、新的战略要求、新的战略环境，需要应对的风险和挑战、需要解决的矛盾和问题比以往更加错综复杂。能否在历史关键节点判断准、利用好战略机遇，将对一个国家和民族的前途命运产生全局性、长远性、决定性影响。我们要增强机遇意识、风险意识，准确识变、科学应变、主动求变，勇于开顶风船，善于化危为机，为全面建设社会主义现代化国家开好局、起好步。

　　在【战略参考】1000 期之际，草就一联，敬请分享：

　　　　　悠悠 1000 个日日夜夜，
　　　　　全球视野，战略胸襟。
　　　　　看世界百年大变局，
　　　　　确有万千气象。
　　　　　登高望远，
　　　　　观中华民族巨龙，
　　　　　革故鼎新终崛起。

　　　　　历历 1000 期字字篇篇，
　　　　　环宇眼光，
　　　　　天下情怀。
　　　　　望五洲激荡大变幻，
　　　　　更是百国风光，
　　　　　再上层楼。
　　　　　赞"一带一路"布势，
　　　　　与时俱进共腾飞。

附录：困牛山百壮士——革命战争史上的千古壮举^①

　　困牛山红军百壮士的英雄壮举已经过去 87 年，却随着时间的冲刷日益彰显它的光辉，在党史学习教育中，这段历史的意义得到更多新的认识。今年 5 月，全国政协副主席刘奇葆率全国政协党外委员视察团在贵州开展"学习百年党史增进'四个认同'"专题视察时，要求对这段历史进行深入考察和挖掘。今年 3 月，省委书记、省人大常委会主任谌贻琴专程到石阡县困牛山战斗遗址开展党史学习教育，动情地说，我们要永远牢记这段历史，把这个故事世世代代讲下去、传下去。今年 7 月，全国政协常委、提案委员会副主任戚建国，全国政协委员陈东，军事科学院研究员翟清华一行，专程到石阡调研红色文化挖掘与保护情况。今年 8 月，省政协提案委员会提出第 3076 号重点提案，推进这段历史的挖掘保护开发工作。今天，本报发表文章《困牛山百壮士——革命战争史上的千古壮举》，从党史、军史视角，对这一革命战争史上悲壮篇章进行新的阐释。

　　1934 年 8 月 7 日红六军团奉命西征，为中央红军战略转移先遣探路，拉开了红军长征的序幕。转战赣、湘、桂、黔四省，红六军团先后突破国民党军四道封锁线，于 10 月 7 日进至贵州省石阡县甘溪地域，陷入敌军 24 个团的重围之中。红六军团第十八师第五十二团为掩护军团主力突围，将敌军诱至石阡困牛山地区，与敌激战三昼夜，掩护军团主力成功突出重围。坚守困牛山的一百多名红军战士，面对国民党军的疯狂攻击，浴血奋战，英勇顽

---

② 本文与戚建国合作。戚建国为十三届全国政协常委、提案委员会副主任，叶小文为十三届全国政协委员、文化文史和学习委员会副主任。

强地打退了敌人一次次冲锋；但面对被胁迫走在敌人前面的当地群众时，他们为了不伤及人民群众，毅然决然地选择了集体跳下几十米深的悬崖，用鲜血和生命谱写了"困牛山百壮士"的千古壮歌，这是伟大建党精神的光辉实践，这是革命战争的悲壮史诗，这是中国革命军人的英雄典范。

一

1934 年夏，由于王明"左"倾冒险主义领导者的错误指导，中央苏区第五次反"围剿"陷入困境。中共中央和中革军委开始酝酿向湘西地区战略转移，准备与贺龙领导的红三军（红二军团）会合，以图扭转愈来愈严峻的不利形势，重开革命新局面。

根据中共中央和中革军委命令，在湘赣苏区艰难进行反"围剿"斗争的红六军团，于 1934 年 8 月 7 日由横石和新江口地区出发，从御前、五斗江地区之间突围，向湖南中部、广西一带前进，执行到湘中创建新的根据地并联络红三军，为党中央和中央红军主力的战略转移侦查探路的重大任务。红六军团由任弼时、萧克、王震组成军政委员会，下辖第十七、第十八师，共有第四十九、第五十、第五十一、第五十二、第五十三、第五十四团 6 个团；第十七师师长由军团首长兼任；龙云任第十八师师长，甘泗淇任政治委员。全军团西征出发时共 9700 余人。

国民党军发现红六军团突围后，即调各部进行围追堵截。红六军团连续突破国民党军四道封锁线，进至湖南桂东寨前圩，占领新田县城，于 8 月底乘虚在湖南道县以南的薛家厂渡过潇水。在连续击溃国民党桂军堵截后，9 月 4 日于广西全州和兴安之间的界首和凤凰嘴渡口抢渡湘江，进入西延地区，随后袭占通道县城，在新厂地区给国民党湘军一部以歼灭性打击。红六军团由平察进入贵州后，在清江（今剑河）县的大广等地多次与围追堵截的国民党军发生激战，摆脱敌人后，于 10 月 1 日在施秉、黄平间击破国民党黔军防线，强渡大沙河，并乘胜袭占旧州，向乌江急进，准备寻找有利渡场渡过乌江，彻底甩掉追堵之敌，然后向北实现和红三军的会合。中革军委不同意红六军团西渡乌江，根据中革军委指示，红六军团放弃渡江计划，经石阡向江口地区挺进。

此时，参加围堵追击的国民党湘桂黔军阀紧急调动部队，集聚兵力从三面合击：湘军由镇远进至石阡县城，桂军由施秉向石阡县路腊、大地方地区部署，黔军由黄平向石阡龙塘地区开进，企图将红六军团消灭在石阡地区。10月7日，红六军团从余庆县龙溪地区经大涵洞、老羊坡、苔平沟、勤洞坡等地进入石阡县甘溪镇，与桂军第十九师发生遭遇战。抢占了有利地形的国民党军居高临下向红军发起猛烈进攻，并逐渐形成包围之势。红军各部相继投入战斗，与敌展开阵地争夺。战斗异常激烈。处于被动地位的红军将士浴血奋战，打退了敌人的多次进攻，最终暂时摆脱了敌人，但"人员、弹药、精力消耗极大"，部队亦被截为三节。而国民党军集中了24个团的兵力加强石阡、镇远、塘头三线防堵，并要求"各县团队亟应协助军队扼要防堵"。敌人企图毕其功于一役，消灭红六军团。为摆脱敌人，军团首长决定从河闪渡西渡乌江。但由于黔敌阻击和渡江工具缺乏，同时接到中革军委"不应渡乌江北进，或由现地域一直北进，仍应向铜仁以西乌江以东之江口前进"的电令，军团再次渡江未成。危急之中，军团首长决定采取灵活的游击动作，利用山高林密与敌周旋，寻机突破敌人的包围，迅速转入黔东苏区与红三军会合。红军在石阡以西人烟稀少的山区艰苦转战。担任后卫的红十八师第五十二团奉命改为前卫，在险峻的深山老林中披荆斩棘，开拓道路。但红军仍没有突破敌人开始缩小的包围圈，形势依然非常严峻。

　　10月15日，红六军团主力渡过跳墩河进入石阡县川岩坝，沿桐梓坪、川洞、十二山梁子、朱家坝一线前进，准备经板桥渡过石阡河，前往印江与红三军会合。担任前卫的红五十二团进至板桥附近时，遭遇湘军堵击。此时，红军又一次陷入国民党湘军和黔军的层层包围中。10月16日，根据军团命令，红十八师师长龙云和团长田海清率领已与湘敌对峙一昼夜的第五十二团800余人，由前卫改为后卫，担负阻击敌人、掩护主力向甘溪地区转移。红五十二团指战员阻挡住了敌人一次次疯狂的进攻。在朱家坝一带完成断后任务后，面对紧紧追来的国民党军，为保证军团主力顺利转移，龙云、田海清率全团没有尾随主力向南转移，而是改道向西，走十二山梁子到川岩坝、困牛山的大路。追击的国民党军蜂拥而来：湘敌及石阡县龙塘民团紧追不舍，黔敌在困牛山的甘溪槽、赵家山、王秦寨一线拦截围堵，思南县三间地民团在青杠园凭借黑滩河峡谷阻击。红五十二团将敌人从晏家湾、川岩坝一步步引到了困牛山，但自己却陷入敌军重围之中。此时，红五十二团仅剩下 400 多人。

困牛山是贵州石阡县龙塘镇境内诸多山中的一座小山,海拔 500 米左右,南高北低,南北长约 5 公里,东西长约 1 公里。困牛山与老君山、熊东坡、晏家湾近距离相对,在山的南、西、北三面有黑滩河环绕,山谷幽深,悬崖壁立,极为险峻。红军退到困牛山时,四周高山已被国民党军占领,而追击的国民党军始终摆脱不掉。为最大限度地保存有生力量,师长龙云率 200 余人攀陡壁下到河沟突围,团长田海清率 100 多位红军战士在困牛山上的鼎罐堡,依靠有利地形阻击敌人。战斗十分激烈。红军战士多次打退敌人的进攻,使敌人伤亡惨重,但团长田海清不幸牺牲。16 日下午 4 时左右,面对英勇的红军战士,气急败坏的国民党军拿着枪躲在后面,胁迫当地老百姓走在前面,向红军战士一步步逼近。为了避免误伤老百姓,红军只能瞅准机会打击后面的敌人。陷入被动的百余名红军边打边退,一直退到了悬崖边上,他们退无可退。即使如此,他们宁死不当俘虏,也坚决不对人民群众开枪。100 多名红军指战员砸毁枪支,从困牛山义无反顾地集体跳崖,跳下了数十米深的虎井沟(最高处 70 多米)。除个别红军战士被树藤挡住幸存外,大部壮烈牺牲。

红五十二团指战员的英勇行动,为红六军团主力的转移赢得了宝贵时间。10 月 15 日李达率领的部分红军与贺龙率领的红三军会师后,贺龙对红六军团十分关切,不顾湘西敌军及黔军的拦阻,于 10 月 16 日率红三军主力兼程南下,接应红六军团。红六军团主力于 10 月 24 日在贵州印江县木黄与红三军胜利会师;和红六军团失去联系的第五十团在平贯与河口之间通过石镇大道,于 10 月 23 日与红三军会师;在困牛山百壮士掩护下突围的由龙云率领的五十二团部分指战员,在国民党军重兵防堵中转战石阡、镇远、岑巩等地,大部战死,龙云受伤被俘,英勇牺牲。

红六军团 78 天西征,转战 5000 余里,战胜了敌人的围追堵截,实现了与红三军的胜利会师,完成了中共中央和中革军委赋予的光荣任务,为中央红军的战略转移起到了开路先锋的重要作用。

二

困牛山百壮士的英雄壮举已经过去 87 年,随着时间的冲刷日益彰显它的光辉。幸存者泣血的记忆，红六军团指战员深情的怀念，当地百姓的回忆，包括国民党报纸和资料对困牛山战斗的记载，都在不断还原着它的历史原貌。而红军指战员以激烈的战斗和英勇的牺牲，为红六军团主力的胜利突围赢得了时间，使当地人民群众认识了红军，宣传了中国共产党的主张，为中国革命的绚丽画卷书写了浓墨重彩的一笔。

失散在龙塘川岩坝困牛山一带的十多位红军，对此次跳崖壮举记忆尤为深刻。跳崖被树藤挡住得以生存的司号兵陈世荣生前说，红五十二团为了拖住湘军、黔军和地方民团土匪，战斗十分激烈，"我们四百多人，全被打垮"，"有一百多红军跳崖"，"红军跳岩不是在一处，是一长段，顺河沟一线"。他所在的"那一股至少有几十人从他跳的那段跳下去"，和他一起爬出虎井沟的还有江同志和刘同志两个人，他们三人从困牛山出来后在川洞分手。幸存红军黎国兵讲，红军"在川岩坝一个光垴垴上四周被围，边打边退，退到悬岩边，有一百多人约一个连跳岩。"幸存红军李育杰的继子李敬忠曾回忆："父亲讲过，他们到困牛山，后面追，前面堵，两边无路，逼着扑下岩。""硬是逼急了，退也是死，怎么都是死，只有扑河，扑河死了好多人。"

当地有些民众目击了这场惨烈的战斗，记住了英雄的事迹。在新中国成立后，尤其是全国开始征集党史军史资料后，一些群众没有了顾忌，他们回忆了困牛山百壮士跳崖的壮举。当年11岁的姚祖华回忆：他当时就躲在困牛山上，"红军是从三步跳上面虎井沟那里跳的岩，红军下去滚成许多草壕壕。当天我们去看来，我们是从上面往下面看的，看不到下面死有多少人，估计有一百多。"当地农民张著明回忆说："还记得，三步跳那点死得多，许多红军在那点扑河，扑河就是跳崖。"三合乡的刘光荣老人回忆道："红军在三步跳死的人多得很，跳岩死的多，打死的少。""河底下死的多，有些还挂在半岩，到处都是，百把人就不止。"核桃湾老人刘朝选回忆："红军打枪打得很高，不乱打，不打百姓。红军一枪打由人的耳边擦过，擦了点皮，堵红军的百姓就散了，说红军枪法厉害，只是不打百姓。"老君山谢家坡的老人徐发昌常听父亲讲："困牛山打仗，红军枪法好，打穿制服的敌军一枪一个。但红军还枪不多，听说子弹又有，不知怎么回事，最后红军跳崖，涌下河去，大概百多。"

在当时国民党的档案资料里，也保存了困牛山战斗和红军跳崖的部分记载：1934 年 10 月 19 日的《黔军军部皓电川岩坝战况通报》称："该匪（即红六军团）顽强抵抗，冲锋十余次，全用肉搏……伤亡逃散及跳河者近千人。"湘军独立第三十二旅旅长胡达的《关于追剿红六军团战斗详报》、石阡县保安团指挥李采书的《呈报萧克部经战情况》、湘军将领李觉的《湘军李代司令觉详述追剿始末》等 20 多种旧政权档案资料，都有对甘溪、困牛山等战斗的记载。

红六军团与中革军委的往来电报，红六军团首长的回忆，中国人民解放军军战史和中国共产党地方党史研究部门所编撰的史书均有对这一事件的记录。红六军团首长在 1934 年 10 月 18 日致电中革军委："我军十五日自板桥前进，拟渡过石阡河。而李敌一团先到板桥堵我渡河。我向甘溪方向转移，被龙塘之敌截击，五十二团被截断，向白沙方向退去。"会师后，红六军团首长于 10 月 25 日再次致电中革军委："六军团现只有五十二团八百余人未到，其余已集中编成三团。"时任红六军团军团长萧克在自己的回忆录中说："五十二团是湘鄂赣久经战斗的部队，在行军中为后卫，遭敌包围，全团苦战数日，惨遭损失，十八师师长龙云惨遭杀害。"《任弼时年谱》记载："红十八师第五十二团八百余人被敌截断后……弹尽粮绝，全部受损。"《中国工农红军第二方面军战史》记载："第五十二团被敌切断后……由于敌人追堵，被迫转向晏家湾一带……当进至黑滩河一带时又被敌重兵包围。第五十二团的战士们在困牛山殊死战斗三昼夜，弹尽粮绝，团长田海清牺牲。"《中国共产党贵州历史》记载："在战斗中与主力失去联系的红五十二团，在红十八师师长龙云率领下，在困牛山一带与敌激战三昼夜，终因孤军奋战，寡不敌众，弹尽粮绝，团长田海清牺牲，百余红军战士跳崖壮烈牺牲。"《中国共产党铜仁地区历史》记载：红五十二团"转战至川岩坝一带，复遭湘黔军及民团等数倍之敌围困。在三面临河一面绝壁的困牛山，红五十二团多次打退进攻之敌，并与敌肉搏，终因敌众我寡，弹尽粮绝，团长田海清与大部分战士阵亡。一百余红军战士宁死不屈，在虎井沟毅然砸枪跳崖，为革命捐躯。"

困牛山战斗中，红十八师第五十二团指战员付出了巨大牺牲，但同时他们也为中国革命作出了重要贡献。

　　红五十二团指战员以自己的牺牲掩护了军团主力的突围。在甘溪战斗后，红六军团陷入敌人的多重包围之中。湘军、桂军、黔军等集中 24 个团的兵力，加上地方民团蜂拥而来。时年 26 岁的蔡应举回忆，困牛山打仗时"满坡都是人，有国民党军队，有民团，约有好几千人"。川岩坝姚祖华老人也回忆："川岩坝街上住满了湘军等部队"。面对如此艰难的处境，担任断后的红五十二团不畏强敌，在板桥打退了敌人一次次进攻。完成掩护任务的红五十二团向南追赶军团主力，在大田再次遭遇敌人截击。为避免敌人探知红军主力转移行踪，龙云、田海清果断带领红五十二团由南转向，西进川岩坝，激战困牛山，以巨大的牺牲为军团主力的顺利转移赢得宝贵时间，使得军团主力打破了强敌在石阡长达十多天的围追堵截，胜利突围，为中国革命保存了一支重要的战略力量。著名女将军李贞说："在甘溪战斗中，红十八师五十二团这个累战皆捷的英雄部队，陷敌重围，全团官兵英勇拼杀，终因弹尽粮绝未能突围，几乎全部受到损失。"时任红十七师第五十一团卫生班班长的贺珍深情评价："这次战斗是很艰苦，很危险的。如果没有十八师五十二团付出的代价，就可能没有红六军团的存在，我也就没有今天了。"

　　红五十二团指战员以自己的行动感动了群众，影响了群众。红军到石阡之前，国民党反动派到处进行反动宣传，说红军捉到人就杀，使得群众对红军有很深的误解，把红军当作洪水猛兽，因此很多农民群众在红军到来时都躲起来了。但红军以自己的行动消除了群众的误解。他们打击土豪劣绅，爱护穷苦人民，对老弱病残的人给予适当照顾；对帮助了红军的群众给钱给物；对胆小怕事的群众也毫不为难。困牛山战斗，面对凶恶的敌人，红军没有畏惧，拼死冲杀，但面对百姓，红军却选择向天开枪，甚至不开枪。跳崖幸存的红军陈世荣曾告诉女婿覃智学："土匪（指民团）穿的衣服跟老百姓一样，（红军）分不清是土匪还是老百姓。红军怕伤老百姓，手软，没有狠狠地打。不然，红军不会那样惨，那么多人跳岩。"不打百姓，不伤百姓，毅然跳崖，红军的壮烈行动，影响了当地的民众。人们说，早晓得红军是这样好，我们都不跑。也正是如此，所以在困牛山战斗后，很多群众冒着生命危险，不怕国民党反动派借机迫害，收藏红军遗物，掩埋红军烈士尸骨，帮助和收养幸存及失散的红军。逢年过节，方圆几十里的村民们还自发地来到当年红军跳崖地，烧香纸祭奠红军英烈。1936 年 1 月，红二、红六军团再次来到石阡县境时，已经有了一定觉悟的广大工农群众踊跃投身革命队伍，在短短 13 天时间里，红军就建立了 12 个游击大队和两个游击队，扩充了 1000 多名新战士。

困牛山战斗是红六军团执行中共中央战略先遣任务的一次重要战斗。红六军团在军事上无后方无依托、环境恶劣、敌人强大的情况下，孤军奋战。红军指战员敢于牺牲，靠着一往无前的战斗精神，历经包括困牛山战斗等无数次惨烈战斗，突破国民党军的围追堵截，实现了木黄会师，完成了中共中央、中革军委赋予的光荣任务，探明了国民党军的兵力部署，了解了沿途的道路民情，为中央红军的战略转移提供了重要依据。红六军团军团长萧克曾评价说，红六军团的战略转移"实际上起到了为中央红军主力长征进行侦察、探路的先遣队的作用。"红六军团和红二军团会师后联合行动，成为一支强大的战略力量，建立的湘鄂川黔革命根据地成为中国革命在南方的重要支点。在中央红军长征后，红二、红六军团发起湘西攻势等一系列战役战斗，有力地策应了中央红军的战略转移。红二、红六军团渡江北上，会合红四方面军，也是三大主力红军能够胜利会师西北的关键。而这一切的实现，都包含着红十八师第五十二团付出重大牺牲的困牛山战斗的历史贡献。

三

一百多名红军指战员宁死不做俘虏、宁死不误伤百姓，毅然集体跳崖的英雄壮举，是中国共产党人百年奋斗精神的生动写照，是人民军队坚持真理、坚守理想和不负人民的具体阐释，是红军将士听党指挥、英勇斗争、不怕牺牲的光辉典范。困牛山百壮士的千古壮举是中国共产党人精神谱系的光辉实践，主要表现在四个方面：

听党指挥、服从大局的绝对忠诚。习近平总书记指出，我军之所以能够战胜各种艰难困苦、不断从胜利走向胜利，最根本的就是坚定不移听党话、跟党走。红六军团第十八师第五十二团指战员，在西征战斗中充分展现了对党绝对忠诚的精神品格。党指到哪打到哪，绝不讲任何条件。红十八师第五十二团，是 1929 年前后以湘赣地区参加起义的农民赤卫队和安源工人纠察队为基础组建的。这支部队经历了无数次战役战斗，屡战屡胜，逐渐成长为一支劲旅。在红六军团西征过程中，红五十二团指战员始终听党指挥、服从大局、对党忠诚，从始至终都担当重任。1934年10月7日，红六军团进入甘溪，遭遇敌人重重围堵，在此形势下，红五十二团担任后卫，掩护主力突围；10月10日，红六军团再次遭遇强敌，为突破敌人包围，红五十二团由后卫变前卫，像一把尖刀撕破敌人防线，开辟了军团主力前进的道路；10月15日，红六军团主力在板桥遭遇敌人，红五十二团迅速由前卫变后卫，负责断后，掩护主力再次突围。时任红五十二团总支书记的杨尚高回忆说："那时五十二团的战斗力很强，前面有情况就调五十二团到前面，后面有情况就调五十二团到后面。"追击红六军团的国民党湘军旅长胡达也感慨，红军"服从命令，拥护首领，达到任务，动作迅速，种种似不能不公认的"；遇到国民党军，则"马上前卫变作侧卫或后卫"。无论形势多么严峻，无论任务多么重大，无论战斗多么激烈，红五十二团指战员始终服从大局，听从命令，不管付出多少牺牲也要坚决完成任务，他们以自己的实际行动，践行了对党的绝对忠诚。

　　不畏艰难、革命到底的坚定信念。习近平总书记强调，理想信念就是共产党人精神上的"钙"，没有理想信念，理想信念不坚定，精神上就会"缺钙"，就会得"软骨病"。甘溪战斗后，红六军团陷入敌军的重重围困当中。这一地区，人烟稀少，物资奇缺，红军指战员们有时一天连一顿稀饭都吃不到；山势险峻，部队行军常常在悬崖峭壁上攀爬，在深山密林中穿行。担负重要作战任务的红五十二团忍饥挨饿，负重前行，表现出不畏艰难、革命到底的坚定信念。困牛山战斗，面对重重包围上来的敌人，没有一个人叛变偷生，没有一个人畏敌逃跑，宁愿舍生取义，跳崖明志。一直率红五十二团征战的师长龙云在战斗中受伤被俘，他在敌人的牢笼中坚贞不屈，拒绝劝降，始终保持共产党人的坚定信仰，最后壮烈牺牲。一位负重伤的战士靠在山路边，仍在向群众宣传革命道理："红军是来消灭国民党反动派，打土豪劣绅解放劳苦大众的。"崇高的理想追求和对革命事业无比忠诚的坚定信念，始终激励着红军指战员英勇战斗。时任红十八师政委的甘泗淇说，五十二团"为革命流了最后的一滴血"。国民党军在它们的战报中也不得不承认，红军"对于其主义，信仰甚深，故拥护首长，甘心效死疆场"。以红五十二团指战员为代表的红六军团将士，他们以自己的实际行动，体现出对党的忠贞，对事业的执着，表现出坚贞不屈的革命情操，诠释了理想信念的巨大作用。

英勇顽强、不怕牺牲的战斗精神。习近平总书记指出，一百年来，在应对各种困难挑战中，我们党锤炼了不畏强敌、不畏风险、敢于斗争、勇于胜利的风骨和品质。在激烈的战斗中，红军就是以敢打必胜的战斗精神，迭克强敌，创造了惊天地、泣鬼神的英雄业绩。红六军团在战略先遣行动中几次陷入国民党军重围，但都凭着一往无前的战斗精神，战胜强敌，迎来胜利。1934 年 10 月 7 日后，红六军团再次陷入国民党军 24 个团的包围之中。在此严峻形势下，以红五十二团为代表的红六军团指战员不怕牺牲、英勇斗争，浴血奋战，从而变战略上的被动为战役战斗上的主动，变全局上的劣势为局部上的优势，进而创造奇迹，突破了国民党军的层层包围。国民党军亦感叹红军大无畏的战斗精神。黔军称，红军"顽强抵抗，冲锋十余次，全用肉搏"；湘军称，红军"虽极少数，抵死顽抗，非有上官命令，绝不撤退"。困牛山战斗中，处于绝境中的红五十二团百余名指战员临危不惧，宁死不当俘虏，毅然集体跳崖，表现了压倒一切敌人而决不被敌人所屈服的英雄气概，谱写了中外战争史上悲壮的篇章，成为人民军队战斗精神的最好写照。

牢记宗旨、人民至上的爱民情怀。习近平总书记指出，始终要把人民放在心中最高的位置，人民是历史的创造者，人民是真正的英雄。我们这支党领导下的英雄军队，从成立之日起，就始终牢记人民军队的性质宗旨，这也是我们党、我们这支队伍始终得到人民拥护和爱戴的根本原因。以红五十二团为代表的红六军团，作为党领导下的人民军队，在艰苦的转战征程中，始终坚持人民利益高于一切。在困牛山战斗前后，红军在形势极为严峻的情况下，仍然严格执行群众纪律，坚持向群众宣传党的政策，打土豪，处决恶霸地主，救济贫苦群众。即使在筹粮极端困难的情况下，也从不拿群众的一点东西。一位群众打柑橘送给红军吃，红军给她留下铜圆和一匹黄布；几家群众为红军做了饭菜，红军留下钱币作为报酬。困牛山战斗中，面对着被胁迫来的不明真相的群众，红五十二团一百多名指战员宁死不伤百姓。在退无可退的情况下，在生命与群众之间，毅然选择后者，纵身跳下山崖，用鲜血和生命诠释了人民军队的性质和宗旨，体现了深深的对党忠诚、不负人民的家国情怀。

困牛山百壮士集体跳崖的壮举，虽然已经过去 87 年了，但他们的英雄事迹却在新的时代被更多的人学习传诵。这些英勇的烈士虽然在困牛山倒下了，英魂却在岁月长河中永垂不朽。他们以自己的模范行动践行了"坚持真理、坚守理想，践行初心、担当使命，不怕牺牲、英勇斗争，对党忠诚、不负人民"的伟大建党精神。他们是人民军队杰出的代表，是中国人民优秀的儿子，是中华民族伟大的英雄。他们将永远受到全国人民的怀念和敬仰。